Houghton Mifflin Harcourt

Abriendo puertas

Ampliando perspectivas

Editors

Wayne Scott Bowen
Bonnie Tucker Bowen

Contenido

*Esta fábula medieval enseña que, en las relaciones humanas, hay que entrar con pie derecho:
la primera impresión es la que cuenta. La moraleja de su autor es, «Si al comienzo no
muestras quién eres, nunca podrás después cuando quisieres». El viejo consejero Patronio le
refiere al conde esta historia de un mozo que se quería casar con una mujer cuyo mal genio
era temido por todos. El joven encuentra la manera de hacerse conocer en la noche de
bodas, a fin de forjar un matrimonio provechoso y feliz. El carácter fuerte de los dos novios
los hará tal para cual.*

*Llegan noticias a oídos del disoluto rey de Granada que se ha perdido Alhama, fortaleza clave
en el camino a Granada. Son los últimos años de la Reconquista, que ha durado ya más de
700 años y que los Reyes Católicos pronto llevarán a término.*

*Extraños agüeros pocos años antes de 1519 avisan del funesto fin que el destino tiene
reservado para el pueblo mexica, según testimonios dados por ancianos nahuas a partir
del año 1540.*

© Houghton Mifflin Harcourt Publishing Company

Preguntas esenciales para el estudio de literatura y cultura

Todo arte se encuentra en constante flujo, pero un elemento del arte no cambia: es el deseo del artista de definir y expresar su interpretación de la condición humana. Éste es el afán de las Humanidades, y el gran milagro cotidiano de que el ser humano se vea capaz de habitar por un tiempo la mente del prójimo, sea de un amigo coetáneo, o de un gran pensador distante en el tiempo o el espacio, mediante el arte: leer una obra literaria, apreciar un cuadro o una escultura, escuchar música. El curso que estás para estudiar se ha diseñado para investigar textos, a impulsarte a expresar tus puntos de vista respecto a ellos, a hacer conexiones con otras disciplinas que estudies, y a comparar con la tuya propia lo que aprendas de culturas ajenas.

Este cuestionarse podrá empezar con las siguientes cinco preguntas esenciales para tu lectura:

¿En qué forma revelan las obras literarias las perspectivas y costumbres de la cultura y época en que vieron la luz del día?

¿De qué manera afectan a la creación de una obra literaria, la época en que vivió su autor y su contexto histórico, sociocultural y geopolítico?

¿Plantean las obras literarias de diferentes autores, épocas y culturas, cuestiones y dilemas aún pertinentes hoy?

¿Qué contribuye el estudio de la literatura escrita en español al estudio del idioma? ¿Qué relación guardan entre sí el estudio del español y el de su literatura?

¿Qué relación guardan entre sí la literatura y las demás artes? ¿Plantean las obras literarias cuestiones y dilemas acerca de la literatura misma y las demás artes?

Temas, conceptos organizadores y preguntas esenciales

Este programa de literatura tiene como su norte el afán de entablar contigo un diálogo amplio y coherente sobre lo que es la vida humana, y lo que significa ser humano. Es una conversación llevada a cabo directamente entre autor y lector. Cruza fronteras temporales, geográficas, sociopolíticas y culturales. Su razón de ser es buscar contestar la pregunta, ¿quiénes somos los seres humanos y cómo nos realizamos en el tiempo que tenemos en esta vida?

Los temas que trata la literatura no sólo son universales sino también infinitamente diversos. Sin embargo, los seis temas a continuación pueden considerarse representativos de la totalidad de esta gran conversación humana:

Temas del curso

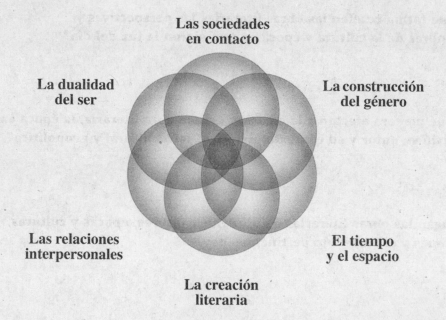

Las sociedades en contacto

La dualidad del ser

La construcción del género

Las relaciones interpersonales

El tiempo y el espacio

La creación literaria

Interrelacionados entre sí o tomados uno por uno, estos seis temas pueden servirte de puntos de enfoque mientras disfrutas con las joyas literarias que brinda una buena introducción a la literatura hispánica como la que se encuentra en este programa. Cada tema observa de cerca, y de modo diferente, las pasiones, inquietudes y percepciones encontradas en las obras. Para ayudarte a analizarlas, sugerimos como útiles, para cada tema, unos **conceptos organizadores** y **preguntas esenciales**.

1. El **tema** de las **sociedades en contacto** abarca **conceptos organizadores** como:
   - resistencia o asimilación, sincretismo y sinergía en el encuentro entre culturas
   - el afán de dominio de los pueblos y las personas
   - la patria chica, la patria grande y la vida del individuo
   - los estratos sociales y la disparidad socioeconómica
   - el Otro ante una sociedad hegemónica

Posibles **preguntas esenciales** inspiradas por estos **conceptos organizadores** son:

¿Hasta qué punto puede ser una obra literaria el reflejo fiel de la realidad de una época ya pasada? ¿Cómo influyen en el significado percibido al leer, la formación e ideología del propio lector?

¿Cómo logra una obra literaria de otro tiempo hacer vivir a su lector de hoy la realidad sociocultural y geopolítica del mundo representado en ella?

¿Hasta qué punto pueden tenerse por narradores fidedignos los protagonistas mismos de un suceso histórico? ¿De qué manera pueden influir las motivaciones, perspectivas y realidades de los autores en su representación de hechos históricos?

¿Qué relación puede existir entre hechos históricos entendidos de cierta manera en la actualidad, y testimonios escritos por los protagonistas de aquellos sucesos históricos?

2. El **tema** de la **construcción del género** abarca **conceptos organizadores** como:
   - hombre y mujer: la razón y la sinrazón; lo perecedero y lo imperecedero
   - el patriarcado frente al individuo
   - la frustración sexual en una sociedad prepotente
   - la lucha ideológica y la disparidad de metas entre una generación y otra
   - el acato y desacato a las expectativas del hombre y de la mujer

Posibles **preguntas esenciales** inspiradas por estos **conceptos organizadores** son:

¿Qué percepciones manifiesta la literatura tocante a la función de lo masculino y lo femenino en las sociedades, desde siglos atrás hasta hoy día?

¿Qué interrogantes proponen los textos literarios, de diversos lugares y épocas, con respecto a valores socioculturales que influyen en la vida personal del individuo?

¿Qué nos puede revelar la literatura tocante al papel debido o indebido de la sociedad en la búsqueda de la felicidad del individuo?

¿De qué manera pueden influir las motivaciones, perspectivas y realidades de los autores en su representación de las relaciones entre hombre y mujer?

3. El **tema** del **tiempo y el espacio** abarca conceptos organizadores como:

- el *Carpe diem* y el *Memento mori*
- el tiempo como función de la experiencia humana
- el viaje y el desplazamiento como metáfora de la vida humana
- la relatividad del tiempo percibido
- las secuencias lógicas en el tiempo y su ruptura
- el pasado y el futuro v. la eternidad del presente

Posibles **preguntas esenciales** inspiradas por estos **conceptos organizadores** son:

¿Qué función desempeñan el tiempo y el espacio en la construcción del significado de una obra literaria determinada?

¿Cómo se valen los escritores del tiempo y el espacio para evocar un estado de ánimo, una actitud o una perspectiva?

¿Hasta qué punto y por qué intervienen en la literatura a veces, distorsiones de la noción del tiempo y el espacio?

4. El **tema** de **las relaciones interpersonales** abarca conceptos organizadores como:

- vínculos y desuniones, amistad y desavenencia
- la familia y su contexto histórico y sociocultural
- la sociedad y el trato del individuo
- el manejo del poder
- la comunicación y la búsqueda de un interlocutor

Posibles **preguntas esenciales** inspiradas por estos **conceptos organizadores** son:

¿Hasta qué punto en una obra literaria determinada, es imperecedero, o debe serlo, el vínculo entre amigos, parientes, amantes o esposos?

¿De qué manera se trata en la literatura el efecto sobre el individuo, de sus relaciones interpersonales?

¿Qué relación existe, en un texto determinado, entre las relaciones interpersonales y el contexto sociocultural, histórico o político del mismo?

¿Qué revela la literatura sobre la supremacía o la subyugación de los pueblos e individuos?

5. El **tema** de **la dualidad del ser** abarca conceptos organizadores como:

- el desdoblamiento de la persona humana: discordias o complementos
- cuerpo y alma; la espiritualidad y la religión
- el yo interno y su proyección sobre el mundo externo
- las máscaras y lo que embozan
- burlas, engaños, y cautelas

Posibles **preguntas esenciales** inspiradas por estos **conceptos organizadores** son:

¿Qué preguntas plantea la literatura acerca del nexo entre la interioridad de la persona y la realidad externa?

¿Qué preguntas plantea la literatura acerca del significado de la vida y la muerte, y de la temporalidad de la vida sobre la tierra?

¿Cómo tratan las obras literarias la tenue línea divisoria entre la realidad y la fantasía?

6. El **tema** de **la creación literaria** abarca **conceptos organizadores** como:

- la literatura autoconsciente
- la metanarrativa y el metateatro
- el proceso de la creación
- la intertextualidad
- la trayectoria de autor a lector, y distanciamientos practicados en la literatura

Posibles **preguntas esenciales** inspiradas por estos **conceptos organizadores** son:

¿De qué manera influyen técnicas narrativas como el desdoblamiento de narradores en la experiencia del lector?

¿Cuál es el efecto sobre el lector de un texto autoconsciente, es decir, texto que se reconoce a sí mismo como texto?

¿Qué dice la literatura autoconsciente sobre la condición humana?

Para asegurar tu éxito al usar esta sección, consulta también la página xi: **Preguntas esenciales para el estudio de literatura y cultura.**

Del siglo VIII al siglo XIV

c. 756 Córdoba es el centro de la civilización musulmana en España hasta 1010. Llega a ser ejemplo de la convivencia de las tres grandes tradiciones: la musulmana, la cristiana y la judía. En Córdoba nacen Averroes (1126–1198 y Maimónides (1135–1204), filósofos que ejercen gran influencia en la Europa occidental. Averroes, musulmán, propaga las ideas de Platón y de Aristóteles, y Maimónides, judío, propone una explicación racional de la doctrina judía. Los dos influyen particularmente en Santo Tomás de Aquino (1225–1274).

711 Invasión de los moros a la Península Ibérica. Fin del reino visigodo y comienzo de al-Andalús, nombre árabe de la España musulmana.

700	750	800	850

718 Empieza la Reconquista de España, que durará siete siglos. La reconquista, sin embargo, será esporádica e intermitente.

La Mezquita de Córdoba. ▶

1099 La primera
cruzada llega a Jerusalén.
Gran matanza de los
habitantes: musulmanes,
cristianos y judíos.

c. 1031 Emergen del califato que al
comienzo abarca casi toda la Península
Ibérica, las «taifas», pequeños reinos
musulmanes independientes. Luchas
facciosas, recíprocamente destructivas.

900	950	1000	1050	1100

c. 950 Existe ya la versión persa de
las *Mil y una noches,* colección de
cuentos de origen hindú-iraní. Luego
de ser traducida al árabe, cerca
de 850, influye grandemente en el
desarrollo de la narrativa del mundo
occidental.

1094 Cae Valencia, tomada
por Rodrigo Díaz de Vivar,
el Cid (n. ¿1043?), en nombre
del rey de Castilla y León.

La Plaza de España en Sevilla es una de las maravillas arquitectónicas de la ciudad. Diseñada para la Exposición Iberoamericana en 1929, la plaza refleja el aprecio que renace en el siglo XX por la herencia musulmana.

▼

c. 1010–1248 Sevilla llega a ser centro de la civilización musulmana en España.

1100	1150	1200

c. 1140 Año aproximado de la redacción anónima del poema epico *Cantar de mío Cid*. El Cid llega a ser el héroe más celebrado de la Reconquista.

c. 1215 Se funda la Universidad de Salamanca, contemporánea de las universidades de París, de Bologna y de Oxford.

▼

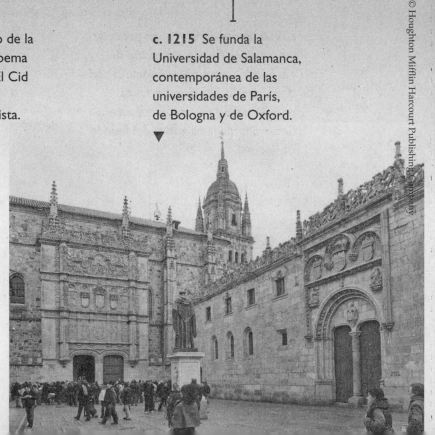

Giovanni Boccaccio (1313–1375) ▶

1252 Se corona Alfonso X, el *Sabio,* rey de León y Castilla, y tío de don Juan Manuel. Alfonso X manda hacer las primeras tablas astronómicas, codifica la ley en *Las siete partidas,* y anima a los sabios árabes, cristanos y judíos a conocer a fondo la cultura árabe y a colaborar para traducir al latín, obras científicas, filosóficas y teológicas escritas en árabe y en griego, y traídas por los árabes a la Península Ibérica. Toledo es renombrado en el mundo civilizado por su Escuela de Traductores.

1353 Giovanni Boccaccio termina en Italia el *Decamerón,* conjunto de cuentos que retratan la vida de Italia del siglo XIV. Llega a ser modelo para la prosa realista del mundo europeo.

1250	1300	1350	1400

1236 Fernando III, el Santo, abuelo de don Juan Manuel, establece los reinos de León y Castilla. Conquista a Córdoba.

1248 Granada llega a ser centro de la civilización musulmana en España. Predomina hasta 1492.

Siglo XV

◀ La reina Isabel (1451–1504).

1469 Se casan Isabel de Castilla y Fernando de Aragón, *los Reyes Católicos.* Se unen así los reinos más poderosos de España.

1456 La primera obra impresa: la *Biblia* de Gutenberg

1450	1460	1470

1470 Se publica en Italia el *Cancionero,* de Francesco Petrarca (1304–1374); contiene sus sonetos al estilo italiano.

1478 *Los Reyes Católicos,* autorizados por bula papal, instituyen en España el Santo Oficio, la Inquisición, con Tomás de Torquemada como su Inquisidor General.

1492

- Caída del último reino musulmán en España: Granada.
  Así termina la Reconquista.

- Unificación política y religiosa de España.

- Expulsión de los judíos.

▶ • Cristóbal Colón llega a la isla de la Española en las Antillas;
  Colón la nombró Hispaniola.

- Antonio de Nebrija publica en Salamanca, *Gramática castellana*.
  Es la primera gramática de una lengua europea.

1482 Los musulmanes pierden Alhama, ciudad
conquistada en nombre de los *Reyes Católicos* en febrero
de este año, evento recordado en el famoso romance.

1480	**1490**	**1500**

c. 1480 Difusión oral de los romances fronterizos.
El primer romancero, o cancionero de romances en
forma escrita, aparece en Amberes en 1550.

Técnicas introducidas por
los musulmanes hacen
posible que azulejos
decorativos como éste
abunden en fachadas e
interiores en España y en
Hispanoamérica. ▶

Siglo XVI

▲
1519 Encuentro de Hernán Cortés con Moctezuma en Tenochtitlan, según una representación idealizada del siglo XVIII. Cortés describe el histórico acontecimiento en su «Segunda carta de relación» (1520).

1502 Expulsados de España los moros no conversos.

| 1500 | 1510 | 1520 |

1508 Se publica en Zaragoza el libro de caballerías anónimo *Amadís de Gaula*, uno de los más populares del género. Se menciona en el *Quijote*.

1517 Martín Lutero, en Alemania, inicia la Reforma Protestante.

1518 Empieza en Cuba y Santo Domingo el tráfico de esclavos negros. Se terminará con la independencia de las colonias españolas.

◄ Hija de caciques, la Malinche, hábil en los idiomas maya, náhuatl, y español, llega a ser el brazo derecho de Cortés en la conquista del Imperio Azteca.

▲ La estatua de Chac Mool en Chichén Itzá, sitio arqueológico maya en el estado de Yucatán, México.

1533 Enrique VIII de Inglaterra abjura la religión católica y se divorcia de Catalina de Aragón, hija de *los Reyes Católicos*.

1530	1540	1550

1528 Empieza la expedición de Pánfilo de Narváez por el sureste y suroeste de lo que van a ser Estados Unidos y México. En ella participa Álvar Núñez Cabeza de Vaca, que después relata sus aventuras. La expedición dura 9 años.

1543 Copérnico (1473–1543) describe el movimiento de los planetas alrededor del sol.

Indígenas andinos de hoy día.
▼

◀ Carlos I, rey de España, conocido también como Carlos V del Sacro imperio Romano Germánico (1500–1558). Heredero de numerosos dominios europeos que se extendían desde España hasta Austria, con dominio también sobre vastos territorios americanos, llevó a España al apogeo de su poder.

1552 Fray Bartolomé de las Casas publica en Sevilla su *Brevísima relación de la destrucción de las Indias.*

1550	1560	1570

1553 Fundación de la Universidad de México, primera institución universitaria en las Américas.

1568 Bernal Díaz del Castillo termina el manuscrito de su *Historia verdadera de la conquista de la Nueva España.*

1571 Batalla naval de Lepanto, en la que Miguel de Cervantes pierde el uso de la mano izquierda luchando contra los turcos. Se le llama después, por eso, *el Manco de Lepanto.*

◄ El rey Felipe II (1527–1598)

1600 *El sueño de una noche de verano* y *El mercader de Venecia,* de William Shakespeare, se presentan en Londres. *Julio César* probablemente existía un año antes y *Hamlet* un año después. En 1605, año de la publicación del primer tomo del *Quijote,* se presentan por primera vez *King Lear* y *Macbeth.*

1598 Muere Felipe II de España. Empieza la decadencia del Imperio Español.

1573 Se inaugura la Universidad de San Marcos en Lima, Perú, la primera universidad de Sur América.

1580	1590	1600

1588 Derrota de la Armada Invencible. Pérdida del poderío marítimo de España.

Siglo XVII

1608 Se expulsa de España a los moriscos, y a los cristianos conversos, originalmente musulmanes.

c. 1656 Diego Velázquez (1599–1660) pinta *Las Meninas,* cuadro cuyo ingenio reside no sólo en el manejo de espacio y luz sino en la perspectiva. En el cuadro, Velázquez está ante un lienzo; parece retratar al rey Felipe IV y a su esposa Mariana de Austria, quienes posan reflejados en el espejo del fondo. La infanta Margarita los observa acompañada por damas de honor, preceptores, enanos de la corte, y un mastín. Al fondo, un cortesano se detiene momentáneamente a la salida. El espectador, parado ante *Las Meninas,* ocupa el puesto de los reyes, a los que aparentemente pinta Velázquez.

1600   **1620**   **1640**

1605 Se publica la primera parte de *El ingenioso hidalgo, don Quijote de la Mancha* de Cervantes.

1620 Llegada de los Peregrinos a Plymouth.

1648 Se firman los tratados de Westfalia en las ciudades alemanas de Münster y Osnabrück, poniendo fin a la Guerra de los Treinta Años, la última de las guerras europeas generales entre católicos y protestantes. España cede territorios a los Países Bajos. Se desintegra el Sacro Imperio Romano Germánico.

◄ María Teresa (1638–1683).

1660 María Teresa, hija de Felipe IV de España, se casa con el Rey Sol de Francia, Luis XIV, de la Casa de los Borbones. En 1700 sube al trono de España su nieto Felipe V, y entra en España la influencia política y cultural de Francia.

1660	1680	1700

c.1660 Declina definitivamente el comercio español con las Américas. Se agotan el oro y la plata destinados al pago de la deuda externa de España. España entra en una desastrosa depresión económica.

1695 Se muere Sor Juana Inés de la Cruz, filósofa, poeta, y voz defensora de los derechos de la mujer; muere de la peste que arrasa a México en este año.

Siglo XVIII

◄ **Túpac Amaru** (c.1741–1781) patriota peruano, encabeza, en 1780, una insurrección indígena contra los abusos del corregidor español, a quien manda ejecutar. Como descendiente del último inca soberano, proclama su derecho al trono del Perú. Es derrotado y ejecutado, pero, antes de extinguirse, su rebelión se extiende hasta partes de lo que hoy son siete países sudamericanos. Es el primer movimiento por los derechos indígenas en Sudamérica.

1720	1740	1760

1759 Asciende al trono el rey Carlos III, máximo exponente del despotismo ilustrado en España. Reformista, decreta la libertad de comercio con las Américas, y, durante su reinado, hay notable progreso en los campos de la economía nacional, la industria, la enseñanza y las ciencias.

1776 Las colonias inglesas declaran su independencia de Inglaterra mediante la Declaración de la Independencia redactada por Thomas Jefferson.

◄ Napoleón Bonaparte
(1769–1821)

1789 Empieza la Revolución
Francesa. En los países
europeos e hispanoamericanos
influyen sus ideales revolucionarios:
libertad, igualdad y fraternidad. En
1804 Napoleón Bonaparte
se proclama emperador
de Francia.

1780	1790	1800

1789 Se ratifica la Constitución de
los Estados Unidos de América.

c.1780 Francisco Goya (1746–1828) se convierte en el más
afamado pintor y crítico de la realidad española de su día.
Como pintor de la corte, crea una abundante obra que incluye
sus *Desastres de la guerra,* que captan el trauma de la invasión
de España por Napoleón Bonaparte en 1808, y de la guerra de
la Independencia española.

Siglo XIX

¡Qué valor! de Goya es parte de su serie de cuadros y grabados,
Desastres de la guerra.

▼

1800	1805

1808 Invasión de España por
Napoleón Bonaparte. Inicio de la
guerra de la Independencia española,
que culmina con la expulsión del
ejército francés en 1814. Napoleón
es derrotado en Waterloo en 1815.

1803 Francia vende a los
Estados Unidos el territorio
de Luisiana, antes prometido
a España.

Simón Bolívar (1783–1830)
y su principal lugarteniente
Antonio José de Sucre culminan
la lucha por la independencia
sudamericana de España
en las batallas de Junín y de
Ayacucho en 1824.

▼

| 1810 | 1815 | 1820 |

1810 Principio de las revoluciones por la independencia de Hispanoamerica.
El 16 de septiembre, el sacerdote católico Miguel Hidalgo y Costilla, cura del
pueblo mexicano de Dolores, inicia la guerra de independencia lanzando su
grito, «¡Mexicanos, viva México!» En México, los insurgentes favorecen una
monarquía. La independencia de las colonias españolas trae el fin de la esclavitud
en cada uno de sus territorios liberados. Tanto el venezolano Simón Bolívar
como el argentino José de San Martín (1778 –1850) se conocen por el título
honorífico de «Libertador de América».

◄ **El padre Hidalgo** (1753–1811), conocido como el padre de la independencia
mexicana. Este retrato, hacia 1810, es de un pintor desconocido.

◄ **Benito Juárez** (1806–1872), indígena zapoteca y primer presidente civil de México (1861), representa la lucha contra la invasión de México por Francia. Su gobierno se exilia a Ciudad Juárez, en la frontera con Texas, cuando Napoleón III instala a su sobrino austríaco Maximiliano como emperador de México. En 1867, después de rendir su espada al ejército juarista, Maximiliano es fusilado, y Juárez entra otra vez en la capital.

1820	1830	1840

1821 Fin de la Inquisición en Europa y en las Américas.

1833 Se inicia en España la contienda intermitente entre la reina Isabel II, hija del fallecido rey Fernando VII, y don Carlos, hermano del mismo. Son las tres Guerras Carlistas, que terminan en 1876. Los partidarios de don Carlos—los carlistas—son conservadores, y los partidarios de Isabel son liberales. En 1868, las Cortes—el parlamento de España—destronan a la reina Isabel II. En 1874 se restaura la monarquía bajo el rey borbón Alfonso XII, hijo de Isabel II. En 1878, se establece una monarquía constitucional que dura hasta el establecimiento, en 1931, de la República.

◄ **Antonio López de Santa Anna** (1794–1876), General del ejército mexicano. Vanidoso y sin escrúpulos, sube a la presidencia de México nueve veces a partir de 1833.

1861 Estalla en Estados Unidos la Guerra Civil. Después de 4 años, el general Robert E. Lee rinde su ejército al general U.S. Grant, lo que prácticamente pone fin a la guerra.

| 1850 | 1860 | 1870 |

1846 Estalla la guerra entre México y los Estados Unidos. En el Tratado de Guadalupe Hidalgo, México pierde la mitad de su territorio, cediendo a los Estados Unidos lo que hoy son California, Nevada, Utah, Colorado, Arizona y Nuevo México.

▼

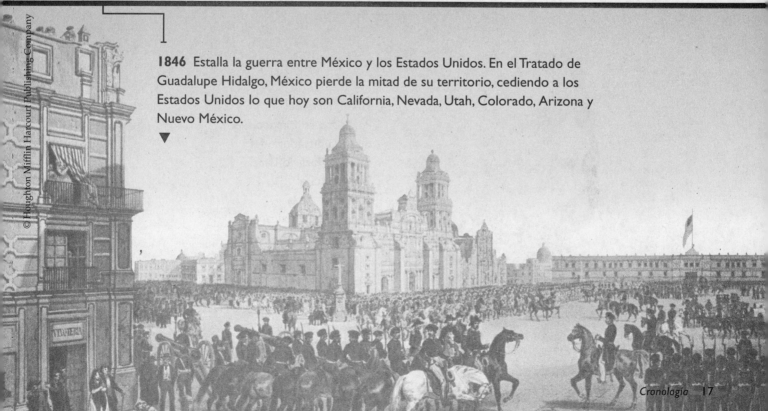

▲ **1874** El compositor francés Georges Bizet estrena su gran ópera *Carmen,* cuyo trasfondo es la fábrica de tabacos de Sevilla; la obra no refleja tanto la realidad española de su tiempo como el concepto romántico que tiene Bizet de cómo se vive en España.

1870   1875   1880   1885

◄ **1876** Inicio del Porfiriato en México, o sea, la dictadura del caudillo Porfirio Díaz. Dura hasta el comienzo de la Revolución Méxicana en 1910.

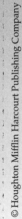

1890	1895	1900

1895 José Martí abandona su exilio en Nueva York para participar en la lucha por la independencia cubana. Muere en una de las primeras escaramuzas.

1898 Guerra entre España y los Estados Unidos. España cede a Estados Unidos sus últimas colonias: Puerto Rico, Cuba y las islas Filipinas. Estados Unidos ocupa militarmente a Cuba hasta 1903. Intervenciones militares estadounidenses hasta 1922.

Siglo XX

1904 Empieza la construcción del canal de Panamá. Se termina en 1914.

1910 Estalla la Revolución Mexicana, cuya etapa violenta dura hasta 1920. Arriba, en Tampico, unos revolucionarios villistas.

1900   **1905**   **1910**

1905 El compositor Manuel de Falla estrena su ópera, *La vida breve*.

Pancho Villa (1878–1923) se levanta en armas contra el Porfiriato. Figura controvertida, forma su propio ejército personal contra el ejército federal de Victoriano Huerta durante la etapa violenta de la Revolución. ▶

◄ **c.1920** El cantante argentino Carlos Gardel (1895–1935) exporta el tango de los arrabales bonairenses a Hollywood, y, tras su muerte en un accidente de aviación, se convierte en algo así como un santo para el pueblo argentino. Hasta hoy día los argentinos dicen de él, «Cada día canta mejor».

1914 Comienza la Primera Guerra Mundial. Termina en 1918.

1915   1920   1925

◄ **Emiliano Zapata** (1879–1919) guía a su ejército zapatista en la Revolución Mexicana, promoviendo un movimiento a favor de la reforma agraria en el sur del país. Hacia fines del siglo XX, guerrilleros en Chiapas tomaron para sí el nombre de «Zapatistas».

Francisco Franco (1892–1975)

La Guerra Civil Española En 1936,
España se hunde en una sangrienta
guerra civil. Estalla entre republicanos—
los de izquierdas—y nacionalistas—los
de derechas. Los nacionalistas contaron
con el apoyo militar de Alemania,
incluso el bombardeo aéreo de ciudades
que oponían resistencia a su avance
*(abajo, civiles bajo ataque aéreo en Bilbao
en 1937)*. Una de las víctimas de la
Guerra Civil Española es el poeta y
dramaturgo Federico García Lorca
(abajo a la derecha). El caudillo Francisco
Franco, nacionalista, gobierna a España
desde el fin de la guerra en 1939 hasta
su muerte en 1975.

1933 Llegan al poder en Alemania
Adolfo Hitler y el nazismo.

1925   1930   1935

1936 Al estallar la Guerra Civil Española, el mundo entero ve con fascinación la confrontación entre ideologías. Se constituyen brigadas internacionales, formadas por extranjeros que van a España para demostrar la fuerza de sus convicciones políticas.

	1940	1945

1939 Inicio de la Segunda Guerra Mundial. Dura hasta 1945.

◄ Federico Garcia Lorca (1898–1936)

◄ **1946** Juan Domingo Perón es elegido presidente de la Argentina. En 1949 revoca la Constitución Democrática Argentina de 1853. En 1953, se destierra.

1945 ──────────────────────────── **1950**

1945 Estados Unidos echa bombas atómicas sobre Hiroshima y Nagasaki, poniendo fin a la Segunda Guerra Mundial.

◄ **Eva Perón** (1919–1952) era, y todavía es, una figura popular en la Argentina. Fue adorada por el pueblo argentino, especialmente por las clases populares de donde provenía.

Gabriela Mistral (1889–1957)

ESPAÑOLES E HISPANOAMERICANOS GANADORES DEL PREMIO NÓBEL DE LITERATURA

José Echegaray 1904 (España)

Jacinto Benavente 1922 (España)

Gabriela Mistral 1945 (Chile)

Juan Ramón Jiménez 1956 (España)

Miguel Ángel Asturias 1967 (Guatemala)

Pablo Neruda 1971 (Chile)

Vicente Aleixandre 1977 (España)

Gabriel García Márquez 1982 (Colombia)

Camilo José Cela 1989 (España)

Octavio Paz 1990 (México)

Mario Vargas Llosa 2010 (Perú)

1956 El autor modernista español Juan Ramón Jiménez gana el premio Nóbel.

1955

1960

1959 Fidel Castro derroca al dictador militar Fulgencio Batista en Cuba y establece una dictadura comunista que perdura hasta hoy.

◀ **Che Guevara** (1928–1967) fue comandante de la guerrilla en la lucha contra Batista en Cuba. Hoy, su imagen inspira sentimientos a favor de la lucha revolucionaria.

▲

Luis Buñuel, cineasta español, es conocido por la cualidad surrealista de sus películas. Algunas son *Un perro andaluz* (1928), *Los olvidados* (1950), *Nazarín* (1959), *El ángel exterminador* (1962) (*arriba*), y *Belle de jour* (1967). Fue gran amigo de Salvador Dalí e hizo una película a base del cuento de Gabriel García Márquez, «En este pueblo no hay ladrones», en la que Buñuel mismo aparece como cura del pueblo.

1960   **1965**

1962 Se publica la colección de cuentos *Los funerales de la Mamá Grande,* de Gabriel García Márquez. Surge el movimiento literario conocido como *realismo mágico.* Escritores como García Márquez, Juan Rulfo, Julio Cortázar y Carlos Fuentes mezclan imágenes realistas con sucesos y personajes de carácter fantástico, mítico y mitológico para crear un mundo rico e insólito que representa la experiencia hispanoamericana.

1967 Se publica *Cien años de soledad* de Gabriel García Márquez.

▲
1973 Un golpe militar en Chile derroca al presidente Salvador Allende *(arriba)*. El general Augusto Pinochet gobierna hasta 1990.

1970   **1975**

1975 Muere Francisco Franco, y asciende al trono de España el rey Juan Carlos. Éste restaura elecciones democráticas, y se promulga una nueva constitución democrática en 1978.

◄ El rey Juan Carlos de España, con su esposa, la reina Sofía.

Augusto Pinochet
(1915–2006) Militar y político, Pinochet usurpa el poder en Chile en 1973. Su dictadura de más de 16 años resulta en encarcelamiento, muerte y desaparición para miles de chilenos por razones políticas. En 1999, se hace internacionalmente un esfuerzo por procesar a Pinochet por violación de los derechos humanos, pero las cortes chilenas fallan que el general está incapaz de defenderse por motivos de salud.

1975

1980

Las Madres de Plaza de Mayo
Represiones políticas de supuestos subversivos en la Argentina en la década de los 70 también resultan en la muerte y la desaparición de miles de argentinos. Abajo, las Madres de Plaza de Mayo hasta hoy día dan vuelta a esta plaza céntrica de Buenos Aires cada jueves por la tarde, exigiendo información sobre sus hijos desaparecidos, y sobre nietos nacidos mientras sus padres estaban encarcelados. La época de represiones se conoce como la Guerra Sucia (1976–1981).

▲ Una escena de la película *Mujeres al borde de un ataque de nervios,* dirigida por el cineasta español Pedro Almodóvar.

1989 Reunificación de Alemania. Inicio de la desintegración de la Unión Soviética, que se completa en 1991.

1985

1990

1985 Se publica *La casa de los espíritus* de Isabel Allende.

1990 Por referéndum popular el electorado chileno derroca al general Augusto Pinochet, y se restablece la democracia en Chile. Isabel Allende vuelve a su patria para recibir el Premio Gabriela Mistral de manos del presidente Patricio Aylwin.

▲ **1994** El tratado NAFTA une a México, los Estados Unidos y el Canadá bajo un acuerdo que favorece el libre comercio por medio de la gradual eliminación de tarifas entre los tres países. Aquí, el presidente norteamericano Bill Clinton firma una parte del tratado, estableciendo un reglamento para proteger el medio ambiente.

1990 | **1992** | **1994**

1992 Tienen lugar los Juegos Olímpicos en Barcelona, España.

◀ **1998** El papa Juan Pablo II visita a Cuba por primera vez. La visita demostró el empeño de Fidel Castro en abrir Cuba al resto del mundo.

| 1996 | 1998 | 2000 |

▲ **2000** Vicente Fox es elegido presidente de México, terminando 71 años de hegemonía del PRI, el Partido Revolucionario Institucional. Aquí, Fox da la bienvenida, en su rancho en San Cristóbal, México, al presidente norteamericano George W. Bush.

Marco histórico y cultural

Los orígenes de nuestro idioma: el castellano y su literatura en el Medioevo

Antes de emprender nuestro viaje histórico y cultural por las letras españolas, convendrá que nos fijemos en el idioma mismo en que aquí nos estamos comunicando. Al hacerlo, se nos presentan en seguida unas preguntas. ¿Siempre existió el español? Si no, ¿cómo se originó? ¿Cómo evolucionó para llegar a ser, por número de hablantes en el siglo XXI, la segunda lengua de Occidente, y medio de comunicación nativohablante de unos 500 millones de personas?

Lengua y literatura van siempre tan unidas que no quedaría completo nuestro estudio de la literatura en español sin conocer cómo nació y se desarrolló la lengua en que ésta se escribe. En nuestro empeño, trataremos de contestar otra pregunta frecuente con respecto al nombre de nuestro idioma: ¿cómo debería llamarse? ¿Castellano o español?

La palabra «español», en su sentido más estricto, supone lo que nació en el país que conocemos como España. Si fijamos nuestra atención en el mapa de Europa, resaltan tanto la configuración única de la Península Ibérica, tan salida al Océano Atlántico, como su ubicación tan céntrica para el África, el Asia y Europa. En dieciocho cuevas antiguas en el norte de España, designadas Patrimonio de la Humanidad por las Naciones Unidas, se aprecia, entre otras evidencias antropológicas, impresionante arte rupestre paleolítico, y con él una vívida presencia humana entre los años 35.000 y 11.000 a. de C. Escritores griegos como Heródoto, por los siglos V y IV a. de C., empezaron ya a documentar sus conocimientos de los pueblos íberos, cuya influencia en la península se sentía en una franja interior de norte a sur, y de otros llegados desde muy al norte: los celtas, de la misma estirpe que los celtas escoceses,

irlandeses y galeses. Éstos se fusionaron más tarde con los íberos para formar los celtíberos. Son los pueblos más antiguos documentados en la península.

Transeúntes camino al norte, al sur y al oeste, desde tiempos inmemoriales, cruzaban la faz de la Península Ibérica. Algunos de ellos eran invasores: los fenicios (S. X a VIII a. de C.), mercaderes, y los fundadores de Cádiz, la ciudad más antigua de la Europa Occidental; los griegos (S. VIII a. de C.), fundadores de puertos para el mercadeo en las costas del Mediterráneo, y más pacíficos que otros; los cartagineses (S. IV o III a. de C.), asentados al sureste, y los fundadores de Cartagena, actual capital de Murcia; y, más decisivamente, los romanos (206 a. de C. a 409 d. de C.). Después de la colonización romana, la península soportó dos invasiones medievales más: la de los bárbaros, o visigodos (409–711), y la de los moros, o musulmanes (711–1492).

Hasta la invasión romana, se hablaban en la península numerosos dialectos y subdialectos de las lenguas íbera, celta, celtíbera y vascuence. Pero la fuerza arrolladora del latín, la lengua ya formada, prestigiosa e imperial de los conquistadores romanos, hizo que las otras perecieran, aunque no del todo. Ante la necesidad de hacerse entender vencedores y vencidos, el habla autóctona influyó en el latín con préstamos de giros y voces. Esto se nota en gran número de nombres toponímicos de España—entre ellos, Salamanca, Tormes y Soria—y en algunas voces propias del hogar como «braga», «camisa», «cerveza» y «gordo». El nombre por el que los romanos conocían al país que es ahora España era Hispania, de una antigua palabra fenicia.

Del griego, el español recibió un legado léxico no sólo por la presencia de los puertos griegos asentados en las costas mediterráneas, sino también por la influencia que el griego antes había ejercido sobre el latín. Fueron los griegos los que generalizaron los términos «Iberia» e «íbero».

El latín que usaba el pueblo romano—legionarios y colonos romanos que convivían con los colonizados—no era el latín clásico de los letrados sino el vulgar, o sea, el popular; y en poco tiempo el latín vulgar, con su carga variada de influencias, llegó a ser el idioma de comunicación en la península.

Con el ocaso del Imperio Romano, al comienzo del siglo V invadieron la Península Ibérica los visigodos. Éstos contribuyeron muy poco al idioma. Ya habían convivido dos siglos con los romanos, a veces como aliados, a veces como enemigos; y ya se habían compenetrado de la cultura romana. Sin embargo, se señalan como aportes visigodos muchos nombres de personas, como Ramiro, Rosendo y Gonzalo.

Cuando desaparecieron la administración y las escuelas establecidas por los romanos, perdió su unidad el latín vulgar, y ya para el siglo IX iba dando lugar al grupo de idiomas conocidos como los romances, cada uno de ellos evolucionando con sus propias características regionales: el gallego, el castellano, el aragonés, el catalán y más. Entendida esta situación, es completamente apropiado que hablemos de un romance castellano, a diferencia, por ejemplo, del romance navarro-aragonés, o de cualquier otro.

Pero, ¿de qué depende este fraccionamiento lingüístico y el subsecuente afianzamiento del castellano como idioma predominante en España? Para averiguarlo, hay que examinar causas históricas, políticas y económicas.

El momento histórico coincide con la implantación de la cultura árabe a consecuencia de la invasión musulmana en 711. Durante casi ocho siglos, al-Ándalus—los dominios musulmanes en la Península Ibérica pero principalmente Andalucía—logra dejar una huella profunda en el habla. Impuesto el árabe como idioma administrativo, los moros afrontan casi de inmediato la resistencia de los reinos cristianos, movimiento que adquirió el nombre de la Reconquista. Sobre la faz de España, surge una separación política que influye en el idioma: hacia el sur, al-Ándalus ve el desarrollo de dialectos mozárabes, es decir, los muy influidos por el árabe, mientras que siguen desarrollándose al norte los diversos romances de los reinos cristianos. Son notorios los préstamos del árabe al idioma popular. Basta recordar las muchísimas voces que empiezan con el artículo definido en árabe «al-», entre ellas, «alfombra», «álgebra», «albaricoque» y «almacén». Su influencia abarca una cantidad tan grande de vocablos que muchas veces el árabe nos da una palabra que repite otra castellana de significado igual: «alcázar» y «palacio», «alacrán» y «escorpión», «aceituna» y «oliva», «aceite» y «óleo», y más.

Nos acercamos al fin de esta historia y a la consolidación de la lengua castellana, idioma que la Constitución de España de 1978 reconoce como idioma oficial de la nación. La lengua se afianza durante la hegemonía musulmana, pues es éste el período en que el romance castellano produce su primera literatura: los cantares de gesta, alguna vez abundantes, aunque hoy nos quedan sólo cuatro. Son extensos poemas que cantan las grandes hazañas de los héroes de la Reconquista. Datan del siglo XI y XII. El más famoso y completo de ellos, con casi 4.000 versos, es el «Cantar de mío Cid» (c. 1200).

Estos poemas épicos de la Reconquista provocaron un acontecimiento magno para la lengua de España. Entre otras muchas reformas suyas de carácter jurídico, histórico, económico y científico, el insigne rey de Castilla y León, Alfonso X el Sabio (1252–1284), reconoció el idioma de Castilla como lengua culta. Fue un momento trascendental que creó un nuevo paradigma. Hasta entonces, el latín clásico había sido la única lengua culta de toda la Europa cristiana. Antes de Alfonso X, su padre Fernando III el Santo había permitido el uso del romance castellano en documentos jurídicos; pero el hijo, inspirado en el innegable valor literario de los cantares de gesta, realizó el acto que marca la hora en que podemos empezar a hablar del idioma castellano. Es en estos monumentos de la literatura donde se aprecia el alto grado de desarrollo de la lengua, y sus marcadas diferencias de la de los documentos notariales de la época. Bien podemos afirmar, por eso, que el afianzamiento del castellano como nuestro idioma español se debe directamente a la difusión de estos primeros productos de la literatura española: los cantares de gesta.

Apenas cinco décadas después de la muerte de Alfonso X, su sobrino don Juan Manuel elaboró, para una Castilla todavía medieval y para generaciones venideras, la colección de cuentos *El conde Lucanor*, o *Libro de Patronio*, escritos en un castellano claro y pulido.

La historia de los orígenes del castellano concluye con la hegemonía política y económica de Castilla, pues Castilla es el reino cuya pujanza logra unir los reinos cristianos del norte mediante el matrimonio en 1469 de Isabel de Castilla y Fernando de Aragón, y la caída en 1492 del último reducto del poder musulmán en el sur: Granada. Dentro de pocos meses, Cristóbal Colón abrirá el camino que pronto transforma a España en la primera potencia mundial. Sobre la fecha de 1492, se dirá más en el siguiente marco histórico y cultural.

El mayor especialista del siglo XX en la historia de la lengua española, Ramón Menéndez Pidal, llamó al español el producto de la colaboración de largos siglos de gente culta de todas las regiones hispánicas. Los hispanohablantes de hoy, seamos hablantes nativos o adoptivos, debemos un sentido voto de gratitud a esta gente, nuestros antecesores, y a la Real Academia Española, fundada en 1713. Los miembros de sus academias correspondientes hoy provienen de todos los países de habla española, y siguen llevando a cabo esta labor de «limpiar, fijar y dar esplendor» al idioma español, o castellano.

PARA REFLEXIONAR:

1. Nombra algunas de las preguntas esenciales de que trata este ensayo.

2. Nombra algunos pueblos históricos que invadieron la Península Ibérica. Compáralos entre sí.

3. Nombra algunos aportes lingüísticos de estos pueblos al idioma español de hoy.

4. ¿Qué decisión histórica tomó el rey Alfonso X el Sabio, respecto al idioma que hablamos?

5. Ante el gran número de hablantes de nuestro idioma hoy, y el número de países donde se habla, ¿qué papel tiene la Real Academia Española? ¿Qué pudiera pasar con el idioma si no existiera esta academia?

El conde Lucanor

EL INFANTE DON JUAN MANUEL

Se considera que el género novelesco nace, no sólo en España, sino en toda Europa, con El conde Lucanor, *también conocido como* Libro de Patronio *(1335). El infante don Juan Manuel (1282–1348) fue sobrino del ilustre rey de Castilla Alfonso X el Sabio, que durante su reinado emprendió una obra monumental de sistematización del saber jurídico, histórico y lingüístico castellano. Ambicioso, don Juan Manuel vivió una vida de maniobras políticas. Figuró en disputas por el trono de Castilla después de la muerte de su tío. Combatió y venció a los moros de Málaga, pero no vaciló en formar alianzas con los moros de Granada para mejorar su posición política. En medio de todo, creó una abundante obra literaria que le confirmó indiscutiblemente como el mejor prosista de su tiempo.*

El conde Lucanor es una colección de cuentos ligados por la continuidad de sus dos protagonistas. Móvil de cada cuento es una duda que el joven e inexperto conde le presenta a su viejo maestro y consejero Patronio. Éste le enseña la adecuada solución, refiriéndole un «ejemplo», término utilizado desde la Antigüedad para significar una historia insertada a manera de testimonio. Don Juan Manuel extrajo de las tradiciones orientales—árabes, y anteriores a éstas, las de Persia y de la India—muchos cuentos de El conde Lucanor, *libro que escribió en su fortaleza sobre la Hoz de Alarcón. El siguiente ejemplo pide comparación con la comedia de William Shakespeare* La fierecilla domada.

Otra vez hablaba el conde Lucanor con Patronio, y díjole:

—Patronio, un mío criado[2] me dijo que le traían casamiento con una mujer muy rica y aun que es más honrada que él; y que es el casamiento muy bueno para él, si no por un embargo que allí hay, y el embargo es éste: díjome que le dijeran[3] que aquella mujer que era la más fuerte y más brava cosa del mundo. Y ahora ruégoos que me aconsejéis si le mandaré que case con aquella mujer, pues sabe de cuál manera es, o si le mandaré que lo no haga.

—Señor conde —dijo Patronio—, si él fuere tal como fue un hijo de un hombre bueno que era moro, aconsejadle que case con ella, mas si no fuere tal, no se lo aconsejéis.

El conde le rogó que le dijese cómo fuera[4] aquello.

Patronio le dijo que en una villa había un hombre bueno que había[5] un hijo, el mejor mancebo que podía ser, mas no era tan rico que pudiese cumplir tantos hechos ni tan grandes como el su corazón le daba a entender que debía cumplir. Y por esto era él en gran cuidado, ca[6] había la voluntad y no había el poder.

Y en aquella villa misma, había otro hombre muy más honrado y más rico que su padre, y había una hija y no más, y era muy contraria de aquel mancebo; ca cuanto aquel mancebo había de buenas maneras, tanto las había aquella hija del hombre bueno, de malas y revesadas; y por ende, hombre del mundo no quería casar con aquel diablo.

Aquel tan buen mancebo vino un día a su padre y díjole que bien sabía que él no era tan rico que pudiese darle con qué él pudiese vivir a su honra, y que, pues le convenía hacer **vida menguada y lazrada,**[7] o irse de aquella tierra; que si él por bien tuviese, que le parecía mejor seso de catar[8] algún casamiento con que pudiese haber alguna pasada.[9] Y el padre le dijo que le placía ende[10] mucho si pudiese hallar para él casamiento que le cumpliese.

Entonces le dijo el hijo que, si él quisiese, que podría guisar[11] que aquel hombre bueno que había aquella hija, que se la diese para él. Cuando el padre esto oyó, fue muy **maravillado**,[12] y díjole

---

[1] **mancebo**—hombre joven

[2] criado—mancebo criado y educado en una casa sin ser hijo de familia; típicamente un pariente.

[3] dijeran—habían dicho.

[4] fuera—había sido.

[5] había—tenía; del verbo *haber*, que en aquella época equivalía a tener.

[6] ca—porque.

[7] **vida menguada y lazrada**—vida pobre y desgraciada.

[8] catar—buscar; mirar.

[9] pasada—recursos.

[10] ende—de ello.

[11] guisar—disponer; arreglar.

[12] **maravillado**—asombrado; atónito; boquiabierto.

Aclarar

¿Qué significa aquí la palabra «embargo»?

_____

_____

Reflexionar

¿Estás de acuerdo con la afirmación de Patronio de que es necesario ser rico para poder llevar a cabo grandes obras?

_____

_____

_____

Conectar

a. ¿Por qué crees que tanto el padre como el hijo considera que el casamiento le ofrece al joven la posibilidad de vivir dignamente?

_____

_____

_____

b. Busca en Internet más información sobre el matrimonio en el Medioevo.

que cómo cuidaba[13] en tal cosa: que no había hombre que la conociese que, por pobre que fuese, quisiese casar con ella. El hijo le dijo que le pedía por **merced**[14] que guisase aquel casamiento. Y tanto le afincó[15] que, como quiera que el padre lo tuvo por extraño, que se lo otorgó.

Y fuése luego para aquel hombre bueno, y ambos eran mucho amigos, y díjole todo lo que pasara[16] con su hijo y rogóle que, pues su hijo se atrevía a casar con su hija, que le **pluguiese**[17] y se la diese para él. Cuando el hombre bueno esto oyó a aquel su amigo, díjole:

—Por Dios, amigo, si yo tal cosa hiciese seríaos ya muy falso amigo, ca vos tenéis muy buen hijo, y tendría que hacía muy gran maldad si yo consintiese su mal y su muerte; ca soy cierto que, si con mi hija casase, que o sería muerto o le valdría más la muerte que la vida. Y no entendáis que os digo esto por no cumplir vuestro **talante**,[18] ca si la quisiereis, a mí mucho me place de la dar a vuestro hijo, o a quienquiera que me la saque de casa.

Y aquel su amigo díjole que le agradecía mucho cuanto le decía, y que pues su hijo quería aquel casamiento, que le rogaba que le pluguiese.

El casamiento se hizo, y llevaron la novia a casa de su marido. Y los moros han por costumbre que adoban[19] de cenar a los novios y pónenles la mesa y déjanlos en su casa hasta otro día. E hiciéronlo así aquéllos; pero estaban los padres y las madres y parientes del novio y de la novia con gran **recelo**,[20] cuidando que otro día hallarían el novio muerto o muy maltrecho.

Luego que ellos fincaron[21] solos en casa, sentáronse a la mesa, y antes que [ella] uviase[22] a decir cosa, cató el novio en derredor de la mesa, y vio un perro y díjole ya cuanto[23] bravamente:

—¡Perro, danos agua a las manos!

Y el perro no lo hizo. Y él comenzóse a ensañar[24] y díjole más bravamente que les diese agua a las manos. Y el perro no lo hizo. Y desque[25] vio que lo no hacía, levantóse muy sañudo de la mesa y metió mano a la espada y enderezó al perro. Cuando el perro lo vio venir contra él, comenzó a huir, y él en pos de él, saltando ambos por la ropa y por la mesa y por el fuego, y tanto anduvo en pos de él hasta que lo alcanzó, y cortóle la cabeza y las piernas

---

[13] cuidaba—pensaba.

[14] **merced**—favor; concesión.

[15] afincó—apremió; insistió.

[16] pasara—había pasado.

[17] **pluguiese**—complaciese; complaciera.

[18] **talante** (m.)—voluntad.

[19] adoban—preparan.

[20] **recelo**—falta de confianza en algo o en alguien.

[21] fincaron—quedaron.

[22] uviase—llegase.

[23] ya cuanto—algún tanto.

[24] ensañarse—llenarse de saña, de rabia; ponerse sañudo, furioso.

[25] desque—puesto que; ya que.

© Houghton Mifflin Harcourt Publishing Company

Predecir

¿Por qué crees que el hijo le insiste al padre que consienta su casamiento? ¿Crees que tiene un plan?

_____

_____

Inferir

¿A quién crees que va dirigida esta aclaración sobre las costumbres matrimoniales de los moros, al conde Lucanor o al lector? ¿Por qué?

_____

_____

Aclarar

¿Qué significa aquí la palabra «enderezó»?

_____

y los brazos, e hízolo todo pedazos, y ensangrentó toda la casa y toda la mesa y la ropa.

Y así muy sañudo y todo ensangrentado, tornóse a sentar a la mesa y cató en derredor, y vio un gato y díjole que le diese agua a las manos; y porque no lo hizo, díjole:

—¡Cómo, don falso traidor! ¿No viste lo que hice al perro porque no quiso hacer lo que le mandé yo? Prometo a Dios que, si poco ni más conmigo **porfías,**[26] que eso mismo haré a ti que al perro.

El gato no lo hizo, ca tampoco es su costumbre de dar agua a las manos, como del perro. Y porque no lo hizo, levantóse y tomólo por las piernas y dio con él a la pared e hizo de él más de cien pedazos, mostrando muy mayor **saña**[27] que contra el perro.

Y así, bravo y sañudo y haciendo muy malos continentes,[28] tornóse a la mesa y cató a todas partes. La mujer que le vio esto hacer, tuvo que estaba loco o fuera de seso, y no decía nada.

Y desque hubo catado a cada parte, vio un su caballo que estaba en casa, y él no había más de aquél, y díjole bravamente que les diese agua a las manos. Y el caballo no lo hizo. Desque vio que no lo hizo, díjole:

—¡Cómo, don caballo! ¿Cuidáis que porque no he otro caballo, que por eso os dejaré si no hiciereis lo que yo os mandare? De eso os guardad, que si por vuestra mala ventura no hiciereis lo que yo os mandare, yo juro a Dios que tan mala muerte os dé como a los otros; y no hay cosa viva en el mundo que no haga lo que yo mandare, que eso mismo no le haga.

El caballo estuvo quedo.[29] Y desque vio que no hacía su mandado, fue a él y cortóle la cabeza y con la mayor saña que podía mostrar, **despedazólo**[30] todo.

Cuando la mujer vio que mataba el caballo no habiendo otro y que decía que esto haría a quienquiera que su mandado no cumpliese, tuvo que esto ya no se hacía por juego; y hubo tan gran miedo que no sabía si era muerta o viva.

Y él así, bravo y sañudo y ensangrentado, tornóse a la mesa, jurando que si mil caballos y hombres y mujeres hubiese en casa, que le saliesen de mandado, que todos serían muertos. Y sentóse y cató a toda parte, teniendo la espada sangrienta en el regazo; y desque cató a una parte y a otra y no vio cosa viva, volvió los ojos contra su mujer muy bravamente y díjole con gran saña, teniendo la espada en la mano:

---

[26] **porfías**—insistes.

[27] **saña**—rabia; ira; furia.

[28] malos continentes—mala cara.

[29] quedo—quieto.

[30] **despedazólo**—lo cortó en pedazos.

Figuras retóricas

¿Qué figura retórica emplea el autor en la frase «don falso traidor»? ¿Cuál es el efecto de la inclusión de esta figura?

Analizar

Analiza el nivel de violencia del cuento. ¿Será un reflejo verídico de la vida medieval o será una exageración que le proporciona elementos humorísticos a la historia?

Aclarar

¿Qué significa la frase «salir de mandado»?

—Levantaos y dadme agua a las manos.

Y la mujer, que no esperaba otra cosa sino que la despedazaría toda, levantóse muy aprisa y diole agua a las manos. Y díjole él:

—¡Ah! ¡Cómo agradezco a Dios porque hicisteis lo que os mandé, ca de otra guisa,[31] por el pesar que estos locos me hicieron, eso hubiera hecho a vos que a ellos!

Y después mandóle que le diese de comer; y ella hízolo. Y cada que le decía alguna cosa, tan bravamente se la decía que ya cuidaba que la cabeza era cortada.

Así pasó el hecho entre ellos aquella noche, que nunca ella habló, mas hacía lo que él le mandaba. Y desque hubieron dormido una pieza, díjole él:

—Con esta saña que hube esta noche no pude bien dormir. Catad que no me despierte cras[32] ninguno; y tenedme bien adobado de comer.

Cuando fue gran mañana,[33] los padres y las madres y parientes llegaron a la puerta; y porque no hablaba ninguno, cuidaron que el novio estaba muerto o herido y desque vieron por entre las puertas a la novia y no al novio, cuidáronlo más. Cuando ella los vio a la puerta llegó muy paso[34] y con gran miedo, y comenzóles a decir:

—¡Locos, traidores! ¿Qué hacéis y cómo osáis llegar a la puerta ni hablar? ¡Callad! Si no, también vos como yo, todos somos muertos.

Y cuando todos esto oyeron, fueron maravillados, y desque supieron cómo pasaran[35] aquella noche, apreciaron mucho al mancebo porque así supiera[36] hacer lo que le cumplía y castigar[37] tan bien su casa. Y de aquel día adelante, fue aquella su mujer muy bien mandada y hubieron muy buena vida.

Y dende[38] a pocos días, su suegro quiso hacer así como hiciera[39] su yerno; y por aquella manera mató un gallo. Y díjole su mujer:

—A la fe, don Fulán, tarde os acordasteis ca ya no os valdría nada si mataseis cien caballos: que antes lo hubierais a comenzar, que ya bien nos conocemos.

Y vos, señor conde, si aquel vuestro criado quiere casar con tal mujer, si fuere él tal como aquel mancebo, aconsejadle que case seguramente, ca él sabrá cómo pase en su casa; mas si no

---

[31] de otra guisa—de otra manera.

[32] cras—mañana.

[33] gran mañana—muy de mañana.

[34] paso—quedo; con sigilio.

[35] pasaran—habían pasado.

[36] supiera—había sabido.

[37] castigar—gobernar, llevar.

[38] dende—desde allí.

[39] hiciera—había hecho.

Aclarar

¿Quiénes son «estos locos»?

_____

_____

Interpretar

¿Qué quiso decir la suegra del mancebo?

_____

_____

© Houghton Mifflin Harcourt Publishing Company

Aclarar

¿Qué quiere decir la frase «pase su ventura»?

_____

_____

Comparar

Este es un ejemplo de literatura autoconsciente dado que el autor se menciona a sí mismo en la obra. ¿En qué otra obra puedes hallar un ejemplo de literatura autoconsciente?

_____

_____

Reflexionar

¿Podría decirse que esta es la moraleja del cuento? ¿Por qué?

_____

_____

fuere tal que entienda lo que debe hacer y lo que le cumple, dejadle pase su ventura. Y aún aconséjoos que con todos los hombres que algo habéis a hacer, que siempre les deis a entender en cuál manera han de pasar convusco.[40]

El conde tuvo éste por buen consejo, e hízolo así, y hallóse ende[41] bien.

Y porque don Juan lo tuvo por buen ejemplo, hízolo escribir en este libro, e hizo estos versos que dicen así:

Si al comienzo no muestras quién eres,
nunca podrás después cuando quisieres.

---

[40] convusco—con vos.

[41] ende—por ello.

PREGUNTAS

Para conocer más a fondo el texto que has leído, responde a las siguientes preguntas. Tu propósito será uno de éstos, según indique tu profesor/a: a. prepararte para participar en un coloquio con tus compañeros de clase; b. prepararte para dar una presentación oral; c. bosquejar tus ideas por escrito para intercambiarlas con tus compañeros de clase; o d. escribir un ensayo formal.

1. Esta obra presenta «un cuento dentro de un cuento». Haz un breve resumen de los dos cuentos, identificando a sus personajes. ¿Cuáles son los móviles del conde Lucanor y de su ayo Patronio? ¿Cuáles son los móviles del joven moro que se casó con la mujer muy fuerte y muy brava?

2. ¿Cuál es el resultado de la primera noche de casados del mancebo moro y de su nueva esposa? ¿Por qué no le sirvió después al padre de la novia su esfuerzo por lograr el mismo resultado con su propia esposa?

3. Cualquiera diría que las escenas pintadas en el cuento de Patronio son de una brutalidad desmedida, hasta monstruosa. ¿Cuáles son los toques de humorismo que impiden que este cuento recaiga en terror y degradación para la novia? Detalla tus ideas, basándote en el texto. ¿Crees tú que sea central al cuento el hecho de que la persona que «muestra al comienzo quién es» es hombre, y que la persona que lo llega a conocer es mujer? Defiende tu respuesta.

Análisis literario

El conde Lucanor

Considera este pasaje, que forma el comienzo de uno de los Ejemplos en *El conde Lucanor*. Luego contesta las preguntas que le siguen.

Otra vez hablaba el conde Lucanor con Patronio, y díjole:

—Patronio, un mío criado me dijo que le traían casamiento con una mujer muy rica y aun que es más honrada que él; y que es el casamiento muy bueno para él, si no por un embargo que allí hay, y el embargo es éste: díjome que le dijeran que aquella mujer que era la más fuerte y más brava cosa del mundo. Y ahora ruégoos que me aconsejéis si le mandaré que case con aquella mujer, pues sabe de cuál manera es, o si le mandaré que lo no haga.

—Señor conde —dijo Patronio—, si él fuere tal como fue un hijo de un hombre bueno que era moro, aconsejadle que se case con ella, mas si no fuere tal, no se lo aconsejéis.

El conde le rogó que le dijese cómo fuera aquello.

Patronio le dijo que en una villa había un hombre bueno que había un hijo, el mejor mancebo que podía ser, mas no era tan rico que pudiese cumplir tantos hechos ni tan grandes como el su corazón le daba a entender que debía cumplir.

I. ¿Cuál es el problema que tiene el criado del conde Lucanor?

a. Quiere casarse, pero su familia se opone a la idea.

b. No quiere casarse con la mujer, porque ella es muy fuerte.

c. No sabe si debe casarse con la mujer o no.

d. Hay un conflicto entre el conde Lucanor y él.

2. El resto del Ejemplo probablemente consiste en _____.

a. una historia acerca del pasado del criado

b. la historia del hijo del hombre moro que menciona Patronio

c. una lista de consejos para personas que piensen casarse

d. un diálogo entre el conde Lucanor y Patronio sobre la importancia del amor

3. En cuanto a la relación entre Patronio y el conde Lucanor, ¿cuál de estas declaraciones es verdadera?

a. Patronio proviene de un nivel social más elevado que el conde.

b. Se tratan el uno al otro como iguales.

c. Patronio es de un nivel social humilde, y por lo tanto sabe menos que el conde.

d. El conde le pide consejos a Patronio a pesar de que éste es de un nivel social más bajo.

4. Al leer las palabras de Patronio, el lector puede inferir que, para él, _____.

a. el conde Lucanor es una figura algo ridícula que merece poco respeto

b. no ser cristiano no implica necesariamente ser mala persona

c. las mujeres son la causa de mucho sufrimiento en el mundo

d. siempre es mejor contestar preguntas de manera directa, sin dar ejemplos

5. Los cuatro primeros párrafos de este pasaje podrían describirse como _____.

a. una introducción a los personajes principales del Ejemplo

b. parte de una especie de marco que encierra por dentro otra historia

c. una explicación de la relación entre el conde Lucanor y Patronio

d. una descripción de los diferentes puntos de vista del conde Lucanor y Patronio

6. ¿Qué problema tiene el joven que se menciona en el último párrafo de este pasaje?

a. Es muy pobre, y por eso no puede casarse.

b. No tiene dinero suficiente para hacer todo lo que quiere.

c. No se lleva bien con el conde Lucanor.

d. No está seguro de lo que debe hacer con su vida.

Romance del rey moro que perdió Alhama[1]

ANÓNIMO

El romance es una forma de poesía popular que surgió en el Medioevo: popular porque tuvo su origen en el pueblo, sin llegarse a escribir hasta más tarde. Los romances llamados fronterizos, o moriscos, como éste, fueron compuestos por cristianos que adoptaron un punto de vista musulmán. Despertaron vivamente su imaginación las relaciones entre musulmanes y cristianos, y su propósito era conservar y transmitir las noticias de hechos tanto heroicos como humanos. El romance cobró una forma lírica particular para que los juglares, que iban de pueblo en pueblo recitándolos o cantándolos, pudieran recordarlos más fácilmente. En este romance (después de 1482) el rey moro llega a saber de la pérdida de Alhama a manos de los Reyes Católicos, Fernando e Isabel, con cuyo matrimonio, en 1469, se dio comienzo a la unidad de España.

---

[1] Alhama—ciudad y fortaleza al suroeste de Granada, vital para los moros porque dominaba rutas claves desde Granada. En febrero de 1482, Alhama es atacada; un mes después, cae en manos de los Reyes Católicos.

Enfoque en el estilo

¿De qué recurso se vale el autor para aumentar el dramatismo del poema?

Comprender

¿Qué hacía el rey moro antes de recibir las cartas y qué hizo después?

_____

_____

Interpretar

¿Qué crees que demuestra la estrofa que empieza «Cartas le fueron venidas» sobre la personalidad del rey moro?

_____

_____

Inferir

¿Qué sugiere sobre el autor el hecho de que este menciona un dios de la mitología romana?

_____

_____

Paseábase el rey moro[2]
por la ciudad de Granada[3]
desde la puerta de Elvira
hasta la de Vivarrambla.
 ¡Ay de mi Alhama!
 Cartas le fueron venidas
que Alhama era ganada:
las cartas echó en el fuego,
y al **mensajero**[4] matara.
 ¡Ay de mi Alhama!
 Descabalga[5] de una mula,
y en un caballo **cabalga**[6];
por el Zacatín[7] arriba
subido se había al Alhambra.[8]
 ¡Ay de mi Alhama!
 Como en el Alhambra estuvo,
al mismo punto[9] mandaba
que se toquen sus trompetas,
sus añafiles[10] de plata.
 ¡Ay de mi Alhama!
 Y que las **cajas**[11] de guerra
apriesa toquen al arma,[12]
porque lo oigan sus moros,
los de la Vega[13] y Granada.
 ¡Ay de mi Alhama!
 Los moros que el **son**[14] oyeron
que al sangriento **Marte**[15] llama,
uno a uno y dos a dos
juntado se ha gran batalla.
 ¡Ay de mi Alhama!

---

[2] el rey moro—Abu I-Hasan Alí, quien subió al trono de Granada en 1464 y tenía fama de decadente y disoluto; fue padre de Boabdil, el último rey de Granada.

[3] Granada—gran ciudad andaluza; último enclave del reino musulmán en la Península Ibérica, Granada se rindió el 2 de enero de 1492.

[4] mensajero—el que lleva un recado o una noticia a otro.

[5] descabalga—baja; desmonta.

[6] cabalga—va montado en caballo.

[7] Zacatín—una calle estrecha que lleva a la Alhambra.

[8] Alhambra—fortaleza de los sultanes granadinos, construida en los siglos XIII y XIV; además de un palacio y mezquita, tenía capacidad para una guarnición de cuarenta mil hombres.

[9] al mismo punto—en seguida.

[10] añafiles—flautas de tipo árabe.

[11] cajas—tambores.

[12] al arma—a las armas; grito antiguo que dio lugar a la palabra "alarma".

[13] la Vega—la fértil Vega de Granada, centro de horticultura árabe al oeste de la ciudad; cruzada por el río Genil, fue sede de una extensa propiedad de los soberanos moros, y allí crearon sus ingenieros un intrincado sistema de riegos.

[14] son—sonido rítmico producido con instrumentos.

[15] Marte—dios de la guerra en la mitología romana.

Allí habló un **moro**[16] viejo,
de esta manera hablara:
—¿Para qué nos llamas, rey,
para qué es esta llamada?
　　¡Ay de mi Alhama!

　　—Habéis de saber, amigos,
una **nueva desdichada**[17]
que cristianos de braveza
ya nos **han ganado**[18] Alhama.
　　¡Ay de mi Alhama!

　　Allí habló un **alfaquí**[19]
de barba crecida y cana:[20]
—¡Bien se te emplea, buen rey,
buen rey, bien se te empleara!
　　¡Ay de mi Alhama!

　　—¡Mataste los Abencerrajes,[21]
que eran la flor de Granada;
cogiste[22] los **tornadizos**[23]
de Córdoba[24] la nombrada![25]
　　¡Ay de mi Alhama!

　　—Por eso mereces, rey,
una pena muy doblada;
que te pierdas tú y el reino,
y aquí se pierda Granada.
　　¡Ay de mi Alhama!

---

[16] **moro**—natural del norte de África; por extensión, mahometano; musulmán.

[17] **nueva desdichada**—noticia de un infortunio; mala noticia.

[18] **han ganado**—han salido victoriosos; han conquistado.

[19] **alfaquí**—maestro del Corán; académico árabe.

[20] **cana**—de pelos grises, por la gran edad que representaba.

[21] **Abencerrajes**—gran familia, enemiga del rey moro Abu l-Hasan.

[22] **cogiste**—acogiste; admitiste; recibiste; reuniste.

[23] **tornadizos**—cristianos conversos al Islam, pero de dudosa lealtad al reino musulmán de Granada.

[24] **Córdoba**—antigua capital del reino musulmán al-Ándalus; se sitúa al noroeste de Granada.

[25] **nombrada**—de gran renombre; afamada.

© Houghton Mifflin Harcourt Publishing Company

Figuras retóricas

¿Qué figura retórica usa el autor en estos versos? ¿Cuál es el efecto de incluir esta figura?

_____

_____

Inferir

¿Qué representa el alfaquí de barba crecida y cana?

_____

_____

_____

Identificar

Subraya las razones dadas en la penúltima estrofa por las que se perdió el dominio de Granada.

_____

_____

_____

Reflexionar

¿Cuál es el tono del poema?

_____

_____

Enfoque en el estilo

¿Qué voces están presentes en el poema?

_____

_____

PREGUNTAS

Para conocer más a fondo el texto que has leído, responde a las siguientes preguntas. Tu propósito será uno de éstos, según indique tu profesor/a: **a.** *prepararte para participar en un coloquio con tus compañeros de clase;* **b.** *prepararte para dar una presentación oral;* **c.** *bosquejar tus ideas por escrito para intercambiarlas con tus compañeros de clase; o* **d.** *escribir un ensayo formal.*

1. Una de las características fundamentales de los *romances* antiguos es que tienen una métrica que facilita su recitación de memoria. Un *romance* consiste en versos octosílabos, en número indeterminado, con la misma rima asonante en los versos pares, quedando sueltos, o sin rima, los impares. Examina la estructura del «Romance del rey moro que perdió Alhama», y presenta ejemplos específicos extraídos del poema, de los varios elementos de esta definición formal de *romance*.

2. Otra característica fundamental de los *romances* antiguos es que el efecto, al leerlos, es musical. Comenta los recursos poéticos empleados en «Romance del rey moro que perdió Alhama», y presenta ejemplos extraídos del poema del lirismo logrado por estos recursos poéticos.

3. Otra característica fundamental de los *romances* antiguos es que suelen relatar un momento épico, dramático y conmovedor, y a veces lo logran con un diálogo entre dos o más personas. Apunta ejemplos específicos de estos dos fenómenos en este *romance*. ¿Qué efecto tienen?

4. Una cuarta característica de los *romances* es que suelen abrirse *in medias res,* es decir, empezada ya la acción de la narración, y tienden a acabarse de manera abrupta. Describe este fenómeno con relación a este romance.

5. Una última característica fundamental de los *romances* antiguos es que muchas veces presentan un diálogo que contribuye directamente al efecto dramático del hecho narrado. Da ejemplos de este fenómeno, extraídos del «Romance del rey moro que perdió Alhama», y comenta la manera en que aumentan el dramatismo de la pieza.

Análisis literario

«Romance del rey moro que perdió Alhama»

Lee el siguiente fragmento del «Romance del rey moro que perdió Alhama». Luego contesta las preguntas que le siguen.

—Habéis de saber, amigos,
una nueva desdichada
que cristianos de braveza
ya nos han ganado Alhama.
  ¡Ay de mi Alhama!
  Allí habló un alfaquí
de barba crecida y cana:
—¡Bien se te emplea, buen rey,
buen rey, bien se te empleara!
  ¡Ay de mi alhama!
—¡Mataste los Abencerrajes,
que eran la flor de Granada;
cogiste los tornadizos
de Córdoba la nombrada!
  ¡Ay de mi Alhama!
—Por eso mereces, rey,
una pena muy doblada:
que te pierdas tú y el reino,
y aquí se pierda Granada.
  ¡Ay de mi Alhama!

1. La rima asonante en versos pares es característica de los romances. ¿Este fragmento sigue ese esquema?

  a. Sí.

  b. Sí, si se omiten los versos en los que se repite «*¡Ay de mi Alhama!*»

  c. No, porque la rima en este fragmento ocurre en los versos impares.

  d. No, la rima aquí en este fragmento no es asonante sino consonante.

2. «*¡Ay de mi Alhama!*» es un ejemplo de _____.

  a. un símil   **c.** un apóstrofe

  b. un hipérbaton   **d.** un estribillo

3. Al leer este fragmento, el lector puede deducir que _____.

  a. fue escrito por uno de los combatientes moros

  b. la batalla por Alhama continuaba cuando se escribió el poema

  c. el autor pensaba que el rey moro era un guerrero valiente

  d. los moros ya habían perdido Alhama cuando se escribió el poema

4. Al describir al alfaquí, o estudioso árabe, el autor menciona unas características físicas suyas. Probablemente hace esto para _____.

  a. señalar por qué no puede participar en la batalla por Alhama

  b. establecer un claro contraste entre el alfaquí y el rey

  c. indicar que tiene suficiente edad y autoridad para criticar al rey

  d. mostrar por qué los moros perdieron la batalla por Alhama

5. Este poema fue escrito por un _____. Narra los acontecimientos desde el punto de vista _____.

  a. cristiano / moro

  b. cristiano / cristiano

  c. moro / cristiano

  d. moro / moro

6. Según el alfaquí, los moros perdieron Alhama _____.

  a. por la cobardía en batalla de sus soldados

  b. por el armamento superior de los cristianos

  c. porque Dios favorecía a los cristianos

  d. por las malas decisiones políticas del rey moro

7. El alfaquí opina que al final el rey _____.

  a. sufre un castigo injusto

  b. no entiende lo que ha ocurrido

  c. merece lo que le ha pasado

  d. podrá volver a ganar Alhama

Marco histórico y cultural

Encuentro entre mundos

Pocos relatos históricos fascinan tanto como el de la Conquista de México; y ninguna historia del continente americano está tan bien fundamentada en documentos antiguos al alcance de los lectores de hoy. Es un valiosísimo legado de testimonios dejados por un puñado de escritores legos del siglo XVI: españoles partícipes de la Conquista, por un lado, y por el otro, testigos indígenas que presenciaron la destrucción del andamiaje de su cultura.

Entre los primeros: la extraordinaria evidencia en forma de cartas que, entre 1519 y 1526, escribió el indómito Hernán Cortés a su emperador Carlos V en España. Violando órdenes de su superior inmediato—Diego Velázquez, el entonces gobernador de Cuba— de cumplir una empresa diferente, Cortés capitaneó a un reducido número de soldados españoles en un temerario avance sobre Tenochtitlan, sede del imperio mexicano. A Cortés, antes de partir de Cuba para el continente, se le habían encomendado tres actividades solamente: rescatar cautivos, obtener información y realizar trueques. Llegado a la isla de Cozumel, empezó con el rescate de un cautivo español, Jerónimo de Aguilar, de manos de los mayas. Aguilar, quien, durante sus años de esclavitud, había aprendido el idioma maya, de ahí en adelante sirvió a Cortés de intérprete, junto con la joven indígena noble Malintzin, o doña Marina, quien dominaba el maya y el náhuatl, idioma de los mexicas. Cortés, en sus históricas cartas escritas sobre la marcha a Carlos V, a quien tenía entonces por máxima autoridad suya, monta la defensa de su monumental acto de insurrección.

Entre los segundos: la singular enciclopedia etnográfica y lingüística de la cultura nahua precortesiana, recopilada desde pocos años después de la Conquista por los informantes de Sahagún, letrados nahuas de una nueva generación joven que a petición de un fraile franciscano colaboraron con sus mayores para dejar constancia de la cultura nahua que existía antes de la llegada de Cortés, y para preservarla antes de que los recuerdos de ese mundo se desvanecieran junto con los testigos presenciales. Este descomunal proyecto fue dirigido y custodiado durante décadas, con singular devoción, por el padre Bernardino de Sahagún. Es lo que hoy se conoce como la *Historia general de las cosas de Nueva España*.

La obra de Sahagún cayó en el olvido durante siglos, y llegó a desparramarse por muchos sitios de España e Italia. Fue objeto de críticas por parte de algunos. Sigue siéndolo aún hoy. Sin embargo, respecto a las críticas, el magno especialista mexicano Miguel León-Portilla nos recuerda que es un grave error histórico mirar al pasado con ojos del presente. Califica de ricos y complejos los aportes de Sahagún, y de injustos a sus detractores.

En estos escritos y en muchos otros, México tiene una documentación histórica que brinda una crónica vívida sin igual en toda la historia del choque, hace ya 500 años, entre el mundo europeo y los pueblos americanos. Como epopeya, se compara literariamente con la *Ilíada*, de Homero, por su poder de evocar el dolor humano y las consecuencias de la destrucción de una civilización.

¿Qué dicen los anales de la historia acerca de los mexicanos antes de 1519? Fuentes diversas conservan la memoria histórica de los antiguos mexicanos. La *Crónica mexicana*, escrita por un nieto del *tlatoani* mexica Motecuhzoma Xocoyotzin, cuenta que en tiempos primitivos, vivían siete pueblos nahuas en su lugar originario de Chicomóztoc, la Casa de las Siete Cuevas Cavernosas. Estos pueblos nahuas abandonaron su lugar de origen y fueron a asentarse cerca del mítico Aztlán. Las leyendas no esclarecen ni dónde se ubicaba Aztlán ni por qué los nahuas salieron de allí para emprender un éxodo que los llevaría, siglos después, a ocupar gran parte de lo que es México hoy. El último pueblo nahua en migrar de Aztlán, el mexica, estaba presente ya en el islote del Lago de Texcoco, en el Valle de Anáhuac, para 1274.

Los mitos fijan en 1325 la fundación de Tenochtitlan, la ciudad-estado de los mexicas. Tres pueblos—Tenochtitlan, Texcoco y Tlacopan—formaron una confederación conocida como la Triple Alianza. Mediante guerras rituales continuas, la Triple Alianza sometía a otros pueblos en buena parte de Mesoamérica, exigiéndoles tributo. Un pueblo sometido pagaba altos impuestos, y proveía víctimas para los sacrificios. Su sangre alimentaba al dios Sol-Huitzilopochtli, impuesto como deidad suprema por Tlacaélel, imponente consejero de tres gobernantes supremos entre 1428 y 1478, sólo unas décadas antes de la Conquista. Tlacaélel fue la figura de mayor pujanza en la historia de los mexicas: sagaz comandante militar, sabio estadista, orador elocuente, esmerado conocedor de la antigua sabiduría, ideólogo y reformador religioso. Con él y con Huitzilopochtli, se forjó el destino guerrero de los mexicas. La guerra ritualizada creaba guerreros hábiles; y religión y guerra eran inseparables para los mexicas.

Pocos años antes de la llegada de Cortés, la Triple Alianza se encontraba en plena expansión territorial, llegando su dominio de oeste al sur en franjas irregulares hasta el Océano Pacífico y hasta el norte de lo que es hoy Guatemala. En 1502, quedó electo el noveno *tlatoani* mexica Motecuhzoma Xocoyotzin. Se ha puesto en tela de juicio la

veracidad de los diversos testimonios sobre su reinado, pues existen dudas hoy en cuanto a las motivaciones de los que nos lo describen; pero se cree que centralizó el poder en su persona, y gobernaba con firme conciencia de su nobleza, con devoción religiosa, y con dureza.

Y ¿qué dicen los anales de la historia acerca de los españoles antes de 1519? En 711, por la misma época en que, al otro lado del Atlántico, los pueblos nahuas peregrinaban y se establecían en Mesoamérica, los moros, musulmanes africanos, invadían la península ibérica y fundaban un imperio que duraría casi ochocientos años. La Reconquista de la península, a pesar de ser intermitente y esporádica, empezó casi en seguida. Sin embargo, la Edad Media española se caracterizaba, por una parte, por una notable convivencia entre cristianos, judíos y musulmanes, y por otra, por pugnas facciosas por el poder.

Se dio inicio a la unidad política y religiosa de España cuando, en 1469, se casaron los Reyes Católicos, Isabel de Castilla y Fernando de Aragón. En los primeros días de 1492, cayó Granada, el último reducto del imperio musulmán en la península, y, en agosto del mismo año, Cristóbal Colón partió hacia el oeste en busca de una ruta directa a Asia, sus gastos sufragados por una variedad de fuentes: la Corona, inversiones particulares de mercaderes, y hasta préstamos arreglados por el mismo Colón.

El momento se definía por crecientes posibilidades científicas, económicas, políticas y artísticas que crearían el mundo moderno español y que daban inicio al Renacimiento en España. Carlos I (1516 – 1557) de España—conocido como Carlos V a partir de su coronación como emperador del Sacro

© Houghton Mifflin Harcourt Publishing Company

Imperio Romano Germánico (1520–1557)—era nieto de Isabel y Fernando, y uno de los más grandes protagonistas en el escenario europeo de su época. Durante su vida, Leonardo da Vinci pintó *La Gioconda*, Miguel Ángel decoró la bóveda de la Capilla Sixtina en Roma, Copérnico concibió al sol como centro de nuestro sistema planetario, y Garcilaso de la Vega creó su obra poética. Carlos V pasaría buena parte de su reinado haciendo la guerra contra otros príncipes cristianos de Europa, y sus guerras serían facilitadas económicamente por enormes ingresos producidos a consecuencia de la colonización de las Américas.

1516, año en que este nieto de los Reyes Católicos se autoproclamó rey—al mes de cumplir sus 16 años—fue el mismo año en que Martín Lutero, en Alemania, empezó a predicar en contra de la venta de indulgencias en la Iglesia Católica, dando lugar a la Reforma Protestante. Acto continuo, el joven rey se posesionó del Sacro Imperio Romano Germánico el día 26 de octubre de 1520. La «Segunda carta de relación», escrita en México al flamante emperador, lleva la fecha del 30 de octubre, sólo 4 días después.

1492 marca un hito, y no solamente porque da principio al choque de civilizaciones a uno y otro lado del mar Océano de Cristóbal Colón. Si bien no fue el primer contacto europeo con las Américas, aquel portentoso día 12 de octubre cambió al mundo. A partir de la llegada de Colón a tierra firme en las Antillas, no habría marcha atrás. Su secuela se haría sentir hasta en el rincón más remoto del planeta.

De todas las consecuencias de la Conquista española, se destaca una de grandísimo alcance: el legado del idioma. El español es el idioma materno de la inmensa mayoría de los habitantes de Hispanoamérica. Hoy, más de veinte naciones tienen como suya la lengua de los conquistadores españoles, la de Cervantes, en una unidad lingüistica que es un hecho singular.

Es posible que nunca encuentre una resolución final la polémica sobre los hechos ocurridos después de este año eje de 1492; pero nos incumbe el deber de conocer la documentación que venturosamente custodia la historia.

PARA REFLEXIONAR

1. Nombra dos lugares donde, según sus propias leyendas, vivieron los pueblos nahuas antes de establecerse en Mesoamérica.

2. ¿Con qué importantes ventajas ideológicas contaban los mexicas para extender su dominio sobre otros pueblos de Mesoamérica?

3. ¿Con qué importantes ventajas ideológicas contaban los españoles bajo el mando de Cortés en la Conquista de México?

4. Nombra por lo menos dos protagonistas de la historia de este encuentro entre mundos. Luego señala algunas diferencias entre ellos.

5. ¿Por qué tiene importancia literaria la documentación que sirve como base de la historia de la Conquista de México?

6. ¿Qué importante legado cultural arraigó y sobrevive en el continente americano a raíz de la llegada de los españoles?

Voces indígenas

FRAY BERNADINO DE SAHAGÚN, DIEGO MUÑOZ CAMARGO, UN ANÓNIMO POETA NAHUA

En nuestra vida contemporánea, testigo, además de su acepción corriente—persona que presencia y da testimonio de un suceso—, es también el tubo de metal que pasa un atleta a su compañero de equipo más próximo en una carrera de relevos. La parte de la historia mexicana atestiguada por voces indígenas de la época de la Conquista, es precisamente eso: el testigo en una figurada carrera de relevos, pasado triunfalmente de mano en mano por un equipo de tres admirables etnólogos, atletas del intelecto y custodios de la cultura, literatura y lengua nahuas.

A estos tres eruditos devotos se debe el hecho asombroso de que la resonancia de aquellas voces antiguas se encuentra en manos del común de los lectores hoy. Son fray Bernardino de Sahagún (1499–1590), el padre Ángel María Garibay Kintana (1892–1967), y Miguel León-Portilla (1926–). A cada uno de ellos se le deben capitales contribuciones a la promoción y preservación de las culturas y lenguas indígenas de México. Sus obras, entrelazadas entre sí, reclaman una lectura mucho más extensa que la que haremos aquí.

Los antiguos nahuas habían desarrollado una forma pictográfica, ideográfica y parcialmente fonética, apta para mantener por escrito el recuerdo de su pasado; pero a mediados del siglo XV, el cuarto tlatoani mexica Itzcóatl, aconsejado por el poderoso reformador Tlacaélel, mandó quemar todos los libros donde estaba consignada esa historia. Su propósito: volverla a crear. Según testimonios nahuas, había dicho que no convenía que el pueblo conociera su contenido. Por eso, aun el relato de hechos prehispánicos depende de documentación que data de tiempos de la colonización española.

Es imposible precisar fechas, pero el primero de los extractos, las «Señales y pronósticos», data de entre 1558 y 1575, pues se basa en información presente en ese proyecto monumental, enciclopédico, de Sahagún. Las «Señales y pronósticos» son una pequeña parte de los testimonios dados por ancianos nahuas a estudiantes trilingües del colegio franciscano Santa Cruz de Tlatelolco, hijos todos de la clase alta mexica, quienes, guiados por Sahagún, recopilaron sus datos según un método que sólo puede calificarse de moderno y científico. El documento original de los testimonios, en nahua con comentario en español y latín, se ha perdido, pero copias manuscritas parciales quedaron, y la mejor copia que nos queda—guardada en Florencia, Italia—es tan vasta que hasta hoy no se acaba de investigar ni traducir.

El segundo extracto es un fragmento de la Historia de Tlaxcala, la cual relata los acontecimientos de la Conquista desde otra perspectiva indígena. Diego Muñoz Camargo (1529–1599) fue historiador, hijo de un conquistador español y una noble indígena tlaxcalteca. Escribió su Historia de Tlaxcala entre 1576 y 1591. Es importante notar que, a pesar de haber cursado estudios en la ciudad de México, como tlaxcalteca era hijo del pueblo indígena que más apoyo había dado a Cortés en su implacable avance hacia Tenochtitlan y la conquista del imperio mexica. Es el único de los tres extractos aquí cuyo original se escribió en español. El manuscrito se encuentra en la Biblioteca Nacional de París.

El tercer extracto es el elocuente poema lírico «Se ha perdido el pueblo mexica», de composición más temprana que los dos primeros; existiría ya hacia 1523, solamente dos años después de la segunda y decisiva conquista de Tenochtitlan por Cortés. Se conserva en un manuscrito en nahua que data de mediados del siglo XVI: Cantares mexicanos, una recopilación de 91 cantos tristes, o icnocuícatl. Está custodiado por la Biblioteca Nacional de México en el campus de la Universidad Nacional Autónoma de México.

Los tres textos reflejan, en su contenido, alfa y omega de la Conquista española: por un lado, pronósticos nahuas del fin que se aproxima, y por el otro, un lamento elegíaco compuesto por un anónimo poeta nahua en su idioma al presenciar el asolamiento de su mundo.

DE LAS SEÑALES Y PRONÓSTICOS[1] QUE APARECIERON ANTES QUE LOS ESPAÑOLES VINIESEN A ESTA TIERRA, NI HUBIESE NOTICIA DE ELLOS

1.—Diez años antes que viniesen los españoles a esta tierra pareció[2] en el cielo una cosa maravillosa y espantosa, y es, que pareció una llama de fuego muy grande, y muy resplandeciente[3]: parecía que estaba tendida[4] en el mismo cielo, era ancha de la parte de abajo, y de la parte de arriba **aguda**[5], como cuando el fuego arde[6]; parecía que la punta de ella llegaba hasta el medio del cielo, levantábase por la parte del oriente luego después de la media noche, y salía con tanto **resplandor**[7] que parecía de día; llegaba hasta la mañana, entonces se perdía de vista; cuando salía el sol estaba la llama en el lugar que está el sol a medio día, esto duró por espacio de un año cada noche: comenzaba en las doce

---

[1] **pronósticos**—anuncios, basados en ciertos indicios o señales, de lo que va a suceder; aquí, señales por las que se adivina el futuro

[2] pareció—aquí, apareció

[3] resplandeciente—brillante

[4] tendida—acostado; estirado

[5] **aguda**—terminada en punta afilada

[6] arde—está encendido; produce llamas

[7] **resplandor**—brillo muy intenso; luminosidad

Prepararse
¿Has leído ya lo de los informantes de Sahagún, en el marco histórico-cultural y en la introducción, arriba? Si no, hazlo ahora, antes de seguir leyendo aquí.

Clasificar
¿A cuál de los géneros literarios pertenece este texto? Nómbralo aquí, e indica brevemente tus razones por clasificarlo así.

_____

_____

_____

Elaborar
¿Qué efecto(s) produce la inclusión de la fecha «las doce casas», y de esta forma?

_____

_____

_____

casas[8], y cuando aparecía a la media noche toda la gente gritaba y se espantaba: todos sospechaban que era señal de algún gran mal.

2.—La segunda señal que aconteció fue, que el chapitel[9] de un *cu*[10] de Vitzilopuchtli[11], que se llamaba Totleco, se encendió milagrosamente y se quemó: parecía que las llamas de fuego salían de dentro de los **maderos**[12] de las columnas, y muy de presto[13] se hizo ceniza: cuando ardía comenzaron los sátrapas[14] a dar voces diciendo: ¡Oh mexicanos! venid presto a apagar el fuego con **cántaros**[15] de agua, y venida el agua echábanla sobre el fuego y no se apagaba, sino antes más se encendía, y así se hizo todo **brasa**[16].

3.—La tercera señal fue que cayó un **rayo**[17] sobre el *cu* de Xiuhtecutli[18], dios del fuego, el cual estaba techado con paja, llamábase Tzumulco: espantáronse de esto porque no llovió sino agua **menuda**[19], que no suelen caer rayos cuando así llueve, ni hubo tronido[20], sino que no saben como se encendió.

4.—La cuarta señal, o pronóstico fue que de día haciendo sol cayó una cometa, parecían tres estrellas juntas que corrían a la par[21] muy encendidas y llevaban muy grandes colas: partieron de ácia[22] el occidente, y corrieron ácia el oriente, iban echando **centellas**[23] de sí: de que la gente las vió comenzaron a dar grita, y sonó grandísimo ruido en toda la comarca[24].

5.—La quinta señal fue que se levantó la mar, o laguna de México con grandes olas: parecía que hervía, sin hacer aire

---

[8] las doce casas—el año 1517 del calendario actual, según la *Historia de Tlaxcala*, de Diego Muñoz Camargo.

[9] chapitel *(m.)*—parte superior de una columna, en forma de cono o pirámide

[10] *cu (m.)*—templo o adoratorio mexicano precolombino

[11] Vitzilopuchtli—dios principal de los aztecas, venerado porque, en forma de colibrí, los había guiado en su migración al valle de México; también era el dios de la guerra; hoy conocido más comúnmente como Huitzilopochtli.

[12] **madero**—pieza larga de madera cortada, de forma escuadrada o rolliza

[13] presto—rápido; pronto

[14] sátrapa—hombre poderoso

[15] **cántaros**—vasijas grandes para llevar agua

[16] **brasa**—ascua; pedazo de algo que se ha quemado que ya no arde, pero que sigue rojo y candente

[17] **rayo**—relámpago

[18] Xiuhtecutli—el dios del fuego de los aztecas

[19] **menuda**—fina; de gotas muy pequeñas

[20] tronido—ruido muy grande; estruendo; aquí, trueno

[21] a la par—igual; al mismo paso y candente

[22] ácia—hacia

[23] **centellas**—chispas

[24] comarca—territorio, región

© Houghton Mifflin Harcourt Publishing Company

Identificar

Lee de nuevo en voz alta la primera señal y pronóstico. Enfócate en el dramatismo—el *pathos*—del texto. Subraya toda palabra o elemento estilístico que, a tu parecer, aumente el efecto dramático.

Si los elementos estilísticos que subrayaste pueden identificarse con una o más figuras retóricas de la lista que se halla al final del Tomo III, anótala(s) aquí, junto con la(s) palabra(s) o frase(s) correspondiente(s) del texto.

_____

_____

_____

_____

Inferir

La primera señal y pronóstico, ¿por qué crees que infundiría un terror especial en los mexicas?

_____

_____

_____

Inferir

¿Qué conexión religiosa pudieran hacer los mexicas entre los distintos sucesos de la primera, segunda, tercera cuarta señal y pronóstico?

_____

_____

_____

ninguno, la cual nunca se suele levantar sin gran viento: llegaron las olas muy lejos y entraron entre las casas, sacudían en los **cimientos**[25] de las casas, algunas de éstas cayeron: fue grande espanto de todos por ver que sin aire **se había embravecido**[26] de tal manera el agua.

6.—La sesta[27] señal, o pronóstico, fue que se oyó de noche en el aire una voz de una mujer que decía: ¡Oh hijos míos, ya nos perdimos!; algunas veces decía: ¡Oh hijos míos, adónde os llevaré!

7.—La séptima señal fue que los cazadores de las aves del agua cazaron una ave **parda**[28] del tamaño de una grulla[29], y luego la fueron a mostrar a Mocthecuzoma[30], que estaba en una sala que llamaban Tlitlancalmecatl, era después de medio día; tenía esta ave en medio de la cabeza un espejo redondo, donde se parecía[31] el cielo, y las estrellas, y especialmente los mastelejos[32] que andan cerca de las cabrillas[33]: como la vió Mocthecuzoma espantóse, y la segunda vez que miró en el espejo que tenía el ave: de ahí un poco vió muchedumbre de gente junta que venían todos armados encima de caballos, y luego Mocthecuzoma mandó llamar a los agoreros[34] y **adivinos**[35] y preguntóles, ¿no sabéis que es esto que he visto? que viene mucha gente junta, y antes que respondiesen los adivinos desapareció el ave, y no respondieron nada.

8.—La octava señal, o pronóstico, fue que aparecieron muchas veces monstruos en cuerpos monstruosos, llevábanlos a Mocthecuzoma, y en viéndolos luego desaparecían.

---

[25] **cimientos**—parte del edificio que está debajo de tierra y que sostiene la construcción

[26] **se había embravecido**—agitarse o desatarse las fuerzas naturales; se dice de las olas del mar

[27] sesta—sexta

[28] **parda**—de color oscuro

[29] grulla—ave grande, de cuello y patas largos

[30] Mocthecuzoma—variante de Moctezuma, señor del imperio mexica

[31] se parecía—aquí, aparecía

[32] mastelejos—constelación formada por dos filas de estrellas que convergen en Géminis; *mamathuaztli*, en náhuatl, que significa «astillejos»

[33] cabrillas—una referencia a las Siete Cabrillas, nombre antiguo del conjunto de estrellas, en la constelación de Taurus, conocido como las Pléyades o las Siete Hermanas.

[34] agoreros—personas que saben interpretar los agüeros, o señales

[35] adivinos—peritos en acertar el porqué de los fenómenos, no por evidencias, sino por astucia

Analizar

Los usos retóricos se emplean para hacer que el texto produzca efectos determinados. Las preguntas retóricas, que no esperan respuesta, se usan muchas veces para conmover. Lee de nuevo en voz alta la sexta señal y pronóstico. La pregunta que repite la mujer, ¿tiene respuesta? ¿Quiénes son sus hijitos, en tu opinión?

_____

_____

Visualizar

Dibuja aquí este pájaro que los mexicas llevan a Motecuhzoma. Incluye cuanto detalle halles en el texto.

Interpretar

Describe, en tus propias palabras, lo que ve Motecuhzoma dentro del espejo en la cabeza del pájaro. ¿Qué significado tendrá?

_____

_____

_____

Analizar

La voz que se escucha en las ocho señales y pronósticos transmite dolor, agitación y asombro. Logra esto mediante la repetición de frases y palabras. Vuelve a leer el texto una vez más, y encuentra los momentos que cautivan por esta técnica de la repetición. Subráyalos y, al margen, escribe la palabra «repetición».

HISTORIA DE TLAXCALA, «PRODIGIOS QUE SE VIERON EN MÉXICO ANTES DE LA LLEGADA DE LOS ESPAÑOLES»

...diez años antes que los españoles viniesen a esta tierra, ovo[36] una señal que se tuvo por mala abusión,[37] agüero y extraño **prodigio**,[38] y fue que apareció una columna de fuego muy flamígera[39] della más muy encendida, de mucha claridad y resplandor, con unas centellas que centellaba en tanta espesura que parecía polvoreaba centellas, de tal manera, que la claridad que de ellas salía, hacía tan gran resplandor, que parecía la aurora de la mañana. La cual columna parecía estar clavada[40] en el cielo, teniendo su principio desde el suelo de la tierra de do[41] comenzaba de gran anchor,[42] de suerte que[43] desde el pie iba adelgazando, haciendo punta que llegaba a tocar el cielo en figura piramidal, la cual aparecía a la parte del medio día y de media noche para abajo hasta que amanecía, y era de día claro que con la fuerza del sol y su resplandor y rayos era vencida, la cual señal duró un año, comenzando desde el principio del año que cuentan los naturales[44] de doce casas, que verificada en nuestra cuenta castellana, acaeció[45] el año de 1517: cuando esta abusión y prodigio se veía, hacían los naturales grandes extremos de dolor, dando grandes gritos, voces y **alaridos**[46] en señal de gran espanto y dándose palmadas en las bocas, como lo suelen[47] hacer: todos estos llantos y tristeza iban acompañados de sacrificios de sangre y de cuerpos humanos como solían hacer en viéndose en alguna calamidad y tribulación, ansí como era el tiempo y la ocasión que se les ofrecía, ansí crecían los géneros[48] de sacrificios y supersticiones. Con esta tan grande alteración[49] y **sobresalto**,[50] acuitados[51] de tan gran temor y espanto, tenían un continuo cuidado e imaginación de lo que podría significar tan extraña novedad, procuraban[52] saber por **adivinos**[53] y encantadores[54] qué podría significar una señal tan extraña en el

---

[36] ovo—hubo

[37] abusión—superstición; agüero en que creen los crédulos

[38] **prodigio**—fenómeno asombroso, generalmente de la naturaleza

[39] flamígera—de muchas llamas (de fuego)

[40] clavada—fija; plantada

[41] do—donde

[42] anchor—anchura

[43] de suerte que—de manera que

[44] los naturales—los indígenas; los aborígenes

[45] acaeció—sucedió; tuvo lugar

[46] **alaridos**—gritos de espanto, de miedo

[47] suelen—acostumbran; tienen la costumbre de

[48] géneros—tipos; clases; variedades

[49] alteración—aquí, agitación

[50] **sobresalto**—sorpresa; alarma

[51] acuitados—afligidos; apesadumbrados

[52] procuraban—intentaban; buscaban

[53] **adivinos**—persona que predice el futuro por agüeros o conjeturas.

[54] encantadores—personas que conocen el arte de magia que hechiza

© Houghton Mifflin Harcourt Publishing Company

Comparar

Muñoz Camargo y los informantes de Sahagún no califican estos fenómenos de la misma manera. Para éstos eran «señales y pronósticos». Subraya las palabras con que los nombra Muñoz Camargo. Éstas, ¿tienen diferentes connotaciones que «señales y pronósticos»? ¿Sí o no? Resume tu juicio al respecto, con unas pocas palabras adecuadas.

_____

_____

_____

Comparar

Especifica varios detalles incluidos en el primer prodigio de Muñoz Camargo no encontrados en la primera señal y pronóstico de Sahagún.

_____

_____

_____

Identificar

Subraya en el texto del primer prodigio toda palabra o frase que, para ti, sean pruebas de la formación académica de Muñoz Camargo. Al margen de cada caso que encuentres, apunta una palabra que lo describa a tu satisfacción.

mundo jamás vista ni oída. Hase de[55] considerar que diez años antes de la venida de los españoles, comenzaron a verse estas señales, mas[56] la cuenta que dicen de diez casas fue el año de 1517, dos años antes que los españoles llegasen a esta tierra.

El segundo prodigio, señal, agüero o abusión que los naturales de México tuvieron, fue que el templo del demonio se abrasó y quemó, el cual le llamaban el templo de Huitzilopuchtli, sin que persona alguna le pegase fuego, que estaba en el barrio de *Tlacalteco*. Fue tan grande este **incendio**[57] y tan repentino, que se salían por las puertas de dicho templo llamaradas de fuego que parecía llegaban al cielo, y en un instante se abrasó y ardió todo, sin poderse remediar cosa alguna «quedó deshecho», lo cual, cuando esto acaeció, no fue sin gran alboroto y alterna gritería, llamando y diciendo las gentes: «¡Ea Mexicanos! venid a gran prisa y con presteza[58] con cántaros de agua a apagar el fuego», y ansí las más gentes que pudieron acudir[59] al socorro vinieron, y cuando se acercaban a echar el agua y querer apagar el fuego, que a esto llegó multitud de gentes, entonces se encendía más la llama con gran fuerza, y ansí, sin ningún remedio, se acabó de quemar todo.

El tercer prodigio y señal fue que un rayo cayó en un templo idolátrico que tenía la techumbre pajiza, que los naturales llamaban *Xacal*,[60] el cual templo los naturales llamaban Tzonomosco, que era dedicado al ídolo Xicchtecuhtli, lloviendo una agua como una mullisma[61] cayó del cielo sin trueno ni relámpago alguno sobre el dicho templo, lo cual ansimismo tuvieron por gran abusión, agüero y prodigio de muy mala señal, y se quemó y abrasó todo.

El cuarto prodigio fue, que siendo de día y habiendo sol, salieron cometas del cielo por el aire y de tres en tres por la parte de Occidente que corrían hasta Oriente, con tanta fuerza y violencia, que iban desechando[62] y desapareciendo de sí brasas de fuego o centellas por donde corrían hasta el Oriente, y llevaban tan grandes colas, que tomaban muy gran distancia su

---

[55] Hase de—Hay que

[56] mas—pero

[57] **incendio**—fuego grande iniciado por accidente

[58] presteza—rapidez; prontitud

[59] acudir—ir; presentarse en un sitio, respondiendo a un llamado

[60] Xacal—Jacal; especie de choza

[61] mullisma—garúa; llovizna; lluvia de agua menuda

[62] desechando—expulsando; emitiendo

Comparar

Has examinado en la página 53 el registro de la segunda señal y pronóstico. Al parecer, Muñoz Camargo aquí se refiere al mismo suceso. Pero, ¿usa el mismo registro que el otro texto? ¿Sí o no?

Analizar

¿Cómo se compara el sentido dramático que transmite el texto de fray Bernardino de Sahagún, con el del texto aquí? ¿A qué atribuyes tú la diferencia entre los dos?

Comparar

Vuelve a examinar las cuatro primeras señales y pronósticos, y luego los cuatro primeros prodigios. ¿Hay diferencias importantes en los fenómenos sobrenaturales apuntados en los dos? ¿Que características puedes señalar respecto al contraste entre los dos textos?

_____

_____

_____

largor y grandeza; y al tiempo que estas señales se vieron, ovo alboroto, y ansimismo muy gran ruido y gritería y alarido de gentes.

El quinto prodigio y señal fue que se alteró la laguna mexicana sin viento alguno, la cual hervía y rehervía y espumaba en tanta manera que se levantaba y alzaba en gran altura, de tal suerte, que el agua llegaba a bañar a más de la mitad de las casas de México, y muchas de ellas se cayeron y hundieron; y las cubrió y del todo se anegaron.

El sexto prodigio y señal fue que muchas veces y muchas noches, se oía una voz de mujer que a grandes voces lloraba y decía, anegándose con mucho llanto y grandes **sollozos**[63] y suspiros: «¡Oh hijos míos! del todo nos vamos ya a perder...» e otras veces decía: «Oh hijos míos ¿a dónde os podré llevar y esconder...?»

El séptimo prodigio fue que los laguneros de la laguna mexicana, nautas[64] o piratas o canoístas cazadores, cazaron una ave parda a manera de grulla, la cual incontinente[65] la llevaron a Motheuzoma para que la viese, el cual estaba en los Palacios de la sala negra habiendo ya declinado el sol hacia el Poniente,[66] que era de día claro, la cual ave era tan extraña y de tan gran **admiración**,[67] que no se puede imaginar ni encarecer[68] su gran extrañeza, la cual tenía en la cabeza una diadema[69] redonda de la forma de un espejo redondo muy **diáfano**,[70] claro y transparente, por la que se veía el cielo y los mastelejos y estrellas que los astrólogos llaman el signo de Géminis; y cuando esto vio Motheuzoma a ver y admirar por la diadema y cabeza del pájaro vio grande número de gentes, que venían marchando

---

[63] **sollozos**—llanto entrecortado, convulsivo

[64] nautas—navegantes

[65] incontinente—al instante; inmediantamente

[66] Poniente—oeste

[67] **admiración**—asombro

[68] encarecer—aquí, expresar adecuadamente

[69] diadema—corona o tiara

[70] **diáfano**—muy delgado y transparente

desparcidas[71] y en escuadrones[72] de mucha ordenanza,[73] muy aderezados[74] y a guisa de[75] guerra, y batallando unos contra otros escaramuceando[76] en figura de venados y otros animales, y entonces, como viese tantas visiones y tan disformes,[77] mandó llamar a sus agoreros y adivinos que eran tenidos por sabios. Habiendo venido a su presencia, les dijo la causa de su admiración. Habéis de saber mis queridos sabios amigos, cómo yo he visto grandes y extrañas cosas por una diadema de un pájaro que me han traído por cosa nueva y extraña que jamás otra como ella se ha visto ni cazado, y por la misma diadema que es transparente como un espejo, he visto una manera de unas gentes que vienen en ordenanza, y porque los veáis, vedle vosotros y veréis lo propio[78] que yo he visto; y queriendo responder a su señor de lo que les había parecido cosa tan **inaudita**,[79] para idear[80] sus **juicios**,[81] adivinanzas y conjeturas o pronósticos, luego de improviso[82] se desapareció el pájaro, y ansí no pudieron dar ningún juicio ni pronóstico cierto y verdadero.

El octavo prodigio y señal de México, fue que muchas veces se aparecían y veían dos hombres unidos en un cuerpo que los naturales los llaman *Tlacanctzolli*, y otras veían cuerpos, con dos cabezas procedentes de[83] un solo cuerpo, los cuales eran llevados al palacio de la sala negra del gran Motheuzoma, en donde llegando a ella desaparecían y se hacían invisibles todas estas señales y otras que a los naturales les pronosticaban su fin y acabamiento, porque decían que había de venir el fin y que todo el mundo se había de acabar y consumir, e que habían de ser creadas otras nuevas gentes e venir otros nuevos habitantes del mundo, y ansí andaban tan tristes y **despavoridos**[84] que no sabían qué juicio sobre esto habían de hacer sobre cosas tan raras, peregrinas,[85] tan nuevas y nunca vistas y oídas.

---

[71] desparcidas—regadas; distribuidas

[72] escuadrones—grupos militares

[73] ordenanza—orden

[74] aderezados—equipados

[75] a guisa de—en forma de

[76] escaramuceando—escaramuzando; una escaramuza es un choque de poca monta entre los soldados avanzados de dos ejércitos

[77] disformes—monstruosas

[78] lo propio—lo mismo

[79] **inaudita**—sumamente rara; insólita

[80] idear—desarrollar en la mente; crear mentalmente

[81] **juicios**—opiniones; conclusiones

[82] de improviso—de repente; inesperadamente

[83] procedentes de—saliendo de

[84] **despavoridos**—muy asustados

[85] peregrinas—muy extrañas

Analizar

Coloca entre comillas el discurso de Motheuzoma, aquí. ¿Cómo calificarías el tono del *tlatoani*? Descríbelo con una o dos palabras que expresen bien tu juicio. ¿Te sorprende su tono?

_____

_____

_____

Sin estas señales ovo otras en esta provincia de Tlaxcala antes de la venida de los españoles, muy poco antes. La primera señal fue que cada mañana se veía una claridad[86] que salía de las partes de Oriente, tres horas antes que el sol saliese, la cual claridad era a manera de una niebla blanca muy clara, la cual subía hasta el cielo, y no sabiéndose qué pudiera ser ponía gran **espanto**[87] y admiración. También veían otra señal maravillosa, y era que se levantaba un remolino de polvo a manera de una manga,[88] la cual se levantaba desde encima de la Sierra *Matlalcueye* que llaman agora la Sierra de Tlaxcalla, la cual manga subía a tanta altura, que parecía llegaba al cielo. Esta señal se vio muchas y diversas veces más de un año continuo, que ansimismo ponía espanto y admiración tan contraria a su natural y nación.[89] No pensaron ni entendieron sino que eran los dioses que habían bajado del cielo, y ansí con tan extraña novedad, voló la nueva[90] por toda la tierra en poca o en mucha población. Como quiera que fuese, al fin se supo de la llegada de tan extraña y nueva gente, especialmente en México, donde era la cabeza de este imperio y monarquía.

---

[86] claridad—aquí, luz

[87] **espanto**—miedo grande; susto

[88] manga—aquí, tromba; tornado

[89] natural y nación—naturaleza; normalidad

[90] nueva—noticia

Inferir

Este último comentario de Muñoz Camargo agrega a las ocho señales y pronósticos y los ocho prodigios de las dos fuentes, dos «señales» más, por separado. Además del hecho de que ocurrieron en Tlaxcala y no en tierras mexicas, ¿por qué crees que las añade por separado?

Inferir

Subraya en este último párrafo toda palabra referente a españoles y a mexicas. ¿Cuáles son sus respectivas connotaciones?

_____

_____

_____

¿Cuál crees que sea el juicio de Muñoz Camargo sobre la Conquista de México?

_____

_____

_____

_____

© Houghton Mifflin Harcourt Publishing Company

Debido a problemas en la obtención de permisos, no se ha podido publicar «Se ha perdido el pueblo mexica» en esta edición de *Abriendo puertas: ampliando perspectivas*. No obstante, en estas páginas y en *Abriendo puertas: Recursos en línea* se presenta una amplia gama de materiales de apoyo al estudio y la enseñanza de las selecciones de *Voces indígenas*, de las cuales forma parte este poema.

[91] gotean—caen gota a gota

[92] Tlatilolco—ciudad mexica a corta distancia de Tenochtitlan; gran centro comercial, independiente hasta 1473, cuando fue sojuzgada por Tenochtitlan

[93] semejan—parecen

[94] **huida**—fuga; retirada; escapatoria

[95] Huiznahuácatl Motelchuihtzin, Tlailotlácatl Tlacótzin, Tlacatecuhtli Oquihtzin—gente principal del pueblo mexica en los años de la conquista de México por los españoles

[96] se ha acedado—se ha puesto agrio

[97] autor—Creador

[98] **recato**—modestia; prudencia; reserva

[99] Acachinanco—ciudad mexica, situada un poco al sur de Tenochtitlan

[100] puestos a prueba—atormentados; martirizados; torturados

[101] Coyoacán—ciudad tepaneca en el valle de México, conquistada por Tenochtitlan en 1428

PREGUNTAS

Para conocer más a fondo el texto que has leído, responde a las siguientes preguntas.
Tu propósito será uno de éstos, según indique tu profesor/a: ***a.*** *prepararte para participar*
en un coloquio con tus compañeros de clase; ***b.*** *prepararte para dar una presentación oral;*
c. *bosquejar tus ideas por escrito para intercambiarlas con tus compañeros de clase; o*
d. *escribir un ensayo formal.*

1. A base de tu lectura de los tres textos, ¿qué imagen te llevas del Otro: del español visto por los escritores nahuas a quienes oyes hablar? Compara las distintas actitudes que manifiestan las voces narradoras en su esfuerzo por comprender la irrupción en su mundo de hombres desconocidos. ¿Qué similitudes y diferencias percibes entre los tres textos en ese sentido?

2. En estos tres fragmentos no se llegan a conocer detalles específicos de la Conquista misma. En ellos, se concentra más bien en los sentimientos profundamente humanos de antes y después de la violencia de 1519 a 1521. ¿Crees que tu perspectiva del siglo XXI ha influido en tus reacciones a estos escritos de hace 500 años? ¿Habrías respondido ante ellos de modo diferente si te hubieras criado en otra época u otra cultura diferente de la tuya? Defiende tu respuesta con elementos concretos encontrados en los textos.

3. La *Historia de Tlaxcala* fue escrita en español por su autor. ¿Qué conclusiones puedes sacar de este hecho?

4. Analiza en breve el *pathos* que encierra el canto triste «Se ha perdido el pueblo mexica». Construye tu respuesta a base de la forma en que el antiguo poeta nahua ha integrado recursos técnicos y lenguaje poético para evocar la angustia en su poema.

Análisis literario

Voces indígenas

El poema «Se ha perdido el pueblo mexica» describe la conquista de México-Tenochtitlan por los españoles desde una perspectiva muy específica. Fue escrito por un poeta nahua anónimo muy poco después de los acontecimientos que relata. Lee el poema entero y luego contesta las preguntas.

1. Por su tono y contenido, este poema se parece mucho a
   a. un soneto
   b. un romance
   c. una égloga
   d. una elegía

2. El primer verso del poema describe
   a. la primera reacción de los mexicas ante la llegada de los españoles
   b. las emociones de los mexicas durante los primeros conflictos con los españoles
   c. el sufrimiento de los españoles ante la resistencia de los mexicas
   d. la desesperación de los mexicas al reconocerse derrotados

3. Por el verso 3, el lector puede concluir que el autor del poema considera que las mujeres son
   a. valientes
   b. fuertes
   c. tímidas
   d. cobardes

4. La mención de humo y de niebla en el verso 6 sirve para evocar
   a. tristeza y melancolía
   b. violencia y confusión
   c. resistencia y orgullo
   d. resignación y estoicismo

5. Las palabras «Luego ¿fue verdad?» en el verso 4 sugieren que
   a. muchos mexicas se negaron a reconocer lo que había ocurrido
   b. a algunos mexicas les resulta difícil creer lo que acaba de pasar
   c. la conquista de México-Tenochtitlan todavía podía fracasar
   d. el poeta tiene esperanzas de que la situación mejore

6. Normalmente cuando uno lee un poema, es importante observar la forma métrica en la que está escrito. Sin embargo, es problemático hacer eso en el caso de este poema
   a. por los temas históricos que trata
   b. por la intensa emoción que expresa
   c. porque no es lo suficientemente largo
   d. porque fue traducido de otro idioma

7. ¿Cuál es la imagen principal que le da unidad a este poema?
   a. el fuego
   b. el agua
   c. el canto
   d. el llanto

Hernán Cortés ▶

Segunda carta de relación

HERNÁN CORTÉS

En el siglo XXI, corremos el riesgo de caer en el error de pensar que vivimos un momento histórico insólito por sus cambios transformadores de la experiencia humana. Hernán Cortés (1485–1547) era un niño de 7 años, en Extremadura, España, cuando el primer viaje de Cristóbal Colón cambió la perspectiva del mundo europeo. Para cuando cumplía los 18 años, Cortés, hijo de una familia hidalga de bajo rango, ya había ido a las Américas, abandonando, con aparente indiferencia, sus estudios de derecho en Salamanca. Consiguió empleo como escribano del futuro gobernador de Cuba, Diego Velázquez, y participó en la colonización de esa isla.

En Cuba, se hizo terrateniente y luego alcalde de Santiago. No había tenido experiencia militar alguna cuando Velázquez, después de una serie de intentos fallidos, y, buscando quien, en nombre suyo, obtuviera información, realizara trueques y rescatara cautivos españoles en Yucatán, nombró a Cortés capitán general de una expedición de once barcos y algo menos de 600 soldados. Era el año 1518. Cortés y Velázquez compartieron los gastos. Los motivos de Velázquez: adelantarse a otros que amenazaban con llegar al continente antes que él.

Y, ¿los motivos de Cortés? Pues éstos se van a descubrir aquí en fragmentos de una de las cinco Cartas de relación con que mantuvo informado a quien Cortés consideraba su autoridad máxima: ya no Velázquez, sino el rey Carlos I de España—más conocido por su título de Carlos V, emperador del Sacro Imperio Romano Germánico. Éste era en aquel entonces el hombre más poderoso del mundo europeo.

Velázquez, anticipándose a la sospechada insubordinación, se encaró con Cortés en el muelle el mismo día de su partida de Cuba. Cortés, en un histórico acto de insurrección, dio la orden de zarpar.

Una vez en el continente, Cortés, con su aguda conciencia política, su brillante uso de intérpretes y su inquebrantable voluntad, asentó el primer ayuntamiento de la América continental, en un lugar llamado Villa Rica de la Vera Cruz. Esta maniobra en efecto lo separó de la autoridad política de Velázquez. Acto continuo, dejando a subalternos al mando de Veracruz, se encaminó hacia la confederación de pueblos mexicanos, cuyos integrantes más poderosos eran los mexicas. Jefe de la confederación desde el año 1502 era el tlatoani mexica, Moctezuma.

En aquellas primeras décadas del siglo XVI, iban cobrando popularidad en España los libros de caballerías, que narraban inverosímiles proezas de caballeros andantes. Historias escritas antes de nuestro tiempo veían en Cortés una figura salida de esos libros, con matices quijotescos: un hidalgo de poca monta que se reinventa a sí mismo para lidiar contra una de las civilizaciones más complejas jamás vistas.

Nuestro siglo juzgará a Cortés de otro modo, pero la verdad histórica es que un precavido Cortés no quiso realizar sus propósitos no autorizados de conquista sin tener al tanto de sus movimientos a su soberano en España. De ahí, las cinco Cartas de relación que Cortés escribió entre 1519 y 1526.

A continuación, unos extractos de la dramática «Segunda carta», impresa por primera vez en Sevilla, España, en 1522. Se desconoce el paradero de la primera.

Segunda carta de relación de Hernán Cortés al Emperador Carlos V
Segura de la Frontera, 30 de octubre de 1520

Enviada a su sacra majestad del emperador nuestro señor, por el capitán general de la Nueva España, llamado don Fernando Cortés, en la cual hace relación de las tierras y provincias sin cuento[1] que ha descubierto nuevamente en el Yucatán del año de diez y nueve a esta parte,[2] y ha sometido a la corona real de Su Majestad. En especial hace relación de una grandísima provincia muy rica, llamada Culúa,[3] en la cual hay muy grandes ciudades y de maravillosos edificios y de grandes tratos[4] y riquezas, entre las cuales hay una más maravillosa y rica que todas, llamada Tenustitlan,[5] que está, por maravilloso arte, edificada sobre una grande laguna; de la cual ciudad y provincia es rey un grandísimo señor llamado Mutezuma;[6] donde le acaecieron[7] al capitán y a los españoles espantosas cosas de oír. Cuenta largamente del grandísimo señorío[8] del dicho Mutezuma, y de sus ritos y ceremonias y de cómo se sirven.

Muy alto y poderoso y muy católico príncipe, invictísimo[9] emperador y señor nuestro:

En una **nao**[10] que de esta Nueva España[11] de vuestra sacra majestad, despaché a diez y seis días de julio del año de quinientos y diez y nueve, envié a vuestra Alteza muy larga y particular relación de las cosas hasta aquella sazón,[12] después

© Houghton Mifflin Harcourt Publishing Company

---

[1] sin cuento—sin número; incontables

[2] a esta parte—hasta la fecha; hasta ahora

[3] Culúa—región dentro de la cual está situada la ciudad de Tenochtitlán; México

[4] tratos—comercio

[5] Tenustitlan—Tenochtitlán; Temistitan; Temixtitan, sede del imperio azteca

[6] Mutezuma—Moctezuma; Motecutzoma, emperador azteca

[7] acaecieron—sucedieron

[8] señorío—dominios; territorio

[9] invictísimo—superlativo de invicto; «muy» invencible o nunca vencido

[10] **nao**—nave; navío; barco

[11] Nueva España—México, en la época colonial, nombre propuesto por Cortés

[12] sazón—tiempo; momento

Aclarar

¿Cuál es la voz que se escucha en este párrafo? Basándote solamente en él, ¿qué sabes de la persona que lo puso al comienzo de esta carta de Cortés?

_____

_____

_____

Identificar

En este saludo de la carta de Cortés, subraya una por una las palabras que contienen información sobre el narratario de Cortés, Carlos V. ¿Qué información comunica cada una? ¿Qué indica su uso con respecto a la cultura española del siglo XVI? ¿Piensas que puede indicar algo de la mentalidad del mismo Cortés?

_____

_____

_____

que yo a ella vine, en ella sucedidas. La cual relación llevaron Alonso Hernández Portocarrero y Francisco de Montejo, procuradores[13] de la Rica Villa de la Vera Cruz, que yo en nombre de vuestra alteza fundé. Y después acá,[14] por no haber oportunidad, así por falta de navíos y estar yo ocupado en la conquista y pacificación de esta tierra, como por no haber sabido de la dicha nao y procuradores, no he tornado a relatar a vuestra majestad lo que después se ha hecho; de que Dios sabe la pena que he tenido. Porque he deseado que vuestra alteza supiese las cosas de esta tierra, que son tantas y tales que, como ya en la otra relación escribí, se puede intitular de nuevo emperador de ella, y con título y no menos mérito que el de Alemaña,[15] que por la gracia de Dios vuestra sacra majestad posee. Y porque querer de todas las cosas de estas partes y nuevos reinos de vuestra alteza decir todas las particularidades y cosas que en ellas hay y decir se debían, sería casi proceder a infinito.

[…]

En la otra relación, muy excelentísimo Príncipe, dije a vuestra majestad las ciudades y villas que hasta entonces a su real servicio se habían ofrecido y yo a él tenía sujetas y conquistadas. Y dije así mismo que tenía noticia de un gran señor que se llamaba Mutezuma, que los naturales de esta tierra me habían dicho que en ella había, que estaba, según ellos señalaban las jornadas,[16] hasta noventa o ciento leguas de la costa y puerto donde yo desembarqué. Y que confiado en la grandeza de Dios y con esfuerzo del real nombre de vuestra alteza, pensara irle a ver a doquiera que estuviese, y aun me acuerdo que me ofrecí, en cuanto a la demanda de este señor, a mucho más de lo a mí posible, porque certifiqué[17] a vuestra alteza que lo habría, preso o muerto, o súbdito[18] a la corona real de vuestra majestad.

Y con este propósito y demanda me partí de la ciudad de Cempoal, que yo intitulé Sevilla, a diez y seis de agosto, con quince de caballo y trescientos peones lo mejor aderezados[19] de guerra que yo pude y el tiempo dio a ello lugar, y dejé en la Villa de la Vera Cruz ciento y cincuenta hombres con dos de caballo, haciendo una fortaleza que ya tengo casi acabada; y dejé toda aquella provincia de Cempoal y toda la sierra comarcana[20] a la villa, que serán hasta cincuenta mil hombres de guerra y cincuenta villas y fortalezas, muy seguros y pacíficos y por ciertos y leales **vasallos**[21] de vuestra majestad, como hasta ahora

---

[13] procuradores—apoderados; diputados

[14] después acá—desde entonces

[15] Alemaña—Alemania; se refiere aquí al Sacro Imperio Romano Germánico, del que Carlos V era emperador; abarcaba en tiempos de Cortés gran parte de una docena de países europeos, entre ellos, Alemania

[16] jornadas—distancias por día; tramos

[17] certifiqué—prometí

[18] súbdito—persona sujeta a la autoridad política de otro

[19] aderezados—preparados; equipados

[20] comarcana—adyacente; vecina

[21] vasallos—súbditos; personas que reciben la protección de un rey o señor a cambio de rendirle determinados servicios

© Houghton Mifflin Harcourt Publishing Company

Comprender

¿A qué o a quién se refiere la palabra *ella*, en esta frase?

Identificar

Subraya las razones dadas por Cortés por las que no ha vuelto a escribir al emperador en este intervalo de casi 16 meses.

Aclarar

¿A qué se refiere la palabra *él* aquí?

Aclarar

¿Quién es el sujeto del verbo *pensara* aquí?

Reflexionar

Muy en breve, ¿por qué le interesa a Cortés recordarle estas cosas a Carlos V?

© Houghton Mifflin Harcourt Publishing Company

Cempoal, o Zempoala, del actual Estado de Veracruz, era entonces la ciudad más grande situada en la costa de lo que hoy es el Golfo de México, y aquí se ha aliado con Cortés. Subraya los detalles de este párrafo que indican cómo Cortés pudo lograr en tan pocos meses esta alianza con hasta 150,000 indígenas.

Conectar

La *lengua* es Malinche, de una noble estirpe mexica, presa desde años antes por los mayas de Yucatán. ¿Qué idiomas hablaría ella?

_____

_____

lo han estado y están, porque ellos eran súbditos de aquel señor Mutezuma, y según fui informado lo eran por fuerza y de poco tiempo acá.

Y como por[22] mí tuvieron noticias de vuestra alteza y de su muy grande y real poder, dijeron que querían ser vasallos de vuestra majestad y mis amigos, y que me rogaban que los defendiese de aquel grande señor que los tenía por fuerza y tiranía, y que les tomaba sus hijos para los matar y sacrificar a sus ídolos. Y me dijeron otras muchas quejas de él, y con esto han estado y están muy ciertos y leales en el servicio de vuestra alteza y creo lo estarán siempre por ser libres de la tiranía de aquél, y porque de mí han sido siempre bien tratados y favorecidos. Y para más seguridad de los que en la villa quedaban, traje conmigo algunas personas principales de ellos con alguna gente, que no poco provechosos me fueron en mi camino.

[…]

Cortés es recibido por quien le parece «el señor de aquel valle, que tenía las mejores y más bien labradas casas que hasta entonces en esta tierra habíamos visto…»

Luego prosigue su avance, siendo recibido por otros señores vasallos de Moctezuma, y en la «provincia muy grande que se llama Tascalteca» unos naturales se quieren confederar con él contra Moctezuma pues, informa Cortés, «tenían con él muy continuas guerras…» Escribe de rumores de mañas, traiciones, y encuentros violentos entre guerreros indígenas y las fuerzas de Cortés. Según informa éste, los suyos aventajan en número, armas y mañas a los que agreden—palabra de Cortés—a los españoles:

Allí hallé ciertos mensajeros de Mutezuma que venían a hablar con los que conmigo estaban, y a mí no me dijeron cosa alguna más de que venían a saber de aquéllos lo que conmigo habían hecho y concertado,[23] para lo ir a decir a su señor; y así se fueron después de los haber hablado ellos, y aun el uno de los que antes conmigo estaban, que era el más principal.

En tres días que allí estuve, proveyeron muy mal y cada día peor, y muy pocas veces me venían a ver ni hablar los señores y personas principales de la ciudad. Y estando algo perplejo en esto, a la lengua[24] que yo tengo, que es una india de esta tierra, que hube[25] en Potonchán, que es el río grande que ya en la primera relación a vuestra majestad hice memoria, le dijo otra natural de esta ciudad cómo muy cerquita de allí estaban mucha gente de Mutezuma junta, y que los de la ciudad tenían fuera sus mujeres e hijos y toda su ropa, y que había de dar sobre nosotros

---

[22] por—aquí, para

[23] concertado—planeado

[24] lengua—aquí, intérprete; traductor(a)

[25] hube—conseguí; obtuve

para nos matar a todos, y si ella se quería salvar que se fuese con ella, que ella la guarecería;[26] la cual lo dijo a aquél Jerónimo de Aguilar, lengua que yo hube en Yucatán de que así mismo a vuestra alteza hube escrito, y me lo hizo saber. Y yo tuve[27] uno de los naturales de la dicha ciudad que por allí andaba y le aparté secretamente que nadie lo vio y le interrogué y confirmó con lo que la india y los naturales de Tascaltecal[28] me habían dicho.

Y así por esto como por las señales que para ello veía, acordé de prevenir antes de ser prevenido,[29] e hice llamar a algunos de los señores de la ciudad diciendo que les quería hablar, y metílos en una sala, y en tanto hice que la gente de los nuestros estuviese **apercibida**,[30] y que en soltando una escopeta diesen en mucha cantidad de indios que había junto al aposento y muchos dentro en él.

Así se hizo, que después que tuve los señores dentro en aquella sala, dejélos atando, y cabalgué, e hice soltar la escopeta y dímosles tal mano,[31] que en pocas horas murieron más de tres mil hombres. Y porque vuestra majestad vea cuán apercibidos estaban, antes que yo saliese de nuestro aposento tenían todas las calles tomadas y toda la gente a punto,[32] aunque como los tomamos de sobresalto fueron buenos de desbaratar,[33] mayormente que les faltaban los caudillos porque los tenía ya presos; e hice poner fuego a algunas torres y casas fuertes donde se defendían y nos ofendían,[34] y así anduve por la ciudad peleando, dejando a buen recaudo[35] el aposento, que era muy fuerte, bien cinco horas, hasta que eché toda la gente fuera de la ciudad por muchas partes de ella, porque me ayudaban bien cinco mil indios de Tascaltecal y otros cuatrocientos de Cempoal.

Vuelto al aposento, hablé con aquellos señores que tenía presos y les pregunté qué era la causa que me querían matar a traición, y me respondieron que ellos no tenían la culpa porque los de Culúa que son los vasallos de Mutezuma, los habían puesto en ello, y que el dicho Mutezuma tenía allí en tal parte, que, según después pareció, sería legua y media, cincuenta mil hombres en guarnición[36] para lo hacer, pero que ya conocían cómo habían sido engañados, que soltase uno o dos de ellos y

Conectar

Aguilar era un fraile franciscano que, náufrago, había estado viviendo entre los indígenas de Yucatán. ¿Qué idiomas hablaría él?

Inferir

¿Cuál estrategia militar emplea Cortés aquí?

---

[26] guarecería—protegería

[27] tuve—aquí, tomé; agarré

[28] Tascaltecal—Tlaxcala

[29] prevenir antes de ser prevenido—precaverse; tomar precauciones para no ser sorprendido

[30] **apercibida**—preparada; sobre aviso

[31] mano—aquí, golpe; paliza

[32] a punto—preparado; listo; apercibido

[33] buenos de desbaratar—fáciles de derrotar

[34] ofendían—hacían daño

[35] a buen recaudo—seguro; bien defendido

[36] en guarnición—reunidos, apostados

© Houghton Mifflin Harcourt Publishing Company

Determinar causa y efecto

Subraya en estos 3 párrafos arriba—a partir del que empieza: «Y así por esto como por las señales...»— cuáles son las varias causas de la capitulación de estos vasallos de Moctezuma a Cortés.

Enfoque en el estilo

¿Cuál es el tono de este mensaje que envía Cortés a Moctezuma?

_____

_____

Inferir

¿A qué hecho atribuye Cortés la manera en que se salva de un aprieto aquí?

_____

_____

que harían recoger la gente de la ciudad y tornar[37] a ella todas las mujeres y niños y ropa que tenían fuera, y que me rogaban que aquel yerro les perdonase, que ellos me certificaban que de allí adelante nadie les engañaría y serían muy ciertos y leales vasallos de vuestra alteza y mis amigos.

Después de les haber hablado muchas cosas acerca de su yerro, solté dos de ellos, y otro día siguiente estaba toda la ciudad poblada y llena de mujeres y niños muy seguros, como si cosa alguna de lo pasado no hubiera acaecido; y luego solté todos los otros señores que tenía presos, con que me prometieron de servir a vuestra majestad muy lealmente, y en obra de[38] quince o veinte días que allí estuve quedó la ciudad y tierra tan pacífica y tan poblada que parecía que nadie faltaba de ella, en sus mercados y tratos por la ciudad como antes lo **solían**[39] tener, e hice que los de esta ciudad de Churultecal[40] y los de Tascaltecal fuesen amigos, porque lo solían ser antes, y muy poco tiempo había que Mutezuma con dádivas[41] los había seducido a su amistad y hechos enemigos de estos otros.

[...]

Yo le[s] respondí [a los mensajeros de Mutezuma] que la ida a su tierra no se podía excusar porque había de enviar de él y de ella relación a vuestra majestad, y que yo creía lo que él me enviaba a decir; por tanto, que pues yo no había de dejar de llegar a verle, que él lo hubiese por bien y que no se pusiese en otra cosa porque sería mucho daño suyo, y a mí me pesaría de cualquiera que le viniese.

Y desde que ya vio que mi determinada voluntad era de verle a él y a su tierra, me envió a decir que fuese en hora buena, que él me hospedaría en aquella gran ciudad donde estaba, y envióme muchos de los suyos para que fuesen conmigo porque ya entraba por su tierra, los cuales me querían encaminar por cierto camino donde ellos debían de tener algún concierto[42] para nos ofender, según después pareció, porque lo vieron muchos españoles que yo enviaba después por la tierra.

Había en aquel camino tantas puentes y pasos malos, que yendo por él, muy a su salvo[43] pudieran ejecutar su propósito. Mas como Dios haya tenido siempre cuidado de encaminar las reales cosas de vuestra sacra majestad desde su niñez, y como yo y los de mi compañía íbamos en su real servicio, nos mostró otro camino aunque algo agro,[44] no tan peligroso como aquel por donde nos querían llevar, y fue de esta manera:

---

[37] tornar—devolver; hacer regresar

[38] en obra de—en el espacio de

[39] **solían**—acostumbraban

[40] Churultecal—Cholula

[41] dádivas—regalos

[42] concierto—acuerdo; plan

[43] a su salvo—sin riesgo; sin exponerse

[44] agro—aquí, difícil; áspero

Que a ocho leguas[45] de esta ciudad de Churultecal están dos sierras muy altas y muy maravillosas, porque en fin de agosto tienen tanta nieve que otra cosa de lo alto de ellas si no la nieve, se parece.[46] Y de la una que es la más alta sale muchas veces, así de día como de noche, tan grande bulto de humo como una gran casa, y sube encima de la sierra hasta las nubes, tan derecho como una vira,[47] que, según parece, es tanta la fuerza con que sale que aunque arriba en la sierra andaba siempre muy **recio**[48] viento, no lo puede torcer.

Y porque yo siempre he deseado de todas las cosas de esta tierra poder hacer a vuestra alteza muy particular relación, quise de ésta, que me pareció algo maravillosa, saber el secreto, y envié diez de mis compañeros, tales cuales para semejante[49] negocio eran necesarios, y con algunos naturales[50] de la tierra que los guiasen, y les encomendé mucho procurasen[51] de subir la dicha sierra y saber el secreto de aquel humo, de dónde y cómo salía.

Los cuales fueron y trabajaron lo que fue posible para la subir, y jamás pudieron, a causa de la mucha nieve que en la sierra hay y de muchos **torbellinos**[52] que de la ceniza que de allí sale andan por la sierra, y también porque no pudieron sufrir[53] la gran frialdad que arriba hacía, pero llegaron muy cerca de lo alto, y tanto que estando arriba comenzó a salir aquel humo, y dicen que salía con tanto ímpetu y ruido que parecía que toda la sierra se caía abajo, y así se bajaron y trajeron mucha nieve y **carámbanos**[54] para que los viésemos, porque nos parecía cosa muy nueva en estas partes a causa de estar en parte tan cálida,[55] según hasta ahora ha sido opinión de los pilotos, especialmente, que dicen que esta tierra está en veinte grados,[56] que es en el paralelo de la isla Española, donde continuamente hace muy gran calor.

Y yendo a ver esta sierra, **toparon**[57] un camino y preguntaron a los naturales de la tierra que iban con ellos, que para do iba, y dijeron que a Culúa, y que aquél era buen camino, y que el otro por donde nos querían llevar los de Culúa no era bueno, y los españoles fueron por él hasta encumbrar[58] las sierras, por medio de las cuales entre la una y la otra va el camino, y descubrieron

© Houghton Mifflin Harcourt Publishing Company

---

[45] leguas—aproximadamente tres millas y media, o 5.6 kilómetros; una legua mide 5,572.7 metros

[46] se parece—se ve; aparece

[47] vira—flecha; saeta

[48] **recio**—fuerte

[49] semejante—tal

[50] naturales—indígenas

[51] procurasen—tratasen

[52] **torbellinos**—remolinos de viento

[53] sufrir—aguantar; resistir; tolerar

[54] **carámbanos**—pedazos de hielo delgados y puntiagudos

[55] cálida—calurosa; caliente

[56] veinte grados—se refiere a la latitud; veinte grados al norte del ecuador

[57] **toparon**—encontraron

[58] encumbrar—subir; llegar a la parte más alta

Visualizar

Subraya todas las palabras que presten viveza a la descripción que da Cortés de los dos volcanes Iztaccíhuatl y Popocatépetl. ¿A cuáles de los cinco sentidos corresponden estas palabras?

_____

_____

_____

_____

los llanos de Culúa y la gran ciudad de Temixtitan, y las lagunas que hay en la dicha provincia, de que adelante haré relación a vuestra alteza, y vinieron muy alegres por haber descubierto tan buen camino, y Dios sabe cuánto holgué[59] yo de ello.

[...]

Otro día después que a esta ciudad llegué me partí, y a media legua andada, entré por una calzada que va por medio de esta dicha laguna, dos leguas hasta llegar a la gran ciudad de Temixtitan que está fundada en medio de la dicha laguna, la cual calzada es tan ancha como dos lanzas, y muy bien obrada[60] que pueden ir por toda ella ocho de caballo a la par,[61] y en estas dos leguas de la una parte y de la otra de la dicha calzada están tres ciudades y la una de ellas que se dice Misicalcingo, está fundada la mayor parte de ella dentro de la dicha laguna, y las otras dos, que se llaman la una Niciaca y la otra Huchilohuchico, están en la costa de ella, y muchas cosas de ellas dentro en el agua.

La primera ciudad de éstas tendrá hasta tres mil vecinos, y la segunda más de seis mil y la tercera otros cuatro o cinco mil vecinos, y en todas muy buenos edificios de casas y torres, en especial las casas de los señores y personas principales, y las de sus **mezquitas**[62] y oratorios[63] donde ellos tienen sus ídolos.

En estas ciudades hay mucho trato de sal, que hacen del agua de la dicha laguna, y de la superficie que está en la tierra que baña la laguna, la cual cuecen en cierta manera y hacen panes de la dicha sal, que venden para los naturales y para fuera de la comarca. Y así seguí la dicha calzada, y a media legua antes de llegar al cuerpo de la ciudad de Temextitan, a la entrada de otra calzada que viene a dar de la tierra firme a esta otra, está un muy fuerte baluarte[64] con dos torres cercado de muro de dos estados,[65] con su pretil almenado[66] por toda la cerca que toma con ambas calzadas y no tiene más de dos puertas, una por donde entran y otra por donde salen.

Aquí me salieron a ver y hablar hasta mil hombres principales, ciudadanos de la dicha ciudad, todos vestidos de una manera de **hábito**[67] y, según su costumbre, bien rico; y llegados a me hablar cada uno por sí, hacía en llegando ante mí una ceremonia que entre ellos se usa mucho, que ponía cada uno la mano en tierra y la besaba, y así estuve esperando casi una hora hasta que cada uno hiciese su ceremonia.

Conectar

¿Por qué escogería Cortés un término de origen árabe para describir los templos de los mexicas?

---

[59] holgué—me puse contento

[60] obrada—construida

[61] a la par—a la vez

[62] **mezquitas**—templos musulmanes, término que Cortés aplica a los templos aztecas

[63] oratorios—salas donde rezan los devotos

[64] baluarte—fortificación

[65] muro de dos estados—muro de unos 4 metros, o 14 pies, de altura

[66] pretil almenado—muro coronado de almenas, proyecciones detrás de las cuales los defensores de una fortaleza se resguardan

[67] **hábito**—vestidura de sacerdote, fraile o monja

Y ya junto a la ciudad está una puente de madera de diez pasos de anchura y por allí está abierta la calzada porque tenga lugar el agua de entrar y salir, porque crece y mengua, y también por fortaleza de la ciudad porque quitan y ponen algunas vigas muy luengas y anchas de que la dicha puente está hecha, todas las veces que quieren; y de éstas hay muchas por toda la ciudad como adelante en la relación que de las cosas de ella haré a vuestra alteza verá.

Pasada esta puente, nos salió a recibir aquel señor Mutezuma con hasta doscientos señores, todos descalzos y vestidos de otra librea[68] o manera de ropa asimismo bien rica a su uso,[69] y más que la de los otros, y venían en dos procesiones muy arrimados a las paredes de la calle, que es muy ancha y muy hermosa y derecha, que de un cabo[70] se parece el otro y tiene dos tercios de legua, y de la una parte y de la otra muy buenas y grandes casas, así de aposentamientos[71] como de mezquitas, y el dicho Mutezuma venía por medio de la calle con dos señores, el uno a la mano derecha y el otro a la izquierda, de los cuales el uno era quel[72] señor grande que dije que había salido a hablar en las andas[73] y el otro era su hermano del dicho Mutezuma, señor de aquella ciudad de Ixtapalapa de donde yo aquel día había partido, todos tres vestidos de una manera, excepto el Mutezuma que iba calzado, y los otros dos señores descalzos; cada uno lo llevaba de su brazo, y como nos juntamos, yo **me apeé**[74] y le fui a abrazar solo, y aquellos dos señores que con él iban, me detuvieron con las manos para que no le tocase, y ellos y él hicieron asimismo ceremonia de besar la tierra, y hecha, mandó a aquel su hermano que venía con él que se quedase conmigo y me llevase por el brazo, y él con el otro se iba delante de mí poquito **trecho**.[75]

Y después de me haber él hablado, vinieron asimismo a me hablar todos los otros señores que iban en las dos procesiones, en orden unos en pos de otro,[76] y luego se tornaban a su procesión; y al tiempo que yo llegué a hablar al dicho Mutezuma, quitéme un collar que llevaba de margaritas[77] y diamantes de vidrio y se lo eché al cuello; y después de haber andado la calle adelante, vino un servidor suyo con dos collares de camarones envueltos en un paño, que eran hechos de huesos de caracoles colorados, que ellos tienen en mucho,[78] y de cada collar colgaban ocho

---

[68] librea—uniforme de subalterno

[69] a su uso—a su manera; según su costumbre

[70] cabo—extremo; lado

[71] aposentamientos—alojamiento

[72] quel—aquel

[73] andas—especie de camilla

[74] **me apeé**—desmonté; me bajé del caballo

[75] **trecho**—distancia

[76] uno en pos de otro—uno tras otro

[77] margaritas—aquí, perlas

[78] tienen en mucho—estiman; atribuyen valor

Visualizar

Subraya los elementos visuales que, si fueras tú artista, pondrías en un cuadro o pictografía de este impresionante encuentro de Cortés con Moctezuma. Luego, apunta aquí, en tus propias palabras, cuantos vocablos descriptivos se te vengan a la mente que servirían para captar este extraordinario evento, o cualquiera de sus detalles.

_____

_____

_____

_____

_____

_____

_____

_____

Visualizar

Sigue subrayando en este párrafo los detalles visuales que señala Cortés en su encuentro con Moctezuma.

camarones de oro de mucha perfección, tan largos casi como un geme,[79] y como se los trajeron se volvió a mí y me los echó al cuello. Y tornó a seguir por la calle en la forma ya dicha hasta llegar a una muy grande y hermosa casa que él tenía para nos aposentar, bien aderezada. Y allí me tomó de la mano y me llevó a una gran sala que estaba frontera del patio[80] por donde entramos, y allí me hizo sentar en un estrado[81] muy rico que para él lo tenía mandado hacer, y me dijo que le esperase allí, y él se fue.

Y dende a poco rato,[82] ya que toda la gente de mi compañía estaba aposentada, volvió con muchas y diversas joyas de oro y plata, y plumajes, y con hasta cinco o seis mil piezas de ropa de algodón, muy ricas y de diversas maneras tejidas y labradas, y después de me las haber dado, se sentó en otro estrado que luego le hicieron allí junto con el otro donde yo estaba; y sentado, prepuso[83] en esta manera:

«Muchos días ha[84] que por nuestras escrituras tenemos de nuestros antepasados noticia que yo ni todos los que en esta tierra habitamos no somos naturales de ella sino extranjeros, y venidos a ella de partes muy extrañas; y tenemos asimismo que a estas partes trajo nuestra generación un señor cuyos vasallos[85] todos eran, el cual se volvió a su naturaleza,[86] y después tornó a venir dende en mucho tiempo, y tanto, que ya estaban casados los que habían quedado con las mujeres naturales de la tierra y tenían mucha generación[87] y hechos pueblos donde vivían, y queriéndolos llevar consigo, no quisieron ir ni menos recibirle por señor, y así se volvió; y siempre hemos tenido que los que de él descendiesen habían de venir a sojuzgar[88] esta tierra y a nosotros como a sus vasallos; y según de la parte que vos decís que venís, que es a do[89] sale el sol, y las cosas que decís de ese gran señor o rey que acá os envió, creemos y tenemos por cierto, él sea nuestro señor natural, en especial que nos decís que él ha muchos días que tenía noticia de nosotros; y por tanto, vos sed cierto[90] que os obedeceremos y tendremos por señor en lugar de ese gran señor que vos decís,[91] y que en ello[92] no habrá falta ni engaño alguno, y bien podéis en toda la tierra, digo que en la

---

[79] geme—medida; distancia entre el dedo pulgar y el índice, separándolos lo más posible

[80] frontera del patio—frente al patio

[81] estrado—tarima; plataforma

[82] dende a poco rato—poco después; un poco más tarde

[83] prepuso—propuso; empezó a hablar

[84] ha—hace

[85] vasallos—súbditos; personas sujetas a una autoridad política

[86] naturaleza—tierra natal

[87] generación—vástagos; descendencia; hijos, nietos, etc.

[88] sojuzgar—conquistar

[89] do—donde

[90] vos sed cierto—esté usted seguro

[91] vos decís—usted dice

[92] ello—todo esto; lo que acabo de decir

que yo en mi señorío poseo, mandar a vuestra voluntad, porque será obedecido y hecho; y todo lo que nosotros tenemos es para lo que vos de ello quisiéredes disponer. Y pues estáis en vuestra naturaleza y en vuestra casa, holgad[93] y descansad del trabajo del camino y guerras que habéis tenido, que muy bien sé todos los que se vos han ofrecido de Puntunchán acá, y bien sé que los de Cempoal y de Tascaltecal os han dicho muchos males de mí. No creáis más de lo que por vuestros ojos veredes,[94] en especial de aquellos que son mis enemigos, y algunos de ellos eran mis vasallos y hánseme rebelado con vuestra venida, y por se favorecer con vos lo dicen; los cuales sé que también os han dicho que yo tenía las casas con las paredes de oro y que las **esteras**[95] de mis estrados y otras cosas de mi servicio eran asimismo de oro, y que yo era y me hacía dios y otras muchas cosas. Las casas ya las veis que son de piedra y cal y tierra»; y entonces alzó las vestiduras y me mostró el cuerpo diciendo: «A mí veisme aquí que soy de carne y hueso como vos y como cada uno, y que soy mortal y palpable», asiéndose[96] él con sus manos de los brazos y del cuerpo. «Ved cómo os han mentido; verdad es que tengo algunas cosas de oro que me han quedado de mis abuelos: todo lo que yo tuviere tenéis cada vez que vos lo quisiéredes; yo me voy a otras casas donde vivo: aquí seréis proveído de todas las cosas necesarias para vos y para vuestra gente. Y no recibáis pena alguna, pues estáis en vuestra casa y naturaleza.»

Yo le respondí a todo lo que me dijo, satisfaciendo a aquello que me pareció que convenía, en especial en hacerle creer que vuestra majestad era a quien ellos esperaban; y con esto se despidió; e ido, fuimos muy bien proveídos de muchas gallinas y pan y frutas y otras cosas necesarias, especialmente para el servicio del aposento, y de esta manera estuve seis días, muy bien proveído de todo lo necesario, y visitado de muchos de aquellos señores.

[...]

Un señor mexica de la costa, Cuauhpopoca, encargado de cobrar tributo a aliados de Cortés allí, se ha levantado en armas contra los españoles que Cortés dejó encargados de la villa de Veracruz. Muertos algunos españoles, Cortés, en Tenochtitlan, toma preso a Moctezuma, e informa en su carta a Carlos V que trató al tlatoani con el debido respeto. Le concede permiso de ir y venir, acompañado siempre de soldados españoles, a pesar de que, según el testimonio de algunos en el sentido de que fue el mismo Moctezuma quien había ordenado el ataque. Sin embargo, llega a ponerle, temporalmente, cadenas al horrorizado tlatoani. A fin de cuentas, Moctezuma aparece ante las personas principales de Tenochtitlan y les ruega brinden su lealtad a Carlos V.

---

[93] holgad—entréguense al ocio y al placer

[94] veredes—viereis (futuro del modo subjuntivo); veáis, hoy

[95] **esteras**—tapetes, alfombras pequeñas

[96] asiéndose—agarrándose

Interpretar

Vuelve a leer en voz alta el discurso, leyéndolo como si tú fueras Moctezuma. Recuerda al hacerlo la situación en que se halla, según la narración de Cortés, y la incertidumbre respecto al futuro. ¿Qué sientes tú, al leer las diversas partes del discurso?

_____

_____

_____

Opinar

Recordando quién transcribe su discurso, examina la perspectiva que lo rige. Arriesga una opinión: ¿Es Cortés un informante fidedigno de lo que dice Moctezuma en esta ocasión? Defiende tu opinión con razones específicas.

_____

_____

_____

_____

Evaluar

¿Qué opinas sobre la veracidad de este pasaje? ¿Por qué razones querría Cortés describir una escena así en esta carta?

_____

_____

Pasando a temas geográficos, Cortés elogia el territorio que ha recorrido:

Porque para dar cuenta,[97] muy poderoso señor, a vuestra real excelencia, de la grandeza, extrañas y maravillosas cosas de esta gran ciudad de Temixtitan, del señorío y servicio[98] de este Mutezuma, señor de ella, y de los ritos y costumbres que esta gente tiene, y de la orden que en la gobernación, así de esta ciudad como de las otras que eran de este señor, hay, sería menester[99] mucho tiempo y ser muchos relatores y muy expertos; no podré yo decir de cien partes una, de las que de ellas se podrían decir, mas como pudiere diré algunas cosas de las que vi, que aunque mal dichas, bien sé que serán de tanta **admiración**[100] que no se podrán creer, porque los que acá con nuestros propios ojos las vemos, no las podemos con el entendimiento comprender. Pero puede vuestra majestad ser cierto que si alguna falta en mi relación hubiere, que será antes por corto que por largo, así en esto como en todo lo demás de que diere cuenta a vuestra alteza, porque me parecía justo a mi príncipe y señor, decir muy claramente la verdad sin interponer cosas que la disminuyan y acrecienten.[101]

[...]

Esta gran ciudad de Temixtitan está fundada en esta laguna salada, y desde la tierra firme hasta el cuerpo de la dicha ciudad, por cualquiera parte que quisieren entrar a ella, hay dos leguas. Tiene cuatro entradas, todas de **calzada**[102] hecha a mano, tan ancha como dos lanzas jinetas.[103] Es tan grande la ciudad como Sevilla y Córdoba.

Son las calles de ella, digo las principales, muy anchas y muy derechas, y algunas de éstas y todas las demás son la mitad de tierra y por la otra mitad es agua, por la cual andan en sus canoas, y todas las calles de trecho a trecho[104] están abiertas por do atraviesa el agua de las unas a las otras, y en todas estas aberturas, que algunas son muy anchas, hay sus puentes de muy anchas y muy grandes **vigas,**[105] juntas y recias y bien labradas, y tales, que por muchas de ellas pueden pasar diez de a caballo juntos a la par.

Y viendo que si los naturales de esta ciudad quisiesen hacer alguna traición, tenían para ello mucho aparejo,[106] por ser la

---

[97] dar cuenta—informar

[98] servicio—atenciones; actividades de los servidores que atienden a uno

[99] menester—necesario

[100] **admiración**—asombro

[101] acrecienten—agranden; exageren

[102] **calzada**—camino elevado que atraviesa una laguna o pantano

[103] dos lanzas jinetas—distancia abarcada por dos lanzas, de las que llevaban los soldados de caballería, colocadas punta a punta

[104] de trecho a trecho—a intervalos

[105] **vigas**—soportes de madera

[106] aparejo—medios

dicha ciudad edificada de la manera que digo, y quitadas las puentes de las entradas y salidas, nos podrían dejar morir de hambre sin que pudiésemos salir a la tierra. Luego que entré en la dicha ciudad di mucha prisa en hacer cuatro bergantines,[107] y los hice en muy breve tiempo, tales que podían echar trescientos hombres en la tierra y llevar los caballos cada vez que quisiésemos.

Tiene esta ciudad muchas plazas, donde hay continuo mercado y trato de comprar y vender. Tiene otra plaza tan grande como dos veces la ciudad de Salamanca, toda cercada de portales alrededor, donde hay cotidianamente[108] arriba de sesenta mil ánimas[109] comprando y vendiendo; donde hay todos los géneros de mercadurías que en todas las tierras se hallan, así de mantenimientos como de vituallas,[110] joyas de oro y plata, de plomo, de latón, de cobre, de estaño, de piedras, de huesos, de conchas, de caracoles y de plumas.

Véndese cal, piedra labrada y por labrar, adobes, ladrillos, madera labrada y por labrar de diversas maneras. Hay calle de caza donde venden todos los linajes[111] de aves que hay en la tierra, así como gallinas, perdices, codornices, lavancos, dorales, zarcetas, tórtolas, palomas, pajaritos en cañuela,[112] papagayos, búharos, águilas, halcones, gavilanes y cernícalos; y de algunas de estas aves de rapiña, venden los cueros con su pluma y cabezas y pico y uñas.

[...]

Hay en esta gran ciudad muchas mezquitas o casas de sus ídolos de muy hermosos edificios, por las colaciones[113] y barrios de ella, y en las principales de ella hay personas religiosas de su secta, que residen continuamente en ellas, para los cuales, demás de las casas donde tienen los ídolos, hay buenos aposentos. Todos estos religiosos visten de negro y nunca cortan el cabello, ni lo peinan desde que entran en la religión hasta que salen, y todos los hijos de las personas principales, así señores como ciudadanos honrados, están en aquellas religiones y hábito desde edad de siete u ocho años hasta que los sacan para los casar, y esto más acaece en los **primogénitos**[114] que han de heredar las casas, que en los otros. No tienen acceso a mujer ni entra ninguna en las dichas casas de religión.

Tienen abstinencia en no comer ciertos manjares,[115] y más en algunos tiempos del año que no en los otros; y entre estas

© Houghton Mifflin Harcourt Publishing Company

---

[107] bergantines—barcos veleros de dos mástiles

[108] cotidianamente—diariamente

[109] ánimas—almas; personas

[110] vituallas—comestibles

[111] linajes—tipos; clases; géneros

[112] cañuela—planta de hojas anchas

[113] colaciones—aquí, vecindarios

[114] **primogénitos**—primeros hijos (en nacer)

[115] manjares—platos de comida

Interpretar

¿Por qué se dedica Cortés a detallar tan metódicamente los elementos de la ciudad, las plazas, los edificios, las calles y los mercados, y a crear listas así de la vida animal y vegetal de este lugar?

_____

_____

Analizar

En esta parte de la relación, ¿tienes fe en la veracidad de Cortés?

_____

_____

mezquitas hay una que es la principal, que no hay lengua humana que sepa explicar la grandeza y particularidades de ella, porque es tan grande que dentro del circuito de ella, que es todo cercado de muro muy alto, se podía muy bien hacer una villa de quinientos vecinos; tiene dentro de este circuito, todo a la redonda, muy gentiles[116] aposentos en que hay muy grandes salas y corredores donde se aposentan los religiosos que allí están.

Hay bien cuarenta torres muy altas y bien obradas, que la mayor tiene cincuenta escalones para subir al cuerpo de la torre; la más principal es más alta que la torre de la iglesia mayor de Sevilla. Son tan bien labradas, así de cantería[117] como de madera, que no pueden ser mejor hechas ni labradas en ninguna parte, porque toda la cantería de dentro de las capillas donde tienen los ídolos, es de imaginería[118] y zaquizamíes,[119] y el maderamiento es todo de masonería y muy pintado de cosas de monstruos y otras figuras y labores. Todas estas torres son enterramiento de señores, y las capillas que en ellas tienen son dedicadas cada una a su ídolo, a que tienen devoción.

Hay tres salas dentro de esta gran mezquita, donde están los principales ídolos, de maravillosa grandeza y altura, y de muchas labores y figuras esculpidas, así en la cantería como en el maderamiento, y dentro de estas salas están otras capillas que las puertas por do entran a ellas son muy pequeñas, y ellas asimismo no tienen claridad alguna, y allí no están sino aquellos religiosos, y no todos, y dentro de éstas están los bultos y figuras de los ídolos, aunque, como he dicho, de fuera hay también muchos.

Los más principales de estos ídolos, y en quien ellos más fe y creencia tenían, derroqué[120] de sus sillas y los hice echar por las escaleras abajo e hice limpiar aquellas capillas donde los tenían, porque todas estaban llenas de sangre que sacrifican, y puse en ellas imágenes de Nuestra Señora y de otros santos, que no poco el dicho Mutezuma y los naturales sintieron; los cuales primero me dijeron que no lo hiciese, porque si se sabía por las comunidades se levantarían contra mí, porque tenían que aquellos ídolos les daban todos los bienes temporales, y que dejándolos maltratar, se enojarían y no les darían nada, y les sacarían los frutos de la tierra y moriría la gente de hambre.

Yo les hice entender con las lenguas cuán engañados estaban en tener su esperanza en aquellos ídolos, que eran hechos por sus manos, de cosas no limpias, y que habían de saber que había un solo Dios, universal Señor de todos, el cual había criado[121] el cielo

© Houghton Mifflin Harcourt Publishing Company

---

[116] gentiles—aquí, elegantes

[117] cantería—piedra labrada

[118] imaginería—pinturas de imágenes sagradas

[119] zaquizamíes—techos de madera

[120] derroqué—quité; eché abajo

[121] criado—creado

Analizar

En los cuatro párrafos arriba, Cortés se esfuerza por describir las cosas que observa, utilizando un vocabulario basado en vocablos que son apropiados en un mundo español o europeo. Subraya las muchas veces en que Cortés tiene que valerse de estos términos europeos para describir lo que le es una nueva realidad.

y la tierra y todas las cosas, y que hizo a ellos y a nosotros, y que Éste era sin principio e inmortal, y que a Él habían de adorar y creer y no a otra criatura ni cosa alguna, y les dije todo lo demás que yo en este caso supe, para los desviar[122] de sus idolatrías y atraer al conocimiento de Dios Nuestro Señor; y todos, en especial el dicho Mutezuma, me respondieron que ya me habían dicho que ellos no eran naturales de esta tierra, y que había muchos tiempos que sus predecesores habían venido a ella, y que bien creían que podrían estar errados[123] en algo de aquello que tenían, por haber tanto tiempo que salieron de su naturaleza, y que yo, como más nuevamente venido, sabría las cosas que debían tener y creer mejor que no ellos; que se las dijese e hiciese entender, que ellos harían lo que yo les dijese, que era lo mejor.

Y el dicho Mutezuma y muchos de los principales de la ciudad dicha, estuvieron conmigo hasta quitar los ídolos y limpiar las capillas y poner las imágenes, y todo con alegre semblante,[124] y les defendí[125] que no matasen criaturas[126] a los ídolos, como acostumbraban, porque, demás de ser muy aborrecible[127] a Dios, vuestra sacra[128] majestad por sus leyes lo prohíbe, y manda que el que matare lo maten. Y de ahí adelante se apartaron de ellos, y en todo el tiempo que yo estuve en la dicha ciudad, nunca se vio matar ni sacrificar criatura alguna.

Los bultos y cuerpos de los ídolos en quien estas gentes creen, son de muy mayores estaturas que el cuerpo de un gran hombre. Son hechos de masa de todas las semillas y legumbres que ellos comen, molidas y mezcladas unas con otras, y amásanlas con sangre de corazones de cuerpos humanos, los cuales abren por los pechos, vivos, y les sacan el corazón, y de aquella sangre que sale de él, amasan aquella harina, y así hacen tanta cantidad cuanta basta para hacer aquellas estatuas grandes. Y también, después de hechas, les ofrecían más corazones, que asimismo les sacrificaban, y les untaban[129] las caras con la sangre.

Y a cada cosa tienen su ídolo dedicado, al uso de los gentiles,[130] que antiguamente honraban a sus dioses. Por manera que para pedir favor para la guerra tienen un ídolo, y para sus labranzas[131] otro, y así para cada cosa de las que ellos quieren o desean que se hagan bien, tienen sus ídolos a quien honran y sirven.

---

122 desviar—apartar

123 errados—equivocados

124 semblante—cara; rostro

125 defendí—prohibí

126 criaturas—seres humanos

127 aborrecible—odioso

128 sacra—sagrada

129 untaban—cubrían

130 gentiles—aquí, paganos

131 labranzas—cultivo de la tierra; tareas agrícolas

Identificar causa y efecto

Subraya, en estos cuatro párrafos, la descripción específica del modo de efectuar los sacrificios. ¿Cuál es el efecto principal de esta parte de la relación sobre el lector moderno? ¿Crees que hubiera tenido el mismo efecto sobre los lectores del siglo XVI?

[...]

La gente de esta ciudad es de más manera y **primor**[132] en su vestir y servicio que no la otra de estas otras provincias y ciudades, por que como allí estaba siempre este señor Mutezuma, y todos los señores sus vasallos ocurrían[133] siempre a la ciudad, había en ella más manera y policía[134] en todas las cosas.

Y por no ser más **prolijo**[135] en la relación de las cosas de esta gran ciudad, aunque no acabaría tan aína,[136] no quiero decir más sino que en su servicio y trato de la gente de ella hay la manera casi de vivir que en España, y con tanto concierto y orden como allá, y que considerando esta gente ser bárbara y tan apartada del conocimiento de Dios y de la comunicación de otras naciones de razón,[137] es cosa admirable ver la que tienen en todas las cosas.

En lo del servicio de Mutezuma y de las cosas de admiración que tenía por grandeza y estado, hay tanto que escribir que certifico a vuestra alteza que yo no sé por do comenzar, que pueda acabar de decir alguna parte de ellas; porque, como ya he dicho, ¿qué más grandeza puede ser que un señor bárbaro como éste tuviere contrahechas[138] de oro y plata y piedras y plumas, todas las cosas que debajo del cielo hay en su señorío, tan al natural lo de oro y plata, que no hay platero en el mundo que mejor lo hiciese, y lo de las piedras que no baste juicio comprender con qué instrumentos se hiciese tan perfecto, y lo de pluma, que ni de cera ni en ningún bordado se podría hacer tan maravillosamente?

[...]

Cortés dedica el resto de su Segunda carta de relación, unas 25 páginas más—la carta completa consiste en unas 40,000 palabras—a otros asuntos de gran peso histórico: su primera partida de Tenochtitlan para afrontar las fuerzas de Pánfilo de Narváez, enviadas de Cuba por Velázquez para detenerlo; la matanza del Templo Mayor llevada a cabo por su subalterno Pedro de Alvarado; la muerte de Moctezuma; y la retirada de todos los españoles de Tenochtitlan en la llamada «Noche triste», y más. Para la fecha de la firma de esta «Segunda carta», no estaba aún ganado definitivamente Tenochtitlan, y Cortés cierra su relación con la siguiente súplica:

Por lo que yo he visto y comprendido cerca de la similitud que toda esta tierra tiene a España, así en la fertilidad como en la grandeza y fríos que en ella hace, y en otras muchas cosas que la

---

132 **primor**—belleza

133 ocurrían—acudían; venían; concurrían

134 manera y policía—orden público

135 **prolijo**—verboso; palabrero

136 tan aína—tan pronto

137 naciones de razón—naciones civilizadas; naciones cristianas

138 contrahechas—copias; imágenes

Analizar

¿Por qué considera Cortés a esta gente como «gente bárbara y tan apartada del conocimiento de Dios y de la comunicación de otras naciones de razón» cuando los elogia por características que se igualan con las de la civilización española, o hasta las superan?

_____

_____

_____

_____

_____

_____

equiparan[139] a ella, me pareció que el más conveniente nombre para esta dicha tierra era llamarse la Nueva España del mar Océano; y así, en nombre de vuestra majestad se le puso aqueste[140] nombre. Humildemente suplico a vuestra alteza lo tenga por bien y mande que se nombre así.

Yo he escrito a vuestra majestad, aunque mal dicho, la verdad de todo lo sucedido en estas partes y aquello que de más necesidad hay de hacer saber a vuestra alteza; y por otra mía, que va con la presente, envío a suplicar a vuestra real excelencia mande enviar una persona de confianza que haga inquisición y **pesquisa**[141] de todo e informe a vuestra sacra majestad de ello. También en ésta lo torno humildemente a suplicar, porque en tan señalada **merced**[142] lo tendré como en dar entero crédito a lo que escribo.

Muy alto y muy excelentísimo príncipe, Dios Nuestro Señor la vida y muy real persona y muy poderoso estado de vuestra sacra majestad conserve y aumente por muy largos tiempos, con acrecentamiento de muy mayores reinos y señoríos, como su real corazón desea. De la villa Segura de la Frontera de esta Nueva España, a 30 de octubre de mil quinientos veinte años. De vuestra sacra majestad muy humilde siervo[143] y vasallo que los muy reales pies y manos de vuestra alteza besa. *Fernán Cortés.*

---

[139] equiparan—igualan

[140] aqueste—este

[141] **pesquisa**—indagación; investigación

[142] **merced**—favor; acto bondadoso

[143] siervo—esclavo

© Houghton Mifflin Harcourt Publishing Company

Aclarar

Subraya detalles en este párrafo que, para ti, indiquen que Cortés se esfuerza por persuadir a Carlos V de su lealtad inquebrantable. Recuerda al hacerlo que Cortés es un comprobado insurrecto contra la autoridad del gobernador Velázquez.

Aclarar

...otra mía..., ¿cuál es el antecedente?; y ...en ésta..., ¿cuál es el antecedente?

_____

_____

Comprender

¿Qué es lo que pide Cortés—tal vez por segunda vez—que haga el emperador?

_____

_____

Evaluar

¿Cómo juzgas el sentimiento de Cortés al cerrar esta relación? ¿Qué tono tiene el cierre de la carta?

_____

_____

Evaluar

El cierre, ¿crees que tenga fines políticos? ¿Cuáles? ¿Por qué lo crees?

_____

_____

_____

_____

PREGUNTAS

*Para conocer más a fondo el texto que has leído, responde a las siguientes preguntas. Tu propósito será uno de éstos, según indique tu profesor/a: **a.** prepararte para participar en un coloquio con tus compañeros de clase; **b.** prepararte para dar una presentación oral; **c.** bosquejar tus ideas por escrito para intercambiarlas con tus compañeros de clase; o **d.** escribir un ensayo formal.*

1. Esta carta histórica nos recuerda la forma literaria conocida como *epístola*. Igual que en ésta, un *yo*, Hernán Cortés, escribe a un *destinatario*, el emperador Carlos V, y narra los hechos que va conociendo el lector. Sin embargo, aquí no se trata de una obra de ficción. Cortés y Carlos V son personajes históricos, tal como lo son los demás seres humanos que pueblan su carta. ¿Qué conclusiones preliminares se extraen sobre la verdad histórica de los detalles relatados aquí? Considera, en tu respuesta, las razones por las que el autor de la carta la escribe. Defiende tu juicio con ejemplos extraídos del texto.

2. Al leer, te habrás dado cuenta de que Cortés omite algunos detalles de los sucesos que relata, detalles conocidos ahora de otras fuentes históricas. Busca en la carta de Cortés uno o más detalles obviamente omitidos, pertinentes a un acontecimiento de la Conquista de Tenochtitlan. Comenta tu descubrimiento, precisando el dato o datos que pudieran haber introducido otra perspectiva—otro ángulo de visión—, y opina sobre las razones que habrá tenido Cortés por omitirlos.

3. Los extractos aquí demuestran una y otra vez la manera en que Cortés se admira de las cosas que ve y de las cosas que suceden, describiéndolas meticulosamente. Vuelve tú a cualquiera de los varios episodios fragmentarios, adopta la perspectiva de Cortés, e imagina las razones por las que este descubridor español, venido desde España y luego Cuba, se habrá quedado tan deslumbrado. Toma en cuenta la cultura y vida de Cortés hasta aquel momento.

4. En otra parte de la «Segunda carta», Cortés reacciona ante graves preocupaciones de sus soldados, que, viendo señales de mal agüero en su progreso hacia Tenochtitlan, quieren volver atrás; escribe a su emperador: «Y aunque todos los de mi compañía decían que me tornase porque era mala señal, todavía seguí mi camino, considerando que Dios es sobre natura». El texto aquí parece revelar un aspecto de la mentalidad de Cortés. Primero, ¿qué aspecto revela? Luego, busca tú y comenta otro ejemplo más del texto, uno que, para ti, revele la mentalidad de Hernán Cortés. Busca indicios de su inquebrantable voluntad, o de otras cualidades o defectos de su carácter. Deben acompañar tus descubrimientos pruebas extraídas del texto.

5. ¿Qué hace Cortés para persuadir a su soberano a aceptar decisiones tomadas por él en la campaña de Conquista? Repetidas veces se acerca a la divulgación de un importante acontecimiento, resultado de una decisión suya, preparando a su narratario de antemano. Al llegar al momento de divulgar la información, ya lo tiene ganado a su perspectiva: que fue válida una decisión controvertida. Esto pasa a causa de la defensa retórica que montó con anticipación. Vuelve tú al texto, y busca por lo menos uno de estos momentos de preparación al lector para su subsiguiente persuasión. Ten en cuenta que la presencia en México de Cortés, y sus maniobras allí, al momento de escribir la carta, son calificables de insurrección. El éxito de sus propósitos depende en gran parte de su capacidad de persuadir por escrito a su autoridad superior: Carlos V.

Análisis literario

«Segunda carta de relación»

Lee este pasaje de la «Segunda carta de relación» de Hernán Cortés. Luego contesta las preguntas.

Y el dicho Mutezuma y muchos de los principales de la ciudad dicha, estuvieron conmigo hasta quitar los ídolos y limpiar las capillas y poner las imágenes, y todo con alegre semblante, y les defendí que no matasen criaturas a los ídolos, como acostumbraban, porque, demás de ser muy aborrecible a Dios, vuestra sacra majestad por sus leyes lo prohíbe, y manda que el que matare lo maten. Y de ahí adelante se apartaron de ello, y en todo el tiempo que yo estuve en la dicha ciudad, nunca se vio matar ni sacrificar criatura alguna.

Los bultos y cuerpos de los ídolos en quien estas gentes creen, son de muy mayores estaturas que el cuerpo de un gran hombre. Son hechos de masa de todas las semillas y legumbres que ellos comen, molidas y mezcladas unas con otras, y amásanlas con sangre de corazones de cuerpos humanos, los cuales abren por los pechos, vivos, y les sacan el corazón, y de aquella sangre que sale de él, amasan aquella harina, y así hacen tanta cantidad cuanta basta para hacer aquellas estatuas grandes. Y también, después de hechas, les ofrecían más corazones, que asimismo les sacrificaban, y les untaban las caras con la sangre.

1. Al leer este pasaje, se puede concluir que la carta va dirigida _____.
   a. al emperador de los mexicas Moctezuma
   b. a algún familiar de Cortés
   c. al público español en general
   d. al Rey de España

2. En el primer párrafo, el propósito principal de Cortés parece ser _____.
   a. resaltar el carácter religioso de sus propias acciones
   b. describir la forma en que resisten los mexicas
   c. comunicar la idea de que Moctezuma es un líder débil
   d. describir las capillas de los ídolos nahuas

3. Cortés manda sustituir los ídolos mexicas en las capillas por otras imágenes. Se puede inferir que hizo esto con la esperanza de que los indígenas _____.
   a. dejaran de visitar las capillas
   b. transfirieran su devoción a sus ídolos al credo de los cristianos
   c. apreciaran mejor los aspectos estéticos de la escultura española
   d. dejaran a él y a sus hombres caminar libremente por la ciudad

4. Cortés escribe que no vio ningún sacrificio humano durante su estancia en la ciudad. Es posible que menciona esto porque _____.
   a. quiere que el emperador note cómo él ha hecho cambiar el comportamiento de los mexicas
   b. quiere reconocer que no tiene una idea muy completa de la vida de los mexicas
   c. no quiere que su narratario se ofenda por sus descripciones
   d. tiene miedo que el lector piense que él participó en una ceremonia no cristiana

5. Según este pasaje, cualquier persona que sacrifique a un ser humano _____.
   a. será castigado no por los hombres sino por Dios
   b. debe ser ejecutado, según las leyes españolas
   c. será llevado por Cortés a España
   d. tendrá una estatua en una de las capillas

6. Los aztecas hacían sus estatuas _____.
   a. con los corazones de los sacrificados
   b. con lodo mezclado con la sangre de los sacrificados
   c. amasando semillas y legumbres con sangre
   d. de la misma manera en que los españoles hacían las suyas

El Renacimiento español

Apogeo de las artes y letras en España y sus dominios es la llamada «Edad de Oro». Captar la esencia de esta época tan rica en preciados productos del espíritu español requiere una comprensión de su carácter doble.

Al referirse a la Edad de Oro, algunos se valen del término «Siglo de Oro»; en verdad, abarca dos siglos y dos grandes tendencias. En términos generales, los años 1500 a 1600 constituyen, en España, el Renacimiento, mientras que la Edad Barroca, o el Barroco, comprende los años desde 1600 a 1700. Juntos, el Renacimiento y el Barroco componen la Edad de Oro.

En los inicios de la Edad Moderna, época que empezó con aquel año tan señalado de la experiencia española y americana, 1492, España alcanza el primer puesto del poder en Europa. En lo político y militar, no sólo es doble por ser la nación peninsular, más sus dominios en las Américas. La España europea es también un ente doble. Su rey Carlos I (1516–1556), que es también el emperador Carlos V (1520–1556), administra y defiende gran parte de la Europa central perteneciente al Sacro Imperio Romano Germánico. Bajo el hijo de Carlos, Felipe II (1556–1598), y su descendencia, España seguirá en posesión de los Países Bajos hasta mediados del siglo siguiente. Al hablar de la publicación, en 1554, del *Lazarillo de Tormes* en 4 ciudades españolas, incluimos entre ellas Amberes, ciudad principal de lo que es hoy Bélgica. La España imperial llega a comprender una enorme extensión: buena parte de Europa y América, las Filipinas, y partes de África y Asia. Ha llegado a ser un imperio global en el que nunca se pone el sol.

En Europa, España desempeña el papel de defensora de la fe católica frente a la Reforma Protestante—con la llamada Contrarreforma—y el de defensora de las naciones del Sacro Imperio contra el expansionismo de los turcos en el Mediterráneo. En las filas de Carlos V, pelea y muere valerosamente el poeta Garcilaso de la Vega, figura que encarna los más altos valores caballerescos de su tiempo. Vive y muere dedicado tanto al arte como a las armas, «tomando ora la espada, ora la pluma».

Los críticos utilizan términos como «cambio» y «crisis» para calificar al Renacimiento de Occidente. El término «Renacimiento» se deriva del verbo «renacer». Pero nos preguntamos, ¿qué vida de antaño renace en el siglo renacentista?

La historia humana atestigua el esfuerzo constante del ser humano de resolver las grandes interrogantes de la vida. ¿Quiénes somos? ¿Qué es la vida? ¿Qué relación existe entre la realidad que vivimos y el arte que fabricamos? ¿Por qué pintamos? ¿Por qué escribimos? El autor Joseph Conrad (n. 1857) alguna vez dijo que todo arte intenta rendir la máxima justicia posible al universo sensible, anhelando encontrar allí lo duradero y lo esencial. El impulso para hacer arte le es particular al ser humano, y ese arte busca saciar el hambre de representar la esencia de la condición humana.

En el Renacimiento reviven los valores del arte de la Antigüedad grecorromana. El filósofo Platón (c. 427–347 a. de C.) concebía las artes como un reflejo fiel de la realidad. Para los griegos, la finalidad del arte era imitar la naturaleza. En el Renacimiento, renace la creencia en la realidad terrenal, y en las artes e ideas de la Antigüedad clásica. Se crea un arte exuberante. Garcilaso confecciona, en su soneto «En tanto que de rosa y azucena» (1543), lo que Botticelli en Italia pintó en *El* *nacimiento de Venus* (1486). Sus representaciones respectivas, aunque en diferentes medios de expresión, se corresponden perfectamente. Hasta el otoño de la Edad Media, los artistas se habían dedicado a representar la realidad de Dios. En el siglo XVI, vuelven los ojos otra vez a la humanidad.

La ideología del siglo es humanista y optimista. Este optimismo renacentista es sustentado por el máximo esplendor imperial que vive España hacia mediados del siglo del Renacimiento, y es nutrido por el gran desarrollo del conocimiento humano facilitado por los grandes descubrimientos científicos de Leonardo da Vinci (n. 1452), Copérnico (n. 1473), y Galileo (n. 1564).

En las artes plásticas, las figuras humanas simbólicas y poco realistas del Medioevo ceden ante figuras de hombres, mujeres y niños renacentistas, representados con contornos suaves y una gran variedad de actitudes y gestos naturales. Se destacan también sus paisajes por su profundidad y perspectiva, y por sus juegos con la luz en manos de pintores como da Vinci (n. 1452) y Miguel Ángel (n. 1475). El gran pintor residente en Toledo, «El Greco» (n. 1541), deslumbra con sus figuras alargadas y expresivas que encarnan el espíritu de la Contrarreforma. En música de la época, se destaca la música de vihuela, instrumento de cuerdas parecido a la guitarra. La vihuela era popular en la Corte, mientras que la guitarra era más usada por las clases bajas. Viajó la vihuela a las Américas en tiempos de la Conquista de México. España para fines del siglo XVI se vuelve el centro de producción de composiciones para la guitarra.

No se hace justicia al espíritu renacentista sin reconocer el papel central que juegan en él la universidad y la imprenta. La Edad Media vio la fundación de universidades—las de Oxford, París, Cambridge, Valladolid, Salamanca y muchas más, entre los años 1096 y 1317—, y su influencia se hace sentir en el Renacimiento. Ahora no sólo existen más lectores para el gran número de libros que empiezan a salir de la imprenta, inventada por Gutenberg hacia 1450, sino que el latín con que se forman los universitarios permite que letrados de Europa y las Américas se comuniquen entre sí. Erasmo de Róterdam (1466–1536) se comunica en latín con su amigo Sir Thomas More de Inglaterra (1478–1535) y, de haber tenido la oportunidad, los dos se hubieran comunicado con facilidad con Antonio Valeriano (1522–1605), noble mexica, informante de Sahagún, y elegante latinista formado en Tlatelolco. Valeriano es la fuente del «Nican Mopohua», informe del testimonio de Juan Diego sobre las apariciones de la Virgen de Guadalupe en Tepeyac.

Erasmo escribe su *Elogio de la locura* (1511), en el que satiriza a clérigos y a pedantes, y elogia los verdaderos ideales cristianos. Tiene un gran éxito popular, y llega a entretener al mismo papa León X. Sir Thomas More escribe su *Utopía* (1516), creando, como título, una nueva palabra que sugiere ambiguamente «buen lugar» y «en ningún lugar». Critica las desigualdades surgidas de los grandes cambios que More veía en lo socioeconómico. Pero el espíritu renacentista de More sigue optimista y confiado en la capacidad de la razón para mejorar la sociedad.

Las 95 tesis que en 1517 clava Martín Lutero en la puerta de la Iglesia del Palacio de Wittenberg son traducidas y publicadas en toda Alemania en sólo dos semanas; en dos meses, se leen en toda Europa.

Mientras tanto, el espíritu místico español lleva a Santa Teresa de Ávila (n. 1515) a evocar su anhelo de Dios: «Vivo sin vivir en mí,/y tan alta vida espero,/que muero porque no muero». Fray Luis de León (n. 1527) alaba la «Vida retirada»: «¡Qué descansada vida/la del que huye del mundanal ruido,/y sigue la escondida/senda por donde han ido/los pocos sabios que en el mundo han sido!» Y San Juan de la Cruz (n. 1542) se extasía en sus «Coplas del mismo, hechas sobre un éxtasis de harta contemplación»: «Entréme donde no supe:/y quedéme no sabiendo,/toda ciencia trascendiendo./Yo no supe dónde estaba,/pero, cuando allí me vi,/sin saber dónde me estaba,/grandes cosas entendí;/no diré lo que sentí,/que me quedé no sabiendo,/toda ciencia trascendiendo.[…]»

El erasmismo humanista se manifiesta notablemente en el *Lazarillo de Tormes*, epístola fingida de un fingido autobiógrafo, Lázaro de Tormes. En su «Prólogo», antes de comenzar el Tratado primero, éste aclara para su narratario «sus» intenciones, y al hacerlo cambia para siempre el género de la novela.

No es que no haya sido la epístola desde antes una forma bastante difundida. Ejemplos son las cartas escritas por Hernán Cortés entre 1519 y 1526, y por Álvar Núñez Cabeza de Vaca hacia 1550, a su soberano en España. Sin embargo, van irrumpiendo cada vez más en la escena aventuras fantásticas de seres idealizados en la forma de libros de caballerías. Existe documentación de que romances encuadernados llegaron temprano a las Indias; el tercer viaje de Colón, en 1505, llevaba a bordo 34. Estudiosos hay que ven en la osadía de Cortés, manifiesta en su *Segunda carta de relación*, de llegar hasta Moctezuma y exigirle que se rinda como vasallo de Carlos V, un acto inspirado en la inverosímil figura fantástica de Amadís de Gaula. Bernal Díaz del Castillo, soldado de Cortés y cronista, compara la primera visión que tuvieron los conquistadores de Tenochtitlan desde lejos, con una escena que había leído en el *Amadís de Gaula*. Tan notorios eran los libros de caballerías que el historiador español Fernández de Oviedo (n. 1478) se refiere a «tonterías tales como las que se dicen en libros mentirosos como *Amadís de Gaula*». La palabra «novela» en el siglo XVI, se intercambiaba con la palabra «patraña», es decir, embuste, o mentira.

No así el *Lazarillo* (1552 o 1553), la primera obra de ficción sobre un tema realista que aparenta ser realidad. Lázaro—o mejor dicho, su brillante autor anónimo—hace del *Lazarillo* una obra en la que todo lector puede creer plenamente. Ésta es la deuda más grande que tiene Cervantes para con el autor anónimo del *Lazarillo*. El pseudoautobiógrafo, por supuesto, no es nada anónimo, y los lectores de sus páginas vivimos con él tanto sus desventuras como su infinita capacidad de resistencia optimista.

No es sino hasta el Barroco—el segundo siglo de la Edad de Oro—que el optimismo renacentista, por causas históricas, se va convirtiendo en pesimismo.

PARA REFLEXIONAR

1. Sintetiza lo que renace en el Renacimiento.

2. Nombra al menos dos aspectos en los que el Renacimiento español exhibe un carácter doble.

3. ¿Qué papel desempeñaron las universidades y la imprenta en la vida renacentista?

4. ¿En qué sentido es el *Lazarillo* antecesor del *Quijote*? Explica lo que quieres decir.

5. ¿A qué atribuyes tú el espíritu optimista del Renacimiento español?

Lazarillo de Tormes

ANÓNIMO

La picaresca es un género novelesco netamente español, y ésta es la novela que marca la pauta al género. Tres ediciones de La vida de Lazarillo de Tormes y de sus fortunas y adversidades (1554) salieron en el mismo año en cuatro ciudades españolas. Se cree que existió una edición anterior, pero no sobrevive ningún ejemplar. El Lazarillo triunfó inmediatamente. Preparó el camino para la novela de aventuras, la de costumbres, y la moderna novela realista y naturalista. Muchos otros novelistas, Cervantes entre ellos, están endeudados con él.

Elementos característicos de la picaresca: es autobiográfica y episódica; su unidad reside en la presencia del pícaro protagonista, individuo sin rumbo ni aspiraciones. Su técnica es realista: Lazarillo, de orígenes vulgares, es abandonado a su suerte, siendo niño. Observa el medio social, dejando un documento crudo de la vida de las clases desheredadas de la España de su tiempo. Su visión es satírica: se burla de las instituciones sociales y del idealismo de los libros de caballerías. El pícaro sale del paso como puede, con mañas que entretienen porque todas sus víctimas son peores que él. Aquí no se busca el amor sino la ventaja, y muchas veces sin escrúpulos.

El Lazarillo es un documento extraordinario. Las razones son múltiples. Ha servido de divertimiento a través de casi cinco siglos. Su agudeza humana sigue tan universal hoy como en el momento de su creación. Contribuyó figuras inolvidables a la cultura popular hispánica, y asentó el género de la novela picaresca. Pero hay una razón más que le merece el calificativo de extraordinario: la perfección de su anonimato.

Ha resultado indescifrable el misterio de la identidad del verdadero autor del Lazarillo, a pesar de un amplio número de estudiosos que defienden la autoría de uno u otro escritor del siglo XVI. Esta ambigüedad le obliga al lector creer en la voz que lo acompaña desde sus primeros enunciados: «Pues sepa Vuestra Merced, ante todas las cosas, que a mí llaman Lázaro de Tormes…», esa agradable voz de «grosero estilo» de su pseudoautor: el niño, hecho ya adulto.

Los que han leído el Lazarillo saben que sus elementos son los del género picaresco. La voz narrativa es un yo protagonista. Viendo con los ojos de Lazarillo, experimentamos todas las peripecias de su vida, plagada de mala fortuna al servicio de una serie de amos. Éstos le enseñan la dura realidad de la vida, y de ellos aprende a salirse de los aprietos a como dé lugar, practicando mañas siempre perdonables, aún aquella atroz con que hace estrellarse contra un poste a su primer amo.

Si sus páginas hacen reír a carcajadas, es mayor el milagro de su innegable realismo; y Lazarillo, como los pícaros que de él descienden, termina viviendo deshonrado, condición que él acaba por aceptar.

Pero, ¿qué deshonra hemos de ver en la penúltima frase de Lázaro, cuando profesa que: «…en este tiempo estaba en mi prosperidad y en la cumbre de toda buena fortuna»? Para saberlo, el lector del Lazarillo tendrá que conocer el «Prólogo», otra creación de Lázaro.

Es una maña ingeniosa. ¿Qué autor se emboza en el momento de escribir su propio prólogo? No, los autores dan allí la cara para presentarse a sus lectores y para darles sus motivos de escribir la obra. Ésta es una labor exclusiva de los autores. Pero nuestro autor anónimo sigue embozado, y pone en manos del pseudoautobiógrafo mismo la tarea de presentar motivos. Allí Lázaro nos los divulga, aunque, la verdad, rozando apenas el asunto; y tenemos que leer su relato para enterarnos de lo que «Vuestra Merced» le pide: un informe «muy por extenso» del caso.

Lázaro, mandado por «Vuestra Merced», se empeña en justificar su vida hasta el presente, pero, según nos dice en su «Prólogo», se ha decidido a empezar el informe desde el principio, para que «Vuestra Merced» conozca, no sólo el caso sino todo lo concerniente a su persona.

¿Qué caso? Y, ¿qué tiene que ver un caso con la deshonra de nuestro querido protagonista? La vida de Lazarillo de Tormes ha sido una lucha constante llena de mala fortuna y adversidades, azares y desventuras, a pesar del carácter risueño del yo protagonista. Lázaro, con su capacidad de hacer reír, se gana el cariño de todo el mundo. ¿No será lícito suponer que la vena cómica de Lázaro es otra maña más para salir de otro aprieto tal vez grave—un caso en que al parecer se halla involucrado?

De veras hay que rendir homenaje al verdadero autor del Lazarillo que, con su «Prólogo», ha puesto jaque mate a los que quieran invadir su genial, impenetrable anonimato, dejándonos siempre y exclusivamente en manos de Lázaro de Tormes, pregonero de la ciudad de Toledo, esposo de la criada de un arcipreste—su «señor», si no precisamente otro «amo»—y, más que nada, sobreviviente del naufragio que ha sido su vida hasta el presente.

PRÓLOGO

Yo por bien tengo que cosas tan señaladas,[1] y por ventura[2] nunca oídas ni vistas, vengan a noticia de muchos y no se entierren en la sepultura del olvido, pues podría ser que alguno que las lea halle algo que le agrade, y a los que no **ahondaren**[3] tanto los **deleite**.[4] Y a este propósito dice Plinio[5] que no hay libro, por malo que sea, que no tenga alguna cosa buena. Mayormente, que los gustos no son todos unos, mas lo que uno no come, otro se pierde[6] por ello. Y así vemos cosas tenidas en poco de algunos, que de otros no lo son. Y esto, para que ninguna cosa se debería romper ni echar a mal, si muy detestable no fuese, sino que a todos se comunicase, mayormente siendo sin **perjuicio**[7] y pudiendo sacar della algún fruto. Porque, si así no fuese, muy pocos escribirían para uno solo, pues no se hace sin trabajo, y quieren, ya que lo pasan, ser recompensados, no con dineros, mas con que vean y lean sus obras y, si hay de qué, se las **alaben**.[8] Y a este propósito, dice Tulio:[9] «La honra cría las artes».

¿Quién piensa que el soldado que es primero del escala tiene más **aborrecido**[10] el vivir? No por cierto; mas el deseo de alabanza le hace ponerse al peligro y así en las artes y letras es lo mismo. **Predica**[11] muy bien el presentado,[12] y es hombre que desea mucho el provecho de las **ánimas;**[13] mas pregunten a su merced[14] si le pesa cuando le dicen «¡Oh qué maravillosamente lo ha hecho Vuestra Reverencia!». Justó[15] muy **ruinmente**[16] el señor don Fulano y dio el sayete de armas[17] al truhán,[18] porque le **loaba**[19] de haber llevado muy buenas lanzas. ¿Qué hiciera si fuera verdad?

---

[1] señaladas—importantes; destacadas

[2] por ventura—o afortunadamente o por casualidad; en el siglo XVI, también desafortunadamente; de ahí que, aquí, por buena o por mala fortuna

[3] **ahondaren**—profundizaren (futuro del subjuntivo)

[4] **deleite**—agrade; complazca

[5] Plinio—Plinio el Joven dice esto de su tío, Plinio el Viejo, escritor romano del siglo I a. de J.C.

[6] se pierde—aquí, desea ardientemente

[7] **perjuicio**—daño

[8] **alaben**—elogien

[9] Tulio—Marco Tulio Cicerón, famoso orador romano del siglo I a. de J.C.

[10] **aborrecido**—odiado

[11] **Predica**—Hace un sermón

[12] el presentado—el que ha sido propuesto para un oficio o cargo eclesiástico

[13] **ánimas**—almas

[14] su merced—usted; la persona a quien va dirigido el prólogo «escrito» por Lázaro

[15] Justó—Combatió con lanza, a caballo

[16] **ruinmente**—de mala manera

[17] sayete de armas—prenda de vestir militar que se llevaba debajo de la cota de cuero o de mallas de hierro y servía para proteger el cuerpo del combatiente

[18] truhán—sinvergüenza; engañador

[19] **loaba**—alababa; elogiaba; celebraba

Conectar

Esta voz narradora, ¿de quién es? ¿Cuántos años podrá tener al «escribir» el Prólogo?

_____

_____

_____

Comprender

En muy pocas palabras sencillas, ¿qué mensaje recibes del texto desde *Mayormente* hasta *no lo son*?

_____

_____

Pronosticar

A Lázaro le importa que de su relato se saque algún fruto. Pronostica cuáles podrán ser algunos posibles *frutos*.

_____

_____

Comprender

¿Cuál es el mensaje aquí? Según Lázaro, una alabanza recibida, ¿tiene que ser verdad para que nos dé gusto?

_____

_____

Anotar

Subraya las palabras de este párrafo que prestan al texto un tono de humildad.

Sintetizar

El fin de esta frase es similar al título de la novela. Sintetiza, en una o dos palabras acertadas tuyas, el juicio de Lázaro sobre la calidad de vida que ha tenido.

_____

_____

Inferir

Infiere, a base de las palabras de Lázaro, si él ha tenido alguna vez algún momento de felicidad en la vida.

_____

_____

Enfoque en el estilo

¿Qué nombre recibe la figura de «Vuestra Merced» en el análisis literario?

_____

Analizar

En la España medieval era costumbre agregar al nombre del recién nacido el nombre del padre, anteponiendo a veces la preposición «de», para marcar filiación. Sin embargo, Lázaro tiene por apellido el nombre del río donde nació. ¿Por qué crees que sucede esto?

_____

_____

Y todo va de esta manera: que, confesando yo no ser más santo que mis vecinos, desta **nonada**,[20] que en este grosero estilo escribo, no me pesara que hayan[21] parte y se huelguen[22] con ello todos los que en ella algún gusto hallaren y vean que vive un hombre con tantas fortunas, peligros y adversidades.

Suplico[23] a Vuestra Merced reciba el pobre servicio de mano de quien lo hiciera más rico si su poder y deseo se conformaran.[24] Y pues Vuestra Merced escribe se le escriba[25] y relate el caso muy por extenso,[26] parecióme no tomalle[27] por el medio, sino del principio, porque[28] se tenga entera noticia de mi persona, y también porque consideren los que heredaron nobles estados cuán poco se les debe, pues Fortuna fue con ellos parcial,[29] y cuánto más hicieron los que, siéndoles contraria, con fuerza y **maña**[30] remando,[31] salieron a buen puerto.[32]

TRATADO PRIMERO
Cuenta Lázaro su vida y cúyo hijo fue.

Pues sepa Vuestra Merced,[33] ante todas las cosas, que a mí llaman Lázaro de Tormes, hijo de Tomé González y de Antonia Pérez, **naturales**[34] de Tejares, **aldea**[35] de Salamanca. Mi nacimiento fue dentro del río Tormes, por la cual causa tomé el sobrenombre; y sucedió de esta manera: mi padre, que Dios perdone, tenía a su cargo proveer una molienda[36] de una aceña[37] que está en la ribera de aquel río, en la cual fue molinero más de quince años; y estando mi madre una noche en la aceña, preñada[38] de mí, tomóle el parto y parióme[39] allí. De manera que con verdad me puedo decir nacido en el río.

---

[20] **nonada**—cosa sin valor

[21] hayan—aquí, tengan

[22] se huelguen—sientan placer

[23] **Suplico**—Ruego; Pido encarecidamente

[24] si su poder y deseo se conformaran—si su poder fuera igual a su deseo

[25] Y pues vuestra merced escribe se le escriba—Ya que usted me manda por escrito que le escriba

[26] por extenso—detalladamente; con todos sus pormenores o detalles

[27] tomalle—tomarle

[28] porque— aquí, para que

[29] parcial—favorable; benéfica

[30] **maña**—aquí, conocimiento; habilidad

[31] remando—haciendo avanzar una galera utilizando los remos; en sentido figurado, esforzándose a fin de mejorar su situación en la vida

[32] salieron a buen puerto—tuvieron éxito en la vida

[33] Vuestra Merced—tratamiento antiguo de cortesía; como «usted» ahora.

[34] **naturales**—originarios; oriundos.

[35] **aldea**—pueblo.

[36] molienda—acción de moler, de triturar; cantidad que se muele.

[37] aceña—molino accionado por una corriente de agua.

[38] preñada—encinta.

[39] parióme—me parió; dio a luz.

Pues siendo niño de ocho años, acusaron a mi padre de ciertas sangrías[40] mal hechas en los **costales**[41] de los que allí a moler venían, por lo cual fue **preso**,[42] confesó y no negó, y **padeció**[43] persecución por la justicia. Espero en Dios que esté en la gloria, pues el Evangelio los llama **bienaventurados**.[44]

En este tiempo se organizó cierta **armada**[45] contra moros, entre los cuales se alistó mi padre, que **a la sazón**[46] estaba **desterrado**[47] por el desastre ya dicho, con **cargo**[48] de acemilero[49] de un caballero que allá fue. Y allí fue con su señor, como leal criado.

Mi viuda madre, al verse sin marido y sin abrigo, determinó **arrimarse**[50] a los buenos, para ser uno de ellos, vínose a vivir a la ciudad, alquiló una casilla, y dedicóse a **guisar**[51] para ciertos mozos de caballos del comendador[52] de la Magdalena, de manera que fue **frecuentando**[53] las **caballerizas**.[54]

Ella y un hombre moreno de aquéllos que curaban las **bestias**,[55] se hicieron amigos. Éste algunas veces venía a nuestra casa y se iba por la mañana. Otras veces, de día llegaba a la puerta, en achaque de[56] comprar huevos, y entrábase en casa. Yo, al principio de su entrada, le tenía miedo al ver el color y mal gesto[57] que tenía; mas desde que vi que con su venida mejoraba el comer, le fui queriendo bien, porque siempre traía pan, pedazos de carne y en el invierno leños[58] con que nos calentábamos.

---

[40] **sangrías**—robos.

[41] **costales**—sacos; bolsos grandes.

[42] **preso**—prisionero.

[43] **padeció**—sufrió.

[44] **bienaventurados**—los que están con Dios en el cielo.

[45] **armada**—expedición militar.

[46] **a la sazón**—en ese tiempo.

[47] **desterrado**—exilado.

[48] **cargo**—empleo; puesto de trabajo.

[49] **acemilero**—el que cuida las mulas.

[50] **arrimarse**—acercarse.

[51] **guisar**—cocinar.

[52] **comendador**—superior de una orden religiosa.

[53] **frecuentando**—yendo a.

[54] **caballerizas**—establos.

[55] **bestias**—animales.

[56] **en achaque de**—con ganas de.

[57] **mal gesto**—expresión desagradable.

[58] **leños**—trozos de madera para quemar.

Conectar

¿A qué texto bíblico hace referencia el narrador? ¿Por qué crees que incluye esta referencia?

_____

_____

_____

Conectar

Aquí Lázaro alude a un refrán que reza: «Arrímate a los buenos, y serás uno de ellos». Explica el sentido de este refrán en tus propias palabras.

_____

_____

_____

_____

De manera que, continuando la posada[59] y conversación, mi madre vino a darme un hermano negrito muy bonito, con el cual yo jugaba y ayudaba a calentar.

Y acuérdome que, estando el negro jugando con el mozuelo, como el niño veía a mi madre y a mí blancos y a él no, **huía**[60] de él, con miedo, para mi madre y, señalando con el dedo, decía:

—¡Madre, coco![61]

Respondió él riendo:

—¡Hideputa![62]

Yo, aunque bien muchacho, pensé en aquella palabra de mi hermanico, y dije entre mí:

—¡Cuántos debe de haber en el mundo que huyen de otros porque no se ven a sí mismos!

Quiso nuestra fortuna que la relación con Zaide, que así se llamaba, llegó a oídos del **mayordomo**[63] y, hechas **averiguaciones**,[64] se descubrió que más de la mitad de la cebada que para las bestias le daban, **hurtaba**,[65] además de salvados,[66] **leña**,[67] almohazas,[68] mandiles,[69] y mantas y sábanas de los caballos; y cuando otra cosa no tenía, las bestias desherraba,[70] y con todo esto **acudía**[71] a mi madre para criar a mi hermanico. No nos maravillemos[72] si a un pobre esclavo el amor le anima a esto, cuando un **clérigo**[73] o fraile hurta de los pobres y el otro de casa para sus **devotos**[74] y para él mismo.

Y se le probó cuanto digo y aún más; porque a mí con amenazas me preguntaban, y, como niño, respondía y descubría cuanto sabía, con miedo hasta acerca de ciertas herraduras que por mandado de mi madre a un **herrero**[75] vendí.

Al triste de mi padrastro **azotaron**[76] y pringaron[77] y a mi madre la justicia castigó con el acostumbrado centenario,[78] y que

[59] posada—hospitalidad.

[60] **huía**—se alejaba; se fugaba.

[61] coco—persona fea; figura imaginaria de espanto para los niños.

[62] hideputa—hijo de puta, insulto soez.

[63] **mayordomo**—administrador; jefe de la servidumbre de una mansión.

[64] **averiguaciones**—investigaciones; pesquisas.

[65] **hurtaba**—robaba.

[66] salvado—capa externa de los cereales, usada como pienso, o alimento del ganado y de los caballos.

[67] **leña**—madera cortada para quemar.

[68] almohaza—plancha con varios peines metálicos, para la limpieza de las caballerías.

[69] mandil—trapo para limpiar las caballerías.

[70] desherraba—quitaba las herraduras.

[71] **acudía**—venía.

[72] maravillemos—sorprendamos.

[73] **clérigo**—cura; sacerdote.

[74] **devotos**—congregación; fieles.

[75] **herrero**—el que trabaja el hierro; el que pone herraduras a los caballos.

[76] **azotaron**—golpearon con látigo.

[77] pringaron—echaron grasa caliente en las heridas de los azotes.

[78] el acostumbrado centenario—los cien azotes de costumbre.

Explica con tus propias palabras esta reflexión de Lázaro.

_____

_____

_____

¿Qué quiere decir Lázaro con esta frase?

_____

_____

en casa del sobredicho[79] comendador no entrase, ni **acogiese**[80] al lastimado Zaide en la suya.

Por no echar la soga tras el caldero,[81] la triste se esforzó y cumplió la sentencia. Y por evitar peligro y **librarse**[82] de **malas lenguas**,[83] se fue a servir a los que al presente[84] vivían en el **mesón**[85] de la Solana; y allí, padeciendo mil importunidades, se acabó de criar mi hermanico hasta que supo andar, y a mí hasta ser buen mozuelo, que iba a los huéspedes por vino y candelas y por lo demás que me mandaban.

En este tiempo vino a posar[86] al mesón un ciego, el cual, pareciéndole que yo serviría para guiarle, me pidió a mi madre, y ella me entregó a él, diciéndole que era hijo de un buen hombre, el cual, por ensalzar[87] la fe, había muerto en la batalla de los Gelves,[88] y que ella confiaba en Dios no saldría peor hombre que mi padre y que le rogaba me tratase bien y mirase por mí, pues era huérfano. Él respondió que así lo haría y que me recibía, no por **mozo**,[89] sino por hijo. Y así comencé a servir y adestrar[90] a mi nuevo y viejo amo.

Como estuvimos en Salamanca algunos días, pareciéndole a mi **amo**[91] que no era la ganancia a su contento, determinó irse de allí; y cuando nos disponíamos a partir, yo fui a ver a mi madre, y, ambos llorando, me dio su bendición y dijo:

—Hijo, ya sé que no te veré más. Procura ser bueno, y que Dios te guíe. Te he criado y con buen amo te he puesto; válete por ti solo.[92]

Y así, me fui para mi amo, que estaba esperándome.

Salimos de Salamanca y, llegando al puente que en la entrada del mismo hay un animal de piedra que casi tiene forma de toro, el ciego mandóme que me acercase al animal y allí, puesto, me dijo:

—Lázaro, acerca el oído a este toro y oirás gran ruido dentro de él.

Yo **ingenuamente**[93] así lo hice, creyendo que era verdad. Y como sintió que tenía la cabeza junto a la piedra, afirmó recio la

Figuras retóricas

¿Qué figura retórica emplea el autor aquí? ¿Qué efecto produce?

_____

_____

---

[79] **sobredicho**—arriba mencionado.

[80] **acogiese**—recibiera.

[81] **Por no echar la soga tras el caldero**—para no empeorar la situación.

[82] **librarse**—escapar.

[83] **malas lenguas**—personas chismosas, que hablan mal de otras personas.

[84] **al presente**—entonces.

[85] **mesón**—posada; casa de huéspedes.

[86] **posar**—hospedarse; alojarse.

[87] **ensalzar**—enaltecer; poner en alto.

[88] **Gelves**—Gerba, isla de Tunicia, en la costa norte de África.

[89] **mozo**—criado; sirviente; guía (de un ciego).

[90] **adestrar**—adiestrar; entrenar.

[91] **amo**—dueño; jefe.

[92] **válete por ti solo**—ayúdate a ti mismo.

[93] **ingenuamente**—inocentemente.

mano y diome una gran calabazada[94] en el diabólico toro que más de tres días me duró el dolor de la cornada,[95] y díjome:

—**Necio**,[96] aprende que el mozo del ciego un punto ha de saber más que el diablo.

Y rió mucho la burla.

Parecióme que en aquel instante desperté de la simpleza[97] en que, como niño, estaba dormido. Dije entre mí:

—Verdad dice éste, debo abrir más los ojos y estar alerta, pues estoy solo y he de pensar cómo componérmelas.

Comenzamos nuestro camino y en muy pocos días me enseñó la **jerigonza**.[98] Y como me viese de buen **ingenio**,[99] holgábase[100] mucho y decía:

—Yo oro ni plata no te puedo dar; mas avisos y consejos para vivir muchos te mostraré.

Y así fue que, después de Dios, éste me dio la vida y, siendo ciego, me alumbró[101] y adiestró en la carrera de vivir.

Huelgo de contar[102] a Vuestra Merced estas niñerías, para mostrar cuánto cuesta a los hombres subir siendo bajos, y dejarse bajar siendo altos.

Pues, volviendo al bueno de mi ciego y contando sus cosas, Vuestra Merced sepa que, desde que Dios crió[103] el mundo, ninguno formó más astuto ni **sagaz**.[104] En su oficio era un águila. Ciento y tantas **oraciones**[105] sabía de coro.[106] Un tono bajo, **reposado**[107] y muy sonable que hacía resonar la iglesia donde rezaba; un rostro humilde y devoto que con muy buen continente[108] ponía cuando rezaba, sin hacer gestos ni visajes con boca ni ojos como otros **suelen**[109] hacer.

Además de esto, tenía otras mil formas y maneras para sacar dinero. Decía saber oraciones para muchos y diversos efectos: para mujeres que no parían; para las que estaban de parto; para las que eran malcasadas, para que sus maridos las quisiesen bien. Echaba pronósticos a las preñadas: si sería hijo o hija.

---

[94] calabazada—golpe en la cabeza.

[95] cornada—herida causada por el cuerno.

[96] **Necio**—tonto.

[97] simpleza—inocencia; falta de astucia.

[98] **jerigonza**—lenguaje particular empleado por un grupo determinado, en este caso, los ciegos.

[99] **ingenio**—inteligencia; astucia.

[100] holgábase—se ponía contento.

[101] alumbró—dio luz al entendimiento.

[102] huelgo de contar—me gusta contar.

[103] crió—creó.

[104] **sagaz**—listo; inteligente.

[105] **oraciones**—rezos; peticiones a Dios.

[106] de coro—de memoria.

[107] **reposado**—tranquilo; no agitado.

[108] continente (m.)—expresión de la cara; actitud; postura.

[109] **suelen**—acostumbran.

Elaborar

¿Por qué este fragmento es tan pertinente para el resto de la historia?

_____

_____

Inferir

¿Por qué dice Lázaro la frase que empieza con «Huelgo de contar...»?

_____

_____

Aclarar

¿Cuál era el «oficio» del ciego?

_____

En cuanto a medicina, decía que Galeno[110] no supo la mitad que él para muela, desmayos, toda clase de males. Finalmente, nadie le decía padecer algún mal que al momento no le dijera:

—Haced esto, haced esto otro, coged tal hierba, tomad tal raíz.

Con esto andábase todo el mundo tras él, especialmente las mujeres, que **cuanto**[111] les decía creían. De éstas sacaba más en un mes que cien ciegos en un año.

Mas también quiero que sepa Vuestra Merced que, con todo lo que adquiría y tenía, jamás tan **avariento**[112] ni **mezquino**[113] hombre vi; tanto, que me mataba a mí de hambre, y así no me **proporcionaba**[114] ni la mitad de lo necesario. Digo la verdad; si con mi sotileza[115] y buenas **mañas**[116] no me supiera remediar, muchas veces hubiera muerto de hambre; mas con todo su saber y aviso me aprovechaba de tal suerte que siempre, o las más veces cabía lo más y mejor. Para esto le hacía burlas endiabladas, de las cuales contaré algunas, aunque no todas a mi salvo.[117] Él traía el pan y todas las otras cosas en un fardel[118] de lienzo,[119] que por la boca se cerraba con una argolla[120] de hierro y su candado y su llave, y al meter todas las cosas y sacarlas, lo hacía con tan gran vigilancia y tanto por contadero, que no bastara hombre en todo el mundo quitarle ni una migaja. Mas yo tomaba aquella laceria[121] que él me daba, la cual en menos de dos bocados era despachada.

Después que cerraba el candado y se descuidaba, pensando que yo estaba distraído en otras cosas, por un poco de costura, que muchas veces del un lado del fardel descosía y tornaba a coser, sangraba el avariento fardel, sacando no por tasa[122] pan, mas buenos pedazos, torreznos[123] y longaniza.[124] Y así, buscaba conveniente tiempo para rehacer, no la chaza,[125] sino la endiablada falta que el mal ciego me faltaba.

Todo lo que así podía sisar[126] y hurtar traía en medias blancas,[127] y cuando le mandaban rezar y le daban blancas, como

© Houghton Mifflin Harcourt Publishing Company

---

[110] Galeno—famoso médico de la Antigua Grecia, fundador de la ciencia médica.

[111] **cuanto**—todo lo que.

[112] **avariento**—codicioso; que no quiere gastar dinero.

[113] **mezquino**—codo; tacaño.

[114] **proporcionaba**—daba.

[115] sotileza—sutileza; habilidad; ingenio.

[116] **mañas**—trucos.

[117] a mi salvo—sin culpa mía.

[118] fardel—morral; fardo; paquete.

[119] lienzo—tela.

[120] argolla—anilla metálica; aro.

[121] laceria—pobreza; miseria.

[122] no por tasa—no por medida; no en pequeñas cantidades.

[123] torrezno—trozo de tocino frito.

[124] longaniza—embutido largo, como salchicha o chorizo.

[125] chaza—marca dejada en el fardel por la rotura cosida.

[126] sisar—robar poco a poco.

[127] blanca—moneda antigua.

Conectar

¿Qué te recuerda la frase «sangraba el avariento fardel»?

él carecía de vista, no había el que se la daba amagado con ella, cuando yo la tenía escondida en la boca y la media blanca aparejada,[128] que por rápido que él echaba la mano, ya iba en mi cambio reducida en la mitad del justo precio. Quejábase el mal ciego, porque al tocarla al momento conocía y sentía que no era blanca entera, y decía:

—¿Qué diablos es esto, que desde que conmigo estás no me dan sino medias blancas y antes una blanca y un maravedí[129] muchas veces me pagaban? En ti debe de estar esta desdicha.

También él abreviaba el rezar y la mitad de la oración no acababa, porque me tenía mandado que en yéndose el que la mandaba rezar, le tirase por el extremo del capuz.[130] Yo así lo hacía. Luego él tornaba a dar voces, diciendo:

—¿Mandan rezar tal y tal oración? —como suelen decir.

Usaba poner junto a sí[131] un jarrillo de vino, cuando comíamos, y yo muy de presto[132] le asía[133] y daba un par de besos callados y tornábale a su lugar. Mas duróme poco, que en los tragos conocía la falta y, por reservar su vino a salvo, nunca después desamparaba[134] el jarro, antes lo tenía por el asa asido. Mas no había piedra imán que atrayese tanto como yo con una paja larga de centeno que para aquel menester tenía hecha, la cual metiéndola en la boca del jarro, chupando el vino, lo dejaba a buenas noches. Mas, como fuese el traidor[135] tan astuto, pienso que me sintió, y de allí en adelante cambió de propósito y colocaba su jarro entre las piernas y tapábalo con la mano, y así bebía seguro.

Yo, como estaba hecho[136] al vino, moría por él, y viendo que aquel remedio de la paja no me aprovechaba ni valía, decidí en el suelo del jarro hacerle una fuentecilla y agujero sutil, y delicadamente, con una muy delgada tortilla de cera, taparlo; y al tiempo de comer, fingiendo[137] tener frío, me colocaba entre las piernas del triste ciego a calentarme en la pobrecilla lumbre que teníamos, y al calor de ella, una vez derretida[138] la cera, por ser muy poca, comenzaba la fuentecilla a destilarme[139] en la boca, la cual yo de tal manera ponía, que maldita la gota se perdía. Cuando el pobrete iba a beber, no hallaba nada. Espantábase, maldecíase, daba al diablo el jarro y el vino, no sabiendo qué podía ser.

---

[128] aparejada—preparada.

[129] maravedí (m.)—moneda antigua, sustituida después por el céntimo.

[130] capuz (m.)—capa; capote.

[131] junto a sí—al lado suyo.

[132] de presto—de prisa.

[133] asía—agarraba.

[134] desamparaba—descuidaba.

[135] traidor—sinvergüenza.

[136] hecho—acostumbrado; aficionado.

[137] fingiendo—aparentando.

[138] derretida—convertida en líquido.

[139] destilarme—gotearme; caerme gota a gota.

Figuras retóricas

¿Qué figura retórica utiliza el autor en esta oración?

_____

_____

—No diréis, tío, que os lo bebo yo —decía—, pues no le quitáis la mano.

Tantas vueltas y tientos dio al jarro, que halló la fuente y cayó en la burla;[140] mas así lo disimuló como si no lo hubiera advertido.

Y luego otro día, teniendo yo rezumando[141] mi jarro como solía, ni pensando el daño que me estaba preparado ni que el mal ciego me deseaba, sentéme como solía; estando recibiendo aquellos dulces tragos, mi cara puesta hacia el cielo, un poco cerrados los ojos por mejor gustar el sabroso licor, sintió el desesperado ciego que agora[142] tenía tiempo de tomar venganza, y con toda su fuerza, alzando con dos manos aquel dulce y amargo jarro, le dejó caer sobre mi boca, ayudándose, como digo, con todo su poder, de manera que el pobre Lázaro, que nada de esto se esperaba, sino todo lo contrario, como otras veces, estaba descuidado y gozoso, verdaderamente le pareció que el cielo, con todo lo que en él hay, le había caído encima.

Enfoque en el estilo

¿Qué cambio estructural se puede observar aquí?

Fue tal el golpecillo, que me desatinó[143] y sacó de sentido, y el jarrazo tan grande, que los pedazos de él se me metieron por la cara, rompiéndomela por muchas partes, y me quebró los dientes, sin los cuales hasta hoy día me quedé.

Desde aquella hora quise mal al mal ciego, y, aunque me quería y regalaba y me curaba, bien vi que se había alegrado del cruel castigo. Lavóme con vino las roturas que con pedazos del jarro me había hecho, y, sonriéndose, decía:

—¿Qué te parece, Lázaro? Lo que te enfermó te sana y da salud.

Y otros chistes que a mi parecer no lo eran.

Cuando estuve medio bueno de mi negra trepa[144] y **cardenales**,[145] considerando que, a pocos golpes tales, el cruel ciego me mataría, quise yo alejarme de él; mas no lo hice tan pronto por hacerlo más a mi gusto y provecho. Y aunque yo quisiera **apaciguar**[146] mi corazón y perdonarle el jarrazo, no daba lugar el maltrato que el mal ciego de allí adelante me hacía, que sin causa ni razón me hería, dándome coscorrones[147] y repelándome.[148]

Y si alguno le decía por qué me trataba tan mal, luego contaba el cuento del jarro, diciendo:

---

[140] cayó en la burla—se dio cuenta del truco.

[141] rezumando—bebiendo el zumo o el jugo; es decir, el vino.

[142] agora—ahora.

[143] desatinó—desorientó.

[144] trepa—tunda; paliza; golpiza.

[145] **cardenales**—contusiones.

[146] **apaciguar**—calmar; aplacar; sosegar.

[147] coscorrones—golpes en la cabeza con la mano, que no dejan herida.

[148] repelándome—jalándome los pelos.

—¿Pensaréis que este mi mozo es algún inocente? Pues oíd si el demonio imaginara otra **hazaña**[149] parecida.

Santiguándose los que lo oían, decían:

—¡Mirad quién pensara de un muchacho tan pequeño tal ruindad![150]

Y reían mucho el artificio y decíanle:

—Castigadlo, castigadlo.

Y él, con aquello, nunca otra cosa hacía.

Y en esto yo siempre le llevaba por los peores caminos, y **adrede**,[151] por hacerle mal y daño. Si había piedras, por ellas; si lodo, por lo más alto, que aunque yo no iba por lo más seco, me holgaba quebrarme un ojo por quebrar dos al que ninguno tenía. Con esto, siempre con el cabo alto del tiento[152] me atentaba[153] el colodrillo,[154] el cual siempre traía lleno de tolondrones[155] y pelado de sus manos. Y aunque yo juraba no hacerlo con malicia, sino por no hallar mejor camino, no me servía de nada ni me creía, tal era el buen sentido y el grandísimo entendimiento del traidor.

Y para que vea Vuestra Merced a cuánto se extendía el ingenio de este astuto ciego, contaré un caso de los muchos que con él me sucedieron, en el cual me parece demostró su gran **astucia**.[156]

Cuando salimos de Salamanca, su motivo fue venir a tierra de Toledo, porque decía que la gente era más rica, aunque no muy limosnera.[157] Confiaba en este refrán: «Más da el duro que el desnudo». Y venimos a este camino por los mejores lugares. Donde hallaba buena acogida y ganancia, deteníamos; donde no, al tercer día hacíamos San Juan.[158]

Acaeció[159] que, llegando a un lugar que llaman Almorox cuando cogían las uvas, un **vendimiador**[160] le dio un racimo de ellas en limosna. Y como suelen ir los cestos maltratados, y también porque la uva en aquel tiempo está muy madura, se desgranaba el racimo en la mano; para echarlo en el fardel tornábase mosto,[161] o algo parecido. Decidió hacer un banquete, más por no poderlo llevar que por contentarme, ya que aquel día me había dado muchos rodillazos y golpes. Sentámonos en un valladar[162] y dijo:

Comprender

¿Qué quiere decir Lázaro con esta frase?

[149] **hazaña**—proeza; hecho heroico.

[150] ruindad—bajeza; acción despreciable.

[151] **adrede**—a propósito; intencionadamente.

[152] tiento—bastón.

[153] atentaba—tocaba con tiento.

[154] colodrillo—parte posterior de la cabeza.

[155] tolondrones—chichones.

[156] **astucia**—agudeza; ingenio; viveza.

[157] limosnera—generosa; caritativa.

[158] hacíamos San Juan—nos marchábamos; cambiábamos de sitio (la expresión se refiere a la costumbre de renovar los contratos el día de San Juan).

[159] acaeció—aconteció; sucedió; pasó.

[160] **vendimiador**—el que cosecha las uvas.

[161] mosto—zumo de uva sin fermentar.

[162] valladar—valla; cerco; muro.

—Agora quiero yo usar contigo de una liberalidad, y es que ambos comamos este racimo de uvas y que tengas tanta parte como yo. Lo partiremos y de esta manera: tú picarás una vez y yo otra, con tal que me prometas no tomar cada vez más de una uva. Yo haré lo mismo hasta que lo acabemos, y de esta manera no habrá engaño.

Hecho ansí el concierto,[163] comenzamos; mas luego al segundo lance,[164] el traidor cambió de parecer y comenzó a tomar de dos en dos, considerando que yo debería hacer lo mismo. Como vi que él cambiaba de postura, no me contenté con ir **a la par**[165] con él, sino, al contrario, le pasaba adelante: dos a dos y tres a tres y como podía las comía. Acabado el racimo, estuvo un poco con el escobajo[166] en la mano y, meneando la cabeza, dijo:

—Lázaro, me has engañado. Juraré yo a Dios que has comido tú las uvas tres a tres.

—No comí —dije yo—; mas ¿por qué sospecháis eso?

Respondió el sagacísimo ciego:

—¿Sabes en qué veo que las comiste de tres a tres? En que comía yo dos a dos y callabas.

A lo cual yo no pude responder nada. Yendo una vez por debajo de unos **soportales**,[167] en Escalona, pasamos ante la casa de un zapatero, donde había muchas sogas y otras cosas que de **esparto**[168] se hacen, y parte de ellas dieron en mi amo en la cabeza. El cual, alzando la mano, tocó en ellas, y viendo lo que era, díjome:

—Anda presto, muchacho, salgamos de entre tan mal **manjar**,[169] que ahoga sin comerlo.

Yo, que bien descuidado iba de aquello, miré lo que era, y como no vi sino sogas y cinchas[170] que no eran cosas de comer, díjele:

—Tío, ¿por qué decís eso?

Respondióme:

—Calla, sobrino, según las mañas que llevas, lo sabrás y verás como digo verdad.

Y ansí pasamos adelante por el mismo portal y llegamos a un mesón, a la puerta del cual había muchos cuernos en la pared, donde ataban los recueros[171] sus bestias, y como iba **tentando**[172] si era allí el mesón adonde él rezaba cada día por la

Inferir

¿Qué nos anticipa el autor con la frase que comienza con «Anda presto, muchacho...»?

_____

_____

Identificar

En esta página y la siguiente, subraya las expresiones que crean suspenso en cuanto a los acontecimientos futuros.

---

[163] concierto—acuerdo.

[164] lance (m.)—turno.

[165] **a la par**—igual; al mismo paso.

[166] escobajo—racimo sin uvas.

[167] **soportales**—pasajes techados que dan a una plaza.

[168] **esparto**—planta fibrosa, cuyas fibras se usan para fabricar sogas, cordeles y esteras.

[169] **manjar** (m.)—plato de comida; plato suculento.

[170] cincha—banda de cuero o tela sobre la cual se asegura la silla de montar.

[171] recueros—los que cuidan una recua, o sea, un conjunto de animales de carga.

[172] **tentando**—tanteando con bastón o con la mano.

mesonera la oración de la emparedada,[173] asió de un cuerno y con gran suspiro dijo:

—¡Oh, mala cosa, peor tienes la hechura! ¡De cuántos eres deseado poner tu nombre sobre cabeza ajena y de cuán pocos tenerte ni aun oír tu nombre por ninguna vía!

Como le oí lo que decía, dije:

—Tío, ¿qué es eso que decís?

—Calla, sobrino, que algún día te dará éste que en la mano tengo, alguna mala comida y cena.

—No la comeré yo —dije— y no me la dará.

—Yo te digo verdad; si no, ya lo verás si vives.

Y ansí pasamos adelante hasta la puerta del mesón, adonde ojalá nunca allá llegáramos, según lo que me sucedió en él.

El ciego rezaba en especial por mujeres: mesoneras, bodegoneras y turroneras,[174] vendedoras y otras tales; en cambio, casi nunca le vi decir oración por algún hombre.

Reíme entre mí y, aunque muchacho, noté mucho la discreta consideración del ciego.

Mas, por no ser **prolijo**,[175] dejo de contar muchas cosas, así graciosas como de notar, que con este primer amo me acaecieron, y quiero relatar el último y, con él, acabar.

Estábamos en Escalona, villa del duque de ella, en un mesón, y diome un pedazo de longaniza a que la asase. Ya que la longaniza había pringado[176] y comídose las pringaduras, sacó un maravedí de la bolsa y mandó que fuese por vino a la taberna. Púsome el demonio la ocasión delante de los ojos, el cual, como suelen decir, hace al ladrón, y fue que había junto al fuego un nabo pequeño, larguillo y ruinoso, y tal que por no servir para la olla debió ser echado allí.

Y como en aquel momento no había nadie allí, sino él y yo solos, y yo con un apetito goloso,[177] que me había puesto dentro del cuerpo el sabroso olor de la longaniza; solamente sabía que había de gozar, no mirando qué me podría suceder, apartando todo el temor por cumplir con el deseo, en tanto que el ciego sacaba de la bolsa el dinero, saqué la longaniza y muy presto metí el sobredicho nabo en el asador. El cual, mi amo, dándome el dinero para el vino, tomó y comenzó a dar vueltas al fuego, queriendo asar al que de ser cocido por sus escasos méritos había escapado.

Yo fui por el vino, con el cual no tardé en despachar la longaniza y, cuando vine, hallé al pecador del ciego que tenía entre dos rebanadas apretado el nabo, al cual aún no había conocido, por no haberlo tocado con la mano. Al tomar las

© Houghton Mifflin Harcourt Publishing Company

---

[173] emparedada—encerrada; reclusa.

[174] turroneras—fabricantes o vendedoras de turrones, dulces tradicionales.

[175] **prolijo**—palabrero; que habla demasiado.

[176] pringado—soltado grasa.

[177] goloso—deseoso de comer.

¿Qué información nos da Lázaro sobre el final de su relato? Predice si se extenderá por mucho más. Una vez que termines de leer el Tratado Primero, vuelve a leer tu predicción. ¿Tenías razón?

_____

_____

Conectar

El refrán a que alude Lázaro aquí reza: «La ocasión hace al ladrón». Explica el sentido de este refrán en tus propias palabras.

_____

_____

_____

rebanadas y morder en ellas pensando también comer parte de la longaniza, hallóse en frío con el frío nabo. Alteróse[178] y dijo:

—¿Qué es esto, Lazarillo?

—¡Lacerado de mí![179]—dije yo— ¿Queréis echarme la culpa de algo? ¿Yo no vengo de traer vino? Alguien estaba ahí y por burlar haría esto.

—No, no —dijo él—, que yo no he dejado el asador de la mano, no es posible.

Yo torné a jurar y perjurar[180] que estaba libre de aquel trueque y cambio; pero no me sirvió de nada, pues a las astucias del maldito ciego nada se le escondía. Se levantó, me asió por la cabeza y se acercó a olerme. Y como debió sentir el aliento como buen podenco,[181] por mejor satisfacerse de la verdad y con la gran agonía que llevaba, asiéndome con las manos, me abría más y más la boca y descuidadamente metía la nariz. La cual él tenía luenga[182] y afilada y a aquella sazón, con el enojo, se había aumentado un palmo; con el pico de la cual me llegó a la garganta.

Y con esto y con el gran miedo que tenía, y con la brevedad del tiempo, la negra longaniza aún no había hecho asiento en el estómago; y lo más principal: con los tientos de la complidísima[183] nariz, medio casi ahogándome, todas estas cosas se juntaron y fueron causa que el hecho y golosina se manifestase y lo suyo fuese vuelto a su dueño. De manera que, antes que el mal ciego sacase de mi boca su trompa, tal alteración sintió mi estómago, que le dio con el hurto en ella, de suerte que su nariz y la negra mal mascada longaniza a un tiempo salieron de mi boca.

¡Oh gran Dios, quién estuviera aquella hora sepultado,[184] porque muerto ya lo estaba! Fue tal el coraje del perverso ciego, que, si al ruido no acudieran, pienso no me dejara con la vida. Me sacaron de entre sus manos, dejándoselas llenas de aquellos pocos cabellos que tenía, arañada la cara y rasguñado el pescuezo y la garganta. Y esto bien lo merecía, pues por su maldad me venían tantas persecuciones.

Contaba el mal ciego a todos cuantos allí se acercaban mis desastres, y dábales cuenta una y otra vez, así de la del jarro como de la del racimo, y agora de lo presente. Era la risa de todos tan grande, que toda la gente que por la calle pasaba entraba a ver la fiesta; mas con tanta gracia y **donaire**[185] recontaba el ciego mis hazañas, que, aunque yo estaba tan maltratado y llorando, me parecía que no le hacía justicia si no se las reía.

Figuras retóricas

Encierra en un círculo el eufemismo que usa el autor para explicar que Lázaro vomitó.

---

[178] alteróse—se enojó.

[179] ¡Lacerado de mí!—¡Pobre de mí!

[180] **perjurar**—jurar en falso; jurar repetidas veces.

[181] podenco—perro que se usa en la caza.

[182] luenga—larga.

[183] complidísima—cumplidísima; larguísima.

[184] sepultado—enterrado.

[185] **donaire** (m.)—gracia; salero.

Interpretar

Explica en tus propias palabras lo que Lázaro dice en el párrafo que empieza con «Y mientras esto pasaba...».

_____

_____

_____

_____

Conectar

¿En qué otra parte del relato se habla de los «bienaventurados»?

_____

Y mientras esto pasaba, a la memoria me vino una cobardía y debilidad que tuve, por la que me maldecía no haberle dejado sin narices, pues tan buen tiempo tuve para ello, que la mitad del camino estaba andado; con sólo apretar los dientes se me quedaban en casa, y, con ser de aquel malvado, por ventura lo retuviera mejor mi estómago que la longaniza, y, no pareciendo ellas, pudiera negar la demanda. ¡Ojalá lo hubiera hecho!

Nos hicieron amigos la mesonera y los que allí estaban, y con el vino que para beber le había traído, me lavaron la cara y la garganta. Sobre el asunto comentaba el mal ciego gracias y chistes, diciendo:

—En verdad, más vino me gasta este mozo en lavatorios al cabo del año, que yo bebo en dos. Por lo menos, Lázaro, debes más al vino que a tu padre, porque él una vez te engendró, mas el vino mil veces te ha dado la vida.

Y luego contaba cuántas veces me había **descalabrado**[186] y arañado la cara y luego sanaba con vino.

—Yo te digo —dijo— que si un hombre en el mundo ha de ser bienaventurado con vino, serás tú.

Y reían mucho los que me lavaban con esto, aunque yo **renegaba**.[187] Mas el pronóstico del ciego no salió mentiroso, y muchas veces me acuerdo ahora de aquel hombre, que sin duda debía tener espíritu de profeta, y me lamento los sinsabores[188] que le hice, aunque bien se lo pagué, considerando lo que aquel día me dijo salirme tan verdadero como adelante Vuestra Merced oirá.

Visto esto y las malas burlas que el ciego me hacía, determiné de todo en todo dejarle, y como lo traía pensado y estaba decidido, con este postrer[189] juego que me hizo afirmélo más. Y fue de esta manera. Otro día salimos por la villa a pedir limosna y había llovido mucho la noche antes. Como seguía lloviendo, andaba rezando debajo de unos portales que en aquel pueblo había, donde no nos mojábamos; mas como la noche se venía y el llover no cesaba, díjome el ciego:

—Lázaro, esta agua es muy **porfiada**,[190] y cuanto más anochece, más **arrecia**.[191] Vámonos a la posada con tiempo.

Para ir allá habíamos de pasar un arroyo, que con la mucha agua iba grande.

Yo le dije:

—Tío, el arroyo va muy ancho; mas si queréis, yo veo por donde atravesemos más aína[192] sin mojarnos, porque se estrecha allí mucho, y saltando pasaremos a pie enjuto.[193]

---

186 **descalabrado**—golpeado o herido en la cabeza.

187 **renegaba**—protestaba.

188 sinsabores (m.)—malas pasadas; bromas pesadas.

189 postrer—último.

190 **porfiada**—terca; insistente.

191 **arrecia**—llueve cada vez más fuerte.

192 aína—pronto.

193 a pie enjuto—sin mojarnos los pies.

Parecióle buen consejo y dijo:

—Discreto eres, por eso te quiero bien. Llévame a ese lugar donde el arroyo se estrecha, que agora es invierno y sabe mal el agua, y más llevar los pies mojados.

Yo que vi el **aparejo**[194] a mi deseo, saquéle de bajo de los portales y lo llevé derecho a un pilar o poste de piedra que en la plaza estaba, sobre el cual y sobre otros cargaban saledizos[195] de aquellas casas, y dígole:

—Tío, éste es el paso más angosto que en el arroyo hay.

Como llovía recio y el triste se mojaba, y con la prisa que llevábamos de salir del agua, que encima nos caía y, lo más principal, porque Dios le cegó aquella hora el entendimiento (quizá para darme de él venganza), confió en mí y dijo:

—Ponme bien derecho y salta tú el arroyo.

Yo le puse bien derecho enfrente del pilar, y doy un salto y póngome detrás del poste, como quien espera tope[196] de toro, y díjele:

—¡Sus! Salte con todas sus fuerzas, a fin de que lleguéis a este lado del agua.

Apenas lo había acabado de decir, cuando se abalanza[197] el pobre ciego como cabrón y de toda su fuerza **arremete**,[198] tomando un paso atrás de la corrida para hacer mayor salto, y da con la cabeza en el poste, que sonó tan recio como si diera con una gran calabaza, y cayó luego para atrás medio muerto y hendida[199] la cabeza.

—¿Cómo, y olistes la longaniza y no el poste? ¡Oled, oled! —le dije yo.

Y dejéle en poder de mucha gente que lo había ido a **socorrer**,[200] y tomé la puerta de la villa en los pies de un trote, y antes que la noche viniese llegué a Torrijos. No supe más lo que Dios de él hizo ni me preocupé en **averiguarlo**.[201]

TRATADO SEGUNDO

Cómo Lázaro se asentó con un clérigo y de las cosas que con él pasó.

Otro día, no pareciéndome estar allí seguro, fuime a un lugar que llaman Maqueda, adonde me toparon[202] mis pecados con un clérigo que, al verme pedir limosna, me preguntó si sabía ayudar a misa. Yo dije que sí, como era verdad; que, aunque maltratado,

Sintetizar

¿Cómo describirías la relación entre Lázaro y el ciego? Usa ejemplos del texto para apoyar tus ideas.

_____

_____

_____

_____

_____

---

194 **aparejo**—conjunto de cosas que se necesitan para lograr algo.

195 **saledizo**—parte saliente de un edificio.

196 **tope** (m.)—topetazo; golpe con los cuernos.

197 **abalanza**—arroja.

198 **arremete**—corre; se lanza.

199 **hendida**—rota; agrietada.

200 **socorrer**—ayudar; auxiliar.

201 **averiguarlo**—investigarlo; saberlo.

202 **toparon**—hicieron encontrar.

Figuras retóricas

¿Qué figura retórica emplea el autor en la primera oración? ¿A quién identifica con el trueno y a quién con el relámpago? ¿Cuál es la connotación de la frase?

_____

_____

_____

Aclarar

Según Lázaro, ¿el clérigo pasaba hambre como él? ¿Qué comía cada uno?

_____

_____

_____

mil cosas buenas me mostró el pecador del ciego y una de ellas fue ésta. Finalmente, el clérigo me recibió por suyo.

Escapé del trueno y di en[203] el relámpago. Porque era el ciego comparado con éste un Alejandro Magno,[204] a pesar de ser la misma **avaricia**,[205] como he contado. No digo más, sino que toda la laceria del mundo y toda la tacañería estaba encerrada en éste.

El clérigo tenía un arcaz[206] viejo cerrado con su llave, la cual traía atada al cuello con un agujeta[207] del paletoque.[208] Cuando recibía el bodigo[209] de la iglesia, por su mano era al momento guardado allí y tornada a cerrar el arca. Y en toda la casa no había ninguna cosa de comer, como suele haber en otras, algún tocino colgado al humero,[210] algún canastillo con algunos pedazos de pan que de la mesa sobran; que me parece a mí que, aunque de ello no me aprovechara, con la vista de ello me consolara.

Solamente había una horca[211] de cebollas en una cámara,[212] en lo alto de la casa, cerrada con llave. De éstas tenía yo de ración una para cada cuatro días, y cuando le pedía la llave para ir por ella, si alguno estaba presente, echaba mano al falsopeto[213] y con gran continencia[214] la desataba y me la daba, diciendo:

—Toma y devuélvela en seguida, y no comas demasiado.

Como si debajo de ella estuvieran todas las conservas de Valencia, a pesar de no haber en la dicha cámara, como dije, maldita otra cosa que las cebollas colgadas de un clavo. De las cuales él llevaba tan bien la cuenta que, si por malos que mis pecados me desmandara a más de mi tasa,[215] me costara caro. En fin, yo me finaba[216] de hambre.

Pues ya que conmigo tenía poca caridad, consigo usaba más. Cinco blancas de carne era su presupuesto[217] para comer y cenar. Verdad es que partía conmigo el caldo, que de la carne ¡ni probarla!, sólo un poco de pan, y pluguiera[218] a Dios que me desmandara.

---

[203] di en—entré en; topé con.

[204] Alejandro Magno—Alejandro de Macedonia (356–323 a. de J.C.), afamado conquistador de la Antigüedad, quien, por su liberalidad, llegó a ser símbolo de la generosidad.

[205] **avaricia**—tacañería; codicia.

[206] arcaz (m.)—arca; caja grande.

[207] agujeta—cinta; correa; cordón.

[208] paletoque (m.)—prenda de vestir de una tira de tela, sin mangas, que cuelga sobre el pecho y la espalda y que llega hasta las rodillas.

[209] bodigo—bollo; pan que los fieles ofrecen en las iglesias para sus difuntos, y que queda para el cura.

[210] humero—chimenea.

[211] horca—ristra; sarta; tira; hilera; serie de objetos enlazados.

[212] cámara—cuarto; espacio cerrado.

[213] falsopeto—falsopecto; bolsillo hecho en el entreforro de un vestido.

[214] continencia—gravedad; seriedad.

[215] tasa—ración; porción designada.

[216] finaba—moría.

[217] presupuesto—cantidad designada.

[218] pluguiera—complaciera.

Los sábados se comen en esta tierra cabeza de carnero. Me envió a por una, que costaba tres maravedís. Luego la cocía y comía los ojos y la lengua y el **cogote**[219] y **sesos**[220] y la carne que en las **quijadas**[221] tenía, y me daba todos los huesos roídos. Y me los ponía en el plato, diciendo:

—Toma, come, triunfa, que para ti es el mundo. Mejor vida tienes que el Papa.

—Tal te la dé Dios —decía yo para mí.

Al cabo de tres semanas que estuve con él sentía tanta flaqueza que no me podía tener en las piernas de pura hambre. Vi claramente que me iba a la sepultura, si Dios y mi saber no me remediaran. No tenía posibilidad de usar de las astucias que había aprendido del ciego, por no tener en su casa nada para ejercitarlas.[222] Y aunque algo hubiera, éste no era ciego como el otro, al que Dios perdone, si de aquella calabazada murió. Que todavía, aunque astuto, con faltarle aquel preciado[223] sentido, no me sentía y se me presentaba alguna oportunidad para engañarle. Mas este otro, ninguno hay que tan aguda vista tuviese como él tenía.

Cuando estábamos en el ofertorio, ninguna blanca en la concha caía que él no viera: un ojo tenía en la gente y el otro en mis manos. Le bailaban los ojos en el casco como si fueran de azogue;[224] cuantas blancas ofrecían llevaba la cuenta, y acabado el ofrecer, al punto me quitaba la concheta y la ponía sobre el altar.

No era yo señor de asirle una blanca durante todo el tiempo que con él viví o, por mejor decir, morí. De la taberna nunca le traje una blanca de vino; mas aquel poco que de la **ofrenda**[225] había metido en su arcaz lo bebía de tal forma, que le duraba toda la semana.

Y para ocultar su gran **mezquindad**,[226] me decía:

—Mira, mozo, los sacerdotes han de ser muy comedidos en su comer y beber, y por esto yo no me desmando como otros.

Mas el lacerado mentía falsamente, porque en cofradías[227] y mortuorios[228] que rezamos, a costa ajena comía como lobo y bebía más que un **curandero**.[229]

Y acerca de mortuorios, Dios me perdone, que jamás fui enemigo de la naturaleza humana sino entonces. Y esto era porque gracias a ellos comíamos bien y me hartaban. Deseaba y

Inferir

El ofertorio es una parte de la misa católica en que el sacerdote ofrece pan y vino a Dios. Usualmente, los fieles ofrendan dinero para la Iglesia o los pobres. ¿Qué hace el clérigo durante el ofertorio? ¿Qué hace Lázaro y qué intenciones tiene?

Anotar

Lázaro describe al clérigo como mentiroso y mezquino. Enumera qué acciones del clérigo delatan tales atributos. Compáralas con lo que dice.

---

[219] **cogote** (m.)—parte posterior del cuello, más abajo que la nuca.

[220] **sesos**—cerebro.

[221] **quijada**—mandíbula; hueso en que se afirman los dientes inferiores.

[222] ejercitarlas—aplicarlas; utilizarlas.

[223] preciado—valioso.

[224] azogue (m.)—mercurio.

[225] **ofrenda**—ofertorio.

[226] **mezquindad**—tacañería; avaricia.

[227] cofradías—asociaciones religiosas católicas.

[228] mortuorios—ceremonias con motivo de la muerte de alguien.

[229] **curandero**—especie de médico popular, sin título profesional, que cura, o intenta curar, mediante procedimientos naturales, o a base de hierbas o brebajes.

El protagonista a menudo piensa en Dios y le dirige sus plegarias. En algunos casos, las plegarias no buscan el bien del prójimo, sino todo lo contrario. ¿Qué pide Lázaro en el caso que acaba de referir?

_____

_____

_____

_____

¿Crees que las referencias a la muerte de este párrafo pueden considerarse hipérboles? Justifica tu respuesta.

_____

_____

_____

_____

_____

aun rogaba a Dios que cada día muriese uno, y cuando dábamos sacramento a los enfermos, especialmente la Extremaunción, como manda el clérigo rezar a los que están allí, yo cierto no era el postrero[230] de la oración, y con todo mi corazón y buena voluntad rogaba al Señor, no que le salvara su alma, como se suele decir, sino que le llevase de aqueste[231] mundo.

Y cuando alguno de éstos escapaba de la muerte, Dios me lo perdone, que mil veces maldecía al diablo; y el que se moría otras tantas bendiciones llevaba de mí dichas. Porque en todo el tiempo que allí estuve, que serían casi seis meses, sólo veinte personas **fallecieron**,[232] y éstas bien creo que las maté yo o, por mejor decir, murieron por mis ruegos; porque viendo el Señor mi rabiosa y continua muerte, pienso que holgaba de matarlos por darme a mí vida. Mas a lo que padecía, no hallaba remedio; que si el día que enterrábamos yo vivía, los días que no había muerto, por estar bien acostumbrado a la hartura,[233] al sentir la **cotidiana**[234] hambre, más lo sentía. De manera que en nada hallaba alivio, salvo en la muerte, que yo también para mí, como para los otros, deseaba algunas veces; mas no la veía, aunque estaba siempre en mí.

Pensé muchas veces irme de aquel mezquino amo, mas por dos cosas no lo dejaba: la primera, porque no se atrevían mis piernas, por temer la flaqueza que de pura hambre me venía; y la otra, porque consideraba y decía:

«Yo he tenido dos amos: el primero me traía muerto de hambre y, al dejarlo, topé con este otro, que me tiene ya con ella en la sepultura; pues si de éste desisto y doy en otro más bajo, ¿qué será sino la muerte?»

Con esto no me **osaba**[235] **menear**,[236] porque sabía que todos los que encontrara serían más **ruines**.[237] Y si empeoraba otro punto, no sonara Lázaro ni se oyera en el mundo, pues moriría.

Estando en tal aflicción, que el Señor libre de ella a todo fiel cristiano, y sin saber qué hacer, viéndome ir de mal en peor, un día que el cuitado,[238] ruin y lacerado de mi amo había ido fuera del lugar, llegó a mi puerta un cerrajero,[239] el cual yo creo que fue

[230] **postrero**—último.

[231] **aqueste**—este.

[232] **fallecieron**—murieron.

[233] **hartura**—condición de estar lleno.

[234] **cotidiana**—diaria.

[235] **osaba**—atrevía a.

[236] **menear**—mover; mudar.

[237] **ruines**—malos; pésimos.

[238] **cuitado**—desdichado; triste.

[239] **cerrajero**—el que hace o compone cerraduras.

ángel enviado a mí por la mano de Dios en aquel **disfraz**.[240] Preguntó si tenía algo que arreglar.

«En mí tendríais mucho que hacer y no habría poco si me pudiera arreglar», dije en voz baja sin que él me oyera.

Mas como no había tiempo para gastarlo en decir gracias, alumbrado por el Espíritu Santo, le dije:

—Tío, he perdido una llave de este arcaz, y temo mi señor me azote. Por vuestra vida, veáis si en ésas que traéis hay alguna que le vaya bien, que yo os lo pagaré.

Comenzó a probar el angélico calderero[241] una y otra de una gran **sarta**[242] que de ellas traía, y yo le ayudaba con mis flacas oraciones. De repente, veo en figura de panes, como dicen, la cara de Dios dentro del arcaz. Y, abierto, díjele:

—Yo no tengo dinero que daros por la llave, mas tomad de ahí dentro el pago.

Él tomó un bodigo de aquéllos, el que mejor le pareció y, dándome mi llave, se fue muy contento, dejándome más a mí.

Mas no toqué nada por el momento, porque no fuese la falta sentida, y como me vi de tanto bien señor, me pareció que el hambre se me calmaba. Vino el mísero de mi amo, y ¡a Dios gracias!, no vio la oblada que el ángel se había llevado. Y otro día, al salir de casa, abro mi paraíso panal y tomo entre las manos y dientes un bodigo, y en dos credos[243] me lo comí, sin dejar el arca abierta. Y comienzo a barrer la casa con mucha alegría, pareciéndome con aquel remedio remediar de allí en adelante la triste vida.

Y así pasé aquel día y otro gozoso;[244] mas no estaba en mi suerte que me durase mucho aquel alivio, porque ya al tercer día me vino el castigo derecho.

Y fue que veo **a deshora**[245] al que me mataba de hambre sobre nuestro arcaz, volviendo y revolviendo, contando y tornando a contar los panes. Yo disimulaba, y en mi secreta oración y devociones y **plegarias**[246] decía:

—¡San Juan, que no encuentre la falta!

Después que estuvo un gran rato echando la cuenta, por días y dedos contando, dijo:

—Si no tuviera a tan buen recado[247] esta arca, yo dijera que me habían tomado de ella panes; pero de hoy en adelante, sólo por cerrar la puerta a la sospecha, quiero tener cuenta de ellos: nueve quedan y un pedazo.

---

[240] **disfraz** (m.)—traje que oculta la verdadera identidad de alguien.

[241] calderero—el que hace o repara calderas, u otros objetos metálicos.

[242] **sarta**—hilera; tira; serie de objetos enlazados.

[243] en dos credos—en un santiamén; en muy poco tiempo.

[244] gozoso—contento; alegre.

[245] **a deshora**—en momento inoportuno.

[246] **plegarias**—rezos; oraciones; peticiones a Dios.

[247] a tan buen recado—tan protegido; tan bien cuidado.

Elaborar

En la página 103, Lázaro dice: «Vi claramente que me iba a la sepultura, si Dios y mi saber no me remediaran». ¿Qué relación encuentras entre aquello y este párrafo?

_____

_____

_____

_____

Reflexionar

Por un momento, el texto cambia de tono. Describe el tono e indica los dos hechos que delimitan el breve paréntesis. ¿Cómo era el tono antes de esos sucesos?

_____

_____

_____

_____

—¡Nuevas malas te dé Dios! —dije yo entre mí.

Me pareció con lo que dijo que me atravesaba el corazón con una flecha, y comenzóme el estómago a **escarbar**[248] de hambre, viéndose puesto en la dieta pasada.

Se fue fuera de casa. Yo, por consolarme, abro el arca, y como vi el pan, comencélo a adorar, no osando comerlo. Contélos, si por fortuna el lacerado errara, y hallé su cuenta más verdadera de lo que yo quisiera. Lo más que yo pude hacer, fue dar en ellos mil besos, y, lo más delicado que yo pude, partí un poco del que estaba partido, y con aquél pasé aquel día, no tan alegre como el pasado.

Mas como el hambre creciese, mayormente que tenía el estómago acostumbrado a más pan aquellos dos o tres días ya dichos, moría de mala muerte; tanto que otra cosa no hacía, cuando estaba solo, sino abrir y cerrar el arca y contemplar aquella cara de Dios, como dicen los niños. Mas el mismo Dios que socorre a los **afligidos**,[249] viéndome en tal aprieto, trajo a mi memoria un pequeño remedio.

Considerando entre mí dije:

—Este arquetón es viejo y grande y roto; por algunas partes tiene pequeños agujeros. Puédese pensar que los ratones, entrando en él, roen este pan. No es conveniente sacarlo entero, porque verá la falta el que en tanta me hace vivir. Esto bien se sufre.

Y comienzo a **desmigajar**[250] el pan sobre unos no muy costosos manteles que allí estaban, y tomo uno y dejo otro, de manera que en cada pan desmigajé su poco. Después, como quien toma grageas,[251] lo comí, y algo me consolé. Mas él, como viniese a comer y abriese el arca, vio el mal, y sin duda creyó que eran ratones los que el daño habían hecho porque me había preocupado de hacerlo como los ratones lo suelen hacer.

Miró todo el arcaz de un cabo a otro y vio ciertos agujeros por donde sospechaba habían entrado. Llamóme, diciendo:

—¡Lázaro! ¡Mira, mira qué persecución ha venido aquesta noche por nuestro pan!

Yo fingí estar muy maravillado,[252] preguntándole qué sería aquello.

—¡Qué ha de ser! —dijo él—. Ratones, que no dejan cosa con vida.

Pusímonos a comer, y quiso Dios que aun en esto me fue bien: que me cupo más pan que la laceria que me solía dar.

---

[248] **escarbar**—remover la superficie de algo con las uñas.

[249] **afligidos**—los que sufren algún mal.

[250] **desmigajar**—quitar pedacitos.

[251] grageas—píldoras endulzadas; confites pequeños.

[252] maravillado—sorprendido; asombrado.

Interpretar

¿Por qué crees que Lázaro dice: «…como dicen los niños»?

_____

_____

_____

_____

Porque rayó con un cuchillo todo lo que pensó ser ratonado, diciendo:

—Cómete eso que el ratón es cosa limpia.

Y así, aquel día, añadiendo la ración del trabajo de mis manos, o de mis uñas, por mejor decir, acabamos de comer, aunque yo nunca empezaba.

Y luego me vino otro **sobresalto**,[253] que fue verle andar solícito quitando clavos de las paredes y buscando tablillas, con las cuales clavó y cerró todos los agujeros de la vieja arca.

—¡Oh Señor mío —dije yo entonces—, a cuánta miseria y fortuna y desastres estamos expuestos los nacidos y cuán poco duran los placeres de esta nuestra trabajosa vida! Heme aquí que pensaba con este pobre y triste remedio remediar y pasar mi miseria y estaba ya más alegre y de buena **ventura**.[254] Mas no; quiso mi **desdicha**,[255] despertando a este lacerado de mi amo y poniéndole más diligencia de la que él de suyo tenía (pues los míseros, por regla general, nunca de aquélla carecen), agora, cerrando los agujeros del arca, cierra la puerta a mi consuelo y la abre a mis trabajos.

Así lamentaba yo, mientras que mi solícito carpintero, con muchos clavos y tablillas, dio fin a sus obras, diciendo:

—Agora, señores traidores ratones, conviéneos mudar propósito,[256] que en esta casa mal negocio tenéis.

Desde que salió de su casa, voy a ver la obra, y hallé que no dejó en la triste y vieja arca agujero por donde le pudiese entrar ni un mosquito. Abro con mi desaprovechada llave, sin esperanza de **sacar provecho**,[257] y vi los dos o tres panes comenzados, los que mi amo creyó ser ratonados, y de ellos todavía saqué alguna laceria, tocándolos muy ligeramente, como un espadachín[258] diestro. Como la necesidad sea tan gran maestra, viéndome con tanta siempre, noche y día estaba pensando la manera que tendría en sustentar el vivir. Y pienso, para hallar estos negros remedios, que me era luz el hambre, pues dicen que el ingenio con ella se aviva, y lo contrario sucede con la hartura, y así era por cierto en mí.

Pero estando una noche **desvelado**[259] en este pensamiento, pensando cómo me podría valer y aprovecharme del arcaz, sentí que mi amo dormía, porque roncaba y oía unos resoplidos[260] grandes que daba cuando estaba durmiendo. Levantéme muy despacito y, habiendo en el día pensado lo que había de hacer y dejado un cuchillo viejo que por allí andaba en parte donde le

Aclarar

¿Por qué comió Lázaro más ese día? ¿Quedó satisfecho? Justifícalo con palabras del texto.

Pronosticar

¿Qué piensas que hará Lázaro?

---

[253] **sobresalto**—sorpresa; susto.

[254] **ventura**—suerte.

[255] **desdicha**—infortunio; infelicidad.

[256] mudar propósito—cambiar de intención.

[257] **sacar provecho**—obtener beneficio.

[258] espadachín—hombre hábil en el manejo de la espada.

[259] **desvelado**—despierto; sin poder dormir.

[260] resoplido(s)—ruido que produce la respiración trabajosa.

hallase, me voy al triste arcaz, y por do[261] había mirado tener menos defensa le acometí[262] con el cuchillo, que a manera de barreno[263] de él usé. Y como la antiquísima arca, por ser de tantos años, la hallase sin fuerza y corazón, antes muy blanda y **carcomida**,[264] en seguida se me **rindió**[265] y abrí en su costado, por mi remedio, un buen agujero. Esto hecho, abro muy paso[266] la llagada[267] arca, y, al tiento,[268] del pan que hallé partido hice según antes está escrito. Y con aquello algo más consolado, tornando a cerrar me volví a mis pajas, en las cuales reposé y dormí un poco. Lo cual yo hacía mal y echábalo al no comer, y ansí sería, porque cierto en aquel tiempo no me debían de quitar el sueño los cuidados del rey de Francia.

Otro día fue visto el daño por el señor mi amo, así del pan como del agujero que yo había hecho, y comenzó a dar a los diablos los ratones y decir:

—¿Qué diremos a esto? ¡Nunca había habido ratones en esta casa sino agora!

Y sin duda decía la verdad. Porque no había motivo para que los ratones se acercaran a esta casa, ya que no suelen morar[269] donde no hay qué comer. Torna a buscar clavos por la casa y por las paredes y tablillas para taparlos. Venida la noche y su reposo, inmediatamente yo me ponía en pie con mi aparejo y cuantos él tapaba de día destapaba yo de noche.

De esta manera fue y tal prisa nos dimos, que sin duda por esto se debió decir: «Donde una puerta se cierra, otra se abre». Finalmente, parecíamos tener a destajo[270] la tela de Penélope,[271] pues cuanto él tejía de día rompía yo de noche. Así en pocos días y noches pusimos la pobre **despensa**[272] de tal forma, que quien quisiera propiamente hablar de ella, más la llamara «corazas[273] viejas de otro tiempo» que no «arcaz», según la clavazón[274] y tachuelas que sobre sí tenía.

Desde que vio que no le aprovechaba nada su remedio, dijo:

—Este arcaz está tan maltratado y es de madera tan vieja y flaca, que es imposible defenderlo de los ratones. El mejor

---

[261] do—donde.

[262] acometí—ataqué.

[263] barreno—taladro; instrumento que se usa para perforar algo duro.

[264] **carcomida**—roída por comejenes.

[265] **rindió**—entregó.

[266] paso—despacio; con cuidado.

[267] llagada—lastimada; herida.

[268] al tiento—con las manos, sin poder guiarlas con la vista.

[269] morar—vivir; residir.

[270] a destajo—aprisa; rápidamente.

[271] la tela de Penélope—Penélope fue la esposa de Ulises en la *Odisea* de Homero; asediada por muchos pretendientes que le aseguraban que Ulises había muerto, Penélope accedió a casarse con uno de ellos, pero sólo después de terminar una tela que tejía. Para seguir fiel a Ulises, cada noche destejía lo que había tejido ese día.

[272] **despensa**—cámara donde se guardan los alimentos.

[273] coraza—armadura; capa protectora metálica.

[274] clavazón (f.)—acción y efecto de poner clavos.

remedio que hallo, pues el de hasta aquí no aprovecha, será instalar unas **ratoneras**[275] dentro del arcaz a ver si de esta manera acabamos con estos malditos ratones.

Al momento buscó prestada una ratonera, y con **cortezas**[276] de queso que pedía a los vecinos, continuamente el gato estaba armado dentro del arca. Lo cual era para mí un buen auxilio, porque, pues aunque yo no necesitaba muchas salsas para comer, todavía me holgaba con las cortezas del queso que de la ratonera sacaba, y sin olvidarme de desmigajar el pan.

Como hallase el pan ratonado y el queso comido y no cayese el ratón que lo comía, dábase al diablo, preguntaba a los vecinos qué podría ser comer el queso y sacarlo de la ratonera y no caer ni quedar dentro el ratón, y hallar caída la trampilla del gato. Acordaron los vecinos que no era el ratón el que este daño hacía, porque ya hubiera caído alguna vez.

Díjole un vecino:

—En vuestra casa yo me acuerdo que solía andar una culebra, y ésta debe de ser, sin duda. Y como es larga, tiene espacio para tomar el cebo,[277] y aunque la coja la trampilla encima, como no entre toda dentro, tórnase a salir.

Cuadró[278] a todos lo que aquél dijo y alteró mucho a mi amo, y en adelante no dormía tan a sueño suelto, que cualquier gusano de la madera que de noche sonase pensaba era la culebra que le roía el arca. Al instante se ponía en pie, y con un **garrote**[279] que a la cabecera, desde que aquello le dijeron, ponía, daba en la pecadora del arca grandes garrotazos, pensando espantar la culebra. Despertaba a los vecinos con el **estruendo**[280] que hacía y a mí no me dejaba dormir. Íbase a mis pajas[281] y trastornábalas, y a mí con ellas, pensando que se iba la culebra para mí y se envolvía en mis pajas o en mi sayo;[282] porque le decían que de noche acaecía a estos animales, buscando calor, irse a las cunas donde están **criaturas**[283] y aun morderlas y hacerles peligrar la vida.

Yo las más veces me fingía dormido, y por la mañana decíame él:

—¿Esta noche, mozo, no oíste nada? Pues tras la culebra anduve, y aun pienso se ha de ir para ti a la cama, que son muy frías y buscan calor.

—¡Quiera Dios que no me muerda! —decía yo—, que harto miedo le tengo.

Aclarar

¿Por qué «dábase al diablo» el clérigo?

_____

_____

_____

---

[275] **ratoneras**—trampas.

[276] **cortezas**—cáscaras.

[277] cebo—el queso dejado en la ratonera para atraer el ratón.

[278] cuadró—pareció bien.

[279] **garrote**—palo grueso.

[280] **estruendo**—ruido grande.

[281] mis pajas—mi cama; se refiere a las pajas en el suelo que le servían a Lazarillo de cama.

[282] sayo—prenda larga de vestir.

[283] **criaturas**—niños pequeños; bebés.

De esta manera andaba tan muerto de sueño que la culebra o culebro,[284] por mejor decir, no osaba roer de noche ni levantar el arca; mas de día mientras mi amo estaba en la iglesia o por el lugar, no paraba de comer. Los cuales daños viendo él, y el poco remedio que les podía poner, andaba de noche, como digo.

Yo cogí miedo que con aquella búsqueda me encontrase la llave, que guardaba debajo de las pajas, y me pareció más seguro meterla de noche en mi boca. Porque ya, desde que viví con el ciego, la tenía tan hecha bolsa,[285] que me acaeció tener en ella doce o quince maravedís, todo en medias blancas, sin que me estorbasen el comer, porque de otra manera no era señor de una blanca que el maldito ciego no cayese con ella, no dejando en mi ropa **costura**[286] ni remiendo[287] sin mirar muy a menudo.

Pues, ansí como digo, metía cada noche la llave en la boca y dormía sin **recelo**[288] que el brujo de mi amo la encontrara; mas cuando la desdicha ha de venir, es en vano toda **diligencia**.[289] Quisieron mis hados[290] o, por mejor decir, mis pecados, que una noche que estaba durmiendo, la llave se me puso en la boca, que abierta debía tener, de tal manera y postura, que el aire y resoplo que yo durmiendo echaba, salía por lo hueco de la llave, que era de las de canuto,[291] y silbaba, según mi desastre quiso, muy recio, de tal manera que el sobresaltado de mi amo lo oyó y creyó sin duda ser el silbo de la culebra y seguramente lo debía parecer.

Se acercó pasito a paso, con su garrote en la mano, y guiado por el sonido de la culebra se llegó a mí con mucha quietud, para no ser sentido por la culebra. Y cuando cerca se vio, pensó que allí, en las pajas do yo estaba echado, al calor mío, se había venido. Levantando bien el palo, pensando tenerla debajo y darle tal garrotazo que la matase, con toda su fuerza me descargó en la cabeza un golpe tan grande, que sin ningún sentido y muy mal descalabrado me dejó.

Como sintió que me había dado, según yo debía mostrar gran sentimiento con el **fiero**[292] golpe, contaba él luego que se había llegado a mí y, dándome grandes voces, llamándome, procuró volverme el sentido. Mas como me tocase con las manos, encontró mucha sangre que **chorreaba**,[293] y comprendió el daño que me había hecho. Y con mucha prisa fue a buscar **lumbre**,[294] y, llegando con ella, hallóme quejándome, todavía con mi llave en la

© Houghton Mifflin Harcourt Publishing Company

---

[284] culebra o culebro—Lazarillo cambia el género de «culebra» por referirse a sí mismo; él era el «culebro».

[285] hecha bolsa—convertida en bolsa, para guardar sus monedas.

[286] **costura**—puntos hechos con hilo.

[287] remiendo—parche.

[288] **recelo**—sospecha; desconfianza.

[289] **diligencia**—precaución; cuidado; medida de seguridad.

[290] hado—destino; suerte; fatalidad.

[291] canuto—tubo; caña hueca.

[292] **fiero**—salvaje.

[293] **chorreaba**—fluía abundantemente.

[294] **lumbre**—luz.

Reflexionar

Lázaro y el clérigo van en círculos: uno come pan a escondidas y el otro busca poner fin al hurto, que atribuye a los animales. ¿En qué para la cosa?

_____

_____

_____

boca, que nunca la desamparé,[295] la mitad fuera, de la manera que debía estar cuando silbaba con ella de aquel modo.

Espantado el matador de culebras y pensando qué podía ser aquella llave, miróla, sacándomela del todo de la boca, y vio lo que era, porque en las guardas[296] nada se diferenciaba de la suya. Fue luego a probarla, y con ella **comprobó**[297] el maleficio.[298]

Debió de decir el cruel cazador: «El ratón y culebra que me daban guerra y comían mi **hacienda**[299] he hallado».

De lo que sucedió en aquellos tres días siguientes ninguna fe daré,[300] porque los pasé en el vientre de la ballena.

Esto que he contado lo oí decir a mi amo, el cual a cuantos allí venían lo contaba por extenso después que en mí volví.[301]

Al cabo de tres días yo torné en mi sentido, y me hallé echado en mis pajas, la cabeza toda emplastada[302] y llena de aceites y ungüentos y, espantado, dije:

—¿Qué es esto?

Respondióme el cruel sacerdote:

—A fe que[303] los ratones y culebras que me destruían ya los he cazado.

Y me miré y, al verme tan maltratado, en seguida sospeché mi mal.

A esta hora entró una vieja que ensalmaba,[304] y los vecinos; y comienzan a quitarme los trapos de la cabeza y a curarme el garrotazo. Y como me hallaron vuelto en mi sentido se alegraron mucho y dijeron:

—Como ha recuperado el sentido, a Dios gracias no será nada.

Ahí tornaron de nuevo a contar mis **cuitas**[305] y a reírlas, y yo, pecador, a llorarlas. Con todo esto, diéronme de comer, pues estaba transido[306] de hambre, y apenas me pudieron remediar. Y ansí, poco a poco, a los quince días me levanté y estuve sin peligro y medio sano, mas no sin hambre.

Un día después de haberme levantado, el señor mi amo me tomó por la mano y sacóme por la puerta fuera y, puesto en la calle, díjome:

—Lázaro, de hoy en adelante eres tuyo y no mío. Busca amo y vete con Dios, que yo no quiero en mi compañía tan diligente servidor. No es posible sino que hayas sido mozo de ciego.

© Houghton Mifflin Harcourt Publishing Company

---

[295] desamparé—abandoné.

[296] guardas—topes (de una llave); las partes de la llave que impiden que abra la cerradura si no es la llave apropiada.

[297] **comprobó**—confirmó.

[298] maleficio—maldad.

[299] **hacienda**—bienes; posesiones.

[300] ninguna fé daré—no contaré nada.

[301] en mí volví—recobré el sentido.

[302] emplastada—medicada y vendada.

[303] a fe que—seguramente.

[304] ensalmaba—componía huesos rotos, o curaba con rezos mágicos.

[305] **cuitas**—infortunios; males; aflicciones.

[306] transido—afligido por un dolor intenso.

Comprender

¿Qué sucedió después de que Lázaro recibió el golpe?

_____

_____

_____

Figuras retóricas

¿Qué antítesis encuentras en este párrafo? ¿Qué sentimiento te genera Lázaro?

_____

_____

_____

_____

_____

Y santiguándose de mí, como si yo estuviera endemoniado, se vuelve a meter en casa y cierra su puerta.

TRATADO TERCERO

Cómo Lázaro se asentó con un escudero[307] y de lo que le acaeció con él.

De esta manera tuve que sacar fuerzas de flaqueza, y poco a poco, con ayuda de las buenas gentes, di conmigo en esta **insigne**[308] ciudad de Toledo, adonde, con la merced de Dios, después de quince días se me cerró la herida. Y mientras estaba malo siempre me daban alguna limosna: mas después que estuve sano todos me decían:

—Tú, bellaco[309] y gallofero[310] eres. Busca, busca un amo a quien sirvas.

—¿Y adónde se hallará ése —decía yo entre mí—, si Dios agora de nuevo, como creó el mundo, no lo criase?

Andando así discurriendo[311] de puerta en puerta, con bien poco remedio, porque ya la caridad se subió al cielo, encontré un escudero que iba por la calle con razonable vestido, bien peinado, su paso y compás en orden. Miróme, y yo a él, y díjome:

—Muchacho, ¿buscas amo?

Yo le dije:

—Sí, señor.

—Pues vente tras mí —me respondió—, que Dios te ha hecho merced en topar conmigo; alguna buena oración rezaste hoy.

Y seguíle, dando gracias a Dios por lo que le oí, y también que me parecía, según su hábito y continente, ser el que yo había menester.

Era de mañana cuando este mi tercer amo topé; y llevóme tras él gran parte de la ciudad. Pasábamos por las plazas donde se vendían pan y otras provisiones. Yo pensaba, y aun deseaba, que allí me quería cargar de lo que se vendía, porque era hora adecuada para proveerse de lo necesario; mas **pasaba** siempre **de largo**[312] por estas cosas.

—Quizá no ve nada que le guste —decía yo— y querrá que lo compremos en otro cabo.

De esta manera anduvimos hasta que dieron las once. Entonces entró en la iglesia mayor, y yo tras él, y muy devotamente le vi oír misa y los otros oficios divinos, hasta que todo fue acabado y la gente ida. Entonces salimos de la iglesia.

A buen paso tendido comenzamos a ir por una calle abajo. Yo iba el más alegre del mundo al ver que no nos habíamos ocupado

Inferir

Según la descripción que hace Lázaro del escudero, ¿qué tipo de persona crees que es?

_____

_____

[307] escudero—hidalgo; persona de clase noble; solía acompañar a un caballero.
[308] **insigne**—ilustre; de buena fama.
[309] **bellaco**—vil; ruin.
[310] gallofero—que vive de la caridad pública.
[311] discurriendo—andando; pasando.
[312] **pasaba de largo**—pasaba sin detenerse.

en buscar de comer. Bien consideré que debía ser hombre, mi nuevo amo, que se proveía en junto,[313] y que ya la comida estaría a punto[314] y tal como yo la deseaba y aun la había menester.

En este tiempo dio el reloj la una, después de mediodía, y llegamos a una casa, ante la cual mi amo se paró, y yo con él, y, derribando[315] el cabo de la capa sobre el lado izquierdo, sacó una llave de la manga y abrió su puerta y entramos en casa. La cual tenía la entrada oscura y **lóbrega**[316] de tal manera que parece que ponía temor a los que en ella entraban, aunque dentro de ella estaba un patio pequeño y razonables cámaras.

Una vez dentro de la casa, quita de sobre sí su capa, y, preguntando si tenía las manos limpias, la sacudimos y doblamos, y, muy limpiamente soplando un poyo[317] que allí estaba, la puso en él. Y hecho esto, se sentó cabo de ella, preguntándome muy por extenso de dónde era y cómo había venido a aquella ciudad.

Y yo le di más larga cuenta de lo que quisiera, porque me parecía más conveniente hora de mandar poner la mesa y escudillar la olla[318] que de lo que me pedía. Con todo eso, yo le satisfice de mi persona lo mejor que mentir supe, diciendo mis bienes y callando lo demás. Esto hecho, estuvo ansí un poco, y yo luego vi mala señal, por ser casi las dos y no verle más aliento[319] de comer que a un muerto.

Después de esto, consideraba aquel tener cerrada la puerta con llave ni sentir arriba ni abajo pasos de viva persona por la casa. Todo lo que yo había visto eran paredes, sin ver en ella silleta, ni tajo,[320] ni banco, ni mesa, ni aun tal arcaz como el de marras.[321] Finalmente, ella parecía casa **encantada**.[322] Estando así, díjome:

—Tú, mozo, ¿has comido?

No, señor —dije—, que aún no eran dadas las ocho cuando con Vuestra Merced me encontré.

—Pues, aunque de mañana, yo había almorzado, y cuando ansí como algo, hágote saber que hasta la noche me estoy ansí. Por eso, pásate como pudieres, que después cenaremos.

Vuestra Merced crea, cuando esto le oí, que faltó poco para desmayarme, no tanto de hambre como por comprender de todo en todo la fortuna serme adversa. Allí se me representaron de nuevo mis fatigas y torné a llorar mis trabajos. Allí me vino a la memoria la consideración que hacía cuando me pensaba ir del

© Houghton Mifflin Harcourt Publishing Company

---

313 en junto—todo al mismo tiempo.

314 a punto—listo; hecho.

315 derribando—echando.

316 **lóbrega**—triste; sombría.

317 poyo—banco.

318 escudillar la olla—sacar y servir lo que había en la olla.

319 aliento—deseo; indicio.

320 tajo—especie de mesa de madera para cortar carne.

321 el de marras—el que ya conocemos.

322 **encantada**—de magia; bajo un hechizo.

Enfoque en el estilo

a. ¿Qué figura retórica se utiliza en la primera oración de este párrafo?

_____

_____

b. ¿Por qué la descripción del movimiento que hace el escudero para sacar la llave de la casa es tan minuciosa?

_____

_____

Analizar

Si bien este párrafo se refiere a la casa del escudero, podemos deducir que Lázaro está hambriento. ¿Por qué?

_____

_____

clérigo, diciendo que, aunque aquél era desventurado y **mísero**,[323] por ventura toparía con otro peor. Finalmente, allí lloré mi trabajosa vida pasada y mi cercana muerte venidera.

Y con todo, **disimulando**[324] lo mejor que pude, dije:

—Señor, mozo soy, que no me preocupo mucho por comer, bendito sea Dios. De eso me podré yo **alabar**[325] entre todos mis iguales de tener mejor garganta, y ansí fui yo loado de ella hasta hoy día por los amos que yo he tenido.

—Virtud es ésa —dijo él—, y por eso te querré yo más. Porque el hartar es de los puercos y el comer regladamente[326] es de los hombres de bien.

—¡Bien te he entendido! —dije yo entre mí—. ¡Maldita sea tanta medicina y bondad como encuentran en el hambre estos amos míos!

Púseme a un extremo del portal y saqué unos pedazos de pan del seno,[327] de los que me habían quedado de limosna. Él al ver esto, díjome:

—Ven acá, mozo. ¿Qué comes?

Yo lleguéme a él y le mostré el pan. Tomó él un pedazo de tres que eran, el mejor y más grande. Y me dijo:

—Por mi vida, que parece éste buen pan.

—¡Y cómo! ¿agora —dije yo—, señor, es bueno?

—Sí, a fe[328] —dijo él— ¿Adónde lo conseguiste? ¿Está amasado[329] por manos limpias?

—No sé yo eso —le dije—; mas a mí no me pone **asco**[330] el sabor de ello.

—Así plega[331] a Dios —dijo el pobre de mi amo.

Y llevándolo a la boca, comenzó a dar en él tan fieros bocados como yo en lo otro.

—Sabrosísimo pan es —dijo—, por Dios.

Y como sentí de qué pie cojeaba,[332] me di prisa, porque le vi en disposición, si acababa antes que yo, iría a ayudarme a comer lo que me quedase. Y con esto acabamos casi a la una.[333] Y mi amo comenzó a sacudir con las manos unas pocas migajas, y bien **menudas**,[334] que en el pecho se le habían quedado, y entró en una camareta que había allí, y sacó un jarro desbocado[335] y no muy

Inferir

En este intercambio, parece que tanto Lazarillo como el escudero hablan con segunda. ¿Qué diría cada uno si hablara con sinceridad?

---

[323] **mísero**—avaro; tacaño.

[324] **disimulando**—ocultando la verdad.

[325] **alabar**—elogiar; ensalzar; poner por las nubes; loar.

[326] regladamente—en forma regulada o controlada.

[327] del seno—de debajo del sayo.

[328] a fe—de veras; sin duda.

[329] amasado—hecho.

[330] **asco**—repugnancia.

[331] plega—plazca; guste.

[332] sentí de qué pie cojeaba—me di cuenta de cuál era su debilidad o defecto.

[333] a la una—al mismo tiempo.

[334] **menudas**—pequeñas.

[335] desbocado—que tiene rota o dañada la boca.

nuevo, y después que hubo bebido **convidó**[336] con él. Yo, por hacer el **sobrio**,[337] dije:

—Señor, no bebo vino.

—Es agua —me respondió—, bien puedes beber.

Entonces tomé el jarro y bebí. No mucho, porque no era sed lo que en aquel momento sentía.

Ansí estuvimos hasta la noche, hablando de cosas que me preguntaba, a las cuales yo le respondí lo mejor que supe. En este tiempo metióme en la cámara donde estaba el jarro del que bebimos, y díjome:

—Mozo, párate allí, y verás cómo hacemos esta cama, para que sepas hacerla de aquí adelante.

Púseme de un extremo y él del otro, e hicimos la negra cama, en la cual no había mucho que hacer: había sobre unos bancos un cañizo,[338] sobre el cual estaba tendida la ropa, que, por no lavarse con frecuencia, no parecía colchón, aunque servía de él, con harta menos lana de la que era menester.

Tendimos el colchón, haciendo cuenta de ablandarle, lo cual era imposible, porque mal se puede hacer blando de lo duro. El diablo del colchón maldita la cosa tenía dentro de sí, que, puesto sobre el cañizo, todas las cañas se marcaban y parecían según su forma el espinazo[339] de un flaquísimo puerco. Y sobre aquel hambriento colchón, un alfamar[340] del mismo jaez,[341] del cual el color yo no pude alcanzar.

Hecha la cama y la noche venida, díjome:

—Lázaro, ya es tarde, y de aquí a la plaza hay gran **trecho**.[342] También en esta ciudad andan muchos ladrones, que siendo de noche capean[343]. Pasemos como podamos, y mañana, venido el día, Dios hará merced; porque yo, por estar solo, no tengo provisiones. Estos días he comido por allá fuera. Mas agora lo haremos de otra manera.

—Señor, por mí —dije yo— ninguna pena tenga Vuestra Merced, que sé pasar una noche y aun más, si es menester, sin comer.

—Vivirás más y más sano —me respondió—. Porque, como decíamos hoy, no hay tal cosa en el mundo para vivir mucho que comer poco.

—Si por esa vía es —dije entre mí—, nunca yo moriré, que siempre he guardado[344] esa regla por fuerza, y aun espero, en mi desdicha, tenerla toda mi vida.

---

[336] **convidó**—invitó.

[337] **sobrio**—que no toma bebidas alcohólicas.

[338] cañizo—armazón de cañas.

[339] espinazo—columna vertebral.

[340] alfamar (m.)—manta; cobertor.

[341] jaez (m.)—tipo; clase.

[342] **trecho**—distancia.

[343] capean—torean; ejercen su oficio; es decir, roban a sus víctimas.

[344] guardado—seguido; acatado; cumplido.

Inferir

¿Te parece que esta podría ser la cama de un escudero adinerado? ¿Qué podemos sospechar?

_____

_____

_____

_____

Figuras retóricas

¿Qué figura retórica emplea el autor aquí? Explícala.

_____

_____

_____

_____

Y acostóse en la cama, poniendo por cabecera las calzas[345] y el jubón.[346] Y me mandó echar a sus pies, lo cual yo hice, mas maldito el sueño que yo dormí, porque las cañas y mis salidos huesos en toda la noche dejaron de rifar[347] y encenderse; que con mis trabajos, males y hambres, pienso que en mi cuerpo no había libra de carne; y también, como aquel día no había comido casi nada, rabiaba de hambre, la cual con el sueño no tenía amistad. Maldíjeme mil veces, Dios me lo perdone, y a mi ruin fortuna, allí, durante toda la noche, y lo peor, no osándome[348] revolver por no despertarle, pedí a Dios muchas veces la muerte.

Al día siguiente, levantamos y comienza a limpiar y sacudir sus calzas y jubón y sayo y capa. ¡Y yo que le servía de pelillo![349] Y se viste muy a su placer, despacio. Echéle agua a las manos, se peinó y púsose su espada en el talabarte,[350] y, al tiempo que la ponía, díjome:

—¡Oh, si supieses, mozo, qué pieza es ésta! No hay marco[351] de oro en el mundo por que yo la diese. Mas ansí ninguna de cuantas Antonio[352] hizo no acertó a ponerle los aceros tan prestos como ésta los tiene.

Y sacóla de la vaina[353] y la tentó con los dedos, diciendo:

—¿La ves aquí? Yo me obligo con ella cercenar[354] un copo[355] de lana.

Y yo dije entre mí:

—Y yo con mis dientes, aunque no son de acero, cortaría un pan de cuatro libras.

La volvió a meter y ciñósela,[356] y un sartal[357] de cuentas gruesas del talabarte. Y con un paso sosegado y el cuerpo derecho, haciendo con él y con la cabeza muy gentiles[358] meneos, echando el cabo de la capa sobre el hombro y a veces bajo el brazo, y poniendo la mano derecha en el costado, salió por la puerta, diciendo:

—Lázaro, ocúpate de la casa mientras voy a oír misa, y haz la cama y ve por la **vasija**[359] de agua al río, que aquí bajo está, y

Analizar

¿Por qué el escudero lleva su espada a misa?

_____

_____

---

[345] calzas—vestimenta que cubría las piernas.

[346] jubón (m.)—especie de camisa.

[347] rifar—contender; pelear entre sí (las cañas de la cama y los huesos de Lazarillo).

[348] osándome—atreviéndome a.

[349] de pelillo—de ceremonia y sólo por cumplir.

[350] talabarte (m.)—cinturón de cuero que sujeta los tirantes donde se cuelga la espada.

[351] marco—unidad de peso para el oro y la plata (230 gramos).

[352] Antonio—famoso espadero que forjó la espada del rey Fernando el Católico.

[353] vaina—estuche de la espada.

[354] cercenar—cortar; decapitar.

[355] copo—porción pequeña y consistente de algo.

[356] ciñósela—púsosela; se la puso.

[357] sartal (m.)—sarta de cosas metidas en un hilo o una cuerda.

[358] gentiles—apuestos; hermosos.

[359] **vasija**—contenedor; jarro.

cierra la puerta con llave, no nos hurten algo, y ponla aquí al **quicio**,[360] porque si yo viniere entre tanto pueda entrar.

Y súbese por la calle arriba con tan gentil semblante y continente,[361] que quien no le conociera pensara que era pariente muy próximo al Conde de Arcos, o a lo menos sirviente que le ayudaba a vestir.

—¡Bendito seáis Vos,[362] Señor[363] —quedé yo diciendo—, que dais la enfermedad y ponéis el remedio! ¿Quién encontrará a aquel mi señor que no piense, según el contento que de sí lleva, haber anoche bien cenado y dormido en buena cama, y, aún agora que es de mañana, no le cuenten por muy bien almorzado? ¡Grandes secretos son, Señor, los que Vos hacéis y las gentes **ignoran**![364] ¿A quién no engañará aquella buena disposición y razonable capa y sayo? ¿Y quién pensará que aquel gentil hombre se pasó ayer todo el día sin comer, con aquel **mendrugo**[365] de pan que su criado Lázaro trajo un día y una noche en el arca de su seno, do no se le podía pegar mucha limpieza, y hoy, lavándose las manos y cara, a falta de paño de manos utilizaba la falda del sayo? Nadie, por cierto, lo sospechara. ¡Oh, Señor, y cuántos de aquestos debéis Vos tener por el mundo **derramados**,[366] que padecen por la negra que llaman honra lo que por Vos no sufrirán!

Ansí estaba yo a la puerta, mirando y considerando estas cosas y otras muchas hasta que el señor mi amo traspuso[367] la larga y angosta calle. Y cuando lo vi desaparecer, entré en casa, y en un credo la recorrí toda, arriba y bajo, sin hacer represa[368] ni hallar en qué. Hago la negra dura cama y tomo el jarro y doy conmigo en el río, donde en una **huerta**[369] vi a mi amo en gran recuesta[370] con dos rebozadas mujeres, al parecer de las que en aquel lugar no hacen falta, antes muchas tienen por estilo de irse a las mañanicas del verano a refrescar y almorzar, sin llevar qué, por aquellas frescas **riberas**,[371] con confianza que no ha de faltar quien se lo dé, según las tienen puestas en esta costumbre aquellos **hidalgos**[372] del lugar.

---

[360] **quicio**—ángulo o espacio entre la puerta y la pared.

[361] **semblante y continente** (m.)—apariencia.

[362] **Vos**—antiguo tratamiento de respeto (con mayúscula aquí porque va dirigido a Dios).

[363] **Señor**—Dios.

[364] **ignoran**—no conocen.

[365] **mendrugo**—pedazo pequeño de pan duro.

[366] **derramados**—regados; esparcidos.

[367] **traspuso**—cruzó.

[368] **represa**—retención; parada; detención.

[369] **huerta**—terreno donde se cultivan árboles frutales.

[370] **recuesta**—requerimiento; intimación; conversación amorosa.

[371] **riberas**—orillas de un río.

[372] **hidalgos**—hombres de noble alcurnia o linaje.

© Houghton Mifflin Harcourt Publishing Company

Inferir

¿Por qué dice Lázaro «la negra honra»?

_____

_____

_____

Inferir

¿Por qué esas dos mujeres son «de las que en aquel lugar no hacen falta»?

_____

_____

Y como digo, él estaba entre ellas, hecho un Macías,[373] diciéndoles más dulzuras que Ovidio[374] escribió. Pero como sintieron de él que estaba enternecido, no se les hizo de vergüenza de almorzar con el acostumbrado pago.

Él, sintiéndose tan frío de bolsa cuanto estaba caliente de estómago, tomóle tal escalofrío, que le robó la color del gesto,[375] y comenzó a turbarse[376] en la plática y a poner excusas no válidas.

Ellas, que debían ser bien instruidas, como le sintieron la enfermedad, dejáronle por el que era.

Yo, que estaba comiendo ciertos tronchos de berzas,[377] con los cuales desayuné, con mucha diligencia, como mozo nuevo, sin ser visto de mi amo, torné a casa. De la cual pensé barrer alguna parte, que falta hacía; mas no hallé con qué. Púseme a pensar qué haría, y parecióme que lo mejor sería esperar a mi amo hasta el mediodía, y si por ventura traía algo, poder comer al fin; mas en vano fue mi espera.

Desde que vi que eran las dos y no venía y la hambre me aquejaba,[378] cierro mi puerta y pongo la llave do mandó y tórnome a mi menester.[379] Con baja y enferma voz y inclinadas mis manos en los senos, puesto Dios ante mis ojos y la lengua en su nombre, comienzo a pedir pan por las puertas y casas más grandes que me parecía. Mas como yo este oficio lo hubiese mamado en la leche,[380] quiero decir que con el gran maestro el ciego lo aprendí, tan buen discípulo[381] salí, que aunque en este pueblo no había caridad, ni el año fuese muy abundante, tan buena maña me di, que antes que el reloj diese las cuatro, ya yo tenía otras tantas libras de pan ensiladas[382] en el cuerpo y más de otras dos en las mangas y senos. Volvíme a la posada, y al pasar por la tripería[383] pedí a una de aquellas mujeres, y diome un pedazo de uña de vaca, con otras pocas de tripas cocidas.

Cuando llegué a casa, ya el bueno de mi amo estaba en ella, doblada su capa y puesta en el poyo, y él paseándose por el patio. Al verme, vínose para mí. Pensé que me quería **reñir**[384] por la tardanza; mas mejor lo hizo Dios.

Preguntóme dó venía. Yo le dije:

---

[373] Macías—llamado *Macías el Enamorado*; poeta gallego del siglo XV, cuyos poemas le dieron fama de enamorado.

[374] Ovidio—Nasón Publio Ovidio (43a. de J.C.–17d. de J.C.), poeta de la Antigua Roma, famoso por sus poesías sobre el amor.

[375] gesto—cara.

[376] turbarse—apenarse.

[377] tronchos de berzas—tallos de coles o repollos.

[378] aquejaba—afligía.

[379] menester (m.)—trabajo; oficio.

[380] mamado en la leche—aprendido desde la infancia.

[381] discípulo—alumno.

[382] ensiladas—guardadas; almacenadas.

[383] tripería—carnicería donde se venden tripas y otros despojos de los animales cuya carne buena ya se ha aprovechado.

[384] **reñir**—regañar.

Comprender

¿Qué fue lo que sucedió en la huerta entre el escudero y las dos mujeres que se encontraban allí?

_____

_____

_____

_____

_____

—Señor, hasta que dio las dos estuve aquí, y desde que vi que Vuestra Merced no venía, fuime por esa ciudad a pedir limosna a las buenas gentes, y han dado esto que veis.

Mostréle el pan y las tripas, que en un cabo de la falda traía, a la cual él mostró buen semblante,[385] y dijo:

—Pues te he esperado a comer, y al ver que no venías, comí. Mas tú haces como hombre de bien en eso, que más vale pedirlo por Dios que no hurtarlo. Y ansí Él me ayude como ello me parece bien, y solamente te encomiendo que no sepan que vives conmigo, por lo que toca a mi honra. Aunque bien creo que será secreto, según lo poco que en este pueblo soy conocido. ¡Nunca a él yo hubiera de venir!

—De eso pierda, señor, cuidado —le dije yo—, que nadie ha de pedirme cuenta de ello ni yo de darla.

—Agora, pues, come, pecador, que, si a Dios place, pronto nos veremos sin necesidad. Aunque te digo que después que en esta casa entré, nunca me ha ido bien. Debe ser de mal suelo, que hay casas desdichadas y de mal pie, que pegan la desdicha a los que viven en ellas. Ésta debe de ser, sin duda, de ellas; mas yo te prometo, acabado el mes, no permaneceré en ella aunque me la den por mía.

Sentéme al cabo del poyo y, para que no me tuviese por **glotón**,[386] le callé la merienda que había comido. Y comienzo a cenar y morder en mis tripas y pan, y disimuladamente miraba al desventurado señor mío, que no partía sus ojos de mis faldas, que aquella sazón servían de plato. Tanta lástima tenga Dios de mí como yo sentía por él porque sentí lo que sentía, y muchas veces me había pasado lo mismo. Así pues, tanta lástima me dio ver al señor mío que no apartaba la vista de mis provisiones, que estuve a punto de invitarle; mas, por haberme dicho que había comido, temí no aceptaría el convite.[387] Finalmente, yo deseaba que aquel pecador me ayudase a terminar la comida y desayunase como el día antes hizo, pues había mejor aparejo, por ser mejor la vianda[388] y menos mi hambre.

Quiso Dios cumplir mi deseo, y aun pienso que el suyo; porque cuando comencé a comer, él andaba paseando, se acercó a mí y díjome:

—Digo, Lázaro, que tienes en comer la mejor gracia que en mi vida vi a hombre, y que nadie te lo verá hacer sin que le despiertes el apetito, aunque no lo tenga.

—La muy buena hambre que tú tienes —dije yo entre mí— te hace parecer la mía hermosa.

Con todo, me pareció que debía ayudarle, pues se ayudaba y me abría camino para ello, y díjele:

---

385 semblante (m.)—cara.

386 **glotón**—comelón.

387 convite (m.)—invitación.

388 vianda—comida.

Anotar

Lázaro cada vez siente más pena por su amo. Anota algunos de los distintos calificativos que usa para referirse a él desde el comienzo del relato.

Analizar

¿Por qué aquí Lázaro le dice «pecador»?

Figuras retóricas

¿Qué figura retórica utiliza el escudero?

_____

Analizar

¿Por qué Lázaro es más bueno con este amo que con los dos anteriores?

_____

—Señor, el buen aparejo hace buen artífice.[389] Este pan está sabrosísimo, y esta uña de vaca tan bien cocida y **sazonada,**[390] que no habrá a quien no convide con su sabor.

—¿Uña de vaca es?

—Sí, señor.

—Dígote que es el mejor bocado del mundo y que no hay **faisán**[391] que ansí me sepa.

—Pues pruebe, señor, y verá qué tal está.

Póngole en las uñas la otra y tres o cuatro raciones de pan de lo más blanco. Y se sentó al lado y comenzó a comer como aquel que tenía gana, royendo cada huesecillo de aquéllos mejor que lo hiciera un **galgo**[392] suyo.

—Con salsa de almodrote[393] —decía— es éste un manjar exquisito.

—Con mejor salsa lo comes tú —pensaba yo.

—Por Dios, que me ha sabido como si hoy no hubiera comido bocado.

—¡Ansí me vengan los buenos años como es ello! —dije yo entre mí.

Pidióme el jarro del agua, y díselo como lo había traído. No le faltaba el agua, señal era ésta de que no había comido. Bebimos, y muy contentos nos fuimos a dormir, como la noche pasada.

Y por evitar prolijidad,[394] de esta manera estuvimos ocho o diez días, yéndose el pecador por la mañana con aquel contento y paso contado a papar[395] aire por las calles, teniendo en el pobre Lázaro una cabeza de lobo que le proveía la comida.

Contemplaba yo muchas veces mi desastre, que, escapando de los ruines amos que había tenido y buscando mejoría, viniese a topar con quien no sólo no me mantuviese, mas a quien yo había de mantener. Con todo, le quería bien, al ver que no tenía ni podía más, y antes[396] le había lástima que enemistad. Y muchas veces, por llevar a la posada algo para que comiese, yo lo pasaba mal.

Una mañana, levantándose el triste en camisa, subió a lo alto de la casa a hacer sus menesteres, y en tanto yo, por salir de la sospecha, desenvolvíle el jubón y las calzas, que a la cabecera dejó, y hallé una bolsilla de terciopelo raso,[397] hecho cien dobleces y sin maldita la blanca ni señal que la hubiese tenido mucho tiempo.

---

[389] artífice (m.)—fabricante; hacedor.

[390] **sazonada**—mejorada de sabor por especias o hierbas.

[391] **faisán** (m.)—ave comestible, algo parecida al pavo.

[392] **galgo**—perro corredor, muy delgado.

[393] almodrote (m.)—salsa de aceite y otros ingredientes para sazonar berenjenas.

[394] prolijidad—exceso de palabras.

[395] papar—introducir en la boca sin usar las manos.

[396] antes—más bien.

[397] terciopelo raso—tela velluda normalmente de seda; en este caso, de raso.

—Éste —decía yo— es pobre, y nadie da lo que no tiene; mas el avariento ciego y el malaventurado clérigo, que, con dárselo Dios a ambos, me mataban de hambre, aquéllos es justo desamar y éste es **digno**[398] de lástima.

Dios es testigo de que aún hoy, cuando topo con alguno como él con aquel paso y pompa,[399] siento lástima al pensar si padece lo que aquél sufría. A pesar de toda su pobreza, serviría al escudero más que a los otros por lo que he dicho. Sólo tenía de él un poco de descontento: quisiera yo que no tuviera tanta presunción, sino que bajara un poco su fantasía con lo mucho que subía su necesidad. Mas, según me parece, es regla ya entre ellos usada y guardada. Aunque no tengan ni un real,[400] no ha de faltar el sombrero en su lugar. El Señor lo remedie, que ya con este mal han de morir.

Estando yo en tal estado, pasando la vida que digo, quiso mi mala fortuna, que no se cansaba de perseguirme, que en aquella trabajada y vergonzosa vivienda no durase.

Sucedió que el año en esta tierra fue estéril de pan, acordó el **Ayuntamiento**[401] que todos los pobres **forasteros**[402] se fuesen de la ciudad, con **pregón**[403] que el que de allí adelante topasen fuese castigado con azotes. Y así, ejecutando la ley, a los cuatro días del pregón, vi llevar una procesión de pobres azotados por las Cuatro Calles.[404] Esto me causó tan gran espanto, que nunca más me atreví a salir a **mendigar**[405] por la ciudad.

Aquí empezó la abstinencia de mi casa y la tristeza y silencio de los moradores,[406] tanto, que pasamos dos o tres días sin comer bocado, ni hablar palabra. A mí me dieron la vida unas mujercillas hilanderas[407] de algodón, que hacían bonetes[408] y vivían al lado de nosotros, con las cuales yo tuve vecindad y conocimiento. De la miseria que tenían, me daban alguna cosilla, con la cual me sustentaba pobremente y me permitía seguir malviviendo.

Y tenía más lástima del lastimado de mi amo que de mí mismo, que en ocho días maldito el bocado que comió. A lo menos en casa, bien lo estuvimos sin comer; no sé yo cómo o dónde andaba y qué comía. ¡Y verle venir a mediodía la calle abajo, con **estirado**[409] cuerpo, más largo que galgo de buena **casta**![410]

Analizar

¿En qué consiste este «mal»?

_____

_____

_____

_____

Aclarar

¿Quiénes son «los moradores»?

_____

_____

_____

---

[398] **digno**—merecedor.

[399] pompa—aires; porte presumido.

[400] real—moneda de escaso valor.

[401] **Ayuntamiento**—gobierno municipal.

[402] **forasteros**—fureños; extraños; los que no son naturales del lugar.

[403] **pregón**—aviso al público a viva voz; proclama.

[404] Cuatro Calles—zona o barrio habitado, en aquel tiempo, por judíos.

[405] **mendigar**—pordiosear; pedir limosna.

[406] moradores—residentes.

[407] hilanderas—mujeres que hacen hilo.

[408] bonetes (m.)—gorros.

[409] estirado—erguido; derecho.

[410] **casta**—estirpe; linaje; sangre.

Comparar

Compara la actitud del escudero,
cuando consigue dinero, con la del
ciego o el clérigo.

_____

_____

_____

Y por lo que toca a su negra que dicen honra, tomaba una paja, de las que ni aun bastantes había en casa, y salía a la puerta escarbando los dientes, que nada entre sí tenían, quejándose todavía de aquella mala casa, diciendo:

—Mala suerte tenemos, que la desdicha de esta vivienda nos la trae. Como ves, es lóbrega, triste, oscura. Mientras aquí estuviéremos, hemos de padecer. Ya deseo que se acabe este mes por salir de ella.

Estando en esta afligida y hambrienta persecución, un día, no sé por qué dicha o ventura, en el pobre poder de mi amo entró un real. Con el cual él vino a casa tan ufano[411] como si tuviera el tesoro de Venecia,[412] y con gesto muy alegre y risueño me lo dio, diciendo:

—Toma, Lázaro, que Dios ya va abriendo su mano: ve a la plaza, y compra pan y vino y carne; ¡quebremos el ojo al diablo![413] Y más te hago saber, para que te alegres: que he alquilado otra casa y en ésta desastrada no hemos de estar más que hasta fin de mes. ¡Maldita sea ella y el que en ella puso la primera **teja**,[414] que con mal pie en ella entré! Por nuestro Señor, desde que en ella vivo, gota de vino ni bocado de carne no he comido, ni he tenido descanso ninguno; mas ¡tal vista tiene y tal oscuridad y tristeza! Ve y ven presto, y comamos hoy como condes.

Tomo mi real y jarro y, a los pies dándoles prisa, comienzo a subir mi calle, encaminando mis pasos para la plaza, muy contento y alegre. Mas ¿qué me aprovecha, si está constituido en mi triste fortuna que ningún gozo me venga sin zozobra?[415] Y ansí fue éste. Porque, yendo por la calle arriba, echando mi cuenta en lo que lo emplearía, para que fuese mejor y más provechosamente gastado, dando infinitas gracias a Dios que a mi amo había hecho con dinero, a deshora me vino al encuentro un muerto, que traían por la calle abajo muchos clérigos y gente en unas andas.[416]

Arriméme a la pared, para dejarles pasar, y desde que el cuerpo pasó, venía luego junto al **lecho**[417] una que debía ser la mujer del difunto, cargada de **luto**,[418] y con ella otras muchas mujeres; la cual iba llorando a grandes voces y diciendo:

---

411 ufano—orgulloso.

412 tesoro de Venecia—mucho dinero (Venecia tenía fama de ser una ciudad muy rica).

413 ¡quebremos el ojo al diablo!—¡divirtámonos! (la buena fortuna de hoy nos permite vengarnos del diablo, que nos ha hecho pasar hambre durante tanto tiempo).

414 **teja**—pieza de barro cocido que se usa para techar las casas.

415 zozobra—infortunio.

416 andas—camilla; catre portátil.

417 **lecho**—cama.

418 **luto**—vestidura negra; señal de duelo por la muerte de alguien.

—Marido y señor mío, ¿adónde os llevan? ¡A la casa triste y desdichada, a la casa lóbrega y obscura, a la casa donde nunca comen ni beben!

Yo que aquello oí, juntóseme el cielo con la tierra y dije:

—¡Oh desdichado de mí! Para mi casa llevan este muerto.

Dejo el camino que llevaba, y crucé por medio de la gente, y vuelvo por la calle abajo, a todo el más correr que pude, para mi casa. Y, entrando en ella, cierro a grande prisa, invocando el auxilio y favor de mi amo, abrazándome de él, que me venga ayudar y a defender la entrada. El cual, algo alterado, pensando que fuese otra cosa, me dijo:

—¿Qué es eso, mozo? ¿Qué voces das? ¿Qué tienes? ¿Por qué cierras la puerta con tal furia?

—¡Oh señor —dije yo—, acuda aquí, que nos traen acá un muerto!

—¿Cómo así? —respondió él.

—Aquí arriba lo encontré, y venía diciendo su mujer: «Marido y señor mío, ¿adónde os llevan? ¡A la casa lóbrega y obscura, a la casa triste y desdichada, a la casa donde nunca comen ni beben!». Acá, señor, nos lo traen.

Y ciertamente cuando mi amo esto oyó, aunque no tenía por qué estar risueño, rió tanto, que muy gran rato estuvo sin poder hablar. En este tiempo tenía ya yo echada la aldaba[419] a la puerta y puesto el hombro en ella por más defensa. Pasó la gente con su muerto, y yo todavía me recelaba[420] que nos lo habían de meter en casa. Y desde que fue ya más harto de reír que de comer, el bueno de mi amo díjome:

—Verdad es, Lázaro: según la viuda lo va diciendo, tú tuviste razón de pensar lo que pensaste; mas, pues Dios lo ha hecho mejor y pasan adelante, abre, abre y ve por comer.

—Déjalos, señor, que acaben de pasar la calle —dije yo.

Al fin vino mi amo a la puerta de la calle, y la abre empujándome hacia fuera, que bien era menester, según el miedo y alteración, y me tornó a encaminar. Mas aunque comimos bien aquel día, maldito el gusto que yo tomaba en ello. Ni en aquellos tres días torné en mi color. Y mi amo, muy risueño todas las veces que se acordaba de aquella mi consideración.[421]

De esta manera estuve con mi tercero y pobre amo, que fue este escudero, algunos días, y en todos deseando saber la intención de su venida y estada en esta tierra; porque desde el primer día que con él asenté, le conocí ser extranjero, por el poco conocimiento y trato que con los naturales de ella tenía.

© Houghton Mifflin Harcourt Publishing Company

---

[419] aldaba—tranca; madero para cerrar bien la puerta contra intrusos.

[420] recelaba—sospechaba; temía.

[421] consideración—pensamiento.

Al leer este párrafo, el lector no puede dejar de sonreír, pese a que se trata de una escena dolorosa. ¿Cómo logra ese efecto el autor?

_____

_____

_____

Al fin se cumplió mi deseo y supe lo que deseaba; porque un día que habíamos comido razonablemente y estaba algo contento, contóme su hacienda, y díjome ser de Castilla la Vieja y que había dejado su tierra para no tener que quitarse el sombrero al paso de un caballero vecino suyo.

—Señor —dije yo—, si él era caballero como decís, y tenía más que vos, ¿por qué no os lo quitabais primero, pues decís que él también se lo quitaba al contestar el saludo?

—Sí es, y sí tiene, y también se lo quitaba él a mí, pero tampoco debía esperar a que me lo quitara yo siempre antes que él. Alguna vez debió **anticiparse**[422] por bien de mi honra y ganarme por la mano.

—Paréceme, señor —le dije yo—, que en eso no mirara, mayormente con mis mayores que yo y que tienen más.

—Eres muchacho —me respondió— y no sientes las cosas de la honra, en que el día de hoy está todo el **caudal**[423] de los hombres de bien. Pues te hago saber que yo soy, como ves, un escudero; mas voto a Dios si al Conde encuentro en la calle y no me quita muy bien quitado del todo el sombrero, que otra vez que venga me sepa yo entrar en una casa, fingiendo yo en ella algún negocio, o atravesar otra calle, si la hay, antes que llegue a mí, por no quitárselo. Que un hidalgo no debe a otro que a Dios y al rey nada, ni es justo, siendo hombre de bien, se descuide un punto de tener en mucho su persona. Acuérdome que un día deshonré en mi tierra a un oficial y quise ponerle las manos, porque cada vez que le topaba me decía: «Mantenga Dios a Vuestra Merced». «Vos, don villano ruin —le dije yo—, ¿por qué no sois bien criado? ¿Manténgaos Dios me habéis de decir, como si fuese quienquiera?[424]» De allí adelante, de aquí acullá,[425] me quitaba el bonete y hablaba como debía.

—¿Y no es buena manera de saludar un hombre a otro —dije yo— decirle que le mantenga Dios?

—¡Mira, muchacho del demonio! —dijo él—. A los hombres de poca arte dicen eso; mas a los más importantes, como yo, no les han de hablar menos de «Beso las manos de Vuestra Merced», o, por lo menos «Bésoos, señor, las manos», si el que me habla es caballero. Y ansí, de aquel de mi tierra, nunca más le quise sufrir; ni sufriría ni sufriré a hombre del mundo, de el rey abajo,[426] que «Manténgaos Dios» me diga.

—Pecador de mí —dije yo—, por eso tiene tan poco cuidado de mantenerte, pues no sufres que nadie se lo ruegue.

---

[422] **anticiparse**—hacerlo antes.

[423] **caudal** (m.)—fortuna; hacienda.

[424] quienquiera—cualquiera; persona insignificante.

[425] de aquí acullá—en todo lugar; en todo sitio.

[426] de el rey abajo—todos menos el rey.

© Houghton Mifflin Harcourt Publishing Company

Reflexionar

¿Estás de acuerdo con la postura del escudero en este diálogo sobre la manera de saludar? Explica brevemente por qué.

_____

_____

_____

Figuras retóricas

¿Qué figura retórica utiliza el escudero en esta afirmación? ¿Qué efecto quiere lograr?

_____

_____

_____

—Mayormente —dijo— que no soy tan pobre. Tengo en mi tierra un solar[427] de casas que, de estar ellas en pie y bien labradas,[428] a dieciséis leguas[429] de donde nací, en aquella Costanilla de Valladolid, valdrían más de doscientas veces mil maravedís, según se podrían hacer grandes y buenas. Y tengo un palomar que, de no estar derribado como está, daría cada año más de doscientos palominos.[430] Y otras cosas que me callo, que dejé por lo que tocaba a mi honra. Y vine a esta ciudad pensando que hallaría un buen acomodo,[431] mas no me ha sucedido como pensé. Ciertamente muchos caballeros de media talla también me ruegan que les sirva como escudero, pero son gente de poco para mí y servir con éstos es gran trabajo. Porque de hombre os habéis de convertir en malilla,[432] y si no «Andad con Dios» os dicen. Y las más veces los pagamentos son a largos plazos,[433] y las más y las más ciertas debes servirlos sólo por una triste comida. Ya cuando asienta un hombre con un señor de título, todavía pasa su laceria. ¿Pues por ventura no hay en mí habilidad para servir y contentar a éstos? Por Dios, si con él topase, muy gran su privado pienso que fuese y que mil servicios le hiciese, porque yo sabría mentirle tan bien como otro agradarle a las mil maravillas.[434] Le reiría mucho sus donaires y costumbres, aunque no fuesen las mejores del mundo; nunca le diría nada que le pesase, aunque mucho le cumpliese.[435] Muy diligente en su persona en dicho y hecho. No me mataría por hacer bien las cosas que él no había de ver y me pondría a reñir, donde él lo oyese, con la gente de servicio, porque pareciese que tomaba gran cuidado de lo que a él tocaba y con las cosas de su casa. Si riñese con algún su criado,[436] daría unos puntillos[437] agudos para le encender la ira, y que pareciesen en favor del culpado. Sabría decirle siempre lo que le gustara oír y, por el contrario, ser malicioso **mofador**,[438] malsinar[439] a los de casa y a los de fuera, pesquisar[440] y procurar saber vidas ajenas para contárselas, y otras muchas cosas de esta calidad, que hoy día se usan en palacio, y a los señores les parecen bien, y no quieren ver en sus casas hombres virtuosos, antes los **aborrecen**[441] y tienen en

Interpretar

El escudero usa la expresión «más de doscientos» para describir cuánto valdrían sus tierras labradas y cuántos palominos tendría por año si su palomar no estuviera derribado. ¿Es casualidad que ambas cantidades sean similares?

---

[427] solar (m.)—terreno.

[428] labradas—construidas.

[429] legua—medida de distancia: unas cuatro millas.

[430] palomino—cría de la paloma.

[431] acomodo—situación; colocación; puesto de trabajo.

[432] malilla—comodín; persona que, de tanto ser usada, llega a ser abusada.

[433] a largos plazos—poco frecuentes.

[434] a las mil maravillas—muchísimo.

[435] cumpliese—mereciese.

[436] algún su criado—algún criado suyo.

[437] puntillos—cosas del amor propio.

[438] **mofador**—burlador.

[439] malsinar—delatar; traicionar.

[440] pesquisar—investigar; averiguar.

[441] **aborrecen**—odian.

poco y llaman necios y que no son personas de negocios ni con quien el señor se puede descuidar. Y con éstos los astutos y los mentirosos triunfan, como triunfaría yo si tuviese la suerte de dar con un buen y gran señor; mas no quiere mi ventura que lo halle.

De esta manera lamentaba también su adversa fortuna mi amo, dándome relación de su persona valerosa.

Estando en esto, entró por la puerta un hombre y una vieja. El hombre le pide el alquiler de la casa y la vieja el de la cama. Hacen cuentas y de dos en dos meses le alcanzaron lo que él en un año no alcanzara. Pienso que fueron doce o trece reales. Y él les dio muy buena respuesta: que saldría a la plaza a cambiar una pieza de a dos y que a la tarde volviesen, mas su salida fue sin vuelta ya que no regresó más. De manera que a la tarde ellos volvieron, mas fue en vano. Yo les dije que aún no había venido. Venida la noche y él no, yo tuve miedo de quedar en casa solo, y me fui con las vecinas y contéles el caso, y allí dormí.

Venida la mañana, los **acreedores**[442] vuelven y preguntan por el vecino; mas a esta otra puerta . . . Las mujeres le responden:

—Veis aquí su mozo y la llave de la puerta.

Ellos me preguntaron por él, y díjeles que no sabía adónde estaba, y que tampoco había vuelto a casa desde que salió a cambiar la moneda, y que pensaba que de mí y de ellos se había ido con el **trueque**.[443]

Desde que esto me oyeron, van por un **alguacil**[444] y un **escribano**.[445] Y **helos**[446] do vuelven luego con ellos, y toman la llave, y me llaman, y llaman **testigos**[447] y abren la puerta, y entran a **embargar**[448] la hacienda de mi amo hasta cobrar su deuda. Recorrieron toda la casa, y la hallaron vacía, como he contado, y me dicen:

—¿Qué es de la hacienda de tu amo, sus arcas y paños de pared y **alhajas**[449] de casa?

—No sé yo eso —le respondí.

—Sin duda —dicen ellos— esta noche lo deben de haber escondido en algún sitio y llevado a alguna parte. Señor alguacil, **prended**[450] a este mozo, que él sabe dónde está.

En esto vino el alguacil y echóme mano por el collar del jubón, diciendo:

—Muchacho, tú eres preso si no descubres los bienes de este tu amo.

---

[442] **acreedores**—personas a quienes se debe dinero.

[443] **trueque** (m.)—canje; cambio de una cosa por otra.

[444] alguacil (m.)—especie de policía municipal.

[445] escribano—secretario oficial.

[446] helos—véanlos.

[447] **testigos**—los que presencian una acción, y dan testimonio de ello.

[448] embargar—tomar posesión de una propiedad la autoridad pública, en espera de un juicio legal sobre su disposición.

[449] **alhajas**—joyas.

[450] prended—aprehenda; arreste; detenga.

Enfoque en el estilo

Compara la extensión de las oraciones de este párrafo con las del discurso del escudero en la página anterior. ¿A qué se debe ese cambio de estilo?

_____

_____

_____

Pronosticar

¿Crees que el escudero volverá? Justifica tu opinión.

_____

_____

Yo, como en otra tal no me hubiese visto —porque asido del collar sí había sido muchas y infinitas veces, mas era mansamente[451] de él trabado,[452] para que mostrase el camino al que no veía—, yo tuve mucho miedo y, llorando, prometíles decir lo que preguntaban.

—Bien está —dicen ellos—. Pues di todo lo que sabes y no tengas temor.

Sentóse el escribano en un poyo para escribir el **inventario**,[453] preguntándome qué tenía.

—Señores —dije yo—, lo que este mi amo tiene, según él me dijo, es un muy buen solar de casas y un palomar derribado.

—Bien está —dicen ellos—. Por poco que eso valga hay para compensar la deuda. ¿Y a qué parte de la ciudad tiene eso? —me preguntaron.

—En su tierra —les respondí.

—Por Dios, que está bueno el negocio —dijeron ellos—. ¿Y adónde es su tierra?

—De Castilla la Vieja me dijo que él era —les dije yo.

Riéronse mucho el alguacil y el escribano, diciendo:

—Bastante relación es ésta para cobrar vuestra deuda, aunque podría ser.

Las vecinas, que estaban presentes, dijeron:

—Señores, éste es un niño inocente y hace pocos días que está con ese escudero, y no sabe de él más que vuestras mercedes, sino cuánto el pecadorcico se llega aquí a nuestra casa y le damos de comer lo que podemos, por amor de Dios, y por las noches se iba a dormir con él.

Vista mi inocencia, dejáronme, dándome por libre. Y el alguacil y el escribano piden al hombre y a la mujer que les pagaran sus derechos.[454] Sobre lo cual tuvieron gran pelea y ruido, porque ellos alegaron[455] no estar obligados a pagar, pues no había de qué ni se hacía el embargo. Los otros decían que habían dejado de ir a otro negocio, que les importaba más venir a aquél.

Finalmente, después de dadas muchas voces, al final carga un porquerón[456] con el viejo alfamar de la vieja, aunque no iba muy cargado. Allá van todos cinco dando voces.

No sé en qué paró. Creo yo que el pecador alfamar pagara por todos; y bien se empleaba, pues el tiempo que había de reposar y descansar de los trabajos pasados, se andaba alquilando.

---

451 mansamente—suavemente.

452 trabado—cogido; agarrado.

453 **inventario**—lista de todos los objetos contados en alguna ocasión.

454 derechos—cuotas; suma cobrada por algún servicio.

455 alegaron—arguyeron; insistieron.

456 porquerón—corchete; subordinado del alguacil.

© Houghton Mifflin Harcourt Publishing Company

Elaborar

Explica qué siente Lázaro por el escudero, luego de que lo dejara abandonado.

_____

_____

Comprender

¿Qué quiere decir la frase «a mi amo, que esperó, trataron mal»?

_____

_____

Conectar

¿Con qué otra parte del libro puedes relacionar este fragmento?

_____

_____

Así, como he contado, me dejó mi pobre tercer amo, donde acabé de conocer mi ruin dicha, pues, señalándose todo lo que podría contra mí, hacía mis negocios tan al revés, que los amos, que suelen ser dejados de los mozos, en mí no fuese ansí, sino que mi amo me dejase y huyese de mí.

TRATADO SÉPTIMO

Cómo Lázaro se asentó con un alguacil y de lo que le acaeció con él.

Despedido del capellán,[457] asenté por hombre de justicia con un alguacil; mas muy poco viví con él, por parecerme oficio peligroso, mayormente que una noche nos corrieron a mí y a mi amo a pedradas y a palos unos fugitivos; y a mi amo, que esperó, trataron mal, mas a mí no me alcanzaron. Con esto renegué del trato.

Y pensando un modo de vivir más tranquilo cómo tener descanso y ganar algo para la vejez, quiso Dios alumbrarme y ponerme en camino y manera provechosa. Y con la ayuda que tuve de amigos y señores, todos mis trabajos y fatigas hasta entonces pasados fueron compensados al alcanzar un oficio real,[458] viendo que no hay nadie que medre,[459] sino los que lo tienen.

En el cual el día de hoy vivo y resido a servicio de Dios y de Vuestra Merced. Así pues, tengo cargo de pregonar los vinos que en esta ciudad se venden, y las almonedas[460] y cosas perdidas, acompañar los que padecen persecuciones por justicia y declarar a voces sus **delitos**:[461] pregonero, hablando en buen romance.[462]

En el cual oficio, un día que **ahorcábamos**[463] un apañador[464] en Toledo, y llevaba una buena **soga**[465] de esparto, conocí y caí en la cuenta de la **sentencia**[466] que aquel mi ciego amo había dicho en Escalona, y me arrepentí del mal pago que le di, por lo mucho que me enseñó. Que, después de Dios, él me dio industria para llegar al estado que agora estoy.

Me ha ido tan bien, que casi todas las cosas al oficio **tocantes**[467] pasan por mi mano; tanto, que en toda la ciudad, el que ha de poner vino a vender, o algo, si Lázaro de Tormes no les pregona la mercancía, piensan que no han de sacar provecho.

---

[457] capellán—sacerdote encargado de una capellanía, una fundación religiosa.

[458] real—perteneciente al rey, o a la monarquía.

[459] medre—prospere.

[460] almoneda—subasta pública.

[461] **delito**—contravención de la ley.

[462] hablando en buen romance—diciendo las cosas claro; llamando al pan, pan, y al vino, vino; hablando llanamente el romance, es decir, el español, en aquellos tiempos.

[463] **ahorcábamos**—colgábamos; ejecutábamos en la horca.

[464] apañador—ladrón.

[465] **soga**—cuerda gruesa.

[466] **sentencia**—dicho sagaz; frase sabia y solemne.

[467] **tocantes**—relacionadas.

En este tiempo, viendo mi **habilidad**[468] y buen vivir, teniendo
noticia de mi persona el señor arcipreste[469] de San Salvador, mi
señor, y servidor y amigo de Vuestra Merced, a quien le
pregonaba sus vinos, **procuró**[470] casarme con una criada suya. Y
visto que de tal persona no podía venir sino bien y favor, acordé
aceptar la boda. Y así, me casé con ella, y hasta agora no estoy
arrepentido, porque, allende de[471] ser buena hija y diligente
servicial, tengo en mi señor arcipreste todo favor y ayuda. Y
siempre en el año le da, en veces, al pie de una carga de trigo; por
las Pascuas, carne; y de vez en cuando el par de bodigos, o la
ropa vieja que deja. E hízonos alquilar una casilla junto a la suya:
los domingos y casi todas las fiestas comíamos en su casa.

Mas malas lenguas, que nunca faltaron ni faltarán, no nos
dejan vivir, diciendo no sé qué y sí sé qué de que ven a mi mujer
irle a hacer la cama y guisarle de comer. Y mejor les ayude Dios
que ellos dicen la verdad.

Aunque en este tiempo siempre he tenido alguna sospechuela
y habido algunas malas cenas por esperarla algunas noches hasta
las laudes,[472] y aun más, se me ha venido a la memoria lo que mi
amo el ciego me dijo en Escalona, estando asido del cuerno.
Aunque, de verdad, siempre pienso que el diablo me lo trae a la
memoria por hacerme malcasado, y no le aprovecha.

Porque, allende de no ser ella mujer que se pague de[473] estas
burlas, mi señor me ha prometido lo que pienso cumplirá. Que él
me habló un día muy largo delante de ella y me dijo:

—Lázaro de Tormes, quien ha de mirar a dichos de malas
lenguas nunca medrará; digo esto porque no me maravillaría
alguno, viendo entrar en mi casa a tu mujer y salir de ella. Ella
entra muy a tu honra y suya. Y esto te lo prometo. Por tanto, no
mires lo que pueden decir, sino a lo que te toca, digo a tu
provecho.

—Señor —le dije—, yo determiné de arrimarme a los buenos.
Verdad es que algunos de mis amigos me han dicho algo de eso,
y aun por más de tres veces me han certificado[474] que antes que
conmigo casase había parido tres veces, hablando con reverencia
de Vuestra Merced, porque está ella delante.

Entonces mi mujer echó tantos **juramentos**[475] sobre sí que yo
pensé la casa se hundiera con nosotros; y después se puso a llorar
y a echar maldiciones sobre quien conmigo la había casado, en tal

© Houghton Mifflin Harcourt Publishing Company

---

[468] **habilidad**—destreza.

[469] arcipreste—presbítero o sacerdote principal de una iglesia.

[470] **procuró**—intentó.

[471] allende de—además de.

[472] laudes (f.)—oraciones que se rezan después de maitines. Los maitines se rezaban antes
del amanecer.

[473] se pague de—se contente de.

[474] certificado—declarado o asegurado con certeza.

[475] juramento—declaración enfática de la verdad de lo que se ha dicho.

Figuras retóricas

¿Qué figura retórica utiliza el autor
aquí? ¿Qué efecto produce?

_____

_____

Reflexionar

Basándote en la descripción de Lázaro
y en la predicción del ciego en el Tratado Primero, ¿qué conclusión puedes
sacar sobre el matrimonio de Lázaro?

_____

_____

_____

Aclarar

¿Qué quiere decir la frase «quisiera ser muerto antes que se me hubiera soltado aquella palabra de la boca»?

_____

_____

Elaborar

¿Por qué este párrafo es tan pertinente para el desenlace de la historia?

_____

_____

_____

manera, que quisiera ser muerto antes que se me hubiera soltado aquella palabra de la boca. Mas yo de un extremo y mi señor de otro, tanto le dijimos y otorgamos,[476] que cesó su llanto, con juramento que le hice de nunca más en mi vida mentarle[477] nada de aquello, y que yo holgaba y había por bien de que ella entrase y saliese, de noche y de día, pues estaba bien seguro de su bondad. Y así quedamos todos tres bien **conformes**.[478]

Hasta el día de hoy nunca nadie nos oyó sobre el caso; antes, cuando alguno siento que quiere decir algo de ella, le **atajo**[479] y le digo:

—Mirad, si sois mi amigo, no me digáis cosa con que me pese, que no tengo por mi amigo al que me hace pesar. Mayormente, si me quieren meter mal con mi mujer, que es la cosa del mundo que yo más quiero y la amo más que a mí, y me hace Dios con ella mil mercedes y más bien que yo merezco. Que yo juraré sobre la hostia[480] consagrada[481] que es tan buena mujer como vive dentro de las puertas de Toledo. Quien otra cosa me dijere, yo me mataré con él.

De esta manera no me dicen nada, y yo tengo paz en mi casa.

Esto fue el mismo año que nuestro victorioso emperador en esta insigne ciudad de Toledo entró y tuvo en ella **Cortes**,[482] y se hicieron grandes fiestas, como Vuestra Merced habrá oído. Pues en este tiempo estaba en mi prosperidad y en la **cumbre**[483] de toda buena fortuna. De lo que aquí adelante me sucediere, avisaré a Vuestra Merced.

---

[476] otorgamos—consentimos.

[477] mentarle—mencionarle.

[478] **conformes**—de acuerdo; satisfechos.

[479] **atajo**—paro; corto en seco.

[480] **hostia**—oblea o galleta redonda ofrecida en el sacrificio de la misa.

[481] **consagrada**—hecha sagrada; santificada.

[482] **Cortes** (f.)—en España, asambleas políticas con poderes legislativos.

[483] **cumbre** (f.)—punto más alto; cima.

PREGUNTAS

*Para conocer más a fondo el texto que has leído, responde a las siguientes preguntas. Tu propósito será uno de éstos, según indique tu profesor/a: **a.** prepararte para participar en un coloquio con tus compañeros de clase; **b.** prepararte para dar una presentación oral; **c.** bosquejar tus ideas por escrito para intercambiarlas con tus compañeros de clase; o **d.** escribir un ensayo formal.*

1. Típicamente, los novelistas escriben los prólogos de sus novelas en su propia voz, y no en la voz de sus protagonistas. Al parecer, ¿quién habla en este prólogo? ¿De quién es la voz que se dirige a Vuestra Merced? Reflexiona en lo que sabes de este personaje al momento de crear su «Prólogo»—al contrario de los momentos que va a recordar en su historia. ¿Cuántos años crees que tiene? ¿Crees que sabe leer y escribir? Defiende tus conclusiones al respecto, con pruebas extraídas del texto.

2. Mucho se habla de la perfección del *Lazarillo de Tormes* en múltiples sentidos. El perfecto anonimato de la novela es uno de los principales. Es tan insondable hoy como lo fue en el siglo XVI.

Sin embargo, sus páginas, particularmente las del «Prólogo», delatan aspectos y cualidades de su autor anónimo. Vuelve sobre el «Prólogo», de comienzo a fin, en busca de huellas del autor: pensamientos o referencias, usos o maneras de presentarse a través de sus palabras. ¿Cuánto puedes llegar a saber de él a base de estas investigaciones textuales? Detalla tus descubrimientos, citando del «Prólogo». ¡Ojo!, no te olvides de que tu punto de referencia aquí es el autor anónimo, y no Lázaro.

3. Como si hicieras una traducción de otro idioma, expresa en tus propias palabras, comprensibles para cualquier lector de hoy, el sentido de la última frase del «Prólogo», la que comienza «Y pues Vuestra Merced…». Al hacerlo, no dejes de tratar el significado que puede tener la palabra *caso* en el contexto de esta frase.

4. Compara tus impresiones de la presencia de la palabra *caso* en el «Prólogo» con su presencia en el Tratado séptimo (pág. 130). Pensando en la vida de Lázaro en todos sus aspectos, y en particular, en el momento culminante de la novela, ¿qué opinas? ¿Cuál puede ser el referente de la palabra *caso*? ¿Qué contenido tiene en el contexto de la historia?

5. Una de las características más señaladas de la novela picaresca es su aguda observación de la realidad y su intención satírica al pintar el medio social en que se mueve el protagonista narrador. ¿Qué papel desempeña la forma episódica en el logro de estas intenciones?

6. Explica en tus propias palabras algunas de las mañas, o engaños, de que se vale Lazarillo para sustentarse mientras sirve a su primer amo, el ciego, y a su segundo, el clérigo.

7. Comenta la sátira social que se elabora en cuanto a la figura del tercer amo de Lazarillo, el escudero.

8. Lazarillo, el prototipo del pícaro, vive una vida que cualquiera calificaría de ruin y desorientada. Sin embargo, los críticos señalan en el Lazarillo cierto primitivismo infantil, a la vez delicado, irónico y risueño, muy al contrario de la amargura que uno esperaría ver en una persona en tales circunstancias. A tu parecer, ¿qué características de Lazarillo impiden que le agobie la amargura?

9. Los críticos están en desacuerdo en cuanto a la figura de Lazarillo. Algunos lo creen un antihéroe, una contrafigura del caballero, del conquistador y del santo. Otros lo creen un héroe a su manera. ¿Qué opinas tú? Defiende tu juicio con argumentos basados en el texto.

10. ¿Qué impresión tienes del tipo de documento que pretende ser *Lazarillo de Tormes*? ¿Se presenta como una novela sencilla? ¿Pretende ser una carta? O, ¿pretende ser alguna otra cosa? Defiende tu juicio con evidencia del texto, ya sea del «Prólogo», o de los tratados del *Lazarillo*.

Análisis literario

Lazarillo de Tormes

Lee el siguiente pasaje de la novela picaresca *Lazarillo de Tormes*, y luego contesta las preguntas que le siguen.

> —Mira, mozo, los sacerdotes han de ser muy templados en su comer y beber, y por esto yo no me desmando como otros.
>
> Mas el lacerado mentía falsamente, porque en cofradías y mortuorios que rezamos, a costa ajena comía como lobo y bebía más que un curandero.
>
> Y acerca de mortuorios, Dios me perdone, que jamás fui enemigo de la naturaleza humana sino entonces. Y esto era porque gracias a ellos comíamos bien y me hartaban. Deseaba y aun rogaba a Dios que cada día muriese uno, y cuando dábamos sacramento a los enfermos, especialmente la Extremaunción, como manda el clérigo rezar a los que están allí, yo cierto no era el postrero de la oración, y con todo mi corazón y buena voluntad rogaba al Señor, no que le salvara su alma, como se suele decir, sino que le llevase de aqueste mundo.

1. Este texto _____.

   a. contiene sólo diálogo

   b. se narra en primera persona

   c. se narra en tercera persona

   d. se narra en el presente histórico

2. Los dos primeros párrafos demuestran que el sacerdote _____.

   a. es hipócrita

   b. no es religioso

   c. es rico

   d. no conoce bien a Lazarillo

3. El autor probablemente cita las palabras del sacerdote de manera directa porque _____.

   a. quiere que el lector vea cómo usa el lenguaje

   b. quiere hacer resaltar la diferencia entre sus palabras y sus acciones

   c. quiere hacer que el sacerdote parezca una figura más simpática

   d. quiere señalar que el sacerdote es un hombre muy culto

4. Al decir que el sacerdote «comía como lobo», el autor emplea _____.

   a. una metáfora

   b. una personificación

   c. un símil

   d. un oxímoron

5. En la primera oración del tercer párrafo, Lazarillo quiere decir que _____.

   a. sólo una vez fue enemigo de la naturaleza humana

   b. su hambre lo llevaba a rezar, no por la salud sino por la muerte de algunas personas

   c. llegó en ese momento a entender la naturaleza humana

   d. comenzó a odiar al sacerdote en ese momento

6. Lazarillo piensa que los mortuorios, o funerales, son _____.

   a. deprimentes, porque revelan la naturaleza humana

   b. tristes, porque le da mucha pena que la gente muera

   c. buenos, porque representan el final del sufrimiento de la gente

   d. una buena oportunidad de comer y beber mucho

7. De este pasaje, el lector puede inferir que _____.

   a. Lazarillo no cree en Dios

   b. a veces Lazarillo pasa hambre

   c. a Lazarillo le gusta trabajar para el sacerdote

   d. Lazarillo no tiene conciencia moral en absoluto

Garcilaso de la Vega ▶

Soneto XXIII

GARCILASO DE LA VEGA

El poeta renacentista Garcilaso de la Vega (1501 ó 1503–1536), influenciado por los poetas italianos del siglo XV, particularmente Petrarca, introdujo nuevas formas poéticas en España. Entre éstas, se destaca en particular el soneto al estilo italiano.

Garcilaso, toledano de nacimiento, es descendiente de una familia prominente desde el Medioevo en las letras castellanas. El poeta, de alma sincera y exquisita—ha sido descrito como «dulce en los sentimientos de amor, vehementísimo en los de amistad, noble en las palabras, cortesano en las acciones»—, es el primero en incorporar a las letras castellanas la música y el clima espiritual de la poesía italiana, por un lado, y por otro, el fruto de su estudio de los poetas romanos Virgilio y Horacio. Su vida se desenvolvió entre la creación poética y la guerra, y murió joven sirviendo como maestre de campo bajo el emperador Carlos V.

Garcilaso escribió tres églogas, dos elegías, una epístola, cinco canciones, ocho canciones breves, y 38 sonetos al estilo italiano. La mayoría de sus poemas reflejan su pasión amorosa por doña Isabel Freyre, dama portuguesa que murió sin corresponder al amor secreto del poeta. Muchos de estos poemas figuran entre los más bellos y perdurables de la lírica hispánica.

En el «Soneto XXIII» (publicado en 1543), Garcilaso nos recuerda que la belleza humana es efímera. Es el tema de Carpe diem, frase de Horacio que significa «Recoge (los placeres del) día», pues la vida es breve.

En tanto que[1] de rosa y **azucena**[2]
se muestra la color en vuestro **gesto**[3]
y que vuestro mirar ardiente, **honesto**,[4]
enciende el corazón, y lo **refrena**;[5]

y en tanto que el cabello, que en la vena
del oro[6] se escogió, con vuelo **presto**,[7]
por el hermoso cuello blanco, **enhiesto**,[8]
el viento mueve, **esparce**[9] y desordena;

coged de vuestra alegre primavera
el dulce fruto, antes que el tiempo **airado**[10]
cubra de nieve la hermosa **cumbre**.[11]

Marchitará[12] la rosa el viento helado,
todo lo **mudará**[13] la edad ligera,[14]
por no hacer mudanza en su costumbre.

---

[1] **En tanto que**—mientras.

[2] **azucena**—planta liliácea, de flores blancas en racimo.

[3] **gesto**—rostro; cara.

[4] **honesto**—casto; puro.

[5] **refrena**—detiene; sosiega.

[6] **en la vena del oro**—del color del oro; dorado; rubio.

[7] **presto**—rápido.

[8] **enhiesto**—erguido; alzado.

[9] **esparce**—dispersa.

[10] **airado**—iracundo; enojado.

[11] **cumbre** (f.)—cima; parte más alta.

[12] **Marchitará**—secará.

[13] **mudará**—cambiará.

[14] **edad ligera**—tiempo veloz.

Visualizar

¿Qué imagen visual describen los dos primeros versos del poema?

_____

_____

Figuras retóricas

Subraya una metáfora y una personificación en la tercera estrofa del poema. Explica su significado.

_____

_____

_____

Analizar

Explica el significado de los dos últimos versos del poema. ¿Por qué «todo lo mudará la edad ligera»?

_____

_____

_____

Interpretar

El poema habla de la importancia de valorar el presente porque el tiempo no se detiene. Teniendo en cuenta el tono del poema, ¿quién será la voz poética?

_____

_____

_____

PREGUNTAS

*Para conocer más a fondo el texto que has leído, responde a las siguientes preguntas. Tu propósito será uno de éstos, según indique tu profesor/a: **a.** prepararte para participar en un coloquio con tus compañeros de clase; **b.** prepararte para dar una presentación oral; **c.** bosquejar tus ideas por escrito para intercambiarlas con tus compañeros de clase; o **d.** escribir un ensayo formal.*

1. El tema universal de este soneto se conoce como *Carpe diem.* Traza una relación entre este tema y los sentimientos expresados en el soneto. Presenta detalles específicos del texto, y defiende su conexión con el tema.

2. Para ser *soneto al estilo italiano,* este poema debe tener una forma muy específica. Descubre tú cuál es la forma de un *soneto al estilo italiano,* anotando primero el número de versos por estrofa. Para que sea soneto, debe tener un número fijo de versos por estrofa. Este número es invariable. ¿Sabes cómo se llaman los dos tipos de estrofas que has notado?

3. Habla ahora de la rima que encuentras. ¿Hay rima en este poema? Si hay rima, ¿es rima asonante o rima consonante? Di cómo lo sabes tú, extrayendo ejemplos del poema. En un *soneto al estilo italiano,* los cuartetos pueden rimar de distintas maneras. Muchas veces vemos rima abrazada, así: ABBA ABBA; o rima encadenada, así: ABAB ABAB, pero hay otros modos de buscar la repetición regular de una misma terminación. En los tercetos, por igual, vemos varias maneras de rimar, ya sea CDC CDC, o CCD CCD, u otras. ¿Cuál esquema de rima ves tú aquí en los cuartetos de este poema? ¿Cuál ves en los tercetos?

4. Para ser *soneto al estilo italiano,* debe tener un número específico de sílabas por verso. La métrica, o ritmo, de un poema en castellano tiene como unidad básica la sílaba y no el pie, como en la poesía en inglés. ¿Cuántas sílabas hay por verso en un *soneto al estilo italiano?* Basa tu respuesta en el cómputo que hagas del *soneto al estilo italiano* de Garcilaso.

5. Fijándote principalmente en el desarrollo de la idea, o el tema, de este poema, ¿en qué parte del poema encuentras el planteamiento del tema? ¿en qué parte el desarrollo del mismo? ¿en qué parte su resolución?

Ahora recuerda lo que has descubierto, porque en estos elementos consiste todo *soneto al estilo italiano.*

Análisis literario

«En tanto que de rosa y azucena»

Lee este poema de Garcilaso de la Vega y luego contesta las preguntas.

En tanto que de rosa y azucena
se muestra la color en vuestro gesto,
y que vuestro mirar ardiente, honesto,
enciende el corazón, y lo refrena;

y en tanto que el cabello, que en la vena
del oro se escogió, con vuelo presto,
por el hermoso cuello blanco, enhiesto,
el viento mueve, esparce y desordena;

coged de vuestra alegre primavera
el dulce fruto, antes que el tiempo airado
cubra de nieve la hermosa cumbre.

Marchitará la rosa el viento helado,
todo lo mudará la edad ligera,
por no hacer mudanza en su costumbre.

I. Este poema tiene forma de _____.

a. romance　　**c.** elegía

b. égloga　　**d.** soneto

2. En este poema, la voz poética va dirigida _____.

a. a una mujer sin nombre, sea real o imaginaria, de la que sólo se puede afirmar que posee la juventud y atractivos referidos

b. a una mujer ya vieja

c. a un amigo del poeta

d. a la amada

3. ¿Cuál es el esquema de rima de este poema?

a. ABBA ABAB CDE DCE

c. ABBA ABAB CDE CDE

c. ABBA ABBA CDE DCE

d. ABBA ABBA CDC CDC

4. Las palabras «en tanto que» aparecen en los primeros versos de las primeras dos estrofas. Esto ayuda a evocar _____.

a. una oposición entre elementos del poema

b. el paso inexorable del tiempo

c. la belleza de la mujer

d. la tristeza del poeta

5. La segunda estrofa describe _____.

a. el pelo rubio de la mujer en el viento

b. el cambio de color del pelo de la mujer

c. la riqueza de la mujer

d. los efectos negativos del clima en la mujer

6. La tercera estrofa le anima a la mujer a que _____.

a. permanezca siempre fiel a su amada

b. no se preocupe por el paso del tiempo

c. disfrute de la juventud

d. tome el tiempo para disfrutar de la primavera

7. Es lógico que la cuarta estrofa sea la última del poema porque _____.

a. contiene imágenes de la rosa

b. describe un fenómeno atmosférico

c. se refiere a la llegada a la vejez a la vez que da fin al poema

d. expresa la tristeza con la que el poeta observa la situación

Miguel de Cervantes Saavedra ▶

El ingenioso hidalgo[1] don[2] Quijote de la Mancha

MIGUEL DE CERVANTES SAAVEDRA

Miguel de Cervantes Saavedra (1547–1616) es considerado el genio más grande de los escritores españoles. Aunque escribió también poesía, teatro y otras novelas, su nombre va siempre unido al de su obra maestra, El ingenioso hidalgo don Quijote de la Mancha *(Primera parte, 1605, y Segunda parte, 1615). Cervantes lleva toda España—su paisaje, su vida y su destino—a su novela. Aventuras de su propia vida azarosa y difícil influyeron directamente en su obra. De niño viajó por toda España mientras su padre cirujano buscaba mejor situación, y así el joven Cervantes conoció de modo inmediato al hidalgo pobre, al labrador, al arriero, al artesano, al pequeño burgués, al ventero, al pastor, y a cuantos personajes viven en sus páginas.*

Cervantes supo fundir sus muchos temas en un todo ingenioso, maravilloso y armonioso: el Quijote *es una parodia de los libros de caballerías, y de otros géneros, como la novela pastoril; rinde culto a los más altos ideales y aspiraciones del alma humana; es una búsqueda de una respuesta a la gran interrogante, ¿qué es la realidad?; es un documental de las inquietudes de la generación de Cervantes, y un testimonio de su momento histórico, en que Europa salía del Medioevo y del Renacimiento, rumbo a un futuro desconocido. Es tal vez la novela más cómica que se ha escrito, y como si esto fuera poco, la prosa diamantina de Cervantes la hace una de las grandes creaciones literarias de la humanidad. Su manejo del idioma es magistral. Con razón se dice que el español es «la lengua de Cervantes», tal como se dice del inglés, que es «el idioma de Shakespeare».*

Hoy, cinco siglos después, los críticos consideran que Don Quijote de la Mancha *representa la cumbre del arte novelístico, tanto por su amplitud como por su profundidad. Cervantes emplea técnicas narrativas poco vistas en su época. A mediados del capítulo VIII, se introduce un narrador nuevo, quien nos informa que el autor de los capítulos anteriores se ha*

---

[1] **hidalgo**—de linaje noble.

[2] **don**—título que se antepone al primer nombre de un hombre de cierta dignidad.

quedado sin «más escrito». Atendiendo a esta nueva voz, tan diferente de la del primer narrador burlón, llegamos a saber que él—¿Cervantes?—, enterado del modo que el «segundo autor» sí «halló…más escrito», nos llevará de la mano al capítulo IX a conocer la manera del casual hallazgo, fantásticamente fingido por Cervantes. La agradable voz que tan gentilmente nos vino a rescatar de una página truncada, suplirá por el «segundo autor» hasta que éste, quienquiera que sea, tome el hilo de la aventura del vizcaíno y la lleve a su debida conclusión. Se conocerá el nombre de Cide Hamete Benengeli, y se sabrá qué tiene que ver él con un manuscrito hallado por pura casualidad en un mercado árabe, y con una traducción hecha por un morisco. Las casualidades se amontonan, una encima de otra, e incumbe a cada lector descifrar este misterio …si puede.

Llegamos aquí al último capítulo y desenlace de la novela, otro momento quijotesco que se presta a más de una interpretación. El mundo de don Quijote es, en todo sentido, un mundo fantástico, producto de la imaginación, pero a la vez, del idealismo, de la capacidad humana de soñar y de crear. Aunque sean destinados a fracasar, los ideales abrazados por don Quijote, jamás son abandonados. El ser humano sigue hasta hoy día soñando con un mundo mejor.

CAPÍTULO I

Que trata de la condición y ejercicio del famoso hidalgo don Quijote de la Mancha

En un lugar de la Mancha, de cuyo nombre no quiero acordarme, no ha[3] mucho tiempo que vivía un hidalgo de los de lanza en astillero,[4] adarga[5] antigua, rocín[6] flaco y **galgo**[7] corredor. Una olla de algo más vaca que carnero, salpicón[8] las más noches, duelos y quebrantos[9] los sábados, lantejas[10] los viernes, algún palomino[11] de añadidura los domingos, consumían las tres partes de su **hacienda**.[12] El resto della concluían sayo[13] de velarte,[14] calzas[15] de velludo[16] para las fiestas, con sus pantuflos[17] de lo mesmo, y los días de entresemana se honraba con su vellorí[18] de lo más fino. Tenía en su casa una ama que pasaba de los cuarenta,

Inferir

¿Qué características de la vida del protagonista puedes inferir a partir de los detalles que se enumeran en este párrafo?

_____

_____

_____

[3] ha—hace.

[4] astillero—percha o gancho para colgar picas y lanzas.

[5] adarga—escudo ovalado de cuero.

[6] rocín—caballo pequeño y de mala apariencia.

[7] **galgo**—perro esbelto de musculatura potente, que se utiliza en la caza.

[8] salpicón (m.)—plato de comida que consiste en carne picada condimentada.

[9] duelos y quebrantos—huevos con torreznos, es decir, tocino o panceta.

[10] lantejas—lentejas; legumbres.

[11] palomino—pollo de la paloma brava.

[12] **hacienda**—bienes; capital; haber.

[13] sayo—prenda de vestir larga, sin botones.

[14] velarte (m.)—paño negro usado para confeccionar prendas de abrigo.

[15] calzas—prenda antigua de vestir, que cubría el pie y la pierna hasta el muslo.

[16] velludo—tela de seda, algodón u otra fibra con pelo por una cara.

[17] pantuflos—pantuflas; calzado cómodo sin talón que suele usarse en casa; zapatillas.

[18] vellorí (m.)—paño entrefino pardo.

Identificar

Subraya en este párrafo las palabras o frases que dan a entender que el narrador leyó la historia de don Quijote en otras fuentes.

_____

_____

_____

Analizar

¿En qué se basa el narrador para calificar de «desatino» el gusto del hidalgo por los libros de caballerías?

_____

_____

Reflexionar

Después de leer las citas de este párrafo, ¿qué tono crees que tiene la frase «la claridad de su prosa»?

_____

_____

y una sobrina que no llegaba a los veinte, y un mozo de campo y plaza, que así ensillaba el rocín como tomaba la **podadera**.[19] Frisaba[20] la edad de nuestro hidalgo con los cincuenta años; era de **complexión**[21] recia, seco de carnes, **enjuto**[22] de rostro, gran **madrugador**[23] y amigo de la caza. Quieren decir que tenía el sobrenombre de Quijada, o Quesada, que en esto hay alguna diferencia en los autores que deste caso escriben; aunque por conjeturas **verosímiles**[24] se deja entender que se llamaba Quejana. Pero esto importa poco a nuestro cuento; basta que en la narración dél no se salga un punto de la verdad.

Es, pues, de saber que este sobredicho hidalgo, los ratos que estaba **ocioso**[25] —que eran los más del año,— se daba a leer libros de **caballerías**[26] con tanta afición y gusto, que olvidó casi de todo punto el ejercicio de la caza, y aun la administración de su hacienda; y llegó a tanto su curiosidad y **desatino**[27] en esto, que vendió muchas hanegas[28] de tierra de sembradura[29] para comprar libros de caballerías en que leer, y así, llevó a su casa todos cuantos pudo haber dellos; y de todos, ningunos le parecían tan bien como los que compuso el famoso Feliciano de Silva,[30] porque la claridad de su prosa y aquellas entricadas[31] razones suyas le parecían de perlas, y más cuando llegaba a leer aquellos **requiebros**[32] y cartas de **desafíos**[33] donde en muchas partes hallaba escrito: _La razón de la sinrazón que a mi razón se hace de tal manera mi razón enflaquece, que con razón me quejo de la vuestra fermosura._ Y también cuando leía: _. . . los altos cielos que de vuestra divinidad divinamente con las estrellas os fortifican, y os hacen merecedora del merecimiento que merece la vuestra grandeza._

Con estas razones perdía el pobre caballero el juicio, y **desvelábase**[34] por entenderlas y **desentrañarles**[35] el sentido, que no se lo sacara ni las entendiera el mesmo Aristóteles,[36] si

[19] **podadera**—herramienta cortante que se usa para podar, o cortar, las ramas superfluas de un árbol o de un arbusto.

[20] Frisaba (con)—se aproximaba (a); llegaba (a).

[21] **complexión**—constitución; físico.

[22] **enjuto**—delgado.

[23] **madrugador**—el que habitualmente se levanta temprano.

[24] **verosímiles**—que parecen verdaderas.

[25] **ocioso**—sin empleo o sin deberes.

[26] **caballerías**—andanzas y aventuras de los caballeros de la Edad Media.

[27] **desatino**—desacierto; despropósito; locura.

[28] **hanega**—fanega; medida de volumen de los granos u otros áridos.

[29] **sembradura**—cultivo.

[30] Feliciano de Silva (1492–c.1558)—autor de varios libros de caballerías de estilo altisonante, entre ellos el Amadís de Gaula.

[31] **entricadas**—intrincadas; complicadas.

[32] **requiebros**—dichos o expresiones con que se piropea a una persona, especialmente a una mujer.

[33] **desafíos**—retos; provocaciones.

[34] **desvelábase**—pasaba las noches sin dormir.

[35] **desentrañarles**—descubrirles.

[36] Aristóteles (384–322 a. de J.C.)—famoso erudito y filósofo de la Antigua Grecia, alumno de Platón y maestro de Alejandro Magno.

resucitara para sólo ello. No estaba muy bien con las heridas que don Belianís[37] daba y recebía, porque se imaginaba que, por grandes maestros que le hubiesen curado, no dejaría de tener el rostro y todo el cuerpo lleno de cicatrices y señales. Pero, con todo, **alababa**[38] en su autor aquel acabar su libro con la promesa de aquella inacabable aventura, y muchas veces le vino deseo de tomar la pluma y dalle[39] fin al pie de la letra, como allí se promete; y sin duda alguna lo hiciera, y aun saliera con ello, si otros mayores y continuos pensamientos no se lo estorbaran. Tuvo muchas veces competencia con el cura de su lugar —que era hombre docto,[40] graduado en Sigüenza,[41]— sobre cuál había sido mejor caballero: Palmerín de Ingalaterra o Amadís de Gaula; mas maese Nicolás, barbero del mesmo pueblo, decía que ninguno llegaba al Caballero del Febo, y que si alguno se le podía comparar era don Galaor, hermano de Amadís de Gaula, porque tenía muy acomodada condición para todo; que no era caballero **melindroso**,[42] ni tan llorón como su hermano, y que en lo de la valentía no le iba **en zaga**.[43]

En resolución, él se enfrascó[44] tanto en su letura,[45] que se le pasaban las noches leyendo de claro en claro, y los días de turbio en turbio; y así, del poco dormir y del mucho leer se le secó el celebro,[46] de manera que vino a perder el juicio. Llenósele la fantasía de todo aquello que leía en los libros, así de encantamentos como de **pendencias**,[47] batallas, desafíos, heridas, requiebros, amores, tormentas y **disparates**[48] imposibles; y asentósele[49] de tal modo en la imaginación que era verdad toda aquella máquina de aquellas sonadas[50] soñadas invenciones que leía, que para él no había otra historia más cierta en el mundo. Decía él que el Cid Ruy Díaz[51] había sido muy buen caballero, pero que no tenía que ver con el Caballero de la Ardiente Espada,[52] que de sólo un

Analizar

¿Qué significa que don Quijote estuvo a punto de tomar la pluma y «dalle fin al pie de la letra»? ¿Qué te sugiere eso sobre la relación del personaje con la literatura?

---

[37] Belianís—protagonista de la novela de caballerías *Belianís de Grecia*, quien recibió más de cien heridas graves en el cuerpo.

[38] **alababa**—elogiaba; ensalzaba; hablaba bien de.

[39] dalle—darle.

[40] docto—erudito; letrado; ilustrado.

[41] Sigüenza—universidad española de menor importancia.

[42] **melindroso**—exageradamente delicado en palabras o acciones.

[43] **en zaga**—atrás.

[44] se enfrascó—se envolvió; se metió por completo.

[45] letura—lectura.

[46] celebro—cerebro.

[47] **pendencias**—peleas; pleitos.

[48] **disparates** (m.)—locuras; desatinos.

[49] asentósele—se le quedó.

[50] sonadas—famosas.

[51] Ruy Díaz—El Cid Campeador (1043–1099), afamado guerrero de Castilla, cuyas hazañas fueron cantadas en un célebre poema épico.

[52] Caballero de la Ardiente Espada—Amadís de Grecia; tenía en el pecho la estampa de una espada roja.

revés[53] había partido por medio dos **fieros**[54] y **descomunales**[55] gigantes. Mejor estaba con Bernardo del Carpio, porque en Roncesvalles había muerto a Roldán el encantado, valiéndose de la industria de Hércules cuando ahogó a Anteo, el hijo de la Tierra, entre los brazos. Decía mucho bien del gigante Morgante, porque, con ser de aquella generación gigantea, que todos son **soberbios**[56] y **descomedidos**,[57] él solo era afable y bien criado. Pero, sobre todos, estaba bien con Reinaldos de Montalbán, y más cuando le veía salir de su castillo y robar cuantos **topaba**,[58] y cuando en allende[59] robó aquel ídolo de Mahoma[60] que era todo de oro, según dice su historia. Diera él por dar una mano de **coces**[61] al traidor de Galalón, al ama que tenía y aun a su sobrina de añadidura.[62]

En efecto,[63] **rematado**[64] ya su juicio, vino a dar en el más estraño pensamiento que jamás dio loco en el mundo, y fue que le pareció convenible[65] y necesario, así para el aumento de su honra como para el servicio de su república, hacerse caballero andante, y irse por todo el mundo con sus armas y caballo a buscar las aventuras y a ejercitarse[66] en todo aquello que él había leído que los caballeros andantes se ejercitaban, deshaciendo todo género de **agravio**,[67] y poniéndose en ocasiones y peligros donde, acabándolos, **cobrase**[68] eterno nombre y fama. Imaginábase el pobre ya coronado por el valor de su brazo, por lo menos, del imperio de Trapisonda;[69] y así, con estos tan agradables pensamientos, llevado del estraño gusto que en ellos sentía, se dio priesa a poner en efeto lo que deseaba. Y lo primero que hizo fue limpiar unas armas que habían sido de sus bisabuelos, que, tomadas de orín[70] y llenas de moho,[71] luengos[72] siglos había[73]

---

[53] revés—golpe con la espada hacia el lado de la mano que sostiene la espada.

[54] **fieros**—feroces.

[55] **descomunales**—grandísimos.

[56] **soberbios**—orgullosos; presumidos.

[57] **descomedidos**—descorteses.

[58] **topaba**—encontraba.

[59] en allende—al otro lado del mar; en ultramar; en el extranjero; además.

[60] Mahoma (570–632)—profeta árabe, fundador de la religión musulmana, autor de el Corán, el libro sagrado del Islam.

[61] **coces** (f.)—patadas.

[62] de añadidura—además.

[63] en efeto—en efecto; de hecho; en verdad.

[64] **rematado**—perdido por completo.

[65] convenible—conveniente; apropiado.

[66] **ejercitarse**—desempeñarse; ocuparse.

[67] **agravio**—ofensa; daño; insulto.

[68] **cobrase**—adquiriese; adquiriera.

[69] Trapisonda—imperio ficticio, inventado por Cervantes; pero el nombre significa: riña; lío; embrollo; alboroto.

[70] orín (m.)—óxido de color rojizo; herrumbre.

[71] moho—hongos que crecen sobre los cuerpos orgánicos en manchas blandas; también, como aquí, alteración química que se produce en la superficie de un cuerpo metálico; herrumbre.

[72] luengos—largos.

[73] había—hacía.

Conectar

¿Con qué hecho que se menciona antes en esta misma página se relaciona el «traidor de Galalón»?

_____

_____

_____

Pronosticar

Basándote en la descripción anterior de las hazañas de los caballeros de las novelas, ¿qué clase de hazañas crees que podrá llevar a cabo don Quijote cuando se haga caballero?

_____

_____

_____

que estaban puestas y olvidadas en un rincón. Limpiólas y aderezólas[74] lo mejor que pudo; pero vio que tenían una gran falta, y era que no tenían celada[75] de encaje,[76] sino morrión[77] simple; mas a esto suplió su industria, porque de cartones hizo un modo de media celada, que, encajada con el morrión, hacían una apariencia de celada entera. Es verdad que para probar si era fuerte y podía estar al riesgo de una cuchillada, sacó su espada y le dio dos golpes, y con el primero y en un punto deshizo lo que había hecho en una semana; y no dejó de parecerle mal la facilidad con que la había hecho pedazos, y, por asegurarse deste peligro, la tornó a hacer de nuevo, poniéndole unas barras de hierro por de dentro, de tal manera, que él quedó satisfecho de su fortaleza y, sin querer hacer nueva experiencia della, la diputó[78] y tuvo por celada finísima de encaje.

Fue luego a ver su rocín, y aunque tenía más cuartos[79] que un **real**[80] y más **tachas**[81] que el caballo de Gonela,[82] que *tantum pellis et ossa fuit*,[83] le pareció que ni el Bucéfalo[84] de Alejandro ni Babieca[85] el del Cid con él se igualaban. Cuatro días se le pasaron en imaginar qué nombre le pondría, porque —según se decía él a sí mesmo— no era razón que caballo de caballero tan famoso, y tan bueno él por sí, estuviese sin nombre conocido; y ansí, procuraba acomodársele de manera que declarase quién había sido antes que fuese de caballero andante, y lo que era entonces; pues estaba muy puesto en razón que, mudando su señor estado, mudase él también el nombre, y le cobrase famoso y de **estruendo**,[86] como convenía a la nueva orden y al nuevo ejercicio que ya profesaba; y así, después de muchos nombres que formó, borró y quitó, añadió, deshizo y tornó a hacer en su memoria e imaginación, al fin le vino a llamar *Rocinante*, nombre, a su parecer, alto, sonoro y significativo de lo que había sido cuando fue rocín, antes de lo que ahora era, que era antes y primero de todos los rocines del mundo.

Visualizar

Imagina como sería una celada hecha en parte de cartón. ¿Qué impresión crees que causaría alguien que tuviera puesta una celada como esa?

_____

_____

_____

_____

---

[74] aderezólas—las arregló; las compuso.

[75] celada—pieza de armadura que cubre la cabeza.

[76] de encaje—que encajaba sobre la coraza.

[77] morrión (m.)—casco antiguo que cubría solamente la parte superior de la cabeza.

[78] diputó—juzgó apta; comisionó.

[79] cuartos—enfermedad que padecen las caballerías en los cascos.

[80] **real** (m.)—moneda antigua.

[81] **tachas**—defectos.

[82] Gonela—Pietro Gonnella, bufón de la corte de Ferrara, en Italia; su caballo tenía fama por su extraordinaria flaqueza.

[83] *tantum pellis et ossa fuit*—fue todo piel y hueso (frase latina).

[84] Bucéfalo—nombre del caballo que montaba Alejandro Magno.

[85] Babieca—nombre del caballo que montaba Ruy Díaz, el Cid Campeador.

[86] **estruendo**—ruido; resonancia; fama.

Puesto nombre, y tan a su gusto, a su caballo, quiso ponérsele a sí mismo, y en este pensamiento duró otros ocho días, y al cabo se vino a llamar *don Quijote*,[87] de donde, como queda dicho, tomaron ocasión los autores desta tan verdadera historia que, sin duda, se debía de llamar Quijada, y no Quesada, como otros quisieron decir. Pero, acordándose que el valeroso Amadís no sólo se había contentado con llamarse Amadís **a secas**,[88] sino que añadió el nombre de su reino y patria, por hacerla famosa, y se llamó Amadís de Gaula, así quiso, como buen caballero, añadir al suyo el nombre de la suya y llamarse *don Quijote de la Mancha*, con que, a su parecer, declaraba muy al vivo su linaje y patria, y la honraba con tomar el sobrenombre della.

Limpias, pues, sus armas, hecho del morrión celada, puesto nombre a su rocín y confirmándose a sí mismo, se dio a entender que no le faltaba otra cosa sino buscar una dama de quien enamorarse; porque el caballero andante sin amores era árbol sin hojas y sin fruto y cuerpo sin alma. Decíase él a sí:

—Si yo, por malos de mis pecados, o por mi buena suerte, me encuentro por ahí con algún gigante, como de ordinario les **acontece**[89] a los caballeros andantes, y le **derribo**[90] de un encuentro, o le parto por mitad del cuerpo, o, finalmente, le **venzo**[91] y le rindo,[92] ¿no será bien tener a quien enviarle presentado, y que entre y se hinque[93] de rodillas ante mi dulce señora, y diga con voz humilde y rendido: "Yo, señora, soy el gigante Caraculiambro, señor de la ínsula[94] Malindrania, a quien venció en singular batalla el jamás como se debe alabado caballero don Quijote de la Mancha, el cual me mandó que me presentase ante vuestra merced, para que la vuestra grandeza disponga de mí a su talante"?[95]

¡Oh, cómo se holgó[96] nuestro buen caballero cuando hubo hecho este discurso, y más cuando halló a quien dar nombre de su dama! Y fue, a lo que se cree, que en un lugar cerca del suyo había una moza labradora de muy buen parecer, de quien él un tiempo anduvo enamorado, aunque, según se entiende, ella jamás lo supo ni se dio cata[97] dello. Llamábase Aldonza[98] Lorenzo, y a ésta le pareció ser bien darle título de señora de sus

---

© Houghton Mifflin Harcourt Publishing Company

[87] *Quijote*—el "quijote" es la pieza de la armadura que cubre el muslo. Pero, puede haber influido también en esto el nombre del hidalgo Camilote, personaje del libro de caballerías *Primaleón y Polendos*.

[88] **a secas**—sin más; nada más.

[89] **acontece**—sucede; pasa; ocurre.

[90] **derribo**—echo abajo; derroto.

[91] **venzo**—conquisto; derroto.

[92] rindo—obligo a aceptar mi dominio.

[93] hinque—ponga.

[94] ínsula—isla.

[95] talante (m.)—voluntad; gusto.

[96] holgó—contentó.

[97] cata—cuenta.

[98] Aldonza—nombre considerado vulgar, propio de una mujer rústica.

pensamientos, y, buscándole nombre que no **desdijese**[99] mucho del suyo y que tirase y se encaminase al de princesa y gran señora, vino a llamarla *Dulcinea del Toboso*,[100] porque era natural del Toboso: nombre, a su parecer, músico y **peregrino**[101] y significativo, como todos los demás que a él y a sus cosas había puesto.

CAPÍTULO II

Que trata de la primera salida que de su tierra hizo el ingenioso don Quijote

Hechas, pues, estas prevenciones,[102] no quiso **aguardar**[103] más tiempo a poner en efeto su pensamiento, apretándole a ello la falta que él pensaba que hacía en el mundo su tardanza, según eran los agravios que pensaba deshacer, tuertos[104] que enderezar, sinrazones que emendar,[105] y abusos que mejorar, y deudas que satisfacer. Y así, sin dar parte[106] a persona alguna de su intención y sin que nadie le viese, una mañana, antes del día, que era uno de los calurosos del mes de julio, se armó de todas sus armas, subió sobre Rocinante, puesta su mal compuesta celada, embrazó su adarga, tomó su lanza, y por la puerta falsa[107] de un corral salió al campo, con grandísimo contento y **alborozo**[108] de ver con cuánta facilidad había dado principio a su buen deseo. Mas apenas se vio en el campo, cuando le asaltó un pensamiento terrible, y tal, que por poco le hiciera dejar la comenzada **empresa**;[109] y fue que le vino a la memoria que no era armado caballero,[110] y que, conforme a ley de caballería, no podía ni debía tomar armas[111] con ningún caballero; y puesto que lo fuera, había de llevar **armas blancas**,[112] como novel[113] caballero, sin empresa[114] en el escudo, hasta que por su esfuerzo la ganase. Estos pensamientos le hicieron titubear[115] en su propósito; mas,

---

[99] **desdijese**—contradijera; estuviera en desacuerdo.

[100] *Toboso*—antigua aldea de La Mancha, cerca de Ciudad Real; "toboso" viene de "toba", piedra caliza que se halla en esa región.

[101] **peregrino**—desusado; novedoso; extraño; insólito.

[102] **prevenciones**—preparativos; medidas preparatorias.

[103] **aguardar**—esperar.

[104] **tuertos**—injusticias.

[105] **emendar**—enmendar; corregir.

[106] **dar parte**—avisar; informar.

[107] **puerta falsa**—puerta oculta o disimulada, para evitar que la usen personas ajenas a la propiedad.

[108] **alborozo**—gran alegría.

[109] **empresa**—propósito; proyecto; misión.

[110] **armado caballero**—debidamente autorizado o comisionado caballero, según las reglas vigentes para el efecto en la Edad Media.

[111] **tomar armas**—entrar en combate.

[112] **armas blancas**—armas de filo agudo, como la espada o el puñal.

[113] **novel**—nuevo; novato; principiante.

[114] **empresa**—aquí, divisa; emblema; insignia.

[115] **titubear**—dudar; vacilar.

Sintetizar

Resume en una oración las «prevenciones» que hizo don Quijote.

_____

_____

_____

_____

El ingenioso hidalgo don Quijote de la Mancha   145

pudiendo más su locura que otra razón alguna, propuso de hacerse armar caballero del primero que topase, a imitación de otros muchos que así lo hicieron, según él había leído en los libros que tal le tenían. En lo de las armas blancas, pensaba limpiarlas de manera, en teniendo lugar,[116] que lo fuesen más que un armiño;[117] y con esto se quietó y prosiguió su camino, sin llevar otro que aquel que su caballo quería, creyendo que en aquello consistía la fuerza de las aventuras.

Yendo, pues, caminando nuestro **flamante**[118] aventurero, iba hablando consigo mesmo y diciendo:

—¿Quién duda sino que en los venideros tiempos, cuando salga a luz la verdadera historia de mis famosos hechos, que el sabio que los escribiere no ponga, cuando llegue a contar esta mi primera salida tan de mañana, desta manera?: "Apenas había el rubicundo Apolo tendido por la faz de la ancha y espaciosa tierra las doradas hebras de sus hermosos cabellos, y apenas los pequeños y pintados pajarillos con sus harpadas lenguas habían saludado con dulce y meliflua armonía la venida de la rosada aurora, que, dejando la blanda cama del celoso marido, por las puertas y balcones del manchego horizonte a los mortales se mostraba, cuando el famoso caballero don Quijote de la Mancha, dejando las ociosas plumas, subió sobre su famoso caballo Rocinante, y comenzó a caminar por el antiguo y conocido campo de Montiel."[119]

Y era la verdad que por él caminaba. Y añadió diciendo:

—Dichosa edad y siglo dichoso aquel adonde saldrán a luz las famosas **hazañas**[120] mías, dignas de entallarse[121] en bronces, esculpirse[122] en **mármoles**[123] y pintarse en tablas para memoria en lo futuro. ¡Oh tú, sabio encantador, quienquiera que seas, a quien ha de tocar el ser coronista[124] desta peregrina historia! Ruégote que no te olvides de mi buen Rocinante, compañero eterno mío en todos mis caminos y carreras.[125]

Luego volvía diciendo, como si verdaderamente fuera enamorado:

—¡Oh, princesa Dulcinea, señora deste cautivo corazón! Mucho agravio me habedes fecho en despedirme y reprocharme con el riguroso afincamiento[126] de mandarme no parecer[127] ante la

© Houghton Mifflin Harcourt Publishing Company

---

[116] **en teniendo lugar**—en cuanto pudiera.

[117] **armiño**—armiño; mamífero carnívoro, de piel suave, parda en verano y muy blanca en invierno.

[118] **flamante**—nuevecito; recién estrenado.

[119] **Montiel**—región de La Mancha; en este pasaje Cervantes parodia, es decir, imita cómicamente el estilo altisonante y grandilocuente de ciertos libros de caballerías.

[120] **hazañas**—proezas; hechos heroicos.

[121] **entallarse**—grabarse.

[122] **esculpirse**—labrarse.

[123] **mármol** (m.)—piedra caliza, cristalina, cuya superficie se puede pulir.

[124] **coronista**—cronista; historiador.

[125] **carreras**—andanzas.

[126] **afincamiento**—congoja; dolor.

[127] **parecer**—aparecer.

Figuras retóricas

¿Qué significan las frases «rubicundo Apolo» y «ociosas plumas»? ¿Qué tipo de figuras retóricas emplea don Quijote en este párrafo?

_____

_____

_____

vuestra fermosura. Plégaos,[128] señora, de membraros[129] deste vuestro sujeto corazón, que tantas **cuitas**[130] por vuestro amor padece.

Con éstos iba **ensartando**[131] otros disparates, todos al modo de los que sus libros le habían enseñado, imitando en cuanto podía su lenguaje. Con esto, caminaba tan despacio, y el sol entraba tan apriesa y con tanto ardor, que fuera bastante a **derretirle**[132] los sesos, si algunos tuviera.

Casi todo aquel día caminó sin **acontecerle**[133] cosa que de contar fuese, de lo cual se desesperaba, porque quisiera topar luego luego con quien hacer experiencia del valor de su fuerte brazo. Autores hay que dicen que la primera aventura que le avino[134] fue la del Puerto Lápice; otros dicen que la de los molinos de viento; pero lo que yo he podido averiguar en este caso, y lo que he hallado escrito en los anales de la Mancha, es que él anduvo todo aquel día, y, al anochecer, su rocín y él se hallaron cansados y muertos de hambre; y que, mirando a todas partes por ver si descubriría algún castillo o alguna majada[135] de pastores donde recogerse y adonde pudiese remediar su mucha hambre y necesidad, vio, no lejos del camino por donde iba, una **venta**,[136] que fue como si viera una estrella que, no a los portales, sino a los **alcázares**[137] de su redención le encaminaba. Diose priesa a caminar, y llegó a ella a tiempo que anochecía.

Estaban acaso a la puerta dos mujeres mozas, destas que llaman del partido,[138] las cuales iban a Sevilla con unos harrieros[139] que en la venta aquella noche acertaron[140] a hacer **jornada**,[141] y como a nuestro aventurero todo cuanto pensaba, veía o imaginaba, le parecía ser hecho y pasar al modo de lo que había leído, luego que vio la venta, se le representó que era un castillo con sus cuatro torres y chapiteles[142] de luciente[143] plata, sin faltarle su

Interpretar

¿Qué móvil impulsa a don Quijote? ¿Por qué quiere toparse con alguien para pelear?

_____

_____

_____

Conectar

¿A qué libros se refiere Cervantes? ¿De qué estrella y de qué portal está hablando?

_____

_____

Pronosticar

Básate en la oración «a nuestro aventurero todo cuanto pensaba, veía o imaginaba, le parecía ser hecho y pasar al modo de lo que había leído» para predecir qué sucederá.

_____

_____

_____

---

[128] Plégaos—plázcaos; que os complazca.

[129] membraros—acordaros; recordar.

[130] **cuitas**—cuidados; aflicciones.

[131] **ensartando**—ligando; enlazando.

[132] **derretir**—convertir un sólido en líquido aproximándolo al fuego.

[133] **acontecer**—suceder; pasar; ocurrir.

[134] avino—acaeció; sucedió.

[135] majada—refugio o abrigo nocturno del ganado.

[136] **venta**—casa en un camino para el hospedaje de los viajeros que transitan por el lugar; mesón.

[137] **alcázares** (m.)—fortalezas; castillos; palacios.

[138] del partido—de la vida; prostitutas.

[139] harrieros—arrieros; los que llevan bestias de carga a algún lugar, arreando o estimulándolas para que caminen.

[140] acertaron—hicieron por casualidad.

[141] **jornada**—trabajo o viaje hecho en un día; aquí, pasar la noche.

[142] chapiteles (m.)—remates de las torres, en forma piramidal.

[143] luciente—brillante.

puente levadiza[144] y honda cava,[145] con todos aquellos adherentes que semejantes castillos se pintan. Fuése llegando a la venta que a él le parecía castillo, y a poco **trecho**[146] della detuvo las riendas a Rocinante, esperando que algún **enano**[147] se pusiese entre las almenas[148] a dar señal con alguna trompeta de que llegaba caballero al castillo. Pero como vio que se tardaban y que Rocinante se daba priesa por llegar a la caballeriza, se llegó a la puerta de la venta, y vio a las dos destraídas[149] mozas que allí estaban, que a él le parecieron dos hermosas doncellas[150] o dos graciosas damas que delante de la puerta del castillo se estaban solazando.[151] En esto sucedió acaso que un porquero que andaba recogiendo de unos rastrojos[152] una manada[153] de puercos —que, sin perdón, así se llaman— tocó un cuerno, a cuya señal ellos se recogen, y al instante se le representó a don Quijote lo que deseaba, que era que algún enano hacía señal de su venida, y así, con estraño contento llegó a la venta y a las damas, las cuales, como vieron venir un hombre de aquella **suerte**[154] armado, y con lanza y adarga, llenas de miedo se iban a entrar en la venta; pero don Quijote, coligiendo[155] por su **huida**[156] su miedo, alzándose la visera de papelón y descubriendo su seco y polvoroso rostro, con gentil[157] talante y voz reposada les dijo:

—No fuyan las vuestras mercedes ni teman desaguisado[158] alguno; ca[159] a la orden de caballería que profeso non toca ni **atañe**[160] facerle a ninguno, cuanto más a tan altas doncellas como vuestras presencias demuestran.

Mirábanle las mozas, y andaban con los ojos buscándole el rostro, que la mala visera le encubría; mas como se oyeron llamar doncellas, cosa tan fuera de su profesión, no pudieron tener[161] la risa, y fue de manera que don Quijote vino a correrse[162] y a decirles:

---

[144] puente levadiza—puente que se puede levantar por un extremo, para impedir el paso a un enemigo ("Puente" era vocablo femenino en tiempos de Cervantes; hoy es masculino.).

[145] cava—foso; zanja protectora de una fortaleza o castillo.

[146] **trecho**—distancia.

[147] **enano**—diminuto en estatura.

[148] almenas—bloques rectangulares que coronan los muros de una fortaleza.

[149] destraídas—distraídas; aquí, entregadas a la vida licenciosa.

[150] doncellas—señoritas.

[151] solazando—entreteniendo; divirtiendo.

[152] rastrojos—residuos de la cosecha.

[153] manada—grupo de animales como vacas, ovejas, cabras o puercos.

[154] **suerte** (f.)—forma; manera.

[155] coligiendo—deduciendo; dándose cuenta.

[156] **huida**—fuga; retirada; retroceso.

[157] gentil—cortés.

[158] desaguisado—agravio; ofensa.

[159] ca—porque.

[160] **atañe**—corresponde; pertenece.

[161] tener—contener; aguantar; reprimir.

[162] correrse—sentirse ofendido o humillado.

—Bien parece la **mesura**[163] en las fermosas, y es mucha **sandez**[164] además la risa que de leve causa procede; pero non vos lo digo porque os acuitedes[165] ni mostredes[166] mal talante; que el mío non es de ál[167] que de serviros.

El lenguaje, no entendido de las señoras, y el mal **talle**[168] de nuestro caballero acrecentaba en ellas la risa y en él el enojo, y pasara muy adelante si a aquel punto no saliera el ventero, hombre que, por ser muy gordo, era muy pacífico, el cual, viendo aquella figura contrahecha,[169] armada de armas tan desiguales como eran la **brida**,[170] lanza, adarga y coselete,[171] no estuvo en nada en[172] acompañar a las doncellas en las muestras de su contento. Mas, en efeto, temiendo la máquina[173] de tantos pertrechos,[174] determinó de hablarle comedidamente, y así le dijo:

—Si vuestra merced, señor caballero, busca posada,[175] amén del lecho[176] (porque en esta venta no hay ninguno), todo lo demás se hallará en ella en mucha abundancia.

Viendo don Quijote la humildad del alcaide[177] de la fortaleza, que tal le pareció a él el ventero y la venta, respondió:

—Para mí, señor castellano,[178] cualquiera cosa basta, porque

mis arreos[179] son las armas,
mi descanso el pelear, etc.

Pensó el huésped[180] que el haberle llamado castellano había sido por haberle parecido de los sanos[181] de Castilla, aunque él era andaluz, y de los de la playa de Sanlúcar,[182] no menos ladrón

---

[163] **mesura**—prudencia; comedimiento.

[164] **sandez** (f.)—necedad; despropósito; tontería.

[165] acuitedes—acuitéis; aflijáis; preocupéis.

[166] mostredes—mostréis.

[167] ál—otra cosa.

[168] **talle** (m.)—traza; apariencia.

[169] contrahecha—aquí, disfrazada.

[170] **brida**—freno del caballo, con las riendas.

[171] coselete (m.)—coraza ligera de cuero en forma de chaleco.

[172] no estuvo en nada en—estuvo a punto de.

[173] máquina—aquí, abundancia.

[174] pertrechos—armas; instrumentos de guerra.

[175] posada—hospedaje.

[176] amén del lecho—menos la cama.

[177] alcaide (m.)—encargado de un castillo o fortaleza.

[178] castellano—aquí, señor de un castillo.

[179] arreos—atavíos; guarniciones; equipo; aquí don Quijote cita dos versos de un conocido romance tradicional que empieza: «Mis arreos son las armas,/mi descanso es pelear;/mi cama las duras peñas,/mi dormir siempre velar.».

[180] huésped—ventero; en tiempos de Cervantes «huésped» se refería indistintamente al hospedado y al hospedero.

[181] sanos—hombres honrados, sin malicia.

[182] playa de Sanlúcar—sitio concurrido de vagabundos y maleantes, en tiempos de Cervantes.

© Houghton Mifflin Harcourt Publishing Company

Analizar

¿Por qué a las mujeres les resultaba cómico y confuso el lenguaje usado por don Quijote?

Inferir

El ventero es muy pacífico porque es muy gordo. ¿Qué relación puede estar sugiriendo el narrador entre ser muy gordo y ser pacífico? ¿Por qué crees que el narrador incluye ese detalle?

Aclarar

¿Cuál es el malentendido aquí con respecto a la palabra «castellano»?

que Caco,[183] ni menos maleante que estudiantado paje,[184] y así le respondió:

—Según eso, las camas de vuestra merced serán duras peñas, y su dormir, siempre velar; y siendo así, bien se puede **apear**,[185] con seguridad de hallar en esta **choza**[186] ocasión y ocasiones para no dormir en todo un año, cuanto más en una noche.

Y diciendo esto, fúe a tener el **estribo**[187] a don Quijote, el cual se apeó con mucha dificultad y trabajo, como aquel que en todo aquel día no se había desayunado.

Dijo luego al huésped que le tuviese mucho cuidado de su caballo, porque era la mejor pieza que comía pan en el mundo. Miróle el ventero, y no le pareció tan bueno como don Quijote decía, ni aun la mitad; y acomodándole en la caballeriza, volvió a ver lo que su huésped mandaba, al cual estaban desarmando las doncellas, que ya se habían reconciliado con él; las cuales, aunque le habían quitado el peto[188] y el espaldar, jamás supieron ni pudieron desencajarle la gola[189] ni quitalle la contrahecha celada, que traía atada con unas cintas verdes, y era menester cortarlas, por no poderse quitar los ñudos; mas él no lo quiso consentir en ninguna manera, y así, se quedó toda aquella noche con la celada puesta, que era la más graciosa y estraña figura que se pudiera pensar; y al desarmarle, como él se imaginaba que aquellas traídas y llevadas que le desarmaban eran algunas principales señoras y damas de aquel castillo, les dijo con mucho **donaire**:[190]

—Nunca fuera caballero
de damas tan bien servido
como fuera don Quijote
cuando de su aldea vino:
doncellas curaban dél;
princesas, del su rocino,[191]

o Rocinante, que éste es el nombre, señoras mías, de mi caballo, y don Quijote de la Mancha el mío; que, puesto que no quisiera descubrirme fasta que las fazañas fechas en vuestro servicio y

Inferir

¿A qué se refiere el ventero con «según eso»?

_____

_____

Enfoque en el estilo

Los dos cambios introducidos en esta estrofa son «don Quijote» en lugar de «Lanzarote», y «su aldea» en lugar de «Bretaña». ¿A qué vienen dichos cambios?

_____

_____

_____

_____

---

[183] Caco—en la mitología de la Antigua Roma, hijo de Vulcano; era mitad hombre y mitad sátiro, y fue estrangulado por Hércules, a quien había robado unos bueyes. Su nombre es sinónimo de ladrón.

[184] paje—criado doméstico; maleante porque se trata de un «estudiantado paje», paje al servicio de un estudiante, donde adquiere todas las malicias de su amo.

[185] **apear**—bajar del caballo; desmontar.

[186] **choza**—casa muy pobre.

[187] **estribo**—pieza, generalmente de metal, en que el jinete apoya los pies.

[188] peto—pieza de armadura que protege el pecho.

[189] gola—pieza de armadura que se pone al cuello, encima del peto.

[190] **donaire** (m.)—gracia.

[191] rocino—rocín; estos versos, un poco alterados por don Quijote para ajustarlos al caso, son del romance de Lanzarote, es decir, de Lancelot du Lac, héroe de novelas bretonas y de las leyendas del Santo Grial.

pro[192] me descubrieran, la fuerza de acomodar al propósito presente este romance viejo de Lanzarote ha sido causa que sepáis mi nombre antes de toda sazón;[193] pero tiempo vendrá en que las vuestras señorías[194] me manden y yo obedezca, y el valor de mi brazo descubra el deseo que tengo de serviros.

Las mozas, que no estaban hechas[195] a oír semejantes retóricas, no respondían palabra; sólo le preguntaron si quería comer alguna cosa.

—Cualquiera yantaría yo[196] —respondió don Quijote,— porque, a lo que entiendo, me haría mucho al caso.[197]

A dicha,[198] acertó a ser viernes aquel día, y no había en toda la venta sino unas raciones de un pescado que en Castilla llaman abadejo, y en Andalucía bacallao, y en otras partes curadillo, y en otras truchuela.[199] Preguntáronle si por ventura comería su merced truchuela, que no había otro pescado que dalle a comer.

—Como haya muchas truchuelas —respondió don Quijote,— podrán servir de una trucha, porque eso se me da[200] que me den ocho reales en sencillos[201] que en una pieza de a ocho. Cuanto más, que podría ser que fuesen estas truchuelas como la ternera, que es mejor que la vaca, y el cabrito[202] que el cabrón.[203] Pero, sea lo que fuere, venga luego; que el trabajo y peso de las armas no se puede llevar sin el gobierno de las tripas.

Pusiéronle la mesa a la puerta de la venta, por el fresco, y trújole[204] el huésped una porción de mal remojado y peor cocido bacallao y un pan tan negro y **mugriento**[205] como sus armas; pero era materia de grande risa verle comer, porque, como tenía puesta la celada y alzada la visera, no podía poner nada en la boca con sus manos si otro no se lo daba y ponía, y ansí, una de aquellas señoras servía deste menester.[206] Mas al darle de beber, no fue posible, ni lo fuera si el ventero no horadara[207] una caña, y puesto el un cabo en la boca, por el otro le iba echando el vino; y

Conectar

¿Por qué ese día había solo pescado para comer en la venta?

_____

_____

_____

Visualizar

Imagina que presencias la escena que se relata en este párrafo. ¿Qué adjetivos usarías para describirla?

_____

_____

_____

[192] pro—provecho.

[193] antes de toda sazón—antes del momento oportuno.

[194] señoría—título de respeto con que se trata a personas de alta dignidad.

[195] hechas—acostumbradas.

[196] cualquiera yantaría yo—yo comería cualquier cosa.

[197] me haría mucho al caso—me vendría muy bien.

[198] A dicha—afortunadamente.

[199] abadejo, bacallao (bacalao), curadillo, truchuela—diferentes tipos de pescado; Cervantes da a entender que el pescado del ventero era difícil de identificar, probablemente por pasado.

[200] eso se me da—me da lo mismo.

[201] sencillos—sueltos; moneda suelta.

[202] cabrito—cría de la cabra, desde que nace hasta que deja de mamar.

[203] cabrón—macho de la cabra; cabro; don Quijote juega aquí con el otro sentido de «cabrón», hombre cuya mujer le ha sido infiel.

[204] trújole—trájole; le trajo.

[205] **mugriento**—sucio.

[206] menester (m.)—necesidad.

[207] horadara—perforara.

Elaborar

El sonido de un silbato le confirma a don Quijote que está en un castillo. ¿Crees que es una confirmación válida? Describe el modo de pensar de don Quijote a partir de este detalle.

_____

_____

_____

todo esto lo recebía en paciencia, a trueco de[208] no romper las cintas de la celada. Estando en esto, llegó acaso a la venta un castrador de puercos, y así como llegó, sonó su **silbato**[209] de cañas cuatro o cinco veces, con lo cual acabó de confirmar don Quijote que estaba en algún famoso castillo, y que le servían con música, y que el abadejo eran truchas, el pan candeal[210] y las rameras[211] damas, y el ventero castellano del castillo, y con esto daba por bien empleada su determinación y salida. Mas lo que más le fatigaba era el no verse armado caballero, por parecerle que no se podría poner legítimamente en aventura alguna sin recebir la orden de caballería.

CAPÍTULO III

Donde se cuenta la graciosa manera que tuvo don Quijote en armarse caballero

Y así, fatigado deste pensamiento, abrevió su venteril[212] y limitada cena; la cual acabada, llamó al ventero y, encerrándose con él en la caballeriza, se hincó[213] de rodillas ante él, diciéndole:

—No me levantaré jamás de donde estoy, **valeroso**[214] caballero, fasta que la vuestra cortesía me **otorgue**[215] un **don**[216] que pedirle quiero, el cual redundará[217] en **alabanza**[218] vuestra y en pro del género humano.

El ventero, que vio a su huésped a sus pies y oyó semejantes razones, estaba confuso mirándole, sin saber qué hacerse ni decirle, y **porfiaba**[219] con él que se levantase, y jamás quiso, hasta que le hubo de decir que él le otorgaba el don que le pedía.

—No esperaba yo menos de la gran magnificencia vuestra, señor mío —respondió don Quijote;— y así, os digo que el don que os he pedido y de vuestra liberalidad me ha sido otorgado, es que mañana en aquel día me habéis de armar caballero, y esta noche en la **capilla**[220] deste vuestro castillo **velaré**[221] las armas; y mañana, como tengo dicho, se cumplirá lo que tanto deseo, para

Conectar

¿Por qué era necesario velar las armas para poder ser caballero? Investiga en Internet para saber más sobre esta ceremonia.

_____

_____

_____

---

[208] **a trueco de**—para.

[209] **silbato**—pito.

[210] candeal (m.)—pan de este tipo de trigo, que da harina blanca, con que se hace pan de superior calidad.

[211] rameras—prostitutas.

[212] venteril—del ventero, quien le había dado la cena; puede ser que Cervantes se permita aquí un juego de palabras, porque «venteril» sugiere también «del vientre», del estómago.

[213] se hincó—se puso.

[214] **valeroso**—valiente.

[215] **otorgue**—conceda; dé.

[216] **don** (m.)—bien; merced; talento.

[217] redundará—resultará; traerá como consecuencia.

[218] **alabanza**—elogio; respeto expresado de palabra o por escrito.

[219] **porfiaba**—insistía.

[220] **capilla**—sala con altar, dedicada al culto religioso.

[221] **velaré**—vigilaré; estaré despierto en presencia de.

poder, como se debe, ir por todas las cuatro partes del mundo buscando las aventuras, en pro de los **menesterosos**,[222] como está a cargo de la caballería y de los caballeros andantes, como yo soy, cuyo deseo a semejantes fazañas es inclinado.

El ventero, que, como está dicho, era un poco socarrón[223] y ya tenía algunos barruntos[224] de la falta de juicio de su huésped, acabó de creerlo cuando acabó de oírle semejantes razones, y, por tener que reír aquella noche, determinó de seguirle el humor; y así, le dijo que andaba muy acertado en lo que deseaba y pedía, y que tal prosupuesto[225] era propio y natural de los caballeros tan principales como él parecía y como su **gallarda**[226] presencia mostraba; y que él, ansimesmo, en los años de su **mocedad**,[227] se había dado a aquel honroso ejercicio, andando por diversas partes del mundo, buscando sus aventuras, sin que hubiese dejado los Percheles de Málaga,[228] Islas de Riarán, Compás de Sevilla, Azoguejo de Segovia, la Olivera de Valencia, Rondilla de Granada, playa de Sanlúcar, Potro de Córdoba y las Ventillas de Toledo y otras diversas partes, donde había ejercitado la ligereza de sus pies, sutileza[229] de sus manos, haciendo muchos tuertos, recuestando[230] muchas viudas, deshaciendo[231] algunas doncellas y engañando a algunos pupilos,[232] y, finalmente, dándose a conocer por cuantas audiencias[233] y tribunales hay casi en toda España; y que, a lo último, se había venido a recoger a aquel su castillo donde vivía con su hacienda y con las ajenas, recogiendo en él a todos los caballeros andantes, de cualquier calidad y condición que fuesen, sólo por la mucha afición que les tenía y porque partiesen[234] con él de sus haberes,[235] en pago de su buen deseo.

Díjole también que en aquel su castillo no había capilla alguna donde poder velar las armas, porque estaba **derribada**[236] para hacerla de nuevo; pero que en caso de necesidad él sabía que se podían velar dondequiera, y que aquella noche las podría velar en un patio del castillo; que a la mañana, siendo Dios

---

222 **menesterosos**—necesitados; desamparados.

223 socarrón—burlón.

224 barruntos—sospechas; premoniciones.

225 prosupuesto—propósito.

226 **gallarda**—airosa; valiente; impresionante.

227 **mocedad**—juventud.

228 Percheles de Málaga—este paraje, y los enumerados a continuación, eran sitios frecuentados por gente vagabunda y maleante.

229 sutileza—destreza; habilidad.

230 recuestando—requiriendo de amores; galanteando; sin duda para apropiarse sus bienes.

231 deshaciendo—desflorando; desvirgando; quitando la virginidad.

232 pupilos—huéspedes; los que se hospedan en casa de otro por pago.

233 audiencias—tribunales de justicia territoriales.

234 partiesen—compartieran.

235 haberes (m.)—bienes; hacienda; caudales.

236 **derribada**—echada abajo; deshecha.

© Houghton Mifflin Harcourt Publishing Company

Comparar

Compara las «hazañas» que enumera el ventero en este párrafo con las que se propone hacer don Quijote como caballero andante en el párrafo anterior y en el primer párrafo del Capítulo II.

_____

_____

_____

Interpretar

¿Cuál era el móvil principal del ventero para acoger a los caballeros?

_____

_____

_____

servido, se harían las debidas ceremonias, de manera que él quedase armado caballero, y tan caballero, que no pudiese ser más en el mundo.

Preguntóle si traía dineros; respondió don Quijote que no traía blanca,[237] porque él nunca había leído en las historias de los caballeros andantes que ninguno los hubiese traído. A esto dijo el ventero que se engañaba: que, puesto caso que[238] en las historias no se escribía, por haberles parecido a los autores dellas que no era menester escrebir una cosa tan clara y tan necesaria, de traerse como eran dineros y camisas limpias, no por eso se había de creer que no los trujeron; y así, tuviese por cierto y averiguado que todos los caballeros andantes, de que tantos libros están llenos y **atestados**,[239] llevaban bien herradas[240] las bolsas, por lo que pudiese sucederles; y que asimismo llevaban camisas y una arqueta[241] pequeña llena de **ungüentos**[242] para curar las heridas que recebían, porque no todas veces en los campos y desiertos donde se combatían y salían heridos había quien los curase, si ya no era que tenían algún sabio **encantador**[243] por amigo, que luego los **socorría**,[244] trayendo por el aire, en alguna nube, alguna doncella o enano con alguna redoma[245] de agua de tal virtud, que, en gustando alguna gota della, luego al punto quedaban sanos de sus **llagas**[246] y heridas, como si mal alguno hubiesen tenido. Mas que en tanto que esto no hubiese, tuvieron los pasados caballeros por cosa acertada que sus **escuderos**[247] fuesen proveídos de dineros y de otras cosas necesarias, como eran hilas[248] y ungüentos para curarse; y cuando sucedía que los tales caballeros no tenían escuderos —que eran pocas y raras veces,— ellos mesmos lo llevaban todo en unas **alforjas**[249] muy sutiles,[250] que casi no se parecían,[251] a las ancas del caballo, como que era otra cosa de más importancia; porque, no siendo por ocasión semejante, esto de llevar alforjas no fue muy admitido entre los caballeros andantes; y por esto le daba por consejo, pues aun se

© Houghton Mifflin Harcourt Publishing Company

---

[237] **blanca**—moneda antigua de cobre, que valía medio maravedí.

[238] **puesto caso que**—puesto que; aunque.

[239] **atestados**—llenos hasta los topes; henchidos.

[240] **herradas**—provistas; llenas.

[241] **arqueta**—arca pequeña; caja cerrada para guardar objetos de valor.

[242] **ungüentos**—medicamentos que se aplican a la superficie del cuerpo.

[243] **encantador**—el que obra maravillas por medio de palabras mágicas.

[244] **socorría**—ayudaba; cuidaba.

[245] **redoma**—recipiente; vasija de vidrio de fondo ancho y boca estrecha.

[246] **llagas**—heridas abiertas; úlceras.

[247] **escudero**—hidalgo que lleva los escudos de los caballeros.

[248] **hilas**—hebras de un trapo de lienzo que sirven para tapar las llagas y heridas.

[249] **alforjas**—bolsas en que llevan provisiones los que van a caballo.

[250] **sutiles**—delgadas.

[251] **se parecían**—se veían; se percibían.

Conectar

¿De dónde proviene la palabra «escudero»? ¿Cuál era la función del escudero?

lo podía mandar como a su **ahijado**,[252] que tan presto lo había de ser, que no caminase de allí adelante sin dineros y sin las prevenciones referidas, y que vería cuán bien se hallaba con ellas, cuando menos se pensase.

Prometióle don Quijote de hacer lo que se le aconsejaba, con toda puntualidad, y así, se dio luego orden como velase las armas en un corral grande que a un lado de la venta estaba; y recogiéndolas don Quijote todas, las puso sobre una **pila**[253] que junto a un **pozo**[254] estaba y, embrazando su adarga, **asió**[255] de su lanza, y con gentil **continente**[256] se comenzó a pasear delante de la pila; y cuando comenzó el paseo comenzaba a cerrar la noche.

Contó el ventero a todos cuantos estaban en la venta la locura de su huésped, la vela de las armas y la armazón[257] de caballería que esperaba. Admiráronse de tan estraño género de locura y fuéronselo a mirar desde lejos, y vieron que, con sosegado **ademán**,[258] unas veces se paseaba; otras, arrimado a su lanza, ponía los ojos en las armas, sin quitarlos por un buen espacio dellas. Acabó de cerrar la noche; pero con tanta claridad de la luna, que podía competir con el que se la prestaba;[259] de manera que cuanto el novel caballero hacía era bien visto de todos. Antojósele[260] en esto a uno de los harrieros que estaban en la venta ir a dar agua a su **recua**,[261] y fue menester quitar las armas de don Quijote, que estaban sobre la pila; el cual, viéndole llegar, en voz alta le dijo:

—¡Oh tú, quienquiera que seas, atrevido caballero, que llegas a tocar las armas del más valeroso andante que jamás se ciñó espada! Mira lo que haces y no las toques, si no quieres dejar la vida en pago de tu atrevimiento.

No se curó[262] el harriero destas razones —y fuera mejor que se curara, porque fuera curarse en salud;— antes, trabando de las correas, las arrojó gran trecho de sí. Lo cual, visto por don Quijote, alzó los ojos al cielo y, puesto el pensamiento —a lo que pareció— en su señora Dulcinea, dijo:

---

[252] **ahijado**—muchacho u hombre, en relación con su padrino.

[253] **pila**—pieza grande de piedra, cóncava, en que cae o se echa agua.

[254] **pozo**—hoyo practicado en la tierra para alcanzar una vena de agua.

[255] **asió**—agarró; tomó en la mano.

[256] **continente** (m.)—aspecto; presencia; porte.

[257] **armazón** (f.)—acción y efecto de armar; o en el sentido de proveer de armas, o en el de construir o componer; pero también puede entenderse en el sentido de «armadura», o «esqueleto»; a todas luces, parece que el uso del término aquí es burlesco.

[258] **ademán** (m.)—movimiento o actitud con que se manifiesta un estado de ánimo.

[259] el que se la prestaba—el que le prestaba (a la luna) su claridad; es decir, el sol.

[260] Antojósele—se le antojó; sintió el impulso de; le entraron ganas de.

[261] **recua**—conjunto de animales de carga.

[262] se curó—hizo caso; se preocupó.

© Houghton Mifflin Harcourt Publishing Company

Interpretar

¿Por qué piensas que el ventero quiere convencer a don Quijote de que lleve dinero consigo? ¿Qué argumentos usa para convencerlo?

_____

_____

_____

Visualizar

Imagina la escena de don Quijote velando las armas en un corral y piensa en un caballero velando las armas en una capilla. ¿Qué efecto causa la comparación de la capilla con el corral?

_____

_____

Figuras retóricas

En esta página don Quijote se dirige varias veces a Dulcinea. ¿Cómo se llama esa figura retórica?

_____

_____

—Acorredme,[263] señora mía, en esta primera afrenta que a este vuestro avasallado[264] pecho se le ofrece; no me **desfallezca**[265] en este primero **trance**[266] vuestro favor y **amparo**.[267]

Y diciendo estas y otras semejantes razones, soltando la adarga, alzó la lanza a dos manos y dio con ella tan gran golpe al harriero en la cabeza, que le derribó en el suelo tan **maltrecho**,[268] que si segundara con otro, no tuviera necesidad de maestro[269] que le curara. Hecho esto, recogió sus armas y tornó a pasearse con el mismo reposo que primero. Desde allí a poco, sin saberse lo que había pasado—porque aún estaba aturdido el harriero,— llegó otro con la mesma intención de dar agua a sus mulos y, llegando a quitar las armas para **desembarazar**[270] la pila, sin hablar don Quijote palabra y sin pedir favor a nadie, soltó otra vez la adarga y alzó otra vez la lanza, y, sin hacerla pedazos, hizo más de tres la cabeza del segundo harriero, porque se la abrió por cuatro. Al ruido acudió toda la gente de la venta, y entre ellos el ventero. Viendo esto don Quijote, embrazó su adarga y, puesta mano a su espada, dijo:

—¡Oh señora de la fermosura, esfuerzo y vigor del debilitado corazón mío! Ahora es tiempo que vuelvas los ojos de tu grandeza a este tu cautivo[271] caballero, que **tamaña**[272] aventura está atendiendo.[273]

Con esto cobró, a su parecer, tanto ánimo, que si le **acometieran**[274] todos los harrieros del mundo, no volviera el pie atrás. Los compañeros de los heridos, que tales los vieron, comenzaron desde lejos a llover piedras sobre don Quijote, el cual, lo mejor que podía, se reparaba[275] con su adarga, y no se osaba apartar[276] de la pila por no desamparar las armas. El ventero daba voces que le dejasen, porque ya les había dicho como era loco, y que por loco **se libraría**[277] aunque los matase a todos. También don Quijote las daba mayores, llamándolos de **alevosos**[278] y traidores, y que el señor del castillo era un follón[279] y mal nacido caballero, pues de tal manera consentía que se

Comprender

¿Por qué causa los compañeros de los heridos le tiran piedras a don Quijote desde lejos?

_____

_____

Aclarar

¿Qué significa que don Quijote «las daba mayores»?

_____

_____

---

263 **Acorredme**—socorredme; acudid a ayudarme.

264 avasallado—rendido; entregado; sumiso.

265 **desfallezca**—desmaye; falle.

266 **trance** (m.)—momento crítico; combate.

267 **amparo**—protección; favor.

268 **maltrecho**—maltratado; malparado; herido.

269 maestro—cirujano; médico.

270 **desembarazar**—despejar; quitar estorbos u obstáculos.

271 cautivo—enamorado; servidor; esclavo por amor.

272 **tamaña**—tan magna; tan grande.

273 atendiendo—esperando.

274 **acometieran**—atacaran.

275 reparaba—defendía; protegía.

276 no se osaba apartar—no se atrevía a apartar.

277 **se libraría**—se escaparía sin castigo.

278 **alevosos**—desleales; pérfidos; delincuentes.

279 follón—cobarde; hombre ruin.

tratasen los andantes caballeros, y que si él hubiera recebido la orden de caballería, que él le diera a entender su alevosía: —Pero de vosotros, **soez**[280] y baja canalla, no hago caso alguno; tirad, llegad, venid y ofendedme en cuanto pudiéredes; que vosotros veréis el pago que lleváis de vuestra sandez y **demasía**.[281]

Decía esto con tanto brío y **denuedo**,[282] que **infundió**[283] un terrible temor en los que le acometían; y así por esto como por las persuasiones del ventero, le dejaron de tirar, y él dejó retirar a los heridos y tornó a la vela de sus armas con la misma quietud y sosiego que primero.

No le parecieron bien al ventero las burlas de su huésped, y determinó abreviar y darle la negra[284] orden de caballería luego, antes que otra desgracia sucediese. Y así, llegándose a él, se desculpó de la insolencia que aquella gente baja con él había usado, sin que él supiese cosa alguna; pero que bien castigados quedaban de su atrevimiento. Díjole cómo ya le había dicho que en aquel castillo no había capilla, y para lo que **restaba**[285] de hacer tampoco era necesaria; que todo el toque de quedar armado caballero consistía en la pescozada[286] y en el espaldarazo,[287] según él tenía noticia del ceremonial de la orden, y que aquello en mitad de un campo se podía hacer, y que ya había cumplido con lo que tocaba al velar de las armas, que con solas dos horas de vela se cumplía, cuanto más que él había estado más de cuatro. Todo se lo creyó don Quijote, y dijo que él estaba allí pronto para obedecerle, y que concluyese con la mayor brevedad que pudiese; porque si fuese otra vez acometido y se viese armado caballero, no pensaba dejar persona viva en el castillo, eceto[288] aquellas que él le mandase, a quien por su respeto dejaría.

Advertido y medroso[289] desto el castellano, trujo luego un libro donde asentaba la paja y cebada que daba a los harrieros, y con un cabo de vela que le traía un muchacho, y con las dos ya dichas doncellas, se vino adonde don Quijote estaba, al cual mandó hincar de rodillas; y, leyendo en su manual—como que decía alguna devota oración,— en mitad de la leyenda[290] alzó la mano y diole sobre el cuello un buen golpe, y tras él, con su mesma espada, un gentil espaldarazo, siempre murmurando entre dientes, como que rezaba. Hecho esto, mandó a una de aquellas damas que le ciñese la espada, la cual lo hizo con mucha

© Houghton Mifflin Harcourt Publishing Company

---

[280] **soez**—vil; grosero.

[281] **demasía**—exceso; insolencia; maldad.

[282] **denuedo**—esfuerzo; valor.

[283] **infundió**—inspiró; metió.

[284] negra—maldita.

[285] **restaba**—quedaba.

[286] pescozada—pescozón; golpe que se da con la mano en el pescuezo o en la cabeza.

[287] espaldarazo—golpe dado en las espaldas con la espada, pero de plano.

[288] eceto—excepto.

[289] medroso—temeroso.

[290] leyenda—lectura.

Inferir

¿Qué significa la palabra «luego» en el contexto de esta oración?

_____

_____

Analizar

Don Quijote cree todo lo que le dice el ventero. ¿Qué te sugiere eso acerca del personaje de don Quijote?

_____

_____

Conectar

¿Qué diferencias hay entre esta ceremonia de investidura y las ceremonias que se describen en los libros de caballerías?

_____

_____

_____

_____

_____

_____

Inferir

¿A qué acciones se refieren las «proezas» de esta oración? ¿Con qué sentido usó esta palabra el autor?

_____

_____

desenvoltura[291] y **discreción**,[292] porque no fue menester poca para no reventar de risa a cada punto de las ceremonias; pero las **proezas**[293] que ya habían visto del novel caballero les tenía la risa a raya.[294] Al ceñirle la espada dijo la buena señora:

—Dios haga a vuestra merced muy venturoso caballero y le dé ventura en **lides**.[295]

Don Quijote le preguntó cómo se llamaba, porque[296] él supiese de allí adelante a quién quedaba obligado por la merced recibida, porque pensaba darle alguna parte de la honra que alcanzase por el valor de su brazo. Ella respondió con mucha humildad que se llamaba la Tolosa, y que era hija de un **remendón**[297] natural de Toledo, que vivía a[298] las tendillas de Sancho Bienaya y que dondequiera que ella estuviese le serviría y le tendría por señor. Don Quijote le replicó que, por su amor, le hiciese merced que de allí adelante se pusiese *don* y se llamase doña Tolosa. Ella se lo prometió, y la otra le **calzó**[299] la espuela, con la cual le pasó casi el mismo **coloquio**[300] que con la de la espada. Preguntóle su nombre, y dijo que se llamaba la Molinera, y que era hija de un honrado molinero de Antequera; a la cual también rogó don Quijote que se pusiese *don*, y se llamase doña Molinera, ofreciéndole nuevos servicios y mercedes.

Hechas, pues, de galope aprisa las hasta allí nunca vistas ceremonias, no vio la hora[301] don Quijote de verse a caballo y salir buscando las aventuras, y, ensillando luego a Rocinante, subió en él, y abrazando a su huésped, le dijo cosas tan estrañas, agradeciéndole la merced de haberle armado caballero, que no es posible acertar a referirlas. El ventero, por[302] verle ya fuera de la venta, con no menos retóricas, aunque con más breves palabras, respondió a las suyas y, sin pedirle la costa[303] de la posada, le dejó ir a la buen hora.[304]

CAPÍTULO IV

De lo que le sucedió a nuestro caballero cuando salió de la venta

Comprender

¿Por qué el ventero ni siquiera trató de cobrarle la estadía a don Quijote?

_____

_____

---

[291] desenvoltura—facilidad; desembarazo; pero también «desvergüenza», especialmente en las mujeres; otra de las muchas ocasiones en que Cervantes juega con la dualidad o multiplicidad de acepciones de muchas palabras.

[292] **discreción**—buen juicio; sensatez; ingenio.

[293] **proezas**—hazañas; hechos heroicos.

[294] a raya—reprimida; refrenada; contenida.

[295] **lides** (f.)—combates; contiendas; batallas.

[296] porque—para que.

[297] **remendón**—el que tiene por oficio remendar o reparar, especialmente zapatos o ropa.

[298] a—cerca de.

[299] **calzó**—puso al pie.

[300] **coloquio**—plática; conversación; charla.

[301] no vio la hora (de)—deseó con impaciencia.

[302] por—para; con tal de.

[303] costa—precio.

[304] a la buen hora—enhorabuena; con complacencia.

La del alba[305] sería, cuando don Quijote salió de la venta tan contento, tan gallardo, tan alborozado por verse ya armado caballero, que el gozo le reventaba por las cinchas del caballo. Mas viniéndole a la memoria los consejos de su huésped cerca de[306] las prevenciones tan necesarias que había de llevar consigo, especial la de los dineros y camisas, determinó volver a su casa y acomodarse[307] de todo, y de un escudero, haciendo cuenta de[308] recebir a un labrador vecino suyo, que era pobre y con hijos, pero muy a propósito para el oficio escuderil de la caballería. Con este pensamiento guió a Rocinante hacia su aldea, el cual, casi conociendo la **querencia**[309] con tanta gana comenzó a caminar, que parecía que no ponía los pies en el suelo.

No había andado mucho, cuando le pareció que a su **diestra**[310] mano, de la espesura[311] de un bosque que allí estaba, salían unas voces delicadas, como de persona que se quejaba, y apenas las hubo oído, cuando dijo:

—Gracias doy al cielo por la merced que me hace, pues tan presto me pone ocasiones delante donde yo pueda cumplir con lo que debo a mi profesión, y donde pueda coger el fruto de mis buenos deseos. Estas voces, sin duda, son de algún menesteroso o menesterosa, que ha menester[312] mi favor y ayuda.

Y, volviendo las riendas, encaminó a Rocinante hacia donde le pareció que las voces salían. Y a pocos pasos que entró por el bosque, vio atada una **yegua**[313] a una encina,[314] y atado en otra a un muchacho, desnudo de medio cuerpo arriba, hasta de edad de quince años, que era el que las voces daba, y no sin causa, porque le estaba dando con una pretina[315] muchos azotes un **labrador**[316] de buen talle, y cada azote le acompañaba con una reprehensión y consejo. Porque decía:

—La lengua **queda**,[317] y los ojos listos.

Y el muchacho respondía:

—No lo haré otra vez, señor mío; por la pasión de Dios que no lo haré otra vez, y yo prometo de tener de aquí adelante más cuidado con el hato.[318]

---

[305] la del alba—la hora del alba; Cervantes sigue el hilo de la narración, sin tomar en cuenta el epígrafe del Capítulo IV, tal vez agregado después de redactado el texto.

[306] cerca de—acerca de.

[307] acomodarse—proveerse; aprovisionarse.

[308] haciendo cuenta de—pensando; planeando.

[309] querencia—lugar preferido de un animal.

[310] diestra—derecha.

[311] espesura—paraje muy poblado de árboles y matorrales.

[312] ha menester—necesita.

[313] yegua—hembra del caballo.

[314] encina—encino; árbol similar al roble, que tiene por fruto bellotas.

[315] pretina—cinturón de cuero.

[316] labrador—el que labra, o cultiva, la tierra.

[317] queda—quieta; callada.

[318] hato—porción de ganado, como vacas, ovejas, o cabras.

Aclarar

¿Qué significa la palabra «recebir» en este contexto?

_____

Inferir

A qué famoso personaje, que aparecerá luego en la historia, alude don Quijote en el primer párrafo?

_____

_____

Y viendo don Quijote lo que pasaba, con voz **airada**[319] dijo:

—Descortés caballero, mal parece tomaros con[320] quien defender no se puede; subid sobre vuestro caballo y tomad vuestra lanza —que también tenía una lanza arrimada[321] a la encina adonde estaba arrimada la yegua,— que yo os haré conocer ser de cobardes lo que estáis haciendo.

El labrador, que vio sobre sí aquella figura llena de armas blandiendo la lanza sobre su rostro, túvose por muerto, y con buenas palabras respondió:

—Señor caballero, este muchacho que estoy castigando es un mi criado, que me sirve de guardar una manada de ovejas que tengo en estos **contornos**,[322] el cual es tan descuidado, que cada día me falta una; y porque castigo su descuido, o **bellaquería**,[323] dice que lo hago de **miserable**,[324] por no pagalle la soldada[325] que le debo, y en Dios y en mi **ánima**[326] que miente.

—¿«Miente» delante de mí, ruin villano?[327] —dijo don Quijote.— Por el sol que nos alumbra que estoy por pasaros de parte a parte[328] con esta lanza. Pagadle luego sin más réplica; si no, por el Dios que nos rige que os concluya y aniquile[329] en este punto. Desatadlo luego.

El labrador bajó la cabeza y, sin responder palabra, desató a su criado, al cual preguntó don Quijote que cuánto le debía su amo. Él dijo que nueve meses, a siete reales cada mes. Hizo la cuenta don Quijote y halló que **montaban**[330] setenta y tres reales, y díjole al labrador que al momento los desembolsase,[331] si no quería morir por ello. Respondió el medroso villano que para el paso en que estaba y juramento que había hecho —y aún no había jurado nada,— que no eran tantos; porque se le habían de descontar y recebir en cuenta tres pares de zapatos que le había dado, y un real de dos sangrías[332] que le habían hecho estando enfermo.

---

[319] **airada**—enojada; indignada.

[320] tomaros con—meteros con; reñir con.

[321] arrimada—amarrada; atada.

[322] **contornos**—parajes cercanos; alrededores.

[323] **bellaquería**—picardía; astucia; maldad.

[324] miserable—avariento; mezquino; tacaño.

[325] soldada—sueldo; salario; estipendio.

[326] **ánima**—alma.

[327] villano—vecino no noble de una villa o aldea.

[328] de parte a parte—del vientre a la espalda; de un lado a otro.

[329] aniquile—mate; dé muerte.

[330] **montaban**—sumaban; ascendían a; nótese la mala aritmética.

[331] desembolsase—pagase.

[332] sangría—antiguo tratamiento médico, que consistía en abrir una vena y dejar salir cierta cantidad de sangre, por creer que las enfermedades se debían a exceso de sangre.

Conectar

¿Qué te indica esta escena sobre la realidad social de la época?

_____

_____

Analizar

¿Qué error hay en la cuenta que hace don Quijote? ¿De quién es el error?

_____

_____

Identificar

Subraya en este párrafo dos palabras escritas en una forma que ya no se usa en el español moderno. Escribe las variantes actuales de las palabras.

_____

_____

_____

—Bien está todo eso —replicó don Quijote;— pero quédense los zapatos y las sangrías por los azotes que sin culpa le habéis dado; que si él rompió el cuero de los zapatos que vos pagastes, vos le habéis rompido el de su cuerpo; y si le sacó el barbero[333] sangre estando enfermo, vos en sanidad[334] se la habéis sacado: ansí que, por esta parte, no os debe nada.

—El daño está, señor caballero, en que no tengo aquí dineros: véngase Andrés conmigo a mi casa, que yo se los pagaré un real sobre otro.

—¿Irme yo con él —dijo el muchacho— más? ¡Mal año! No, señor, ni por pienso;[335] porque en viéndose solo me desuelle[336] como a un San Bartolomé.[337]

—No hará tal —replicó don Quijote:— basta que yo se lo mande, para que me tenga respeto; y con que él me lo jure por la ley de caballería que ha recebido, le dejaré ir libre y aseguraré la paga.

—Mire vuestra merced, señor, lo que dice —dijo el muchacho;— que este mi amo no es caballero ni ha recebido orden de caballería alguna; que es Juan Haldudo el rico, el vecino del Quintanar.[338]

—Importa poco eso —respondió don Quijote;—que Haldudos puede haber caballeros; cuanto más, que cada uno es hijo de sus obras.

—Así es verdad —dijo Andrés;— pero este mi amo, ¿de qué obras es hijo, pues me niega mi soldada y mi sudor y trabajo?

—No niego, hermano Andrés —respondió el labrador;— y hacedme placer de veniros conmigo; que yo juro por todas las órdenes que de caballerías hay en el mundo de pagaros, como tengo dicho, un real sobre otro, y aun sahumados.[339]

—Del sahumerio os hago gracia[340] —dijo don Quijote;— dádselos en reales, que con eso me contento; y mirad que lo cumpláis como lo habéis jurado; si no, por el mismo juramento os juro de volver a buscaros y a castigaros, y que os tengo de

Interpretar

¿Qué significa «cada uno es hijo de sus obras»?

_____

_____

Pronosticar

¿Piensas que el labrador cumplirá su promesa? ¿Por qué?, o ¿por qué no?

_____

_____

Enfoque en el estilo

En el último párrafo de esta página, don Quijote emplea una figura retórica que consiste en acumular en una oración variantes de una misma palabra. Subraya las tres palabras que se usan aquí y compara esta oración con las supuestas citas de Feliciano de Silva en la página 140 del Capítulo I.

_____

_____

_____

---

[333] barbero—médico practicante; el barbero era el que practicaba las sangrías.

[334] sanidad—salud.

[335] ni por pienso—ni pensarlo.

[336] desuelle—despelleje; quite la piel.

[337] San Bartolomé—uno de los apóstoles de Jesucristo; murió martirizado.

[338] Quintanar—Quintanar de la Orden, pueblo de la actual provincia de Toledo.

[339] sahumados—perfumados.

[340] os hago gracia—os perdono; os dispenso.

hallar, aunque os escondáis más que una **lagartija**.[341] Y si queréis
saber quién os manda esto, para quedar con más veras[342] obligado
a cumplirlo, sabed que yo soy el valeroso don Quijote de la
Mancha, el desfacedor de agravios y sinrazones, y a Dios quedad,
y no se os parta de las mientes[343] lo prometido y jurado, **so pena
de**[344] la pena pronunciada.

Y en diciendo esto, picó a su Rocinante, y en breve espacio se
apartó dellos. Siguióle el labrador con los ojos, y cuando vio que
había traspuesto[345] del bosque y que ya no parecía, volvióse a su
criado Andrés y díjole:

—Venid acá, hijo mío; que os quiero pagar lo que
os debo, como aquel deshacedor de agravios me
dejó mandado.

—Eso juro yo —dijo Andrés;— y ¡cómo que andará vuestra
merced acertado en cumplir el mandamiento de aquel buen
caballero, que mil años viva; que, según es de valeroso y de buen
juez, vive Roque,[346] que si no me paga, que vuelva y ejecute lo
que dijo!

—También lo juro yo —dijo el labrador;— pero, por lo mucho
que os quiero, quiero acrecentar la deuda por acrecentar la
paga.

Y asiéndole del brazo le tornó a atar a la encina, donde le dio
tantos azotes, que le dejó por muerto.

—Llamad, señor Andrés, ahora —decía el labrador— al
desfacedor de agravios; veréis cómo no desface aquéste.[347]
Aunque creo que no está acabado de hacer, porque me viene
gana de desollaros vivo, como vos temíades.

Pero, al fin, le desató y le dio **licencia**[348] que fuese a buscar su
juez, para que ejecutase la pronunciada sentencia. Andrés se
partió algo mohíno,[349] jurando de ir a buscar al valeroso don
Quijote de la Mancha y contalle punto por punto lo que había
pasado, y que se lo había de pagar con las setenas.[350] Pero con
todo esto, él se partió llorando y su amo se quedó riendo.

Y desta manera deshizo el agravio el valeroso don Quijote;
el cual, contentísimo de lo sucedido, pareciéndole que había
dado felicísimo y alto principio a sus caballerías, con gran
satisfacción de sí mismo iba caminando hacia su aldea, diciendo
a media voz:

Aclarar

¿A quién se refiere el narrador con
«su juez» en este párrafo?

_____

---

[341] **lagartija**—reptil saurio; especie de lagarto.

[342] veras—verdad.

[343] mientes (f.)—mente; memoria.

[344] **so pena de**—bajo castigo de.

[345] traspuesto—pasado más allá.

[346] vive Roque—juramento eufemístico.

[347] aquéste—éste.

[348] **licencia**—permiso.

[349] mohíno—triste; malhumorado.

[350] con las setenas—con creces; originalmente, multa del valor del daño septuplicado.

—Bien te puedes llamar dichosa sobre cuantas hoy viven en la tierra, ¡oh sobre las bellas bella Dulcinea del Toboso!, pues te cupo en suerte[351] tener sujeto y rendido a toda tu voluntad e talante a un tan valiente y tan nombrado caballero como lo es y será don Quijote de la Mancha, el cual, como todo el mundo sabe, ayer rescibió la orden de caballería, y hoy ha desfecho el mayor tuerto y agravio que formó la sinrazón y cometió la crueldad: hoy quitó el látigo de la mano a aquel **despiadado**[352] enemigo que tan sin ocasión vapulaba[353] a aquel delicado infante.

En esto, llegó a un camino que en cuatro se dividía, y luego se le vino a la imaginación las encrucejadas[354] donde los caballeros andantes se ponían a pensar cuál camino de aquellos tomarían, y, por imitarlos, estuvo un rato quedo; y al cabo de haberlo muy bien pensado, soltó la rienda a Rocinante, dejando a la voluntad del rocín la suya, el cual siguió su primer intento, que fue el irse camino de su caballeriza.

Y habiendo andado como dos millas, descubrió don Quijote un grande **tropel**[355] de gente, que, como después se supo, eran unos mercaderes toledanos que iban a comprar seda a Murcia. Eran seis, y venían con sus quitasoles, con otros cuatro criados a caballo y tres mozos de mulas a pie. Apenas los **divisó**[356] don Quijote, cuando se imaginó ser cosa de nueva aventura; y, por imitar en todo cuanto a él le parecía posible los pasos que había leído en sus libros, le pareció venir allí de molde[357] uno que pensaba hacer. Y así, con gentil continente y denuedo, se afirmó bien en los estribos, apretó la lanza, llegó la adarga al pecho y, puesto en la mitad del camino, estuvo esperando que aquellos caballeros andantes llegasen, que ya él por tales los tenía y juzgaba; y cuando llegaron a trecho que se pudieron ver y oír, levantó don Quijote la voz, y con ademán arrogante dijo:

—Todo el mundo se tenga,[358] si todo el mundo no confiesa que no hay en el mundo todo doncella más hermosa que la emperatiz de la Mancha, la **sin par**[359] Dulcinea del Toboso.

Paráronse los mercaderes al son[360] destas razones y a ver la estraña figura del que las decía; y por la figura y por las razones luego echaron de ver la locura de su dueño; mas quisieron ver despacio en qué paraba[361] aquella confesión que se les pedía, y

Comprender

¿Cuál fue el resultado final de la «hazaña» de don Quijote? ¿Cuál es el tono de este párrafo y del anterior?

Comparar

Compara el motivo que lleva a don Quijote a comenzar este conflicto con el motivo que causó el incidente de Andrés y el labrador.

---

[351] te cupo en suerte—tuviste la suerte de.

[352] **despiadado**—cruel.

[353] vapulaba—vapuleaba; azotaba; golpeaba.

[354] encrucejadas—encrucijadas; cruces de caminos.

[355] **tropel** (m.)—muchedumbre; multitud.

[356] **divisó**—alcanzó a ver; percibió con la vista.

[357] de molde—de perlas; como anillo al dedo; a la medida.

[358] se tenga—se detenga; haga alto.

[359] **sin par**—sin igual.

[360] son (m.)—sonido.

[361] en qué paraba—el resultado de.

uno dellos, que era un poco burlón y muy mucho **discreto**,[362] le dijo:

—Señor caballero, nosotros no conocemos quién sea esa buena señora que decís; mostrádnosla: que si ella fuere de tanta hermosura como significáis, de buena gana y sin **apremio**[363] alguno confesaremos la verdad que por parte vuestra nos es pedida.

—Si os la mostrara —replicó don Quijote,— ¿qué hiciérades vosotros en confesar una verdad tan **notoria**?[364] La importancia está en que sin verla lo habéis de creer, confesar, afirmar, jurar y defender; donde no,[365] conmigo sois en batalla, gente descomunal y soberbia. Que, ahora vengáis uno a uno, como pide la orden de caballería, ora todos juntos, como es costumbre y mala usanza de los de vuestra **ralea**,[366] aquí os aguardo y espero, confiado en la razón que de mi parte tengo.

—Señor caballero —replicó el mercader,— suplico a vuestra merced, en nombre de todos estos príncipes que aquí estamos, que, porque no encarguemos[367] nuestras conciencias confesando una cosa por nosotros jamás vista ni oída, y más siendo tan en **perjuicio**[368] de las emperatrices y reinas del Alcarria y Estremadura, que vuestra merced sea servido de mostrarnos algún retrato de esa señora, aunque sea tamaño como un grano de trigo: que por el hilo se sacará el ovillo,[369] y quedaremos con esto satisfechos y seguros, y vuestra merced quedará contento y pagado;[370] y aun creo que estamos ya tan de su parte que, aunque su retrato nos muestre que es tuerta de un ojo y que del otro le **mana**[371] **bermellón**[372] y piedra azufre,[373] con todo eso, por complacer a vuestra merced, diremos en su favor todo lo que quisiere.

—No le mana, **canalla**[374] **infame**[375] —respondió don Quijote, encendido en **cólera**;[376]— no le mana, digo, eso que decís, sino ámbar y algalia[377] entre algodones; y no es tuerta ni corcovada,[378]

© Houghton Mifflin Harcourt Publishing Company

---

[362] **discreto**—que tiene buen juicio; sensato; ingenioso.

[363] **apremio**—presión; prisa.

[364] **notoria**—obvia; evidente; conocida.

[365] donde no—si no.

[366] **ralea**—clase; tipo.

[367] encarguemos—carguemos; ofendamos.

[368] **perjuicio**—daño.

[369] por el hilo se sacará el ovillo—refrán que se refiere a la manera de encontrar un ovillo de hilo que ha rodado debajo de un mueble; es decir, indagando, se llega a la esencia de un asunto.

[370] pagado—satisfecho.

[371] **mana**—emana; sale (un líquido).

[372] **bermellón**—rojo vivo.

[373] piedra azufre—amarillo, por el color del azufre.

[374] **canalla** (m.)—hombre despreciable, malo.

[375] **infame**—vil; malísimo; sin honra.

[376] **cólera** (f.)—ira; rabia.

[377] algalia—sustancia aromática con que se confeccionaban perfumes.

[378] corcovada—encorvada; jorobada.

Interpretar

El mercader usa la palabra «príncipes» para referirse al grupo de mercaderes y menciona a «las emperatrices y reinas del Alcarria y Estremadura», a pesar de que nunca hubo reinos ni imperios en esas regiones. ¿Por qué lo hace? ¿Por qué usa un lenguaje parecido al de don Quijote?

_____

_____

_____

sino más derecha que un huso[379] de Guadarrama.[380] Pero ¡vosotros pagaréis la grande blasfemia que habéis dicho contra tamaña **beldad**[381] como es la de mi señora!

Y en diciendo esto, **arremetió**[382] con la lanza baja contra el que lo había dicho, con tanta furia y enojo, que si la buena suerte no hiciera que en la mitad del camino tropezara y cayera Rocinante, lo pasara mal el atrevido mercader. Cayó Rocinante, y fue rodando su amo una buena pieza por el campo; y queriéndose levantar, jamás pudo: tal embarazo[383] le causaban la lanza, adarga, espuelas y celada, con el peso de las antiguas armas. Y entretanto que **pugnaba**[384] por levantarse y no podía, estaba diciendo:

—Non fuyáis, gente cobarde; gente cautiva,[385] atended; que no por culpa mía, sino de mi caballo, estoy aquí tendido.

Un mozo de mulas de los que allí venían, que no debía de ser muy bien intencionado, oyendo decir al pobre caído tantas arrogancias, no lo pudo **sufrir**[386] sin darle la respuesta en las costillas. Y llegándose a él, tomó la lanza y, después de haberla hecho pedazos, con uno dellos comenzó a dar a nuestro don Quijote tantos palos, que, a despecho y pesar de sus armas, le molió como cibera.[387] Dábanle voces sus amos que no le diese tanto y que le dejase; pero estaba ya el mozo picado y no quiso dejar el juego hasta envidar[388] todo el resto de su cólera, y acudiendo por los demás trozos de la lanza, los acabó de deshacer sobre el miserable caído, que, con toda aquella tempestad de palos que sobre él vía, no cerraba la boca, amenazando al cielo y a la tierra, y a los malandrines,[389] que tal le parecían.

Cansóse el mozo, y los mercaderes siguieron su camino, llevando que contar en todo él del pobre apaleado. El cual, después que se vio solo, tornó a probar si podía levantarse; pero si no lo pudo hacer cuando sano y bueno, ¿cómo lo haría molido y casi deshecho? Y aun se tenía por dichoso, pareciéndole que aquélla era propia desgracia de caballeros andantes, y toda la atribuía a la falta de su caballo, y no era posible levantarse, según tenía brumado[390] todo el cuerpo.

---

[379] huso—instrumento más o menos largo, cilíndrico, de madera que sirve para hilar y devanar hebras.

[380] de Guadarrama—aquí, Cervantes compara el talle derecho de Dulcinea a un huso de Guadarrama, por venir los husos de los pinos rectos de la Sierra de Guadarrama.

[381] **beldad**—belleza.

[382] **arremetió**—acometió; se lanzó.

[383] embarazo—dificultad; obstáculo.

[384] **pugnaba**—se esforzaba; forcejeaba.

[385] cautiva—baja; vil; miserable.

[386] **sufrir**—aguantar; soportar; tolerar.

[387] cibera—el grano que se echa en la tolva del molino para cebar la piedra.

[388] envidar—vaciar; descargar.

[389] malandrines—malignos; perversos.

[390] brumado—quebrantado; molido.

Reflexionar

Un hecho fortuito impide que don Quijote mate o hiera seriamente a uno de los mercaderes. ¿Por qué crees que Cervantes no incluye escenas en las que don Quijote mata o hiere de muerte a alguien?

_____

_____

_____

Inferir

Actualmente muchos consideran que la frase «tempestad de palos que sobre él vía» contiene una errata de la primera edición, y que «vía» es en realidad la terminación de un verbo al que le falta la primera sílaba. ¿Cuál piensas que es ese verbo?

_____

CAPÍTULO V
Donde se prosigue la narración de la desgracia de nuestro caballero

Viendo, pues, que, en efeto, no podía **menearse**,[391] acordó de acogerse a su ordinario remedio, que era pensar en algún paso de sus libros, y trújole su locura a la memoria aquel de Valdovinos[392] y del marqués de Mantua, cuando Carloto le dejó herido en la montiña,[393] historia sabida de los niños, no ignorada de los mozos, celebrada y aun creída de los viejos, y, con todo esto, no más verdadera que los milagros de Mahoma. Ésta, pues, le pareció a él que le venía de molde para el paso en que se hallaba; y así, con muestras de grande sentimiento, se comenzó a volcar por la tierra, y a decir con debilitado aliento lo mesmo que dicen decía el herido caballero del bosque:

—¿Dónde estás, señora mía,
que no te duele mi mal?
O no lo sabes, señora,
o eres falsa y desleal.

Y desta manera fue prosiguiendo el romance, hasta aquellos versos que dicen:

—¡Oh noble marqués de Mantua,
mi tío y señor **carnal**![394]

Y quiso la suerte que, cuando llegó a este verso, acertó a pasar por allí un labrador de su mesmo lugar y vecino suyo, que venía de llevar una carga de trigo al molino; el cual, viendo aquel hombre allí tendido, se llegó a él y le preguntó que quién era y qué mal sentía, que tan tristemente se quejaba. Don Quijote creyó, sin duda, que aquél era el marqués de Mantua, su tío, y así, no le respondió otra cosa si no fue proseguir en su romance, donde le daba cuenta de su desgracia y de los amores del hijo del Emperante[395] con su esposa, todo de la misma manera que el romance lo canta.

El labrador estaba admirado oyendo aquellos disparates; y quitándole la visera, que ya estaba hecha pedazos, de los palos, le limpió el rostro, que le tenía cubierto de polvo, y apenas le hubo limpiado, cuando le conoció y le dijo:

Conectar

¿Qué quiere decir el narrador con la frase «no más verdadera que los milagros de Mahoma»? ¿Por qué crees que Cervantes usa esa frase?

---

[391] **menearse**—moverse.

[392] Valdovinos—personaje, como también el marqués de Mantua y Carloto, de romances derivados de una leyenda francesa; Lope de Vega escribió en 1604 una comedia titulada *El marqués de Mantua, o Baldovinos y Carloto.*

[393] montiña—montaña.

[394] **carnal**—relativo a la carne; dado a los placeres de la carne; mundano; pero también, pariente.

[395] Emperante—Emperador (Carlomagno, rey de los francos desde 768 hasta 814).

—Señor Quijana —que así se debía de llamar cuando él tenía juicio y no había pasado de hidalgo sosegado a caballero andante,— ¿quién ha puesto a vuestra merced desta suerte?

Pero él seguía con su romance a cuanto le preguntaba. Viendo esto el buen hombre, lo mejor que pudo le quitó el peto y espaldar, para ver si tenía alguna herida; pero no vio sangre ni señal alguna. Procuró levantarle del suelo, y no con poco trabajo le subió sobre su **jumento**,[396] por parecer caballería más sosegada. Recogió las armas, hasta las astillas de la lanza, y lió las[397] sobre Rocinante, al cual tomó de la rienda, y del cabestro[398] al asno, y se encaminó hacia su pueblo, bien pensativo de oír los disparates que don Quijote decía; y no menos iba don Quijote, que, de puro molido y quebrantado, no se podía tener sobre el **borrico**,[399] y de cuando en cuando daba unos suspiros que los ponía en el cielo; de modo que de nuevo obligó a que el labrador le preguntase[400] le dijese qué mal sentía; y no parece sino que el diablo le traía a la memoria los cuentos acomodados a sus sucesos: porque en aquel punto, olvidándose de Valdovinos, se acordó del moro Abindarráez, cuando el alcaide de Antequera, Rodrigo de Narváez, le prendió y llevó cautivo a su alcaidía.[401] De suerte que, cuando el labrador le volvió a preguntar que cómo estaba y qué sentía, le respondió las mesmas palabras y razones que el cautivo abencerraje[402] respondía a Rodrigo de Narváez, del mesmo modo que él había leído la historia en *La Diana*, de Jorge de Montemayor, donde se escribe; aprovechándose della tan a propósito, que el labrador se iba dando al diablo de oír tanta máquina de necedades; por donde conoció que su vecino estaba loco, y dábale priesa a llegar al pueblo, por escusar[403] el enfado que don Quijote le causaba con su larga **arenga**.[404] Al cabo de lo cual dijo:

—Sepa vuestra merced, señor don Rodrigo de Narváez, que esta hermosa Jarifa que he dicho es ahora la linda Dulcinea del Toboso, por quien yo he hecho, hago y haré los más famosos hechos de caballerías que se han visto, vean y verán en el mundo.

A esto respondió el labrador:

—Mire vuestra merced, señor, pecador de mí, que yo no soy don Rodrigo de Narváez, ni el marqués de Mantua, sino Pedro

---

[396] **jumento**—asno; borrico.

[397] lió las—las lió; las ató.

[398] cabestro—rienda para sujetar o llevar un caballo o asno.

[399] **borrico**—asno; jumento.

[400] preguntase—pidiese.

[401] alcaidía—casa u oficina del alcaide, o el territorio de su jurisdicción.

[402] abencerraje—Abencerraje, nombre de una ilustre familia musulmana en el reino de Granada, familia que se menciona como enemiga del rey Abu l-Hasan en el «Romance del rey moro que perdió Alhama».

[403] escusar—evitar.

[404] **arenga**—discurso largo y didáctico.

Conectar

Después de ser vencido y humillado en el incidente con los mercaderes, don Quijote se identifica con los protagonistas del romance del Marqués de Mantua y la novela morisca *El Abencerraje y la hermosa Jarifa*. ¿Por qué piensas que don Quijote esta vez elige estos géneros literarios en lugar de los libros de caballerías que menciona en los capítulos anteriores?

_____

_____

_____

Interpretar

¿Cómo interpretas la frase «Yo sé quién soy» y lo que sigue?

_____

_____

_____

_____

Enfoque en el estilo

¿Qué juego de palabras hace la sobrina para referirse a los libros? ¿Qué frase del párrafo anterior se relaciona con este juego de palabras?

_____

_____

Alonso, su vecino; ni vuestra merced es Valdovinos, ni Abindarráez, sino el honrado hidalgo del señor Quijana.

—Yo sé quién soy —respondió don Quijote,— y sé que puedo ser no sólo los que he dicho, sino todos los doce Pares de Francia,[405] y aun todos los nueve de la Fama,[406] pues a todas las hazañas que ellos todos juntos y cada uno por sí hicieron, se aventajarán[407] las mías.

En estas pláticas y en otras semejantes llegaron al lugar, a la hora que anochecía; pero el labrador aguardó a que fuese algo más noche, porque no viesen al molido hidalgo tan mal caballero. Llegada, pues, la hora que le pareció, entró en el pueblo, y en la casa de don Quijote, la cual halló toda **alborotada**;[408] y estaban en ella el cura y el barbero del lugar, que eran grandes amigos de don Quijote, que estaba diciéndoles su ama a voces:

—¿Qué le parece a vuestra merced, señor licenciado Pero Pérez —que así se llamaba el cura,— de la desgracia de mi señor? Tres días ha que no parecen él, ni el rocín, ni la adarga, ni la lanza, ni las armas. ¡**Desventurada**[409] de mí!, que me doy a entender, y así es ello la verdad como nací para morir, que estos malditos libros de caballerías que él tiene y suele leer tan de ordinario le han **vuelto**[410] el juicio; que ahora me acuerdo haberle oído decir muchas veces, hablando entre sí, que quería hacerse caballero andante, e irse a buscar las aventuras por esos mundos. Encomendados sean a Satanás y a Barrabás[411] tales libros, que así han echado a perder el más delicado entendimiento que había en toda la Mancha.

La sobrina decía lo mesmo, y aun decía más:

—Sepa, señor maese Nicolás —que éste era el nombre del barbero,— que muchas veces le aconteció a mi señor tío estarse leyendo en estos **desalmados**[412] libros de desventuras dos días con sus noches, al cabo de los cuales arrojaba el libro de las manos, y ponía mano a la espada, y andaba a cuchilladas con las paredes, y cuando estaba muy cansado decía que había muerto a cuatro gigantes como cuatro torres, y el sudor que sudaba del cansancio decía que era sangre de las feridas que había recibido en la batalla, y bebíase luego un gran jarro de agua fría, y quedaba sano y sosegado, diciendo que aquella agua era una preciosísima

---

[405] los doce Pares de Francia—doce caballeros escogidos por los reyes de Francia, pares, o iguales entre sí, en valor.

[406] los nueve de la Fama—nueve hombres ilustres de la historia universal: Josué, David, y Judas Macabeo, judíos; Alejandro Magno, Héctor, y Julio César, paganos; y el rey Artús, Carlomagno, y Godofredo de Bouillon, cristianos.

[407] se aventajarán—superarán; serán superiores.

[408] alborotada—perturbada; inquietada.

[409] Desventurada—infeliz; desafortunada.

[410] vuelto—revuelto; trastornado.

[411] Barrabás—personaje bíblico; según la tradición cristiana, Barrabás, encarcelado en Jerusalén por los romanos, fue puesto en libertad el día de la Crucifixión de Jesucristo; su nombre ahora es sinónimo de «hombre malo».

[412] desalmados—sin alma; sin conciencia; crueles; inhumanos.

bebida que le había traído el sabio Esquife,[413] un grande encantador y amigo suyo. Mas yo me tengo la culpa de todo, que no avisé a vuestras mercedes de los disparates de mi señor tío, para que lo remediaran antes de llegar a lo que ha llegado, y quemaran todos estos descomulgados[414] libros, que tiene muchos, que bien merecen ser **abrasados**,[415] como si fuesen de **herejes**.[416]

—Esto digo yo también —dijo el cura,— y a fee[417] que no se pase el día de mañana sin que dellos no se haga acto público,[418] y sean condenados al fuego, porque no den ocasión a quien los leyere de hacer lo que mi buen amigo debe de haber hecho.

Todo esto estaban oyendo el labrador y don Quijote, con que acabó de entender el labrador la enfermedad de su vecino, y así, comenzó a decir a voces:

—Abran vuestras mercedes al señor Valdovinos y al señor marqués de Mantua, que viene mal ferido, y al señor moro Abindarráez, que trae cautivo el valeroso Rodrigo de Narváez, alcaide de Antequera.

A estas voces salieron todos, y como conocieron los unos a su amigo, las otras a su amo y tío, que aún no se había apeado del jumento, porque no podía, corrieron a abrazarle. Él dijo:

—Ténganse todos, que vengo malferido por la culpa de mi caballo. Llévenme a mi lecho y llámese, si fuere posible, a la sabia Urganda,[419] que cure y **cate**[420] de mis feridas.

—¡Mirá, en hora maza[421] —dijo a este punto el ama,— si me decía a mí bien mi corazón del pie que cojeaba[422] mi señor! Suba vuestra merced en buen hora, que, sin que venga esa **hurgada**,[423] le sabremos aquí curar. ¡Malditos, digo, sean otra vez y otras ciento estos libros de caballerías, que tal han parado a vuestra merced!

Lleváronle luego a la cama, y, catándole las feridas, no le hallaron ninguna; y él dijo que todo era molimiento, por haber dado una gran caída con Rocinante, su caballo, combatiéndose con diez jayanes,[424] los más desaforados[425] y atrevidos que se pudieran fallar en gran parte de la tierra.

Evaluar

Vuelve a leer la referencia a *El Abencerraje y la hermosa Jarifa* en el segundo párrafo de la página 167. ¿Qué error comete aquí el labrador cuando se refiere a Rodrigo de Narváez y a Abindarráez? ¿Por qué Cervantes pudo haber puesto este error en boca del labrador?

---

[413] Esquife—Alquife, el supuesto autor del *Amadís de Grecia*; la sobrina pronuncia mal el nombre, confundiéndolo con «esquife», barco pequeño.

[414] descomulgados—excomulgados; malvados; perversos.

[415] **abrasados**—quemados.

[416] **herejes**—los que se apartan de la doctrina oficial de una religión establecida.

[417] fee—fe.

[418] acto público—auto de fe en tiempos de la Inquisición; castigo público de herejes y la quema de sus libros, si los había.

[419] Urganda—esposa de Alquife, arriba mencionado.

[420] **cate**—examine.

[421] en hora maza—eufemismo por «enhoramala»; se emplea para denotar disgusto.

[422] del pie que cojeaba—el punto débil de.

[423] **hurgada**—Urganda, mal pronunciada; parece que Cervantes juega con el sentido de la palabra «hurgada», manoseada, sobada.

[424] jayanes—hombres grandes y fuertes.

[425] desaforados—los que actúan sin ley, cometiendo atropellos.

—¡Ta, ta!⁴²⁶ —dijo el cura.— ¿Jayanes hay en la danza? Para mi santiguada⁴²⁷ que yo los queme mañana antes que llegue la noche.

Hiciéronle a don Quijote mil preguntas, y a ninguna quiso responder otra cosa sino que le diesen de comer y le dejasen dormir, que era lo que más le importaba. Hízose así, y el cura se informó muy a la larga⁴²⁸ del labrador del modo que había hallado a don Quijote. Éste se lo contó todo, con los disparates que al hallarle y al traerle había dicho, que fue poner más deseo en el licenciado⁴²⁹ de hacer lo que otro día⁴³⁰ hizo, que fue llamar a su amigo el barbero maese Nicolás, con el cual se vino a casa de don Quijote.

CAPÍTULO VIII

Del buen suceso que el valeroso don Quijote tuvo en la espantable y jamás imaginada aventura de los molinos de viento, con otros sucesos dignos de felice recordación

En esto, descubrieron treinta o cuarenta molinos de viento que hay en aquel campo, y así como don Quijote los vio, dijo a su escudero:

—La ventura va guiando nuestras cosas mejor de lo que acertáramos a desear; porque ves allí, amigo Sancho Panza, donde se descubren⁴³¹ treinta o pocos más desaforados gigantes, con quien pienso hacer batalla y quitarles a todos las vidas, con cuyos despojos comenzaremos a enriquecer; que ésta es buena guerra, y es gran servicio de Dios quitar tan mala **simiente**⁴³² de sobre la faz de la tierra.

—¿Qué gigantes? —dijo Sancho Panza.

—Aquellos que allí ves —respondió su amo— de los brazos largos, que los suelen tener algunos de casi dos leguas.

—Mire vuestra merced —respondió Sancho— que aquellos que allí se parecen no son gigantes, sino molinos de viento, y lo que en ellos parecen brazos son las **aspas**,⁴³³ que, volteadas del viento, hacen andar la piedra del molino.

—Bien parece —respondió don Quijote— que no estás cursado⁴³⁴ en esto de las aventuras: ellos son gigantes; y si tienes miedo, quítate de ahí, y ponte en oración en el espacio que yo voy a entrar con ellos en **fiera**⁴³⁵ y desigual batalla.

---

⁴²⁶ ¡Ta, ta!—interjección que expresa extrañeza.

⁴²⁷ Para mi santiguada—por la señal de la cruz; fórmula de juramento.

⁴²⁸ a la larga—con lujo de detalles; minuciosamente.

⁴²⁹ licenciado—el que posee título profesional; aquí, el cura.

⁴³⁰ otro día—al día siguiente.

⁴³¹ se descubren—se ven.

⁴³² simiente (f.)—semilla; estirpe.

⁴³³ aspas—brazos de los molinos de viento.

⁴³⁴ cursado—instruido; informado.

⁴³⁵ fiera—feroz; encarnizada.

© Houghton Mifflin Harcourt Publishing Company

Comprender

¿Qué se proponían hacer el cura y el barbero al día siguiente en la casa de don Quijote?

_____

_____

Comparar

Compara a Sancho Panza con el escudero que aparece en el Tratado III de *La vida de Lazarillo de Tormes*.

_____

_____

_____

Interpretar

Sancho Panza intenta que don Quijote vea que en realidad esos son molinos y no gigantes. ¿Cómo reacciona don Quijote?

_____

_____

_____

Y diciendo esto, dio de espuelas a su caballo Rocinante, sin atender a las voces que su escudero Sancho le daba, advirtiéndole que, sin duda alguna, eran molinos de viento, y no gigantes, aquellos que iba a acometer. Pero él iba tan puesto en[436] que eran gigantes, que ni oía las voces de su escudero Sancho, ni echaba de ver, aunque estaba ya bien cerca, lo que eran; antes iba diciendo en voces altas:

—Non fuyades,[437] cobardes y viles criaturas, que un solo caballero es el que os acomete.

Levantóse en esto un poco de viento, y las grandes aspas comenzaron a moverse, lo cual visto por don Quijote, dijo:

—Pues aunque mováis más brazos que los del gigante Briareo[438] me lo habéis de pagar.

Y en diciendo esto, y encomendándose de todo corazón a su señora Dulcinea, pidiéndole que en tal trance le socorriese, bien cubierto de su rodela,[439] con la lanza en el ristre,[440] arremetió a todo el galope de Rocinante y **embistió**[441] con el primero molino que estaba delante; y dándole una lanzada en el aspa, la volvió el viento con tanta furia, que hizo la lanza pedazos, llevándose tras sí al caballo y al caballero, que fue rodando muy maltrecho por el campo. Acudió Sancho Panza a socorrerle, a todo el correr de su asno, y cuando llegó halló que no se podía menear: tal fue el golpe que dio con él Rocinante.

—¡Válame Dios![442] —dijo Sancho.— ¿No le dije yo a vuestra merced que mirase bien lo que hacía, que no eran sino molinos de viento, y no lo podía **ignorar**[443] sino quien llevase otros tales en la cabeza?

—Calla, amigo Sancho —respondió don Quijote;— que las cosas de la guerra, más que otras, están sujetas a continua mudanza; cuanto más, que yo pienso, y es así verdad, que aquel sabio Frestón,[444] que me robó el aposento y los libros, ha vuelto[445] estos gigantes en molinos por quitarme la gloria de su vencimiento:[446] tal es la enemistad que me tiene; mas, al cabo al cabo, han de poder poco sus malas artes contra la bondad de mi espada.

—Dios lo haga como puede —respondió Sancho Panza.

Aclarar

¿A qué se refiere Sancho con «otros tales»? ¿Qué quiere decir?

_____

_____

Comprender

¿De qué manera acomoda don Quijote la realidad para que coincida con su fantasía?

_____

_____

[436] puesto en—convencido de.

[437] Non fuyades—no huyáis.

[438] Briareo—titán de la mitología griega y romana de la Antigüedad; tenía cien brazos, y luchó contra los dioses.

[439] rodela—escudo redondo y delgado; adarga.

[440] ristre (m.)—parte del peto de la armadura, que sirve para afianzar la lanza.

[441] **embistió**—arremetió.

[442] ¡Válame Dios!—¡Válgame Dios!

[443] **ignorar**—no saber.

[444] Frestón—Fristón, supuesto autor de _Don Belianís de Grecia._

[445] vuelto—convertido.

[446] vencimiento—conquista.

Conectar

Busca información sobre Diego Pérez de Vargas «Machuca». ¿Es un personaje real o ficticio? ¿Dónde crees que don Quijote leyó algo sobre él?

_____

_____

_____

Y, ayudándole a levantar, tornó a subir sobre Rocinante, que medio despaldado[447] estaba. Y, hablando en[448] la pasada aventura, siguieron el camino del Puerto Lápice,[449] porque allí decía don Quijote que no era posible dejar de hallarse muchas y diversas aventuras, por ser lugar muy pasajero;[450] sino que iba muy pesaroso por haberle faltado la lanza; y diciéndoselo a su escudero, le dijo:

—Yo me acuerdo haber leído que un caballero español llamado Diego Pérez de Vargas, habiéndosele en una batalla roto la espada, **desgajó**[451] de una encina un pesado ramo o tronco, y con él hizo tales cosas aquel día y **machacó**[452] tantos moros, que le quedó por sobrenombre Machuca, y así él como sus decendientes se llamaron desde aquel día en adelante Vargas y Machuca. Hete dicho esto, porque de la primera encina o roble que se me **depare**[453] pienso desgajar otro tronco tal y tan bueno como aquel que me imagino, y pienso hacer con él tales hazañas que tú te tengas por bien afortunado de haber merecido venir a vellas y a ser testigo de cosas que apenas podrán ser creídas.

—A la mano de Dios —dijo Sancho;— yo lo creo todo así como vuestra merced lo dice; pero enderécese un poco, que parece que va de medio lado, y debe de ser del molimiento de la caída.

—Así es la verdad —respondió don Quijote;— y si no me quejo del dolor es porque no es dado a los caballeros andantes quejarse de herida alguna, aunque se le salgan las tripas por ella.

—Si eso es así, no tengo yo que replicar —respondió Sancho;— pero sabe Dios si yo me holgara que vuestra merced se quejara cuando alguna cosa le doliera. De mí sé decir que me he de quejar del más pequeño dolor que tenga si ya no se entiende también con los escuderos de los caballeros andantes eso del no quejarse.

No se dejó de reír don Quijote de la **simplicidad**[454] de su escudero; y así, le declaró que podía muy bien quejarse como y cuando quisiese, sin gana o con ella; que hasta entonces no había leído cosa en contrario en la orden de caballería. Díjole Sancho que mirase que era hora de comer. Respondióle su amo que por entonces no le hacía menester; que comiese él cuando se le antojase. Con esta licencia se acomodó Sancho lo mejor que pudo sobre su jumento, y, sacando de las alforjas lo que en ellas había

---

[447] despaldado—desespaldado; lastimado en la espalda.

[448] hablando en—comentando.

[449] Puerto Lápice—población en la actual provincia de Ciudad Real, sobre la carretera de Madrid a Andalucía.

[450] pasajero—transitado.

[451] **desgajó**—arrancó.

[452] **machacó**—machucó; hizo pedazos.

[453] **depare**—presente; aparezca.

[454] **simplicidad**—ingenuidad; simpleza.

puesto, iba caminando y comiendo detrás de su amo muy de su espacio,[455] y de cuando en cuando empinaba la bota,[456] con tanto gusto que le pudiera envidiar el más regalado bodegonero[457] de Málaga.[458] Y en tanto que él iba de aquella manera menudeando tragos,[459] no se le acordaba de ninguna promesa que su amo le hubiese hecho, ni tenía por ningún trabajo, sino por mucho descanso, andar buscando las aventuras, por peligrosas que fuesen.

En resolución, aquella noche la pasaron entre unos árboles, y del uno dellos desgajó don Quijote un ramo seco que casi le podía servir de lanza, y puso en él el hierro que quitó de la que se le había quebrado. Toda aquella noche no durmió don Quijote, pensando en su señora Dulcinea, por acomodarse a lo que había leído en sus libros, cuando los caballeros pasaban sin dormir muchas noches en las florestas y despoblados, entretenidos con las memorias de sus señoras. No la pasó ansí Sancho Panza; que, como tenía el estómago lleno, y no de agua de chicoria,[460] de un sueño se la llevó toda, y no fueran parte[461] para despertarle, si su amo no lo llamara, los rayos del sol, que le daban en el rostro, ni el canto de las aves, que, muchas y muy regocijadamente,[462] la venida del nuevo día saludaban. Al levantarse dio un tiento[463] a la bota, y hallóla algo más flaca que la noche antes; y afligiósele el corazón, por parecerle que no llevaban camino de remediar tan presto su falta. No quiso desayunarse don Quijote, porque, como está dicho, dio en sustentarse de sabrosas memorias. Tornaron a su comenzado camino del Puerto Lápice, y a obra de[464] las tres del día le descubrieron.

—Aquí —dijo en viéndole don Quijote— podemos, hermano Sancho Panza, meter las manos hasta los codos en esto que llaman aventuras. Mas advierte que, aunque me veas en los mayores peligros del mundo, no has de poner mano a tu espada para defenderme, si ya no vieres que los que me ofenden es canalla y gente baja, que en tal caso bien puedes ayudarme; pero si fueren caballeros, en ninguna manera te es lícito ni concedido por las leyes de caballería que me ayudes, hasta que seas armado caballero.

Identificar

En este párrafo don Quijote pasa la noche sin dormir. Subraya la parte del Capítulo I donde también se hace referencia a la falta de sueño del personaje.

Aclarar

¿A qué se refiere la palabra «toda» en esta oración? ¿Qué significa la frase «se la llevó toda»?

---

[455] de su espacio—a sus anchas; cómodamente.

[456] empinaba la bota—alzaba la bolsa de cuero para tomar un trago de vino.

[457] bodegonero—propietario de un bodegón, o taberna.

[458] Málaga—ciudad y provincia andaluza, situada en la costa del Mediterráneo; era famosa por sus vinos.

[459] menudeando tragos—tomando tragos con frecuencia.

[460] agua de chicoria—té de achicoria, planta cuyas hojas se emplean en infusiones tónicas.

[461] parte (f.)—motivo suficiente.

[462] regocijadamente—alegremente.

[463] tiento—toque; intento de tomar un trago de la bota.

[464] a obra de—a eso de; cerca de.

—Por cierto, señor —respondió Sancho,— que vuestra merced sea muy bien obedecido en esto; y más, que yo de mío[465] me soy pacífico y enemigo de meterme en ruidos ni pendencias. Bien es verdad que en lo que tocare a defender mi persona no tendré mucha cuenta con esas leyes, pues las divinas y humanas permiten que cada uno se defienda de quien quisiere agraviarle.

—No digo yo menos —respondió don Quijote;— pero en esto de contra caballeros has de tener a raya tus naturales ímpetus.

—Digo que así lo haré —respondió Sancho,— y que guardaré ese preceto[466] tan bien como el día del domingo.

Estando en estas razones, asomaron por el camino dos frailes de la orden de San Benito, caballeros sobre dos dromedarios:[467] que no eran más pequeñas dos mulas en que venían. Traían sus antojos de camino[468] y sus quitasoles. Detrás dellos venía un coche, con cuatro o cinco de a caballo que le acompañaban y dos mozos de mulas a pie. Venía en el coche, como después se supo, una señora vizcaína[469] que iba a Sevilla, donde estaba su marido, que pasaba a las Indias[470] con un muy honroso cargo. No venían los frailes con ella, aunque iban el mesmo camino; mas apenas los divisó don Quijote, cuando dijo a su escudero:

—O yo me engaño, o ésta ha de ser la más famosa aventura que se haya visto; porque aquellos bultos negros que allí parecen deben de ser, y son, sin duda, algunos encantadores que llevan hurtada alguna princesa en aquel coche, y es menester deshacer este tuerto a todo mi **poderío**.[471]

—Peor será esto que los molinos de viento —dijo Sancho.— Mire, señor, que aquéllos son frailes de San Benito, y el coche debe de ser de alguna gente pasajera. Mire que digo que mire bien lo que hace, no sea el diablo que le engañe.

—Ya te he dicho, Sancho —respondió don Quijote,— que sabes poco de achaque[472] de aventuras; lo que yo digo es verdad, y ahora lo verás.

Y diciendo esto, se adelantó y se puso en la mitad del camino por donde los frailes venían, y, en llegando tan cerca que a él le pareció que le podrían oír lo que dijese, en alta voz dijo:

—Gente endiablada y descomunal, dejad luego al punto las altas princesas que en ese coche lleváis forzadas; si no, aparejaos[473]

© Houghton Mifflin Harcourt Publishing Company

---

[465] de mío—por naturaleza.

[466] preceto—precepto.

[467] dromedario—animal muy semejante al camello, pero que tiene una sola giba en el dorso.

[468] antojos de camino—anteojos; especie de máscara de viajero para protegerse contra los rayos solares y el polvo.

[469] vizcaína—de Vizcaya, provincia en el norte de España, en el País Vasco.

[470] las Indias—la América española, en tiempos coloniales.

[471] **poderío**—fuerza; capacidad.

[472] achaque (m.)—materia; asunto.

[473] aparejaos—preparaos.

Enfoque en el estilo

La primera oración de este párrafo tiene dos puntos de vista. ¿Cuáles son?

_____

_____

Aclarar

¿Qué significa «encantadores» en esta oración? ¿Qué otro significado de la palabra conoces?

_____

_____

a recibir presta muerte, por justo castigo de vuestras malas obras.

Detuvieron los frailes las riendas, y quedaron admirados, así de la figura de don Quijote como de sus razones, a las cuales respondieron:

—Señor caballero, nosotros no somos endiablados ni descomunales, sino dos religiosos de San Benito que vamos nuestro camino, y no sabemos si en este coche vienen, o no, ningunas forzadas princesas.

—Para conmigo no hay palabras blandas; que ya yo os conozco, fementida[474] canalla —dijo don Quijote.

Y sin esperar más respuesta, picó a Rocinante y, la lanza baja, arremetió contra el primero fraile, con tanta furia y denuedo, que si el fraile no se dejara caer de la mula, él le hiciera venir al suelo mal de su grado,[475] y aun mal ferido, si no cayera muerto. El segundo religioso, que vio del modo que trataban a su compañero, puso piernas al castillo de su buena mula,[476] y comenzó a correr por aquella campaña,[477] más ligero que el mesmo viento.

Sancho Panza, que vio en el suelo al fraile, apeándose ligeramente de su asno, arremetió a él y le comenzó a quitar los **hábitos**.[478] Llegaron en esto dos mozos[479] de los frailes y preguntáronle que por qué le desnudaba. Respondióles Sancho que aquello le tocaba a él legítimamente, como despojos de la batalla que su señor don Quijote había ganado. Los mozos, que no sabían de burlas, ni entendían aquello de despojos ni batallas, viendo que ya don Quijote estaba desviado[480] de allí, hablando con las que en el coche venían, arremetieron con Sancho y dieron con él en el suelo, y, sin dejarle pelo en las barbas, le molieron a coces y le dejaron tendido en el suelo, sin aliento ni sentido. Y, sin detenerse un punto, tornó a subir el fraile, todo temeroso y acobardado y sin color en el rostro; y cuando se vio a caballo, picó tras su compañero, que un buen espacio de allí le estaba aguardando, y esperando en qué paraba aquel **sobresalto**,[481] y, sin querer aguardar el fin de todo aquel comenzado suceso, siguieron su camino, haciéndose más cruces que si llevaran al diablo a las espaldas.

Don Quijote estaba, como se ha dicho, hablando con la señora del coche, diciéndole:

—La vuestra fermosura, señora mía, puede facer de su persona lo que más le viniere en talante, porque ya la **soberbia**[482]

Figuras retóricas
¿Qué figura retórica usa el autor cuando dice que los religiosos corrían «más ligero que el mesmo viento»?

_____

_____

Interpretar
¿Por qué dice Sancho que «aquello le tocaba a él legítimamente, como despojos de la batalla que su señor don Quijote había ganado»?

_____

_____

_____

_____

---

[474] fementida—falsa; engañosa.

[475] mal de su grado—contra su voluntad; aunque no quisiera.

[476] puso piernas al castillo de su buena mula—espoleó su gigantesca mula.

[477] campaña—terreno llano.

[478] **hábitos**—ropa propia de frailes.

[479] mozos—criados.

[480] desviado—apartado.

[481] **sobresalto**—susto.

[482] **soberbia**—arrogancia.

de vuestros robadores **yace**[483] por el suelo, derribada por este mi fuerte brazo; y porque no penéis[484] por saber el nombre de vuestro libertador, sabed que yo me llamo don Quijote de la Mancha, caballero andante y aventurero, y cautivo de la sin par y hermosa doña Dulcinea del Toboso, y en pago del beneficio que de mí habéis recebido, no quiero otra cosa sino que volváis[485] al Toboso, y que de mi parte os presentéis ante esta señora y le digáis lo que por vuestra libertad he fecho.

Todo esto que don Quijote decía escuchaba un escudero de los que el coche acompañaban, que era vizcaíno; el cual, viendo que no quería dejar pasar el coche adelante, sino que decía que luego había de dar la vuelta al Toboso, se fue para don Quijote y, asiéndole de la lanza, le dijo, en mala lengua castellana y peor vizcaína, desta manera:

—Anda, caballero que mal andes; que el Dios que crióme, que, si no dejas coche, así te matas como estás ahí vizcaíno.[486]

Entendióle muy bien don Quijote, y con mucho sosiego le respondió:

—Si fueras caballero, como no lo eres, ya yo hubiera castigado tu sandez y atrevimiento, cautiva criatura.

A lo cual replicó el vizcaíno:

—¿Yo no caballero? Juro a Dios tan mientes como cristiano. Si lanza arrojas y espada sacas, ¡el agua cuán presto verás que al gato llevas![487] Vizcaíno por tierra, hidalgo por mar, hidalgo por el diablo, y mientes que mira si otra dices cosa.

—Ahora lo veredes, dijo Agrajes[488] —respondió don Quijote.

Y arrojando la lanza en el suelo, sacó su espada y embrazó su rodela, y arremetió al vizcaíno, con determinación de quitarle la vida. El vizcaíno, que así le vio venir, aunque quisiera apearse de la mula, que, por ser de las malas de alquiler, no había que fiar[489] en ella, no pudo hacer otra cosa sino sacar su espada; pero avínole[490] bien que se halló junto al coche, de donde pudo tomar una almohada que le sirvió de escudo, y luego se fueron el uno para el otro, como si fueran dos mortales enemigos. La demás gente quisiera ponerlos en paz; mas no pudo, porque decía el vizcaíno en sus mal trabadas razones que si no le dejaban acabar su batalla, que él había de matar a su ama y a toda la gente que

---

[483] **yace**—está tendida.

[484] penéis—sufráis; tengáis ansia.

[485] volváis—torzáis; toméis el camino.

[486] así te matas como estás ahí vizcaíno—es tan cierto que te matará este vizcaíno como que estás tú ahí; el vizcaíno no hablaba bien el castellano, porque no era la lengua natal de los vascos.

[487] ¡el agua cuán presto verás que al gato llevas!—¡qué pronto verás que llevo el gato al agua!; «llevar el gato al agua» significa «salirse con la suya», es decir, hacer uno su voluntad contra un adversario.

[488] Agrajes—personaje del *Amadís de Gaula*, que solía decir «ahora lo veredes» a los que iba a combatir.

[489] fiar—confiar.

[490] avínole—le vino.

© Houghton Mifflin Harcourt Publishing Company

«Lengua castellana» es una manera de referirse a la lengua española. ¿De dónde proviene esa denominación?

_____

_____

Aclarar

Escribe la última frase de este párrafo en el orden habitual de las palabras.

_____

_____

Inferir

¿A qué se refiere en este contexto la frase «sus mal trabadas razones»?

_____

se lo **estorbase**.[491] La señora del coche, admirada y temerosa de lo que veía, hizo al cochero que se desviase de allí algún poco y desde lejos se puso a mirar la rigurosa **contienda**,[492] en el discurso[493] de la cual dio el vizcaíno una gran cuchillada a don Quijote encima de un hombro, por encima de la rodela, que, a dársela[494] sin defensa, le abriera hasta la cintura. Don Quijote, que sintió la pesadumbre de aquel desaforado golpe, dio una gran voz, diciendo:

—¡Oh señora de mi alma, Dulcinea, flor de la fermosura, socorred a este vuestro caballero, que, por satisfacer a la vuestra mucha bondad, en este riguroso trance se halla!

El decir esto, y el apretar la espada, y el cubrirse bien de su rodela, y el arremeter al vizcaíno, todo fue en un tiempo, llevando determinación de **aventurarlo**[495] todo a la[496] de un golpe solo.

El vizcaíno, que así le vio venir contra él, bien entendió por su denuedo su coraje, y determinó de hacer lo mesmo que don Quijote. Y así, le aguardó bien cubierto de su almohada, sin poder rodear la mula a una ni a otra parte; que ya, de puro cansada y no hecha a semejantes niñerías, no podía dar un paso.

Venía, pues, como se ha dicho, don Quijote contra el cauto[497] vizcaíno, con la espada en alto, con determinación de abrirle por medio, y el vizcaíno le aguardaba ansimesmo levantada la espada y aforrado[498] con su almohada, y todos los circunstantes[499] estaban temerosos y colgados[500] de lo que había de suceder de aquellos tamaños golpes con que se amenazaban; y la señora del coche y las demás criadas suyas estaban haciendo mil **votos**[501] y ofrecimientos a todas las imágenes y casas de devoción de España, porque Dios librase a su escudero y a ellas de aquel tan grande peligro en que se hallaban.

Pero está el daño de todo esto que en este punto y término deja pendiente el autor desta historia esta batalla, disculpándose que no halló más escrito, destas hazañas de don Quijote, de las que deja referidas. Bien es verdad que el segundo autor[502] desta obra no quiso creer que tan curiosa historia estuviese entregada a las leyes del olvido, ni que hubiesen sido tan poco curiosos los ingenios de la Mancha, que no tuviesen en sus archivos o en sus

Identificar

Subraya las palabras relacionadas con la lucha y los caballeros en este párrafo, que comienza en la página anterior.

Inferir

¿Qué opina el narrador de las acciones de don Quijote y el vizcaíno? ¿Cómo lo sabes?

---

[491] **estorbase**—impidiese; pusiese obstáculos.

[492] **contienda**—pelea; batalla.

[493] discurso—transcurso.

[494] a dársela—de habérsela dado; si se la hubiera dado.

[495] **aventurarlo**—arriesgarlo.

[496] la—aquí, la ventura; la suerte.

[497] cauto—cauteloso; prevenido.

[498] aforrado—cubierto; protegido.

[499] circunstantes—presentes; observadores.

[500] colgados—pendientes; sobre ascuas.

[501] **votos**—promesas; rezos.

[502] el segundo autor—Cervantes, porque finge que él no es el autor del *Quijote*, sino sólo el que lo traduce del árabe; el verdadero autor, dice Cervantes, es Cide Hamete Benengeli.

escritorios algunos papeles que deste famoso caballero tratasen; y así, con esta imaginación, no se desesperó de hallar el fin desta apacible[503] historia, el cual, siéndole el cielo favorable, le halló del modo que se contará en la segunda parte.

CAPÍTULO IX
*Donde se concluye y da fin a la estupenda batalla que el **gallardo**[504] vizcaíno y el valiente manchego[505] tuvieron*

Dejamos en la primera parte desta historia al valeroso vizcaíno y al famoso don Quijote con las espadas altas y desnudas, en guisa de[506] descargar dos furibundos[507] fendientes,[508] tales que si en lleno[509] se acertaban, por lo menos se dividirían y fenderían de arriba abajo, y abrirían como una granada, y que en aquel punto tan dudoso paró y quedó destroncada[510] tan sabrosa historia, sin que nos diese noticia su autor dónde se podría hallar lo que de ella faltaba. Causóme esto mucha **pesadumbre,**[511] porque el gusto de haber leído tan poco se volvía en disgusto, de pensar el mal camino que se ofrecía para hallar lo mucho, que a mi parecer, faltaba de tan sabroso cuento. Parecióme cosa imposible y fuera de toda buena costumbre, que a tan buen caballero le hubiese faltado algún sabio que tomara a cargo[512] en escribir sus nunca vistas hazañas; cosa que no faltó a ninguno de los caballeros andantes,

de los que dicen las gentes
que van a sus aventuras,

porque cada uno dellos tenía uno o dos sabios,[513] como de molde,[514] que no solamente escribían sus hechos, sino que pintaban sus más mínimos pensamientos y niñerías, por más escondidas que fuesen; y no había de ser tan **desdichado**[515] tan buen caballero, que le faltase a él lo que sobró a Platir[516] y a otros

Enfoque en el estilo
Cervantes parece recordar unos versos de Petrarca aquí. No nos sorprende su cómputo silábico. ¿Cuál es?

---

[503] apacible—grata; placentera.

[504] **gallardo**—valiente y de buena presencia

[505] manchego—natural de La Mancha

[506] en guisa de—en actitud de; listos para

[507] furibundos—que manifiestan furia; tremebundos

[508] fendientes—hendientes; que cortan desde arriba hacia abajo

[509] en lleno—totalmente

[510] destroncada—cortada; sin terminar

[511] **pesadumbre**—aflicción; tristeza

[512] tomara a cargo—se encargara de; aceptara la tarea de

[513] sabios—aquí, encantadores

[514] de molde—bien formados; aquí, perfectos

[515] **desdichado**—infeliz; desafortunado

[516] Platir—protagonista de la novela *La Crónica del Caballero Platir*, cuyo autor anónimo dio a entender que la había escrito el sabio Galtenor, mago

semejantes. Y así, no podía inclinarme a creer que tan gallarda historia hubiese quedado manca[517] y estropeada, y echada la culpa a la malignidad del tiempo, devorador y consumidor de todas las cosas, el cual o la tenía oculta o consumida.

Por otra parte, me parecía que, pues entre sus libros se habían hallado tan modernos como *Desengaño de celos,* y *Ninfas y pastores de Henares,*[518] que tambíen su historia debía de ser moderna, y que, ya que[519] no estuviese escrita, estaría en la memoria de la gente de su aldea y de las a ellas circunvecinas. Esta imaginación me traía confuso y deseoso de saber real y verdaderamente toda la vida y milagros de nuestro famoso español don Quijote de la Mancha, luz y espejo de la caballería manchega, y el primero que en nuestra edad y en estos tan calamitosos tiempos se puso al trabajo y ejercicio de las andantes armas, y el de desfacer agravios, socorrer viudas, amparar doncellas, de aquellas que andaban con sus azotes y palafrenes,[520] y con toda su virginidad a cuestas, de monte en monte y de valle en valle; que si no era que algún follón,[521] o algún villano de hacha y capellina,[522] o algún descomunal gigante las forzaba, doncella hubo en los pasados tiempos que, al cabo de ochenta años, que en todos ellos no durmió un día debajo de tejado, y se fue tan entera[523] a la sepultura como la madre que la había parido. Digo, pues, que por estos y otros muchos respetos[524] es digno nuestro gallardo don Quijote de continuas y memorables **alabanzas**,[525] y aun a mí no se me deben negar, por el trabajo y diligencia que puse en buscar el fin de esta agradable historia; aunque bien sé que si el cielo, el caso y la fortuna no me ayudan, el mundo quedara falto y sin el pasatiempo y gusto, que bien casi dos horas podrá tener el que con atención la leyere. Pasó, pues, el hallarla en esta manera:

Estando yo un día en el Alcaná de Toledo,[526] llegó un muchacho a vender unos **cartapacios**[527] y papeles viejos a un sedero;[528] y como soy aficionado a leer, aunque sean los papeles rotos de las calles, llevado desta mi natural inclinación, tomé un cartapacio de los que el muchacho vendía; y vile con carácteres que conocí ser arábigos. Y puesto que aunque los conocía, no los

© Houghton Mifflin Harcourt Publishing Company

---

[517] manca—truncada; incompleta

[518] *Desengaño de celos y Ninfas y Pastores de Henares*—modernos porque se habían publicado en 1586 y 1587, respectivamente

[519] ya que—aquí, aunque

[520] azotes y palafrenes—látigos y caballos mansos

[521] follón—bribón; cobarde

[522] villano de hacha y capellina—hombre rústico y vil, que lleva hacha y yelmo

[523] entera—aquí, virgen

[524] respetos—respectos

[525] **alabanzas**—elogios

[526] Alcaná de Toledo—calle de Toledo, dedicada principalmente a tiendas de mercería, es decir, artículos domésticos, especialmente los de costura

[527] **cartapacios**—carpetas o cuadernos

[528] sedero—comerciante especializado en sedas

Conectar

¿Cómo se llama este tópico literario concerniente al tiempo?

_____

_____

Comprender

¿A qué «calamitosos tiempos» se refiere Cervantes?

_____

_____

_____

Enfoque en el estilo

Describe en una sola palabra apta la actitud del nuevo narrador con respecto a don Quijote.

_____

Comparar

Vuelve tú al Capítulo III, donde don Quijote se arma caballero. Describe de la misma manera la actitud de aquel narrador.

_____

_____

_____

_____

_____

sabía leer, anduve mirando si parecía por allí algún morisco aljamiado[529] que los leyese, y no fue muy dificultoso hallar intérprete semejante, pues aunque le buscara de otra mejor y más antigua lengua, le hallara. En fin, la suerte me deparó[530] uno, que, diciéndole mi deseo y poniéndole el libro en las manos, le abrió por medio, y leyendo un poco en él se comenzó a reír.

Preguntéle yo que de qué se reía, y respondióme que de una cosa que tenía aquel libro escrita en el margen por anotación. Díjele que me la dijese, y él, sin dejar la risa, dijo:

—Está, como he dicho, aquí en el margen escrito esto: _Esta Dulcinea del Toboso, tantas veces en esta historia referida, dicen que tuvo la mejor mano para salar puercos que otra mujer de toda la Mancha._

Cuando yo oí decir «Dulcinea del Toboso», quedé **atónito**[531] y suspenso,[532] porque luego se me representó que aquellos cartapacios contenían la historia de don Quijote. Con esta imaginación le di priesa que leyese el principio; y haciéndolo así, volviendo de improviso[533] el arábigo en castellano, dijo que decía: _Historia de Don Quijote de la Mancha, escrita por Cide Hamete Benengeli, historiador arábigo._[534] Mucha discreción fue menester para **disimular**[535] el contento que recibí cuando llegó a mis oídos el título del libro; y salteándosele[536] al sedero, compré al muchacho todos los papeles y cartapacios por medio real, que si él tuviera discreción[537] y supiera lo que[538] yo los deseaba, bien se pudiera prometer y llevar más de seis reales de la compra. Apartéme luego con el morisco por el claustro de la iglesia mayor,[539] y roguéle me volviese[540] aquellos cartapacios, todos los que trataban de don Quijote, en lengua castellana, sin quitarles ni añadirles nada, ofreciéndole la paga que él quisiese. Contentóse con dos arrobas[541] de pasas y dos fanegas[542] de trigo, y prometió de traducirlos bien y fielmente, y con mucha brevedad. Pero yo, por facilitar más el negocio y por no dejar de la mano tan buen hallazgo, le truje a mi casa, donde en poco más de mes y medio la tradujo toda del mismo modo que aquí se refiere.

---

[529] morisco aljamiado—moro que conoce el español

[530] deparó—ofreció; aportó

[531] **atónito**—asombrado

[532] suspenso—intrigado; pendiente

[533] de improviso—sin previo estudio; sobre la marcha

[534] Cide Hamete Benengeli—autor árabe ficticio, invención de Cervantes, a quien éste atribuye su novela

[535] **disimular**—ocultar

[536] salteándosele—arrebatándoselo

[537] discreción—buen juicio

[538] lo que—aquí, cuánto

[539] iglesia mayor—catedral

[540] volviese—aquí, tradujese

[541] arrobas—una arroba equivale a aproximadamente once kilos y medio, o unas 25 libras

[542] fanegas—una fanega equivale, en Castilla, a unos 55 litros y medio

Estaba en el primer cartapacio pintada muy al natural la batalla de don Quijote con el vizcaíno, puestos en la mesma postura que la historia cuenta, levantadas las espadas, el uno cubierto de su rodela,[543] el otro de la almohada, y la mula del vizcaíno tan al vivo, que estaba mostrando ser de alquiler a tiro de ballesta.[544] Tenía a los pies el vizcaíno un título[545] que decía: *Don Sancho de Azpetia*[546] que, sin duda, debía de ser su nombre, y a los pies de Rocinante estaba otro que decía: *Don Quijote*. Estaba Rocinante maravillosamente pintado, tan largo y tendido, tan atenuado[547] y flaco, con tanto espinazo, tan hético[548] confirmado, que mostraba bien al descubierto con cuánta advertencia y propiedad se le había puesto el nombre de Rocinante. Junto a él estaba Sancho Panza, que tenía del cabestro[549] a su asno, a los pies del cual estaba otro rótulo que decía: *Sancho Zancas*; y debía de ser que tenía, a lo que mostraba la pintura, la barriga grande, el talle corto, y las zancas[550] largas, y por esto se le debió de poner nombre de Panza y de Zancas; que con estos dos sobrenombres se le llama algunas veces la historia. Otras algunas **menudencias**[551] había que advertir; pero todas son de poca importancia y que no hacen al caso a la verdadera relación de la historia, que ninguna es mala como sea verdadera.

Si a ésta se le puede poner alguna objeción cerca de[552] su verdad, no podrá ser otra sino haber sido su autor arábigo, siendo muy propio de los de aquella nación[553] ser mentirosos; aunque, por ser tan nuestros enemigos, antes se puede entender haber quedado falto[554] en ella que demasiado. Y así me parece a mí, pues cuando pudiera y debiera estender la pluma en las alabanzas de tan buen caballero, parece que de industria[555] las pasa en silencio: cosa mal hecha y peor pensada, habiendo y debiendo ser los historiadores puntuales,[556] verdaderos y no nada apasionados, y que ni el interés ni el miedo, el rencor ni la afición, no les haga torcer del camino de la verdad, cuya madre es la historia, émula del tiempo,[557] depósito de las acciones, testigo de lo pasado, ejemplo y aviso de lo presente, advertencia

---

[543] rodela—escudo redondo y ligero, usado por los que pelean con espada

[544] a tiro de ballesta—desde lejos; la ballesta es una especie de arco para disparar flechas

[545] título—aquí, letrero; rótulo

[546] Azpetia—Azpeitia, villa de la provincia de Guipúzcoa, en el norte de España

[547] atenuado—disminuido

[548] hético—tísico; que padece de la tisis, tuberculosis pulmonar

[549] cabestro—cuerda que se ata a la cabeza de un caballo, para sujetarlo o guiarlo

[550] zancas—piernas largas y delgadas

[551] **menudencias**—cosas menudas; detalles sin importancia

[552] cerca de—aquí, acerca de

[553] nación—aquí, raza; etnia o etnicidad

[554] falto—corto; deficiente

[555] de industria—adrede; a propósito; con intención

[556] puntuales—aquí, exactos

[557] émula del tiempo—la historia compite con el tiempo, procurando conservar lo que el tiempo tiende a borrar

Anotar

Una prueba de que este narrador no es el primero es la persona gramatical usada. ¿Cuál es el término que usamos para categorizar este tipo de narrador?

_____

_____

Comprender

¿A qué se refiere la palabra *todas* aquí? Y, ¿por qué son de poca importancia? ¿Qué opina este segundo narrador de los libros de caballerías?

_____

_____

_____

_____

de lo porvenir. En ésta sé que se hallará todo lo que se acertare a desear en la más apacible; y si algo bueno en ella faltare, para mí tengo que fue por culpa del galgo[558] de su autor, antes que por falta del sujeto.[559] En fin, su segunda parte, siguiendo la traducción, comenzaba desta manera:

Puestas y levantadas en alto las cortadoras espadas de los dos valerosos y enojados combatientes, no parecía sino que estaban amenazando al cielo, a la tierra y al abismo: tal era el denuedo[560] y continente[561] que tenían. Y el primero que fue a descargar el golpe fue el **colérico**[562] vizcaíno, el cual fue dado con tanta fuerza y tanta furia, que, a no volvérsele la espada en el camino, aquel solo golpe fuera bastante para dar fin a su rigurosa contienda[563] y a todas las aventuras de nuestro caballero; mas la buena suerte, que para mayores cosas le tenía guardado, torció la espada de su contrario, de modo que, aunque le acertó[564] en el hombro izquierdo, no le hizo otro daño que desarmarle todo aquel lado, llevándole, de camino, gran parte de la celada, con la mitad de la oreja; que todo ello con espantosa ruina vino al suelo, dejándole muy **maltrecho**.[565]

¡Válame Dios, y quién será aquel que buenamente pueda contar ahora la rabia que entró en el corazón de nuestro manchego, viéndose parar de aquella manera! No se diga más sino que fue de manera, que se alzó de nuevo en los estribos, y apretando más la espada en las dos manos, con tal furia descargó sobre el vizcaíno, acertándole de lleno sobre la almohada y sobre la cabeza, que, sin ser parte[566] tan buena defensa, como si cayera sobre él una montaña, comenzó a echar sangre por las narices y por la boca, y por los oídos, y a dar muestras de caer de la mula abajo, de donde cayera sin duda, si no se abrazara con el cuello; pero con todo eso, sacó los pies de los estribos, y luego soltó los brazos, y la mula, espantada del terrible golpe, dio a correr por el campo, y a pocos corcovos[567] dio con su dueño en tierra.

Estábaselo con mucho **sosiego**[568] mirando don Quijote, y como lo vio caer, saltó de su caballo y con mucha ligereza se llegó a él, y poniéndole la punta de la espada en los ojos, le dijo que se rindiese;[569] si no, que le cortaría la cabeza. Estaba el vizcaíno tan

---

[558] galgo—perro, palabra insultante, aplicada al supuesto autor arábigo

[559] sujeto—aquí, materia; asunto

[560] denuedo—brío; valor

[561] continente—actitud; compostura

[562] **colérico**—lleno de cólera; rabioso

[563] contienda—batalla; lucha

[564] acertó—llegó a dar

[565] **maltrecho**—herido; en mal estado

[566] sin ser parte—aquí, a pesar de

[567] corcovos—brincos que dan los caballos, las mulas, etc.

[568] **sosiego**—calma; tranquilidad

[569] se rindiese—se diese por vencido; reconociese que había sido derrotado

turbado[570] que no podía responder palabra, y él lo pasara mal, según estaba ciego don Quijote, si las señoras del coche, que hasta entonces con gran desmayo[571] habían mirado la **pendencia**,[572] no fueran adonde estaba y le pidieran con mucho encarecimiento les hiciera tan grande merced y favor de perdonar la vida a aquel su escudero. A lo cual don Quijote respondió con mucho entono[573] y gravedad:

—Por cierto, fermosas señoras, yo soy muy contento de hacer lo que me pedís; mas ha de ser con una condición y concierto,[574] y es que este caballero me ha de prometer de ir al lugar del Toboso, y presentarse de mi parte ante la sin par doña Dulcinea, para que ella haga dél lo que más fuere de su voluntad.

Las temerosas y desconsoladas señoras, sin entrar en cuenta[575] de lo que don Quijote pedía, y sin preguntar quién Dulcinea fuese, le prometieron que el escudero haría todo aquello que de su parte le fuese mandado.

—Pues en fe de[576] esa palabra, yo no le haré más daño, puesto que[577] me lo tenía bien merecido.

SEGUNDA PARTE, CAPÍTULO LXXIV
De cómo don Quijote cayó malo y del testamento que hizo y su muerte

Como las cosas humanas no sean eternas, yendo siempre en declinación de sus principios hasta llegar a su último fin, especialmente las vidas de los hombres, y como la de don Quijote no tuviese privilegio del cielo para detener el curso de la suya,[578] llegó su fin y acabamiento cuando él menos lo pensaba; porque o ya fuese de la melancolía que le causaba el verse vencido, o ya por la disposición del cielo, que así lo ordenaba, se le arraigó[579] una **calentura**,[580] que le tuvo seis días en la cama, en los cuales fue visitado muchas veces del cura, del bachiller y del barbero, sus amigos, sin quitársele de la cabecera[581] Sancho Panza, su buen escudero.

Éstos, creyendo que la pesadumbre de verse vencido y de no ver cumplido su deseo en la libertad y desencanto[582] de Dulcinea le tenía de aquella suerte, por todas las vías posibles procuraban

Comprender

¿A qué se debe el hecho de que don Quijote le perdona la vida al escudero aquí?

_____

_____

_____

Comprender

¿Cuáles son las dos causas posibles, según el narrador, de la enfermedad de don Quijote?

_____

_____

_____

[570] turbado—aturdido; desorientado

[571] desmayo—aquí, inquietud; temor

[572] **pendencia**—pelea; riña

[573] entono—vigor en la voz; firmeza

[574] concierto—acuerdo

[575] entrar en cuenta—darse cuenta; comprender

[576] en fe de—con fe en

[577] puesto que—aquí, aunque

[578] la suya—su declinación

[579] se le arraigó—se le metió en forma persistente

[580] **calentura**—fiebre

[581] cabecera—parte de la cama donde se colocan las almohadas

[582] desencanto—escape de su encantamiento

© Houghton Mifflin Harcourt Publishing Company

alegrarle, diciéndole el bachiller que se animase y levantase para comenzar su pastoral ejercicio, para el cual tenía ya compuesta una écloga,[583] que mal año[584] para cuantas Sanazaro[585] había compuesto, y que ya tenía comprados de su propio dinero dos famosos perros para guardar el ganado, el uno llamado Barcino[586] y el otro Butrón,[587] que se los había vendido un ganadero del Quintanar.[588] Pero no por esto dejaba don Quijote sus tristezas.

Llamaron sus amigos al médico, tomóle el pulso, y no le contentó mucho y dijo que, por sí o por no,[589] atendiese a la salud de su alma, porque la del cuerpo corría peligro. Oyólo don Quijote con ánimo **sosegado**,[590] pero no lo oyeron así su ama, su sobrina y su escudero, los cuales comenzaron a llorar tiernamente, como si ya le tuvieran muerto delante. Fue el parecer del médico que melancolías y desabrimientos[591] le acababan. Rogó don Quijote que le dejasen solo, porque quería dormir un poco. Hiciéronlo así y durmió de un tirón, como dicen, más de seis horas; tanto, que pensaron el ama y la sobrina que se había de quedar en el sueño. Despertó al cabo del tiempo dicho y, dando una gran voz, dijo:

—¡Bendito sea el poderoso Dios, que tanto bien me ha hecho! En fin, sus misericordias no tienen límite, ni las abrevian ni impiden los pecados de los hombres.

Estuvo atenta la sobrina a las razones del tío y pareciéronle más concertadas que él solía[592] decirlas, a lo menos en aquella enfermedad, y preguntóle:

—¿Qué es lo que vuestra merced dice, señor? ¿Tenemos algo de nuevo? ¿Qué misericordias son éstas, o qué pecados de los hombres?

—Las misericordias—respondió don Quijote—, sobrina, son las que en este instante ha usado Dios conmigo, a quien, como dije, no las impiden mis pecados. Yo tengo juicio ya, libre y claro, sin las sombras caliginosas[593] de la ignorancia, que sobre él me pusieron mi amarga y continua leyenda[594] de los detestables

© Houghton Mifflin Harcourt Publishing Company

---

[583] écloga—égloga, poema pastoril, que idealiza la vida campestre

[584] mal año—mala suerte; tanto peor

[585] Sanazaro—Jacopo Sannazaro (1458—1530), escritor italiano, autor de una novela pastoril, *La Arcadia*, que se considera modelo del género

[586] Barcino—barcino, adj.; se refiere al color, blanco, pardo, o rojizo, del pelo de ciertos animales

[587] Butrón—apellido ilustre, relacionado con la primera nobleza de España

[588] Quintanar—Quintanar de la Orden, población de la provincia de Toledo; aparece también en el Capítulo IV del *Quijote* de 1605, en el episodio de Juan Haldudo y Andrés

[589] por sí o por no—por si acaso

[590] **sosegado**—calmado; tranquilo

[591] desabrimientos—disgustos

[592] solía—acostumbraba; tenía la costumbre de

[593] caliginosas—oscuras

[594] leyenda—aquí, lectura

Comprender

El médico tiene otra opinión. Según él, ¿a qué se debe la enfermedad mortal de don Quijote?

libros de las caballerías. Ya conozco sus disparates y sus embelecos,[595] y no me pesa sino que este desengaño ha llegado tan tarde, que no me deja tiempo para hacer alguna recompensa,[596] leyendo otros que sean luz del alma. Yo me siento, sobrina, a punto de muerte; querría hacerla de tal modo, que diese a entender que no había sido mi vida tan mala, que dejase renombre de loco; que puesto que lo he sido, no querría confirmar esta verdad en mi muerte. Llámame, amiga, a mis buenos amigos: al cura, al bachiller Sansón Carrasco y a maese Nicolás el barbero, que quiero confesarme y hacer mi testamento.

Pero de este trabajo se escusó la sobrina con la entrada de los tres. Apenas los vio don Quijote, cuando dijo:

—Dadme **albricias**,[597] buenos señores, de que ya yo no soy don Quijote de la Mancha, sino Alonso Quijano, a quien mis costumbres me dieron renombre de *Bueno*. Ya soy enemigo de Amadís de Gaula y de toda la infinita caterva[598] de su linaje;[599] ya me son odiosas todas las historias profanas[600] del andante caballería; ya conozco mi **necedad**[601] y el peligro en que me pusieron haberlas leído; ya, por misericordia de Dios, **escarmentando en cabeza propia**,[602] las abomino.[603]

Cuando esto le oyeron decir los tres, creyeron, sin duda, que alguna nueva locura le había tomado. Y Sansón le dijo:

—¿Ahora, señor don Quijote, que tenemos nueva que está desencantada la señora Dulcinea, sale vuestra merced con eso? Y ¿agora que estamos tan a pique de[604] ser pastores, para pasar cantando la vida, como unos príncipes, quiere vuesa merced hacerse **ermitaño**?[605] Calle por su vida, vuelva en sí,[606] y **déjese de cuentos**.[607]

—Los de hasta aquí—replicó don Quijote—, que han sido verdaderos en mi daño, los ha de volver mi muerte, con ayuda del cielo, en mi provecho. Yo, señores, siento que me voy muriendo a toda priesa; déjense burlas aparte, y tráiganme un confesor que me confiese y un escribano[608] que haga mi testamento; que en tales **trances**[609] como éste no se ha de burlar el hombre con

---

[595] embelecos—mentiras; engaños

[596] recompensa—aquí, remedio

[597] **albricias**—premio o regalo que se da a alguien por haber traído buenas noticias

[598] caterva—multitud despreciable

[599] linaje—aquí, clase

[600] profanas—no religiosas; seculares

[601] **necedad**—tontería

[602] **escarmentando en cabeza propia**—aprendiendo por experiencia personal; referencia al dicho que reza: «Nadie escarmienta en cabeza ajena».

[603] abomino—odio; aborrezco

[604] a pique de—a punto de

[605] **ermitaño**—persona que vive solo, alejado de los demás

[606] vuelva en sí—vuelva a su condición normal, a su sano juicio

[607] **déjese de cuentos**—olvídese de esas tonterías

[608] escribano—notario público; persona autorizada a dar validez a firmas en documentos

[609] **trances**—situaciones críticas

Aclarar

…leyendo otros… ¿Cuál es el referente de *otros* aquí?

_____

_____

_____

Señalar

Subraya este nombre completo. Es la primera vez que se da completo en el *Quijote*.

Aclarar

Nota el uso de la palabra *del*, aquí, con *andante caballería*. En el siglo XVII, era corriente escribir *del* si la palabra siguiente empezaba con *a*, aunque no fuera tónica, es decir, acentuada.

Conectar

¿Qué apellido tiene el protagonista de la novela de Unamuno en esta misma antología?

_____

Comprender

…Los … los … ¿Cuál es el referente aquí?

_____

Enfoque en el estilo

¿En qué consiste la ironía de este diálogo entre Sansón Carrasco y don Quijote?

_____

_____

_____

el alma. Y así, suplico que en tanto que el señor cura me confiesa, vayan por el escribano.

Miráronse unos a otros, admirados[610] de las razones de don Quijote, y, aunque en duda, le quisieron creer; y una de las señales por donde conjeturaron se moría fue el haber vuelto con tanta facilidad de loco a cuerdo; porque a las ya dichas razones añadió otras muchas tan bien dichas, tan cristianas y con tanto concierto, que del todo les vino a quitar la duda, y a creer que estaba cuerdo.

Hizo salir la gente el cura, y quedóse solo con él y confesóle. El bachiller fue por el escribano y de allí a poco volvió con él y con Sancho Panza; el cual Sancho (que ya sabía por nuevas del bachiller en qué estado estaba su señor), hallando a la ama y a la sobrina llorosas, comenzó a hacer pucheros[611] y a derramar lágrimas. Acabóse la confesión y salió el cura diciendo:

—Verdaderamente se muere y verdaderamente está cuerdo Alonso Quijano el Bueno; bien podemos entrar para que haga su testamento.

Estas nuevas dieron un terrible empujón a los ojos preñados[612] de ama, sobrina y de Sancho Panza su buen escudero; de tal manera, que los hizo reventar las lágrimas de los ojos y mil profundos suspiros del pecho, porque verdaderamente, como alguna vez se ha dicho, en tanto que don Quijote fue Alonso Quijano el Bueno, **a secas,**[613] y en tanto que fue don Quijote de la Mancha, fue siempre de apacible[614] condición y de agradable trato, y por esto no sólo era bien querido de los de su casa, sino de todos cuantos le conocían.

Entró el escribano con los demás, y después de haber hecho la cabeza del testamento y ordenado su alma don Quijote, con todas aquellas circunstancias cristianas que se requieren, llegando a las mandas,[615] dijo:

—Ítem, es mi voluntad que de ciertos dineros que Sancho Panza, a quien en mi locura hice mi escudero, tiene, que porque ha habido entre él y mí ciertas cuentas, y dares y tomares,[616] quiero que no se le haga cargo dellos, ni se le pida cuenta alguna, sino que si sobrare alguno después de haberse pagado de lo que le debo, el restante sea suyo, que será bien poco, y buen provecho le haga; y si, como estando yo loco fui parte para[617] darle el gobierno de la ínsula, pudiera agora, estando cuerdo, darle el de

---

[610] admirados—sorprendidos; asombrados

[611] hacer pucheros—dar indicios de estar a punto de llorar

[612] preñados—aquí, hinchados; llenos de lágrimas

[613] **a secas**—sin más

[614] apacible—agradable; tranquilo

[615] mandas—cláusulas de un testamento

[616] dares y tomares—desacuerdos; diferencias

[617] fui parte para—fui responsable de

un reino, se le diera, porque la sencillez de su condición y fidelidad de su trato lo merece.

Y, volviéndose a Sancho, le dijo:

—Perdóname, amigo, de la ocasión que te he dado de parecer loco como yo, haciéndote caer en el error en que yo he caído de que hubo y hay caballeros andantes en el mundo.

—¡Ay! —respondió Sancho llorando—. No se muera vuestra merced, señor mío, sino tome mi consejo y viva muchos años; porque la mayor locura que puede hacer un hombre en esta vida es dejarse morir, sin más ni más, sin que nadie le mate, ni otras manos le acaben que las de la melancolía. Mire no sea perezoso, sino levántese desa cama, y vámonos al campo vestidos de pastores, como tenemos concertado:[618] quizá tras de alguna **mata**[619] hallaremos a la señora doña Dulcinea desencantada, que no haya más que ver. Si es que se muere de pesar de verse vencido, écheme a mí la culpa, diciendo que por haber yo cinchado mal[620] a Rocinante le **derribaron**;[621] cuanto más que vuestra merced habrá visto en sus libros de caballerías ser cosa ordinaria derribarse unos caballeros a otros y el que es vencido hoy ser vencedor mañana.

—Así es—dijo Sansón—, y el buen Sancho Panza está muy en la verdad destos casos.

—Señores—dijo don Quijote—, vámonos poco a poco, pues ya en los nidos de antaño[622] no hay pájaros hogaño.[623] Yo fui loco y ya soy cuerdo: fui don Quijote de la Mancha, y soy agora, como he dicho, Alonso Quijano el Bueno. Pueda con vuestras mercedes mi arrepentimiento y mi verdad volverme a la estimación que de mí se tenía, y prosiga adelante el señor escribano.

Ítem, mando[624] toda mi hacienda, a puerta cerrada,[625] a Antonia Quijana, mi sobrina, que está presente, habiendo sacado primero de lo más bien parado[626] della lo que fuere **menester**[627] para cumplir las mandas que dejo hechas; y la primera satisfación que se haga quiero que sea pagar el salario que debo del tiempo que mi ama me ha servido, y más veinte ducados[628] para un vestido. Dejo por mis albaceas[629] al señor cura y al señor bachiller Sansón Carrasco, que están presentes.

Enfoque en el estilo

¿Cuál es el sentimiento de este párrafo? Esfuérzate por describirlo en las palabras más apropiadas y expresivas.

_____

_____

_____

---

[618] concertado—acordado; planeado

[619] **mata**—planta de poca estatura

[620] cinchado mal—puesto con descuido la cincha, la faja o correa que asegura la silla

[621] **derribaron**—tumbaron; echaron al suelo

[622] antaño—años pasados

[623] hogaño—hoy; actualmente

[624] mando—doy; lego

[625] a puerta cerrada—de puertas adentro; en su totalidad

[626] bien parado—aquí, fácil de sacar

[627] **menester**—necesario

[628] ducados—monedas de oro, de valor variable

[629] albaceas—personas encargadas de hacer cumplir las mandas de un testamento

Comprender

¿Qué pasará con la herencia que don Quijote lega a su sobrina si ella se casa con hombre que sepa de los libros de caballerías?

_____

_____

_____

Aclarar

Cuando puedas, busca en Internet el nombre Alonso Fernández de Avellaneda, supuesto autor del libro que menciona don Quijote aquí en su lecho de muerte. Averigua lo que puedas sobre este autor y su libro, y comparte con tus compañeros de clase lo que descubras. Anótalo aquí.

_____

_____

_____

Causa y efecto

Es genuino el dolor que sienten todos por la agonía de don Quijote. ¿Qué causa tienen, entonces, estos indicios de mejor ánimo?

_____

_____

_____

Ítem, es mi voluntad que si Antonia Quijana, mi sobrina, quisiere casarse, se case con hombre de quien primero se haya hecho información que no sabe qué cosas sean libros de caballerías; y en caso que se averiguare[630] que lo sabe y, con todo eso, mi sobrina quisiere casarse con él, y se casare, pierda todo lo que le he mandado, lo cual puedan mis albaceas distribuir en obras pías,[631] a su voluntad.

Ítem, suplico a los dichos señores mis albaceas que si la buena suerte les trujere a conocer al autor que dicen que compuso una historia que anda por ahí con el título de _Segunda parte de las hazañas_[632] _de don Quijote de la Mancha_, de mi parte le pidan, cuan **encarecidamente**[633] ser pueda, perdone la ocasión que sin yo pensarlo le di de haber escrito tantos y tan grandes **disparates**[634] como en ella escribe, porque parto desta vida con escrúpulo[635] de haberle dado motivo para escribirlos.

Cerró con esto el testamento y, tomándole un desmayo, se tendió de largo a largo[636] en la cama. Alborotáronse todos y acudieron a su remedio, y en tres días que vivió después deste donde hizo el testamento, se desmayaba muy a menudo. Andaba la casa alborotada, pero, con todo, comía la sobrina, brindaba el ama y se regocijaba[637] Sancho Panza; que esto del heredar algo borra o templa[638] en el heredero la memoria de la pena que es razón[639] que deje el muerto.

En fin, llegó el último[640] de don Quijote, después de recebidos todos los sacramentos y después de haber abominado con muchas y eficaces razones de los libros de caballerías. Hallóse el escribano presente y dijo que nunca había leído en ningún libro de caballerías que algún caballero andante hubiese muerto en su lecho[641] tan **sosegadamente**[642] y tan cristiano como don Quijote; el cual, entre compasiones y lágrimas de los que allí se hallaron, dio su espíritu, quiero decir que se murió.

Viendo lo cual el cura, pidió al escribano le diese por testimonio como Alonso Quijano el Bueno, llamado comúnmente don Quijote de la Mancha, había pasado desta presente vida, y muerto naturalmente. Y que el tal testimonio pedía para quitar la ocasión

---

[630] averiguare—supiere (futuro del subjuntivo)

[631] pías—piadosas; caritativas

[632] **hazañas**—proezas; hechos heroicos

[633] **encarecidamente**—calurosamente; fuertemente

[634] **disparates**—dislates; locuras

[635] escrúpulo—aquí, arrepentimiento

[636] de largo a largo—cuan largo era

[637] se regocijaba—se daba gusto

[638] templa—aquí, modera; suaviza; disminuye

[639] razón—aquí, normal; razonable

[640] el último—el último desmayo

[641] lecho—cama

[642] **sosegadamente**—tranquilamente

de algún otro autor que Cide Hamete Benengeli[643] le resucitase falsamente y hiciese inacabables historias de sus hazañas.

Este fin tuvo el ingenioso hidalgo de la Mancha, cuyo lugar no quiso poner Cide Hamete puntualmente, por dejar que todas las villas y lugares de la Mancha contendiesen[644] entre sí por ahijársele[645] y tenérsele por suyo, como contendieron las siete ciudades de Grecia[646] por Homero.

Déjanse de poner aquí los llantos de Sancho, sobrina y ama de don Quijote, los nuevos epitafios de su sepultura, aunque Sansón Carrasco le puso éste:

> Yace aquí el hidalgo fuerte
> que a tanto estremo llegó
> de valiente, que se advierte
> que la muerte no triunfó
> de su vida con su muerte.
> Tuvo a todo el mundo en poco;
> fue el espantajo[647] y el coco[648]
> del mundo, en tal coyuntura,[649]
> que acreditó su **ventura**[650]
> morir cuerdo y vivir loco.

Y el prudentísimo Cide Hamete dijo a su pluma:

—Aquí quedarás, colgada desta espetera[651] y deste hilo de alambre, ni sé si bien cortada o mal tajada péñola[652] mía, adonde vivirás luengos[653] siglos, si presuntuosos y malandrines[654] historiadores no te descuelgan para profanarte. Pero antes que a ti lleguen, les puedes advertir, y decirles en el mejor modo que pudieres:

> ¡Tate, tate, folloncicos![655]
> De ninguno sea tocada;
> porque esta empresa, buen rey,
> para mí estaba guardada.[656]

---

[643] Cide Hamete Benengeli—supuesto autor de *Don Quijote*, según Cervantes

[644] contendiesen—disputasen; luchasen

[645] ahijársele—reclamarle como ahijado o hijo

[646] las siete ciudades de Grecia—Argos, Atenas, Colofón, Esmirna, Quíos, Rodas y Salamina; todas afirmaban ser la ciudad natal de Homero, autor de la *Ilíada*.

[647] espantajo—espantapájaros; figura que por su aspecto causa miedo; se coloca en los campos de cultivo para ahuyentar los pájaros

[648] coco—ser imaginario invocado para meter miedo a los niños

[649] coyuntura—aquí, momento decisivo

[650] **ventura**—suerte

[651] espetera—tabla provista de garfios, o ganchos para colgar los utensilios de cocina

[652] péñola—pluma

[653] luengos—largos

[654] malandrines—mal intencionados

[655] ¡Tate, tate, folloncicos!—¡Ojo! ¡Cuidado, malhechores! ¡Quietos!

[656] guardada—los dos últimos versos son de un romance sobre la muerte de Alonso de Aguilar en el cerco de Granada

© Houghton Mifflin Harcourt Publishing Company

Enfoque en el estilo

No sorprende el cómputo silábico aquí. ¿Cómo se llaman los versos de este número de sílabas?

_____

Conectar

Los versos de este cómputo silábico, ¿tienden a ser *populares*, o *cultos*?

_____

Enfoque en el estilo

Si este presunto intercambio es entre el autor y su pluma, ¿de quién es la voz que nos lo presenta?

_____

_____

_____

Para mí sola nació don Quijote, y yo para él; él supo obrar y yo escribir; solos los dos somos para en uno, a despecho y pesar del escritor fingido y tordesillesco[657] que se atrevió, o se ha de atrever, a escribir con pluma de avestruz grosera y mal deliñada[658] las hazañas de mi valeroso caballero, porque no es carga de sus hombros, ni asunto de su resfriado[659] ingenio.

A quien advertirás, si acaso llegas a conocerle, que deje reposar en la sepultura los cansados y ya podridos huesos de don Quijote, y no le quiera llevar, contra todos los fueros[660] de la muerte, a Castilla la Vieja, haciéndole salir de la fuesa[661] donde real y verdaderamente yace tendido de largo a largo, imposibilitado de hacer tercera jornada y salida nueva; que para hacer burla de tantas como hicieron tantos andantes caballeros, bastan las dos que él hizo tan a gusto y **beneplácito**[662] de las gentes a cuya noticia llegaron, así en estos como en los estraños reinos. Y con esto cumplirás con tu cristiana profesión, aconsejando bien a quien mal te quiere, y yo quedaré satisfecho y ufano[663] de haber sido el primero que gozó el fruto de sus escritos enteramente, como deseaba, pues no ha sido otro mi deseo que poner en aborrecimiento de los hombres las fingidas y disparatadas historias de los libros de caballerías, que por las de mi verdadero don Quijote van ya tropezando[664] y han de caer del todo sin duda alguna. *Vale.*[665]

Aclarar

¿Cuál es el referente de «las dos» aquí?

Comprender

¿Quién es el que se dice «el primero que gozó el fruto» de esta gran novela *Don Quijote de la Mancha*?

[657] tordesillesco—a la manera de los habitantes de Tordesillas, pueblo de la provincia de Valladolid; alusión a Alonso de Avellaneda, seudónimo del autor de una imitación del primer tomo de *Don Quijote*, publicado en Tarragona en 1614; Avellaneda dio a entender falsamente que era natural de Tordesillas.

[658] deliñada—delineada; trazada; compuesta

[659] resfriado—aquí, frío; que no tiene gracia

[660] fueros—derechos; privilegios

[661] fuesa—fosa; tumba

[662] **beneplácito**—placer

[663] ufano—orgulloso

[664] tropezando—aquí, perdiendo fuerzas

[665] Vale—Adiós; despedida en latín

PREGUNTAS

*Para conocer más a fondo el texto que has leído, responde a las siguientes preguntas. Tu propósito será uno de éstos, según indique tu profesor/a: **a.** prepararte para participar en un coloquio con tus compañeros de clase; **b.** prepararte para dar una presentación oral; **c.** bosquejar tus ideas por escrito para intercambiarlas con tus compañeros de clase; o **d.** escribir un ensayo formal.*

1. Retrata, en tus propias palabras, la vida y la figura del protagonista antes de que éste pierda el juicio. Al convertirse este «honrado hidalgo del señor Quijana» en don Quijote de la Mancha, ¿cómo cambia su aspecto físico? ¿Por qué es una figura anacrónica don Quijote en la España de su tiempo? ¿Qué haría uno hoy si quisiera convertirse en una figura paralela, surgida de una época de hace un par de siglos?

2. ¿Cómo se relaciona la figura de Dulcinea del Toboso con la condición de don Quijote como caballero andante? Ten en cuenta, al responder, la función del amor cortesano en los libros de caballerías. ¿Qué papel desempeña Dulcinea del Toboso en el encuentro de don Quijote con los mercaderes? ¿Qué problema tiene don Quijote con ellos? ¿Qué opinas tú de esta forma de razonar?

3. ¿Cuáles son los varios planos de la realidad sobre los que operan don Quijote, por un lado, y Sancho Panza por otro, en la aventura de los molinos de viento?

4. Señala la diferencia entre el lenguaje que usa don Quijote al hablar, y el lenguaje de la narración. ¿A qué se debe esta diferencia? Ilustra tus observaciones con ejemplos específicos del texto, señalando las cualidades de cada uno de estos niveles de lenguaje.

5. Al final del capítulo VIII, Cervantes suspende la narración de las aventuras de don Quijote, estando éste en pleno combate con el vizcaíno. ¿A qué atribuye el narrador esta interrupción? ¿Cómo explica la reanudación del relato en el capítulo IX?

6. Investiga lo siguiente: ya que su novela es una obra de ficción, ¿por qué insiste tanto Cervantes en su veracidad? ¿Qué concepto tiene Cervantes de los historiadores y su responsabilidad? Para desarrollar tu respuesta, consulta el texto, capítulo IX, página 181. Empieza así: «…la verdad, cuya madre es la historia…», y termina así: «…advertencia de lo por venir…». Analiza lo que quiere decir Cervantes con esta famosa frase.

7. En la aventura de los molinos de viento, en el capítulo VIII, don Quijote sale del encuentro muy maltrecho. Sin embargo, en el Capítulo IX, en la batalla con el vizcaíno, aunque éste descarga el primer golpe, nuestro caballero vence a su contrincante, saliendo victorioso de la contienda. ¿Cómo explicarías tú la diferencia entre el resultado de estas dos aventuras? Defiende tu criterio a base de los dos textos.

8. ¿Qué opinión tiene Cervantes de Cide Hamete Benengeli? ¿Es éste una persona de carne y hueso o un ente de ficción? ¿Qué advertencia da Cervantes, en el capítulo IX, a los lectores del manuscrito del «autor» árabe?

9. En el capítulo LXXIV, último de la novela, don Quijote regresa a su casa, y dentro de poco tiempo, cae enfermo. ¿Cuál es el resultado, o mejor dicho, cuáles son los resultados de esta enfermedad? Puntualiza tu respuesta con evidencia extraída del capítulo.

10. Existe una polémica entre los críticos literarios sobre la sinceridad del arrepentimiento de don Quijote al final de la novela. ¿Que opinas tú? Basándote en el texto, contesta la siguiente pregunta: ¿Cree en la realidad de la abjuración de Alonso Quijano de su vida como don Quijote de la Mancha?

11. Describe el papel de la pluma en la creación del *Quijote*. En tu desarrollo del mismo, trata su intrusión en el fin de la novela. ¿Tienes un juicio propio sobre cuántas «personas», o reales o ficticias, participaron en su creación? Una respuesta completa contendrá una enumeración de todos los «autores del *Quijote*» que tú hayas percibido.

12. Compara y contrasta el *Quijote* y el *Lazarillo* de *Tormes* en cuanto a su organización episódica y su visión satírica.

Análisis literario

El ingenioso hidalgo don Quijote de la Mancha, Primera parte

Este fragmento proviene del Capítulo 9 de la primera parte de *Don Quijote*, de Miguel de Cervantes. Léelo y contesta las preguntas.

Cuando yo oí decir «Dulcinea del Toboso», quedé atónito y suspenso, porque luego se me representó que aquellos cartapacios contenían la historia de don Quijote. Con esta imaginación le di priesa que leyese el principio; y haciéndolo así, volviendo de improviso el arábigo en castellano, dijo que decía: *Historia de don Quijote de la Mancha, escrita por Cide Hamete Benengeli, historiador arábigo.* Mucha discreción fue menester para disimular el contento que recibí cuando llegó a mis oídos el título del libro; y salteándoselе al sedero, compré al muchacho todos los papeles y cartapacios por medio real, que si él tuviera discreción y supiera lo que yo los deseaba, bien se pudiera prometer y llevar más de seis reales de la compra. Apartéme luego con el morisco por el claustro de la iglesia mayor, y roguéle me volviese aquellos cartapacios, todos los que trataban de don Quijote, en lengua castellana, sin quitarles ni añadirles nada, ofreciéndole la paga que él quisiese.

1. La primera frase indica al lector que _____.

   a. lo que oye el narrador no lo sorprende

   b. el narrador ya sabía algo de la historia de don Quijote

   c. Dulcinea del Toboso no es un personaje de la novela

   d. muchos ya conocían la historia de don Quijote

2. Este pasaje enriquece la novela de Cervantes, sobre todo porque _____.

   a. presenta elementos nuevos de la vida de don Quijote y de Sancho Panza

   b. explica dónde encontró Cervantes la materia prima para su novela

   c. aclara el papel de Dulcinea del Toboso en el mundo imaginario de don Quijote

   d. añade a la narrativa las voces de otros «autores» ficticios además de la de Cervantes

3. ¿Por qué, de acuerdo a los comentarios del narrador, fue necesaria «mucha discreción» de su parte?

   a. No quiere que la persona que vende el cartapacio se ofenda.

   b. Le resulta difícil creer lo que escucha.

   c. No cree que la persona que lee los cartapacios realmente los entienda.

   d. Quiere comprar los cartapacios al mejor precio posible.

4. Al indicar que las cosas podrían haber sido diferentes si el joven de los cartapacios «tuviera discreción», el narrador parece _____.

   a. estar molesto con las acciones del joven

   b. estar contento de haber podido comprar a tan bajo precio lo que estimaba tan valioso

   c. creer que el joven algún día tendrá el buen criterio de una persona mayor

   d. lamentar que el joven no sea más listo

5. Los moriscos eran musulmanes, en España, conversos al cristianismo. Uno puede concluir a base del pasaje que _____.

   a. el morisco de este pasaje no era fiel cristiano

   b. algunos moriscos hablaban árabe y castellano

   c. no podían comerciar con todo el mundo

   d. no entendían bien el carácter español

Análisis literario

El ingenioso hidalgo don Quijote de la Mancha, Segunda parte

Este pasaje proviene de la segunda parte del *Quijote*. Léelo y contesta las preguntas.

En fin, llegó el último de don Quijote, después de recebidos todos los sacramentos y después de haber abominado con muchas y eficaces razones de los libros de caballerías. Hallóse el escribano presente y dijo que nunca había leído en ningún libro de caballerías que algún caballero andante hubiese muerto en su lecho tan sosegadamente y tan cristiano como don Quijote; el cual, entre compasiones y lágrimas de los que allí se hallaron, dio su espíritu, quiero decir que se murió.

Viendo lo cual el cura, pidió al escribano le diese por testimonio como Alonso Quijano el Bueno, llamado comúnmente don Quijote de la Mancha, había pasado desta presente vida, y muerto naturalmente. Y que el tal testimonio pedía para quitar la ocasión de algún otro autor que Cide Hamete Benengeli le resucitase falsamente y hiciese inacabables historias de sus hazañas.

1. Al principio de la novela, don Quijote decide armarse caballero andante porque ha leído muchas novelas de caballerías. Sin embargo, el lector puede concluir que al final de la novela, don Quijote _____.

  a. sigue pensando que él es caballero andante

  b. sigue estimando las novelas de caballerías, pero sólo como obras de ficción

  c. reconoce que su excesiva afición por las novelas de caballerías le ha hecho daño

  d. ha causado tanto sufrimiento que pocos de los que lo conocen lamentan su muerte

2. Este pasaje parece indicar que _____.

  a. muchos de los protagonistas de las novelas de caballerías mueren de manera violenta

  b. casi todos los protagonistas de las novelas de caballerías mueren de causas naturales

  c. la mayoría de los protagonistas de las novelas de caballerías son musulmanes

  d. don Quijote sufre más en la muerte que los protagonistas de las novelas de caballerías

3. El cura menciona los dos nombres que usa el protagonista: Alonso Quijano el Bueno y don Quijote de la Mancha. El autor quiere _____.

  a. sugerir que Alonso Quijano y don Quijote eran efectivamente dos personas diferentes

  b. indicar que los sueños del protagonista de ser caballero andante mueren al momento en que él mismo muere

  c. crear confusión entre los lectores sobre la verdadera identidad del protagonista

  d. hacer hincapié en la diferencia entre el protagonista cuando se cree caballero andante y cuando sabe que no lo es

4. Si otro autor hubiera decidido escribir una tercera parte de *Don Quijote*, _____.

  a. Cervantes se habría sentido halagado, y habría leído el nuevo libro con entusiasmo

  b. a Cervantes le habría molestado mucho

  c. Cervantes se habría sentido indiferente, porque don Quijote ya pertenecía a todos

  d. Cervantes se habría sentido obligado a publicar otra novela sobre un tema diferente

5. Al mencionar «algún otro autor que Cide Hamete Benengeli», Cervantes se refiere aquí al hecho histórico de que otro escritor, Alonso Fernández de Avellaneda, publicó otra novela sobre don Quijote antes de salir la Segunda Parte de la novela de Cervantes. Sobre ella, el crítico Juan Luis Alborg ha escrito que «Avellaneda no entendió nada del delicado idealismo que había infundido Cervantes en el hidalgo, ni de su atormentada humanidad y generosa nobleza». A juzgar por este pasaje, ¿qué habría pensado Cervantes de la opinión de Alborg?

  a. Cervantes habría estado de acuerdo con él.

  b. Cervantes no habría estado de acuerdo.

  c. Cervantes se habría sentido indiferente.

  d. Este pasaje de la novela no indica las opiniones de Cervantes al respecto.

El *Quijote*

Sancho Panza contempla a su amo, don Quijote, quien yace en el suelo, muy maltrecho a consecuencia de su arremetida contra los molinos de viento.

La portada de la primera edición de la novela más famosa del mundo, *El ingenioso hidalgo don Quijote de la Mancha,* publicada en Madrid en 1605. Nótese que, en la Edad de Oro, «Quixote» se escribía en español con «x».

El conocido actor y comediante norteamericano John Lithgow, hizo el papel de don Quijote en una película hecha para el canal de televisión por cable TNT, en 1999.

▼

◄ Cartel que anuncia una producción francesa de *Don Quichotte* por el Cirque Nouveau, o Circo Nuevo: se trata de una «bufonería ecuestre».

En esta versión cinematográfica de *Don Quijote*, filmada en 1932, George Robey hace el papel de don Quijote, y Fedor Chapliapin el de Sancho Panza.

El actor británico Keith Mitchell representando el papel de don Quijote en una producción de *Man of La Mancha,* en Londres. En esta popular tragicomedia musical, se desdoblan las esencias de Miguel de Cervantes, autor, y su creación ficticia, don Quijote. Keith Mitchell ganó el premio otorgado por los críticos de teatro de Londres, en octubre de 1970.

▲

Desde que se publicó, el *Quijote* ha sido campo fértil para las artes plásticas. En el siglo XIX, el dibujante, grabador y pintor francés Gustave Doré fue célebre por sus ilustraciones románticas de muchas obras de literatura, entre ellas el *Quijote*.

Pablo Picasso, pintor español de fama universal, creó su propia visión del episodio de los molinos de viento, en este cuadro espectral de don Quijote y Sancho, pintado en 1955. ▶

Álbum de fotos: Don Quijote **199**

La Edad Barroca

El «Barroco» es el período histórico que se desarrolla en Europa después del Renacimiento. En España, como en el resto de Europa, el Renacimiento había ensalzado los valores estéticos «paganos» de la Antigüedad grecorromana; por ejemplo, en la arquitectura renacentista, predominaban las clásicas líneas rectas de columnas jónicas, dóricas y corintias en arcos triunfales y en basílicas que se inspiraban en la sobriedad del arte del período imperial romano. Magníficos ejemplos en España son El Escorial, y el Palacio de Carlos V, construido en una colina de la Alhambra de Granada y actual sede del Museo de Bellas Artes de Granada.

Pero sucede al Renacimiento la Edad Barroca, y los valores artísticos de antes se van recargando de complejidad.

Su estética exalta el movimiento en el diseño, y adornos que producen drama y magnificencia en todos los ámbitos del arte. Hay críticos que consideran que la producción barroca refleja la decadencia del buen gusto, pero vale tener en cuenta que, a fines del Renacimiento y en la Edad Barroca misma, laboran los mayores pintores, poetas, prosistas y dramaturgos del Siglo de Oro español. Su grandeza es aceptada en España como la cima de las artes y letras, y del espíritu, españoles.

«Barroco» es un término que viene del portugués, y significa perla de faz irregular. Sugiere por una parte lo asimétrico, y por otra, lo infinito, tanto en detalle como en efecto. Comparada con la portada de un edificio renacentista, una fachada barroca se distingue de inmediato por su abundante ornamentación y sus líneas tortuosas. En La Habana, el mejor ejemplo de la arquitectura barroca es el Palacio de los Capitanes Generales, que siglos después sirvió de sede del Administrador de Estados Unidos en el tiempo de la Intervención norteamericana de 1898. En Quito, el esplendor de la Iglesia de la Compañía de Jesús, maravilla del estilo barroco, tardó 160 años en realizarse. El espíritu barroco se manifiesta en las obras del artista italiano Bernini (n. 1598), el mayor arquitecto y escultor de la época. Bernini embelleció la Basílica de San Pedro en Roma, y diseñó la Plaza de San Pedro. En la música se piensa en Bach (n.1685).

Se da el mismo fenómeno ornamental y dinámico en la poesía y prosa españolas. Poco a poco, desde Garcilaso, poeta renacentista, hasta Góngora, poeta barroco, el verso adquiere más complicación formal, llenándose de palabras extravagantes y mostrando una sintaxis retorcida. Si Garcilaso describe el cabello de la joven de su soneto como escogido «en la vena del oro», Góngora construye una compleja competencia que forzosamente perderá el oro bruñido, frente al brillo dorado de la cabellera de la joven suya; pues «por competir con tu cabello, oro bruñido al Sol relumbra en vano». Este soneto está lejos de ser su más complejo.

La Edad Barroca arraiga en los dos lados del Atlántico: en la Península, en las obras de Góngora, Quevedo, Cervantes, Lope de Vega (n. 1562) y Tirso de Molina; y, en las Américas, en las de la «décima musa mexicana», Sor Juana. Tirso dicta clases por un tiempo en la universidad de Santo Domingo, en lo que es hoy la República Dominicana; y el dramaturgo Juan Ruiz de Alarcón nace (c. 1580) y se forma en México.

El Barroco da lugar a una producción artística poblada por luces como Diego Velázquez (n. 1599), pintor del enigmático cuadro «Las Meninas», y Bartolomé Murillo (n. 1617), cuyos veinte cuadros sobre el tema de la Inmaculada se contrastan con el realismo de sus mendigos; lo sublime contrastado con lo vulgar.

Una característica importante del Barroco es su melancolía y desengaño, tono que lleva a los poetas a enfocarse en las ruinas, la caducidad y la brevedad de la existencia. He aquí el lamento que pone el último de los grandes dramaturgos del Barroco, Calderón de la Barca (n. 1600), en boca de Segismundo, protagonista de «La vida es sueño»: «¿Qué es la vida? Un frenesí./¿Qué es la vida? Una ilusión,/una sombra, una ficción,/y el mayor bien es pequeño,/que toda la vida es sueño,/y los sueños, sueños son».

El Barroco es una época en que descuella el tema conocido como «Memento mori», frase latina que significa «Recuerda que vas a morir». Su símbolo omnipresente es la calavera. En Sevilla, gran foco de la cultura religiosa, Zurbarán (n. 1598) pinta su evocativo *San Francisco arrodillado con una calavera en las manos* para uno de los sesenta conventos sevillanos de la época. El soneto de Sor Juana, dirigido al famoso retrato que atestigua la perfección de su belleza, llama al cuadro un «engaño colorido», «vano artificio», y «necia diligencia errada»; y «bien mirado», nos dice, «es cadáver, es polvo, es sombra, es nada».

El lenguaje poético en el Barroco sigue dos grandes corrientes: el culteranismo y el conceptismo. «Culteranismo» es un vocablo genial, pues fue inventado en son de burla por los que se oponían a las prácticas, a su juicio poéticamente heréticas, de los poetas culteranos. Remeda la práctica culterana de inventar palabras nuevas de comprensión oscura. Se compone, primero, de la palabra «culto», referencia al retorno de los culteranos a olvidadas raíces grecolatinas, y a su tendencia a hacer alarde de su erudición.

«Culto» se combina con «luteranismo» para crear una analogía novedosa con este movimiento reformista, herético para los fieles católicos.

Mientras los inventores de la palabra «culteranismo» se burlaban de los culteranos, éstos buscaban la renovación sintáctica, la originalidad léxica, la melodía en el lenguaje, y metáforas audaces y sorprendentes. Intentaban ir por nuevos cauces poéticos frente a lo que percibían como el estancamiento de los viejos moldes.

Góngora es el máximo poeta culterano.
Las prácticas culteranas estaban tan arraigadas en ciertas partes de la obra de Góngora, que esta tendencia se conoce también por el término «gongorismo». Tiende a una deliberada dificultad, tomando voces del latín, del griego y del italiano, y castellanizándolas para formar neologismos. Algunos de los más chocantes para el lector de entonces, se han hecho ahora perfectamente normales, como «joven» y «adolescente». La sintaxis basada en el latín producía hipérbatos extremados.

Demos un salto de tres siglos adelante, para el tercer centenario de la muerte de Góngora, ocurrida en 1627. Unos poetas jóvenes de España deciden remar contra la corriente de desprecio por la poesía de Góngora, y planean una celebración de su obra. Ese grupo vendrá a llamarse la «Generación del 27». Miembro entusiasta es Federico García Lorca.

Al contrario del culteranismo, el conceptismo aspira a sugerir un significado profundo con un lenguaje claro y conciso. Sin embargo, los críticos están de acuerdo en que el conceptismo abusa del juego de palabras y del equívoco. Los juegos de palabras extensos se conocen en la poesía por el nombre de «conceptos», y de este nombre se deriva el término «conceptismo». Partícipe en la creación de «conceptos» geniales es el gran dramaturgo inglés William Shakespeare.

Ideológicamente, el conceptismo y el culteranismo nacen para ser polos opuestos. El conceptismo no busca renovar ni el léxico ni la sintaxis, sino las ideas. Conceptista es el ingenioso soneto de Sor Juana: «En perseguirme, Mundo, ¿qué interesas?/¿En qué te ofendo, cuando sólo intento/poner bellezas en mi entendimiento/y no mi entendimiento en las bellezas?/Yo no estimo tesoros ni riquezas,/y así, siempre me causa más contento/poner riquezas en mi pensamiento/que no mi pensamiento en las riquezas[...]».

El máximo practicante del conceptismo español es Quevedo. La frase en él parece contener más ideas que palabras, y la comicidad de muchas de sus creaciones se deriva de las asociaciones anormales de ideas y los contrastes violentos. Parecía no conocer límites la enemistad que existía entre Góngora (n. 1561) y Quevedo (n. 1580). Quevedo satirizó sin misericordia la poesía de Góngora, y éste respondió en la misma medida. Los dos sostuvieron un duelo a sonetos que produjo, entre otros, el siguiente de la pluma de Quevedo: «¿Qué captas, noturnal, en tus canciones,/Góngora bobo, con crepusculallas,/si cuando anhelas más garcibolallas,/la reptilizas más y subterpones?/Microcósmote Dios de inquiridiones,/y quieres te investiguen por medallas/como priscos, estigmas o antiguallas,/por desitinerar vates tirones./Tu forasteridad es tan eximia,/que te ha de detractar el que te rumia,/pues ructas viscerable cacoquimia,/farmacofolorando como numia,/si estomacabundancia das tan nimia,/metamorfoseando el arcadumia».

Cervantes es contemporáneo de estos dos ilustres rivales. Creador de don Quijote, máxima expresión de lo español, Cervantes (n. 1547), muy al contrario, goza de fama de templado. En este sentido, como en tantos otros, Cervantes es excepcional. La aprobación eclesiástica de la Segunda parte del *Quijote* (1615) incluye el dato de que, en España y en el extranjero, sus lectores quieren recibir al autor «con general aplauso, así por su decoro y decencia como por la suavidad y blandura de sus discursos».

Don Quijote, por su lado, es símbolo del triunfo español de la idea sobre la materia. El crítico español Menéndez y Pelayo ha dicho: «Don Quijote se educa a sí propio, educa a Sancho, y el libro entero es una pedagogía en acción, la más sorprendente y original de las pedagogías, la conquista del ideal por un loco y por un rústico, la locura aleccionando y corrigiendo a la prudencia mundana, el sentido común ennoblecido por su contacto con el ascua viva y sagrada de lo ideal». Bien se dice que el *Quijote* enseña a vivir.

El premio Nóbel de 2010 Mario Vargas Llosa llama al *Quijote*, acertadamente, «una novela para el siglo XXI», y dice que no deja pasar un año sin volverlo a leer. A la vez, con espíritu renacentista, agrega que el *Lazarillo* es una de sus novelas favoritas de todas las épocas.

PARA REFLEXIONAR

1. ¿Cómo se conecta el estilo llamado «barroco» con el origen del término?

2. Explica las partes componentes de la palabra «culteranismo», y el significado de su forma combinada.

3. Caracteriza en breve el espíritu del Barroco. Luego, compara tu respuesta con lo que entiendes del espíritu del Renacimiento.

Luis de Argote y Góngora ▶

Soneto CLXVI

LUIS DE ARGOTE Y GÓNGORA

El poeta cordobés Luis de Argote y Góngora (1561–1627) no llegó nunca a publicar ningún elemento de su abundante obra, pero todas sus poesías se conocían en vida del poeta, pues pasaban de mano en mano en copias manuscritas. Góngora vivía en la corte de Felipe III, a quien sirvió de capellán real hasta el año anterior a su muerte. Usaba su apellido materno por razones estéticas—le parecía más lírico, y le encantaba por ser esdrújulo—aunque también se puede suponer cierta complacencia por parte de parientes maternos pudientes e influyentes. Su obra suscitó una ruidosa polémica. La polémica surge por la extremada dedicación al culteranismo de su obra. El culteranismo es un estilo que se caracteriza por sus latinismos, alusiones oscuras, extremadas hipérboles y complicadas metáforas. El culteranismo se conoce también como gongorismo, por ser Luis de Góngora su máximo exponente.

Góngora utilizó recursos estilísticos muy peculiares: primero, repetía muchos «cultismos», palabras cultas provenientes del latín o del griego, que no gozaban de uso general, y lo hacía a pesar del hecho de que ya existían en el idioma palabras corrientes del mismo significado; segundo, queriendo imitar la sintaxis del latín, se valía del hipérbaton, pues su afán era elevar el español a la misma dignidad poética de que gozaba el latín de Virgilio y de Horacio; y por fin, el jovial poeta se recreaba en un juego complicadísimo de metáforas. Su intento era crear un lenguaje poético distinto del normal, y nunca se propuso escribir para la generalidad de las personas. Decía: «Deseo hacer algo; no para los muchos», y defendía la oscuridad de su obra como algo útil y aun deleitable.

La poesía de Góngora creó inmediatamente escuela. Entre los que practicaban el gongorismo se destaca la poeta mexicana Sor Juana Inés de la Cruz. Pero a la vez, el culteranismo creó enemigos, entre los cuales sobresale el gran satírico de Góngora, Francisco de Quevedo.

A pesar de la polémica, una buena parte de los poemas de Góngora se consideran de los más bellos de toda la poesía española. Entre sus sonetos amorosos mejor ejecutados se halla el muy conocido «Mientras por competir con tu cabello». En él, el poeta evoca, mediante una descripción del objeto amoroso, el tema de Carpe diem, frase de Horacio que significa «Recoge (los placeres del) día», pues el tiempo es implacable, y al fin lo arrasa todo.

¿Qué idea quiere transmitir Góngora cuando dice que el oro relumbra «en vano»?

_____

_____

¿Cuáles son los sujetos de los verbos «mira» y «triunfa» en la primera y la segunda estrofa? ¿Qué figura retórica emplea el autor en esas frases?

_____

_____

¿A qué se refiere la palabra «ello» en el segundo verso de la última estrofa?

_____

_____

Mientras por competir con tu cabello,
oro **bruñido**[1] al Sol **relumbra**[2] en vano,
mientras con **menosprecio**[3] en medio el **llano**[4]
mira tu blanca frente el lilio bello;

mientras a cada labio, por cogello,[5]
siguen más ojos que al **clavel**[6] temprano,
y mientras triunfa con **desdén**[7] **lozano**[8]
del **luciente**[9] cristal tu **gentil**[10] cuello;

goza[11] cuello, cabello, labio y frente,
antes que lo que fue en tu edad **dorada**[12]
oro, lilio, clavel, cristal luciente,

no sólo en plata o víola[13] troncada[14]
se vuelva, **mas**[15] tú y ello juntamente
en tierra, en humo, en polvo, en sombra, en nada.

---

[1] **bruñido**—pulido; abrillantado.

[2] **relumbra**—da viva luz; brilla.

[3] **menosprecio**—desdén; desprecio; poca estimación; poco aprecio.

[4] **llano**—tierra plana, sin montañas ni colinas.

[5] **cogello**—cogerlo.

[6] **clavel** (m.)—planta herbácea ornamental, de flores muy vistosas.

[7] **desdén**—desprecio; indiferencia; desapego.

[8] **lozano**—juvenil; saludable; arrogante.

[9] **luciente**—brillante.

[10] **gentil**—hermoso.

[11] **goza**—disfruta; aprovecha; date gusto.

[12] **dorada**—de oro; preciosa, como de oro.

[13] **víola**—violeta; del color de esta flor; morado.

[14] **troncada**—truncada; cortada.

[15] **mas**—pero.

PREGUNTAS

*Para conocer más a fondo el texto que has leído, responde a las siguientes preguntas. Tu propósito será uno de éstos, según indique tu profesor/a: **a.** prepararte para participar en un coloquio con tus compañeros de clase; **b.** prepararte para dar una presentación oral; **c.** bosquejar tus ideas por escrito para intercambiarlas con tus compañeros de clase; o **d.** escribir un ensayo formal.*

1. Resume en tus propias palabras la idea central del poema.

2. Repasa las características necesarias para que un poema sea un soneto al estilo italiano, y describe en detalle cómo este poema cumple con todas ellas. Justifica tus afirmaciones con ejemplos específicos del texto. Di por qué la forma de soneto se acopla bien con la idea central del poema.

3. ¿Cuáles son algunos de los recursos poéticos que emplea Góngora para evocar lo efímero de la belleza y de la juventud? Di cómo estos recursos le sirven para la expresión poética.

4. Compara y contrasta la idea elaborada en este soneto con la del «Soneto XXIII» («En tanto que de rosa y azucena»), de Garcilaso de la Vega. Justifica tus afirmaciones con ejemplos de los dos textos.

Análisis literario

«Mientras por competir con tu cabello»

Lee este poema de Luis de Góngora y luego contesta las preguntas.

> Mientras por competir con tu cabello,
> oro bruñido al Sol relumbra en vano,
> mientras con menosprecio en medio el llano
> mira tu blanca frente el lilio bello;
>
> mientras a cada labio, por cogello,
> siguen más ojos que al clavel temprano,
> y mientras triunfa con desdén lozano
> del luciente cristal tu gentil cuello;
>
> goza cuello, cabello, labio y frente,
> antes que lo que fue en tu edad dorada
> oro, lilio, clavel, cristal luciente,
>
> no sólo en plata o víola troncada
> se vuelva, mas tú y ello juntamente
> en tierra, en humo, en polvo, en sombra, en
> / nada.

1. Este poema consiste en versos _____.
- **a.** decasílabos
- **c.** endecasílabos
- **b.** de arte menor
- **d.** agudos

2. ¿Cuál es el esquema de rima de este poema?
- **a.** ABBA ABAB CDE DCE
- **b.** ABBA ABAB CDC DCD
- **c.** ABBA ABBA CDE DCE
- **d.** ABBA ABBA CDC DCD

3. Los dos primeros versos del poema incluyen un ejemplo de _____.
- **a.** metáfora
- **c.** sinécdoque
- **b.** símil
- **d.** hipérbaton

4. Las dos primeras estrofas del poema incluyen _____.
- **a.** una descripción detallada de la apariencia física de una mujer
- **b.** una serie de comparaciones entre aspectos de la mujer y cosas que se observan en la naturaleza
- **c.** una recomendación que la mujer disfrute de la juventud antes de que el tiempo haga que su apariencia cambie
- **d.** una progresión temporal de la primera estrofa a la segunda

5. De este poema se podría decir que _____.
- **a.** consiste en una serie de descripciones
- **b.** los dos cuartetos tienen una forma y un contenido que se contrastan claramente con la forma y el contenido de los tercetos
- **c.** las dos últimas estrofas describen la belleza de una mujer joven
- **d.** los dos cuartetos, el primero y el segundo, no guardan ninguna relación entre sí, ni en cuanto a la forma ni en cuanto al contenido

6. El último verso del poema hace referencia a _____.
- **a.** la juventud
- **c.** la vanidad
- **b.** la muerte
- **d.** la vejez

Francisco de Quevedo y Villegas ▶

Un soneto, dos versiones

FRANCISCO DE QUEVEDO Y VILLEGAS

Poeta y prosista barroco del Siglo de Oro, cultivador de todos los géneros literarios, Francisco de Quevedo (1580–1645) nació en Madrid de una familia hidalga, y vivió su vida entre altibajos políticos: servicio como secretario del rey, y misiones de gran importancia política y diplomática, alternaban con períodos de ignominia que llevaban a veces al destierro y a la prisión. Quevedo se destaca por la sutileza de su lenguaje denso e intricado, y su léxico rico y expresivo. Figura central en la vida literaria y social de su tiempo, Quevedo respetó la obra de sus amigos Cervantes y Lope de Vega, pero fue rival mordaz de Luis de Góngora. Al poeta culterano, Quevedo dirigió algunas de sus sátiras más brutales.

Su novela maestra, El Buscón, es del género picaresco. Su poesía, concisa y profundamente lírica, en gran parte satírica, refleja una añoranza por la pasada grandeza de España bajo el Emperador Carlos V, en el siglo XVI. Ve con amargura y desengaño las instituciones, las costumbres, la política y la vida de su época.

En su soneto titulado «Salmo XVII», escrito antes de 1613, de actitud meditativa ante el paso del tiempo, el poeta presiente en todas las cosas a su alrededor el implacable acercamiento de su propia muerte. El tiempo no detiene su paso para nadie. El poeta no advierte más que recuerdos de su muerte.

En la segunda versión, publicada después de muerto Quevedo, las imágenes se han vuelto más impersonales, y el poema ahora encierra una nostalgia por la prepotente España de antaño, que ahora caduca. La segunda versión goza de una gran difusión por el mundo de las letras.

Salmo XVII

Miré los muros de la patria mía,
si un tiempo fuertes, ya **desmoronados**,[1]
de larga edad y de vejez cansados,
dando obediencia al tiempo en muerte fría.

Salíme al campo y vi que el sol bebía
los arroyos del hielo **desatados**,[2]
y del **monte**[3] quejosos los ganados,
porque en sus sombras **dio licencia**[4] al día.

Entré en mi casa y vi que, de cansada,
se entregaba a los años por **despojos**.[5]
Hallé mi **espada**[6] de la misma suerte;

mi vestidura, de servir gastada;
y no hallé cosa en que poner los ojos
donde no viese imagen de mi muerte.

Enseña cómo todas las cosas avisan de la muerte

Miré los muros de la patria mía,
si un tiempo fuertes, ya desmoronados,
de la carrera de la edad[7] cansados
por quien **caduca**[8] ya su **valentía**.[9]

Salíme al campo; vi que el sol bebía
los arroyos del hielo desatados,
y del monte quejosos los ganados
que con sombras **hurtó**[10] su luz al día.

Entré en mi casa; vi que, amancillada,[11]
de **anciana**[12] habitación era despojos;
mi **báculo**,[13] más **corvo**[14] y menos fuerte.

Vencida[15] de la edad sentí mi espada,
y no hallé cosa en que poner los ojos
que no fuese recuerdo de la muerte.

---

[1] **desmoronados**—derruidos; deshechos.

[2] **desatados**—liberados.

[3] **monte** (m.)—terreno no cultivado.

[4] **dio licencia**—despidió; dio permiso para irse.

[5] **despojos**—ruinas a consecuencia del paso del tiempo; restos.

[6] **espada**—estoque; arma filosa y puntiaguda.

[7] **carrera de la edad**—paso del tiempo.

[8] **caduca**—envejece; decae; se debilita.

[9] **valentía**—valor; fuerza; vigor.

[10] **hurtó**—robó.

[11] **amancillada**—afeada; deslustrada; manchada

[12] **anciana**—antigua.

[13] **báculo**—bastón.

[14] **corvo**—combado; curvo.

[15] **vencida**—derrotada.

Conectar

¿Qué período de la historia de España se podría relacionar con los muros de la patria que fueron en «un tiempo fuertes»? ¿Qué época se podría relacionar con los muros «desmoronados» que menciona Quevedo?

_____

_____

_____

Analizar

¿Qué imagen sugieren la espada y la vestidura, gastada de tanto «servir»?

_____

_____

Figuras retóricas

Escribe al menos dos ejemplos de personificación que encuentres en las primeras dos estrofas del poema.

_____

_____

_____

Inferir

¿De qué manera el «báculo más corvo y menos fuerte» transmite la idea del paso del tiempo y la llegada de la vejez?

_____

_____

Identificar

Subraya las palabras que contribuyen a crear el clima de decadencia del poema y anticipan la idea de la muerte que se expresa en la última estrofa.

PREGUNTAS

*Para conocer más a fondo el texto que has leído, responde a las siguientes preguntas. Tu propósito será uno de éstos, según indique tu profesor/a: **a.** prepararte para participar en un coloquio con tus compañeros de clase; **b.** prepararte para dar una presentación oral; **c.** bosquejar tus ideas por escrito para intercambiarlas con tus compañeros de clase; o **d.** escribir un ensayo formal.*

1. Comenta, utilizando ejemplos específicos del texto, cómo se sirve Quevedo de la estructura del soneto y de recursos poéticos, para exponer su tema central y para crear el tono que busca. ¿Cuál es su tema central? ¿Cuál es el tono del poema?

2. Describe el efecto casi cinematográfico que logra el poeta al enfocar el ojo del lector primero sobre imágenes de su patria desmoronada—los campos de su hogar—, después sobre su casa en despojos, hasta parar por fin en imágenes de su ya gastada persona.

3. Analiza las diferencias específicas que existen entre las dos versiones de este poema. ¿Cómo cambia la idea central en la versión póstuma? ¿Cómo cambia el tono?

4. Compara y contrasta la idea elaborada en este soneto con la del «Soneto XXIII» («En tanto que de rosa y azucena»), de Garcilaso de la Vega. Justifica tus afirmaciones con ejemplos de los dos textos.

5. Compara y contrasta la idea elaborada en este soneto con la del «Soneto CLXVI» («Mientras por competir con tu cabello»), de Luis de Góngora. Justifica tus afirmaciones con ejemplos de los dos textos.

Análisis literario

«Miré los muros de la patria mía»

Lee este poema de Francisco de Quevedo y luego contesta las preguntas.

Miré los muros de la patria mía,
si un tiempo fuertes, ya desmoronados,
de larga edad y de vejez cansados,
dando obediencia al tiempo en muerte fría.

Salíme al campo y vi que el sol bebía
los arroyos del hielo desatados,
y del monte quejosos los ganados,
porque en sus sombras dio licencia al día.

Entré en mi casa y vi que, de cansada,
se entregaba a los años por despojos.
Hallé mi espada de la misma suerte;

mi vestidura, de servir gastada;
y no hallé cosa en que poner los ojos
donde no viese imagen de mi muerte.

1. El verso 5 contiene _____.

   a. una personificación

   b. 12 sílabas

   c. una aliteración

   d. un verbo en segunda persona

2. En el verso 6, los arroyos _____.

   a. se forman cuando el hielo se derrite

   b. vienen del monte que se menciona en el verso 7

   c. son símbolo de la eternidad

   d. hacen que el narrador se sienta mejor

3. En este poema, el narrador _____.

   a. camina por el campo por la mañana

   b. pasa el día en su casa contemplando lo que lo rodea

   c. regresa a su casa al final del día

   d. observa su casa y recuerda los tiempos felices del pasado

4. El esquema de rima de este poema es _____.

   a. ABBA ABBA CDE CDE

   b. ABBA ABBA CDE DCE

   c. ABBA ABBA CDE EDC

   d. ABBA ABAB CDE CDE

5. La espada del narrador está en malas condiciones _____.

   a. por haber sido usada mucho en la guerra

   b. por no haber sido cuidada bien

   c. porque el narrador no la cuidó

   d. porque está vieja y cansada

6. La última palabra del poema es significativa sobre todo porque _____.

   a. rompe el esquema de rima tradicional

   b. comunica una sensación de violencia

   c. indica que el narrador muere al final del poema

   d. es a la vez el final del poema y el de la vida

Gabriel Téllez ▶

El burlador de Sevilla y convidado de piedra

TIRSO DE MOLINA (GABRIEL TÉLLEZ)

En el Siglo de Oro floreció el teatro, con escritores insignes como Lope de Vega y Calderón de la Barca, considerados los más altos valores del género dramático español. Fray Gabriel Téllez (¿1580?–¿1648?), conocido en el mundo de las letras por el seudónimo Tirso de Molina, es confesado discípulo de Lope.

Se ordenó sacerdote en 1621, y vivió en Alcalá, Madrid, Toledo, Sevilla, Tarragona, Salamanca y Soria. Fue enviado a Santo Domingo donde vivió dos años. Se asoció en Madrid con Lope de Vega y Francisco de Quevedo. Inquieto ante la crítica presente en sus obras frente a la laxitud moral y política de la clase noble, el Consejo de Castilla lo desterró de Madrid. Calificando sus comedias de «profanas y de malos incentivos y ejemplos», le ordenó a abandonar su labor de escritor. No obstante, hoy se conocen de él unas 80 piezas teatrales.

Poeta de fina sensibilidad, algo culterano a veces, Tirso destaca por la compleja psicología de sus personajes. En este sentido puede compararse con William Shakespeare. Por sus muchos viajes y residencias, su trato frecuente con gente de la corte, y su labor como confesor, Tirso tuvo ocasión de conocer la naturaleza humana, y más de una conciencia, de hombre y de mujer. Ha sido alabado por la picante soltura del lenguaje de sus diálogos, por la objetividad de sus detalles dramáticos, y por el brío cómico de sus escenas.

La obra maestra de Tirso de Molina, pieza ejemplar del género de la poesía dramática, es El burlador de Sevilla y convidado de piedra *(1630), en que el poeta da vida a uno de los personajes más perdurables de la literatura universal: don Juan Tenorio, tipo legendario casi a la par con don Quijote. No se encuentran en el mundo de las artes antecedentes de la figura de Don Juan, pero sí muchos descendientes.*

Personajes

Don Diego Tenorio, *viejo*

Don Juan Tenorio, *su hijo*

Catalinón, *lacayo*

El Rey de Nápoles

El Duque Octavio

Don Pedro Tenorio

El Marqués de la Mota

Don Gonzalo de Ulloa, *Comendador de Calatrava*

El Rey de Castilla, *Alfonso XI*

Doña Ana de Ulloa

Fabio, *criado*

Isabela, *duquesa*

Tisbea, *pescadora*

Belisa, *villana*

Anfriso, *pescador*

Coridón, *pescador*

Gaseno, *labrador*

Batricio, *labrador*

Ripio, *criado*

Aminta, *villana*

Acto primero

*(Salen **Don Juan Tenorio** y **Isabela**, duquesa.)*

Isabela. Duque Octavio, por aquí
  podrás salir más seguro.

Don Juan. Duquesa, de nuevo os juro
  de cumplir el dulce sí.[1]

Isabela. Mis glorias,[2] ¿serán verdades,
  promesas y ofrecimientos,
  regalos y cumplimientos,
  voluntades y amistades?

Don Juan. Sí, mi bien.

Isabela. Quiero sacar
  una luz.

Don Juan. Pues ¿para qué?

Isabela. Para que el alma dé fe
  del bien que llegó a gozar.

Don Juan. Mataréte[3] la luz yo.

Isabela. ¡Ah, cielo! ¿Quién eres, hombre?

Don Juan. ¿Quién soy? Un hombre sin nombre.

Isabela. ¿Que no eres el duque?

Don Juan. No.

Isabela. ¡Ah de palacio![4]

Don Juan. Detente;
  dame, duquesa, la mano.

Isabela. No me detengas, villano.[5]
  ¡Ah del rey! ¡Soldados, gente!

*(Sale el **Rey de Nápoles**[6] con una vela en un candelero.)*

Rey. ¿Qué es esto?

Isabela. *(Aparte.)* (¡El rey! ¡Ay triste!)

Rey. ¿Quién eres?

Don Juan. ¿Quién ha de ser?
  Un hombre y una mujer.

Rey. *(Aparte.)* (Esto en prudencia consiste.[7])
  ¡Ah de mi guarda! Prendé[8]
  a este hombre.

---

[1] dulce sí—promesa de matrimonio.

[2] mis glorias—mi felicidad.

[3] mataréte—te apagaré.

[4] ¡Ah de palacio!—¡Socorro, gente del palacio!

[5] villano—ruin; indigno.

[6] Rey de Nápoles—Nápoles, en Italia, estuvo bajo el dominio español
  desde 1502 hasta 1707.

[7] Esto en prudencia consiste—Debo obrar con prudencia en esto.

[8] Prendé—prended.

© Houghton Mifflin Harcourt Publishing Company

Enfoque en el estilo

Las obras teatrales de Tirso de Molina se caracterizan por una gran rapidez dramática. ¿Qué recurso emplea el autor para lograr ese efecto al comienzo de esta escena?

_____

Comprender

¿Por qué don Juan se apresura a apagar —«matar»— la luz?

_____

_____

Figuras retóricas

¿Qué figura retórica usa el autor en la frase «un hombre sin nombre»? ¿Qué efecto produce?

_____

_____

_____

Figuras retóricas

¿Qué figura retórica usa el autor en el parlamento de don Pedro? ¿Cuál es el efecto de incluir esta figura?

_____

_____

Aclarar

¿Quiénes son «estos dos»?

_____

Isabela. ¡Ay, perdido honor! (*Vase* **Isabela**.)

(*Salen* **Don Pedro Tenorio**, *embajador de España*, *y* **Guarda**.)

Don Pedro. ¡En tu cuarto, gran señor,
  voces! ¿Quién la causa fue?

Rey. Don Pedro Tenorio, a vos
  esta prisión os encargo.
  Siendo corto, andad vos largo;[9]
  mirad quién son estos dos.
  Y con secreto ha de ser,
  que algún mal suceso creo,
  porque si yo aquí lo veo
  no me queda más que ver. (*Vase*.)

Don Pedro. Prendelde.[10]

Don Juan. ¿Quién ha de **osar**?[11]
  Bien puedo perder la vida,
  mas ha de ir tan bien vendida
  que a alguno le ha de pesar.

Don Pedro. ¡Matalde!

Don Juan. ¿Quién os engaña?
  Resuelto en morir estoy,
  porque caballero soy
  del embajador de España.
    Llegue; que solo ha de ser
  quien me rinda.[12]

Don Pedro. Apartad;
  a ese cuarto os retirad
  todos con esa mujer. (*Vanse*.)
    Ya estamos solos los dos;
  muestra aquí tu esfuerzo y **brío**.[13]

Don Juan. Aunque tengo esfuerzo, tío,
  no le tengo para vos.

Don Pedro. ¡Di quién eres!

Don Juan. Ya lo digo:
  tu sobrino.

Don Pedro. (*Aparte*.) (¡Ay, corazón,
  que temo alguna traición!)
    ¿Qué es lo que has hecho, enemigo?
    ¿Cómo estás de aquesa suerte?[14]

---

[9] Siendo corto, andad vos largo—Hacedlo pronto, pero sin omitir detalle.

[10] Prendelde—Prendedle; Agarradle.

[11] **osar**—atreverse.

[12] rinda—derrote; venza.

[13] **brío**—espíritu; ánimo; pujanza.

[14] aquesa suerte—esa manera.

Dime presto[15] lo que ha sido.
¡Desobediente, atrevido!
Estoy por darte la muerte.
    Acaba.

Don Juan. Tío y señor,
mozo soy y mozo fuiste;
y pues que de amor supiste,
tenga disculpa mi amor.
    Y pues a decir me obligas
la verdad, oye y diréla:
yo engañé y gocé a[16] Isabela,
la duquesa...

Don Pedro. No prosigas;
tente.[17] ¿Cómo la engañaste?
Habla **quedo**[18] o cierra el labio.

Don Juan. **Fingí**[19] ser el duque Octavio...

Don Pedro. No digas más, calla, baste.
(*Aparte.*) (Perdido soy si el rey sabe
este caso. ¿Qué he de hacer?
Industria[20] me ha de valer
en un negocio tan grave.)
    Di, vil: ¿no bastó emprender
con ira y con fuerza extraña
tan gran traición en España
con otra noble mujer,
    sino en Nápoles también
y en el palacio real,
con mujer tan principal?
¡Castíguete el cielo, amén!
    Tu padre desde Castilla
a Nápoles te envió,
y en sus márgenes[21] te dio
tierra la espumosa orilla
    del mar de Italia, atendiendo[22]
que el haberte recebido
pagaras agradecido,
¡y estás su honor ofendiendo,
    y en tan principal mujer!

Interpretar

Explica con tus propias palabras el argumento de don Juan.

_____

_____

_____

Evaluar

¿Por qué el autor menciona a otra mujer traicionada?

_____

_____

---

[15] presto—pronto.

[16] gocé a—hice el amor con.

[17] tente—detente; espera.

[18] quedo—en voz baja.

[19] **Fingí**—aparenté; simulé.

[20] Industria—astucia; sagacidad.

[21] márgenes (m./f.)—orillas.

[22] atendiendo—esperando.

Pero en aquesta ocasión
nos daña la dilación;[23]
mira qué quieres hacer.

Don Juan. No quiero daros disculpa;
que la habré de dar **siniestra**.[24]
Mi sangre es, señor, la vuestra;
sacalda, y pague la culpa.

    A esos pies estoy rendido,
y ésta es mi espada, señor.

Don Pedro. **Álzate**[25] y muestra valor,
que esa humildad me ha vencido.

    ¿Atreveráste a bajar
por ese balcón?

Don Juan. Sí atrevo,
que alas en tu favor llevo.[26]

Don Pedro. Pues yo te quiero ayudar.

    Vete a Sicilia o Milán,
donde vivas **encubierto**.[27]

Don Juan. Luego me iré.

Don Pedro. ¿Cierto?

Don Juan. Cierto.

Don Pedro. Mis cartas te avisarán
en qué para este suceso
triste que causado has.

Don Juan. (*Aparte.*) (Para mí alegre, dirás.)
Que tuve culpa, confieso.

Don Pedro. Esa **mocedad**[28] te engaña.
Baja, pues, ese balcón.

Don Juan. (Aparte.) (Con tan justa pretensión[29]
gozoso me parto a España.)

(*Vase* **Don Juan** *y entra el* **Rey.**)

Don Pedro. Ya ejecuté, gran señor,
tu justicia justa y recta
en el hombre...

Rey. ¿Murió?

Don Pedro. Escapóse
de las cuchillas soberbias.

Rey. ¿De qué forma?

Pronosticar

Don Pedro se muestra desconfiado de que don Juan siga su consejo y se vaya a Sicilia o a Milán. ¿Qué crees tú que hará don Juan?

Figuras retóricas

¿Qué figura retórica usa el autor aquí? ¿Qué representa?

---

[23] dilación—demora; tardanza.

[24] siniestra—aviesa; malintencionada.

[25] **Álzate**—levántate.

[26] alas en tu favor llevo—con tu favor llevo alas.

[27] **encubierto**—escondido.

[28] **mocedad**—juventud.

[29] pretensión—intención.

Don Pedro. Desta forma:
    aun no lo mandaste apenas,
    cuando, sin dar más disculpa,
    la espada en la mano aprieta,
    revuelve la capa al brazo,
    y con gallarda presteza,
    ofendiendo a los soldados
    y buscando su defensa,
    viendo vecina la muerte,
    por el balcón de la huerta
    se arroja desesperado.
    Siguióle con diligencia
    tu gente; cuando salieron
    por esa vecina puerta,
    le hallaron **agonizando**[30]
    como enroscada culebra.
    Levantóse, y al decir
    los soldados: «¡Muera, muera!»,
    bañado de sangre el rostro,
    con tan heroica presteza
    se fue que quedé confuso.
    La mujer, que es Isabela,
    —que para **admirarte**[31] nombro—
    retirada en esa pieza,
    dice que es el duque Octavio
    que, con engaño y **cautela**,[32]
    la gozó.

Rey. ¿Qué dices?

Don Pedro. Digo
    lo que ella propia confiesa.

Rey. ¡Ah, pobre honor! Si eres alma
    del hombre, ¿por qué te dejan
    en la mujer inconstante,
    si es la misma **ligereza**?[33]
    ¡Hola!

(*Sale un* **Criado.**)

Criado. ¡Gran señor!

Rey. Traed
    delante de mi presencia
    esa mujer.

---

[30] **agonizando**—muriendo.

[31] admirarte—sorprenderte; asombrarte.

[32] cautela—astucia; maña; engaño.

[33] ligereza—inconstancia en el amor; liviandad; levedad.

Identificar

En la explicación de don Pedro hay una frase que se repite, aunque con una pequeña modificación. Subraya la frase las dos veces que aparece y explica qué podría sugerir.

_____

_____

Inferir

¿Cuál es la opinión del rey sobre las mujeres?

_____

_____

Don Pedro. Ya la guardia
viene, gran señor, con ella.

(*Trae la* **Guarda** *a* **Isabela**.)

Isabela. (*Aparte.*) (¿Con qué ojos veré al rey?[34])

Rey. Idos, y guardad la puerta
de esa cuadra.[35] —Di, mujer,
¿qué rigor, qué **airada**[36] estrella
te incitó que en mi palacio,
con hermosura y soberbia,
profanases sus umbrales?

Isabela. Señor...

Rey. Calla, que la lengua
no podrá **dorar**[37] el yerro[38]
que has cometido en mi ofensa.
¿Aquél era el duque Octavio?

Isabela. Señor...

Rey. ¡Que no importan fuerzas,
guardas, criados, **murallas**,[39]
fortalecidas almenas[40]
para amor, que la de un niño[41]
hasta los muros penetra!
—Don Pedro Tenorio, **al punto**[42]
a esa mujer llevad **presa**[43]
a una torre, y con secreto
haced que al duque le prendan,
que quiero hacer que le cumpla
la palabra o la promesa.

Isabela. Gran señor, volvedme el rostro.

Rey. Ofensa a mi espalda hecha
es justicia y es razón
castigalla[44] a espaldas vueltas. (*Vase el* **Rey**.)

Don Pedro. Vamos, duquesa.

---

[34] ¿Con qué ojos veré al rey?—¿Cómo podré aparecer delante del rey?

[35] cuadra—sala o pieza amplia.

[36] **airada**—enojada; iracunda.

[37] **dorar**—cubrir de oro; aquí, mitigar; atenuar.

[38] yerro—falta; error.

[39] **murallas**—muros; especialmente de un palacio o fortaleza.

[40] almenas—bloques de piedra que a intervalos coronan los muros de una fortaleza.

[41] la de un niño—la fuerza de un niño; alusión a Cupido.

[42] **al punto**—inmediatamente.

[43] **presa**—prisionera.

[44] castigalla—castigarla.

© Houghton Mifflin Harcourt Publishing Company

Aclarar

¿Qué significa «estrella» aquí?

_____

_____

Interpretar

¿Qué crees que demuestra esta escena sobre la personalidad del rey de Nápoles?

_____

_____

_____

Comparar

Explica brevemente las diferencias que puedes ver entre el rey de Nápoles y don Pedro Tenorio.

_____

_____

_____

Isabela. Mi culpa
  no hay disculpa que la venza;[45]
  mas no será el yerro tanto
  si el duque Octavio lo **enmienda**.[46]

(*Vanse, y salen el* **Duque Octavio** *y* **Ripio,** *su criado.*)

Ripio. ¿Tan de mañana, señor,
  te levantas?

Octavio. No hay **sosiego**[47]
  que pueda apagar el fuego
  que enciende en mi alma amor,
      porque, como al fin es niño,
  no **apetece**[48] cama blanda,
  entre regalada holanda,[49]
  cubierta de blanco **armiño**.[50]
      Acuéstase, no sosiega;
  siempre quiere **madrugar**[51]
  por levantarse a jugar;
  que, al fin, como niño, juega.
      Pensamientos de Isabela
  me tienen, amigo, en calma,[52]
  que como vive en el alma,
  anda el cuerpo siempre en pena,
      guardando ausente y presente
  el castillo del honor.

Ripio. Perdóname, que tu amor
  es amor impertinente.

Octavio. ¿Qué dices, necio?

Ripio. Esto digo:
  impertinencia es amar
  como amas. ¿Quies[53] escuchar?

Octavio. Ea, prosigue.

Ripio. Ya prosigo.
  ¿Quiérete Isabela a ti?

Octavio. ¿Eso, necio, has de dudar?

Ripio. No, mas quiero preguntar:
  ¿y tú, no la quieres?

Octavio. Sí.

---

[45] **venza**—elimine; borre; deshaga.

[46] **enmienda**—corrige; subsana.

[47] **sosiego**—calma; tranquilidad.

[48] **apetece**—desea.

[49] **regalada holanda**—cómoda sábana.

[50] **armiño**—mamífero cuya piel se vuelve blanca en invierno; es muy preciada.

[51] **madrugar**—levantarse temprano.

[52] **en calma**—sin fuerzas para nada, aparte de pensar en Isabela.

[53] **Quies**—quieres.

Figuras retóricas

¿Qué figura retórica usa el autor aquí? ¿Cuál es el efecto de incluir esta figura?

_____

_____

Enfoque en el estilo

En este extenso parlamento de Octavio, el autor recurre a la ironía dramática como efecto cómico. ¿Qué es lo que el lector sabe y Octavio no?

_____

_____

Conectar

Aquí Ripio, un criado, actúa como consejero de Octavio, su noble amo. Su intervención no carece de ingenio. ¿Qué nombre recibe este tipo de personaje en la comedia clásica española?

_____

Ripio. Pues ¿no seré **majadero**,[54]
     y de solar[55] conocido,
     si pierdo yo mi sentido
     por quien me quiere y la quiero?
       Si ella a ti no te quisiera,
     fuera bien el porfialla,[56]
     regalalla y adoralla,
     y aguardar que se rindiera;[57]
       mas si los dos os queréis
     con una mesma igualdad,
     dime: ¿hay más dificultad
     de que luego os desposéis?[58]

Octavio. Eso fuera, necio, a ser[59]
     de lacayo[60] o lavandera
     la boda.

Ripio. Pues, ¿es quienquiera
     una lavandriz[61] mujer,
       lavando y fregatrizando,[62]
     defendiendo y ofendiendo,
     los paños suyos tendiendo,
     regalando y **remendando**?[63]
       Dando dije, porque al dar
     no hay cosa que se le iguale;
     y si no,[64] a Isabela dale,
     a ver si sabe tomar.

(*Sale un* **Criado.**)

Criado. El embajador de España
     en este punto **se apea**[65]
     en el **zaguán**,[66] y desea,
     con ira y **fiereza**[67] extraña,
       hablarte; y si no entendí
     yo mal, entiendo es prisión.

---

[54] **majadero**—necio y obstinado.

[55] solar (m.)—linaje; alcurnia.

[56] porfialla—porfiarla; cortejarla con insistencia.

[57] se rindiera—cediera; dijera que sí; diera su consentimiento.

[58] os desposéis—os caséis.

[59] a ser—de ser; si fuera.

[60] lacayo—criado de librea, o uniforme.

[61] lavandríz—lavandera.

[62] fregatrizando—fregando; lavando.

[63] **remendando**—reparando; cosiendo.

[64] si no—si no lo crees.

[65] **se apea**—se baja de su caballo; desmonta.

[66] **zaguán** (m.)—entrada; vestíbulo.

[67] **fiereza**—ferocidad.

© Houghton Mifflin Harcourt Publishing Company

Comprender

¿Qué quiere decir Octavio?

_____

_____

Octavio. ¿Prisión? Pues ¿por qué ocasión?

    Decid que entre.

(*Entra* **Don Pedro Tenorio,** *con* **Guardas.**)

Don Pedro. Quien así

      con tanto descuido duerme,

    limpia tiene la conciencia.

Octavio. Cuando viene vuexcelencia[68]

    a honrarme y favorecerme,

      no es justo que duerma yo;

    velaré[69] toda mi vida.

    ¿A qué y por qué es la venida?

Don Pedro. Porque aquí el rey me envió.

Octavio. Si el rey, mi señor, se acuerda

    de mí en aquesta[70] ocasión,

    será justicia y razón

    que por él la vida pierda.

      Decidme, señor, ¿qué **dicha**[71]

    o qué estrella me ha guiado,

    que de mí el rey se ha acordado?

Don Pedro. Fue, duque, vuestra **desdicha**.[72]

      Embajador del rey soy;

    dél os traigo una embajada.[73]

Octavio. Marqués, no me inquieta nada.

    Decid, que aguardando estoy.

Don Pedro. A prenderos me ha enviado

    el rey; no os alborotéis.[74]

Octavio.

    ¡Vos por el rey me prendéis!

    Pues ¿en qué he sido culpado?

Don Pedro. Mejor lo sabéis que yo;

    mas, por si acaso me engaño,

    escuchad el desengaño,

    y a lo que el rey me envió.

      Cuando los negros gigantes,

    plegando funestos toldos,

    ya del crepúsculo huyen,[75]

Señalar

El autor emplea en esta página una figura retórica que ya ha utilizado antes. Identifícala y subraya ejemplos.

_____

Pronosticar

¿Qué es lo que Octavio sabe mejor que don Pedro? ¿Qué le dirá don Pedro?

_____

_____

---

[68] vuexcelencia—vuestra excelencia.

[69] velaré—estaré despierto.

[70] aquesta—esta.

[71] dicha—buena ventura; buena fortuna; felicidad.

[72] desdicha—infortunio; mala suerte.

[73] embajada—mensaje sobre algo importante.

[74] no os alborotéis—no os alteréis; no os sublevéis.

[75] Cuando... huyen—Cuando la oscuridad de la noche huye de la incipiente luz del día; es una descripción barroca del amanecer.

Identificar

Subraya en esta página las exageraciones que utiliza don Pedro para agregar dramatismo al relato.

tropezando unos con otros,
estando yo con **su alteza**[76]
tratando ciertos negocios
—porque antípodas del sol[77]
son siempre los poderosos—,
voces de mujer oímos,
cuyos ecos, menos roncos
por los artesones[78] sacros,
nos repitieron «¡socorro!»
A las voces y al ruido
acudió,[79] duque, el rey propio.
Halló a Isabela en los brazos
de algún hombre poderoso;
mas quien al cielo[80] se atreve,
sin duda es gigante o monstruo.[81]
Mandó el rey que los prendiera;
quedé con el hombre solo;
llegué y quise desarmalle;
pero pienso que el demonio
en él tomó forma humana,
pues que, vuelto en humo y polvo,
se arrojó por los balcones
entre los pies de esos **olmos**[82]
que coronan del palacio
los chapiteles[83] hermosos.
Hice prender la duquesa,
y en la presencia de todos
dice que es el duque Octavio
el que con mano de esposo
la gozó.

Octavio. ¿Qué dices?

Don Pedro. Digo
lo que al mundo es ya **notorio**[84]
y que tan claro se sabe:
que Isabela por mil modos...

Reflexionar

¿Por qué crees que don Pedro miente sobre la reputación de Isabela?

_____

_____

_____

---

[76] **su alteza**—el rey.

[77] antípodas del sol—del lado opuesto del sol; quiere decir al estilo barroco que los poderosos, los que tienen la responsabilidad de gobernar, se ven obligados a desvelarse para ocuparse de los asuntos del gobierno día y noche.

[78] artesones (m.)—adornos que se ponen en los techos y bóvedas.

[79] acudió—respondió; vino.

[80] al cielo—a Isabela; ella es «el cielo».

[81] gigante o monstruo—alusión al mito griego en que unos gigantes trataron de escalar el monte de Olimpo para destronar a Zeus y los demás dioses.

[82] **olmos**—árboles; los olmos dan buena sombra.

[83] chapitel (m.)—parte superior de una columna, en forma de cono o pirámide.

[84] **notorio**—bien sabido.

Octavio. Dejadme; no me digáis
tan gran traición de Isabela.
Mas si fue su amor cautela,
proseguid; ¿por qué calláis?
Mas si veneno me dais
que a un firme corazón toca,
y así a decir me provoca
que imita a la **comadreja**,[85]
que concibe por la oreja
para parir[86] por la boca.

     ¿Será verdad que Isabela,
alma, se olvidó de mí
para darme muerte? Sí,
que el bien suena y el mal vuela.[87]
Ya el **pecho**[88] nada recela[89]
juzgando si son antojos;[90]
que, por darme más enojos,
al entendimiento entró
y por la oreja escuchó
lo que acreditan los ojos.

     Señor marqués, ¿es posible
que Isabela me ha engañado,
y que mi amor ha burlado?
¡Parece cosa imposible!
¡Oh, mujer! ¡Ley tan terrible
de honor, a quien[91] me provoco
a emprender![92] Mas ya no toco
en tu honor esta cautela.
¿Anoche con Isabela
hombre en palacio? Estoy loco.

Don Pedro. Como es verdad que en los vientos
hay aves, en el mar peces,
que participan a veces
de todos cuatro elementos;[93]
como en la gloria hay contentos,

---

[85] **comadreja**—mamífero nocturno, que come ratones y otros animales pequeños; también come los huevos de las aves y les mata las crías; el origen de la superstición referida es *Las metamorfosis* de Ovidio.

[86] parir—dar a luz; echar al mundo.

[87] el bien suena y el mal vuela—las malas noticias se llegan a saber más pronto que las buenas.

[88] **pecho**—corazón; los sentimientos.

[89] recela—teme; sospecha; duda.

[90] antojos—conclusiones prematuras.

[91] a quien—a que.

[92] emprender—iniciar; aquí, tomar el camino con resolución de llegar a cumplir con la ley de honor.

[93] todos cuatro elementos—aire, agua, fuego y tierra, según las creencias de aquellos tiempos.

© Houghton Mifflin Harcourt Publishing Company

Conectar

Según las costumbres de la época, ¿qué debía hacerse en casos de deshonra como el que se describe en esta obra?

_____

_____

_____

Analizar

Explica cuáles son los diferentes tonos de las tres estrofas del parlamento de Octavio.

_____

_____

_____

Reflexionar

Aquí, don Pedro jura y perjura que lo que dice es verdad, y luego desobedece una orden del rey de Nápoles por segunda vez. ¿Qué opinas de él?

_____

_____

_____

Elaborar

Octavio se siente agraviado por la conducta de Isabela y decide irse. ¿Cómo describirías la personalidad de Octavio, teniendo en cuenta su declarado amor por la duquesa?

_____

_____

_____

Enfoque en el estilo

¿Qué tipo de discurso es el parlamento de Tisbea? ¿Qué efecto tiene sobre el ritmo de la obra?

_____

_____

lealtad en el buen amigo,
traición en el enemigo,
en la noche escuridad[94]
y en el día claridad,
así es verdad lo que digo.

Octavio. Marqués, yo os quiero creer.
Ya no hay cosa que me espante;[95]
que la mujer más constante
es, en efeto,[96] mujer.
No me queda más que ver,
pues es **patente**[97] mi agravio.

Don Pedro. Pues que sois prudente y sabio,
elegid el mejor medio.

Octavio. Ausentarme es mi remedio.

Don Pedro. Pues sea presto, duque Octavio.

Octavio. Embarcarme quiero a España,
y darle a mis males fin.

Don Pedro. Por la puerta del jardín,
duque, esta prisión se engaña.

Octavio. ¡Ah, **veleta**![98] ¡Débil caña![99]
A más furor me provoco
y extrañas provincias toco,
huyendo desta cautela.
¡Patria, adiós! ¿Con Isabela
hombre en palacio? ¡Estoy loco!

(*Vanse, y sale* **Tisbea** *pescadora, con una caña de pescar en la mano.*)

Tisbea. Yo, de cuantas el mar
pies de jazmín y rosa
en sus riberas besa
con fugitivas olas,
sola de amor exenta,
como en ventura sola,
tirana me reservo
de sus prisiones locas,
aquí donde el sol pisa
soñolientas las ondas,

---

[94] escuridad—oscuridad.

[95] espante—sorprenda.

[96] en efeto—en efecto; en realidad.

[97] **patente**—manifiesto; claro; evidente.

[98] **veleta**—pieza de metal que, impulsada por el viento, gira sobre un eje, indicando así la dirección del viento; Octavio aplica el término a Isabela, aludiendo a su supuesta inconstancia.

[99] Débil caña—otra metáfora empleada por Octavio para expresar la supuesta ligereza de Isabela, o de las mujeres en general.

alegrando zafiros
las que espantaba sombras.[100]
Por la menuda arena
—unas veces aljófar,[101]
y átomos otras veces
del sol que así la adora—
oyendo de las aves
las quejas amorosas,
y los combates dulces
del agua entre las rocas;
ya con la sutil[102] caña
que al débil peso dobla
del necio pececillo
que el mar salado azota;
o ya con la atarraya[103]
que en sus moradas[104] hondas
prenden cuantos habitan
aposentos[105] de conchas,
segura me entretengo;
que en libertad se goza
el alma que amor áspid[106]
no le ofende ponzoña. [107]
En pequeñuelo **esquife**[108]
y en compañía de otras,
tal vez[109] al mar le peino
la cabeza espumosa;
y cuando más perdidas
querellas[110] de amor forman,
como de todos río,
envidia soy de todas.
¡Dichosa yo mil veces,
amor, pues me perdonas,
si ya, por ser humilde,

© Houghton Mifflin Harcourt Publishing Company

---

[100] aquí... sombras—otro pasaje barroco; léase «aquí donde el sol brilla sobre las olas todavía soñolientas, los reflejos azules que produce, alegran con su luz la oscuridad de la noche, ahuyentada por el sol».

[101] aljófar (m.)—perla de figura irregular, o cosa parecida al aljófar, como las gotas de rocío, por ejemplo, o, como aquí, la arena de la playa.

[102] sutil—delgada.

[103] atarraya—red para pescar.

[104] moradas—residencias.

[105] aposentos—habitaciones.

[106] amor áspid—amor como el áspid, especie de serpiente, cuya mordida introduce veneno en la víctima.

[107] ponzoña—veneno.

[108] **esquife** (m.)—barco pequeño.

[109] tal vez—a veces.

[110] querellas—conflictos; riñas.

Enfoque en el estilo

¿Qué estructura tienen los versos de Tisbea? ¿Crees que sus elecciones léxicas son propias de una pescadora?

_____

_____

Señalar

Subraya en el discurso de Tisbea las palabras relacionadas con su oficio.

_____

_____

_____

no desprecias mi **choza**![111]
Obeliscos[112] de paja
mi edificio coronan,
nidos, si no hay **cigarras**,[113]
a tortolillas[114] locas.
Mi honor[115] conservo en pajas,
como fruta sabrosa,
vidrio guardado en ellas
para que no se rompa.
De cuantos pescadores
con fuego Tarragona[116]
de piratas defiende
en la argentada[117] costa,
desprecio soy y encanto;
a sus suspiros, sorda,
a sus ruegos, terrible,
a sus promesas, roca.
Anfriso, a quien el cielo
con mano poderosa,
prodigio en cuerpo y alma,
dotó[118] de gracias todas,
medido en las palabras,
liberal en las obras,
sufrido en los desdenes,
modesto en las **congojas**,[119]
mis pajizos umbrales,
que heladas noches **ronda**,[120]
a pesar de los tiempos,
las mañanas remoza;[121]
pues con los ramos verdes
que de los olmos corta,
mis pajas amanecen
ceñidas de **lisonjas**.[122]

---

[111] **choza**—casa humilde y pobre.

[112] **Obeliscos**—pilares altos y delgados, que muchas veces sirven de monumentos.

[113] **cigarras**—insectos alados, que producen un ruido estridente.

[114] tortolillas—tórtolas, especie de palomas.

[115] honor (m.)—honestidad y recato, en las mujeres; castidad; virginidad.

[116] Tarragona—ciudad y provincia de España, situadas en la costa del Mediterráneo.

[117] argentada—plateada.

[118] dotó—otorgó; dio.

[119] **congojas**—aflicciones; penas profundas.

[120] **ronda**—anda vigilando o espiando.

[121] remoza—rejuvenece; renueva.

[122] **lisonjas**—elogios; alabanzas.

Ya con vigüelas[123] dulces
y sutiles zampoñas[124]
músicas me **consagra**;[125]
y todo no me importa,
porque en tirano imperio
vivo, de amor señora;[126]
que hallo gusto en sus penas
y en sus infiernos gloria.
Todas por él[127] se mueren,
y yo, todas las horas
le mato con desdénes:
de amor condición propia,
querer donde **aborrecen**,[128]
despreciar donde adoran;
que si le alegran, muere,
y vive si le oprobian.[129]
En tan alegre día,
segura de lisonjas,
mis juveniles años
amor no los **malogra**;[130]
que en edad tan florida,
amor, no es suerte poca
no ver entre estas redes
las tuyas amorosas.
Pero, necio discurso
que mi ejercicio estorbas,
en él no me diviertas[131]
en cosa que no importa.
Quiero entregar la caña
al viento, y a la boca
del pececillo el cebo.[132]
Pero al agua se arrojan
dos hombres de una **nave**,[133]
antes que el mar la **sorba**,[134]

---

[123] vigüelas—vihuelas; guitarras.

[124] zampoñas—instrumentos rústicos, como flautas.

[125] **consagra**—hace sagrada; dedica o destina a un fin superior.

[126] de amor señora—dominadora del amor; superior al amor, no sujeta a él.

[127] por él—por el amor.

[128] **aborrecen**—odian.

[129] oprobian—infaman; deshonran con palabras; vilipendian.

[130] **malogra**—frustra; lleva a infeliz término.

[131] diviertas—desvíes; distraigas.

[132] cebo—gusano u otra comida que el pescador pone en el anzuelo para atraer los peces.

[133] **nave** (f.)—barco.

[134] **sorba**—trague; chupe.

© Houghton Mifflin Harcourt Publishing Company

Pronosticar

Tisbea se burla del amor y se jacta de no estar sometida a él. ¿Crees que recibirá algún tipo de castigo por su soberbia?

_____

_____

Analizar

¿Cómo cambia el soliloquio a partir de la palabra «Pero»?

_____

_____

Conectar

En su última intervención antes del cambio de escena, Octavio usa dos metáforas que expresan la inconstancia de la mujer. Encuéntralas y relaciónalas con la expresión «Quiero entregar la caña/al viento» de Tisbea.

_____

_____

_____

El burlador de Sevilla y convidado de piedra **227**

Inferir

Tisbea dice que el mar «está hecho
Troya». ¿Qué quiere dar a entender
con esto?

_____

_____

que sobre el agua viene
y en un **escollo**[135] aborda.[136]
Como hermoso pavón,[137]
hace las velas cola,
adonde los pilotos
todos los ojos pongan.
Las olas va **escarbando**,[138]
y ya su orgullo y pompa
casi la desvanece.[139]
Agua un costado toma...
Hundióse y dejó al viento
la gavia[140] que la escoja
para morada suya;
que un loco en gavias mora.[141]
        (*Dentro:* «¡Que me ahogo!»)
Un hombre al otro aguarda
que dice que se ahoga.
¡Gallarda cortesía!
En los hombros le toma;
Anquises le hace Eneas,[142]
si el mar está hecho Troya.
Ya, nadando, las aguas
con valentía corta,
y en la playa no veo
quien le ampare y socorra.
Daré voces: «¡Tirseo,
Anfriso, Alfredo, hola!»
Pescadores me miran,
¡plega a Dios[143] que me oigan!
Mas milagrosamente
ya tierra los dos toman,
sin aliento el que nada,
con vida el que le estorba.

(*Saca en brazos* **Catalinón** *a* **Don Juan,** *mojados.*)

Catalinón. ¡Válgame la Cananea,[144]
        y qué salado está el mar!

---

[135] **escollo**—piedra grande sumergida en el mar, que llega casi a la superficie.

[136] aborda—choca; atraca.

[137] pavón—pavo real.

[138] **escarbando**—removiendo.

[139] desvanece—hace desaparecer.

[140] gavia—vela del mastelero, en un barco velero; también, jaula para locos.

[141] mora—vive.

[142] Anquises le hace Eneas—se refiere a un episodio narrado por Virgilio en la *Eneida*: ardiendo Troya, Eneas salvó a su padre, Anquises, sacándolo sobre los hombros.

[143] plega a Dios—ojalá.

[144] ¡Válgame la Cananea!—¡Que Dios me dé aguante!; posiblemente, alusión a la perseverancia de la mujer cananea en Mateo 15:21–28, que perseveró en presentar su petición a Jesús.

Aquí puede bien andar
el que salvarse desea,
 que allá dentro es **desatino**,[145]
donde la muerte **se fragua**;[146]
donde Dios juntó tanta agua,
no juntara tanto vino.

 Agua salada, ¡extremada
cosa para quien no pesca!
Si es mala **aun**[147] el agua fresca,
¿qué será el agua salada?

 ¡Oh, quién hallara una fragua
de vino, aunque algo encendido!
Si del agua que he bebido
escapo yo, no más agua.

 Desde hoy abernuncio[148] della,
que la devoción me quita
tanto que agua bendita
no pienso ver, por no vella.

 ¡Ah, señor! Helado y frío
está. ¿Si estará ya muerto?
Del mar fue este desconcierto,[149]
y mío este **desvarío**.[150]

 ¡Mal haya aquel que primero
pinos[151] en la mar sembró,[152]
y que sus **rumbos**[153] midió
con quebradizo[154] madero!

 ¡Maldito sea el vil sastre
que cosió el mar que dibuja
con astronómica aguja,[155]
causa de tanto desastre!

 ¡Maldito sea Jasón,[156]
y Tifis[157] maldito sea!

---

[145] **desatino**—disparate; locura.

[146] **se fragua**—se forja; adquiere forma o realidad.

[147] **aun**—hasta.

[148] abernuncio—abrenuncio; renuncio.

[149] desconcierto—desorden; descomposición.

[150] **desvarío**—locura; sinrazón.

[151] pinos—barcos de madera.

[152] sembró—colocó; puso.

[153] **rumbos**—rutas; direcciones.

[154] quebradizo—frágil.

[155] astonómica aguja—brújula.

[156] Jasón—héroe mitológico de Grecia en la Antigüedad; salió a buscar el vellocino de oro para recuperar el reino de su padre, acompañado de 50 jóvenes guerreros, llamados argonautas, porque su nave se llamaba *Argos*.

[157] Tifis—el piloto de la nave *Argos*.

Muerto está; no hay quien lo crea.
¡Mísero Catalinón!
     ¿Qué he de hacer?

Tisbea. Hombre, ¿qué tienes
en desventuras iguales?

Catalinón. Pescadora, muchos males,
y falta de muchos bienes.
     Veo, por librarme a mí,
sin vida a mi señor. Mira
si es verdad.

Tisbea. No, que aun[158] respira.

Catalinón. ¿Por dónde? ¿Por aquí?

Tisbea. Sí;
     pues ¿por dónde?

Catalinón. Bien podía
respirar por otra parte.

Tisbea. Necio estás.

Catalinón. Quiero besarte
las manos de nieve fría.

Tisbea. Ve a llamar los pescadores
que en aquella choza están.

Catalinón. Y si los llamo, ¿vernán?[159]

Tisbea. Vendrán presto; no lo ignores.
     ¿Quién es este caballero?

Catalinón. Es hijo aqueste señor
del camarero mayor
del rey, por quien ser espero
     antes de seis días conde[160]
en Sevilla donde va
y adonde su alteza está,
si a mi amistad corresponde.

Tisbea. ¿Cómo se llama?

Catalinón. Don Juan
Tenorio.

Tisbea. Llama mi gente.

Catalinón. Ya voy. (*Vase.*)

(*Coge en el regazo* **Tisbea** *a* **Don Juan.**)

Tisbea. Mancebo[161] excelente,
gallardo, noble y galán.
     Volved en vos, caballero.

---

[158] aun—aún; todavía.

[159] ¿vernán?—¿vendrán?

[160] conde—título nobiliario, o capataz, o capitán de los gitanos; ambigüedad deliberada de Tirso.

[161] **Mancebo**—joven.

Don Juan. ¿Dónde estoy?

Tisbea. Ya podéis ver;
en brazos de una mujer.

Don Juan. Vivo en vos, si en el mar muero.
    Ya perdí todo el recelo
que me pudiera anegar,[162]
pues del infierno del mar
salgo a vuestro claro cielo.
    Un espantoso huracán
dio con mi nave al través
para arrojarme a esos pies
que abrigo y puerto me dan.
    Y en vuestro divino oriente[163]
renazco, y no hay que espantar,
pues veis que hay de amar a mar
una letra solamente.

Tisbea. Muy grande aliento tenéis
para venir sin aliento,
y tras de tanto tormento
mucho tormento ofrecéis.
    Pero si es tormento el mar
y son sus ondas crueles,
la fuerza de los cordeles[164]
pienso que os hace hablar.
    Sin duda que habéis bebido
del mar la oración pasada,
pues, por ser de agua salada,
con tan grande sal ha sido.
    Mucho habláis cuando no habláis,
y cuando muerto venís
mucho al parecer sentís;
¡plega a Dios que no mintáis!
    Parecéis caballo griego[165]
que el mar a mis pies desagua,
pues venís formado de agua
y estáis preñado[166] de fuego.[167]
    Y si mojado abrasáis,[168]
estando **enjuto**,[169] ¿qué haréis?

---

[162] anegar—ahogar.

[163] oriente—brillo especial de las perlas; juventud.

[164] cordeles (m.)—cuerdas; se refiere a los cordeles con que se ataba a
los prisioneros sometidos a tormento para obligarlos a confesar sus delitos
o sus herejías.

[165] caballo griego—alusión al caballo troyano.

[166] preñado—lleno.

[167] fuego—pasión amorosa.

[168] abrasáis—quemáis.

[169] **enjuto**—seco.

Figuras retóricas

¿Qué figura retórica utiliza
deliberadamente don Juan? ¿Con
qué fin?

_____

_____

Conectar

La comparación que hace Tisbea de
don Juan con un caballo griego se
puede relacionar con una antigua
leyenda a la cual ya hizo mención
Tisbea, ¿cuál? ¿Por qué crees que el
autor incluyó esta referencia?

_____

_____

Mucho fuego prometéis;
¡plega a Dios que no mintáis!

Don Juan. A Dios, zagala,[170] pluguiera
que en el agua me anegara
para que **cuerdo**[171] acabara
y loco en vos no muriera;
    que el mar pudiera anegarme
entre sus olas de plata
que sus límites desata,
mas no pudiera abrasarme.
    Gran parte del sol mostráis,
pues que el sol os da licencia,
pues sólo con la apariencia,
siendo de nieve, abrasáis.

Tisbea. Por más helado que estáis,
tanto fuego en vos tenéis
que en este mío os ardéis.
¡plega a Dios que no mintáis!

(*Salen* **Catalinón, Coridón** y **Anfriso,** *pescadores.*)

Catalinón. Ya vienen todos aquí.

Tisbea. Y ya está tu dueño vivo.

Don Juan. Con tu presencia recibo
el aliento que perdí.

Coridón. ¿Qué nos mandas?

Tisbea. Coridón,
Anfriso, amigos...

Coridón. Todos
buscamos por varios modos
esta dichosa ocasión.
    Di qué nos mandas, Tisbea,
que por labios de clavel
no lo habrás mandado a aquel
que idolatrarte desea,
    apenas, cuando al momento,
sin cesar, en llano o sierra,
surque [172]el mar, tale[173] la tierra,
pise el fuego, y pare el viento.

Tisbea. (*Aparte.*) (¡Oh, qué mal me parecían
estas lisonjas ayer,
y hoy echo en ellas de ver
que sus labios no mentían!)

---

[170] **zagala**—muchacha soltera.

[171] **cuerdo**—racional; que está en su juicio.

[172] **surque**—parta.

[173] **tale**—arrase; limpie de árboles.

Reflexionar

Durante todo el diálogo entre don Juan y Tisbea se menciona repetidamente el fuego. ¿Qué es lo que simboliza?

_____

_____

Estando, amigos, pescando
sobre este peñasco, vi
hundirse una nave allí,
y entre las olas nadando
   dos hombres; y compasiva
di voces, y nadie oyó;
y en tanta aflición, llegó
libre de la furia esquiva[174]
   del mar, sin vida a la arena,
déste en los hombros cargado,
un hidalgo ya anegado,
y envuelta en tan triste pena
a llamaros envié.

Anfriso. Pues aquí todos estamos,
manda que tu gusto hagamos,
lo que pensado no fue.

Tisbea. Que a mi choza los llevemos
quiero, donde, agradecidos,
reparemos sus vestidos,
y allí los regalaremos;
   que mi padre gusta mucho
desta debida piedad.

Catalinón. ¡Extremada es su beldad!

Don Juan. Escucha aparte.

Catalinón. Ya escucho.

Don Juan. Si te pregunta quién soy,
di que no sabes.

Catalinón. ¡A mí!...
¿Quieres advertirme a mí
lo que he de hacer?

Don Juan. Muerto voy
   por la hermosa pescadora.
Esta noche he de gozalla.

Catalinón. ¿De qué suerte?

Don Juan. Ven y calla.

Coridón. Anfriso, dentro de un hora
   los pescadores prevén[175]
que canten y bailen.

Anfriso. Vamos,
y esta noche nos hagamos
rajas[176] y palos también.

Comprender

Catalinón se ofende cuando don Juan le pide que no revele su identidad. ¿Por qué crees que tiene esta reacción?

_____

_____

---

[174] esquiva—áspera; intratable; huraña.

[175] los pescadores prevén—avisa a los pescadores.

[176] nos hagamos rajas—hagámonos rajas; hagámonos pedazos; esforcémonos a más no poder.

Don Juan. Muerto soy.

Tisbea. ¿Cómo, si andáis?

Don Juan. Ando en pena, como veis.

Tisbea. Mucho habláis.

Don Juan. Mucho entendéis.

Tisbea. ¡Plega a Dios que no mintáis! (*Vanse.*)

(*Salen* **Don Gonzalo de Ulloa** *y el* **Rey Don Alfonso de Castilla.**)

Rey. ¿Cómo os ha sucedido en la embajada,
comendador mayor?

Don Gonzalo. Hallé en Lisboa
al rey don Juan, tu primo, previniendo[177]
treinta naves de armada.[178]

Rey. ¿Y para dónde?

Don Gonzalo. Para Goa[179] me dijo, mas yo entiendo
que a otra empresa más fácil apercibe.[180]
A Ceuta o Tánger pienso que pretende[181]
cercar[182] este verano.

Rey. Dios le ayude,
y premie el celo[183] de aumentar su gloria.
¿Qué es lo que concertasteis?

Don Gonzalo. Señor, pide
a Serpa y Mora, y Olivencia y Toro;
y por eso te vuelve[184] a Villaverde,
al Almendral, a Mértola y Herrera
entre Castilla y Portugal.

Rey. Al punto
se firmen los conciertos, don Gonzalo.
Mas decidme primero cómo ha ido
en el camino, que vendréis cansado
y alcanzado[185] también.

Don Gonzalo. Para serviros,
nunca, señor, me canso.

Rey. ¿Es buena tierra
Lisboa?

Enfoque en el estilo

Con una técnica repetida en la comedia, se deja suspenso el episodio de Tisbea para introducir una escena entre el rey don Alfonso de Castilla y el comendador de Calatrava, don Gonzalo de Ulloa. ¿Cómo se marca estructuralmente el cambio y qué efecto produce?

_____

_____

_____

---

[177] previniendo—preparando.

[178] armada—fuerza naval.

[179] Goa—colonia portuguesa en India desde 1510 hasta 1962.

[180] apercibe—prepara.

[181] pretende—piensa.

[182] **cercar**—rodear; sitiar.

[183] celo—ánimo de cumplir con un deber o de llevar a cabo una empresa.

[184] vuelve—devuelve; se trata de un canje de pueblos.

[185] alcanzado—necesitado; escaso de fondos.

Don Gonzalo. La mayor ciudad de España;[186]
y si mandas que diga lo que he visto
de lo exterior y célebre, en un punto
en tu presencia te pondré un retrato.[187]

Rey. Yo gustaré de oíllo. Dadme silla.

Don Gonzalo. Es Lisboa una otava[188] maravilla.

De las entrañas de España,
que son las tierras de Cuenca,
nace el caudaloso Tajo,
que media España atraviesa.
Entra en el mar Oceano,
en las sagradas riberas
de esta ciudad, por la parte
del sur; mas antes que pierda
su curso y su claro nombre,
hace un puerto entre dos sierras,
donde están de todo el **orbe**[189]
barcas, naves, carabelas.
Hay galeras y saetías[190]
tantas, que desde la tierra
parece una gran ciudad
adonde Neptuno[191] reina.
A la parte del **poniente**[192]
guardan del puerto dos fuerzas
de *Cascaes* y *San Gian*,[193]
las más fuertes de la tierra.
Está, desta gran ciudad,
poco más de media legua
Belén, convento del santo[194]
conocido por la piedra
y por el león de guarda,
donde los reyes y reinas
católicos y cristianos
tienen sus casas perpetuas.
Luego esta máquina insigne,[195]
desde Alcántara comienza

---

[186] ciudad de España—Portugal estuvo bajo el dominio español desde 1580 hasta 1640.

[187] retrato—descripción.

[188] otava—octava.

[189] **orbe** (m.)—tierra; globo.

[190] saetías—barcos de tres palos y una sola cubierta.

[191] Neptuno—dios romano del mar.

[192] poniente (m.)—oeste; donde se pone el sol.

[193] *Cascaes* y *San Gian*—fortalezas al oeste de Lisboa.

[194] santo—San Jerónimo; tradujo la Biblia al latín, dando al mundo católico la Vulgata; hacía penitencia hiriéndose en el pecho con una piedra, y se hizo amigo de un león sacándole una espina de la pata.

[195] máquina insigne—cosa famosa; aquí, el río Tajo.

Analizar

Este elogio de Lisboa proyecta en la obra implicaciones morales y sociales. ¿Cuál es la ciudad antagónica de Lisboa y qué mal la aqueja?

_____

_____

_____

Figuras retóricas

¿Qué quiere decir la metáfora «tienen sus casas perpetuas»?

_____

Señalar

Subraya las instancias de anáfora en esta página.

una gran legua a tenderse
al convento de Jabregas.
En medio está el valle hermoso
coronado de tres cuestas
que quedara corto Apeles[196]
cuando pintarlas quisiera;
porque, miradas de lejos,
parecen piñas de perlas
que están pendientes del cielo,
en cuya grandeza inmensa
se ven diez Romas cifradas[197]
en conventos y en iglesias,
en edificios y calles,
en solares y encomiendas,
en las letras y en las armas,
en la justicia tan recta,
y en una *Misericordia*[198]
que está honrando su ribera,
y pudiera honrar a España
y aun enseñar a tenerla.[199]
Y en lo que yo más alabo
desta máquina soberbia,
es que del mismo castillo
en distancia de seis leguas,
se ven sesenta lugares
que llega el mar a sus puertas,
uno de los cuales es
el convento de Odivelas,
en el cual vi por mis ojos
seiscientas y treinta celdas, y
entre monjas y **beatas**[200]
pasan de mil y doscientas.
Tiene desde allí Lisboa,
en distancia muy pequeña,
mil y ciento y treinta quintas,
que en nuestra provincia Bética[201]
llaman **cortijos**,[202] y todas
con sus huertos y alamedas.

Interpretar

¿Por qué don Gonzalo hace hincapié en la cantidad de monjas y beatas que hay en el convento?

_____

_____

[196] Apeles—famoso pintor griego del siglo IV a. de J.C.

[197] cifradas—compendiadas; concentradas; contenidas.

[198] *Misericordia*—hospital.

[199] tenerla—tener misericordia.

[200] **beatas**—mujeres religiosas, devotas, pero no monjas.

[201] Bética—nombre romano de Andalucía.

[202] cortijos—terrenos en el campo, con casa.

En medio de la ciudad
hay una plaza soberbia
que se llama del *Rucío*,
grande, hermosa y bien dispuesta,
que habrá cien años y aun más
que el mar bañaba su arena,
y ahora della a la mar
hay treinta mil casas hechas;
que, perdiendo el mar su curso,
se tendió a partes diversas.
Tiene una calle que llaman
rua Nova o calle Nueva,
donde se cifra el Oriente
en grandezas y riquezas;
tanto, que el rey me contó
que hay un mercader en ella
que, por no poder contarlo,
mide el dinero a fanegas.[203]
El terrero,[204] donde tiene
Portugal su casa regia,[205]
o tiene infinitos **navíos**,[206]
varados[207] siempre en la tierra,
de sólo cebada y trigo
de Francia y Ingalaterra.
Pues el palacio real,
que el Tajo sus manos besa,
es edifico de Ulises,[208]
que basta para grandeza,
de quien toma la ciudad
nombre en la latina lengua,
llamándose Ulisibona,[209]
cuyas armas son la esfera,
por pedestal de las **llagas**[210]
que en la batalla sangrienta
al rey don Alfonso Enríquez
dio la majestad inmensa.
Tiene en su gran tarazana[211]

---

[203] fanegas—porciones de aproximadamente 55 litros.

[204] terrero—especie de plaza pública.

[205] casa regia—casa real; palacio.

[206] **navíos**—naves; barcos.

[207] varados—en la playa, para cargar y descargar.

[208] Ulises—nombre latino del héroe legendario griego Odiseo; según una leyenda apócrifa, fundador de la ciudad de Lisboa.

[209] Ulisibona—según los peritos en la materia, esta etimología de «Lisboa» es falsa.

[210] **llagas**—heridas.

[211] tarazana—atarazana; aquí, arsenal en que se reparan barcos, no el arsenal donde se almacenan armas.

Aclarar

¿Qué significa la frase «donde se cifra el Oriente»?

_____

_____

diversas naves, y entre ellas,
las naves de la conquista,
tan grandes que, de la tierra
miradas, juzgan los hombres
que tocan en las estrellas.
Y lo que desta ciudad
te cuento por excelencia
es que, estando sus vecinos
comiendo, desde las mesas
ven los copos[212] del pescado
que junto a sus puertas pescan,
que, **bullendo**[213] entre las redes,
vienen a entrarse por ellas;
y sobre todo, el llegar
cada tarde a su ribera
más de mil barcos cargados
de mercancías diversas,
y de sustento ordinario:
pan, aceite, vino y leña,
frutas de infinita suerte,
nieve de Sierra de Estrella
que por las calles a gritos,
puestas sobre las cabezas,
las venden. Mas, ¿qué me canso?[214]
Porque es contar las estrellas
querer contar una parte
de la ciudad **opulenta**.[215]
Ciento y treinta mil vecinos
tiene, gran señor, por cuenta,
y por no cansarte más,
un rey que tus manos besa.

Rey. Más estimo, don Gonzalo,
escuchar de vuestra lengua
esa relación sucinta
que haber visto su grandeza.
¿Tenéis hijos?

Don Gonzalo. Gran señor,
una hija hermosa y bella,
en cuyo rostro divino
se esmeró[216] naturaleza.

Rey. Pues yo os la quiero casar
de mi mano.

---

[212] **copos**—grupos de peces blancos.

[213] **bullendo**—moviéndose agitadamente.

[214] **¿qué me canso?**—¿por qué me canso?; ¿por qué entro en tantos detalles?

[215] **opulenta**—rica de sobra.

[216] **se esmeró**—puso mucho cuidado.

Don Gonzalo. Como sea
    tu gusto, digo, señor,
    que yo lo aceto[217] por ella.
    Pero ¿quién es el esposo?

Rey. Aunque no está en esta tierra,
    es de Sevilla, y se llama
    don Juan Tenorio.

Don Gonzalo. Las **nuevas**[218]
    voy a llevar a doña Ana.

Rey. Id en buen hora, y volved,
    Gonzalo, con la respuesta.

(*Vanse, y salen* **Don Juan Tenorio** *y* **Catalinón.**)

Don Juan. Esas dos **yeguas**[219] prevén,
    pues acomodadas[220] son.

Catalinón. Aunque soy Catalinón,
    soy, señor, hombre de bien;
      que no se dijo por mí,
    «Catalinón es el hombre»;
    que sabes que aquese nombre
    me asienta[221] al revés a mí.

Don Juan. Mientras que los pescadores
    van de **regocijo**[222] y fiesta,
    tú las dos yeguas apresta,[223]
    que de sus pies voladores
      sólo nuestro engaño fío.[224]

Catalinón. Al fin, ¿pretendes gozar
    a Tisbea?

Don Juan. Si burlar
    es hábito antiguo mío,
      ¿qué me preguntas, sabiendo
    mi condición?

Catalinón. Ya sé que eres
    castigo de las mujeres.

Don Juan. Por Tisbea estoy muriendo,
    que es buena moza.[225]

Catalinón. ¡Buen pago
    a su hospedaje deseas!

---

[217] aceto—acepto.

[218] **nuevas**—noticias.

[219] **yeguas**—hembras del caballo.

[220] acomodadas—apropiadas.

[221] asienta—sienta; cuadra.

[222] **regocijo**—alegría.

[223] apresta—prepara.

[224] fío—confío; tengo confianza.

[225] buena moza—bonita.

Interpretar

¿Por qué don Juan necesita las dos yeguas?

_____

_____

Interpretar

¿Cuál es la actitud de Catalinón ante los planes de su amo?

_____

_____

Inferir

¿Qué quiere decir «¡Qué largo me lo fiáis!»? ¿Cuál es su importancia para entender el personaje de don Juan?

_____

_____

_____

Comparar

Hay una diferencia fundamental entre Tisbea y las demás víctimas de los engaños de don Juan. ¿Cuál es esa diferencia?

_____

_____

Don Juan. Necio, lo mismo hizo Eneas[226]
    con la reina de Cartago.

Catalinón. Los que fingís y engañáis
    las mujeres desa suerte
    lo pagaréis con la muerte.

Don Juan. ¡Qué largo me lo fiáis![227]
      Catalinón con razón
    te llaman.[228]

Catalinón. Tus pareceres
    sigue, que en burlar mujeres
    quiero ser Catalinón.
      Ya viene la **desdichada**.[229]

Don Juan. Vete, y las yeguas prevén.

Catalinón. ¡Pobre mujer! Harto bien[230]
    te pagamos la posada.

(*Vase* **Catalinón**, *y sale* **Tisbea**.)

Tisbea. El rato que sin ti estoy,
    estoy ajena de mí.

Don Juan. Por lo que finges ansí,
    ningún crédito te doy.

Tisbea. ¿Por qué?

Don Juan. Porque si me amaras,
    mi alma favorecieras.

Tisbea. Tuya soy.

Don Juan. Pues di, ¿qué esperas,
    o en qué, señora, **reparas**?[231]

Tisbea. Reparo en que fue castigo
    de amor el que he hallado en ti.

Don Juan. Si vivo, mi bien, en ti,
    a cualquier cosa me obligo.
      Aunque yo sepa perder
    en tu servicio la vida,
    la diera por bien perdida,
    y te prometo de ser
      tu esposo.

Tisbea. Soy desigual
    a tu ser.[232]

---

[226] Eneas—héroe troyano, aludido arriba; Dido, reina legendaria de Cartago, se suicidó después que fue abandonada por Eneas.

[227] ¡Qué largo me lo fiáis!—frase que don Juan repite varias veces, respondiendo a los que le advierten que tendrá que pagar sus culpas cuando muera.

[228] Catalinón con razón te llaman—al parecer, el nombre «Catalinón» significaba cobarde.

[229] desdichada—infeliz.

[230] Harto bien—muy bien (dicho con sarcasmo).

[231] reparas—te fijas; te detienes.

[232] Soy desigual a tu ser—Soy de una clase social inferior a la tuya.

© Houghton Mifflin Harcourt Publishing Company

Don Juan. Amor es rey
    que iguala con justa ley
    la seda con el sayal.[233]

Tisbea. Casi te quiero creer,
    mas sois los hombres traidores.

Don Juan. ¿Posible es, mi bien, que ignores
    mi amoroso **proceder**?[234]
      Hoy prendes con tus cabellos
    mi alma.

Tisbea. Yo a ti me allano,[235]
    bajo la palabra y mano
    de esposo.

Don Juan. Juro, ojos bellos,
    que mirando me matáis,
    de ser vuestro esposo.

Tisbea. Advierte,
    mi bien, que hay Dios y que hay muerte.

Don Juan. ¡Qué largo me lo fiáis!
    Y mientras Dios me dé vida,
    yo vuestro esclavo seré.
    Ésta es mi mano y mi fe.

Tisbea. No seré en pagarte esquiva.

Don Juan. Ya en mí mismo no sosiego.

Tisbea. Ven, y será la cabaña
    del amor que me acompaña
    tálamo[236] de nuestro fuego.
    Entre estas cañas te esconde
    hasta que tenga lugar.

Don Juan. ¿Por dónde tengo de entrar?

Tisbea. Ven y te diré por dónde.

Don Juan. Gloria al alma, mi bien, dais.

Tisbea. Esa voluntad te obligue,
    y si no, Dios te castigue.

Don Juan. ¡Qué largo me lo fiáis!

(*Vanse, y salen* **Coridón, Anfriso, Belisa** *y* **Músicos**.)

Coridón. Ea, llamad a Tisbea,
    y los zagales llamad
    para que en la soledad
    el huésped la corte vea.

---

[233] sayal (m.)—tela de lana tosca.

[234] proceder (m.)—modo de actuar.

[235] me allano—me conformo.

[236] tálamo—cámara de los desposados; lecho conyugal.

© Houghton Mifflin Harcourt Publishing Company

Aclarar

¿Qué quiere decir don Juan con esta oración?

_____

_____

_____

Analizar

La actitud ante la vida que tienen Tisbea y don Juan representan dos temas muy diferentes de la literatura. ¿Cuáles son?

_____

_____

Anfriso. ¡Tisbea, Usindra, Atandria!
No vi cosa más crüel.
¡Triste y mísero de aquel
que en su fuego es salamandria![237]
      Antes que el baile empecemos,
a Tisbea prevengamos.

Belisa. Vamos a llamarla.

Coridón. Vamos.

Belisa. A su cabaña lleguemos.

Coridón. ¿No ves que estará ocupada
con los huéspedes dichosos,
de quien hay mil envidiosos?

Anfriso. Siempre es Tisbea envidiada.

Belisa. Cantad algo mientras viene,
porque queremos bailar.

Anfriso. ¿Cómo podrá descansar
cuidado que celos tiene?

(*Cantan.*) *A pescar salió la niña*
tendiendo redes,
y en lugar de peces
las almas prende.

(*Sale* **Tisbea.**)

Tisbea. ¡Fuego, fuego, que me quemo,
que mi cabaña se abrasa!
Repicad[238] a fuego, amigos;
que ya dan mis ojos agua.
Mi pobre edificio queda
hecho otra Troya en las llamas;
que después que faltan Troyas
quiere amor quemar cabañas.
Mas si amor abrasa penas
con gran ira y fuerza extraña,
mal podrán de su rigor
reservarse humildes pajas.
¡Fuego, zagales, fuego, agua, agua!
¡Amor, clemencia, que se abrasa el alma!
¡Ay, choza, vil instrumento
de mi deshonra y mi infamia!
¡Cueva de ladrones fiera
que mis agravios ampara!
Rayos de ardientes estrellas
en tus cabelleras caigan,
porque abrasadas estén,
si del viento mal peinadas.

© Houghton Mifflin Harcourt Publishing Company

Figuras retóricas

¿Qué figura retórica usa el autor para representar el llanto?

_____

Figuras retóricas

¿Qué figura retórica usa el autor en estos versos y qué efecto produce?

_____

_____

---

[237] salamandria—salamanquesa, por salamandra; anfibio que era, en leyendas, el espíritu elemental del fuego.

[238] Repicad—haced sonar las campanas.

¡Ah, falso huésped, que dejas
una mujer deshonrada!
Nube que del mar salió
para anegar mis entrañas.
¡Fuego, fuego, zagales, agua, agua!
¡Amor, clemencia, que se abrasa el alma!
Yo soy la que hacía siempre
de los hombres burla tanta;
que siempre las que hacen burla
vienen a quedar burladas.
Engañóme el caballero
debajo de fe y palabra
de marido, y profanó
mi **honestidad**[239] y mi cama.
Gozóme al fin, y yo propia
le di a su rigor las alas
en dos yeguas que crié,
con que me burló y se escapa.
Seguilde todos, seguilde.
Mas no importa que se vaya,
que en la presencia del rey
tengo de pedir venganza.
¡Fuego, fuego, zagales, agua, agua!
¡Amor, clemencia, que se abrasa el alma!

(*Vase* **Tisbea**.)

Coridón. Seguid al vil caballero.

Anfriso. ¡Triste del que pena y calla!
Mas ¡vive el cielo, que en él
me he de vengar desta ingrata!
Vamos tras ella nosotros,
porque va desesperada,
y podrá ser que ella vaya
buscando mayor **desgracia**.[240]

Coridón. Tal fin la **soberbia**[241] tiene.
Su locura y confianza
paró en esto.

(*Dice* **Tisbea** *dentro:* **¡Fuego, fuego!**)

Anfriso. Al mar se arroja.

Coridón. Tisbea, ¡detente y para!

Tisbea. ¡Fuego, fuego, zagales, agua, agua!
¡Amor, clemencia, que se abrasa el alma!

---

[239] **honestidad**—castidad; virginidad; honra.

[240] **desgracia**—infortunio; mala suerte.

[241] **soberbia**—orgullo; arrogancia.

Determinar causa y efecto
Describe con tus propias palabras la relación de causa y efecto que se plantea en estos cuatro versos.

_____

_____

_____

Aclarar
¿Qué quiere decir la frase «le di a su rigor las alas»?

_____

_____

Elaborar
¿Por qué crees que Tisbea sigue repitiendo el estribillo mientras entra al agua?

_____

_____

_____

Acto segundo

(*Salen el* **Rey Don Alfonso** *y* **Don Diego Tenorio**,
de barba.)

Rey. ¿Qué me dices?

Don Diego. Señor, la verdad digo.
Por esta carta estoy del caso cierto,
que es de tu embajador y de mi hermano.
Halláronle en la cuadra del rey mismo
con una hermosa dama de palacio.

Rey. ¿Qué calidad?[242]

Don Diego. Señor, es la duquesa
Isabela.

Rey. ¿Isabela?

Don Diego. Por lo menos...

Rey. ¡Atrevimiento **temerario**![243] ¿Y dónde
ahora está?

Don Diego. Señor, a vuestra alteza
no he de encubrille la verdad; anoche
a Sevilla llegó con un criado.

Rey. Ya conocéis, Tenorio, que os estimo,
y al rey[244] informaré del caso luego,
casando a ese rapaz[245] con Isabela,
volviendo a su sosiego al duque Octavio
que inocente padece; y luego al punto
haced que don Juan salga **desterrado**.[246]

Don Diego. ¿Adónde, mi señor?

Rey. Mi enojo vea
en el destierro de Sevilla; salga
a Lebrija esta noche, y agradezca
sólo al merecimiento de su padre...
Pero decid, don Diego, ¿qué diremos
a Gonzalo de Ulloa, sin que erremos?
Caséle con su hija, y no sé cómo
lo puedo ahora remediar.

Don Diego. Pues mira,
gran señor, qué mandas que yo haga
que esté bien al honor de esta señora,
hija de un padre tal.

---

[242] ¿Qué calidad?—¿De qué clase social?

[243] **temerario**—imprudente; arriesgado.

[244] al rey—al rey de Nápoles.

[245] rapaz—muchacho; pero también, se aplica al hombre inclinado a robar.

[246] **desterrado**—expulsado de su tierra; exiliado.

Reflexionar

¿Por qué el rey decide casar a Isabela con don Juan? ¿Estás de acuerdo con su decisión?

Interpretar

¿Cuál es la opinión que tiene don Diego de Gonzalo de Ulloa?

Rey. Un medio tomo
con que absolvello del enojo entiendo:
mayordomo[247] mayor pretendo hacello.

(*Sale un* **Criado.**)

Criado. Un caballero llega de camino,
y dice, Señor, que es el duque Octavio.

Rey. ¿El duque Octavio?

Criado. Sí, señor.

Rey. Sin duda
que supo de don Juan el desatino,
y que viene, incitado a la venganza,
a pedir que le otorgue **desafío**.[248]

Don Diego. Gran señor, en tus heroicas manos
está mi vida, que mi vida propia
es la vida de un hijo inobediente;
que, aunque mozo, gallardo y valeroso,
y le llaman los mozos de su tiempo
el Héctor[249] de Sevilla, porque ha hecho
tantas y tan extrañas mocedades,
la razón puede mucho. No permitas
el desafío si es posible.

Rey. Basta;
ya os entiendo, Tenorio: honor de padre.
Entre el duque.

Don Diego. Señor, dame esas plantas.[250]
¿Cómo podré pagar mercedes[251] tantas?

(*Sale el Duque* **Octavio**, *de camino*.)

Octavio. A esos pies, gran señor, un **peregrino**,[252]
mísero y desterrado, ofrece el labio,
juzgando por más fácil el camino
en vuestra gran presencia.

Rey.   Duque Octavio...

Octavio. Huyendo vengo el fiero desatino
de una mujer, el no pensado agravio
de un caballero que la causa ha sido
de que así a vuestros pies haya venido.

---

[247] **mayordomo**—empleado encargado del gobierno económico de una
casa o hacienda.

[248] **desafío**—reto a duelo.

[249] Héctor—héroe de la mitología griega, hijo de Príamo y Hécuba, reyes legendarios de
Troya; gran guerrero en la defensa de Troya contra el ejército griego, fue muerto por
Aquiles.

[250] dame esas plantas—déjame besarte los pies.

[251] mercedes—bondades; obsequios.

[252] peregrino—viajero; especialmente, el que se dirige a un lugar santo.

Pronosticar

¿Crees que la predicción del rey es
acertada? Justifica tu respuesta.

_____

_____

_____

Rey. Ya, duque Octavio, sé vuestra inocencia.
Yo al rey escribiré que os **restituya**[253]
en vuestro estado, puesto que[254] el ausencia
que hicisteis algún daño os atribuya.
Yo os casaré en Sevilla con licencia
y también con perdón y gracia suya;
que puesto que Isabela un ángel sea,
mirando la que os doy, ha de ser fea.

      Comendador[255] mayor de Calatrava[256]
es Gonzalo de Ulloa, un caballero
a quien el moro por temor alaba,
que siempre es el cobarde lisonjero.
Éste tiene una hija en quien bastaba
en **dote**[257] la virtud, que considero,
después de la beldad, que es maravilla;
y es sol de las estrellas de Sevilla.

      Ésta quiero que sea vuestra esposa.

Octavio. Cuando este viaje le emprendiera
a sólo eso, mi suerte era dichosa,
sabiendo yo que vuestro gusto fuera.

Rey. Hospedaréis al duque, sin que cosa
en su regalo falte.

Octavio.   Quien espera
en vos, señor, saldrá de premios lleno.
Primero Alfonso sois, siendo el onceno.[258]

(*Vanse el* **Rey** *y* **Don Diego,** *y sale* **Ripio.**)

Ripio. ¿Qué ha sucedido?

Octavio. Que he dado
el trabajo recebido,
conforme me ha sucedido,
desde hoy por bien empleado.

      Hablé al rey, vióme y honróme.
César con el César fui,
pues vi, peleé y vencí;
y hace que esposa tome
      de su mano, y se prefiere
a desenojar al rey
en la fulminada[259] ley.

Analizar

¿Por qué el rey quiere casar a Octavio con la hija de Gonzalo de Ulloa?

_____

_____

Conectar

¿A qué frase célebre hace alusión Octavio?

_____

_____

---

[253] **restituya**—coloque de nuevo; vuelva a poner en el sitio o cargo de antes.

[254] puesto que—aunque.

[255] Comendador—en algunas órdenes militares, rango superior al de caballero.

[256] Calatrava—orden militar y religiosa, fundada en el siglo XII para combatir a los moros.

[257] **dote** (f.)—bienes que lleva una mujer a su matrimonio.

[258] Primero Alfonso sois, siendo el onceno—aunque sois Alfonso Onceno, sois el primero, el mejor, de todos los Alfonsos.

[259] fulminada—dictada; impuesta; expedida.

Ripio. Con razón en nombre adquiere
　　　　de generoso en Castilla.
　　　　Al fin, ¿te llegó a ofrecer
　　　　mujer?

Octavio. Sí, amigo, mujer
　　　　de Sevilla; que Sevilla
　　　　　da, si averiguallo quieres,
　　　　porque de oíllo te asombres,
　　　　si fuertes y airosos hombres,
　　　　también gallardas mujeres.
　　　　　Un manto tapado, un brío,
　　　　donde un puro sol se asconde,[260]
　　　　si no es en Sevilla, ¿adónde
　　　　se admite? El contento mío
　　　　　es tal que ya me consuela
　　　　en mi mal.

(*Salen* **Don Juan** *y* **Catalinón.**)

Catalinón. Señor, detente,
　　　　que aquí está el duque, inocente
　　　　Sagitario[261] de Isabela,
　　　　　aunque mejor le diré
　　　　Capricornio.[262]

Don Juan. Disimula.[263]

Catalinón. (*Aparte.*) (Cuando le vende le adula.[264])

Don Juan. Como a Nápoles dejé
　　　　por enviarme a llamar
　　　　con tanta priesa mi rey,
　　　　y como su gusto es ley,
　　　　no tuve, Octavio, lugar[265]
　　　　　de despedirme de vos
　　　　de ningún modo.

Octavio. Por eso,
　　　　don Juan, amigo os confieso,
　　　　que hoy nos juntamos los dos
　　　　　en Sevilla.

Don Juan. ¡Quién pensara,
　　　　duque, que en Sevilla os viera

---

[260] asconde—esconde.

[261] Sagitario—constelación zodiacal; se alude aquí al mito griego de Quirón, un centauro sabio, bondadoso e inmortal, pero, adolorido por una herida, cedió su inmortalidad a Prometeo, y murió; Zeus entonces lo convirtió en la constelación Sagitario, que se representa como un centauro con arco y flecha.

[262] Capricornio—constelación zodiacal, asociada en la mitología griega con Pan, el dios de la fertilidad, quien se representaba como mitad cabra; de ahí, la alusión al duque como cornudo.

[263] Disimula—Finge; Hazte el desentendido.

[264] adula—lisonjea; alaba; elogia.

[265] lugar—tiempo; oportunidad.

© Houghton Mifflin Harcourt Publishing Company

Comprender

¿Por qué Octavio trata a don Juan de «amigo», siendo don Juan el que lo traicionó en Napolés?

_____

_____

para que en ella os sirviera
como yo lo deseaba!
¿Vos Puzol,[266] vos la ribera
dejáis? Mas aunque es lugar
Nápoles tan excelente,
por Sevilla solamente
se puede, amigo, dejar.

Octavio. Si en Nápoles os oyera,
y no en la parte que estoy,
del crédito que ahora os doy
sospecho que me riera.

    Mas llegándola a habitar,
es, por lo mucho que alcanza,
corta cualquiera alabanza
que a Sevilla queréis dar.

    ¿Quién es el que viene allí?

Don Juan. El que viene es el marqués
de la Mota. Descortés
es fuerza ser.

Octavio. Si de mí
algo hubiereis menester,[267]
aquí espada y brazo está.

Catalinón. (*Aparte.*) (Y si importa, gozará
en su nombre otra mujer,
que tiene buena opinión.)

Don Juan. De vos estoy satisfecho.

Catalinón. Si fuere de algún provecho,
señores, Catalinón,
vuarcedes[268] continuamente
me hallarán para servillos.

Ripio. ¿Y dónde?

Catalinón. En los Pajarillos,
tabernáculo[269] excelente.

(*Vanse* **Octavio** *y* **Ripio**, *y sale el* **Marqués de la Mota.**)

Mota. Todo hoy os ando buscando,
y no os he podido hallar.
¿Vos, don Juan, en el lugar,
y vuestro amigo penando
en vuestra ausencia?

Don Juan. ¡Por Dios,
amigo, que me debéis
esa merced que me hacéis!

Aclarar

¿A quién se refiere el marqués de la Mota cuando dice «vuestro amigo»?

---

[266] Puzol—Pozzuoli, puerto italiano cerca de Nápoles.

[267] menester (m.)—necesidad.

[268] vuarcedes—vuestras mercedes.

[269] tabernáculo—taberna; se trata de un juego de palabras.

Catalinón. (*Aparte.*) (Como no le entreguéis vos
      moza o cosa que lo valga,
      bien podéis fiaros dél;
      que en cuanto en esto es crüel,
      tiene condición hidalga.[270])

Don Juan. ¿Qué hay de Sevilla?

Mota. Está ya
      toda esta corte mudada.

Don Juan. ¿Mujeres?

Mota. Cosa juzgada.

Don Juan. ¿Inés?

Mota. A Vejel[271] se va.

Don Juan. Buen lugar para vivir
      la que tan dama nació.

Mota. El tiempo la desterró
      a Vejel.

Don Juan. Irá a morir.
      ¿Costanza?

Mota. Es lástima vella
      lampiña[272] de frente y ceja.
      Llámale el portugués vieja,
      y ella imagina que bella.

Don Juan. Sí, que *velha* en portugués
      suena vieja en castellano.
      ¿Y Teodora?

Mota. Este verano
      se escapó del mal francés[273]
        por un río de sudores,[274]
      y está tan tierna y reciente
      que anteayer me arrojó un diente
      envuelto entre muchas flores.

Don Juan. ¿Julia, la del Candilejo?[275]

Mota. Ya con sus afeites[276] lucha.

Don Juan. ¿Véndese siempre por trucha?[277]

Mota. Ya se da por abadejo.[278]

---

[270] condición hidalga—carácter de hidalgo; generoso y noble; la frase, aquí,
    es sarcástica.

[271] Vejel—juego de palabras: «Vejel», pueblo cerca de Sevilla, por «vejez».

[272] lampiña—falta de pelo; con poco pelo.

[273] mal francés—sífilis; enfermedad venérea.

[274] río de sudores—baño caliente que hace sudar; tratamiento para la sífilis.

[275] Candilejo—una calle de Sevilla.

[276] afeites (m.)—maquillaje.

[277] trucha—cortesana; prostituta; literalmente, tipo de pez.

[278] abadejo—cortesana; prostituta; literalmente, otro tipo de pez.

© Houghton Mifflin Harcourt Publishing Company

Evaluar

¿Qué quiere decir la frase «cosa juzgada»? Lee hasta el final de la página y luego explica brevemente qué quiso decir el marqués de la Mota con esa frase.

_____

_____

_____

Don Juan. El barrio de Cantarranas,[279]
    ¿tiene buena población?

Mota. Ranas[280] las más dellas son.

Don Juan. ¿Y viven las dos hermanas?

Mota. Y la mona de Tolú[281]
    de su madre Celestina[282]
    que les enseña dotrina.[283]

Don Juan. ¡Oh vieja de Bercebú![284]
    ¿Cómo la mayor está?

Mota. Blanca, sin blanca[285] ninguna.
    Tiene un santo a quien ayuna.[286]

Don Juan. ¿Agora en **vigilias**[287] da?

Mota. Es firme y santa mujer.

Don Juan. ¿Y esotra?

Mota. Mejor principio
    tiene; no desecha ripio.[288]

Don Juan. Buen albañir[289] quiere ser.
    Marqués, ¿qué hay de perros muertos?[290]

Mota. Yo y don Pedro de Esquivel
    dimos anoche un cruel,
    y esta noche tengo ciertos
      otros dos.

Don Juan. Iré con vos,
    que también recorreré
    cierto nido que dejé
    en güevos para los dos.
      ¿Qué hay de terrero?[291]

Mota. No muero
    en terrero, que enterrado
    me tiene mayor cuidado.

---

[279] Cantarranas—barrio de prostíbulos; distrito frecuentado por prostitutas.

[280] Ranas—prostitutas.

[281] Tolú—puerto colombiano, famoso por sus monos, o changos.

[282] Celestina—protagonista de una conocida obra literaria española, *La Celestina*; alcahueta de oficio, su nombre llegó a ser sinónimo de las mujeres de su oficio, la alcahuetería.

[283] dotrina—doctrina; instrucción en un oficio.

[284] Bercebú—Belcebú; Lucifer; el diablo.

[285] blanca—moneda antigua.

[286] Tiene un santo a quien ayuna—Tiene un novio que no la mantiene.

[287] **vigilias**—días de vigilia; días en que los católicos se abstienen de comer carne.

[288] no desecha ripio—no descarta residuo; no pierde ocasión.

[289] albañir—albañil; obrero que emplea piedra o ladrillos en la construcción de edificios.

[290] perros muertos—engaños que consistían en abusar de las prostitutas, dejándolas sin pago.

[291] terrero—espacio vacío delante de un edificio; terreno donde los galanes cortejan a las mujeres.

Elaborar

El marqués de la Mota cuenta que ha burlado a una prostituta junto con un amigo, y que planea hacer lo mismo esa noche, aparentemente algo que don Juan también suele hacer. Teniendo en cuenta el origen noble de los jóvenes involucrados, ¿qué mensaje quiso transmitir Tirso de Molina?

_____

_____

_____

_____

Aclarar

¿Qué significa el juego de palabras «no muero/en terrero, que en-terrado/me tiene mayor cuidado»?

_____

_____

Don Juan. ¿Cómo?

Mota. Un imposible quiero.

Don Juan. Pues ¿no os corresponde?

Mota. Sí,
    me favorece y estima.

Don Juan. ¿Quién es?

Mota. Doña Ana, mi prima,
    que es recién llegada aquí.

Don Juan. Pues ¿dónde ha estado?

Mota. En Lisboa,
    con su padre en la embajada.

Don Juan. ¿Es hermosa?

Mota. Es extremada,
    porque en doña Ana de Ulloa
        se extremó naturaleza.

Don Juan. ¿Tan bella es esa mujer?
    ¡Vive Dios que la he de ver!

Mota. Veréis la mayor belleza
    que los ojos del rey ven.

Don Juan. Casaos, pues es extremada.

Mota. El rey la tiene casada,
    y no se sabe con quién.

Don Juan. ¿No os favorece?

Mota. Y me escribe.

Catalinón. (*Aparte.*) (No prosigas, que te engaña
    el gran burlador de España.)

Don Juan. Quien tan satisfecho vive
    de su amor, ¿desdichas teme?
    Sacalda, solicitalda,
    escribilda y engañalda,
    y el mundo se abrase y queme.

Mota. Agora estoy aguardando
    la postrer[292] resolución.

Don Juan. Pues no perdáis la ocasión,
    aquí os estoy aguardando.

Mota. Ya vuelvo.

(*Vanse el* **Marqués** *y el* **Criado.**)

Catalinón. Señor Cuadrado,[293]
    o señor Redondo, adiós.

Criado. Adiós.

---

[292] postrer—última.

[293] Señor Cuadrado o señor Redondo—Señor Gordo.

Analizar

¿Cuál es el objetivo del aparte de Catalinón?

_____

_____

Don Juan. Pues solos los dos,
    amigo, habemos[294] quedado,
      síguele el paso al marqués,
    que en el palacio se entró.

(*Vase* **Catalinón.**)

(*Habla por una reja una* **Mujer.**)

Mujer. Ce,[295] ¿a quién digo?

Don Juan. ¿Quién llamó?

Mujer. Pues sois prudente y cortés
      y su amigo, dalde luego
    al marqués este papel.
    Mirad que consiste en él
    de una señora el sosiego.

Don Juan. Digo que se lo daré;
    soy su amigo y caballero.

Mujer. Basta, señor forastero.
    Adiós. (*Vase.*)

Don Juan. Ya la voz se fue.
      ¿No parece encantamento
    esto que agora ha pasado?
    A mí el papel ha llegado
    por la estafeta[296] del viento.
      Sin duda que es de la dama
    que el marqués me ha encarecido;[297]
    venturoso en esto he sido.
    Sevilla a voces me llama
      el Burlador, y el mayor
    gusto que en mí puede haber
    es burlar una mujer
    y dejalla sin honor.
      ¡Vive Dios, que le he de abrir,
    pues salí de la plazuela!
    Mas, ¿si hubiese otra cautela?
    Gana me da de reír.
      Ya está abierto el tal papel,
    y que es suyo es cosa llana,
    porque aquí firma doña Ana.
    Dice así: «Mi padre infiel
      en secreto me ha casado
    sin poderme resistir;
    no sé si podré vivir,
    porque la muerte me ha dado.

Comprender

¿Por qué no dice don Juan «gozar» a una mujer?

_____

_____

_____

---

[294] habemos—hemos.

[295] Ce—interjección con que se pide atención a una persona.

[296] estafeta—correo.

[297] encarecido—alabado; recomendado.

Si estimas, como es razón,
mi amor y mi voluntad,
y si tu amor fue verdad,
muéstralo en esta ocasión.

Porque veas que te estimo,
ven esta noche a la puerta,
que estará a las once abierta,
donde tu esperanza, primo,

goces, y el fin de tu amor.
Traerás, mi gloria, por señas
de Leonorilla[298] y las dueñas,
una capa de color.

Mi amor todo de ti fío,
y adiós.» —¡Desdichado amante!
¿Hay suceso semejante?
Ya de la burla me río.

Gozaréla, ¡vive Dios!,
con el engaño y cautela
que en Nápoles a Isabela.

(*Sale* Catalinón.)

Catalinón. Ya el marqués viene.

Don Juan. Los dos
aquesta noche tenemos
que hacer.

Catalinón. ¿Hay engaño nuevo?

Don Juan. Extremado.

Catalinón. No lo apruebo.
Tú pretendes que escapemos
una vez, señor, burlados;
que el que vive de burlar
burlado habrá de escapar,
pagando tantos pecados
de una vez.

Don Juan. ¿Predicador[299]
te vuelves, impertinente?

Catalinón. La razón hace al valiente.

Don Juan. Y al cobarde hace el temor.
El que se pone a servir
voluntad no ha de tener,
y todo ha de ser hacer,
y nada ha de ser decir.
Sirviendo, jugando estás,
y si quieres ganar luego,
haz siempre, porque en el juego
quien más hace gana más.

---

[298] Leonorilla—sirvienta de doña Ana.

[299] Predicador—orador que pronuncia sermones.

Comparar
¿Qué tienen en común Isabela y doña Ana de Ulloa?

_____

_____

Enfoque en el estilo
¿Por qué don Juan usa el adjetivo «extremado»?

_____

_____

Comparar
¿Qué diferencia notas entre esta advertencia de Catalinón y la siguiente?

_____

_____

Interpretar
Don Juan cambia el tono cómplice usual con que habla a su criado y se vuelve más autoritario. ¿A qué se debe?

_____

_____

Catalinón. Y también quien hace y dice
    pierde por la mayor parte.

Don Juan. Esta vez quiero avisarte,
    porque otra vez no te avise.

Catalinón. Digo que de aquí adelante
    lo que me mandas haré,
    y a tu lado forzaré
    un tigre y un elefante.
      Guárdese de mí un prior;[300]
    que si me mandas que calle
    y le fuerce, he de forzalle
    sin réplica, mi señor.

Don Juan. Calla, que viene el marqués.

Catalinón. Pues, ¿ha de ser el forzado?
    (_Sale el_ **Marqués de la Mota.**)

Don Juan. Para vos, marqués, me han dado
    un recaudo[301] harto cortés
      por esa reja, sin ver
    el que me lo daba allí;
    sólo en la voz conocí
    que me lo daba mujer.
      Dícete al fin que a las doce
    vayas secreto a la puerta,
    (que estará a las once abierta),
    donde tu esperanza goce
      la posesión de tu amor;
    y que llevases por señas
    de Leonorilla y las dueñas
    una capa de color.

Mota. ¿Qué dices?

Don Juan. Que este recaudo
    de una ventana me dieron,
    sin ver quién.

Mota. Con él pusieron
    sosiego en tanto cuidado.
      ¡Ay, amigo! Sólo en ti
    mi esperanza renaciera.
    Dame esos pies.

Don Juan. Considera
    que no está tu prima en mí.
      Eres tú quien ha de ser
    quien la tiene de gozar,
    ¿y me llegas a abrazar
    los pies?

---

[300] prior (m.)—prelado; superior de un convento.

[301] recaudo—recado; mensaje.

Mota. Es tal el placer,

que me ha sacado de mí.

¡Oh, sol, apresura el paso!

Don Juan. Ya el sol camina al **ocaso.**[302]

Mota. Vamos, amigos, de aquí,

y de noche nos pondremos.

¡Loco voy!

Don Juan. (*Aparte.*) (Bien se conoce;

mas yo bien sé que a las doce

harás mayores extremos.)

Mota. ¡Ay, prima del alma, prima,

que quieres premiar[303] mi fe!

Catalinón. (*Aparte.*) (¡Vive Cristo, que no dé

una blanca por su prima!)

(*Vase el* **Marqués** *y sale* **Don Diego.**)

Don Diego. ¿Don Juan?

Catalinón. Tu padre te llama.

Don Juan. ¿Qué manda vueseñoría?[304]

Don Diego. Verte más cuerdo quería,

más bueno y con mejor fama.

¿Es posible que procuras[305]

todas las horas mi muerte?

Don Juan. ¿Por qué vienes desa suerte?

Don Diego. Por tu trato y tus locuras.

Al fin el rey me ha mandado

que te eche de la ciudad,

porque está de una maldad

con justa causa indignado.

Que, aunque me lo has encubierto,

ya en Sevilla el rey lo sabe,

cuyo[306] delito es tan grave

que a decírtelo no acierto.

¿En el palacio real

traición, y con un amigo?

Traidor, Dios te dé el castigo

que pide delito igual.

Mira que, aunque al parecer

Dios te consiente y aguarda,

su castigo no se tarda,

y que castigo ha de haber

para los que profanáis

Figuras retóricas

¿Qué dos figuras retóricas combina el autor en el verso «Ya el sol camina al ocaso»? ¿Cuál es su significado?

_____

_____

---

[302] **ocaso**—puesta del sol; anochecer.

[303] **premiar**—remunerar; galardonar; compensar.

[304] **vueseñoría**—vuestra señoría; título de respeto.

[305] **procuras**—buscas; solicitas.

[306] **cuyo**—el cual.

su nombre, que es jüez fuerte
Dios en la muerte.

Don Juan. ¿En la muerte?
¿Tan largo me lo fiáis?
De aquí allá hay gran jornada.

Don Diego. Breve te ha de parecer.

Don Juan. Y la que tengo de hacer,
pues a su alteza le agrada,
agora, ¿es larga también?

Don Diego. Hasta que el injusto agravio
satisfaga el duque Octavio,
y **apaciguados**[307] estén
en Nápoles de Isabela
los sucesos que has causado,
en Lebrija retirado
por tu traición y cautela,
quiere el rey que estés agora,
pena a tu maldad ligera.

Catalinón. (*Aparte.*) (Si el caso también supiera
de la pobre pescadora,
más se enojara el buen viejo.)

Don Diego. Pues no te vence castigo
con cuanto hago y cuanto digo,
a Dios tu castigo dejo. (*Vase.*)

Catalinón. Fuése el viejo enternecido.[308]

Don Juan. Luego las lágrimas copia,[309]
condición de viejo propia.
Vamos, pues ha anochecido,
a buscar al marqués.

Catalinón. Vamos,
y al fin gozarás su dama.

Don Juan. Ha de ser burla de fama.

Catalinón. Ruego al cielo que salgamos
della en paz.

Don Juan. ¡Catalinón
en fin!

Catalinón. Y tú, señor, eres
langosta[310] de las mujeres,
y con público pregón,[311]
porque de ti se guardara

---

[307] **apaciguados**—calmados; tranquilizados.

[308] enternecido—emocionado.

[309] copia—acopia; reúne; acumula.

[310] langosta—plaga; peste.

[311] pregón (m.)—aviso a voces; anuncio público.

Comprender

¿De qué habla don Juan en los versos que comienzan con «Y la que tengo de hacer…»?

_____

_____

Aclarar

¿Qué quiere decir don Juan con la frase «¡Catalinón, en fin!»?

_____

_____

cuando a noticia viniera
de la que doncella[312] fuera,
fuera bien se pregonara:
          «Guárdense todos de un hombre
que a las mujeres engaña,
y es el burlador de España.»

Don Juan. Tú me has dado gentil[313] nombre.

(*Sale el* **Marqués,** *de noche, con* **Músicos**, *y pasea
el tablado, y se entran cantando.*)

Músicos. *El que un bien gozar espera,
          cuanto espera, desespera.*

Don Juan. ¿Qué es esto?

Catalinón.   Música es.

Mota. Parece que habla conmigo
          el poeta. —¿Quién va?

Don Juan.   Amigo.

Mota. ¿Es don Juan?

Don Juan.   ¿Es el marqués?

Mota. ¿Quién puede ser sino yo?

Don Juan. Luego que la capa vi,
          que érades[314] vos conocí.

Mota. Cantad, pues don Juan llegó.

Músicos. (*Cantan.*) *El que un bien gozar espera,
          cuanto espera, desespera.*

Don Juan. ¿Qué casa es la que miráis?

Mota. De don Gonzalo de Ulloa.

Don Juan. ¿Dónde iremos?

Mota. A Lisboa.

Don Juan. ¿Cómo, si en Sevilla estáis?

Mota. Pues ¿aqueso os maravilla?
          ¿No vive, con gusto igual,
          lo peor de Portugal
          en lo mejor de Castilla?

Don Juan. ¿Dónde viven?

Mota. En la calle
          de la Sierpe, donde ves
          a Adán[315] vuelto en portugués; [316]
          que en aqueste amargo valle

Conectar

¿Por qué tardan en reconocerse Mota
y don Juan?

_____

_____

_____

---

[312] doncella—señorita.

[313] gentil—brioso o galán; pero también notable o descomunal, cuando se dice con ironía.

[314] érades—erais.

[315] Adán—cualquier hombre.

[316] portugués—amoroso, como los portugueses.

Identificar

Identifica la figura metonímica usada en esta página y explica su significado.

_____

_____

con bocados[317] solicitan
Mil Evas que, aunque dorados,
en efeto, son bocados
con que el dinero nos quitan.

Catalinón. Ir de noche no quisiera
por esa calle cruel,
pues lo que de día es miel
entonces lo dan en cera.[318]
 Una noche, por mi mal,
la vi sobre mí **vertida**,[319]
y hallé que era corrompida
la cera de Portugal.

Don Juan. Mientras a la calle vais,
yo dar un perro[320] quisiera.

Mota. Pues cerca de aquí me espera
un **bravo**.[321]

Don Juan. Si me dejáis,
señor marqués, vos veréis
cómo de mí no se escapa.

Mota. Vamos, y poneos mi capa,
para que mejor lo deis.

Don Juan. Bien habéis dicho. Venid,
y me enseñaréis la casa.

Mota. Mientras el suceso pasa,
la voz y el habla fingid.
 ¿Veis aquella celosía?[322]

Don Juan. Ya la veo.

Mota. Pues llegad
y decid: «Beatriz», y entrad.

Don Juan. ¿Qué mujer?[323]

Mota. Rosada y fría.

Catalinón. Será mujer cantimplora.[324]

Mota. En Gradas[325] os aguardamos.

Don Juan. Adiós, marqués.

Catalinón. ¿Dónde vamos?

---

[317] bocados—porciones de la fruta prohibida; las mujeres que se ofrecen por dinero.

[318] cera—excremento y otros desperdicios que se arrojaban a la calle.

[319] **vertida**—vaciada; tirada.

[320] perro—perro muerto; véase la nota No 290, página 250.

[321] **bravo**—valentón; alude al «perro muerto» que piensa dar Mota; juego de palabras que sugiere un encuentro amoroso.

[322] celosía—enrejado que se pone en las ventanas.

[323] ¿Qué mujer?—¿Qué clase de mujer?

[324] cantimplora—vasija para enfriar agua, de barro rosado.

[325] Gradas—acera elevada delante de la catedral de Sevilla.

Don Juan. Calla, necio, calla agora;
　　adonde la burla mía
　　　　ejecute.

Catalinón. No se escapa
　　nadie de ti.

Don Juan. El **trueque**[326] adoro.

Catalinón. Echaste la capa al toro.[327]

Don Juan. No, el toro me echó la capa.[328]

(*Vanse* **Don Juan** *y* **Catalinón.**)

Mota. La mujer ha de pensar
　　que soy él.

Músicos. ¡Qué gentil perro!

Mota. Esto es acertar por yerro.

Músicos. Todo este mundo es errar.
　　(*Cantan.*) *El que un bien gozar espera,*
　　cuanto espera, desespera.

(*Vanse, y dice* **Doña Ana** *dentro:*)

Ana. ¡Falso, no eres el marqués;
　　que me has engañado!

Don Juan. (*Dentro.*) Digo
　　que lo soy.

Ana. (*Dentro.*) ¡Fiero enemigo,
　　mientes, mientes!

(*Sale* **Don Gonzalo** *con la espada desnuda.*)

Don Gonzalo. La voz es
　　de doña Ana la que siento.

Ana. (*Dentro.*) ¿No hay quien mate este traidor,
　　homicida[329] de mi honor?

Don Gonzalo. ¿Hay tan grande atrevimiento?
　　　Muerto honor, dijo; ¡ay de mí!,
　　y es su lengua tan liviana
　　que aquí sirve de campana.

Ana. (*Dentro.*) Matalde.

(*Salen* **Don Juan** *y* **Catalinón,** *con las espadas desnudas.*)

Don Juan. ¿Quién está aquí?

Don Gonzalo. La **barbacana**[330] caída
　　de la torre de mi honor

---

[326] **trueque**—cambio; acto de trocar una cosa por otra.

[327] Echaste la capa al toro—Lo toreaste; lo dejaste corrido (a Mota).

[328] el toro me echó la capa—el cornudo (el marqués) me ayudó, prestándome su capa.

[329] **homicida**—asesino.

[330] barbacana—construcción militar avanzada, para la defensa de un castillo.

© Houghton Mifflin Harcourt Publishing Company

Figuras retóricas

¿Qué figura retórica usa el autor aquí? ¿Cuál es el significado de la frase?

_____

_____

_____

Comprender

¿Cuánto tiempo habrá pasado entre el último verso de don Juan y el primer verso de Ana?

_____

_____

Elaborar

¿Qué habrá pasado entre esos dos versos?

_____

_____

_____

Conectar

Uno de los principales temas del Burlador de Sevilla es el honor. En este pasaje, doña Ana y don Gonzalo han sido deshonrados. ¿En qué consiste la deshonra?

_____

_____

_____

echaste en tierra, traidor,
donde era alcaide[331] la vida.

Don Juan. Déjame pasar.

Don Gonzalo. ¿Pasar?
Por la punta desta espada.

Don Juan. Morirás.

Don Gonzalo. No importa nada.

Don Juan. Mira que te he de matar.

Don Gonzalo. ¡Muere, traidor!

Don Juan. Desta suerte
muero.

Catalinón. Si escapo de aquesta,
no más burlas, no más fiesta.

Don Gonzalo. ¡Ay, que me has dado la muerte!

Don Juan. Tú la vida te quitaste.

Don Gonzalo. ¿De qué la vida servía?

Don Juan. Huyamos.

(*Vanse* **Don Juan** *y* **Catalinón.**)

Don Gonzalo. La sangre fría
con el furor aumentaste.
Muerto soy; no hay bien que aguarde.
Seguiráte mi furor...
que es traidor, y el que es traidor
es traidor porque es cobarde.

(*Entran muerto a* **Don Gonzalo,** *y salen el* **Marqués de la Mota** *y* **Músicos.**)

Mota. Presto las doce darán,
y mucho don Juan se tarda;
¡fiera prisión del que aguarda!

(*Salen* **Don Juan** *y* **Catalinón.**)

Don Juan. ¿Es el marqués?

Mota. ¿Es don Juan?

Don Juan. Yo soy; tomad vuestra capa.

Mota. ¿Y el perro?

Don Juan. Funesto[332] ha sido.
Al fin, marqués, muerto ha habido.

Catalinón. Señor, del muerto te escapa.[333]

Mota. ¿Burlaste, amigo? ¿Qué haré?

Catalinón. (*Aparte.*) (También vos sois el burlado.)

Don Juan. Cara la burla ha costado.

Pronosticar

¿Crees que si don Juan logra salir ileso de este aprieto se dejará de burlas?

_____

_____

Comprender

¿Por qué el marqués de la Mota no se da cuenta de lo que ha sucedido?

_____

_____

---

[331] alcaide (m.)—el encargado de una fortaleza.

[332] Funesto—aciago; triste.

[333] te escapa—escápate.

Mota. Yo, don Juan, lo pagaré,
    porque estará la mujer
    quejosa de mí.

Don Juan. Las doce
    darán.

Mota. Como[334] mi bien goce,
    nunca llegue a amanecer.

Don Juan. Adiós, marqués.

Catalinón. Muy buen lance[335]
    el desdichado hallará.

Don Juan. Huyamos.

Catalinón. Señor, no habrá
    aguilita que me alcance. (*Vanse.*)

Mota. Vosotros os podéis ir
    todos a casa, que yo
    he de ir solo.

Criados. Dios crió
    las noches para dormir.

(*Vanse, y queda el* **Marqués de la Mota.**)

    (*Dentro.*) ¿Vióse desdicha mayor,
      y vióse mayor desgracia?

Mota. ¡Válgame Dios! Voces siento
    en la plaza del Alcázar.
    ¿Qué puede ser a estas horas?
    Un yelo el pecho me arraiga.
    Desde aquí parece todo
    una Troya que se abrasa,
    porque tantas luces juntas
    hacen gigantes de llamas.
    Un grande escuadrón de hachas[336]
    se acerca a mí. ¿Por qué anda
    el fuego **emulando**[337] estrellas,
    dividiéndose en escuadras?
    Quiero saber la ocasión.

(*Salen* **Don Diego Tenorio** *y la* **Guarda** *con hachas.*)

Don Diego. ¿Qué gente?

Mota. Gente que aguarda
    saber de aqueste rüido
    el alboroto y la causa.

Don Diego. Prendeldo.

Mota. ¿Prenderme a mí?

---

[334] Como—con tal que.

[335] lance (m.)—suceso notable; ocasión crítica.

[336] hachas—mechas encendidas.

[337] emulando—imitando.

Figuras retóricas

¿Qué figura retórica usa el autor en la oración que empieza «Un grande escuadrón...»? ¿Qué representa?

_____

_____

Don Diego. Volved la espada a la vaina,
que la mayor valentía
es no tratar de las armas.

Mota. ¿Cómo al marqués de la Mota
hablan ansí?

Don Diego. Dad la espada,
que el rey os manda prender.

Mota. ¡Vive Dios!

(*Salen el* **Rey** *y* **Acompañamiento.**)

Rey. En toda España
no ha de caber, ni tampoco
en Italia, si va a Italia.

Don Diego. Señor, aquí está el marqués.

Mota. ¿Vuestra alteza a mí me manda
prender?

Rey. Llevalde y ponelde
la cabeza en una escarpia.[338]
—¿En mi presencia te pones?

Mota. ¡Ah, glorias de amor tiranas,
siempre en el pasar ligeras,
como en el vivir pesadas!
Bien dijo un sabio que había
entre la boca y la taza
peligro;[339] mas el enojo
del rey me **admira**[340] y espanta.
No sé por lo que voy preso.

Don Diego. ¿Quién mejor sabrá la causa
que vueseñoría?

Mota.   ¿Yo?

Don Diego. Vamos.

Mota.   Confusión extraña.

Rey. Fulmínesele el proceso[341]
al marqués luego, y mañana
le cortarán la cabeza.
Y al comendador, con cuanta
solenidad y grandeza
se da a las personas sacras
y reales, el entierro
se haga; en bronce y piedras varias
un sepulcro con un bulto[342]

Comprender

¿Quién «En toda España no ha de caber»?

_____

_____

Conectar

¿Qué escena del Acto Primero se relaciona con esta escena? ¿Qué tienen en común?

_____

_____

_____

---

[338] escarpia—clavo con cabeza acodillada, o sea, en forma de L.

[339] entre la boca y la taza peligro—el peligro surge cuando uno menos lo espera; la forma más frecuente de este refrán es: «entre el plato y la boca, se pierde la sopa».

[340] admira—asombra.

[341] Fulmínesele el proceso—Que se dé la orden para su juicio.

[342] bulto—busto o estatua.

le ofrezcan, donde en mosaicas
labores, góticas letras
den lenguas a sus venganzas.
Y entierro, bulto y sepulcro
quiero que a mi costa se haga.
—¿Dónde doña Ana se fue?

Don Diego. Fuése al sagrado, doña Ana,
de mi señora la reina.

Rey. Ha de sentir esta falta
Castilla; tal capitán
ha de llorar Calatrava. (*Vanse todos.*)

(*Salen* **Batricio**, *desposado con* **Aminta; Gaseno**, *viejo;* **Belisa**; *y*
Pastores *músicos.*)

  (*Cantan.*) *Lindo sale el sol de abril*
con trébol[343] *y torongil,*[344]
    y aunque le sirva de estrella,
Aminta sale más bella.

Batricio. Sobre esta alfombra florida,
adonde en campos de escarcha
el sol sin aliento marcha
con su luz recién nacida,
os sentad,[345] pues nos convida
al tálamo el sitio hermoso.

Aminta. Cantalde a mi dulce esposo
favores **de mil en mil.**[346]

(*Cantan.*) *Lindo sale el sol de abril*
con trébol y torongil;
    y aunque le sirva de estrella,
Aminta sale más bella.

Gaseno. Muy bien lo habéis solfeado;[347]
no hay más sones en los kiries.[348]

Batricio. Cuando con sus labios tiries[349]
vuelve en púrpura los labios
saldrán, aunque vergonzosos,
afrentando el sol de abril.

Aminta. Batricio, yo lo agradezco;
falso y lisonjero estás;
mas si tus rayos me das,

© Houghton Mifflin Harcourt Publishing Company

---

[343] *trébol* (m.)—planta con hojas de tres en tres, y flores blancas o moradas.

[344] *torongil* (m.)—toronjil; planta cuyas hojas se usan como remedio tónico.

[345] os sentad—sentaos.

[346] **de mil en mil**—en grupos de mil cada uno.

[347] solfeado—cantado.

[348] kiries (m.)—kirieleisón, invocación con que se llama a Dios al principio de la misa, pidiéndole misericordia.

[349] tiries—tirios, de Tiro, ciudad de Fenicia; se refiere al color de los labios.

Pronosticar

La palabra «tálamo» aparece en una
escena anterior. Basándote en el
desenlace de aquella escena, ¿qué
auguras que sucederá con los recién
casados?

_____

_____

_____

por ti ser luna merezco.
Tú eres el sol por quien crezco
  después de salir **menguante**,[350]
para que el alba[351] te cante
la salva[352] en tono sutil.
(*Cantan.*) *Lindo sale el sol de abril*
con trébol y torongil.

(*Sale* **Catalinón,** *de camino.*)

Catalinón. Señores, el desposorio[353]
  huéspedes ha de tener.

Gaseno. A todo el mundo ha de ser
  este contento notorio.
    ¿Quién viene?

Catalinón. Don Juan Tenorio.

Gaseno. ¿El viejo?

Catalinón. No ese don Juan.

Belisa. Será su hijo galán.

Batricio. (*Aparte.*) (Téngolo por mal **agüero**,[354]
  que galán y caballero
  quitan gusto y celos dan.)
    Pues ¿quién noticia les dio
  de mis bodas?

Catalinón. De camino
  pasa a Lebrija.

Batricio. Imagino
  que el demonio le envió;
  mas ¿de qué me aflijo[355] yo?
  Vengan a mis dulces bodas
  del mundo las gentes todas.
  Mas, con todo, un caballero
  en mis bodas, ¡mal agüero!

Gaseno. Venga el Coloso de Rodas,[356]
  venga el Papa, el Preste Juan[357]
  y don Alonso el Onceno
  con su corte; que en Gaseno
  ánimo y valor verán.

---

[350] **menguante**—reducida; se refiere a esa fase de la luna.

[351] alba—aurora; amanecer.

[352] salva—saludo; bienvenida.

[353] desposorio—boda.

[354] **agüero**—señal; indicio; presagio.

[355] me aflijo—me preocupo; me pongo triste.

[356] Coloso de Rodas—gigantesca estatua de bronce, de más de 100 pies de altura, en la bahía de Rodas, isla griega; una de las siete maravillas de la Antigüedad.

[357] Preste Juan—personaje mítico medieval, que gobernaba un supuesto reino cristiano situado en Asia o tal vez en Etiopía, en África.

Figuras retóricas

¿Qué figura retórica usa el autor en el verso «del mundo las gentes todas»? ¿Cuál es su objeto?

_____

_____

Montes en casa hay de pan,
Guadalquivides[358] de vino,
Babilonias de tocino,[359]
y entre ejércitos cobardes
de aves, para que las lardes,[360]
el pollo y el palomino.
     Venga tan gran caballero
a ser hoy en Dos Hermanas
honra destas viejas canas.

Belisa. El hijo del camarero mayor...

Batricio. (*Aparte.*) (Todo es mal agüero
para mí, pues le han de dar
junto a mi esposa lugar.
Aún no gozo, y ya los cielos
me están condenando a celos.
Amor, sufrir y callar.)

(*Sale* **Don Juan Tenorio.**)

Don Juan. Pasando acaso he sabido
que hay bodas en el lugar
y dellas quise gozar,
pues tan venturoso he sido.

Gaseno. Vueseñoría ha venido
a honrallas y engrandecellas.

Batricio. (*Aparte.*) (Yo, que soy el dueño dellas,
digo entre mí que vengáis
en hora mala.)

Gaseno.   ¿No dais
lugar a este caballero?

Don Juan. Con vuestra licencia quiero
sentarme aquí. (*Siéntase junto a la novia.*)

Batricio. Si os sentáis
delante de mí, señor,
seréis de aquesa manera
el novio.

Don Juan.   Cuando lo fuera,[361]
no escogiera lo peor.

Gaseno. ¡Que es el novio!

Don Juan.   De mi error
y ignorancia perdón pido.

Catalinón. (*Aparte.*) (¡Desventurado marido!)

Figuras retóricas

¿Qué figura retórica emplea Tirso en el verso «honra destas viejas canas»?

_____

Comparar

Contrasta las reacciones de Gaseno y de Batricio ante la irrupción de don Juan y Catalinón en el banquete de bodas.

  •

_____

_____

_____

---

[358] Guadalquivides—Guadalquivires; el Guadalquivir es el río que atraviesa Sevilla; por lo tanto, «Guadalquivides de vino» equivale a «ríos de vino»; nótese también el juego de palabras: «vid», la planta que da la uva.

[359] Babilonias de tocino—torres de tocino; la Babilonia antigua era una ciudad opulenta, con edificios altos para aquella época.

[360] lardes—lardees; untes con lardo o grasa.

[361] Cuando lo fuera—si lo fuera.

Don Juan. (*Aparte.*) (Corrido[362] está.)

Catalinón. (*Aparte.*) (No lo ignoro;
mas si tiene de ser toro,
¿qué mucho que esté corrido?
No daré por su mujer
ni por su honor un cornado.[363]
¡Desdichado tú, que has dado
en manos de Lucifer![364])

Don Juan. ¿Posible es que vengo a ser,
señora, tan venturoso?
Envidia tengo al esposo.

Aminta. Parecéisme lisonjero.

Batricio. Bien dije que es mal agüero
en bodas un poderoso.

Gaseno. Ea, vamos a almorzar,
porque pueda descansar
un rato su señoría.

(*Tómale* **Don Juan** *la mano a la novia.*)

Don Juan. ¿Por qué la escondéis?

Aminta. Es mía.

Gaseno. Vamos.

Belisa. Volved a cantar.

Don Juan. ¿Qué dices tú?

Catalinón. ¿Yo? Que temo
muerte vil destos villanos.

Don Juan. Buenos ojos, blancas manos,
en ellos me abraso y quemo.

Catalinón. ¡Almagrar[365] y echar a extremo![366]
Con ésta cuatro serán.

Don Juan. Ven, que mirándome están.

Batricio. ¿En mis bodas caballero?
¡Mal agüero!

Gaseno.　　　　Cantad.

Batricio.　　　　　　Muero.

Catalinón. Canten, que ellos llorarán.

(*Vanse todos, con que da fin el Segundo Acto.*)

Comprender

Catalinón dice que «ellos llorarán».
¿Quiénes son «ellos»?

[362] Corrido—avergonzado.

[363] cornado—moneda antigua de cobre; juego de palabras con «cornudo», hombre cuya esposa le es infiel.

[364] Lucifer—el diablo.

[365] Almagrar—teñir de almagre, óxido rojo de hierro; también, señalar o infamar con alguna marca; y, entre rufianes, herir o lastimar de suerte que corra sangre; eufemismo por desflorar.

[366] echar a extremo—mandar el ganado a su invernadero; equivale aquí a «descartar», «abandonar», después de «almagrar».

Acto tercero

(*Sale* **Batricio,** *pensativo.*)

Batricio. Celos, reloj de cuidados,
   que a todas las horas dais
   tormentos con que matáis,
   aunque dais desconcertados;[367]
     celos, del vivir desprecios,
   con que ignorancias hacéis,
   pues todo lo que tenéis
   de ricos, tenéis de necios,
     dejadme de atormentar,
   pues es cosa tan sabida
   que, cuando amor me da vida,
   la muerte me queréis dar.
     ¿Qué me queréis, caballero,
   que me atormentáis ansí?
   Bien dije cuando le vi
   en mis bodas, «¡Mal agüero!»
     ¿No es bueno que se sentó
   a cenar con mi mujer,
   y a mí en el plato meter
   la mano no me dejó?
     Pues cada vez que quería
   metella la desviaba,
   diciendo a cuanto tomaba,
   «¡Grosería, grosería!»
     Pues llegándome a quejar
   a algunos, me respondían
   y con risa me decían:
   «No tenéis de qué os quejar;
     eso no es cosa que importe;
   no tenéis de qué temer;
   callad, que debe de ser
   uso de allá de la corte.»
     ¡Buen uso, trato extremado!
   ¡Más no se usara en Sodoma![368]
   Que otro con la novia coma,
   y que ayune el desposado!
     Pues el otro bellacón[369]
   a cuanto comer quería,
   «¿Esto no come?», decía;
   «No tenéis, señor, razón»;
     y de delante al momento

---

[367] desconcertados—sin concierto ni orden; los tormentos vienen a cualquier hora.

[368] Sodoma—antigua ciudad de Palestina, tan corrompida que Dios la destruyó.

[369] bellacón—gran bellaco; hombre ruin.

Reflexionar

Aquí Batricio hace un soliloquio, que es una reflexión a solas pronunciada en voz alta. ¿Qué logra Tirso con este soliloquio?

_____

_____

Enfoque en el estilo

¿Cuál es la métrica del soliloquio de Batricio?

_____

_____

Inferir

Batricio se queja de que don Juan y Aminta han comido juntos y él no ha probado bocado. Pero ¿cuál es el sentido no literal de esta queja?

_____

_____

me lo quitaba. Corrido
estó;[370] bien sé yo que ha sido
culebra[371] y no casamiento.
    Ya no se puede sufrir
ni entre cristianos pasar;
y acabando de cenar
con los dos, ¿mas que a dormir
    se ha de ir también, si **porfía**,[372]
con nosotros, y ha de ser,
el llegar yo a mi mujer,
«Grosería, grosería»?
    Ya viene, no me resisto.
Aquí me quiero esconder;
pero ya no puede ser,
que imagino que me ha visto.

(*Sale* **Don Juan Tenorio.**)

Don Juan. Batricio...

Batricio.   Su señoría,
  ¿qué manda?

Don Juan.   Haceros saber...

Batricio. (*Aparte.*) (¿Mas que ha de venir a ser
  alguna desdicha mía?)

Don Juan. ...que ha[373] muchos días, Batricio,
  que a Aminta el alma le di,
  y he gozado...

Batricio.   ¿Su honor?

Don Juan.   Sí.

Batricio. (*Aparte.*) (Manifiesto y claro indicio
    de lo que he llegado a ver;
que si bien no le quisiera,
nunca a su casa viniera.
Al fin, al fin es mujer.)

Don Juan. Al fin, Aminta, celosa,
  o quizá desesperada
de verse de mí olvidada
y de ajeno dueño esposa,
    esta carta me escribió
enviándome a llamar,
y yo prometí gozar
lo que el alma prometió.
    Esto pasa de esta suerte.
Dad a vuestra vida un medio;

Inferir

¿Es verdad lo que don Juan dice a Batricio aquí?

_____

_____

_____

Comprender

¿Es cierto lo que dice don Juan sobre su relación con Aminta?

_____

_____

_____

---

[370] estó—estoy.

[371] culebra—bronca en una reunión; tomadura de pelo o broma pesada, especialmente a un novato.

[372] porfía—insiste.

[373] ha—hace.

que le daré sin remedio
a quien lo impida, la muerte.

Batricio. Si tú en mi elección lo pones,
tu gusto pretendo hacer,
que el honor y la mujer
son malos en opiniones.[374]

La mujer en opinión
siempre más pierde que gana,
que son como la campana,
que se estima por el son.

Y así es cosa averiguada
que opinión viene a perder
cuando cualquiera mujer
suena a campana quebrada.

No quiero, pues me reduces
el bien que mi amor ordena,
mujer entre mala y buena,
que es moneda entre dos luces.[375]

Gózala, señor, mil años;
que yo quiero resistir
desengaños y morir,
y no vivir con engaños. (*Vase.*)

Don Juan. Con el honor le vencí,
porque siempre los villanos
tienen su honor en las manos,
y siempre miran por sí.

Que por tantas falsedades
es bien que se entienda y crea
que el honor se fue al aldea,[376]
huyendo de las ciudades.

Pero antes de hacer el daño
le pretendo reparar;
a su padre voy a hablar
para autorizar mi engaño.

Bien lo supe negociar;
gozarla esta noche espero.
La noche camina, y quiero
su viejo padre llamar.

Estrellas que me **alumbráis**,[377]
dadme en este engaño suerte,
si el **galardón**[378] en la muerte
tan largo me lo guardáis. (*Vase.*)

---

[374] opiniones—reputación; fama pública.

[375] entre dos luces—de valor dudoso.

[376] al aldea—a la aldea.

[377] **alumbráis**—dais luz.

[378] **galardón** (m.)—premio; remuneración; pago.

¿Qué piensa Batricio no ya sobre Aminta, sino sobre las mujeres en general? Subraya en la página anterior la frase que anticipa este modo de pensar.

_____

_____

Elaborar

¿Qué quiere decir «el honor se fue al aldea, huyendo de las ciudades»?

_____

_____

_____

En esta página, el argumento avanza
rápidamente y nos enteramos de varias
cosas. A medida que leas, responde:
¿Qué ha ocurrido entre Gaseno y don
Juan? ¿Cuál es el plan de don Juan y
Catalinón?

_____

_____

_____

(*Salen* **Aminta** *y* **Belisa**.)

Belisa. Mira que vendrá tu esposo;
    entra a desnudarte, Aminta.

Aminta. De estas infelices bodas
    no sé qué siento, Belisa.
    Todo hoy mi Batricio ha estado
    bañado en melancolía,
    todo en confusión y celos.
    ¡Mirad qué grande desdicha!
    Di, ¿qué caballero es éste
    que de mi esposo me priva?
        La desvergüenza en España
    se ha hecho caballería.
    Déjame, que estoy sin seso;[379]
    déjame, que estoy corrida.
    ¡Mal hubiese el caballero
    que mis contentos me priva!

Belisa. Calla, que pienso que viene;
    que nadie en la casa pisa
    de un desposado, tan recio.

Aminta. Queda adiós, Belisa mía.

Belisa. Desenójale en los brazos.

Aminta. ¡Plega a los cielos que sirvan
    mis suspiros de **requiebros**,[380]
    mis lágrimas de caricias! (*Vanse*.)

(*Salen* **Don Juan**, **Catalinón** *y* **Gaseno**.)

Don Juan. Gaseno, quedad con Dios.

Gaseno. Acompañaros querría,
    por dalle de esta ventura
    el parabién[381] a mi hija.

Don Juan. Tiempo mañana nos queda.

Gaseno. Bien decís; el alma mía
    en la muchacha os ofrezco. (*Vase*.)

Don Juan. Mi esposa, decid. —Ensilla,
    Catalinón.

Catalinón. ¿Para cuándo?

Don Juan.
    Para el alba; que de risa
    muerta, ha de salir mañana
    de este engaño.

Catalinón. Allá en Lebrija,
    señor, nos está aguardando

Interpretar

¿Qué quiere decir don Juan aquí? ¿Por
qué se «reiría» el alba?

_____

_____

---

[379] **seso**—cerebro; juicio; sensatez.

[380] **requiebros**—piropos.

[381] **parabién** (m.)—felicitación; buenos deseos.

otra boda. Por tu vida,
que despaches[382] presto en ésta.

Don Juan. La burla más escogida
de todas ha de ser ésta.

Catalinón. Que saliésemos querría
de todas bien.

Don Juan. Si es mi padre
el dueño de la justicia,
y es la privanza[383] del rey,
¿qué temes?

Catalinón. De los que privan
suele Dios tomar venganza,
si **delitos**[384] no castigan;
y se suelen en el juego
perder también los que miran.
Yo he sido mirón[385] del tuyo,
y por mirón no querría
que me cogiese algún rayo
y me trocase[386] en ceniza.

Don Juan. Vete, ensilla; que mañana
he de dormir en Sevilla.

Catalinón. ¿En Sevilla?

Don Juan. Sí.

Catalinón. ¿Qué dices?
Mira lo que has hecho, y mira
que hasta la muerte, señor,
es corta la mayor vida,
y que hay tras la muerte infierno.

Don Juan. Si tan largo me lo fías,
vengan engaños.

Catalinón. Señor...

Don Juan. Vete, que ya me amohínas[387]
con tus temores extraños.

Catalinón. Fuerza al turco, fuerza al scita,[388]
al persa, y al garamante,[389]
al gallego, al troglodita,[390]

---

[382] despaches—concluyas.

[383] es la privanza—goza más que ningún otro del favor y de la confianza.

[384] **delitos**—infracciones penales; actos ilegales.

[385] mirón—observador; testigo; cómplice.

[386] trocase—cambiase; convirtiese.

[387] amohínas—molestas.

[388] scita (m.)—escita; habitante de Escitia, una región de Asia al norte
del mar Negro.

[389] garamante (m.)—habitante de la Libia, en el norte de África.

[390] troglodita (m.)—miembro de un pueblo que vive en cuevas.

© Houghton Mifflin Harcourt Publishing Company

Inferir

¿Por qué ha de ser ésta «la burla más escogida»?

_____

_____

Sintetizar

Explica con tus propias palabras los temores de Catalinón.

_____

_____

_____

al alemán y al japón,[391]
al sastre con la agujita
de oro en la mano, imitando
contino[392] a la *Blanca niña*.[393] (*Vase.*)

Don Juan. La noche en negro silencio
se extiende, y ya las cabrillas[394]
entre racimos de estrellas
el polo más alto pisan.
Yo quiero poner mi engaño
por obra.[395] El amor me guía
a mi inclinación, de quien
no hay hombre que se resista.
Quiero llegar a la cama.
¡Aminta!

(*Sale* **Aminta** *como que está acostada.*)

Aminta. ¿Quién llama a Aminta?
¿Es mi Batricio?

Don Juan. No soy
tu Batricio.

Aminta. Pues ¿quién?

Don Juan. Mira
de espacio, Aminta, quién soy.

Aminta. ¡Ay de mí! ¡Yo soy perdida!
¿En mi aposento[396] a estas horas?

Don Juan. Éstas son las horas mías.

Aminta. Volveos, que daré voces.
No excedáis la cortesía
que a mi Batricio se debe.
Ved que hay romanas Emilias[397]
en Dos Hermanas también,
y hay Lucrecias[398] vengativas.

Don Juan. Escúchame dos palabras,
y esconde de las mejillas
en el corazón la grana,[399]
por ti más preciosa y rica.

---

[391] japón (m.)—japonés.

[392] contino—de continuo.

[393] *Blanca niña*—título de una canción popular, de una niña que bordaba.

[394] cabrillas—las siete estrellas más importantes de la constelación de las Pléyades; su posición en el cielo indica que se hace tarde.

[395] poner mi engaño por obra—llevar a cabo el engaño que tengo pensado.

[396] aposento—recámara; dormitorio; alcoba.

[397] romanas Emilias—mujeres valientes; se alude a Emilia, mujer notable por su valor, esposa del romano Escipión el Africano (235–183 a. de J.C.).

[398] Lucrecias—mujeres que piden venganza, y que prefieren la muerte a la deshonra; Lucrecia, matrona romana del siglo VI a. de J.C., se suicidó después de ser ultrajada por el hijo del rey etrusco, Sexto Tarquino.

[399] grana—cochinilla, colorante rojo.

Figuras retóricas
Subraya e identifica la figura retórica incluida en esta intervención de don Juan.

_____

_____

Visualizar
A base de la información del texto, imagina a Aminta en esta escena. Describe su aspecto y su estado de ánimo.

_____

_____

Aminta. Vete, que vendrá mi esposo.

Don Juan. Yo lo soy. ¿De qué te admiras?

Aminta. ¿Desde cuándo?

Don Juan. Desde agora.

Aminta. ¿Quién lo ha tratado?

Don Juan. Mi dicha.

Aminta. ¿Y quién nos casó?

Don Juan. Tus ojos.

Aminta. ¿Con qué poder?

Don Juan. Con la vista.

Aminta. ¿Sábelo Batricio?

Don Juan. Sí,
       que te olvida.

Aminta. ¿Que me olvida?

Don Juan. Sí, que yo te adoro.

Aminta. ¿Cómo?

Don Juan. Con mis dos brazos.

Aminta. Desvía.[400]

Don Juan. ¿Cómo puedo, si es verdad
       que muero?

Aminta. ¡Qué gran mentira!

Don Juan. Aminta, escucha y sabrás,
       si quieres que te lo diga,
       la verdad; que las mujeres
       sois de verdades amigas.
       Yo soy noble caballero,
       cabeza de la familia
       de los Tenorios, antiguos
       ganadores de Sevilla.
       Mi padre, después del rey,
       se reverencia y estima,
       y en la corte, de sus labios
       pende[401] la muerte o la vida.
       Corriendo el camino acaso,
       llegué a verte, que amor guía
       tal vez las cosas de suerte
       que él mismo dellas se olvida.
       Vite, adoréte, abraséme
       tanto, que tu amor me anima
       a que contigo me case;
       mira qué acción tan precisa.
       Y aunque lo mormure[402] el reino,

---

400 Desvía—Deja eso; Olvídate de eso.

401 pende—depende.

402 mormure—murmure; chismee; comente.

Inferir

¿Quién fue el artífice del encuentro entre don Juan y Aminta, según el burlador?

_____

_____

_____

y aunque el rey lo contradiga,
y aunque mi padre enojado
con amenazas lo impida,
tu esposo tengo de ser.
¿Qué dices?

Aminta. No sé qué diga,
que se encubren tus verdades
con retóricas mentiras.
Porque si estoy desposada,
como es cosa conocida,
con Batricio, el matrimonio
no se absuelve[403] aunque él desista.

Don Juan. En no siendo consumado,
por engaño o por malicia
puede anularse.

Aminta. En Batricio
todo fue verdad sencilla.

Don Juan. Ahora bien: dame esa mano,
y esta voluntad confirma
con ella.

Aminta. ¿Que no me engañas?

Don Juan. Mío el engaño sería.

Aminta. Pues jura que complirás[404]
la palabra prometida.

Don Juan. Juro a esta mano, señora,
infierno de nieve fría,
de cumplirte la palabra.

Aminta. Jura a Dios que te maldiga
si no la cumples.

Don Juan. Si acaso
la palabra y la fe mía
te faltare, ruego a Dios
que a traición y **alevosía**[405]
me dé muerte un hombre... (*Aparte.*) (muerto,
que vivo, ¡Dios no permita!)

Aminta. Pues con ese juramento
soy tu esposa.

Don Juan. El alma mía
entre los brazos te ofrezco.

Aminta. Tuya es el alma y la vida.

Don Juan. ¡Ay, Aminta de mis ojos!
Mañana sobre virillas[406]

---

[403] no se absuelve—no se anula.

[404] complirás—cumplirás.

[405] **alevosía**—deslealtad; traición.

[406] virillas—adorno del calzado.

Interpretar

El juramento de don Juan no se dirige
a Aminta directamente, sino a su mano.
Explica qué podría significar esto.

_____

_____

_____

Reflexionar

En tu opinión, ¿peca Aminta de
liviandad o de credulidad?

_____

_____

_____

de tersa[407] plata estrellada
con clavos de oro de Tíbar[408]
pondrás los hermosos pies,
y en prisión de gargantillas
la alabastrina[409] garganta,
y los dedos en **sortijas**,[410]
en cuyo engaste[411] parezcan
transparentes perlas finas.

Aminta. A tu voluntad, esposo,
la mía desde hoy se inclina;
tuya soy.

Don Juan. (*Aparte.*) (¡Qué mal conoces
al *Burlador de Sevilla!*) (*Vanse.*)

(*Salen* **Isabela** *y* **Fabio,** *de camino.*)

Isabela. ¡Que me robase el dueño,
la prenda que estimaba y más quería!
¡Oh riguroso empeño
de la verdad! ¡Oh máscara del día!
¡Noche al fin, **tenebrosa**[412]
antípoda del sol, del sueño esposa!

Fabio. ¿De qué sirve, Isabela,
la tristeza en el alma y en los ojos,
si amor todo es cautela,
y en campos de desdenes causa enojos,
si el que se ríe agora
en breve espacio desventuras llora?
    El mar está alterado
y en grave temporal:[413] riesgo se corre.
El abrigo han tomado
las **galeras**,[414] duquesa,
de la torre que esta playa corona.

Isabela. ¿Dónde estamos ahora?

Fabio. En Tarragona.
    De aquí a poco espacio
daremos en Valencia, ciudad bella,
del mismo sol palacio.
Divertiráste algunos días en ella,
y después a Sevilla
irás a ver la octava maravilla.

Comprender

¿Qué quiere decir la frase de Fabio
«amor todo es cautela»?

_____

_____

_____

Comparar

Este último verso obra como
contrapunto de una descripción
anterior. ¿De cuál?

_____

_____

---

[407] tersa—resplandeciente.

[408] Tíbar—Costa de Oro, en el África.

[409] alabastrina—blanca y fina.

[410] **sortijas**—anillos.

[411] engaste—montura de una sortija.

[412] **tenebrosa**—oscura.

[413] temporal (m.)—tormenta; tempestad.

[414] **galeras**—barcos mercantes equipados con velas y remos.

Que si a Octavio perdiste,
más galán es don Juan, y de Tenorio
solar. ¿De qué estás triste?
Conde dicen que es ya don Juan Tenorio;
el rey con él te casa,
y el padre es la privanza de su casa.

Isabela. No nace mi tristeza
de ser esposa de don Juan, que el mundo
conoce su nobleza;
en la esparcida voz[415] mi agravio fundo,
que esta opinión perdida
es de llorar mientras tuviere vida.

Fabio. Allí una pescadora
tiernamente suspira y se lamenta,
y dulcemente llora.
Acá viene, sin duda, y verte intenta.
Mientras llamo tu gente,
lamentaréis las dos más dulcemente.

(*Vase* **Fabio** *y sale* **Tisbea.**)

Tisbea. Robusto mar de España,[416]
ondas de fuego, fugitivas ondas,
Troya de mi cabaña,
que ya el fuego por mares y por ondas
en sus abismos fragua,
y el mar forma por las llamas agua.
    ¡Maldito el leño[417] sea
que a tu amargo cristal[418] halló carrera,[419]
antojo[420] de Medea,[421]
tu cáñamo[422] primero o primer lino,[423]
aspado[424] de los vientos
para telas[425] de engaños e instrumentos!

Isabela. ¿Por qué del mar te quejas
tan tiernamente, hermosa pescadora?

Pronosticar

¿Qué piensas que sucederá ahora que Isabela y Tisbea se encuentran?

Interpretar

Tisbea alude a la mitología griega en varias ocasiones. ¿Qué simboliza la metáfora de Troya para Tisbea?

[415] esparcida voz—difundida noticia.

[416] mar de España—el mar Mediterráneo.

[417] leño—barco.

[418] cristal—agua.

[419] carrera—camino; ruta; viaje.

[420] **antojo**—capricho.

[421] Medea—hechicera de la mitología griega; su antojo fue embarcarse con Jasón en el Argos, después de haberle facilitado el vellocino de oro.

[422] cáñamo—planta cuyas fibras se utilizan para el tejido de cuerdas y telas bastas.

[423] lino—vela.

[424] aspado—desplegado.

[425] telas—redes; intrigas.

Tisbea. Al mar formo mil quejas.

   ¡Dichosa vos, que en su tormento, agora

   dél os estáis riendo!

Isabela. También quejas del mar estoy haciendo.

   ¿De dónde sois?

Tisbea. De aquellas

   cabañas que miráis del viento heridas

   tan vitorioso[426] entre ellas,

   cuyas pobres paredes desparcidas[427]

   van en pedazos graves,[428]

   dando en mil **grietas**[429] nidos a las aves.

   En sus pajas me dieron

   corazón de fortísimo diamante;

   mas las obras[430] me hicieron,

   deste monstruo[431] que ves tan arrogante,

   ablandarme de suerte

   que al sol la cera es más robusta y fuerte.

   ¿Sois vos la Europa[432] hermosa,

   que esos toros[433] os llevan?

Isabela. A Sevilla

   llévanme a ser esposa

   contra mi voluntad.

Tisbea. Si mi mancilla[434]

   a lástima os provoca,

   y si **injurias**[435] del mar os tienen loca,

   en vuestra compañía

   para serviros como humilde esclava

   me llevad; que querría,

   si el dolor o la **afrenta**[436] no se acaba,

   pedir al rey justicia

   de un engaño crüel, de una malicia.

   Del agua derrotado,

   a esta tierra llegó don Juan Tenorio,

   difunto[437] y anegado;

---

[426] vitorioso—victorioso.

[427] desparcidas—esparcidas; dispersas.

[428] graves—pesados.

[429] **grietas**—rendijas; hendiduras.

[430] obras—restos del barco de don Juan.

[431] monstruo—el mar.

[432] Europa—en la mitología griega, mujer raptada por Zeus, quien se había transformado en toro.

[433] toros—bueyes; unos bueyes habían tirado hasta la playa la lancha en que llegó Isabela.

[434] mancilla—deshonra.

[435] **injurias**—agravios; insultos.

[436] **afrenta**—ofensa.

[437] **difunto**—muerto.

© Houghton Mifflin Harcourt Publishing Company

Conectar

Tisbea quiere pedir justicia al rey. ¿Qué indica esto sobre la monarquía española de la época?

_____

_____

_____

El burlador de Sevilla y convidado de piedra **277**

Comprender

Isabela manda callar a Tisbea y luego le pide que continúe. ¿De qué se ha dado cuenta?

_____

_____

_____

amparéle, hospedéle en tan notorio
peligro, y el vil güésped[438]
víbora[439] fue a mi planta en tierno césped.
    Con palabra de esposo,
la que[440] de esta costa burla hacía
se rindió[441] al engañoso.
¡Mal haya la mujer que en hombres fía![442]
Fuése al fin, y dejóme;
mira si es justo que venganza tome.

Isabela. ¡Calla, mujer maldita!
Vete de mi presencia, que me has muerto.
Mas si el dolor te incita,
no tienes culpa tú; prosigue el cuento.

Tisbea. La dicha fuera mía.[443]

Isabela. ¡Mal haya la mujer que en hombres fía!
    ¿Quién tiene de ir contigo?

Tisbea. Un pescador, Anfriso; un pobre padre
de mis males testigo.

Isabela. (_Aparte._)
(No hay venganza que a mi mal tanto le cuadre.[444])
Ven en mi compañía.

Tisbea. ¡Mal haya la mujer que en hombres fía! (_Vanse._)

(_Salen_ **Don Juan** _y_ **Catalinón.**)

Catalinón. Todo en mal estado está.

Don Juan. ¿Cómo?

Catalinón. Que Octavio ha sabido
la traición de Italia ya,
y el de la Mota, ofendido
de ti, justas quejas da;
y dice que fue el recaudo
que de su prima le diste
fingido y disimulado,
y con su capa emprendiste
la traición que le ha infamado.
    Dicen que viene Isabela
a que seas su marido,
y dicen...

Don Juan. ¡Calla!

---

[438] **güésped**—huésped.

[439] **víbora**—serpiente venenosa.

[440] **la que**—Tisbea misma.

[441] **se rindió**—se entregó; se doblegó; se dio por vencida.

[442] **¡Mal haya la mujer que en hombres fía!**—¡Pobre de la mujer que cree en la palabra de los hombres!

[443] **La dicha fuera mía**—Ojalá que fuera puro cuento mi relato.

[444] **cuadre**—convenga; venga bien.

Catalinón. Una muela
en la boca me has rompido.

Don Juan. Hablador, ¿quién te revela
tantos disparates junto?

Catalinón. ¡Disparate, disparate!
Verdades son.

Don Juan. No pregunto
si lo son. Cuando me mate
Otavio,[445] ¿estoy yo difunto?
¿No tengo manos también?
¿Dónde me tienes **posada**?[446]

Catalinón. En la calle, oculta.

Don Juan. Bien.

Catalinón. La iglesia es tierra sagrada.

Don Juan. Di que de día me den
en ella la muerte. ¿Viste
el novio de Dos Hermanas?

Catalinón. También le vi ansiado[447] y triste.

Don Juan. Aminta, estas dos semanas,
no ha de caer en el chiste.[448]

Catalinón. Tan bien engañada está
que se llama doña Aminta.

Don Juan. ¡Graciosa burla será!

Catalinón. Graciosa burla y sucinta,[449]
mas siempre la llorará.

(*Descúbrese un sepulcro de* **Don Gonzalo de Ulloa.**)

Don Juan. ¿Qué sepulcro es éste?

Catalinón. Aquí
don Gonzalo está enterrado.

Don Juan. Éste es al que muerte di.
¡Gran sepulcro le han labrado![450]

Catalinón. Ordenólo el rey ansí.
¿Cómo dice este letrero?[451]

Don Juan. «Aquí aguarda del Señor
el más leal caballero
la venganza de un traidor.»
Del mote[452] reírme quiero.

---

[445] Cuando me mate Otavio—Aunque Octavio quisiera matarme.

[446] **posada**—hospedaje; alojamiento.

[447] ansiado—inquieto; apesadumbrado.

[448] no ha de caer en el chiste—no se habrá dado cuenta del engaño.

[449] **sucinta**—breve.

[450] labrado—construido.

[451] letrero—inscripción.

[452] mote (m.)—sobrenombre, especialmente si es irónico o mordaz.

© Houghton Mifflin Harcourt Publishing Company

Determinar causa y efecto

¿Qué le hizo don Juan a Catalinón y por qué? ¿Cómo reacciona Catalinón y por qué?

_____

_____

_____

_____

_____

Reflexionar

¿Por qué crees que Aminta aún no se ha dado cuenta del engaño?

_____

_____

_____

Aclarar

¿Quiénes son el Señor, el caballero y el traidor?

_____

_____

_____

¿Y habéisos vos de vengar,
buen viejo, barbas de piedra?

Catalinón. No se las podrás pelar,
que en barbas muy fuertes medra.[453]

Don Juan. Aquesta noche a cenar
os aguardo en mi posada.
Allí el desafío haremos,
si la venganza os agrada;
aunque mal reñir podremos,
si es de piedra vuestra espada.

Catalinón. Ya, señor, ha anochecido;
vámonos a recoger.

Don Juan. Larga esta venganza ha sido.
Si es que vos la habéis de hacer,
importa no estar dormido,
que si a la muerte aguardáis
la venganza, la esperanza
agora es bien que perdáis,
pues vuestro enojo y venganza
tan largo me lo fiáis.

(*Vanse, y ponen la mesa dos* **Criados.**)

Criado I. Quiero apercibir[454] la cena,
que vendrá a cenar don Juan.

Criado 2. Puestas las mesas están.
¡Qué flema[455] tiene si empieza!
Ya tarda como solía[456]
mi señor; no me contenta;
la bebida se calienta
y la comida se enfría.
Mas ¿quién a don Juan ordena
esta desorden?

(*Entran* **Don Juan** *y* **Catalinón.**)

Don Juan. ¿Cerraste?

Catalinón. Ya cerré como mandaste.

Don Juan. ¡Hola! Tráiganme la cena.

Criado 2. Ya está aquí.

Don Juan. Catalinón,
siéntate.

Catalinón. Yo soy amigo
de cenar de espacio.

Don Juan. Digo
que te sientes.

---

[453] medra—mejora de posición.

[454] apercibir—preparar.

[455] flema—cachaza; lentitud.

[456] solía—tenía por costumbre.

Catalinón. La razón
   haré.[457]

Criado I. También es camino [458]
   éste, si come con él.

Don Juan. Siéntate. (*Un golpe dentro.*)

Catalinón. Golpe es aquél.

Don Juan. Que llamaron imagino;
   mira quién es.

Criado I. Voy volando.

Catalinón. ¿Si es la justicia, señor?

Don Juan. Sea,[459] no tengas temor.

(*Vuelve el* **Criado** *huyendo.*)

   ¿Quién es? ¿De qué estás temblando?

Catalinón. De algún mal da testimonio.

Don Juan. Mal mi **cólera**[460] resisto.
   Habla, responde, ¿qué has visto?
   ¿Asombróte algún demonio?
      —Ve tú, y mira aquella puerta.
   ¡Presto, acaba!

Catalinón.   ¿Yo?

Don Juan.   Tú, pues.
   Acaba, menea los pies.

Catalinón. A mi agüela hallaron muerta
      como racimo colgada,
   y desde entonces se suena
   que anda siempre su alma en pena.
   Tanto golpe no me agrada.

Don Juan. Acaba.

Catalinón. Señor, si sabes
   que soy un Catalinón...

Don Juan. Acaba.

Catalinón. ¡Fuerte ocasión!

Don Juan. ¿No vas?

Catalinón. ¿Quién tiene las llaves
   de la puerta?

Criado 2. Con la aldaba[461]
   está cerrada no más.

Don Juan. ¿Qué tienes? ¿Por qué no vas?

---

[457] La razón haré—Haré lo que dices.

[458] camino—viaje; los criados normalmente no comían con su amo, pero de viaje sí.

[459] sea—aunque sea; no importa.

[460] **cólera**—ira; enojo.

[461] aldaba—tranca.

Comprender

¿Qué quiere decir «Mal mi cólera resisto.»?

_____

_____

_____

_____

Don Juan le ha dicho a Catalinón «Acaba» tres veces poco antes, y aquí Catalinón dice «Hoy Catalinón acaba». ¿Qué hace Tirso aquí?

_____

_____

_____

_____

Enfoque en el estilo

¿Cómo logra el autor transmitir el pánico y el estupor de Catalinón?

_____

_____

Catalinón. Hoy Catalinón acaba.
     ¿Mas si las forzadas[462] vienen
a vengarse de los dos?

(_Llega_ **Catalinón** _a la puerta, y viene corriendo; cae y levántase._)

Don Juan. ¿Qué es eso?

Catalinón. ¡Válgame Dios!
    ¡Que me matan, que me tienen!

Don Juan. ¿Quién te tiene, quién te mata?
    ¿Qué has visto?

Catalinón.   Señor, yo allí
vide[463] cuando... luego fui...
¿Quién me ase,[464] quién me arrebata?[465]
     Llegué, cuando después, ciego...
cuando vile, ¡juro a Dios!...
Habló y dijo: «¿Quién sois vos?»...
Respondió... respondí luego...
topé y vide...

Don Juan. ¿A quién?

Catalinón.   No sé.

Don Juan. ¡Cómo el vino desatina![466]
    Dame la vela, gallina,
y yo a quien llama veré.

(_Toma_ **Don Juan** _la vela y llega a la puerta. Sale al encuentro_ **Don Gonzalo,** _en la forma que estaba en el sepulcro, y_ **Don Juan** _se retira atrás turbado, empuñando la espada, y en la otra la vela, y_ **Don Gonzalo** _va hacia él con pasos menudos, y al compás_ **Don Juan,** _retirándose hasta estar en medio del teatro._)

Don Juan. ¿Quién va?

Don Gonzalo. Yo soy.

Don Juan. ¿Quién sois vos?

Don Gonzalo. Soy el caballero honrado
que a cenar has convidado.

Don Juan. Cena habrá para los dos,
    y si vienen más contigo,
para todos cena habrá.
Ya puesta la mesa está.
Siéntate.

---

[462] las forzadas—las mujeres engañadas.

[463] vide—vi.

[464] ase—agarra.

[465] arrebata—tira; jala.

[466] desatina—hace perder el juicio.

Catalinón. ¡Dios sea conmigo!
¡San Panuncio,[467] San Antón![468]
Pues ¿los muertos comen? Di.
Por señas dice que sí.

Don Juan. Siéntate, Catalinón.

Catalinón. No, señor; yo lo recibo
por cenado.

Don Juan. Es desconcierto.
¿Qué temor tienes a un muerto?
¿Qué hicieras estando vivo?
¡Necio y villano temor!

Catalinón. Cena con tu convidado;
que yo, señor, ya he cenado.

Don Juan. ¿He de enojarme?

Catalinón. Señor,
¡vive Dios que güelo mal!

Don Juan. Llega, que aguardando estoy.

Catalinón. Yo pienso que muerto soy,
y está muerto mi arrabal.[469]
(*Tiemblan los* **Criados**.)

Don Juan. Y vosotros, ¿qué decís?
¿Qué hacéis? ¡Necio temblar!

Catalinón. Nunca quisiera cenar
con gente de otro país.
¿Yo, señor, con convidado
de piedra?

Don Juan. ¡Necio temer!
Si es piedra, ¿qué te ha de hacer?

Catalinón. Dejarme descalabrado.[470]

Don Juan. Háblale con cortesía.

Catalinón. ¿Está bueno? ¿Es buena tierra
la otra vida? ¿Es llano o sierra?
¿Prémiase allá la poesía?

Criado 1. A todo dice que sí
con la cabeza.

Catalinón. ¿Hay allá
muchas tabernas? Sí habrá,
si Noé[471] reside allí.

Don Juan. ¡Hola! Dadnos de beber.

Catalinón. Señor muerto, ¿allá se bebe
con nieve? (*Baja la cabeza.*)

---

[467] San Panuncio—santo ficticio.

[468] San Antón—santo ficticio.

[469] arrabal (m.)—barrio periférico de una ciudad; aquí, trasero.

[470] descalabrado—malherido; maltrecho.

[471] Noé—personaje bíblico, muy conocido por la historia del arca de Noé; era aficionado al vino.

Señalar

Subraya todas las excusas que presenta Catalinón para no sentarse junto con don Juan y la estatua de don Gonzalo.

Inferir

¿Por qué Catalinón hace preguntas tan singulares a la estatua de don Gonzalo?

_____

_____

_____

Así que hay nieve:
buen país.

Don Juan. Si oír cantar
queréis, cantarán. (*Baja la cabeza.*)

Criado 2. Sí, dijo.

Don Juan. Cantad.

Catalinón. Tiene el seor[472] muerto
buen gusto.

Criado 1. Es noble, por cierto,
y amigo de regocijo.[473]

(*Cantan dentro.*) *Si de mi amor aguardáis,*
señora, de aquesta suerte
el galardón en la muerte,
¡qué largo me lo fiáis!

Catalinón. O es sin duda veraniego[474]
el seor muerto, o debe ser
hombre de poco comer.
Temblando al plato me llego.
 Poco beben por allá;
yo beberé por los dos.
Brindis[475] de piedra, ¡por Dios!
Menos temor tengo ya.

(*Cantan.*) *Si ese plazo me convida*
para que gozaros pueda,
pues larga vida me queda,
dejad que pase la vida.

 Si de mi amor aguardáis,
señora, de aquesta suerte
el galardón en la muerte,
¡qué largo me lo fiáis!

Catalinón. ¿Con cuál de tantas mujeres
como has burlado, señor,
hablan?

Don Juan. De todas me río,
amigo, en esta ocasión.
En Nápoles a Isabela...

Catalinón. Ésa, señor, ya no es hoy
burlada, porque se casa
contigo, como es razón.
Burlaste a la pescadora
que del mar te redimió,
pagándole el hospedaje

Inferir

¿Cuál es el tema de la canción?

_____

_____

_____

---

[472] seor—señor.

[473] regocijo—alegría; diversión; esparcimiento.

[474] veraniego—sin apetito, por el calor del verano.

[475] Brindis—acción de beber a la salud de alguien.

en moneda de rigor.
Burlaste a doña Ana...

Don Juan. Calla,
que hay parte[476] aquí que lastó[477]
por ella, y vengarse aguarda.

Catalinón. Hombre es de mucho valor,
que él es piedra; tú eres carne.
No es buena resolución.

(**Don Gonzalo** *hace señas que se quite la mesa y queden solos.*)

Don Juan. ¡Hola! Quitad esa mesa;
que hace señas que los dos
nos quedemos, y se vayan
los demás.

Catalinón. ¡Malo, por Dios!
No te quedes, porque hay muerto
que mata de un mojicón[478]
a un gigante.

Don Juan. Salíos todos.
¡A ser yo Catalinón...![479]
Vete, que viene.

(*Vanse, y quedan los dos solos, y* **Don Gonzalo** *hace señas que* **Don Juan** *cierre la puerta.*)

          La puerta
ya está cerrada. Ya estoy
aguardando. Di, ¿qué quieres,
sombra o fantasma o visión?
Si andas en pena, o si aguardas
alguna satisfación
para tu remedio, dilo;
que mi palabra te doy
de hacer lo que me ordenares.

Don Gonzalo. (*Hablando paso,[480] como cosa del otro mundo.*)
¿Cumplirásme una palabra
como caballero?

Don Juan. Honor
tengo, y las palabras cumplo,
porque caballero soy.

Don Gonzalo. Dame esa mano; no temas.

Interpretar

Resulta evidente que la estatua de don Gonzalo busca venganza. ¿Por qué, entonces, don Juan no aprovecha la oportunidad para arrepentirse de sus burlas?

_____

_____

_____

Evaluar

¿Miente don Juan aquí?

_____

_____

_____

---

[476] parte (f.)—persona.

[477] lastó—pagó por el honor de ella; en este caso, con la vida, y don Juan le debe su venganza.

[478] mojicón (m.)—pan mojado; puñetazo en la cara.

[479] A ser yo Catalinón—Si yo fuera Catalinón.

[480] paso—pausadamente.

Interpretar

¿Por qué acepta don Juan la invitación
de don Gonzalo?

_____

_____

Don Juan. ¿Eso dices? ¿Yo, temor?
　　Si fueras el mismo infierno,
　　la mano te diera yo. (*Dale la mano.*)

Don Gonzalo. Bajo esta palabra y mano
　　mañana a las diez estoy
　　para cenar aguardando.
　　¿Irás?

Don Juan. Empresa mayor
　　entendí que me pedías.
　　Mañana tu güésped soy.
　　¿Dónde he de ir?

Don Gonzalo. A mi capilla.

Don Juan. ¿Iré solo?

Don Gonzalo. No, los dos;[481]
　　y cúmpleme la palabra
　　como la he cumplido yo.

Don Juan. Digo que la cumpliré,
　　que soy Tenorio.

Don Gonzalo. Yo soy
　　Ulloa.

Don Juan. Yo iré sin falta.

Don Gonzalo. Yo lo creo. Adiós. (*Va a la puerta.*)

Don Juan. Adiós.
　　Aguarda, iréte alumbrando.

Don Gonzalo. No alumbres, que en gracia estoy.

(*Vase muy poco a poco, mirando a* **Don Juan,** *y* **Don Juan** *a él, hasta
que desaparece, y queda* **Don Juan** *con pavor.*[482])

Don Juan. ¡Válgame Dios! Todo el cuerpo
　　se ha bañado de un sudor,
　　y dentro de las entrañas
　　se me yela el corazón.
　　Cuando me tomó la mano,
　　de suerte me la apretó
　　que un infierno parecía;
　　jamás vide tal calor.
　　Un aliento respiraba,
　　organizando la voz,
　　tan frío que parecía
　　infernal respiración.
　　Pero todas son ideas
　　que da a la imaginación
　　el temor, y temer muertos
　　es más villano temor;

Inferir

¿Qué quiere decir la estatua de don
Gonzalo con estas palabras?

_____

_____

Identificar

Subraya las palabras del parlamento de
don Juan que presagian el castigo divino
que le espera.

---

[481] los dos—don Juan y Catalinón.

[482] **pavor** (m.)—gran miedo.

que si un cuerpo noble, vivo,
con potencias y razón
y con alma no se teme,
¿quién cuerpos muertos temió?
Mañana iré a la capilla
donde convidado soy,
porque se admire y espante
Sevilla de mi valor. (*Vase.*)

(*Salen el* **Rey** *y* **Don Diego Tenorio** *y* **Acompañamiento.**)

Rey. ¿Llegó al fin Isabela?

Don Diego. Y disgustada.

Rey. Pues ¿no ha tomado bien el casamiento?

Don Diego. Siente, señor, el nombre de infamada.

Rey. De otra causa procede su tormento.
    ¿Dónde está?

Don Diego. En el convento está alojada[483]
    de las Descalzas.

Rey. Salga del convento
    luego al punto, que quiero que en palacio
    asista con la reina más de espacio.

Don Diego. Si ha de ser con don Juan el desposorio,
    manda, señor, que tu presencia vea.

Rey. Véame, y galán salga, que notorio
    quiero que este placer al mundo sea.
    Conde será desde hoy don Juan Tenorio
    de Lebrija; él la mande y la posea,
    que si Isabela a un duque corresponde,
    ya que ha perdido un duque, gane un conde.

Don Diego. Todos por la merced tus pies besamos.

Rey. Merecéis mi favor tan dignamente,
    que si aquí los servicios ponderamos,[484]
    me quedo atrás con el favor presente.
    Paréceme, don Diego, que hoy hagamos
    las bodas de doña Ana juntamente.

Don Diego. ¿Con Octavio?

Rey. No es bien que el duque Octavio
    sea el restaurador de aqueste agravio.
        Doña Ana con la reina me ha pedido
    que perdone al marqués, porque doña Ana,
    ya que el padre murió, quiere marido;
    porque si le perdió, con él le gana.
    Iréis con poca gente y sin rüido
    luego a hablalle a la fuerza[485] de Triana;

Comprender
¿Quién es el duque al que se refiere el rey?

---

[483] alojada—hospedada.

[484] ponderamos—pesamos; comparamos.

[485] fuerza—castillo fuerte.

Aclarar

¿Quién es el marqués y quién es su prima?

_____

_____

por su satisfación y por su abono[486]
de su agraviada prima, le perdono.

Don Diego. Ya he visto lo que tanto deseaba.

Rey. Que esta noche han de ser, podéis decille,
los desposorios.

Don Diego. Todo en bien se acaba.
Fácil será al marqués el persuadille,
que de su prima amartelado[487] estaba.

Rey. También podéis a Octavio prevenille.[488]
Desdichado es el duque con mujeres;
son todas opinión y pareceres.
Hanme dicho que está muy enojado
con don Juan.

Don Diego. No me espanto, si ha sabido
de don Juan el delito averiguado,[489]
que la causa de tanto daño ha sido.
El duque viene.

Rey. No dejéis mi lado,
que en el delito sois comprehendido.[490]

(Sale el **Duque Octavio.**)

Octavio. Los pies, invicto[491] rey, me dé tu alteza.

Rey. Alzad, duque, y cubrid vuestra cabeza.
¿Qué pedís?

Octavio. Vengo a pediros,
postrado[492] ante vuestras plantas,
una merced, cosa justa,
digna de serme otorgada.[493]

Rey. Duque, como justa sea,
digo que os doy mi palabra
de otorgárosla. Pedid.

Octavio. Ya sabes, señor, por cartas
de tu embajador, y el mundo
por la lengua de la fama
sabe, que don Juan Tenorio,
con española arrogancia,
en Nápoles una noche,
para mí noche tan mala,

Pronosticar

¿Qué crees que le pedirá Octavio al rey?

_____

_____

---

[486] **abono**—pago; crédito.

[487] **amartelado**—enamorado.

[488] **prevenille**—prevenirle; avisarle.

[489] **averiguado**—descubierto; comprobado.

[490] **comprehendido**—comprendido; involucrado; incluido como parte.

[491] **invicto**—jamás conquistado; invencible.

[492] **postrado**—tendido; en el suelo.

[493] **otorgada**—concedida; conferida; dada como premio.

con mi nombre profanó
el sagrado[494] de una dama.

Rey. No pases más adelante;
ya supe vuestra desgracia.
En efeto, ¿qué pedís?

Octavio. Licencia que en la campaña
defienda como es traidor.[495]

Don Diego. ¡Eso no! Su sangre clara
es tan honrada...

Rey. ¡Don Diego!

Don Diego. Señor.

Octavio. ¿Quién eres que hablas
en la presencia del rey
de esa suerte?

Don Diego. Soy quien calla
porque me lo manda el rey;
que si no, con esta espada
te respondiera.

Octavio. Eres viejo.

Don Diego. Ya he sido mozo en Italia,
a vuestro pesar, un tiempo;
ya conocieron mi espada
en Nápoles y en Milán.

Octavio. Tienes ya la sangre helada.
No vale «fui» sino «soy.»

Don Diego. Pues fui y soy. (*Empuña.*[496])

Rey. Tened, basta,
bueno está. Callad, don Diego;
que a mi persona se guarda
poco respeto. Y vos, duque,
después que las bodas se hagan,
más de espacio hablaréis.
Gentilhombre[497] de mi cámara[498]
es don Juan, y hechura mía,
y de aqueste tronco[499] rama.
Mirad por él.

Octavio. Yo lo haré,
gran señor, como lo mandas.

Rey. Venid conmigo, don Diego.

---

[494] sagrado—sitio seguro; aposento; figuradamente, virginidad.

[495] como es traidor—que es traidor.

[496] *Empuña*—Echa mano a la espada; Toma la espada en la mano.

[497] Gentilhombre—noble que servía en la casa real; ayudante de cámara.

[498] cámara—sala de recepción del palacio real.

[499] aqueste tronco—este tronco, esta estirpe, este linaje; se refiere a don Diego.

© Houghton Mifflin Harcourt Publishing Company

Aclarar

Explica con tus propias palabras lo que Octavio le pide al rey.

_____

_____

_____

Figuras retóricas

¿Qué figura retórica usa el rey para indicar parentesco?

_____

_____

Don Diego. (*Aparte.*) (¡Ay, hijo, qué mal me pagas
    el amor que te he tenido!)

Rey. Duque.

Octavio.   Gran señor.

Rey.   Mañana
    vuestras bodas se han de hacer.

Octavio. Háganse, pues tú lo mandas.

(*Vanse el* **Rey** *y* **Don Diego,** *y salen* **Gaseno** *y* **Aminta.**)

Gaseno. Este señor nos dirá
    dónde está don Juan Tenorio.
    —Señor, ¿si está por acá
    un don Juan a quien notorio
    ya su apellido será?

Octavio. Don Juan Tenorio diréis.

Aminta. Sí, señor; ese don Juan.

Octavio. Aquí está. ¿Qué lo queréis?

Aminta. Es mi esposo ese galán.

Octavio. ¿Cómo?

Aminta. Pues ¿no lo sabéis,
    siendo del **alcázar**[500] vos?

Octavio. No me ha dicho don Juan nada.

Gaseno. ¿Es posible?

Octavio. Sí, por Dios.

Gaseno. Doña Aminta es muy honrada.
    Cuando se casen los dos,
      que cristiana vieja[501] es
    hasta los güesos, y tiene
    de la hacienda el interés,
    a su valor le conviene
    más bien que un conde, un marqués.
      Casóse don Juan con ella,
    y quitósela a Batricio.

Aminta. Decid como fue[502] doncella
    a su poder.

Gaseno.   No es jüicio
    esto, ni aquesta querella.[503]

Octavio. (*Aparte.*) (Ésta es burla de don Juan,
    y para venganza mía
    éstos diciéndola están.)
    ¿Qué pedís, al fin?

Pronosticar

¿Cómo crees que planea Octavio aprovecharse de Aminta y Gaseno para vengarse de don Juan?

_____

_____

_____

---

[500] **alcázar** (m.)—castillo construido por los musulmanes; aquí se refiere al rey y su círculo.

[501] **cristiana vieja**—cristiana original, no conversa.

[502] **fue**—aunque habla en tercera persona, Aminta se refiere a sí misma.

[503] **querella**—disputa; pleito.

Gaseno. Querría,
   porque los días se van,
      que se hiciese el casamiento,
   o querellarme ante el rey.

Octavio. Digo que es justo ese intento.

Gaseno. Y razón y justa ley.

Octavio. (*Aparte.*) (Medida a mi pensamiento
      ha venido la ocasión.)
   En el alcázar tenéis
   bodas.

Aminta. ¿Si las mías son?

Octavio. Quiero, para que acertemos,
   valerme de una invención.
      Venid donde os vestiréis,
   señora, a lo cortesano,
   y a un cuarto del rey saldréis
   conmigo.

Aminta. Vos de la mano
   a don Juan me llevaréis.

Octavio. Que desta suerte es cautela.

Gaseno. El arbitrio[504] me consuela.

Octavio. (*Aparte.*) (Éstos venganza me dan
      de aqueste traidor don Juan
   y el agravio de Isabela.) (*Vanse.*)

(*Salen* **Don Juan** *y* **Catalinón.**)

Catalinón. ¿Cómo el rey te recibió?

Don Juan. Con más amor que mi padre.

Catalinón. ¿Viste a Isabela?

Don Juan. También.

Catalinón. ¿Recibióte bien?

Don Juan. El rostro
   bañado de leche y sangre,[505]
   como la rosa que al alba
   revienta la verde cárcel.[506]

Catalinón. Al fin, ¿esta noche son
   las bodas?

Don Juan. Sin falta.

Catalinón. Si antes
   hubieran sido, no hubieras,
   señor, engañado a tantas;

© Houghton Mifflin Harcourt Publishing Company

---

[504] arbitrio—juicio; voluntad; decisión.

[505] bañado de leche y sangre—blanco y rosado.

[506] revienta la verde cárcel—brota del capullo.

Interpretar

¿A qué crees que se debe la actitud protectora de los reyes de Castilla y Nápoles respecto de don Juan?

_____

_____

_____

Identificar

En un parlamento de esta página, don Juan reitera que no siente remordimiento alguno por sus acciones y expresa su particular visión de la vida. Identifícalo.

_____

_____

_____

Interpretar

¿Por qué crees que en esta ocasión, a diferencia de todas las anteriores, don Juan se muestra tan empeñado en cumplir con su palabra y evitar que lo difamen?

_____

_____

_____

pero tú tomas esposa,
señor, con cargas[507] muy grandes.

Don Juan. Di, ¿comienzas a ser necio?

Catalinón. Y podrás muy bien casarte
mañana, que hoy es mal día.

Don Juan. Pues ¿qué día es hoy?

Catalinón. Es martes.[508]

Don Juan. Mil **embusteros**[509] y locos
dan en esos disparates.
Sólo aquél llamo mal día,
aciago[510] y detestable,
en que no tengo dineros;
que lo demás es donaire.[511]

Catalinón. Vamos, si te has de vestir,
que te aguardan, y ya es tarde.

Don Juan. Otro negocio tenemos
que hacer, aunque nos aguarden.

Catalinón. ¿Cuál es?

Don Juan. Cenar con el muerto.

Catalinón. ¡Necedad de necedades!

Don Juan. ¿No ves que di mi palabra?

Catalinón. Y cuando se la quebrantes,
¿qué importa? ¿Ha de pedirte
una figura de jaspe[512]
la palabra?

Don Juan. Podrá el muerto
llamarme a voces infame.

Catalinón. Ya está cerrada la iglesia.

Don Juan. Llama.

Catalinón. ¿Qué importa que llame?
¿Quién tiene de abrir, que están
durmiendo los **sacristanes**?[513]

Don Juan. Llama a ese **postigo**.[514]

Catalinón. Abierto
está.

Don Juan. Pues entra.

---

[507] **cargas**—responsabilidades; culpas.

[508] **martes**—mal día para una boda, según el refrán que reza: «en martes, ni te cases ni te embarques».

[509] **embusteros**—mentirosos.

[510] **aciago**—funesto; desafortunado.

[511] **donaire**—broma; gracia.

[512] **jaspe** (m.)—variedad de calcedonia, una de las variedades de cuarzo, mineral.

[513] **sacristanes** (m.)—ayudantes en una iglesia, quienes se ocupan del cuidado de los artículos religiosos y de la limpieza de la iglesia misma.

[514] **postigo**—puerta pequeña que forma parte de una puerta grande.

Catalinón. Entre un fraile
con su hisopo[515] y estola.[516]

Don Juan. Sígueme y calla.

Catalinón. ¿Que calle?

Don Juan. Sí.

Catalinón. Dios en paz
destos convites me saque.

(*Entran por una puerta y salen por otra.*)

¡Qué escura que está la iglesia,
señor, para ser tan grande!
¡Ay de mí! ¡Tenme,[517] señor,
porque de la capa me asen!

(*Sale* **Don Gonzalo** *como de antes, y encuéntrase con ellos.*)

Don Juan. ¿Quién va?

Don Gonzalo. Yo soy.

Catalinón. ¡Muerto estoy!

Don Gonzalo. El muerto soy; no te espantes.
No entendí[518] que me cumplieras
la palabra, según haces
de todos burla.

Don Juan. ¿Me tienes
en opinión de cobarde?

Don Gonzalo. Sí, que aquella noche huiste
de mí cuando me mataste.

Don Juan. Huí de ser conocido;
mas ya me tienes delante.
Di presto lo que me quieres.

Don Gonzalo. Quiero a cenar convidarte.

Catalinón. Aquí excusamos la cena,
que toda ha de ser **fiambre**,[519]
pues no parece[520] cocina.

Don Juan. Cenemos.

Don Gonzalo. Para cenar
es menester que levantes
esa tumba.

Don Juan. Y si te importa,
levantaré esos pilares.

Don Gonzalo. Valiente estás.

---

[515] hisopo—planta o instrumento para esparcir agua bendita.

[516] estola—tira larga de tela que los sacerdotes llevan pendiente del cuello.

[517] Tenme—sostenme.

[518] No entendí—no pensé; no creí.

[519] fiambre (m.)—carne curada, que se come fría.

[520] parece—aparece.

© Houghton Mifflin Harcourt Publishing Company

Figuras retóricas

¿Te parece que esta afirmación de la estatua de don Gonzalo es una ironía o nada más una contradicción?

_____

_____

_____

Inferir

¿Por qué don Juan levanta una tumba, como pide la estatua de don Gonzalo, y unos pilares?

_____

_____

Don Juan. Tengo brío
y corazón en las carnes.

Catalinón. Mesa de Guinea[521] es ésta.
Pues ¿no hay por allá quien lave?

Don Gonzalo. Siéntate.

Don Juan. ¿Adónde?

Catalinón. Con sillas
vienen ya dos negros pajes.
(*Entran dos **enlutados**[522] con dos sillas.*)
¿También acá se usan lutos
y bayeticas[523] de Flandes?

Don Gonzalo. Siéntate tú.

Catalinón. Yo, señor,
he merendado[524] esta tarde.

Don Gonzalo. No repliques.

Catalinón. No replico.
(*Aparte.*) (¡Dios en paz desto me saque!)
¿Qué plato es éste, señor?

Don Gonzalo. Este plato es de **alacranes**[525]
y víboras.

Catalinón. ¡Gentil plato!

Don Gonzalo. Éstos son nuestros **manjares.**[526]
¿No comes tú?

Don Juan. Comeré,
si me dieses áspid[527] y áspides
cuantos el infierno tiene.

Don Gonzalo. También quiero que te canten.

Catalinón. ¿Qué vino beben acá?

Don Gonzalo. Pruébalo.

Catalinón. Hiel[528] y vinagre
es este vino.

Don Gonzalo. Este vino
exprimen[529] nuestros lagares.[530]

---

[521] de Guinea—negra.

[522] *enlutados*—vestidos de luto, de duelo.

[523] bayeticas—trozos de bayeta, tela de lana con algo de pelo.

[524] merendado—comido algo.

[525] **alacranes** (m.)—escorpiones.

[526] **manjares** (m.)—platos de comida.

[527] áspid (m.)—serpiente venenosa.

[528] **Hiel** (f.)—bilis; secreción digestiva del hígado, de color amarillo y sabor agrio.

[529] exprimen—comprimen para extraer el jugo de la uva.

[530] lagares (m.)—aparatos o recintos donde pisan o prensan uvas para hacer vino.

(*Cantan.*) *Adviertan los que de Dios*
juzgan los castigos grandes,
que no hay plazo que no llegue
ni deuda que no se pague.

Catalinón. ¡Malo es esto, vive Cristo!,
que he entendido este **romance,**[531]
y que con nosotros habla.

Don Juan. Un yelo el pecho me parte.

(*Cantan.*) *Mientras en el mundo viva,*
no es justo que diga nadie,
«¡Qué largo me lo fiáis!,»
siendo tan breve el cobrarse.

Catalinón. ¿De qué es este guisadillo?[532]

Don Gonzalo. De uñas.

Catalinón. De uñas de sastre[533]
será, si es guisado de uñas.

Don Juan. Ya he cenado; haz que levanten
la mesa.

Don Gonzalo. Dame esa mano;
no temas, la mano dame.

Don Juan. ¿Eso dices? ¿Yo, temor?
¡Que me abraso! ¡No me abrases
con tu fuego!

Don Gonzalo. Éste es poco
para el fuego que buscaste.
Las maravillas de Dios
son, don Juan, investigables,[534]
y así quiere que tus culpas
a manos de un muerto pagues;
y si pagas desta suerte,
ésta es justicia de Dios:
«Quien tal hace, que tal pague.»

Don Juan.
¡Que me abraso! ¡No me aprietes!
Con la daga[535] he de matarte.
Mas ¡ay! que me canso en vano
de tirar golpes al aire.
A tu hija no ofendí,
que vio mis engaños antes.

Comparar

¿En qué se diferencia este apretón de manos del anterior?

_____

_____

_____

Anotar

En un sentido, don Juan ha determinado su propio castigo.
Busca en qué momento de este acto él predice su final sin saberlo y transcribe sus palabras.

_____

_____

_____

---

[531] **romance** (m.)—poema; versos.

[532] guisadillo—guisado, normalmente carne con cebolla y patatas.

[533] uñas de sastre—por la supuesta abundancia de sastres en el infierno; se creía que los sastres eran avaros.

[534] investigables—impenetrables; indescifrables.

[535] **daga**—puñal.

Don Gonzalo. No importa, que ya pusiste
    tu intento.

Don Juan. Deja que llame
    quien me confiese y absuelva.

Don Gonzalo. No hay lugar; ya acuerdas tarde.

Don Juan. ¡Que me quemo! ¡Que me abraso!
    ¡Muerto soy! (*Cae muerto.*)

Catalinón. No hay quien se escape,
    que aquí tengo de morir
    también por acompañarte.

Don Gonzalo. Ésta es justicia de Dios:
    «Quien tal hace, que tal pague.»

(*Húndese*[536] *el sepulcro con* **Don Juan** *y* **Don Gonzalo,** *con mucho ruido, y sale* **Catalinón** *arrastrando.*)

Catalinón. ¡Válgame Dios! ¿Qué es aquesto?
    Toda la capilla se arde,
    y con el muerto he quedado
    para que le vele y guarde.
    Arrastrando como pueda,
    iré a avisar a su padre.
    ¡San Jorge, San *Agnus Dei,*[537]
    sacadme en paz a la calle! (*Vase.*)

(*Salen el* **Rey, Don Diego** *y* **Acompañamiento.**)

Don Diego. Ya el marqués, señor, espera
    besar vuestros pies reales.

Rey. Entre luego, y avisad
    al conde, porque no aguarde.

(*Salen* **Batricio** *y* **Gaseno.**)

Batricio. ¿Dónde, señor, se permite
    desenvolturas[538] tan grandes,
    que tus criados afrenten
    a los hombres miserables?

Rey. ¿Qué dices?

Batricio. Don Juan Tenorio,
    alevoso y detestable,
    la noche del casamiento,
    antes que le consumase,
    a mi mujer me quitó;
    testigos tengo delante.

---

[536] *Húndese*—se hunde; va bajando.

[537] *Agnus Dei*—oración de la misa, que se reza antes de la comunión; *Agnus Dei* significa «Cordero de Dios», Jesucristo.

[538] desenvolturas—libertades; ligerezas.

Elaborar

La última sentencia de don Gonzalo funciona como moraleja de la obra. ¿Qué manifiesta el autor sobre la justicia divina?

_____

_____

_____

Interpretar

¿Por qué don Gonzalo desciende a los infiernos con don Juan si era un hombre tan honrado e intachable? ¿Por qué crees que se salva Catalinón?

_____

_____

_____

(*Salen* **Tisbea** *y* **Isabela** *y* **Acompañamiento.**)

Tisbea. Si vuestra alteza, señor,
de don Juan Tenorio no hace
justicia, a Dios y a los hombres,
mientras viva, he de quejarme.
Derrotado le echó el mar;
dile vida y hospedaje,
y pagóme esta amistad
con mentirme y engañarme
con nombre de mi marido.

Rey. ¿Qué dices?

Isabela. Dice verdades.

(*Salen* **Aminta** *y el* **Duque Octavio.**)

Aminta. ¿Adónde mi esposo está?

Rey. ¿Quién es?

Aminta. Pues ¿aún no lo sabe?
El señor don Juan Tenorio,
con quien vengo a desposarme,
porque me debe el honor,
y es noble y no ha de negarme.
Manda que nos desposemos.

(*Sale el* **Marqués de la Mota.**)

Mota. Pues es tiempo, gran señor,
que a luz verdades se saquen,
sabrás que don Juan Tenorio
la culpa que me imputaste[539]
tuvo él, pues como amigo,
pudo el crüel engañarme;
de que tengo dos testigos.

Rey. ¿Hay desvergüenza tan grande?
Prendelde y matalde luego.

Don Diego. En premio de mis servicios
haz que le prendan y pague
sus culpas, porque del cielo
rayos contra mí no bajen,
si es mi hijo tan malo.

Rey. ¡Esto mis privados[540] hacen!

(*Sale* **Catalinón.**)

Catalinón. Señores, todos oíd
el suceso más notable
que en el mundo ha sucedido,
y en oyéndome, matadme.

Comprender

¿Qué actitud adopta don Diego?

_____

_____

_____

---

[539] imputaste—echaste.

[540] privados—personas de más confianza.

Don Juan, del comendador
haciendo burla, una tarde,
después de haberle quitado
las dos **prendas**[541] que más valen,
tirando al bulto de piedra
la barba por ultrajarle,[542]
a cenar le convidó.
¡Nunca fuera a convidarle!
Fue el bulto, y convidóle;
y agora, porque no os canse,
acabando de cenar,
entre mil **presagios**[543] graves,
de la mano le tomó,
y le aprieta hasta quitalle
la vida, diciendo: «Dios
me manda que así te mate,
castigando tus delitos.
Quien tal hace, que tal pague.»

Rey. ¿Qué dices?

Catalinón. Lo que es verdad,
diciendo antes que acabase,
que a doña Ana no debía
honor, que lo oyeron antes
del engaño.

Mota. Por las nuevas
mil albricias[544] pienso darte.

Rey. ¡Justo castigo del cielo!
Y agora es bien que se casen
todos, pues la causa es muerta,
vida de tantos desastres.

Octavio. Pues ha **enviudado**[545] Isabela,
quiero con ella casarme.

Mota. Yo con mi prima.

Batricio. Y nosotros con las nuestras, porque acabe
El convidado de piedra.

Rey. Y el sepulcro se traslade[546]
en San Francisco en Madrid,
para memoria más grande.

---

[541] **prendas**—cualidades o virtudes; las dos que más valen son el honor y la vida.

[542] ultrajarle—insultarle; maltratarle.

[543] **presagios**—agüeros; indicios de lo que se aproxima.

[544] albricias—parabienes; buenos deseos; regalos a los que traen buenas noticias.

[545] **enviudado**—quedado viuda; sin marido.

[546] se traslade—se cambie de sitio; sea llevado o transportado.

Aclarar

¿A quiénes hace referencia Batricio en la frase «Y nosotros con las nuestras»?

_____

_____

_____

Sintetizar

Si tuvieras que elegir el tema principal de esta obra, ¿cuál sería, en tu opinión?

_____

_____

_____

PREGUNTAS

Para conocer más a fondo el texto que has leído, responde a las siguientes preguntas. Tu propósito será uno de éstos, según indique tu profesor/a: **a.** *prepararte para participar en un coloquio con tus compañeros de clase;* **b.** *prepararte para dar una presentación oral;* **c.** *bosquejar tus ideas por escrito para intercambiarlas con tus compañeros de clase; o* **d.** *escribir un ensayo formal.*

1. Describe detalladamente los móviles de Don Juan. Discute la dualidad de su personalidad: su disposición a jugarlo todo sin importarle los riesgos, y, por otro lado, su humanidad y su avidez por la vida. Don Juan desafía las normas, las leyes y la moral de la sociedad, pero ¿qué concepto mantiene él del honor de un caballero? Basa tus comentarios en citas textuales.

2. ¿Cómo interpretas tú el dicho característico de Don Juan, «Tan largo me lo fiáis»? ¿Qué te parece esta frase en boca del protagonista, castigado al fin por la justicia divina? Discute el papel de Don Gonzalo en el desenlace.

3. Cita algunas manifestaciones de crítica social en esta obra. ¿Cómo ves tú a los personajes femeninos?

4. *El burlador de Sevilla y convidado de piedra* es, propiamente dicho, un poema dramático. ¿En qué consiste la estructura de la obra, y cuál es el efecto estético de esta estructura? Aporta ejemplos del texto para apoyar tus afirmaciones.

5. El mito de Don Juan, representado por primera vez por Tirso de Molina, ha servido de modelo a muchos otros artistas: a José Zorrilla, a Lord Byron, a Mozart, y a Molière, entre otros. ¿A qué se debe, en tu opinión, la popularidad de Don Juan?

Análisis literario

El burlador de Sevilla y convidado de piedra

Este texto es un fragmento de la obra de teatro *El burlador de Sevilla y convidado de piedra*, de Tirso de Molina. Léelo y contesta las preguntas que le siguen.

1   OCTAVIO: ¡Vos por el rey me prendéis!
2   Pues ¿en qué he sido culpado?

3   DON PEDRO: Mejor lo sabéis que yo;
4   mas, por si acaso me engaño,
5   escuchad el desengaño,
6   y a lo que el rey me envió.
7   Cuando los negros gigantes,
8   plegando funestos toldos,
9   ya del crepúsculo huyen,
10   tropezando unos con otros,
11   estando yo con su alteza
12   tratando ciertos negocios
13   —porque antípodas del sol
14   son siempre los poderosos—,
15   voces de mujer oímos,
16   cuyos ecos, menos roncos,
17   por los artesones sacros,
18   nos repitieron «¡socorro!»
19   A las voces y al ruido
20   acudió, duque, el rey propio.
21   Halló a Isabela en los brazos
22   de algún hombre poderoso;
23   mas quien al cielo se atreve,
24   sin duda es gigante o monstruo.

I. En este pasaje, _____.

    a. Pedro confunde a Octavio con el rey

    b. Octavio y Pedro conspiran contra el rey

    c. Octavio detiene a Pedro en nombre del rey

    d. Pedro detiene a Octavio en nombre del rey

2. Pedro dice que piensa que _____.

    a. Octavio ya sabe la respuesta a la pregunta que hace

    b. Octavio es probablemente inocente

    c. Octavio no entiende muy bien lo que ocurre

    d. Octavio probablemente va a tratar de huir

3. El verso 13 es un verso _____.

    a. agudo   **c.** grave

    b. llano   **d.** esdrújulo

4. Al parecer, a Octavio se le sospecha de _____.

    a. haber conspirado en contra del rey

    b. haber agredido sexualmente a Isabela

    c. saber secretos de estado

    d. ser desleal al rey

5. Los versos de este pasaje son _____.

    a. heptasílabos   **c.** endecasílabos

    b. octosílabos   **d.** de arte mayor

6. Los versos 7 al 9 son una manera de decir que la noche comienza a ceder a los primeros rayos del sol. Este tipo de lenguaje muy elaborado es característico _____.

    a. del neoclasicismo

    b. de los romances

    c. de la poesía popular

    d. del Barroco

Sor Juana Inés de la Cruz ▶

Hombres necios que acusáis

SOR JUANA INÉS DE LA CRUZ

Decir que Sor Juana Inés de la Cruz, criolla nacida a mediados del siglo XVII en lo que es hoy México, es la máxima exponente de las letras coloniales hispanoamericanas, es, por una parte, una reconocida verdad y, por otra, poca alabanza. La producción literaria colonial tiene un valor apenas relativo. Su tiempo sufrió el doble contagio barroco: por un lado, el culteranismo— tendencia poética que quiere lograr un complejo léxico ornamental e inventar metáforas complicadas, afán que abre paso al exceso—; y, por otro, el conceptismo, que, queriendo lograr lo opuesto y renovar no ya las palabras sino las ideas, se distingue poco del primero, en la práctica. El culteranismo, también conocido como gongorismo, con toda su complejidad de sintaxis latinizada—sus retruécanos, sus inversiones y sus juegos de palabras—atrajo a Sor Juana, monja del Convento de San Jerónimo en la ciudad de México, y favorita en la corte de los Virreyes de México. Precoz, Juana de Asbaje y Ramírez se había caracterizado desde la infancia por una aguda e incesante ansia de saber.

Como Góngora, Sor Juana ha gozado alternativamente del favor y del olvido durante los 300 años desde su muerte. Tal vez sólo en el siglo XX han logrado un aprecio objetivo los valores estéticos de su obra. Sin embargo, jamás perdió su popularidad el poema en redondillas que se da a continuación. En él se aprecian la ingeniosa agudeza técnica y la lucidez de percepción de este espíritu independiente que dedicó su vida, más que al mundo, a las letras y al saber.

Sátira filosófica: arguye de **inconsecuencia**[11] el gusto y la censura de los hombres, que en las mujeres acusan lo que causan

Hombres **necios**[12] que acusáis
a la mujer sin razón,
sin ver que sois la ocasión
de lo mismo que culpáis.

Si con **ansia**[13] sin igual
solicitáis[14] su **desdén**,[15]
¿por qué queréis que **obren**[16] bien
si las incitáis al mal?

Combatís su resistencia
y luego con gravedad
decís que fue **liviandad**[17]
lo que hizo la diligencia.

Parecer quiere el **denuedo**[18]
de vuestro parecer loco
al niño que pone el **coco**[19]
y luego le tiene miedo.

Queréis con presunción necia
hallar a la que buscáis,
para **pretendida**,[20] Tais,[21]
y en la posesión, Lucrecia.[22]

¿Qué **humor**[23] puede ser más raro
que el que, falto de consejo,
él mismo **empaña**[24] el espejo
y siente que no esté claro?

[11] **inconsecuencia**—falta de lógica; contradicción.

[12] **necios**—tontos; tercos; obstinados.

[13] **ansia**—deseo vehemente.

[14] **solicitáis**—pedís.

[15] **desdén** (m.)—menosprecio; falta de estima.

[16] **obren**—actúen; se porten.

[17] **liviandad**—inconstancia; deshonestidad.

[18] **denuedo**—insistencia.

[19] **coco**—figura fea para asustar a los niños y lograr su obediencia.

[20] **pretendida**—solicitada; buscada.

[21] Tais—conocida cortesana griega del siglo IV a. de J.C.

[22] Lucrecia—heroína romana ultrajada por el rey Tarquino, famosa por su virtud y valentía; avergonzada y humillada, se suicidó.

[23] **humor**—modo de pensar o de sentir; estado de ánimo.

[24] **empaña**—oscurece; ensucia; mancha; nubla.

Conectar

¿Con qué se pueden relacionar las palabras «combatir» y «resistencia»? ¿Qué otras palabras del poema se pueden asociar con la misma idea?

_____

_____

Figuras retóricas

Explica los versos sobre el espejo con tus propias palabras. ¿Qué figura retórica es? ¿Qué significa?

_____

_____

_____

Con el favor y el desdén
tenéis condición igual,
quejándoos, si os tratan mal,
burlándoos, si os quieren bien.

Opinión ninguna gana,
pues la que más se recata,[25]
si no os admite, es ingrata,
y si os **admite**,[26] es liviana.

Siempre tan necios andáis
que con desigual nivel
a una culpáis por cruel
y a otra por fácil culpáis.

¿Pues cómo ha de estar **templada**[27]
la que vuestro amor pretende,
si la que es ingrata ofende
y la que es fácil **enfada**?[28]

Mas entre el enfado y pena
que vuestro gusto refiere,[29]
bien haya[30] la que no os quiere
y quejaos en hora buena.[31]

Dan vuestras amantes penas
a sus libertades alas
y después de hacerlas malas
las queréis hallar muy buenas.

¿Cuál mayor culpa ha tenido
en una pasión **errada**:[32]
la que cae de rogada[33]
o el que ruega de caído?[34]

---

[25] se recata—cuida su honor; es virtuosa.

[26] **admite**—acepta.

[27] **templada**—ecuánime; moderada; valiente.

[28] **enfada**—causa enojo.

[29] refiere—ocasiona; trae consigo.

[30] bien haya—es preferible.

[31] enhorabuena—con gusto; a tu antojo.

[32] **errada**—equivocada; descaminada.

[33] rogada—solicitada con insistencia.

[34] caído—en mala postura moral; pecador.

Determinar causa y efecto

¿Cuál es la causa por la cual las mujeres son acusadas de ser o crueles o fáciles?

_____

_____

Reflexionar

¿A qué se debe esta contradicción en la actitud de los hombres frente a las mujeres?

_____

_____

_____

© Houghton Mifflin Harcourt Publishing Company

Enfoque en el estilo

¿Qué idea enfatiza la poeta con el uso del retruécano en esta estrofa?

_____

_____

Conectar

¿Qué sugiere el uso del verbo «hacer» en estos dos versos respecto de la mujer en la época de Sor Juana?

_____

_____

Aclarar

¿Qué idea puedes asociar con la palabra «instancia»? Identifica la raíz de la palabra y busca su significado. Subraya otras palabras o frases del poema que contengan la misma idea.

_____

_____

Inferir

El último verso del poema tiene referencias religiosas. Según esas referencias, ¿cuál es la opinión de Sor Juana sobre los hombres?

_____

_____

¿O cuál es más de culpar,
aunque cualquiera mal haga:
la que peca por la paga
o el que paga por pecar?

¿Pues para qué os espantáis
de la culpa que tenéis?
Queredlas **cual**[35] las hacéis
o hacedlas cual las buscáis.

Dejad de solicitar
y después con más razón
acusaréis la **afición**[36]
de la que os **fuere**[37] a rogar.

Bien con muchas **armas**[38] **fundo**[39]
que **lidia**[40] vuestra arrogancia,
pues en promesa e **instancia**[41]
juntáis diablo, **carne**[42] y **mundo**.[43]

---

[35] **cual**—como.

[36] **afición**—gusto; deseo; preferencia; inclinación.

[37] **fuere**—vaya.

[38] **armas**—argumentos.

[39] **fundo**—baso; fundamento.

[40] **lidia**—combate; lucha.

[41] **instancia**—solicitación.

[42] **carne**—lo físico, en contradistinción de lo espiritual.

[43] **mundo**—materialismo; falta de espiritualidad.

PREGUNTAS

1. El poema «Hombres necios que acusáis...» no es tal vez el más claro ejemplo del estilo barroco cultivado por Sor Juana en su obra. Sin embargo, presenta claros rasgos que son característicos de este estilo. Comenta estos rasgos.

2. Al estudiar la poesía, y en especial la poesía barroca, es típico que estudiantes y maestros se enfoquen en los recursos lingüísticos y poéticos empleados por el poeta. Sin embargo, para que el estudio de las técnicas poéticas tenga sentido, el lector primero debe preguntarse cuáles son las ideas que pretende comunicar el poeta mediante esos recursos. Imagina que un amigo te ha preguntado que le expliques de qué trata «Hombres necios que acusáis...». Escribe un párrafo que resuma las ideas principales que expresa Sor Juana en este poema.

3. Explica algunas de las contradicciones o inconsecuencias que señala Sor Juana en el trato del hombre a la mujer, en su poema en redondillas, «Hombres necios que acusáis...». Opina sobre la validez hoy en día de los conceptos expresados en la sátira de Sor Juana.

4. Para escribir «Hombres necios que acusáis...», Sor Juana empleó la forma poética denominada redondilla. Vuelve sobre el poema y determina la estructura formal de esta forma poética. ¿Se puede decir que la forma de redondilla, al pretender satirizar la relación entre el hombre y la mujer, le sirvió como forma mejor que otra? ¿El soneto, tal vez? ¿O el verso libre? ¿Por qué?

Análisis literario

«Hombres necios que acusáis»

Estos versos forman parte del poema de Sor Juana Inés de la Cruz que normalmente se conoce por su primer verso, «Hombres necios que acusáis». Léelos y contesta las preguntas.

> Con el favor y el desdén
> tenéis condición igual,
> quejándoos, si os tratan mal,
> burlándoos, si os quieren bien.
>
> Opinión ninguna gana,
> pues la que más se recata,
> si no os admite, es ingrata,
> y si os admite, es liviana.
>
> Siempre tan necios andáis
> que, con desigual nivel,
> a una culpáis por cruel
> y a otra por fácil culpáis.
>
> ¿Pues cómo ha de estar templada
> la que vuestro amor pretende,
> si la que es ingrata ofende
> y la que es fácil enfada?
>
> Mas, entre el enfado y pena
> que vuestro gusto refiere,
> bien haya la que no os quiere
> y quejaos en hora buena.

1. El esquema de rima de estas estrofas es _____.

a. abab

b. abba

c. abbc

d. aabb

2. Estos versos son _____.

a. libres

b. de arte menor

c. de arte mayor

d. todos graves

3. Considera el siguiente verso: «¿Pues cómo ha de estar templada...?»

a. Se trata de un octosílabo a fuerza de dos sinalefas.

b. Se trata de un decasílabo, y viene a ser una notable irregularidad en la estructura de esta redondilla de Sor Juana.

c. Se trata de un verso esdrújulo.

d. Se trata de un verso que rima en asonante con el verso «...y la que es fácil enfada?».

4. En este poema, la narradora se dirige a _____.

a. sus amigas

b. un cura

c. los hombres

d. las mujeres en general

5. El tono de este pasaje podría mejor describirse como de _____.

a. profunda tristeza

b. alegría y humor

c. furia casi descontrolada contra los hombres

d. censura burlesca

6. Este poema se compone de redondillas, o sea, estrofas del tipo que aquí se observan. Esta forma (versos relativamente cortos con rima muy marcada) _____.

a. contribuye a que el poema cobre un tono más serio

b. acentúa el aspecto burlón del poema

c. parece no corresponder al tema del poema

d. hace que el poema se parezca a un soneto

7. Los dos últimos versos de cada una de estas estrofas _____.

a. ofrecen nuevos ejemplos de las injusticias que los hombres cometen contra las mujeres

b. demuestran un esfuerzo de la poeta por entender la perspectiva de los hombres

c. dicen que en muchos casos los hombres criticarán a las mujeres, hagan lo que hagan éstas

d. no parecen relacionarse mucho con los primeros versos de cada estrofa

Marco histórico y cultural

La literatura decimonónica: del neoclasicismo al modernismo

Se cuenta que, a mediados del siglo XVII, época del mayor auge del Imperio español, el conde-duque de Olivares, privado del entonces rey Felipe IV, dijo de España: «Dios es español y está de parte de la nación estos días». Esta sentencia es emblemática de la forma en que los vuelcos históricos pueden sorprender a las naciones desprevenidas.

Desde Carlos V, España había sido gobernado por los Habsburgos, y sus metas políticas seguían fijas: aprovechar los vastos recursos de las Américas y de Asia; llevar la fe católica a los habitantes de las Américas, y, en Europa, hacer la guerra para defender el catolicismo contra la Reforma Protestante, y la Europa cristiana contra el Imperio otomano.

Felipe IV, el rey a quien sirve el conde-duque, es bisnieto de Carlos V, descendiente directo de Fernando e Isabel y el penúltimo rey de su linaje. En 1665, su hijo, Carlos II, hereda el trono, teniendo sólo cuatro años de edad; él morirá sin heredero en 1700, dejando un testamento que coloca a España, con todos sus dominios, en manos de la familia real francesa: los Borbones. El hecho es irónico. España llevaba siglo y medio guerreando contra Francia; Carlos V, en 1525, había capturado en batalla a su gran rival el rey francés, para tenerlo preso luego en Madrid durante más de un año. Se alude a este hecho en las páginas del *Lazarillo*. Es de notarse que el rey español actual, Juan Carlos I, es Borbón.

En el traspaso al siglo XVIII, España sufre una decadencia económica, cuyas causas incluyen una depreciación monetaria producida por los ingresos inflacionarios de oro, plata y azúcar de las Américas, y porcelana, especias y sedas de Asia. Otra causa es la grave disminución de sus clases artesanales, como resultado de las expulsiones de los judíos, en 1492, y de los moriscos, en 1609. Éstos eran musulmanes españoles que optaron por quedarse en España después de la caída de Granada en 1492. La producción del Imperio español ahora escasea, y las inversiones se desplazan a otros países.

Después de la grandeza de las letras españolas del Renacimiento y del Barroco, éstas van a sufrir una decadencia análoga a la decadencia económica. Es como si la literatura se hubiera cansado de su fertilísima productividad, para quedarse postrada durante los cien años del siglo siguiente, el XVIII. Se va a imitar otras literaturas europeas, particularmente la francesa. La poesía prosigue todavía los valores del Barroco, pero la prosa y el teatro nuevos son de carácter didáctico, crítico y moralizador. Un hecho notable para la lengua y las letras es que España ve la fundación de la Biblioteca Nacional en 1711 y de la Real Academia Española en 1713.

Nace la corriente intelectual conocida como «el neoclasicismo», un movimiento que refleja los valores filosóficos de la Ilustración francesa. El término «neoclasicismo» tiene cierto contenido peyorativo por lo que abraza formas prescriptivas en las que sus críticos ven un falso ingenio.

Es éste el «Siglo de las Luces», así llamado por su propósito declarado de disipar, a la luz de la razón, las tinieblas en las que, según los Ilustrados, se encontraba sumergida la humanidad. No le faltan al Siglo de las Luces sus convulsiones y contradicciones.

La Ilustración tiene un fuerte contenido político y económico. Sus valores son el derecho del individuo a la vida, a la libertad y a la propiedad. Sus grandes figuras son

Montesquieu (n. 1689), quien articula la teoría de la separación de los poderes del estado, y Voltaire (n. 1694), defensor de la libertad de palabra y del libre comercio, y el que acuña el concepto de la tolerancia religiosa. La ideología es racional, y se entrona el intelecto. El norteamericano Thomas Paine escribe *La edad de la razón*, en que critica a la religión institucionalizada. La Ilustración trae a Francia una revolución sangrienta que pretende imponer a su gobierno los principios de libertad, igualdad, y fraternidad, y que desemboca en una Francia imperial bajo el antes republicano y después emperador Napoleón Bonaparte (n. 1769).

En las artes del siglo XVIII, el espíritu neoclásico no se expresa en la música, pero sí en la pintura, la escultura y la arquitectura. En un cuadro muy conocido, se representa a Napoleón Bonaparte como el dios griego Marte. Los edificios de la Antigüedad clásica, como la Acrópolis de Atenas, vuelven a ser modelos de la estética por su moderación y la armonía de su forma. En 1778 Sabatini crea la imponente Puerta de Alcalá en Madrid.

En el traspaso del siglo XVIII al siglo XIX, Europa ve enormes cambios históricos y políticos. La Revolución francesa pone fin al sistema feudal, y Napoleón Bonaparte conquista buena parte de Europa en las Guerras Napoleónicas. Queriendo instalar a su hermano en el trono español, Napoleón invade a España en 1808, y se produce la Guerra de la Independencia Española, que dura hasta 1814. Se documenta y perdura el dolor de ese histórico trauma español en la obra del pintor Francisco Goya (n. 1746): en la serie de 82 estampas conocidas como *Los desastres de la guerra*, y en sus grandes cuadros *El dos de mayo de 1808* y *El tres de mayo de 1808*.

De hecho, la biografía de Goya ilustra, en el transcurso de una sola vida, la evolución de un pintor influenciado en sus inicios por la obra del barroco Velázquez, hasta hacerse un Ilustrado español en *Los Caprichos*, con la crítica social que éstos encierran; y después, llega a ser un pleno romántico del siglo XIX. La transición de su fase neoclásica al romanticismo de *Los desastres de la guerra* muestra todos los contrastes de su época. Al final de su vida, las *Pinturas negras*, obras como su «Saturno devorando a su hijo» y «El coloso» parecen vaticinar el expresionismo de los pintores mexicanos Orozco, Rivera y Siqueiros, y hasta el surrealismo del español Dalí, todos del siglo venidero.

En las Américas, la crisis política en España atiza el fuego del sentimiento independentista en las colonias españolas. Entre 1809 y 1824, casi todas sus colonias logran la independencia, estableciendo su soberanía cada una por sus propios cauces políticos.

El espíritu neoclasicista perdura durante el primer tercio del siglo XIX. Tarda en llegar a España y a los países hispánicos el movimiento conocido como «el romanticismo», pero esta nueva manifestación creadora en las artes será revolucionaria. Se ha propuesto la idea de que el neoclasicismo tuvo que existir, con todo y su falta de innovación, su inflexibilidad, y su falta de vida, para que naciera el romanticismo. Ante la frialdad de los reglamentos minuciosos del neoclasicismo, se produce, hacia la mitad del siglo XIX, un verdadero sismo en el espíritu estético.

El término «romanticismo» significa «movimiento de oposición a lo clásico». Se caracteriza por su reacción violenta contra el neoclasicismo y sus reglas preceptivas impuestas por encima de cualquier creatividad. La rigidez ahora cede su lugar a la fantasía y al sentimiento, aptitudes que los románticos contraponen a la razón, ensalzándolas. Lo que los románticos toman por «legislación» en las letras da paso a la originalidad, a la pasión y al desenfreno.

Una característica de los poetas románticos es su subjetivismo. Cantan lo que llevan en las entrañas: su ansia de vida y libertad, sus congojas, y sus amores. La poesía romántica ha sido llamada, con razón, la poesía del «yo». Se afirma que el poema prerromántico «En una tempestad» del poeta cubano José María Heredia (n. 1803) manifiesta ciertas características neoclásicas, pero no porque le falte ni la pasión ni el sentimiento, sino porque acata las reglas de la forma lírica conocida como la «silva».

Otra característica del romanticismo es su exaltación de la Edad Media. Los románticos vuelven la mira al Medioevo en busca de temas en los cantares de gesta, en los romances populares y en cuentos exóticos, particularmente de los árabes. El espíritu romántico descuella en la obra poética del español Espronceda (n. 1808), cuya «Canción del pirata» evoca la rebeldía, el exotismo y la audacia del protagonista, el capitán pirata, fogoso amante de la libertad: «Que es mi barco mi tesoro,/que es mi Dios la libertad;/mi ley la fuerza y el viento;/mi única patria la mar».

El romántico se lanza ávido a la vida, y está listo a jugársela. El capitán pirata exalta ese espíritu desafiante: «¡Sentenciado estoy a muerte!/Yo me río:/no me abandone la suerte/y al mismo que me condena,/colgaré de alguna entena,/quizá en su propio navío./Y si caigo,/¿qué es la vida?,/por perdida ya la di/cuando el yugo/del esclavo,/como un bravo,/sacudí». «Canción del pirata» posee el ímpetu, el desahogo y la pasión altiva de la mejor lírica romántica universal.

En cambio, los sentimientos más oscuros de que el ser humano es capaz, a veces hunden al romántico en la tristeza, y su poesía transmite lo que se ha llamado «un delirio doloroso y placentero». El sevillano Bécquer (n. 1836) encarna la entrega a esta especie de placer doliente y a la autenticidad personal del ente diáfano que busca: «—Yo soy un sueño, un imposible,/vano fantasma de niebla y luz;/soy incorpórea, soy intangible;/no puedo amarte. —¡Oh, ven; ven tú!». Los románticos solían morir jóvenes; algunos se suicidaron.

El espíritu político del fin del siglo XIX es del todo afín al de los románticos, y por eso cabe introducir aquí la figura y genio de José Martí (n. 1853).

Como la de Goya, la vida de Martí ilustra una transición entre grandes corrientes estéticas. Constante individualista romántico es Martí, y su obra refleja la fe que tiene en los ideales de su tiempo. Pero adelantado es, también, de la tendencia literaria venidera llamada «el modernismo». Del modernismo y del gran letrado Martí, se dirá mucho más en el próximo marco histórico y cultural.

PARA REFLEXIONAR

1. Sintetiza y evalúa tú las características importantes del neoclasisimo.

2. Describe el nexo entre el romanticismo y el neoclasicismo.

3. ¿Tienes una explicación por qué no hay texto del siglo XVIII en este programa de estudios?

4. ¿Cuáles son unos nombres asociados con el romanticismo en las letras hispánicas?

José María Heredia ▶

En una tempestad[1]

JOSÉ MARÍA HEREDIA

Cuando todavía era niño, el poeta cubano José María Heredia (1803–1839) ya traducía obras clásicas del latín, y se hizo heredero de la tradición neoclásica, erudita y didáctica, a pesar de ser el suyo el primer nombre del romanticismo hispanoamericano. Se puede afirmar que Heredia representa la fusión de estas dos importantes tendencias de la primera mitad del siglo XIX: el neoclasicismo, que se define como la imitación de las literaturas clásicas griega y romana, y el romanticismo, del que Heredia es precursor, que se define como una reacción emocionada contra el neoclasicismo. Los románticos abrazaron la subjetividad: cobra viva importancia el yo del poeta, y la razón cede lugar a la fantasía y al sentimiento, buscados muchas veces en hechos heroicos de la Edad Media, o en la exaltación de los pueblos autóctonos del continente americano.

Heredia vivió escaso tiempo de su edad adulta en Cuba. Vivió en México y en los Estados Unidos, o cursando estudios, o exiliado por conspirar contra el dominio español. Como lo haría más tarde su compatriota José Martí, escribió sus mejores poesías en el destierro. Publicadas sus poesías por primera vez en Nueva York antes de que el poeta cumpliera los 23 años de edad, Heredia fue creador también de una amplia labor en prosa: periodismo, traducción, teatro, crítica y narrativa. Murió en México.

En su poesía, se entonan la dolorosa angustia y la dulce melancolía del romántico. Entre sus ideales se enumeran la paz, la libertad, la justicia, el orden racional del universo, y el progreso de la humanidad. Heredia sintió una constante nostalgia por Cuba, sentimiento que le llevó a idealizar a su patria, y por ello su poesía refleja temas de lejanía y de ausencia. La vívida amenaza de una tormenta violenta en la bahía de Matanzas, se funde con el tumulto y aislamiento que Heredia siente en su alma, en el poema «En una tempestad». Este poema es, por un lado, un señalado ejemplo de la tendencia romántica de ver la imagen de los estados de ánimo del poeta en las mudanzas de la naturaleza, y por otro, del afán neoclásico de respetar las formas antiguas imperantes en el siglo XVIII.

---

[1] **tempestad**—tormenta; huracán; ciclón.

Huracán, huracán, venir te siento,
y en tu soplo abrasado[2]
respiro entusiasmado
del señor de los aires el aliento.

En las alas del viento suspendido
vedle[3] rodar por el espacio inmenso,
silencioso, tremendo, irresistible,
en su curso veloz. La tierra en calma
siniestra, misteriosa,
contempla con **pavor**[4] su faz[5] terrible.
¿Al toro no miráis? El suelo escarban[6]
de insoportable ardor sus pies heridos:
la frente poderosa levantando,
y en la hinchada nariz fuego aspirando,
llama la tempestad con sus **bramidos**.[7]

¡Qué nubes! ¡qué furor! El sol temblando
vela[8] en triste vapor su faz gloriosa,
y su disco nublado sólo **vierte**[9]
luz fúnebre y sombría,
que no es noche ni día...
¡Pavoroso color, velo de muerte!
Los pajarillos tiemblan y se esconden
al acercarse el huracán bramando,
y en los lejanos montes **retumbando**[10]
le oyen los bosques, y a su voz responden.

Llega ya... ¿No le veis? ¡Cuál[11] desenvuelve
su manto aterrador y majestuoso!...
¡Gigante de los aires, te saludo!...
En **fiera**[12] confusión el viento agita
las orlas[13] de su parda[14] vestidura...

---

[2] abrasado—caliente; encendido.

[3] vedle—véanle.

[4] pavor—terror.

[5] faz—cara; superficie.

[6] escarban—remueven; cavan.

[7] **bramidos**—rugidos; voces como las que da el toro cuando siente miedo o dolor.

[8] **vela**—oculta; tapa.

[9] **vierte**—derrama.

[10] **retumbando**—resonando; haciendo eco.

[11] cuál—cómo.

[12] **fiera**—feroz.

[13] orlas—bolitas decorativas de ciertas vestiduras.

[14] parda—oscura.

© Houghton Mifflin Harcourt Publishing Company

¡Ved!... ¡En el horizonte
los brazos rapidísimos enarca,
y con ellos **abarca**[15]
cuanto alcanzo a mirar de monte a monte!

¡Obscuridad universal!... ¡Su soplo
levanta en **torbellinos**[16]
el polvo de los campos agitado!...
En las nubes retumba **despeñado**[17]
el carro **del Señor**,[18] y de sus ruedas
brota[19] el **rayo**[20] veloz, se precipita,
hiere[21] y **aterra**[22] al suelo,
y su lívida luz inunda al cielo.

¿Qué rumor? ¿Es la lluvia? . . . Desatada
cae a torrentes, obscurece al mundo,
y todo es confusión, horror profundo.
Cielo, nubes, colinas, caro bosque,
¿dó estáis?[23]... os busco en vano.
Desaparecisteis . . . La tormenta umbría[24]
en los aires revuelve un océano
que todo lo **sepulta...**[25]
Al fin, mundo fatal, nos separamos.
El huracán y yo solos estamos.

¡Sublime tempestad! ¡Cómo en tu **seno**,[26]
de tu solemne inspiración **henchido**,[27]
al mundo **vil**[28] y miserable olvido,
y alzo la frente, de delicia lleno!

---

[15] **abarca**—encierra; incluye.

[16] **torbellinos**—revuelos; remolinos; vientos que giran en redondo.

[17] **despeñado**—precipitado; arrojado al abismo.

[18] **del Señor**—de Dios.

[19] **brota**—sale.

[20] **rayo**—relámpago.

[21] **hiere**—lastima.

[22] **aterra**—asusta; infunde terror.

[23] **¿dó estáis?**—¿dónde estáis?; ¿dónde están ustedes?

[24] **umbría**—sombreada; oscura.

[25] **sepulta**—entierra.

[26] **seno**—pecho; corazón; centro.

[27] **henchido**—inflado.

[28] **vil**—despreciable; bajo; indigno.

© Houghton Mifflin Harcourt Publishing Company

Analizar

Explica cómo se desarrolla en esta estrofa la idea de que la tempestad hace desaparecer al mundo. ¿Cuál es la consecuencia de esta «desaparición del mundo»?

_____

_____

_____

Reflexionar

¿Cómo cambia a partir de este verso el tono del poema?

_____

_____

_____

¿Dó está el alma cobarde
que teme tu **rugir?**[29]... Yo en ti me elevo
al trono del Señor; oigo en las nubes
el eco de su voz; siento a la tierra
escucharle y temblar. Ferviente lloro
desciende por mis pálidas mejillas,
y su alta majestad **trémulo**[30] adoro.

---

[29] **rugir**—bramar; clamar como el toro.
[30] **trémulo**—tembloroso.

Conectar

¿Qué características propias del
romanticismo se pueden identificar en
los últimos once versos del poema?

_____

_____

_____

*Para conocer más a fondo el texto que has leído, responde a las siguientes preguntas. Tu propósito será uno de éstos, según indique tu profesor/a: **a.** prepararte para participar en un coloquio con tus compañeros de clase; **b.** prepararte para dar una presentación oral; **c.** bosquejar tus ideas por escrito para intercambiarlas con tus compañeros de clase; o **d.** escribir un ensayo formal.*

1. Describe en tus propias palabras lo que al poeta le inquieta de la tempestad. ¿Qué otra emoción siente al contemplarla? ¿Cuál es el tono del poema? Defiende tus observaciones con ejemplos extraídos del texto.

2. La tempestad es un móvil del que se vale el poeta para evocar una realidad humana. Comenta la actitud del poeta ante la tempestad, y por consiguiente su actitud ante la realidad humana.

3. Analiza cómo el poeta desarrolla una relación íntima entre él y la tempestad. Comenta por lo menos tres de las imágenes de Heredia mediante las que evoca una analogía entre su estado de ánimo y la tempestad.

4. ¿Cuál es la estructura métrica de este poema? ¿Hay regularidades en cuanto al número de versos por estrofa, al cómputo silábico o a la rima? Identifica este tipo de poema, y analiza el efecto que produce esta estructura en la expresión poética.

Análisis literario

«En una tempestad»

El siguiente texto es un fragmento del poema «En una tempestad», de José María Heredia. Léelo y luego contesta las preguntas.

1 ¡Sublime tempestad! ¡Cómo en tu seno,
2 de tu solemne inspiración henchido,
3 al mundo vil y miserable olvido,
4 y alzo la frente, de delicia lleno!
5 ¿Dó está el alma cobarde
6 que teme tu rugir? ... Yo en ti me elevo
7 al trono del Señor; oigo en las nubes
8 el eco de su voz; siento a la tierra
9 escucharle y temblar. Ferviente lloro
10 desciende por mis pálidas mejillas,
11 y su alta majestad trémulo adoro.

1. Las palabras «¡Sublime tempestad!» en el primer verso son _____.
   a. un hipérbaton
   b. una sinalefa
   c. un apóstrofe
   d. una personificación

2. El tercer verso en un ejemplo de _____.
   a. un apóstrofe
   b. un hipérbaton
   c. un encabalgamiento
   d. una metáfora

3. Con una excepción, los versos de este texto son
   a. heptasílabos
   b. octosílabos
   c. decasílabos
   d. endecasílabos

4. El verso _____ tiene un número de sílabas diferente del de los otros versos
   a. 3
   b. 4
   c. 5
   d. 6

5. En los versos 3 y 4, ¿cómo corresponde el movimiento físico del poeta a sus pensamientos?
   a. Piensa en el mundo a la vez que mira la tempestad.
   b. Mira hacia el cielo y se olvida de la Tierra.
   c. Mira hacia adelante y piensa en el futuro
   d. Se siente miserable al mirar la tempestad.

6. Al observar la tempestad, el poeta _____.
   a. tiene miedo
   b. se siente cobarde
   c. se siente feliz
   d. se pone nervioso

7. El poeta parece encontrar en la tempestad _____.
   a. un vínculo entre él mismo, aquí en la Tierra, y Dios
   b. un ejemplo del poder destructor de la naturaleza
   c. un recuerdo de toda la violencia que se da en el mundo
   d. un presagio de su propia muerte

Gustavo Adolfo Bécquer ▶

Rima LIII

GUSTAVO ADOLFO BÉCQUER

El sevillano Gustavo Adolfo Bécquer (1836–1870) es el último de los poetas románticos en las letras hispánicas. Caracterizado por una íntima y dulce delicadeza y profunda melancolía, Bécquer toma sólo lo más esencial del romanticismo, la unión entre obra poética y poeta. Bécquer es el principal precursor del modernismo, nuevo rumbo que él mismo tomaba sin darse cuenta, y el rumbo que iba a seguir la poesía hispánica moderna a partir de Darío.

Huérfano de padre y madre a los nueve años de edad, Bécquer vivió una vida breve y dolorosa. Tuvo un matrimonio infeliz y, al parecer, un amor, o ideal o no correspondido. Quienes lo conocían lo describían como modesto, tímido, melancólico, imaginativo, paciente, sufrido, resignado, amable, bondadoso y compasivo. El único constante en su vida fue su hermano Valeriano, pintor. Bécquer, hijo y hermano de pintores, asocia la poesía con las demás artes, en cuanto color, luz, forma, textura y sonido. Murió de una enfermedad que había padecido durante años. Un amigo dijo de él: «Alma tan grande como la suya no cabía en cuerpo humano».

La fama de Bécquer se basa en sus dos colecciones, no publicadas en vida del escritor: de prosa, Leyendas; y de poesía, un pequeño tomo, Rimas: 76 poemas, todos ellos sencillos, profundos, diáfanos y etéreos. Las rimas parecen haber sido escritas por separado, sin plan, y se pueden considerar un solo poema, con fondo autobiográfico. Sus Rimas abarcan temas de arte poética, de amor, de desengaño, de dolor, de desesperanza y de soledad.

Rima LIII

Volverán las oscuras **golondrinas**[28]
en tu balcón sus nidos a colgar,
y otra vez con el ala a sus **cristales**,[29]
    jugando llamarán;

pero aquellas que el vuelo refrenaban[30]
tu hermosura y mi **dicha**[31] a contemplar;
aquellas que aprendieron nuestros nombres,
    ésas... ¡no volverán!

Volverán las **tupidas**[32] **madreselvas**[33]
de tu jardín las **tapias**[34] a **escalar**,[35]
y otra vez a la tarde, aun más hermosas,
    sus flores se abrirán;

pero aquellas cuajadas[36] de **rocío**,[37]
cuyas gotas mirábamos temblar
y caer, como lágrimas del día...
    ésas... ¡no volverán!

Volverán del amor en tus oídos
las palabras ardientes a sonar;
tu corazón de su profundo sueño
    tal vez despertará;

pero **mudo**[38] y **absorto**[39] y de rodillas,
como se adora a Dios ante su altar,
como yo te he querido... **desengáñate**:[40]
    ¡así no te querrán!

---

[28] **golondrina**—pájaro de alas largas, cola ahorquillada y plumaje dorsal oscuro; cada año vuelve al mismo sitio a colgar su nido.

[29] **cristales** (m.)—vidrios de las ventanas.

[30] refrenaban—aminoraban; detenían.

[31] **dicha**—felicidad; alegría.

[32] **tupidas**—numerosas; apretadas; aglomeradas.

[33] **madreselvas**—plantas arbustivas, trepadoras, de flores olorosas.

[34] **tapia**—muro bajo construido de piedras o ladrillos.

[35] **escalar**—trepar; subir.

[36] cuajadas—cubiertas.

[37] **rocío**—humedad en el aire que se condensa durante la noche.

[38] **mudo**—callado; sin decir palabra.

[39] **absorto**—embelesado; hipnotizado; extasiado.

[40] **desengáñate**—no te hagas ilusiones; vuelve a la realidad.

Enfoque en el estilo

¿Por qué se dice que los tres primeros versos son endecasílabos, a pesar de que el segundo tiene diez sílabas y el tercero tiene trece?

Analizar

¿Qué relación existe entre las madreselvas en flor y el regreso de las golondrinas? ¿Cómo se relacionan esas dos imágenes con el tema expresado en la última parte del poema?

Aclarar

¿A qué se refiere la palabra «aquellas» en la cuarta estrofa?

Interpretar

¿A qué se refiere el poeta cuando dice que el corazón de la amada tal vez despierte de «su profundo sueño» en la quinta estrofa?

PREGUNTAS

*Para conocer más a fondo el texto que has leído, responde a las siguientes preguntas. Tu propósito será uno de éstos, según indique tu profesor/a: **a.** prepararte para participar en un coloquio con tus compañeros de clase; **b.** prepararte para dar una presentación oral; **c.** bosquejar tus ideas por escrito para intercambiarlas con tus compañeros de clase; o **d.** escribir un ensayo formal.*

1. ¿Cuál es el tema que Bécquer desarrolla en este poema? ¿Qué recursos técnicos utiliza para expresarlo? Justifica tus observaciones con detalles concretos extraídos del texto.

2. Determina tú la métrica de la Rima LIII. Da ejemplos específicos de los aspectos formales que encuentras. Esta forma métrica, ¿tiene un nombre? ¿Cuál es? Defiende la idea de que estas preferencias técnicas del poeta informan el tema del poema.

3. Discute el empleo de anáfora e hipérbaton en la Rima LIII. ¿Qué efecto tiene cada uno de estos recursos técnicos sobre la expresión poética?

Análisis literario

«Volverán las oscuras golondrinas»

Lee el siguiente fragmento de un poema de Gustavo Adolfo Bécquer. Luego contesta las preguntas que le siguen.

Volverán las oscuras golondrinas
en tu balcón sus nidos a colgar,
y otra vez con el ala a sus cristales
jugando llamarán.

Pero aquellas que el vuelo refrenaban
tu hermosura y mi dicha a contemplar;
aquellas que aprendieron nuestros nombres,
ésas…¡no volverán!

Volverán las tupidas madreselvas
de tu jardín las tapias a escalar,
y otra vez a la tarde, aun más hermosas,
sus flores se abrirán;

pero aquellas cuajadas de rocío
cuyas gotas mirábamos temblar
y caer, como lágrimas del día…
ésas…¡no volverán!
[…]

1. El esquema de rima de este fragmento es de _____.
   a. rima asonante en los versos pares
   b. rima consonante en los versos pares
   c. rima asonante en todos los versos
   d. rima consonante en todos los versos

2. Este fragmento consiste en _____.
   a. versos endecasílabos y versos heptasílabos
   b. versos endecasílabos y versos octosílabos
   c. versos decasílabos y versos heptasílabos
   d. versos de muchas formas diferentes

3. Los versos 3 y 4 forman un ejemplo de _____.
   a. una rima asonante
   b. un hipérbaton
   c. una redondilla
   d. un símil

4. Los versos pares de cada estrofa se caracterizan por ser _____.
   a. agudos   **c.** octosílabos
   b. llanos   **d.** metáforas

5. En las estrofas 1 y 3, el poeta describe fenómenos naturales que _____.
   a. son permanentes y nunca sufren cambios
   b. son temporales, pero regresan de forma cíclica
   c. sólo duran un rato y luego desaparecen para siempre
   d. le recuerdan la fugacidad de la vida humana

6. En las estrofas 2 y 4, el poeta asocia diferentes fenómenos naturales con una relación amorosa que _____.
   a. durará toda la vida
   b. ha terminado por ahora, pero que volverá a comenzar
   c. ha terminado para siempre
   d. está pasando por momentos difíciles ahora

7. ¿Cuál sería la mejor descripción de la estructura temática de estas estrofas?
   a. Las estrofas 1 y 2 describen fenómenos cíclicos, mientras las estrofas 3 y 4 se refieren a situaciones pasajeras.
   b. El poeta establece un paralelo y un contraste entre fenómenos cíclicos (estrofas 1 y 3) y situaciones ya terminadas (estrofas 2 y 4).
   c. Las cuatro estrofas muestran una progresión desde lo permanente hacia lo fugaz.
   d. Las cuatro estrofas muestran una progresión desde lo personal hacia lo universal.

Marco histórico y cultural

El modernismo y el espíritu del fin del siglo XIX

En las letras hispanoamericanas, más en la poesía que en la prosa, la corriente conocida como «el modernismo» se define por el deseo de renovar y enriquecer el idioma, de engrandecerlo y de ampliarlo; busca renovar, también, la métrica. Se conjugan sus elementos sensoriales, sobre todo en lo auditivo, con la inmaterialidad y el exotismo de sus temas. Escuchemos al mayor practicante del modernismo, el nicaragüense Rubén Darío (n. 1867), en unos versos de su «Sonatina»: «La princesa no ríe, la princesa no siente;/la princesa persigue por el cielo de Oriente/la libélula vaga de una vaga ilusión».

Estos versos son representativos del espíritu modernista hispanoamericano. Su tersura y su melancolía armonizan perfectamente con su extraordinaria y efímera delicadeza auditiva. Los versos se leen como una exhalación.

Manifestación de las letras hispanas a los dos lados del Atlántico, el modernismo es una tendencia del espíritu a enfrentarse a la disolución del siglo XIX—la fecha de sus inicios casi siempre se da como 1880—, enfrentamiento experimentado como el llamado *mal du siècle*. Término francés, *mal du siècle* alude al malestar que afecta particularmente a la gente joven, y que es caracterizado por el desengaño, la abulia y la melancolía. Actitud afín a la tristeza que habían sentido los poetas románticos, el modernismo constituye también una reacción contra el naturalismo, corriente literaria que se da en la prosa de la misma época. Del naturalismo se verá más en el próximo marco histórico y cultural.

Para comprender el término «modernismo», cuya raíz es esa palabra ubicua y confusa «moderno», volvamos a considerar la época llamada «moderna», y tracemos la trayectoria de la cultura de Occidente desde sus inicios hasta el fin del siglo XIX. La época moderna empieza con el Renacimiento, ese descomunal cambio de dirección en los propósitos y sentimientos de la gente de Europa y de las Américas. El renacentista tiene fe en la capacidad de la humanidad para progresar, con sus mejores guías al frente: la razón y la naturaleza. Ya para la Ilustración—el Siglo de las Luces—, el individualismo logra hacer pensar en la autodeterminación de cada persona. En lo político, poco a poco vemos el fin de las monarquías absolutas. Las ideas democráticas llegan a ser el ideal jurídico de la condición humana. Pasa el poder de la aristocracia a las clases medias, y, en lo económico, un mundo agrario se hace industrializado y capitalista. En las artes, hacia el año 1880, nos acercamos, en las letras hispanoamericanas al menos, al ímpetu de una vehemente rebelión estética: el modernismo. El modernista va a buscar lo nuevo. Va a buscar lo original y lo renovador.

Rubén Darío es, sin duda, la figura más destacada de esta rebelión literaria, pero los inicios del modernismo los hallamos en la obra del patriota y literato cubano José Martí.

Martí es a la vez un poeta romántico y el precursor del modernismo. De joven, su poesía descuella por su expresión lírica: es sencilla, íntima y espontánea. Sus *Versos libres*, publicados años después de su muerte, son el producto de su juventud. El poemario lleva un prefacio en el que Martí dice, hablando de estos versos: «Tajos son éstos de mis propias entrañas…como las lágrimas salen de los ojos y la sangre a borbotones de la herida. Van escritos, no en tinta de la academia, sino en mi propia sangre».

Innovadora, la poesía de Martí es modernista en cuanto a su lenguaje simbólico, sus insólitas metáforas y sus

abundantes neologismos. Incorpora sonido, y centelleos de luz y de color. En uno de sus *Versos sencillos*, cuyo tema es el valor de tener un amigo, el objeto de su reflexión metafórica es una «mushma» que duerme «en su cojinete/de arce del Japón». «Mushma» es una forma de la palabra japonesa «musmé», o «doncella japonesa», y el «cojinete de arce» que le sostiene la cabeza es una almohadilla suave sobre una base de madera firme y dura: «arce». La experiencia de estos versos nos recuerda la de un cuadro del impresionismo francés, movimiento coetáneo al modernismo, haciendo pensar en el arte producido por los pintores Monet, Manet, Seurat, Degas, y Renoir, entre otros. El impresionismo en las artes plásticas invita al ojo a unificar partes inconexas en un todo reverberante. Este concepto se aplica por igual a la poesía modernista hispanoamericana.

Darío, quien se consideraba hijo intelectual de Martí, habla de él en su libro de prosas y poesías *Azul* (1888): «Hoy ese hombre es famoso, triunfa, expande, porque escribe, a nuestro modo de juzgar, más brillantemente que ninguno de España o América; por que su pluma es rica y soberbia; …por que fotografía y esculpe en la lengua, pinta o cuaja la idea, cristaliza el verbo en la letra, y su pensamiento es un relámpago y su palabra un tímpano…».

El modernismo tiene un contenido político hondamente arraigado, y es precisamente aquí, en el pensamiento al que se refiere Darío, donde se desborda la vocación intelectual de Martí. La libertad, la educación como factor decisivo para el estado libre, y el antirracismo son hondas preocupaciones universales de Martí. Otra—la inquietud por las intenciones de los Estados Unidos frente a Cuba—se sustenta en realidades verificables. Unos ejemplos: antes de la Guerra Civil norteamericana, se formó en Norteamérica una sociedad secreta llamada los Caballeros del Círculo Dorado. Sus miembros, dueños de esclavos, ante la eventualidad de que no se extendiera la esclavitud en la unión norteamericana, abogaban por la anexión, o por compra o por agresión, del círculo geográfico formado hacia el sur, desde México hasta las islas del Caribe. Un país soñado por ellos, que se llamaría Círculo Dorado, incluiría la mayor parte de México, el Caribe y la América Central. Dos años después de la muerte de Martí, el presidente norteamericano William McKinley propuso la compra de Cuba por $300 millones. La oferta fue rechazada, y, acto continuo, el hundimiento del buque de guerra estadounidense Maine en el puerto de La Habana provocó la guerra con España (1898), que en Cuba se conoce como la Intervención norteamericana en la Guerra de Independencia.

Martí, con una inigualada erudición y elocuencia, habla con voz latinoamericana y universal en su ensayo «Nuestra América». Se escucha en él una voz heredada del gran libertador sudamericano Simón Bolívar (n. 1783). Almas afines son Martí y Bolívar, hecho que resalta en enunciados que nos dejó el libertador. Éste, como Martí, tenía por incompleto al que le falta estudio, por sagrados los derechos de la ciudadanía, y por digna del derramamiento de su sangre la libertad de su patria.

A Martí, apresado en su natal Cuba por conspirador a los 16 años y desterrado poco después, le toca morir a los 42, hombre de letras vuelto hombre de acción en la lucha independentista de Cuba en 1895. Desde el exilio en la ciudad de Nueva York, había proseguido una obra periodística y consular, y sus dones como orador son legendarios. Entre tanto, se dedicaba a organizar la causa política que le costó la vida en los primeros días de la guerra contra España. Dejó, así, viuda a su patria, como él mismo parece haber vaticinado en su sorprendente poema de *Versos libres*, «Dos patrias».

La era de Martí es la segunda mitad del siglo XIX, siglo que empezó en medio de la Revolución Industrial y que culminó con el darwinismo—se publica *El origen de las especies* en 1859—, el liberalismo político y económico, el triunfo del capitalismo, y el fin del Imperio español, con la pérdida, para España, de Cuba, Puerto Rico, y Filipinas, acontecimiento conocido en España por el sencillo nombre «el Desastre del 98». En estas décadas antes de la Primera Guerra Mundial, la sociedad se va transformando de un estado preindustrial, rural y tradicional, en una sociedad más industrializada y más urbana.

Hasta aquí, las características del modernismo hispanoamericano. Pero se da el modernismo en las letras europeas y norteamericanas también. Para nuestros propósitos, es importante entender la diferencia entre el modernismo hispanoamericano y el español, y por lo mismo, un par de consideraciones. Primero, en cualquiera de sus formas, el modernismo es una tendencia de renovación no solamente estética y formal sino también de espíritu vital. Es un estado anímico. Segundo, el modernista español y el hispanoamericano responden a ese espíritu vital en forma diferente. Este hecho llevó al crítico Ángel del Río a afirmar que el modernismo en las letras hispanas era «un conflicto entre dos espíritus». La forma de responder al espíritu de fin de siglo en Inglaterra y en Estados Unidos queda fuera de nuestro enfoque aquí.

En América, con Martí y Darío, el espíritu modernista busca ese extraordinario primor y exquisitez de forma y lenguaje de los que hemos visto un par de ejemplos. Siente aversión al lenguaje gastado. En España el modernismo busca ante todo la sencillez expresiva que experimentan los lectores de la poesía del sevillano Antonio Machado (n. 1875).

Machado contrastó, en 1917, el desarrollo de la obra suya entre 1899 y 1902, cuando él producía los poemas contenidos en «Soledades», al de Darío. En lo tocante al modernismo de los dos, dijo que admiraba a Darío como maestro inigualado de lo formal y lo sensual, pero que él, Machado, había intentado seguir otro camino. Para él, la poesía no era ni la forma, ni la exquisitez de sonido y color, sino lo que él llamaba «una honda palpitación del espíritu», la propia voz del alma respondiendo al contacto con el mundo.

PARA REFLEXIONAR

1. ¿Cuáles son las circunstancias históricas y culturales del advenimiento del modernismo en las letras hispanas?

2. ¿Cómo se diferencia, en tu opinión, el modernismo en las letras hispanas, del romanticismo que lo antecedió?

3. Pon en tus propias palabras las inquietudes políticas de Martí de las que se habla aquí.

4. Compara el modernismo de Martí y de Darío con el de Antonio Machado.

José Martí ▶

Nuestra América

JOSÉ MARTÍ

Entrañable figura literaria reconocida tanto por su obra poética como por su larga e intrépida obra periodística, es el patriota y literato cubano José Martí. Esta última se ejemplifica aquí con su ensayo de mayor relieve, «Nuestra América» (1891), escrito pocos años antes de su muerte en la Guerra de Independencia de Cuba. Por la pujanza de su nacionalismo, Martí es conocido como el «apóstol de la libertad de Cuba». Alguna vez dijo: «De Cuba, ¿qué no habré escrito?: y ni una página me parece digna de ella».

En la época que vive Martí, la literatura en español cuenta con escritores de valor y alcance internacionales. Descuellan poetas, ensayistas, dramaturgos y novelistas pertenecientes al modernismo, por un lado, y, por otro, al grupo de pensadores español que se conocerá luego como la Generación del 98. Este nombre nace de la crisis de espíritu provocada en España por el fin del Imperio, y la pérdida de Cuba y Puerto Rico como colonias. Destacado miembro de la Generación del 98 es Miguel de Unamuno, el autor de «San Manuel Bueno, mártir» (1931). Entre los nombres de mayor realce del modernismo hispanoamericano, resalta el del propio José Martí.

Se aprecia el carácter panhispánico de las letras y pensamiento modernistas del siglo XIX en el mexicano Manuel Gutiérrez Nájera, el colombiano José Asunción Silva, el cubano Julián del Casal, y el peninsular Antonio Machado. El maestro indiscutible del modernismo, el que asentó escuela, es Rubén Darío, y sin embargo la obra de Martí tuvo una gran influencia en él. Alguna vez Martí llamó a Darío «mi hijo». Éste, a su vez, dijo de Martí que no pertenecía a Cuba solamente, sino a todo el continente americano.

El modernismo fue una reacción contra el romanticismo, cuya mejor expresión se encuentra en la obra del español José de Espronceda, y su más perfecta representación en «Canción del pirata». Mientras que en el romanticismo predomina la exaltación del yo, en el modernismo se destacan, en lo técnico, una preocupación por la perfección de la lengua y belleza de la forma, y en lo anímico, sus claras y profundas inquietudes políticas.

La segunda mitad del siglo XIX fue una época de expansionismo económico y tecnológico en que todos estos escritores ilustres ejercían su profesión de autor, forjando amistades muchos de ellos, y compartiendo entre sí su visión de un futuro mejor.

Las preocupaciones políticas de José Martí, manifiestas en su poema «Dos patrias», encuentran su más importante expresión en prosa en «Nuestra América». En este ensayo, Martí insta a todos los hispanoamericanos a descubrir su propia esencia y autenticidad, abandonando su dependencia del pensamiento europeo y tomando conciencia de intereses expansionistas estadounidenses que se oponen a los suyos.

A pesar de su largo exilio, principalmente en Madrid, México, y Nueva York, Martí siempre tuvo los ojos y el corazón puestos en su patria, Cuba. La gran voz de los cubanos nunca vería un Cuba libre. La Guerra de Independencia estalló en 1895, en parte debido a los escritos políticos de Martí desde su exilio, y esa guerra fue la causa inmediata de su muerte, acaecida mientras combatía en las filas del ejército rebelde del general Antonio Maceo Grajales.

Cree el **aldeano**[1] **vanidoso**[2] que el mundo entero es su aldea, y con tal que él quede de **alcalde**,[3] o le mortifique al rival que le quitó la novia, o le crezcan en la **alcancía**[4] los ahorros, ya da por bueno el orden universal, sin saber de los gigantes que llevan siete leguas en las botas y le pueden poner la bota encima, ni de la pelea de los cometas en el cielo, que van por el aire dormido engullendo[5] mundos. Lo que quede de aldea en América ha de despertar. Estos tiempos no son para acostarse con el pañuelo a la cabeza, sino con las armas de almohada, como los varones de Juan de Castellanos:[6] las armas del juicio,[7] que vencen a las otras. Trincheras[8] de ideas valen más que trincheras de piedra.

No hay proa[9] que taje[10] una nube de ideas. Una idea enérgica, flameada a tiempo ante el mundo, para, como la bandera mística del juicio final, a un escuadrón de acorazados.[11] Los pueblos que no se conocen han de darse prisa para conocerse, como quienes van a pelear juntos. Los que se enseñan los puños, como hermanos celosos, que quieren los dos la misma tierra, o el de casa chica, que le tiene envidia al de casa mejor, han de

© Houghton Mifflin Harcourt Publishing Company

Enfoque en el estilo

Describe con una palabra apta y expresiva el tono de este primer párrafo.

---

[1] **aldeano**—habitante de una aldea o pueblo pequeño

[2] **vanidoso**—orgulloso; ufano; pagado de sí mismo

[3] **alcalde**—gobernador de una ciudad o un pueblo; presidente del ayuntamiento

[4] **alcancía**—vasija con una ranura para guardar monedas

[5] engullendo—tragando; devorando

[6] Juan de Castellanos—cronista español, autor del poema «Elegías de varones ilustres de Indias» (1589)

[7] juicio—aquí, entendimiento

[8] Trincheras—Zanjas bastante hondas, que sirven de protección a los soldados que en ellas se resguardan

[9] proa—parte delantera de un barco

[10] taje—hienda; raje; corte; divida

[11] acorazados—buques de guerra grandes y bien armados

encajar,[12] de modo que sean una, las dos manos. Los que, al **amparo**[13] de una tradición criminal, cercenaron,[14] con el sable[15] tinto[16] en la sangre de sus mismas venas, la tierra del hermano vencido, del hermano castigado más allá de sus culpas, si no quieren que les llame el pueblo ladrones, devuélvanle sus tierras al hermano. Las deudas del honor no las cobra el honrado en dinero, a tanto por la **bofetada**.[17] Ya no podemos ser el pueblo de hojas, que vive en el aire, con la copa[18] cargada de flor, restallando[19] o **zumbando**,[20] según la acaricie el capricho de la luz, o la tundan[21] y talen[22] las tempestades; ¡los árboles se han de poner en fila, para que no pase el gigante de las siete leguas! Es la hora del recuento,[23] y de la marcha unida, y hemos de andar en cuadro apretado,[24] como la plata en las raíces de los Andes.

A los sietemesinos[25] sólo les faltará el valor. Los que no tienen fe en su tierra son hombres de siete meses. Porque les falta el valor a ellos, se lo niegan a los demás. No les alcanza el árbol difícil, el brazo canijo,[26] el brazo de uñas pintadas y pulsera, el brazo de Madrid o de París, y dicen que no se puede alcanzar el árbol. Hay que cargar los barcos de esos insectos dañinos, que le roen[27] el hueso a la patria que los nutre. Si son parisienses o madrileños, vayan al Prado,[28] de faroles,[29] o vayan a Tortoni,[30] de sorbetes.[31] ¡Estos hijos de carpintero, que se avergüenzan de que su padre sea carpintero! ¡Estos nacidos en América, que se avergüenzan, porque llevan delantal indio, de la madre que los crió, y reniegan,[32] ¡bribones![33] de la madre enferma, y la dejan sola en el lecho[34] de las enfermedades! Pues, ¿quién es el hombre?,

---

[12] encajar—aquí, unir; juntar

[13] **amparo**—protección

[14] cercenaron—cortaron

[15] sable—espada

[16] tinto—bañado; mojado

[17] **bofetada**—golpe en la cara, dado con la mano abierta

[18] copa—aquí, la parte del árbol que tiene hojas

[19] restallando—crujiendo; produciendo un sonido más o menos agudo

[20] **zumbando**—produciendo un sonido como el de las abejas o los mosquitos cuando vuelan

[21] tundan—aquí, quiten las hojas con la fuerza del viento

[22] talen—derriben; arrasen; echen abajo

[23] recuento—acción de contar o sumar

[24] cuadro apretado—formación de soldados en marcha, hombro con hombro

[25] sietemesinos—niños nacidos después de sólo siete meses en el útero; aquí, hombres débiles, faltos de valor

[26] canijo—débil; raquítico

[27] roen—quitan la carne del hueso con los dientes

[28] Prado—Museo del Prado, renombrado museo de arte en Madrid

[29] de faroles—aquí, portándose como presumidos

[30] Tortoni—café donde se reunían los parisienses de la clase alta en el siglo XIX; dio su nombre luego a un café famosísimo en Buenos Aires.

[31] de sorbetes—de refrescos de jugo azucarado, medio congelado; aquí, gozando de ellos como gente de la alta sociedad, refinada y afrancesada

[32] reniegan—abandonan; hablan mal

[33] ¡bribones!—¡pícaros!; ¡malos!

[34] lecho—cama

© Houghton Mifflin Harcourt Publishing Company

Inferir

Las botas de 7 leguas son un elemento del folclor europeo. El que las usa es veloz, porque da un paso y recorre unas 21 millas, o 35 kilómetros. Sin embargo, ¿qué otra connotación percibe Martí en ellas?

_____

_____

Anotar

Ha subido hasta un intenso nivel el tono de Martí. Descríbelo de nuevo, escogiendo otra(s) palabra(s) expresiva(s).

_____

_____

Comprender

Según Martí, los hispanoamericanos deben tener orgullo en sus patrias. ¿Por qué?

_____

_____

_____

¿el que se queda con la madre a curarle la enfermedad, o el que la pone a trabajar donde no la vean, y vive de su sustento[35] en las tierras podridas,[36] con el gusano[37] de corbata, maldiciendo del seno que lo cargó, paseando el letrero de traidor en la espalda de la casaca[38] de papel? ¡Estos hijos de nuestra América, que ha de salvarse con sus indios, y va de menos a más; estos desertores que piden fusil[39] en los ejércitos de la América del Norte, que ahoga en sangre a sus indios, y va de más a menos! ¡Estos delicados, que son hombres y no quieren hacer el trabajo de hombres! Pues el Washington que les hizo esta tierra ¿se fue a vivir con los ingleses, a vivir con los ingleses en los años en que los veía venir contra su tierra propia? ¡Estos «increíbles» del honor, que lo arrastran[40] por el suelo extranjero, como los increíbles de la Revolución francesa,[41] danzando y relamiéndose,[42] arrastraban las erres![43]

Ni ¿en qué patria puede tener un hombre más orgullo que en nuestras repúblicas dolorosas de América, levantadas entre las masas mudas de indios, al ruido de pelea del libro con el cirial,[44] sobre los brazos sangrientos de un centenar de apóstoles? De factores tan descompuestos, jamás, en menos tiempo histórico, se han creado naciones tan adelantadas y compactas. Cree el soberbio[45] que la tierra fue hecha para servirle de pedestal, porque tiene la pluma fácil o la palabra de colores, y acusa de incapaz e irremediable a su república nativa, porque no le dan sus selvas nuevas modo continuo de ir por el mundo de gamonal[46] famoso, guiando jacas[47] de Persia y derramando champaña. La incapacidad no está en el país naciente, que pide formas que se le acomoden y grandeza útil, sino en los que quieren **regir**[48] pueblos originales, de composición singular y violenta, con leyes heredadas de cuatro siglos de práctica libre en los Estados Unidos, de diecinueve siglos de monarquía en

---

[35] sustento—mantenimiento

[36] podridas—echadas a perder; putrefactas

[37] gusano—aquí, persona vil y despreciable

[38] casaca—vestidura militar; uniforme

[39] fusil—arma de fuego larga, como el rifle

[40] arrastran—mueven una cosa, estando ésta en contacto con el suelo; en sentido metafórico, deshonran

[41] increíbles de la Revolución francesa—miembros de uno de los grupos políticos de la Revolución francesa, caracterizados por su afán de impresionar vistiendo ropa lujosa, extravagante y aromática

[42] relamiéndose—pasando la lengua por los labios repetidas veces, a fin de manifestar gusto o satisfacción

[43] arrastraban las erres—pronunciaban las erres a la manera de los franceses; según Martí aquí, desagradable al oído hispano

[44] cirial—vara larga encima de la cual se coloca una vela grande (cirio); se usa mucho en ceremonias religiosas; para Martí, símbolo de la Iglesia Católica

[45] soberbio—orgulloso con exceso; arrogante

[46] gamonal—cacique; jefe político; también, terrateniente

[47] jacas—caballos de poca estatura

[48] **regir**—gobernar

Francia. Con un decreto de Hamilton[49] no se le para la pechada[50] al potro[51] del llanero.[52] Con una frase de Sieyès[53] no se desestanca[54] la sangre cuajada[55] de la raza india. A lo que es, allí donde se gobierna, hay que atender para gobernar bien; y el buen gobernante en América no es el que sabe cómo se gobierna el alemán o el francés, sino el que sabe con qué elementos está hecho su país, y cómo puede ir guiándolos en junto, para llegar, por métodos e instituciones nacidas del país mismo, a aquel estado **apetecible**[56] donde cada hombre se conoce y ejerce, y disfrutan todos de la abundancia que la Naturaleza puso para todos en el pueblo que fecundan[57] con su trabajo y defienden con sus vidas. El gobierno ha de nacer del país. El espíritu del gobierno ha de ser el del país. La forma del gobierno ha de avenirse a[58] la constitución propia del país. El gobierno no es más que el equilibrio de los elementos naturales del país.

Por eso el libro importado ha sido vencido en América por el hombre natural. Los hombres naturales han vencido a los **letrados**[59] artificiales. El mestizo autóctono[60] ha vencido al criollo exótico. No hay batalla entre la civilización y la barbarie, sino entre la falsa erudición y la naturaleza. El hombre natural es bueno, y **acata**[61] y premia la inteligencia superior, mientras ésta no se vale de su sumisión para dañarle, o le ofende prescindiendo de[62] él, que es cosa que no perdona el hombre natural, dispuesto a recobrar por la fuerza el respeto de quien le hiere la susceptibilidad o le **perjudica**[63] el interés. Por esta conformidad con los elementos naturales desdeñados han subido los tiranos de América al poder; y han caído en cuanto les hicieron traición. Las Repúblicas han purgado en las tiranías su incapacidad para conocer los elementos verdaderos del país, derivar de ellos la forma de gobierno y gobernar con ellos. Gobernante, en un pueblo nuevo, quiere decir creador.

En pueblos compuestos de elementos cultos e incultos, los incultos gobernarán, por su hábito de **agredir**[64] y resolver las

---

[49] Hamilton—Alexander Hamilton, uno de los delegados reunidos en Filadelfia en 1787 que redactaron la Constitución de los Estados Unidos

[50] pechada—golpe que da el jinete con el pecho del caballo

[51] potro—caballo joven

[52] llanero—que vive en el llano

[53] Sieyès—Emmanuel Joseph Sieyès, político francés en tiempos de la Revolución francesa, que estalló en 1789

[54] desestanca—pone en movimiento algo que estaba inmóvil

[55] cuajada—viscosa; que no fluye con facilidad

[56] **apetecible**—deseable

[57] fecundan—enriquecen

[58] avenirse a—conformarse con

[59] **letrados**—cultos; sabios

[60] autóctono—que vive en el país donde nació

[61] **acata**—reconoce; respeta (una ley o una orden)

[62] prescindiendo de—dejando a un lado; descartando

[63] **perjudica**—daña

[64] **agredir**—iniciar actos hostiles en contra del prójimo

© Houghton Mifflin Harcourt Publishing Company

Inferir

¿Qué quiere Martí que hagan los países de la América Latina? Sé breve.

_____

_____

_____

_____

Anotar

¿Qué mal aqueja a los gobiernos hispanoamericanos y a sus pueblos, según Martí?

_____

_____

_____

_____

_____

_____

_____

_____

Anotar

¿Por qué cambio aboga Martí en este párrafo?

_____

_____

_____

_____

_____

dudas con la mano, allí donde los cultos no aprendan el arte del gobierno. La masa inculta es perezosa, y tímida en las cosas de la inteligencia, y quiere que la gobiernen bien; pero si el gobierno le lastima, se lo sacude[65] y gobierna ella. ¿Cómo han de salir de las universidades los gobernantes, si no hay universidad en América donde se enseñe lo rudimentario del arte del gobierno, que es el análisis de los elementos peculiares de los pueblos de América? A adivinar salen los jóvenes al mundo, con antiparras[66] yanquis o francesas, y aspiran a dirigir un pueblo que no conocen. En la carrera de la política habría de negarse la entrada a los que desconocen los rudimentos de la política. El premio de los certámenes[67] no ha de ser para la mejor oda, sino para el mejor estudio de los factores del país en que se vive. En el periódico, en la cátedra,[68] en la academia, debe llevarse adelante el estudio de los factores reales del país. Conocerlos basta, sin vendas ni ambages;[69] porque el que pone de lado, por voluntad u olvido, una parte de la verdad, cae a la larga por la verdad que le faltó, que crece en la negligencia, y derriba[70] lo que se levanta sin ella. Resolver el problema después de conocer sus elementos, es más fácil que resolver el problema sin conocerlos. Viene el hombre natural, indignado y fuerte, y derriba la justicia acumulada de los libros, porque no se la administra en acuerdo con las necesidades **patentes**[71] del país. Conocer es resolver. Conocer el país, y gobernarlo conforme al conocimiento, es el único modo de librarlo de tiranías. La universidad europea ha de ceder a la universidad americana. La historia de América, de los incas acá, ha de enseñarse al dedillo,[72] aunque no se enseñe la de los arcontes[73] de Grecia. Nuestra Grecia es preferible a la Grecia que no es nuestra. Nos es más necesaria. Los políticos nacionales han de reemplazar a los políticos exóticos. Injértese[74] en nuestras repúblicas el mundo; pero el tronco ha de ser el de nuestras repúblicas. Y calle el pedante vencido; que no hay patria en que pueda tener el hombre más orgullo que en nuestras dolorosas repúblicas americanas.

Con los pies en el rosario, la cabeza blanca y el cuerpo pinto[75] de indio y criollo, venimos, denodados,[76] al mundo de las naciones. Con el estandarte de la Virgen salimos a la conquista

---

[65] se lo sacude—se deshace de él; se lo quita de encima

[66] antiparras—anteojos; lentes

[67] certámenes—concursos; pruebas; torneos, especialmente los académicos

[68] cátedra—universidad

[69] ambages—rodeos; circunlocuciones

[70] derriba—destruye; echa abajo

[71] **patentes**—evidentes; obvias; claras; visibles

[72] al dedillo—a la perfección

[73] arcontes—jueces; magistrados de las ciudades-estado de la Antigua Grecia

[74] Injértese—Métase; Haga que forme parte

[75] pinto—de dos colores

[76] denodados—esforzados; valientes

de la libertad. Un cura,[77] unos cuantos tenientes y una mujer[78] alzan en México la república en hombros de los indios. Un canónigo[79] español, a la sombra de su capa, instruye en la libertad francesa a unos cuantos bachilleres[80] magníficos, que ponen de jefe de Centro América contra España al general de España.[81] Con los hábitos[82] monárquicos, y el Sol[83] por pecho, se echaron a levantar pueblos los venezolanos por el Norte y los argentinos por el Sur. Cuando los dos héroes[84] chocaron, y el continente iba a temblar, uno, que no fue el menos grande, volvió riendas.[85] Y como el heroísmo en la paz es más escaso, porque es menos glorioso que el de la guerra; como al hombre le es más fácil morir con honra que pensar con orden; como gobernar con los sentimientos exaltados y unánimes es más hacedero[86] que dirigir, después de la pelea, los pensamientos diversos, arrogantes, exóticos o ambiciosos; como los poderes arrollados en la arremetida[87] épica zapaban,[88] con la cautela felina de la especie y el peso de lo real, el edificio que había izado,[89] en las comarcas[90] burdas[91] y singulares de nuestra América mestiza, en los pueblos de pierna desnuda y casaca de París, la bandera de los pueblos nutridos de savia[92] gobernante en la práctica continua de la razón y de la libertad; como la constitución jerárquica[93] de las colonias resistía la organización democrática de la República, o las capitales de corbatín[94] dejaban en el zaguán[95] al campo de

---

© Houghton Mifflin Harcourt Publishing Company

[77] cura—referencia al insurgente padre Miguel Hidalgo y Costilla que, con el Grito de Dolores y bajo el estandarte de la Virgen de Guadalupe, dio comienzo a la Guerra de la Independencia en México; profundo conocedor de las ideas de la Ilustración francesa del siglo XVIII y defensor de las clases bajas

[78] mujer—referencia a Josefa Ortiz de Domínguez, que, siendo esposa de un corregidor español, se unió a los insurgentes para conspirar a favor de la Independencia mexicana; es considerada Madre de la Patria.

[79] canónigo—referencia al padre José María Castilla, considerado prócer de la Independencia de Guatemala

[80] bachilleres—graduados del nivel secundario; aquí, los que apoyaban a Castilla, su periódico y sus tertulias patrióticas donde se debatía el movimiento independentista

[81] general de España—referencia a Gabino Gaínza, general español que después de pelear por España, se unió a los insurgentes; firmó el Acta de Independencia de Centroamérica en 1821.

[82] hábitos—ropa; indumentaria; vestidura

[83] el Sol—figuradamente, el espíritu indígena de Latinoamérica

[84] los dos héroes—los Libertadores de la América del Sur, el venezolano Simón Bolívar y el argentino José de San Martín

[85] volvió riendas—se retiró; cedió; referencia al famoso encuentro entre Bolívar y San Martín en Guayaquil; la reunión, tras puertas cerradas, terminó con la retirada voluntaria de San Martín del mando.

[86] hacedero—factible; posible; alcanzable

[87] arremetida—acto de agresión; acometida

[88] zapaban—minaban; excavaban por debajo de la superficie; socavaban

[89] izado—alzado; levantado

[90] comarcas—regiones

[91] burdas—toscas; primitivas; rústicas

[92] savia—líquido producido en ciertos árboles y plantas; aquí, fuente de fuerza vital

[93] jerárquica—organizada a base de diferencias de categoría o calidad entre los habitantes

[94] capitales de corbatín—centros urbanos habitados por gente bien vestida; por lo tanto, aventajada y de las clases acomodadas

[95] dejaban en el zaguán—no admitían al interior de la casa; figuradamente, dejaban al margen de la vida política del país

Enfoque en el estilo

Identifica al menos dos figuras retóricas usadas por Martí para encauzar sus ideas en esta parte de su ensayo. Subráyalas en el texto, y después de nombrarlas a continuación, señala su efecto sobre el lector.

bota-de-potro,[96] o los redentores bibliógenos[97] no entendieron que la revolución que triunfó con el alma de la tierra, había de gobernar, y no contra ella ni sin ella, entró a **padecer**[98] América, y padece, de la fatiga de acomodación entre los elementos discordantes y hostiles que heredó de un colonizador despótico y avieso,[99] y las ideas y formas importadas que han venido retardando, por su falta de realidad local, el gobierno lógico. El continente **descoyuntado**[100] durante tres siglos por un mando que negaba el derecho del hombre al ejercicio de su razón, entró, desatendiendo o desoyendo a los ignorantes que lo habían ayudado a redimirse, en un gobierno que tenía por base la razón; la razón de todos en las cosas de todos, y no la razón universitaria de uno sobre la razón campestre de otros. El problema de la independencia no era el cambio de formas, sino el cambio de espíritu.

Con los oprimidos había que hacer causa común, para afianzar[101] el sistema opuesto a los intereses y hábitos de mando de los opresores. El tigre, espantado del fogonazo,[102] vuelve de noche al lugar de la **presa**.[103] Muere echando llamas por los ojos y con las zarpas[104] al aire. No se le oye venir, sino que viene con zarpas de terciopelo.[105] Cuando la presa despierta, tiene al tigre encima. La colonia continuó viviendo en la república; y nuestra América se está salvando de sus grandes yerros[106] —de la soberbia de las ciudades capitales, del triunfo ciego de los campesinos desdeñados, de la importación excesiva de las ideas y fórmulas ajenas, del desdén **inicuo**[107] e impolítico de la raza aborigen—, por la virtud superior, **abonada**[108] con sangre necesaria, de la república que lucha contra la colonia. El tigre espera, detrás de cada árbol, acurrucado[109] en cada esquina. Morirá, con las zarpas al aire, echando llamas por los ojos.

Pero «estos países se salvarán», como anunció Rivadavia[110] el argentino, el que pecó de finura[111] en tiempos crudos; al machete no le va vaina[112] de seda, ni el país que se ganó con

© Houghton Mifflin Harcourt Publishing Company

---

[96] campo de bota-de-potro—gente rústica o inculta; referencia al calzado especial del gaucho argentino

[97] redentores bibliógenos—patriotas letrados; héroes de la independencia cultos

[98] **padecer**—sufrir

[99] avieso—que hace daño

[100] **descoyuntado**—desunido; fragmentado

[101] afianzar—colocar en base firme

[102] fogonazo—llamarada; luz instantánea creada por un disparo

[103] **presa**—animal que sirve de comida a otro animal carnívoro

[104] zarpas— garras

[105] terciopelo—tela muy suave

[106] yerros—errores

[107] **inicuo**—infame; malévolo

[108] **abonada**—fertilizada

[109] acurrucado—doblado sobre sí; encogido a fin de proteger el cuerpo de alguna amenaza

[110] Rivadavia—Bernardino Rivadavia, importante pensador y estadista argentino del siglo XIX

[111] finura—urbanidad; cortesía; refinamiento

[112] vaina—funda para el machete o arma blanca, como espada o cuchillo

---

Conectar

La poeta Nancy Morejón identifica como *colonialismo cultural* el fenómeno del que habla Martí aquí. Apunta, muy en breve, uno o dos de los ejemplos de este mal, señalados por Martí en este párrafo.

_____

_____

_____

Interpretar

La colonia continuó viviendo en la república. Subraya esta frase. ¿Qué querrá decir Martí?

_____

_____

lanzón[113] se puede echar el lanzón atrás, porque se enoja, y se pone en la puerta del Congreso de Iturbide[114] «a que le hagan emperador al rubio».[115] Estos países se salvarán, porque, con el genio de la moderación que parece imperar,[116] por la armonía serena de la Naturaleza, en el continente de la luz, y por el influjo de la lectura crítica que ha sucedido en Europa a la lectura de tanteo y falansterio[117] en que se empapó[118] la generación anterior, le está naciendo a América, en estos tiempos reales, el hombre real.

Éramos una visión, con el pecho de atleta, las manos de petimetre[119] y la frente de niño. Éramos una máscara, con los calzones de Inglaterra, el chaleco parisiense, el chaquetón de Norteamérica y la montera[120] de España. El indio, mudo, nos daba vueltas alrededor, y se iba al monte, a la cumbre del monte, a bautizar a sus hijos. El negro, oteado,[121] cantaba en la noche la música de su corazón, solo y desconocido, entre las olas y las **fieras**.[122] El campesino, el creador, se revolvía, ciego de indignación, contra la ciudad desdeñosa, contra su criatura. Éramos charreteras[123] y togas, en países que venían al mundo con la alpargata[124] en los pies y la vincha[125] en la cabeza. El genio hubiera estado en hermanar, con la caridad del corazón y con el atrevimiento de los fundadores, la vincha y la toga; en desestancar al indio; en ir haciendo lado[126] al negro suficiente; en ajustar la libertad al cuerpo de los que se alzaron y vencieron por ella. Nos quedó el oidor,[127] y el general, y el letrado, y el prebendado.[128] La juventud angélica, como de los brazos de un pulpo,[129] echaba al cielo, para caer con gloria estéril, la cabeza, coronada de nubes. El pueblo natural, con el empuje del instinto, arrollaba,[130] ciego del triunfo, los bastones de oro.[131] Ni el libro

Reflexionar

La perspectiva de Martí aquí, ¿te parece optimista o pesimista? ¿Por qué?

---

[113] lanzón—lanza corta y gruesa, puntiaguda

[114] Iturbide—Agustín de Iturbide, insurgente y político conservador mexicano; se hizo proclamar emperador de México en 1822

[115] rubio—alusión a Iturbide

[116] imperar—reinar

[117] falansterio—referencia al movimiento socialista utópico francés del siglo XIX que abogaba por comunidades rurales autosuficientes

[118] se empapó—aquí, se llenó; se formó

[119] petimetre—pisaverde; presumido; vanidoso; pagado de sí mismo

[120] montera—especie de gorro que usan los toreros

[121] oteado—divisado; visto

[122] **fieras**—animales feroces

[123] charreteras—adornos que llevan ciertos militares en los hombros del uniforme

[124] alpargata—calzado rústico; sandalia

[125] vincha—cinta que los indios de los Andes se ceñían a la cabeza para cargar por la espalda objetos pesados

[126] haciendo lado—dando lugar

[127] oidor—magistrado español durante la época colonial en América

[128] prebendado—el que recibe una prebenda, o beneficio económico, como renta, beca, o dote

[129] pulpo—molusco octópodo

[130] arrollaba—derrotaba; vencía

[131] bastones de oro—aquí, símbolos del poder

Conectar

Martí habla de *hermanar*. Dice que el *odio* que *se probó* fue inútil. ¿A qué se refiere con esto?

_____

_____

_____

_____

Interpretar

Martí escribe, «El vino, de plátano; y si sale agrio, ¡es nuestro vino!» ¿Con qué actitud lo dice? ¿Qué quiere decir?

_____

_____

_____

_____

_____

_____

europeo, ni el libro yanqui, daban la clave[132] del enigma hispanoamericano. Se probó el odio, y los países venían cada año a menos. Cansados del odio inútil, de la resistencia del libro contra la lanza,[133] de la razón contra el cirial, de la ciudad contra el campo, del imperio imposible de las castas urbanas[134] divididas sobre la nación natural, tempestuosa o inerte, se empieza, como sin saberlo, a probar el amor. Se ponen en pie los pueblos, y se saludan. «¿Cómo somos?» se preguntan; y unos a otros se van diciendo cómo son. Cuando aparece en Cojímar[135] un problema, no van a buscar la solución a Dánzig.[136] Las levitas[137] son todavía de Francia, pero el pensamiento empieza a ser de América. Los jóvenes de América se ponen la camisa al codo,[138] hunden las manos en la masa y la levantan con la levadura[139] de su sudor. Entienden que se imita demasiado, y que la salvación está en crear. Crear es la palabra de pase[140] de esta generación. El vino, de plátano; y si sale agrio, ¡es nuestro vino! Se entiende que las formas de gobierno de un país han de acomodarse a sus elementos naturales; que las ideas absolutas, para no caer por un yerro de forma, han de ponerse en formas relativas; que la libertad, para ser viable, tiene que ser sincera y plena;[141] que si la república no abre los brazos a todos y adelanta con todos, muere la república. El tigre de adentro se entra por la hendija,[142] y el tigre de afuera. El general sujeta en la marcha la caballería[143] al paso de los infantes.[144] O si deja a la zaga[145] a los infantes, le envuelve el enemigo la caballería. Estrategia es política. Los pueblos han de vivir criticándose, porque la crítica es la salud; pero con un solo pecho y una sola mente. ¡Bajarse hasta los infelices y alzarlos en los brazos! ¡Con el fuego del corazón deshelar la América coagulada! ¡Echar, bullendo[146] y rebotando por las venas, la sangre natural del país! En pie, con los ojos alegres de los trabajadores, se saludan, de un pueblo a otro, los hombres nuevos americanos. Surgen[147] los estadistas[148] naturales

---

[132] clave—idea que conduce a la solución de un enigma

[133] lanza—aquí, símbolo del poder militar

[134] castas urbanas—clases o grupos de personas que viven en ciudades

[135] Cojímar—pueblo cubano, un poco al este de La Habana, donde, muchas años después, residió Ernest Hemingway

[136] Dánzig—nombre alemán de la ciudad de Gdansk, Polonia

[137] levitas—prendas de vestir para hombres, de etiqueta, parecidas al frac

[138] se ponen la camisa al codo—se arremangan la camisa; enrollan las mangas hasta el codo

[139] levadura—sustancia que fermenta

[140] palabra de pase—contraseña; palabra clave

[141] plena—completa

[142] hendija—abertura; hendidura

[143] caballería—soldados que pelean a caballo

[144] infantes—soldados que pelean a pie

[145] a la zaga—atrás

[146] bullendo—moviéndose agitadamente, como el agua al hervir

[147] Surgen—Aparecen; Provienen

[148] estadistas—políticos de alta categoría, que dirigen los asuntos de un país, especialmente los internacionales

del estudio directo de la Naturaleza. Leen para aplicar, pero no para copiar. Los economistas estudian la dificultad en sus orígenes. Los oradores empiezan a ser sobrios.[149] Los dramaturgos traen los caracteres nativos a la escena. Las academias discuten temas viables. La poesía se corta la melena zorrillesca[150] y cuelga del árbol glorioso el chaleco colorado.[151] La prosa, centelleante[152] y cernida,[153] va cargada de idea. Los gobernadores, en las repúblicas de indios, aprenden indio.

De todos sus peligros se va salvando América. Sobre algunas repúblicas está durmiendo el pulpo. Otras, por la ley del equilibrio, se echan a pie a la mar, a recobrar, con prisa loca y sublime, los siglos perdidos. Otras, olvidando que Juárez[154] paseaba en un coche de mulas, ponen coche de viento y de cochero a una pompa[155] de jabón; el lujo venenoso, enemigo de la libertad, pudre[156] al hombre liviano[157] y abre la puerta al extranjero. Otras acendran,[158] con el espíritu épico de la independencia amenazada, el carácter viril. Otras crían, en la guerra rapaz[159] contra el vecino, la soldadesca[160] que puede devorarlas. Pero otro peligro corre, acaso, nuestra América, que no le viene de sí, sino de la diferencia de orígenes, métodos e intereses entre los dos factores continentales, y es la hora próxima en que se le acerque demandando relaciones íntimas, un pueblo emprendedor[161] y pujante[162] que la desconoce y la desdeña. Y como los pueblos viriles, que se han hecho de sí propios, con la escopeta y la ley, aman, y sólo aman, a los pueblos viriles; como la hora del desenfreno[163] y la ambición, de que acaso se libre, por el predominio de lo más puro de su sangre, la América del Norte, o el que pudieran lanzarla sus masas vengativas y sórdidas, la tradición de conquista y el interés de un caudillo hábil, no está tan cercana aún a los ojos del más espantadizo,[164] que no dé tiempo a la prueba de altivez,[165] continua y discreta, con que se la

---

[149] **sobrios**—serios; juiciosos

[150] melena zorrillesca—aspecto de poeta romántico; referencia al español José Zorrilla, autor de *Don Juan Tenorio* (1844)

[151] chaleco colorado—símbolo de la vida bohemia como la del literato francés del siglo XIX, Théophile Gautier

[152] centelleante—chispeante; que da destellos; coruscante

[153] cernida—refinada; depurada

[154] Juárez—Benito Juárez, padre de la Reforma mexicana de 1859, presidente de la república (1858-72)

[155] pompa—aquí, burbuja; bomba

[156] pudre—echa a perder

[157] liviano—aquí, susceptible; poco serio; poco firme en sus creencias

[158] acendran—purifican; intensifican

[159] rapaz—aquí, agresiva

[160] soldadesca—tropa de soldados, a veces indisciplinados

[161] emprendedor—activo; que persigue con resolución obras o iniciativas

[162] pujante—potente

[163] desenfreno—agresividad; imprudencia

[164] espantadizo—miedoso; tímido

[165] altivez—aquí, orgullo; amor propio

pudiera encarar y desviarla; como su decoro[166] de república pone a la América del Norte, ante los pueblos atentos del Universo, un freno que no le ha de quitar la provocación pueril[167] o la arrogancia ostentosa, o la discordia parricida[168] de nuestra América, el deber urgente de nuestra América es enseñarse como es, una en alma e intento, vencedora veloz de un pasado sofocante, manchada sólo con sangre de abono que arranca a las manos la pelea con las ruinas, y la de las venas que nos dejaron picadas[169] nuestros dueños. El desdén del vecino formidable, que no la conoce, es el peligro mayor de nuestra América; y urge, porque el día de la visita está próximo, que el vecino la conozca, la conozca pronto, para que no la desdeñe. Por ignorancia llegaría tal vez, a poner en ella la codicia.[170] Por el respeto, luego que la conociese, sacaría de ella las manos. Se ha de tener fe en lo mejor del hombre y desconfiar de lo peor de él. Hay que dar ocasión a lo mejor para que se revele y prevalezca sobre lo peor. Si no, lo peor prevalece. Los pueblos han de tener una picota[171] para quien les azuza[172] a odios inútiles; y otra para quien no les dice a tiempo la verdad.

No hay odio de razas, porque no hay razas. Los pensadores canijos, los pensadores de lámparas, enhebran[173] y recalientan las razas de librería, que el viajero justo y el observador cordial buscan en vano en la justicia de la Naturaleza, donde **resalta**[174] en el amor victorioso y el apetito turbulento, la identidad universal del hombre. El alma emana,[175] igual y eterna, de los cuerpos diversos en forma y en color. Peca contra la Humanidad el que **fomente**[176] y propague[177] la oposición y el odio de las razas. Pero en el amasijo[178] de los pueblos se condensan, en la cercanía de otros pueblos diversos, caracteres peculiares y activos, de ideas y de hábitos, de ensanche[179] y adquisición, de vanidad y de avaricia, que del estado latente de preocupaciones nacionales pudieran, en un período de desorden interno o de precipitación del carácter acumulado del país, **trocarse**[180] en amenaza grave para las tierras vecinas, aisladas y débiles, que el país fuerte declara perecederas[181]

---

[166] decoro—gravedad; honra

[167] pueril—propio de niños

[168] parricida—que mata a sus propios padres

[169] picadas—pinchadas; punzadas

[170] codicia—deseo de poseer los bienes de otro

[171] picota—palo agudizado en que se colocaba la cabeza de un ajusticiado; así terminó Miguel Hidalgo y Costilla.

[172] azuza—incita

[173] enhebran—ensartan; componen

[174] **resalta**—destaca; aparece con claridad

[175] emana—emerge; sale

[176] **fomente**—instigue

[177] propague—difunda; publique

[178] amasijo—mezcla

[179] ensanche—expansión

[180] **trocarse**—convertirse

[181] perecederas—destinadas a morir

© Houghton Mifflin Harcourt Publishing Company

Comprender

¿Cuál es, según Martí, el deber urgente de «nuestra América»?

e inferiores. Pensar es servir. Ni ha de suponerse, por antipatía de aldea,[182] una maldad ingénita[183] y fatal al pueblo rubio del continente, porque no habla nuestro idioma, ni ve la casa como nosotros la vemos, ni se nos parece en sus lacras[184] políticas, que son diferentes de las nuestras; ni tiene en mucho a los hombres biliosos[185] y trigueños,[186] ni mira caritativo, desde su eminencia aún mal segura, a los que, con menos favor de la historia, suben a tramos heroicos la vía de las repúblicas; ni se han de esconder los datos patentes del problema que puede resolverse, para la paz de los siglos, con el estudio oportuno y la unión **tácita**[187] y urgente del alma continental. ¡Porque ya suena el himno unánime; la generación actual lleva a cuestas, por el camino abonado por los padres sublimes, la América trabajadora; del Bravo a Magallanes,[188] sentado en el lomo del cóndor, **regó**[189] el Gran Semí,[190] por las naciones románticas del continente y por las islas dolorosas del mar, la semilla de la América nueva!

-La Revista Ilustrada de Nueva York—10 de enero de 1891
-El partido liberal—México—30 de enero de 1891

---

[182] antipatía de aldea—mala voluntad por ignorancia

[183] ingénita—inherente; heredada

[184] lacras—defectos

[185] biliosos—enojadizos; irritables

[186] trigueños—morenos

[187] **tácita**—expresada o entendida sin palabras

[188] del Bravo a Magallanes—desde el río Bravo hasta el estrecho de Magallanes; es decir, Iberoamérica

[189] **regó**—esparció; distribuyó; repartió

[190] el Gran Semí—entre los indios tamanacos de Venezuela, el Creador del mundo, quien, encarnado en Amalivaca, un hombre blanco, sembró las semillas que produjeron la raza humana; o, referencia a Cemí, o Zemí, espíritu creador venerado por los indígenas taínos de Cuba

Enfoque en el estilo

Martí no habla a su lector en directo. No se encuentran aquí ni el *tú* ni el *vosotros*, ni el *usted* ni el *ustedes*. Sin embargo, el efecto de su exhortación es igual que el conocido efecto del uso del *apóstrofe*. ¿Qué efecto tiene sobre sus lectores?

_____

_____

_____

PREGUNTAS

*Para conocer más a fondo el texto que has leído, responde a las siguientes preguntas. Tu propósito será uno de éstos, según indique tu profesor/a: **a.** prepararte para participar en un coloquio con tus compañeros de clase; **b.** prepararte para dar una presentación oral; **c.** bosquejar tus ideas por escrito para intercambiarlas con tus compañeros de clase; o **d.** escribir un ensayo formal.*

1. La primera oración del segundo párrafo de «Nuestra América» reza así: «No hay proa que taje una nube de ideas». ¿Qué quiere decir Martí con esto? Toma en cuenta el contexto al formular tu respuesta.

2. ¿Cuál es la actitud de Martí frente a los hispanoamericanos europeizantes, los «sietemesinos», como él los llama? Cita tú pasajes del texto en apoyo de tu respuesta, e interpreta su significado.

3. Martí insiste en la importancia de enseñar la historia a la juventud hispanoamericana. Pero, ¿la historia de qué pueblos? ¿La de los antiguos griegos? Desarrolla tu respuesta utilizando pasajes del texto.

4. Dice Martí que «otro peligro» amenaza a «Nuestra América». ¿Cuál es este peligro? ¿A qué se refiere Martí al usar el término «Nuestra América»?

5. Afirma Martí que «no hay razas». ¿Qué querrá decir con esto? Defiende tu juicio citando evidencia del ensayo.

6. Considera un momento tu país de residencia. ¿Crees tú que algunas de las ideas de Martí se apliquen a la situación sociopolítica o histórica que vive tu país? ¿De qué manera?

Análisis literario

«Nuestra América»

Lee este fragmento del ensayo «Nuestra América», de José Martí. Luego contesta las preguntas.

La incapacidad no está en el país naciente, que pide formas que se le acomoden y grandeza útil, sino en los que quieren regir pueblos originales, de composición singular y violenta, con leyes heredadas de cuatro siglos de práctica libre en los Estados Unidos, de diecinueve siglos de monarquía en Francia. Con un decreto de Hamilton no se le para la pechada al potro del llanero. Con una frase de Sieyès no se desestanca la sangre cuajada de la raza india. A lo que es, allí donde se gobierna, hay que atender para gobernar bien; y el buen gobernante en América no es el que sabe cómo se gobierna el alemán o el francés, sino el que sabe con qué elementos está hecho su país, y cómo puede ir guiándolos en junto, para llegar, por métodos e instituciones nacidas del país mismo, a aquel estado apetecible donde cada hombre se conoce y ejerce, y disfrutan todos de la abundancia que la Naturaleza puso para todos en el pueblo que fecundan con su trabajo y defienden con sus vidas. El gobierno ha de nacer del país. El espíritu del gobierno ha de ser el del país. La forma del gobierno ha de avenirse a la constitución propia del país. El gobierno no es más que el equilibrio de los elementos naturales del país.

I. En este fragmento, Martí afirma que los países nuevamente independientes _____.

  a. son por su naturaleza muy difíciles de gobernar de manera eficaz

  b. deben tomar por ejemplo a los países más viejos, como por ejemplo Francia

  c. deben tener todos formas de gobierno similares, ya que tienen los mismos problemas

  d. deben tener gobiernos que se ajusten a las realidades de cada país

2. Con su referencia al estadista estadounidense Alexander Hamilton, Martí expresa la idea de que _____.

  a. Hamilton no tenía creencias democráticas

  b. la democracia no funciona en todos los países

  c. las leyes de un país determinado pueden no funcionar en otro

  d. en los Estados Unidos, nadie acata las leyes

3. Martí menciona los gobiernos alemán y francés para afirmar que _____.

  a. estos dos países son particularmente malos como modelos para la América Latina

  b. estos dos países tienen una larga historia de gobiernos injustos

  c. la América Latina no debe tratar de importar formas de gobierno de ningún otro país

  d. el gobierno de los Estados Unidos es el mejor modelo para los países latinoamericanos

4. Para Martí, el objetivo principal de cualquier gobierno debe ser _____.

  a. alentar en los ciudadanos el común propósito de utilizar mejor las riquezas naturales de su país

  b. obligar a sus ciudadanos a defender su país contra enemigos extranjeros

  c. llegar a controlar todos los recursos naturales y humanos del país

  d. mantener el orden público para que no ocurran delitos contra las personas

5. En la opinión de Martí, para que un estadista tenga éxito, es muy importante que _____.

  a. haya estudiado al fondo los diferentes sistemas de gobierno

  b. haya pasado mucho tiempo viviendo en países extranjeros

  c. conozca muy bien la realidad social, natural y cultural de su país

  d. tenga experiencia haciendo trabajo agrícola en regiones rurales

Antonio Machado ▶

Soledades II

ANTONIO MACHADO

Antonio Machado (1875–1939), hombre de marcada reserva y mesura, no obstante creó en su lírica una respuesta animada, individual y universal, a su contacto con el mundo. Machado rehuyó todo «ismo», criticando severamente las dos grandes expresiones del Siglo de Oro: el conceptismo y el culteranismo. El ingrediente más marcado de la poesía de Machado es la sustancia perdurable de la vida misma: el paisaje de Soria, donde vivió la felicidad matrimonial cercenada por la muerte temprana de su joven esposa, o el paisaje de su natal Andalucía. Cobran vida lírica viejos recuerdos de la luz, la soledad de los campos, o el sencillo acto de caminar. Llamado el gran poeta de la Generación del 98, Machado, inquieto como sus coetáneos ante el destino nacional, personifica el paisaje yuxtaponiendo lo visual y lo histórico.

Al contrario del modernismo que rige su época, y a pesar de su gran amistad con Rubén Darío, Machado dice: «. . . yo aprendí a seguir camino bien distinto. Pensaba que el elemento poético no era la palabra por su valor fónico, ni el color, ni la línea, ni un complejo de sensaciones, sino una honda palpitación del espíritu».

He andado muchos caminos,
he abierto muchas **veredas**,[1]
he navegado en cien mares
y **atracado**[2] en cien riberas.

En todas partes he visto
caravanas de tristeza,
soberbios[3] y melancólicos
borrachos de sombra negra,

y pedantones al paño[4]
que miran, callan y piensan
que saben, porque no beben
el vino de las tabernas.

Mala gente que camina
y va **apestando**[5] la tierra...

Y en todas partes he visto
gentes que danzan o juegan
cuando pueden, y **laboran**[6]
sus cuatro palmos[7] de tierra.

Nunca, si llegan a un sitio,
preguntan adónde llegan.
Cuando caminan, **cabalgan**[8]
a **lomos**[9] de mula vieja,

y no conocen la prisa
ni aun en los días de fiesta.
Donde hay vino, beben vino;
donde no hay vino, agua fresca.

Son buenas gentes que viven,
laboran, pasan y sueñan,
y en un día como tantos
descansan bajo la tierra.

---

[1] **veredas**—senderos.

[2] **atracado**—arrimado al muelle, en un puerto.

[3] **soberbios**—arrogantes; altaneros; orgullosos.

[4] pedantones al paño—grandes pedantes, personas que hacen ostentación de su erudición, pero medio a escondidas.

[5] **apestando**—echando mal olor; plagando.

[6] **laboran**—cultivan.

[7] palmos—pedazos pequeños.

[8] **cabalgan**—van montados.

[9] **lomos**—espaldas de los animales.

© Houghton Mifflin Harcourt Publishing Company

Interpretar

¿Qué es una caravana? ¿Qué idea te sugiere la frase «caravanas de tristeza»?

_____

_____

Inferir

¿Qué representa el «vino de las tabernas»? ¿Por qué Machado dice que para «saber» hay que beberlo?

_____

_____

Comparar

Compara las actividades de la gente descrita en esta estrofa con las actividades de los «pedantones» de la tercera estrofa.

_____

_____

_____

Sintetizar

Escribe una oración para sintetizar la idea de «Donde hay vino, beben vino; donde no hay vino, agua fresca». ¿Se expresa una idea similar en alguna otra parte del poema?

_____

_____

Analizar

¿Qué significan los dos últimos versos? ¿Por qué crees que Machado escogió la palabra «descansar»?

_____

_____

PREGUNTAS

*Para conocer más a fondo el texto que has leído, responde a las siguientes preguntas. Tu propósito será uno de éstos, según indique tu profesor/a: **a.** prepararte para participar en un coloquio con tus compañeros de clase; **b.** prepararte para dar una presentación oral; **c.** bosquejar tus ideas por escrito para intercambiarlas con tus compañeros de clase; o **d.** escribir un ensayo formal.*

1. «He andado muchos caminos» es parte de una colección de 19 poemas a los que el poeta puso por título «Soledades». ¿En qué sentido corresponde este poema a su título? Explica por qué lo afirmas, defendiendo tu punto de vista con detalles del texto.

2. ¿Qué contrastes percibe Machado entre la «gente mala» y la «gente buena» de su poema?

3. Un tema muy arraigado en las letras españolas desde el Renacimiento se conoce por la siguiente descripción: «menosprecio de Corte y alabanza de aldea». Es un tema análogo al tema del curso: los estratos sociales y la disparidad socioeconómica, con una leve diferencia. El que abraza el tema tradicional tiene en grande estima la vida del campo, y ataca la vida de la ciudad. ¿Crees tú que Machado se dejó influenciar por este tema tradicional al crear su poema «Soledades II»? Usando evidencias tomadas del texto, arguye tú a favor o en contra de esta proposición.

4. ¿Cómo refleja la estructura del poema las ideas elaboradas en él?

5. Antonio Machado escribía en un tiempo en que los poetas modernistas latinoamericanos se esforzaban por renovar la poesía con innovaciones métricas y metafóricas, afán que llevó a algunos de sus coetáneos a abrazar una opulencia de lenguaje y de recursos retóricos. A base del poema «He andado muchos caminos», contrasta el léxico y las imágenes de Machado, con los valores que abrazaba el modernismo latinoamericanos. Para ilustrar tus observaciones, cita ejemplos específicos de poemas que conoces, que tienen carácter modernista.

Análisis literario

«Soledades II»

Lee este fragmento del poema «Soledades II», de Antonio Machado. Luego contesta las preguntas.

He andado muchos caminos,
he abierto muchas veredas;
he navegado en cien mares,
y atracado en cien riberas.

En todas partes he visto
caravanas de tristeza,
soberbios y melancólicos
borrachos de sombra negra,

y pedantones al paño
que miran, callan, y piensan
que saben, porque no beben
el vino de las tabernas.

Mala gente que camina
y va apestando la tierra...

Y en todas partes he visto
gentes que danzan o juegan,
cuando pueden, y laboran
sus cuatro palmos de tierra.

1. Este texto es similar a _____ por su forma métrica y esquema de rima.

a. un soneto   **c.** una redondilla

b. un romance   **d.** una égloga

2. ¿Cuál es la idea principal de la primera estrofa?

a. El poeta ha viajado por mar.

b. Al poeta le gusta viajar.

c. El viaje del poeta ha llegado a su fin.

d. El poeta ha viajado mucho por muchos lugares.

3. Los versos 9 al 12 incluyen varios ejemplos de _____.

a. hipérbaton   **c.** rima asonante

b. versos heptasílabos   **d.** encabalgamiento

4. En la segunda estrofa, el poeta describe _____.

a. sus sentimientos después de sus viajes

b. la gran variedad de gente buena y mala que ha conocido

c. los diferentes tipos de personas descaminadas que ha conocido

d. tipos de personas que sólo ha visto en lugares específicos

5. Al comentar que ciertas personas no frecuentan tabernas, el poeta probablemente quiere sugerir que esas personas _____.

a. son felices porque no consumen alcohol

b. son tan pobres que no pueden comprar una copa de vino

c. pasan su tiempo pensando en vez de salir con los amigos

d. son tan presumidas que se niegan a pasar tiempo con la gente común

6. La última estrofa del pasaje _____.

a. desarrolla las ideas expuestas en las tres estrofas anteriores

b. contradice las ideas expuestas en el resto del pasaje

c. no se relaciona con el resto del pasaje

d. expresa un contraste con la idea de la estrofa anterior

7. Se podría afirmar que una idea central de este poema es que _____.

a. la mayoría de la gente que uno conoce es antipática

b. es importante viajar mucho para conocer personas diferentes

c. las personas que saben mucho normalmente no son simpáticas

d. en muchos sentidos la vida misma es como un viaje

Rubén Darío ▶

A Roosevelt

RUBÉN DARÍO

Hacia fines del siglo XIX, llegan a Hispanoamérica los nuevos movimientos literarios franceses—entre ellos, el simbolismo, el parnasianismo y el impresionismo—, claves para la renovación de la poesía en lengua española. Así nace un poderoso movimiento renovador en la literatura hispanoamericana: el modernismo. El líder indiscutible del modernismo es el poeta nicaragüense Rubén Darío (1867–1916). Desde muy joven, Rubén Darío leía la poesía de los poetas franceses. El modernismo fue, al principio, una literatura de escape, de aire enrarecido, y su afán era lograr la experiencia estética, con conciencia sensual de color y sonido.

Las obras más renombradas de Darío son Azul (1888), Prosas profanas (1896) y Cantos de vida y esperanza (1905), colección esta última que contiene el poema siguiente. Mientras que Azul y Prosas profanas representan el auge de las tendencias modernistas del escritor, ya para el momento de la creación de Cantos de vida y esperanza se habían apaciguado en gran medida los bríos preciosistas de su arte poética. A pesar de considerar al autor de Azul y Prosas profanas «el maestro incomparable de la forma y de la sensación», Antonio Machado ha dicho que Darío «más tarde nos reveló la hondura de su alma en Cantos de vida y esperanza». De sus inquietudes de carácter político, nace «A Roosevelt», poema que se inspira en la figura, temible para Hispanoamérica, del entonces presidente de Estados Unidos, Theodore Roosevelt.

A Roosevelt[1]

Es con voz de la Biblia, o verso de Walt Whitman,[2]
que habría de llegar hasta ti, Cazador,[3]
primitivo y moderno, sencillo y complicado,
con un algo de Wáshington y cuatro de Nemrod.[4]
Eres los Estados Unidos,
eres el futuro invasor
de la América **ingenua**[5] que tiene sangre **indígena**,[6]
que aún reza a Jesucristo y aún habla en español.

Eres **soberbio**[7] y fuerte ejemplar de tu raza;
eres culto, eres hábil; te opones a Tolstoy.[8]
Y domando caballos, o asesinando tigres,
eres un Alejandro-Nabucodonosor.[9]
(Eres un profesor de Energía
como dicen los locos de hoy.)

Crees que la vida es **incendio**,[10]
que el progreso es erupción,
que en donde pones la **bala**[11]
el **porvenir**[12] pones.
　　　　　No.

Los Estados Unidos son potentes y grandes.
Cuando ellos **se estremecen**[13] hay un hondo temblor
que pasa por las vértebras enormes de los Andes.
Si clamáis, se oye como el rugir del león.
Ya Hugo[14] a Grant[15] lo dijo: Las estrellas son vuestras.

---

[1] Roosevelt—Theodore Roosevelt (1858–1919), presidente de EE.UU., a comienzos del siglo XX, que practicó una política imperialista e intervencionista para con Hispanoamérica.

[2] Walt Whitman (1819–1892)—poeta lírico norteamericano.

[3] Cazador—referencia a Roosevelt: a Roosevelt le gustaba mucho la caza, especialmente de animales grandes.

[4] Nemrod—personaje de la Biblia, gran cazador también.

[5] **ingenua**—inocente; de poca experiencia en el mundo.

[6] **indígena**—nativa; aborigen.

[7] **soberbio**—arrogante; altanero; orgulloso.

[8] Tolstoy—Liev Nikoláievich Tolstói (1828–1910), escritor ruso, autor de *Guerra y paz* (1866).

[9] Alejandro-Nabucodonosor—combinación de Alejandro Magno de Macedonia (356–323 a. de J.C.), conquistador de Egipto y del Cercano Oriente, y de Nabucodonosor (?–562 a. de J.C.), monarca de Babilonia, conquistador de Jerusalén en 586 a. de J.C.

[10] **incendio**—fuego que empieza por accidente y que se descontrola.

[11] **bala**—proyectil disparado por arma de fuego.

[12] **porvenir** (m.)—futuro.

[13] **se estremecen**—tiemblan.

[14] Hugo—Víctor Hugo (1802–1885), poeta, dramaturgo, y novelista romántico francés, autor de *Los miserables* (1862).

[15] Grant—Ulysses S. Grant (1822–1885), generalísimo de los ejércitos de la Unión en la Guerra Civil Norteamericana, posteriormente presidente de los Estados Unidos desde 1869 hasta 1877.

© Houghton Mifflin Harcourt Publishing Company

Analizar

¿Qué opinión expresa Rubén Darío sobre Roosevelt con las comparaciones de este verso?

_____

_____

_____

Inferir

Más allá del significado literal, ¿a quiénes crees que pueden representar los caballos y los tigres? ¿Por qué Darío dice que Roosevelt doma a unos y mata a otros?

_____

_____

Figuras retóricas

Explica la figura retórica que usa Rubén Darío en este verso.

_____

_____

Inferir

¿Qué representan el sol y la estrella en estos versos? ¿Por qué el sol «apenas» brilla y la estrella «se levanta»?

_____

_____

_____

Conectar

¿A qué regiones se refieren los nombres «Moctezuma» e «Inca»?

_____

_____

Analizar

¿Qué función gramatical cumple en la oración la frase «hombres de ojos sajones y alma bárbara»? ¿Qué función cumple en la estructura del poema?

_____

_____

(Apenas brilla, alzándose, el argentino sol
y la estrella chilena se levanta...) Sois ricos.
Juntáis al culto de Hércules[16] el culto de Mammón;[17]
y alumbrando el camino de la fácil conquista,
la Libertad levanta su antorcha en Nueva York.

Mas[18] la América nuestra, que tenía poetas
desde los viejos tiempos de Netzahualcoyotl,[19]
que ha guardado las huellas de los pies del gran Baco,[20]
que el alfabeto pánico[21] en un tiempo aprendió;
que consultó los astros, que conoció la Atlántida[22]
cuyo nombre nos llega resonando en Platón,[23]
que desde los remotos momentos de su vida
vive de luz, de fuego, de perfume, de amor,
la América del grande Moctezuma,[24] del Inca,[25]
la América fragante de Cristóbal Colón,[26]
la América católica, la América española,
la América en que dijo el noble Guatemoc:[27]
«Yo no estoy en un lecho de rosas»; esa América
que tiembla de huracanes y que vive de amor,
hombres de ojos sajones[28] y alma bárbara, vive.
Y sueña. Y ama, y vibra, y es la hija del Sol.
Tened cuidado. ¡Vive la América española!
Hay mil **cachorros**[29] sueltos del León Español.[30]

---

[16] Hércules—héroe de la mitología griega, famoso por su fuerza física.

[17] Mammón—símbolo de la avaricia.

[18] **Mas**—pero.

[19] Netzahualcoyotl—Nezahualcóyotl (1402–1472), rey chichimeca de Texcoco en México desde 1431, reconocido también como gran poeta.

[20] Baco—dios del vino entre los romanos de la Antigüedad.

[21] pánico—relativo a Pan, dios pastoril griego en la Antigüedad, mitad hombre y mitad macho cabrío; asusta tanto a los hombres como a los animales con su flauta, lo cual dio lugar a la expresión "miedo pánico"; según una tradición, Pan inventó un alfabeto, que las Musas enseñaron a Baco.

[22] Atlántida—ciudad fabulosa que existía en una isla del Océano Atlántico, según la creencia de los antiguos griegos.

[23] Platón—filósofo griego de la Antigüedad, que menciona la Atlántida en algunas de sus obras, imaginándola como una sociedad ideal.

[24] Moctezuma—rey de los aztecas cuando el conquistador español Hernán Cortés llegó a México en 1519.

[25] Inca—pueblo amerindio que, instalado en el valle de Cuzco, en Perú, fundó un gran imperio andino, a cuya cabeza estaba el emperador, El Inca.

[26] Cristóbal Colón—navegante que, al servicio de Castilla, llegó con tres naves a las islas del Caribe en octubre de 1492.

[27] Guatemoc—último emperador de los aztecas; sobrino de Moctezuma; normalmente su nombre se escribe Cuauhtémoc.

[28] sajones—relativo a los primitivos pobladores de Inglaterra.

[29] **cachorros**—hijos; descendientes.

[30] León Español—España; referencia al león como símbolo de España.

Se necesitaría, Roosevelt, ser, por Dios mismo,
el Riflero terrible y el fuerte Cazador,
para poder tenernos en vuestras **férreas**[31] **garras**.[32]

Y, pues contáis con todo, falta una cosa: ¡Dios!

Visualizar

¿Qué imagen te sugiere la palabra «garras»?

---

[31] **férreas**—duras; de hierro.

[32] **garras**—uñas largas de ciertos animales salvajes.

PREGUNTAS

*Para conocer más a fondo el texto que has leído, responde a las siguientes preguntas. Tu propósito será uno de éstos, según indique tu profesor/a: **a.** prepararte para participar en un coloquio con tus compañeros de clase; **b.** prepararte para dar una presentación oral; **c.** bosquejar tus ideas por escrito para intercambiarlas con tus compañeros de clase; o **d.** escribir un ensayo formal.*

1. Resume la actitud del poeta frente a los Estados Unidos, expresada en «A Roosevelt».

2. ¿Cómo calificas tú la relación que existe, según la voz poética, entre las raíces indígenas y las raíces españolas de la América Latina? Defiende tu juicio al respecto con pruebas del texto.

3. «A Roosevelt» presenta una clara advertencia a su interlocutor. ¿De qué lo advierte? A la vez, la voz poética alaba a otros. ¿Quiénes son éstos, y con qué recursos cuentan? ¿Cuáles son las motivaciones explícitas de Darío al crear este poema? Cita en tu respuesta frases y versos pertinentes.

4. ¿Por qué se puede afirmar que la estructura de «A Roosevelt» encarna en forma genial los sentimientos que expone? ¿Qué regularidades métricas distingues? Trata en tu análisis estructural tanto la rima como el cómputo silábico. Distingue por lo menos tres recursos técnicos de los que se vale el poeta, y describe el efecto de cada uno de ellos sobre la expresión poética.

5. ¿Distingues tú alguna ironía en el título del poema?

6. ¿Qué cualidades específicas de «A Roosevelt» delatan la dedicación de su creador al modernismo latinoamericano?

Análisis literario

«Nuestra América» y «A Roosevelt»

Lee este pasaje del ensayo «Nuestra América» de José Martí y contesta la pregunta.

Ni ha de suponerse, por antipatía de aldea, una maldad ingénita y fatal al pueblo rubio del continente, porque no habla nuestro idioma, ni ve la casa como nosotros la vemos, ni se nos parece en sus lacras políticas, que son diferentes de las nuestras; ni tiene en mucho a los hombres biliosos y trigueños, ni mira caritativo, desde su eminencia aún mal segura, a los que, con menos favor de la historia, suben a tramos heroicos la vía de las repúblicas; ni se han de esconder los datos patentes del problema que puede resolverse, para la paz de los siglos, con el estudio oportuno y la unión tácita y urgente del alma continental. ¡Porque ya suena el himno unánime; la generación actual lleva a cuestas, por el camino abonado por los padres sublimes, la América trabajadora; del Bravo a Magallanes, sentado en el lomo del cóndor, regó el Gran Semí, por las naciones románticas del continente y por las islas dolorosas del mar, la semilla de la América nueva!

I. ¿Qué declaración resume mejor la actitud que Martí expresa aquí hacia los Estados Unidos?

a. Detesta a los estadounidenses por la actitud de estos hacia la América Latina.

b. Opina que la América Latina debe tomar como modelo a los Estados Unidos.

c. Cree que los latinoamericanos no deben despreciar a los Estados Unidos, pero reconoce que es una relación difícil.

d. Cree que los valores humanos son universales, y que por lo tanto no hay verdaderas diferencias entre las dos culturas.

Lee este fragmento del poema «A Roosevelt» de Rubén Darío y contesta las preguntas.

Los Estados Unidos son potentes y grandes./ Cuando ellos se estremecen hay un hondo temblor/que pasa por las vértebras enormes de los Andes./Si clamáis, se oye como el rugir del león./Ya Hugo a Grant le dijo: «Las estrellas son vuestras»./(Apenas brilla, alzándose, el argentino sol/y la estrella chilena se levanta...) Sois ricos./Juntáis al culto de Hércules el culto de Mammón;/y alumbrando el camino de la fácil conquista,/la Libertad levanta su antorcha en Nueva York.

2. En los tres primeros versos de este pasaje, Darío quiere decir que _____.

a. las decisiones y acciones de Estados Unidos afectan profundamente a América Latina

b. la relación entre los Estados Unidos y la América Latina será uno de conflicto

c. las acciones de la América Latina tendrán consecuencias serias para los Estados Unidos

d. los mismos sucesos pueden afectar a los Estados Unidos y a la América Latina de manera muy diferente

3. Darío emplea formas verbales de segunda persona plural. ¿A quiénes se dirige?

a. a los latinoamericanos

b. a los estadounidenses

c. a los latinoamericanos y a los estadounidenses

d. a todos los que lean el poema

4. El poema sugiere que, para Víctor Hugo, _____.

a. el futuro de Estados Unidos no tiene límite

b. Estados Unidos es un peligro para el mundo

c. las mejores épocas de Estados Unidos ya llegaron a su fin

d. Grant llegará a ser muy poderoso

5. ¿Qué declaración resume mejor la actitud de Martí y Darío?

a. Reconocen el poderío de Estados Unidos, pero prevén un futuro brillante para América Latina.

b. Respetan mucho los valores socioeconómicos de Estados Unidos.

c. Reconocen que la América Latina y los Estados Unidos tienen raíces comunes.

d. Aspiran a que Latinoamérica adopte el camino al éxito de los Estados Unidos.

Marco histórico y cultural

El siglo XIX cede el paso a las múltiples corrientes literarias del siglo XX

La literatura que la mayoría de los lectores hoy llaman moderna comienza con los vastos cambios que el romanticismo opera en el pensamiento y en las artes del siglo XIX. El neoclasicismo lentamente cede su hegemonía. El romántico abraza la libertad artística, buscando abolir las reglas. Al frente de su obra está su «yo», con todas sus pasiones. Su leitmotiv es la melancolía, y su devoción es a lo medieval, lo exótico y lo salvaje.

Este brío romántico lleva al dramaturgo decimonónico, Zorrilla, a dar nueva forma a la inmortal creación barroca de Tirso: Don Juan Tenorio. En *El burlador de Sevilla* (c. 1630), Don Juan recibe su merecido, el fuego eterno, por su crimen: burlar a cuatro mujeres. El Don Juan de 1844, reconfigurado por la pluma de Zorrilla, es la quintaesencia de lo romántico. Al inicio de la obra, ha seducido ya a 72 mujeres, y dado muerte a 32 hombres. Doña Inés de Ulloa, burlada por Don Juan, muere de pena por la fuga de su burlador, quien al fin se encara a las llamas infernales, tal como lo hace su homólogo barroco; pero con un vuelco absoluto en su destino: la intercesión de Doña Inés que le obtiene el perdón de Dios. Triunfante el amor, los dos suben juntos al cielo. Es un argumento que no habría sido concebible ni en el Renacimiento, ni en el Barroco, ni en el Siglo de las Luces.

Por esta misma época, se produce una ruptura con los valores del romanticismo al presentarse una nueva corriente literaria: «el realismo». Se da particularmente en la narrativa. Son las últimas décadas del siglo XIX, época decisiva en la que se halla en transformación radical el papel social de los escritores. Por primera vez, el escritor no pudiente se ve en la posibilidad de ganarse la vida escribiendo. Antes, se habían requerido ingresos asegurados de una fuente familiar, o de un mecenas. Ahora los lectores mismos invierten en los autores mediante la compra de sus libros, en cantidad suficiente para mantenerlos. También en esta época aumenta el número de mujeres que leen, y su influencia se hace sentir en la popularidad de las novelas que se venden. Paralelamente crece el número de autoras. Para 1910, en España, el alfabetismo entre las mujeres es de un 40%, mientras que el de los hombres es de un 60%.

El realismo se define por su tono sobrio, no soñado por los románticos. Lo informa el pensamiento científico y filosófico de la época, principalmente el de Marx (n. 1818) y Engels (n. 1820): el materialismo dialéctico. El autor realista aspira a captar la vida tal como es. Busca el detalle psicológico. Su obra se caracteriza por un espíritu de reproducción fotográfica, hasta en el lenguaje coloquial. Observa minuciosamente los fenómenos sociales, y se empeña en suprimir el yo del autor en sus descripciones, para remplazarlo con una rigurosa objetividad.

La obra del novelista, cuentista y crítico literario Leopoldo Alas, «Clarín», es una de las más destacadas representaciones del realismo español. Ejemplos son su novela *La Regenta* (1884) y su preciado cuento «¡Adiós, *Cordera*!» (1892), en el cual la querida vaca familiar va al matadero. Acto continuo, el hijo de la familia va al matadero de las Guerras Carlistas. Los dos servirán los fines de los ricos. Clarín apoyó a Pardo Bazán, autora de «Las medias rojas» (publicado póstumamente en 1923), en su defensa del naturalismo—forma más extrema del realismo—ante la oposición de otros célebres literatos españoles de su día.

El naturalismo es determinista. Sostiene que nada depende de la voluntad humana: el padre, dueño de la Cordera, nació para pobre; la Cordera nació para ser reducida a chuletas; y Pinín nació para ser atrapado en las garras de una guerra ajena a todo lo que él conoce.

Las letras en español sienten influencias del periodismo por un lado, y por otro, de las novelas de Dickens (n. 1812), Dostoievski (n. 1821) y Tolstói (n. 1828). La difusión de las novelas que llegan del extranjero es más rápida y extensa. Muchos escritores realistas, o naturalistas, han sido, o siguen siendo durante su vida literaria, periodistas. *Fortunata y Jacinta* (1887), de Pérez Galdós (n. 1843), es otra suprema representación del realismo español. Su argumento se basa en el conflicto entre las clases socioeconómicas de sus dos protagonistas, enamoradas del mismo hombre. Como novelista, Galdós es análogo a Dickens en Inglaterra, y a Balzac (n. 1799) y Zola (n. 1840) en Francia. No obstante, la literatura en español no conoce los extremos naturalistas de la obra de Zola.

El realismo del *Lazarillo de Tormes* (1554) dista, con trescientos años, del realismo decimonónico, pero comparte sus características, al exponer su autor anónimo el mundo y los móviles ruines de su vívido conjunto de personajes.

Una mirada más de cerca a las novelas españolas e hispanoamericanas pone de manifiesto la naturaleza mixta de las tendencias que nos encaminan hacia el siglo XX. Es realista *El sombrero de tres picos* (1874), novela del español Alarcón (n. 1833), que inspiró al gran compositor Falla (n. 1876), a escribir, en el siglo XX, su célebre ballet costumbrista del mismo nombre. *El sombrero de tres picos* es a su vez costumbrista, pues pinta las costumbres de su ambiente andaluz burgués, y sus personajes son románticos.

«El costumbrismo» es la tendencia literaria que refleja las costumbres de un país o región. En la Argentina, Hernández publica las dos partes de su poema narrativo épico *Martín Fierro* (1872 y 1879). Popularísimo, salen once ediciones en seis años. Hasta hoy, esta entrañable obra ha visto cientos de ediciones en docenas de idiomas, incluso el quechua, idioma indígena de la región andina. La figura del gaucho Martín Fierro pronto se convierte en emblema de la auténtica argentinidad.

El subtítulo de la bien querida novela cubana de Villaverde, *Cecilia Valdés* (1882), es «novela de costumbres cubanas», en reconocimiento de sus elementos costumbristas. Sin embargo, es a la vez una novela romántica y realista. Sus temas comprenden la esclavitud, el racismo, el feminismo y el clasismo social. Desde su aparición hasta el presente, nunca ha dejado de imprimirse.

Tradiciones peruanas, publicadas por Ricardo Palma (n. 1833) a partir de 1872, ocupan diez tomos y establecen un nuevo género en la narrativa hispanoamericana: la *tradición*, o anécdota histórica costumbrista. Las *tradiciones* son notables por la vitalidad con que Palma capta las idiosincrasias de sus personajes—ya sean éstos históricos, legendarios o populares—entretejiéndolas con la acción de relato. Las *tradiciones* tuvieron su origen en leyendas, mitos, anécdotas, refranes y simples noticias curiosas que Palma recogía de antiguos manuscritos y crónicas, y que le servían en su afán, además de entretener, del preservar, recrear y celebrar el pasado colonial del Perú. Sus tipos sociales tienden a ser virreyes, cortesanas, frailes, familias de la

© Houghton Mifflin Harcourt Publishing Company

clase media, figuras indígenas y negras, que no pasan de ser elementos folclóricos y pintorescos. La *tradición* «El alacrán de fray Gómez» es de las más leídas hoy. El elemento maravilloso en ésta y en muchas otras de las *tradiciones* de Palma prefigura en cierta manera el cuento fantástico hispanoamericano del siglo XX.

Una vez Darío, magno representante del modernismo hispanoamericano, hizo una visita a la casa de Palma. Por sus palabras, sabemos que quedó suspenso ante la posibilidad de ver al maestro en persona y conversar con él. «Mientras me hablaba de sus nuevos trabajos… yo recordaba que en el principio de mi juventud me había parecido un hermoso sueño, irrealizable, estar frente a frente con… el autor de tanta famosa *tradición*, cuyo nombre ha alabado la prensa del mundo». Darío prosigue diciendo que había insistido, con Palma, en que hubiera en la prosa «el triunfo de lo bello» que él percibía en las *tradiciones* de Palma, pues Darío veía en Palma el «impecable, el orfebre buscador de joyas viejas, el delicioso anticuario de frases y refranes…la *tradición*—en el sentido que Palma ha impuesto al mundo literario—es flor de Lima».

Esta profusión de tendencias en la evolución literaria que lleva hacia el siglo siguiente, el XX, apunta a un momento que abrirá las letras en español—esta vez, en particular, las hispanoamericanas—al aprecio del mundo entero.

PARA REFLEXIONAR

1. Nombra por lo menos dos diferencias entre el Don Juan Tenorio de Tirso y el de Zorrilla.

2. ¿Cómo cambió el mundo para los lectores de la narrativa en español en las últimas décadas del siglo XIX? Nombra por lo menos una causa importante, instigadora de estos cambios.

3. Contrasta brevemente las siguientes tendencias en la narrativa en español: el neoclasicismo, el romanticismo, el modernismo, el costumbrismo, el realismo y el naturalismo.

4. La referencia de Rubén Darío a «el triunfo de lo bello» con respecto a las *tradiciones* de Ricardo Palma, ¿cómo se relaciona con los valores estéticos que Darío abrazaba en la creación de su propia obra?

Peso ancestral

ALFONSINA STORNI

La poeta argentina Alfonsina Storni (1892–1938) nació en la Suiza italiana pero vivió su niñez a partir de los cuatro años en las provincias argentinas de San Juan y Santa Fe. Pasó posteriormente a Buenos Aires a vivir, y se dedicó al periodismo, escribiendo para La Nación *bajo el seudónimo «Tao-Lao». En libros como* La inquietud del rosal *(1916),* El dulce daño *(1918),* Irremediablemente *(1919),* Languidez *(1920) y* Ocre *(1925), el tono de su poesía es amargo y burlón. Son los versos de una mujer que se siente humillada, vencida, torturada.*

De El dulce daño *es el poema «Tú me quieres blanca», uno de sus más conocidos y populares, en el que reacciona con indignación ante las expectativas de castidad y pureza en la mujer, expectativas impuestas por el hombre, sin que éstas sean recíprocas. «Peso ancestral» viene de la colección* Irremediablemente, *que también contiene los célebres versos de Storni: «Hombre pequeñito, hombre pequeñito,/suelta a tu canario que quiere volar.../yo soy el canario, hombre pequeñito, déjame saltar». En obras posteriores, como* El mundo de siete pozos *(1934), publicado después de dos viajes a Europa, Storni rompe con su obra anterior, y emprende un nuevo tipo de estilo poético, de versos libres, lleno de simbolismo. Un día de octubre de 1938, ante la certeza de su cercana muerte a causa de la enfermedad que padecía, la poeta escribió un poema titulado «Voy a dormir», lo envió al diario* La Nación, *y se lanzó al mar. Este poema perdura en la entrañable canción popular argentina, «Alfonsina y el mar».*

¿Qué crees que significa el título «Peso ancestral»?

_____

_____

_____

Imagina al hombre y a la mujer del poema. ¿Cómo es posible que una lágrima del hombre haya caído en la boca de la mujer?

_____

_____

¿Qué figura retórica emplea la autora en los versos «yo no he bebido nunca en otro vaso/así pequeño»?

_____

_____

¿Cuál es el tema del poema?

_____

_____

_____

Peso ancestral

Tú me dijiste: no lloró mi padre;
tú me dijiste: no lloró mi abuelo;
no han llorado los hombres de mi **raza**,[1]
eran de **acero**.[2]
Así diciendo te **brotó**[3] una lágrima
y me cayó en la boca...; más **veneno**[4]
yo no he bebido nunca en otro vaso
así pequeño.

Débil mujer, pobre mujer que entiende,
dolor de **siglos**[5] conocí al beberlo.
Oh, el **alma**[6] mía **soportar**[7] no puede
todo su **peso**[8].

---

[1] **raza**—estirpe; linaje.

[2] **acero**—hierro templado.

[3] **brotó**—aquí, saltó; salió a la superficie.

[4] **veneno**—ponzoña; sustancia dañina.

[5] **siglos**—cientos de años; largo tiempo indefinido.

[6] **alma**—espíritu; ánima; esencia

[7] **soportar**—aguantar; tolerar.

[8] **peso**—magnitud de fuerza con que atrae la Tierra a un cuerpo; pesadumbre

PREGUNTAS

*Para conocer más a fondo el texto que has leído, responde a las siguientes preguntas. Tu propósito será uno de éstos, según indique tu profesor/a: **a.** prepararte para participar en un coloquio con tus compañeros de clase; **b.** prepararte para dar una presentación oral; **c.** bosquejar tus ideas por escrito para intercambiarlas con tus compañeros de clase; o **d.** escribir un ensayo formal.*

1. Se ha dicho de Storni que posee un dominio de la técnica del verso. ¿Qué estructuras técnicas distingues en este poema? ¿De qué manera sirven estas estructuras a la poeta para expresar su pensamiento?

2. ¿Cuál es el tono de «Peso ancestral»? Compara y contrasta el tono de este poema con el tono de la redondilla «Hombres necios que acusáis...» de Sor Juana Inés de la Cruz. ¿En qué se asemejan las ideas expuestas en los dos poemas? ¿En qué se diferencian?

Análisis literario

«Peso ancestral»

Este poema se llama «Peso ancestral», de
Alfonsina Storni. Léelo y luego contesta las
preguntas.

Tú me dijiste: no lloró mi padre;
tú me dijiste: no lloró mi abuelo;
no han llorado los hombres de mi raza,
eran de acero.

Así diciendo te brotó una lágrima
y me cayó en la boca...; más veneno
yo no he bebido nunca en otro vaso
así pequeño.

Débil mujer, pobre mujer que entiende,
dolor de siglos conocí al beberlo.
Oh, el alma mía soportar no puede
todo su peso.

1. Los versos de este poema son _____.
   a. octosílabos y heptasílabos
   b. endecasílabos y pentasílabos
   c. endecasílabos y heptasílabos
   d. de diferentes números de sílabas

2. El efecto de crear estrofas de tres versos largos
   rematados por un cuarto verso corto, es _____.
   a. hacer que la forma del poema refleje el caos
      que sufre la voz poética
   b. atraer el enfoque del lector al verso corto en
      cada caso, poniendo de relieve su contenido
   c. destruir la métrica establecida por la poeta
      en su poema
   d. reflejar la temática del poema: el hombre y
      su incapacidad de llorar

3. Este poema se escribió hacia principios del
   Siglo XX. En comparación con otros poemas de
   esa época que hayas leído, este poema es _____
   en cuanto a su esquema de rima y su métrica.
   a. más tradicional   c. menos trabajado
   b. más innovador   d. más caótico

4. ¿Qué puede deducir el lector acerca de la
   persona a quien se dirige la narradora?
   a. Es mujer.
   b. Es hombre.
   c. No se puede saber si es hombre o mujer.
   d. El sexo de esa persona no tiene importancia
      para el poema.

5. A la narradora se le informa que los hombres
   de su raza _____.
   a. no lloran   c. son violentos
   b. lloran a veces   d. son débiles

6. La narradora describe la lágrima que le cae en
   la boca como «veneno». Con esta descripción
   probablemente quiere decir que _____.
   a. le da pena cuando llora un hombre porque
      reconoce que es una experiencia muy
      humillante para él
   b. se siente mal porque cree que sus propias
      acciones pueden ser la causa de que el
      hombre del poema llore
   c. las mujeres siempre han sido las que más
      sufren a causa de la idea ficticia de que los
      hombres nunca lloran
   d. le da mucha tristeza saber que los hombres
      de su familia no han llorado porque han
      guardado su dolor por dentro, reprimiendo
      las ganas de llorar desde hace siglos

Emilia Pardo Bazán ▶

Las medias rojas

EMILIA PARDO BAZÁN

La condesa de Pardo Bazán (1851?–1921) nació en La Coruña, en Galicia. Aunque vivió casi toda la vida adulta en Madrid, Galicia y el habla gallega tienen una vívida presencia en su producción literaria. Pardo Bazán cultivó casi todos los géneros, distinguiéndose en varios: fue novelista, cuentista, investigadora, historiadora y poeta lírica. Empezó como escritora realista, pretendiendo pintar la vida de modo fiel y objetivo, sin intervenir sino con ojo clínico entre la realidad y el texto que resultaba.

Al contrario del costumbrismo, el realismo se interesaba en temas muchas veces sórdidos: los agudos problemas sociales y la miseria de las clases bajas. Al paso del tiempo, Pardo Bazán evolucionó hacia un naturalismo de carácter políticosocial, buscando armonizarlo con la moral cristiana. Como aquí en «Las medias rojas» (1923), en su obra se destacan un léxico rico y una asombrosa concisión y transparencia de estilo.

Cuando la **rapaza**[1] entró, cargada con el haz de leña[2] que acababa de merodear[3] en el Monte del señor amo, el tío Clodio no levantó la cabeza, entregado a la ocupación de picar un cigarro,[4] sirviéndose, en vez de navaja, de una uña córnea[5] color de ámbar oscuro, porque la había tostado el fuego de las apuradas[6] **colillas**.[7]

Ildara soltó el peso en tierra y se atusó el cabello, peinado a la moda «de las señoritas» y revuelto por los enganchones de las ramillas que se agarraban a él. Después, con la lentitud de las faenas aldeanas, preparó el fuego, lo prendió,

---

[1] **rapaza**—muchacha.

[2] **haz** (m.) **de leña**—conjunto de varios leños o maderos para quemar.

[3] **merodear**—pillar; recoger sin permiso; apropiarse; apañar.

[4] **picar un cigarro**—cortar el extremo de un puro, para dar paso al humo.

[5] **córnea**—como cuerno; dura.

[6] **apuradas**—enteramente fumadas; consumidas.

[7] **colilla**—cabo de un puro o de un cigarrillo que deja el fumador.

¿Qué puedes inferir acerca de Ildara a partir del detalle del cabello peinado a la moda «de las señoritas»?

_____

_____

Subraya los colores que se mencionan en los dos primeros párrafos y compáralos con el color de las medias que eligió comprar Ildara.

_____

_____

desgarró las berzas,[8] las echó en el pote negro, en compañía de unas patatas mal troceadas y de unas **judías**[9] asaz[10] secas, de la cosecha anterior, sin **remojar**.[11] Al cabo de estas operaciones, tenía el tío Clodio liado su cigarrillo, y lo chupaba desgarbadamente, haciendo en los carrillos[12] dos hoyos como **sumideros**,[13] grises, entre lo azuloso de la descuidada barba.

Sin duda la leña estaba húmeda de tanto llover la semana entera, y ardía mal, soltando una humareda acre; pero el labriego no **reparaba**:[14] al humo, ¡bah!, estaba él bien hecho[15] desde niño. Como Ildara se inclinase para soplar y activar la llama, observó el viejo cosa más **insólita**:[16] algo de color vivo, que emergía de las **remendadas**[17] y encharcadas[18] sayas[19] de la moza... Una pierna robusta, aprisionada en una media roja, de algodón...

—¡Ey! ¡Ildara!

—¡ Señor padre!

—¿Qué novidá[20] es ésa?

—¿Cuál novidá?

—¿Ahora me gastas medias, como la hirmán[21] del abade?[22]

Incorporóse[23] la muchacha, y la llama, que empezaba a alzarse, dorada, lamedora de la negra panza del pote, alumbró su cara redonda, bonita, de **facciones**[24] pequeñas, de boca **apetecible**,[25] de pupilas claras, golosas[26] de vivir.

—Gasto medias, gasto medias —repitió, sin amilanarse.[27] —Y si las gasto, no se las debo a ninguén.[28]

—Luego nacen los cuartos[29] en el monte —insistió el tío Clodio con amenazadora **sorna**.[30]

---

[8] berzas—coles; repollos.

[9] **judías**—habichuelas; ejotes; vainitas.

[10] asaz—bastante.

[11] **remojar**—dejar algo metido en agua durante tiempo, para ablandarlo.

[12] carrillos—mejillas.

[13] **sumidero**—conducto de desagüe; boca de alcantarilla, donde se recogen aguas residuales.

[14] **reparaba**—hacía caso; notaba.

[15] hecho—acostumbrado.

[16] **insólita**—desusada; poco común.

[17] **remendadas**—reparadas; con parches.

[18] encharcadas—mojadas, por haber cargado Ildara leña mojada.

[19] sayas—faldas.

[20] novidá—novedad (regionalismo).

[21] hirmán—hermana (regionalismo).

[22] abade—abad; superior de un monasterio (regionalismo).

[23] incorporóse—se enderezó.

[24] **facciones**—características físicas de la cara.

[25] **apetecible**—deseable; atractiva.

[26] golosas—ansiosas; sedientas.

[27] amilanarse—desanimarse.

[28] ninguén—ninguno; nadie (regionalismo).

[29] cuartos—dinero.

[30] **sorna**—sarcasmo.

—¡No nacen!... Vendí al abade unos huevos, que no dirá menos él... Y con eso merqué[31] las medias.

Una luz de ira cruzó por los ojos pequeños, engarzados[32] en duros párpados, bajo cejas **hirsutas**,[33] del labrador... Saltó del banco donde estaba escarranchado,[34] y agarrando a su hija por los hombros, la **zarandeó**[35] brutalmente, arrojándola contra la pared, mientras barbotaba:[36]

—¡Engañosa! ¡Engañosa! ¡Cluecas[37] andan las gallinas que no ponen!

Ildara, apretando los dientes por no gritar de dolor, se defendía la cara con las manos. Era siempre su temor de mociña[38] guapa y requebrada,[39] que el padre la mancase,[40] como le había sucedido a la Mariola, su prima, señalada por su propia madre en la frente con el **aro**[41] de la **criba**,[42] que le desgarró los **tejidos**.[43] Y tanto más defendía su belleza, hoy que se acercaba el momento de fundar en ella un sueño de porvenir. Cumplida la mayor edad, libre de la autoridad paterna, la esperaba el barco, en cuyas **entrañas**[44] tantos de su **parroquia**[45] y de las parroquias circunvecinas se habían ido hacia la suerte, hacia lo desconocido de los lejanos países donde el oro rueda por las calles y no hay sino bajarse para cogerlo. El padre no quería emigrar, cansado de una vida de labor, indiferente a la esperanza tardía: pues que se quedase él... Ella iría sin falta; ya estaba de acuerdo con el gancho,[46] que le adelantaba los pesos para el viaje, y hasta le había dado cinco de señal,[47] de los cuales habían salido las famosas medias... Y el tío Clodio, **ladino**,[48] sagaz, **adivinador**[49]

---

[31] merqué—compré.

[32] engarzados—puestos.

[33] **hirsutas**—velludas; peludas.

[34] escarranchado—despatarrado; con las piernas muy separadas.

[35] **zarandeó**—sacudió.

[36] barbotaba—decía muy de prisa, atropelladamente.

[37] cluecas—se dice de las gallinas dispuestas a incubar los huevos de otras, porque ellas mismas no ponen.

[38] mociña—mozuela; muchacha (regionalismo).

[39] requebrada—piropeada; alabada; elogiada.

[40] mancase—lesionara; hiriera; marcara.

[41] aro—marco circular.

[42] criba—útil típico de la cocina, con tela metálica que se usa para separar lo fino de lo grueso.

[43] **tejidos**—la piel y la carne debajo de la piel.

[44] **entrañas**—espacios interiores.

[45] **parroquia**—territorio o congregación de una iglesia; vecindad.

[46] gancho—intermediario; rufián; persona que con maña o arte solicita a otra para algún fin, o para hacerla caer en una trampa o engaño.

[47] señal (f.)—cantidad dada como anticipo del pago total del una cosa, como garantía o muestra de buena fe.

[48] **ladino**—astuto; sagaz.

[49] **adivinador**—que sabe lo que otro piensa sin necesidad de que nadie se lo diga.

Conectar

Según el contexto histórico de la época en la que transcurre la acción, ¿a dónde quería emigrar la muchacha?

_____

_____

Identificar

Ildara cree que en el otro lugar «el oro rueda por las calles» y se puede tomar. ¿Qué otra frase usó el tío Clodio para indicar dinero obtenido sin trabajar?

_____

_____

Elaborar

¿Cuáles pueden ser los motivos del «gancho» para darle el dinero para el viaje?

_____

_____

_____

Inferir

¿Por qué el tío Clodio usa la frase «mujeres de bien»?

_____

_____

Figuras retóricas

¿Qué figura retórica es «medrosas manecitas»? ¿Qué quiere decir la autora con esta frase?

_____

_____

Interpretar

¿Por qué dice que el barco no la recibió «nunca más»?

_____

_____

o sabedor, sin dejar de tener acorralada y **acosada**[50] a la moza, repetía:

—Ya te cansaste de andar descalza de pie y pierna, como las mujeres de bien, ¿eh, condenada? ¿Llevó medias alguna vez tu madre? ¿Peinóse como tú, que siempre estás dale que tienes con el cacho de espejo?[51] Toma, para que te acuerdes...

Y con el cerrado puño hirió primero la cabeza, luego el rostro, apartando las medrosas[52] manecitas, de forma no alterada aún por el trabajo, con que se escudaba[53] Ildara, **trémula**.[54] El **cachete**[55] más violento cayó sobre un ojo, y la rapaza vio, como un cielo estrellado, miles de puntos brillantes envueltos en una radiación de intensos coloridos sobre un negro terciopeloso. Luego, el labrador **aporreó**[56] la nariz, los carrillos. Fue un instante de furor, en que sin escrúpulo la hubiese matado, antes que verla marchar, dejándole a él solo, viudo, casi imposibilitado de cultivar la tierra que llevaba en **arriendo**,[57] que **fecundó**[58] con sudores tantos años, a la cual profesaba un cariño maquinal, absurdo. Cesó al fin de pegar; Ildara, **aturdida**[59] de espanto, ya no **chillaba**[60] siquiera.

Salió fuera, silenciosa, y en el regato[61] próximo se lavó la sangre. Un diente bonito, juvenil, le quedó en la mano. Del ojo lastimado, no veía.

Como que el médico, consultado tarde y de mala gana, según es uso de labriegos, habló de un **desprendimiento**[62] de la retina, cosa que no entendió la muchacha, pero que consistía... en quedarse **tuerta**.[63]

Y nunca más el barco la recibió en sus concavidades para llevarla hacia nuevos horizontes de holganza[64] y lujo. Los que allá vayan, han de ir sanos, válidos, y las mujeres, con sus ojos alumbrando y su dentadura completa...

---

[50] **acosada**—perseguida.

[51] dale que tienes con el cacho de espejo—mirándote en un pedazo de espejo.

[52] medrosas—que tienen miedo.

[53] escudaba—protegía; defendía.

[54] **trémula**—temblando de miedo.

[55] **cachete** (m.)—bofetada; manotazo en la cara.

[56] **aporreó**—golpeó.

[57] **arriendo**—alquiler.

[58] **fecundó**—fertilizó.

[59] **aturdida**—desconcertada; incapacitada.

[60] **chillaba**—lloraba; gritaba.

[61] regato—arroyo; canal.

[62] **desprendimiento**—aflojamiento; separación.

[63] **tuerta**—con un solo ojo bueno.

[64] holganza—ocio; diversión.

PREGUNTAS

Para conocer más a fondo el texto que has leído, responde a las siguientes preguntas. Tu propósito será uno de éstos, según indique tu profesor/a: **a.** *prepararte para participar en un coloquio con tus compañeros de clase;* **b.** *prepararte para dar una presentación oral;* **c.** *bosquejar tus ideas por escrito para intercambiarlas con tus compañeros de clase; o* **d.** *escribir un ensayo formal.*

1. Compara y contrasta los móviles de Ildara con los del tío Clodio.

2. Resume los requisitos que tiene que cumplir Ildara para poder forjarse el futuro que desea, lejos de su vida actual.

3. Analiza la técnica estilística mediante la cual Pardo Bazán crea la tensión que culmina en el desenlace trágico del cuento.

4. Imagina que tu amiga propone en clase que el repentino acto de violencia del tío Clodio contra Ildara, golpes a la cara que despiden el sueño de su hija de forjarse un porvenir yendo en el barco, no le parece un acto machista. ¿En qué evidencia específica, presente en el texto, te puedes basar para argüir a favor o en contra de su proposición?

«Las medias rojas»

Este pasaje del cuento «Las medias rojas» describe una confrontación violenta entre una joven y su padre. Léelo y luego contesta las preguntas.

—¡Ey! ¡Ildara!

—¡Señor padre!

—¿Qué novidá es ésa?

—¿Cuál novidá?

—¿Ahora me gastas medias, como la hirmán del abade?

Incorporóse la muchacha, y la llama, que empezaba a alzarse, dorada, lamedora de la negra panza del pote, alumbró su cara redonda, bonita, de facciones pequeñas, de boca apetecible, de pupilas claras, golosas de vivir.

—Gasto medias, gasto medias—repitió, sin amilanarse. —Y si las gasto, no se las debo a ninguén.

—Luego nacen los cuartos en el monte—insistió el tío Clodio con amenazadora sorna.

—¡No nacen!... Vendí al abade unos huevos, que no dirá menos él... Y con eso merqué las medias.

Una luz de ira cruzó por los ojos pequeños, engarzados en duros párpados, bajo cejas hirsutas, del labrador... Saltó del banco donde estaba escarranchado, y agarrando a su hija por los hombros, la zarandeó brutalmente, arrojándola contra la pared, mientras barbotaba:

—¡Engañosa! ¡Engañosa! ¡Cluecas andan las gallinas que no ponen!

1. Al leer este pasaje, uno puede llegar a la conclusión de que _____.
   a. Ildara no es muy trabajadora
   b. Ildara y el tío Clodio son pobres
   c. aparte de este conflicto, Ildara lleva una vida feliz
   d. Ildara y el tío Clodio viven en una ciudad

2. Los personajes emplean varios regionalismos en su habla, como «hirmán» por «hermana» y «merqué» por «compré». Lectores españoles reconocerían estos términos como típicos del habla rural de la provincia de Galicia. El empleo de tales palabras sirve para _____.
   a. crear una atmósfera de misterio entre los lectores que no conozcan los términos
   b. señalar que la autora sólo quería que personas de su país leyeran el cuento
   c. mostrar que a la autora le interesa más el mensaje social que el aspecto literario del cuento
   d. fijar las acciones del cuento en un lugar específico, dándole así mayor autenticidad

3. El tío Clodio está furioso porque Ildara _____.
   a. no le escuchó
   c. lleva ropa sucia
   b. gastó dinero
   d. no cuidó de las gallinas

4. Los escritores realistas como Emilia Pardo Bazán se esforzaban por describir personajes poco agradables, hasta el punto de crear una sensación de asco en los lectores. ¿Cuál de estas frases sería el mejor ejemplo de esa tendencia?
   a. «¿Ahora me gastas medias, como la hirmán del abade?»
   b. «... la llama, que empezaba a alzarse, dorada, lamedora de la negra panza del pote, alumbró su cara redonda, bonita, de facciones pequeñas, de boca apetecible, de pupilas claras, golosas de vivir.»
   c. «Una luz de ira cruzó por los ojos pequeños, engarzados en duros párpados, bajo cejas hirsutas, del labrador...»
   d. «¡Engañosa! ¡Engañosa! ¡Cluecas andan las gallinas que no ponen!»

5. A juzgar por este pasaje, es lícito afirmar que en este cuento _____.
   a. las características físicas de los personajes concuerdan con sus personalidades
   b. los personajes son retratados de forma matizada, de manera que todos tienen facetas positivas y negativas
   c. la riqueza material no es un tema de mucha importancia
   d. el contraste entre la vida de los ricos y la de los pobres es un tema importante

Horacio Quiroga ▶

El hijo

HORACIO QUIROGA

El cuentista uruguayo Horacio Quiroga (1878–1937) es un maestro de la escueta narración lineal. Sus relatos suelen presentar escenas de terror, de peligro y de lo inesperado. Quiroga nos pinta inolvidables retratos de la vida primitiva en la selvática provincia de Misiones, en el noreste de la Argentina, donde vivió. Quiroga tuvo una importante influencia sobre los cuentistas hispanoamericanos que le siguieron, no sólo por sus cuentos, sino también por sus artículos sobre el arte de escribir cuentos.

Como se ve aquí en «El hijo» (1928), la obra de Quiroga ofrece, con dramática intensidad, perspicaces estudios sombríos del carácter humano. Sus personajes son atormentados por ansias de una muerte que acecha, escondida muchas veces en un accidente a primera vista insignificante. Cuento fatalista, «El hijo» es típico de Quiroga: se enfoca sobre una tragedia inexorable, y nos recuerda lo vulnerables y lo débiles que somos los seres humanos ante la indiferente naturaleza.

Es un poderoso día de verano en Misiones[1] con todo el sol, el calor y la calma que puede **deparar**[2] la estación. La naturaleza, plenamente abierta, se siente satisfecha de sí.

Como el sol, el calor y la calma ambiente, el padre abre también su corazón a la naturaleza.

—Ten cuidado, chiquito —dice a su hijo abreviando en esa frase todas las observaciones del caso y que su hijo comprende perfectamente.

—Sí, papá —responde la criatura, mientras coge la **escopeta**[3] y carga de **cartuchos**[4] los bolsillos de su camisa, que cierra con cuidado.

---

[1] **Misiones**—provincia argentina, escasamente poblada, en la frontera con Brasil y Paraguay.

[2] **deparar**—brindar; ofrecer; poner delante de uno.

[3] **escopeta**—arma de fuego, para cazar aves o animales.

[4] **cartuchos**—municiones sueltas.

—Vuelve a la hora de almorzar —observa aún el padre.

—Sí, papá —repite el chico.

Equilibra la escopeta en la mano, sonríe a su padre, lo besa en la cabeza y parte.

Su padre lo sigue un rato con los ojos y vuelve a su quehacer de ese día, feliz con la alegría de su pequeño.

Sabe que su hijo, educado desde su más tierna infancia en el hábito y la precaución del peligro, puede manejar un **fusil**[5] y cazar no importa qué. Aunque es muy alto para su edad, no tiene sino trece años. Y parecería tener menos, a juzgar por la pureza de sus ojos azules, frescos aún de sorpresa infantil.

No necesita el padre levantar los ojos de su quehacer para seguir con la mente la marcha de su hijo: ha cruzado la picada[6] roja y se encamina rectamente al monte a través del **abra**[7] de espartillo.

Para cazar en el monte —caza de pelo— se requiere más paciencia de la que su **cachorro**[8] puede rendir. Después de atravesar esa isla de monte, su hijo costeará la linde de cactus hasta el bañado,[9] en procura de palomas, tucanes o tal cual casal[10] de garzas, como las que su amigo Juan ha descubierto días anteriores.

Solo ahora, el padre **esboza**[11] una sonrisa al recuerdo de la pasión cinegética[12] de las dos criaturas. Cazan sólo a veces un yacútoro,[13] un surucuá[14] —menos aún— y regresan triunfales, Juan a su rancho con el fusil de nueve milímetros que él le ha regalado, y su hijo a la meseta, con la gran escopeta Saint-Etienne calibre 16, cuádruple cierre y pólvora blanca.

Él fue lo mismo. A los trece años hubiera dado la vida por poseer una escopeta. Su hijo, de aquella edad, la posee ahora; —y el padre sonríe.

No es fácil, sin embargo, para un padre viudo, sin otra fe ni esperanza que la vida de su hijo, educarlo como lo ha hecho él, libre en su corto radio de acción, seguro de sus pequeños pies y manos desde que tenía cuatro años, consciente de la inmensidad de ciertos peligros y de la escasez de sus propias fuerzas.

Ese padre ha debido luchar fuertemente contra lo que él considera su egoísmo. ¡Tan fácilmente una criatura calcula mal, sienta un pie en el vacío y se pierde un hijo!

---

[5] **fusil** (m.)—arma de fuego de cañón largo.

[6] picada—senda estrecha en el bosque.

[7] **abra** (f.)—sitio despejado de árboles; claro en el bosque.

[8] **cachorro**—hijo, metafóricamente.

[9] bañado—terreno bajo e inundable cuando llueve.

[10] casal (m.)—pareja; macho y hembra.

[11] **esboza**—ensaya; inicia.

[12] cinegética—perteneciente a la caza.

[13] yacútoro—ave grande de color negro.

[14] surucuá (m.)—ave grande, parecida al quetzal.

Conectar

¿Qué significa la frase «caza de pelo»? ¿Qué tipo de caza practica el hijo?

_____

_____

_____

Enfoque en el estilo

¿Por qué crees que el autor incluye tantos detalles específicos sobre las aves y las armas de fuego?

_____

_____

El peligro subsiste siempre para el hombre en cualquier edad; pero su amenaza **amengua**[15] si desde pequeño se acostumbra a no contar sino con sus propias fuerzas.

De este modo ha educado el padre a su hijo. Y para conseguirlo ha debido resistir no sólo a su corazón, sino a sus tormentos morales; porque ese padre, de estómago y vista débiles, sufre desde hace un tiempo de alucinaciones.

Ha visto, **concretados**[16] en dolorosísima ilusión, recuerdos de una felicidad que no debía surgir más de la nada en que se recluyó.[17] La imagen de su propio hijo no ha escapado a este tormento. Lo ha visto una vez rodar envuelto en sangre cuando el chico **percutía**[18] en la morsa[19] del taller una bala de parabellum,[20] siendo así que lo que hacía era **limar**[21] la hebilla de su cinturón de caza.

Horribles cosas... Pero hoy, con el ardiente y vital día de verano, cuyo amor su hijo parece haber heredado, el padre se siente feliz, tranquilo y seguro del porvenir.

En ese instante, no muy lejos, suena un estampido.[22]

—La Saint-Etienne... —piensa el padre al reconocer la detonación.— Dos palomas de menos en el monte...

Sin prestar más atención al **nimio**[23] acontecimiento, el hombre se abstrae de nuevo en su tarea.

El sol, ya muy alto, continúa ascendiendo. Adonde quiera que se mire —piedras, tierra, árboles,— el aire, enrarecido como en un horno, vibra con el calor. Un profundo zumbido que llena el ser entero e impregna el ámbito hasta donde la vista alcanza, concentra a esa hora toda la vida tropical.

El padre echa una ojeada a su muñeca: las doce. Y levanta los ojos al monte.

Su hijo debía estar ya de vuelta. En la mutua confianza que depositan el uno en el otro —el padre de sienes plateadas[24] y la criatura de trece años,— no se engañan jamás. Cuando su hijo responde: —Sí, papá—, hará lo que dice. Dijo que volvería antes de las doce, y el padre ha sonreído al verlo partir.

Y no ha vuelto.

El hombre torna a su quehacer, esforzándose en concentrar la atención en su tarea. ¡Es tan fácil, tan fácil perder la noción de la

---

[15] **amengua**—disminuye.

[16] **concretados**—hechos realidad.

[17] se recluyó—se encerró; se aisló.

[18] **percutía**—golpeaba.

[19] morsa—prensa pequeña para sujetar algo.

[20] bala de parabellum—tipo de munición, calibre de 9 milímetros.

[21] **limar**—alisar; poner liso.

[22] estampido—detonación; ruido producido cuando se dispara un arma de fuego.

[23] **nimio**—insignificante.

[24] de sienes plateadas—con canas; con cabello gris o blanco.

Comparar

Compara la descripción que se hace aquí del día de verano con la descripción del primer párrafo. Contrasta el tono de las dos descripciones.

_____

_____

Analizar

¿Cómo cambia el estado de ánimo del padre en este párrafo? ¿Qué detalle indica ese cambio de ánimo?

_____

_____

hora dentro del monte, y sentarse un rato en el suelo mientras se descansa inmóvil...

Bruscamente, la luz **meridiana**,[25] el zumbido tropical y el corazón del padre se detienen a compás de[26] lo que acaba de pensar: su hijo descansa inmóvil...

El tiempo ha pasado; son las doce y media. El padre sale de su taller, y al apoyar la mano en el banco de mecánica sube del fondo de su memoria el estallido de una bala de parabellum, e instantáneamente, por primera vez en las tres horas transcurridas, piensa que tras el estampido de la Saint-Etienne no ha oído nada más. No ha oído rodar el pedregullo[27] bajo un paso conocido. Su hijo no ha vuelto, y la naturaleza se halla detenida a la vera[28] del bosque, esperándolo...

¡Oh! No son suficientes un carácter templado y una ciega confianza en la educación de un hijo para **ahuyentar**[29] el espectro de la fatalidad que un padre de vista enferma ve alzarse desde la línea del monte. Distracción, olvido, demora fortuita: ninguno de estos nimios motivos que pueden retardar la llegada de su hijo, hallan cabida[30] en aquel corazón.

Un tiro, un solo tiro ha sonado, y hace ya mucho. Tras él el padre no ha oído un ruido, no ha visto un pájaro, no ha cruzado el abra una sola persona a anunciarle que al cruzar un **alambrado**,[31] una gran **desgracia**...[32]

La cabeza al aire y sin machete, el padre va. Corta el abra de espartillo, entra en el monte, costea la línea de cactus sin hallar el menor **rastro**[33] de su hijo.

Pero la naturaleza prosigue detenida. Y cuando el padre ha recorrido las sendas de caza conocidas y ha explorado el bañado en vano, adquiere la seguridad de que cada paso que da en adelante lo lleva, fatal e inexorablemente, al cadáver de su hijo.

Ni un reproche que hacerse el lamentable. Sólo la realidad fría, terrible y **consumada**:[34] ha muerto su hijo al cruzar un...

¡Pero dónde, en qué parte! ¡Hay tantos alambrados allí, y es tan, tan sucio el monte!... ¡Oh, muy sucio!... Por poco que no se tenga cuidado al cruzar los hilos con la escopeta en la mano...

El padre **sofoca**[35] un grito. Ha visto levantarse en el aire... ¡Oh, no es su hijo, no!... Y vuelve a otro lado, y a otro y a otro...

© Houghton Mifflin Harcourt Publishing Company

---

[25] **meridiana**—clara; luminosa; del mediodía.

[26] **a compás de**—de acuerdo con.

[27] **pedregullo**—piedras pequeñas.

[28] **vera**—borde.

[29] **ahuyentar**—alejar; poner en fuga; hacer huir.

[30] **hallan cabida**—logran entrar.

[31] **alambrado**—barrera de alambre.

[32] **desgracia**—calamidad.

[33] **rastro**—indicio; señal.

[34] **consumada**—hecha.

[35] **sofoca**—reprime.

Inferir

¿Qué indica el detalle de que el padre sale sin sombrero y sin machete acerca de su estado de ánimo?

_____

_____

Nada se ganaría con ver el color de su tez y la **angustia**[36] de sus ojos. Ese hombre aún no ha llamado a su hijo. Aunque su corazón **clama**[37] por él a gritos, su boca continúa muda. Sabe bien que el solo acto de pronunciar su nombre, de llamarlo en voz alta, será la confesión de su muerte...

—¡Chiquito! —se le escapa de pronto. Y si la voz de un hombre de carácter es capaz de llorar, tapémonos de misericordia los oídos ante la angustia que clama en aquella voz.

Nadie ni nada ha respondido. Por las picadas rojas de sol, envejecido en diez años, va el padre buscando a su hijo que acaba de morir.

—¡Hijito mío!... ¡Chiquito mío!... —clama en un diminutivo que se alza del fondo de sus entrañas.

Ya antes, en plena **dicha**[38] y paz, ese padre ha sufrido la alucinación de su hijo rodando con la frente abierta por una bala al cromo níquel. Ahora, en cada rincón **sombrío**[39] de bosque ve **centelleos**[40] de alambre; y al pie de un poste, con la escopeta descargada al lado, ve a su...

—¡Chiquito!... ¡Mi hijo!...

Las fuerzas que permiten entregar un pobre padre alucinado a la más atroz pesadilla tienen también un límite. Y el nuestro siente que las suyas se le escapan, cuando ve bruscamente desembocar de un **pique**[41] lateral a su hijo.

A un chico de trece años bástale ver desde cincuenta metros la expresión de su padre sin machete dentro del monte, para apresurar el paso con los ojos húmedos.

—Chiquito... —murmura el hombre. Y, exhausto, se deja caer sentado en la arena **albeante**,[42] rodeando con los brazos las piernas de su hijo.

La criatura, así **ceñida**,[43] queda de pie; y como comprende el dolor de su padre, le acaricia despacio la cabeza:

—Pobre papá...

En fin, el tiempo ha pasado. Ya van a ser las tres. Juntos, ahora, padre e hijo **emprenden**[44] el regreso a la casa.

—¿Cómo no te fijaste en el sol para saber la hora?... —murmura aún el primero.

—Me fijé, papá... Pero cuando iba a volver vi las garzas de Juan y las seguí...

—¡Lo que me has hecho pasar, chiquito!...

---

[36] **angustia**—sufrimiento emocional.

[37] **clama**—da voces.

[38] **dicha**—felicidad.

[39] **sombrío**—oscuro.

[40] **centelleos**—reflejos brillantes.

[41] **pique**—picada; senda pequeña.

[42] **albeante**—blanco.

[43] **ceñida**—abrazada.

[44] **emprenden**—empiezan.

Interpretar

¿Por qué motivo el padre vacila en pronunciar el nombre de su hijo?

_____

_____

_____

Aclarar

¿A qué se refiere la palabra «suyas»? ¿Qué significa la frase «siente que las suyas se le escapan»?

_____

_____

Pronosticar

¿Qué crees que ha pasado con el hijo?

_____

_____

_____

—Piapiá...[45] —murmura también el chico.

Después de un largo silencio:

—Y las garzas, ¿las mataste? —pregunta el padre.

—No...

Nimio detalle, después de todo. Bajo el cielo y el aire **candentes**,[46] **a la descubierta**[47] por el abra de espartillo, el hombre vuelve a casa con su hijo, sobre cuyos hombros, casi del alto de los suyos, lleva pasado su feliz brazo de padre. Regresa **empapado**[48] de sudor, y aunque quebrantado[49] de cuerpo y alma, sonríe de felicidad...

Sonríe de alucinada felicidad... Pues ese padre va solo. A nadie ha encontrado, y su brazo se apoya en el vacío. Porque tras él, al pie de un poste y con las piernas en alto, enredadas en el alambre de púa, su hijo bien amado yace al sol, muerto desde las diez de la mañana.

---

[45] piapiá—forma familiar y cariñosa de *papá* o de *papi*.

[46] **candente**—muy caluroso; de gran calor.

[47] **a la descubierta**—sin sombra; al sol.

[48] **empapado**—completamente mojado.

[49] quebrantado—afligido; descorazonado.

Comparar

Compara las alucinaciones que atormentaban al padre antes con esta última. ¿Hay ironía en esto? ¿En qué consiste?

_____

_____

_____

_____

Identificar

Vuelve a leer el cuento y subraya los presagios acerca de la manera en que murió el niño.

PREGUNTAS

*Para conocer más a fondo el texto que has leído, responde a las siguientes preguntas. Tu propósito será uno de éstos, según indique tu profesor/a: **a.** prepararte para participar en un coloquio con tus compañeros de clase; **b.** prepararte para dar una presentación oral; **c.** bosquejar tus ideas por escrito para intercambiarlas con tus compañeros de clase; o **d.** escribir un ensayo formal.*

1. El bosque tropical es omnipresente en los cuentos de Horacio Quiroga. Comenta la relación que llevan entre sí la vida de padre e hijo y el medio ambiente que los rodea.

2. El narrador nos informa que el padre sufre desde hace tiempo de alucinaciones. Las alucinaciones de antes eran pesadillas que tenían que ver con los peligros que corre la vida del hijo en este medio ambiente. ¿Cómo se diferencia de éstas la alucinación final del padre, cuando lo vemos sonriendo «de alucinada felicidad»?

3. ¿Qué efecto narrativo surte el hecho de que Quiroga relata esta historia en tiempo presente?

Análisis literario

«El hijo»

Lee este pasaje del cuento «El hijo», de Horacio Quiroga. Luego contesta las preguntas.

Para cazar en el monte—caza de pelo—se requiere más paciencia de la que su cachorro puede rendir. Después de atravesar esa isla de monte, su hijo costeará la linde de cactus hasta el bañado, en procura de palomas, tucanes y tal cual casal de garzas, como las que su amigo Juan ha descubierto días anteriores.

Sólo ahora, el padre esboza una sonrisa al recuerdo de la pasión cinegética de las dos criaturas. Cazan sólo a veces un yacútoro, un surucuá—menos aún—y regresan triunfales, Juan a su rancho con el fusil de nueve milímetros que él le ha regalado, y su hijo a la meseta, con la gran escopeta Saint-Etienne calibre 16, cuádruple cierre y pólvora blanca.

Él fue lo mismo. A los trece años hubiera dado la vida por poseer una escopeta. Su hijo, de aquella edad, la posee ahora; —y el padre sonríe.

No es fácil, sin embargo, para un padre viudo, sin otra fe ni esperanza que la vida de su hijo, educarlo como lo ha hecho él, libre en su corto radio de acción, seguro de sus pequeños pies y manos desde que tenía cuatro años, consciente de la inmensidad de ciertos peligros y de la escasez de sus propias fuerzas.

1. Por la palabra «cachorro» en el primer párrafo se debe entender _____.
   a. un perro de caza del padre
   b. un animal que el hijo caza
   c. un perro pequeño que acompaña al hijo
   d. el hijo

2. Cuando los dos jóvenes salen de caza, _____.
   a. normalmente cazan aves de muchas especies
   b. cazan un solo tipo de ave
   c. muchas veces no matan una sola ave
   d. normalmente lo pasan muy mal

3. La descripción de las armas de fuego que llevan los jóvenes _____.
   a. conlleva cierta sugerencia de peligro
   b. sugiere que son una parte muy normal de la vida moderna
   c. prefigura algún acto de violencia entre los dos jóvenes
   d. sugiere que las armas de fuego no son de mucho interés para el padre

4. Al pensar en su hijo, es obvio que el padre se siente _____.
   a. nervioso   c. orgulloso
   b. molesto   d. indiferente

5. ¿Por qué sonríe el padre en el tercer párrafo?
   a. Recuerda los tiempos felices de su niñez.
   b. Piensa en el futuro de su hijo.
   c. Se alegra de haber hecho feliz a su hijo.
   d. Recuerda lo tonto que era él de niño.

6. Desde el punto de vista del padre, su hijo _____.
   a. es un buen muchacho, pero un poco irresponsable, como muchos de su edad
   b. a veces no se da cuenta de lo peligrosas que son ciertas situaciones
   c. a veces no tiene mucho cuidado cuando maneja su escopeta
   d. entiende muy bien que ciertas cosas son muy peligrosas

7. En el futuro, el padre espera sobre todo _____.
   a. que su hijo tenga una buena vida
   b. que su hijo aprenda a ser más responsable
   c. que su hijo deje de pasar tanto tiempo con su amigo
   d. volver a casarse y formar una familia

Federico García Lorca ▶

Romancero gitano

FEDERICO GARCÍA LORCA

Los romances antiguos tuvieron su origen en el siglo XII y siguieron circulando por vía oral, aunque no llegaron a ponerse por escrito hasta el siglo XVI. Como no existían imprentas en la Edad Media—y como apenas había gente que supiera leer—, existía el oficio de juglar, o poeta cantante que se ganaba la vida viajando de pueblo en pueblo, recitando poemas para entretener e informar. El romance reaparece de cuando en cuando en las letras hispánicas, y en el siglo XX en el Romancero gitano (1928) del poeta español Federico García Lorca (1898–1936). En manos de Lorca, el romance guarda rigurosamente la forma creada por la tradición medieval española.

Poeta, con alma de músico, dramaturgo y conferenciante, Lorca se crió en el seno de una acomodada familia andaluza. En su pueblo natal de Fuente Vaqueros, cerca de la ciudad de Granada, absorbió las tradiciones populares y el habla del pueblo. A temprana edad se interesó en el romance por su carácter narrativo, que era lo que le daba encanto.

En su «Romance sonámbulo», por ejemplo, intuía el poeta «una gran sensación de anécdota, un agudo ambiente dramático, y nadie sabe lo que pasa, ni aun yo, porque el misterio poético es también misterio para el poeta que lo comunica, pero que muchas veces lo ignora». Después de crear sus romances, Lorca, en el mejor sentido de la palabra, se hizo juglar, recitándolos apasionadamente, antes y después de su publicación, en reuniones tanto formales como informales. Se cuenta que el poeta ya los había leído tantas veces que, entre literatos y amigos, sus romances eran famosos antes de que salieran de la imprenta. La publicación de Romancero gitano tuvo una acogida inmediata, y la colección se cuenta entre los poemas más populares y de mayor venta en idioma español.

Prendimiento[1] de Antoñito el Camborio en el camino de Sevilla

A Margarita Xirgu

Antonio Torres Heredia,
hijo y nieto de Camborios,
con una **vara**[2] de **mimbre**[3]
va a Sevilla a ver **los toros**.[4]
Moreno de verde luna
anda despacio y **garboso**.[5]
Sus empavonados[6] **bucles**[7]
le brillan entre los ojos.
A la mitad del camino
cortó limones redondos,
y los fue tirando al agua
hasta que la puso de oro.
Y a la mitad del camino,
bajo las ramas de un **olmo**,[8]
guardia civil caminera[9]
lo llevó codo con codo.[10]

*   *   *

El día se va despacio,
la tarde colgada a un hombro,
dando una larga torera[11]
sobre el mar y los arroyos.
Las aceitunas **aguardan**[12]
la noche de Capricornio,[13]
y una corta brisa, ecuestre,[14]
salta los montes de **plomo**.[15]

---

[1] **Prendimiento**—captura.

[2] **vara**—rama delgada y lisa; bastón corto.

[3] **mimbre** (m.)—tallo delgado y flexible de la mimbrera; se usa para hacer canastas.

[4] **los toros**—una corrida de toros.

[5] **garboso**—apuesto; elegante.

[6] empavonados—de color azulado oscuro lustroso.

[7] **bucles** (m.)—rizos de cabello.

[8] **olmo**—árbol forestal y ornamental, que da buena sombra.

[9] guardia civil caminera—policía nacional asignada a vigilar las vías públicas.

[10] codo con codo—con los brazos atados por detrás.

[11] dando una larga torera—reflejando por largo tiempo la luz de la tarde en la superficie del mar y de los arroyos, produciendo reflejos como los que produce el capote de paseo, o sea, la capa de gala, de seda con bordados de oro, plata y lentejuelas, que lleva al hombro el torero al hacer el paseíllo.

[12] **aguardan**—esperan.

[13] noche de Capricornio—noche larga; Capricornio, el décimo signo zodiacal, abarca desde el 23 de diciembre hasta el 20 de enero, el período de las noches más largas en el hemisferio norte.

[14] ecuestre—montada a caballo.

[15] **plomo**—elemento químico metálico, de color gris.

Inferir

¿Qué puedes inferir acerca del personaje basándote en estos detalles y en lo que sabes del contexto de la obra?

_____

_____

_____

Comprender

¿Por qué piensas que la Guardia Civil lleva preso a Antonio?

_____

_____

_____

Anotar

¿Qué imágenes evoca el autor para describir el atardecer? ¿Con qué compara el día, la tarde, el mar y los arroyos?

_____

_____

_____

Antonio Torres Heredia,
hijo y nieto de Camborios,
viene sin vara de mimbre
entre los cinco tricornios.[16]

Antonio, ¿quién eres tú?
Si te llamaras Camborio,
hubieras hecho una fuente
de sangre, con cinco **chorros**.[17]
Ni tú eres hijo de nadie,
ni legítimo Camborio.
¡Se acabaron los gitanos
que iban por el monte solos!
Están los viejos cuchillos
tiritando[18] bajo el polvo.

* * *

A las nueve de la noche
lo llevan al calabozo,[19]
mientras los guardias civiles
beben limonada todos.
Y a las nueve de la noche
le cierran el calabozo,
mientras el cielo **reluce**[20]
como la **grupa**[21] de un **potro**.[22]

Muerte de Antoñito el Camborio

A José Antonio Rubio Sacristán

Voces de muerte sonaron
cerca del Guadalquivir.[23]
Voces antiguas que **cercan**[24]
voz de **clavel**[25] **varonil**.[26]

© Houghton Mifflin Harcourt Publishing Company

---

[16] tricornios—miembros de la Guardia Civil; llevaban sombreros de tres picos.

[17] **chorro**—cantidad de líquido que sale con fuerza, con impulso.

[18] **tiritando**—temblando de frío.

[19] calabozo—cárcel; prisión.

[20] **reluce**—brilla.

[21] grupa—anca; parte trasera del lomo de un caballo.

[22] **potro**—caballo joven, de unos 4 años de edad.

[23] Guadalquivir—río de Andalucía que atraviesa la ciudad de Sevilla.

[24] **cercan**—rodean; acorralan.

[25] **clavel** (m.)—flor vistosa, roja y blanca; en la tradición hispánica, es la flor varonil.

[26] **varonil**—propio de varón, de hombre.

Analizar

Explica con tus palabras la metáfora presente en los versos «hubieras hecho una fuente/de sangre, con cinco chorros».

_____

_____

Aclarar

¿Qué o quiénes son los «viejos cuchillos» que tiritan bajo el polvo?

_____

Interpretar

¿Cuál es el tono de la voz poética de la estrofa que comienza «Antonio, ¿quién eres tú?»? ¿Por qué usa ese tono?

_____

_____

_____

Figuras retóricas

Explica con tus propias palabras la imagen del cielo que se describe en los dos últimos versos. ¿Qué figura retórica emplea aquí el autor?

_____

_____

Conectar

«Muerte de Antoñito...» comienza *in medias res*. ¿Con qué obras literarias puedes asociar el empleo de este recurso?

_____

_____

¿Qué cualidades del protagonista representan el jabalí y el delfín?

_____

_____

¿Quiénes crees que le dan muerte a Antoñito?

_____

_____

Compara el tono de la voz poética de «Prendimiento de Antoñito...» con la voz poética de «Muerte de Antoñito...».

_____

_____

_____

Al comienzo del poema, hay un indicio de que quienes matan a Antoñito son personas a quienes él conoce. Encierra entre corchetes el verso donde aparece ese indicio.

_____

_____

_____

¿Qué efecto se logra con la inclusión del diálogo directo entre la voz poética y el protagonista?

_____

_____

Les clavó[27] sobre las botas
mordiscos de jabalí.[28]
En la lucha daba saltos
jabonados de **delfín**.[29]
Bañó con sangre enemiga
su corbata **carmesí**,[30]
pero eran cuatro **puñales**[31]
y tuvo que sucumbir.
Cuando las estrellas clavan
rejones[32] al agua gris,
cuando los **erales**[33] sueñan
verónicas[34] de alhelí,
voces de muerte sonaron
cerca del Guadalquivir.

*　*　*

Antonio Torres Heredia,
Camborio de dura **crin**,[35]
moreno de verde luna,
voz de clavel varonil:
¿Quién te ha quitado la vida
cerca del Guadalquivir?
Mis cuatro primos Heredias
hijos de Benamejí.[36]
Lo que en otros no envidiaban,
ya lo envidiaban en mí.
Zapatos color corinto,[37]
medallones de **marfil**,[38]
y este cutis **amasado**[39]
con aceituna y jazmín.
¡Ay Antoñito el Camborio,

---

[27] clavó—hincó; fijó; inflingió.

[28] jabalí (m.)—mamífero feroz de cabeza grande y hocico alargado, con dos colmillos salientes.

[29] delfín (m.)—mamífero acuático, veloz nadador, capaz de dar tremendos saltos fuera del agua.

[30] carmesí—rojo; del color de la sangre.

[31] puñales (m.)—cuchillos; dagas.

[32] rejones (m.)—palos puntiagudos usados a veces en el toreo.

[33] erales (m.)—bovinos de más de un año de edad, pero menos de dos.

[34] verónicas—en el toreo, pase con el capote, de mucha gracia, en que el torero sujeta el capote con las dos manos.

[35] crin (f.)—pelo largo que crece en la parte superior del pescuezo de un caballo.

[36] Benamejí—pueblo andaluz, situado sobre el río Genil, en el sur de la provincia de Córdoba.

[37] corinto—color rojo oscuro, tirando a violáceo, como el de las pasas; recibe su nombre de la ciudad de Corinto, en Grecia.

[38] marfil (m.)—dentina, sustancia dura de los dientes de los mamíferos; se obtiene principalmente de los colmillos de los elefantes.

[39] amasado—mezclado.

digno[40] de una Emperatriz!
Acuérdate de la Virgen
porque te vas a morir.
¡Ay Federico García,
llama a la Guardia Civil!
Ya mi talle se ha quebrado
como **caña**[41] de maíz.

*   *   *

Tres golpes de sangre tuvo
y se murió de perfil.
Viva moneda que nunca
se volverá a repetir.
Un ángel marchoso[42] pone
su cabeza en un cojín.
Otros de **rubor**[43] cansado,
encendieron un candil.[44]
Y cuando los cuatro primos
llegan a Benamejí,
voces de muerte **cesaron**[45]
cerca del Guadalquivir.

---

[40] **digno**—merecedor.

[41] **caña**—tallo.

[42] marchoso—garboso; animado.

[43] **rubor**—color rojo en la cara, debido a afluencia de sangre; vergüenza.

[44] candil (m.)—lámpara con mecha sumergida en aceite.

[45] **cesaron**—dejaron de sonar.

Inferir

¿Cuál es la relación entre cómo murió Antoñito y la moneda con que le compara la voz poética?

_____

_____

Reflexionar

¿Qué otros versos del poema presentan un paralelismo con los dos versos finales? ¿Qué aporta a la estructura del poema el uso de este recurso?

_____

_____

_____

PREGUNTAS

Para conocer más a fondo el texto que has leído, responde a las siguientes preguntas. Tu propósito será uno de éstos, según indique tu profesor/a: **a.** *prepararte para participar en un coloquio con tus compañeros de clase;* **b.** *prepararte para dar una presentación oral;* **c.** *bosquejar tus ideas por escrito para intercambiarlas con tus compañeros de clase; o* **d.** *escribir un ensayo formal.*

1. ¿Por qué crees tú que le habrían atraído la forma y la tradición del *romance* a Lorca, para elaborar los poemas de este poemario?

2. Los protagonistas del *Romancero gitano* son gitanos. ¿Qué representa esta cultura para Lorca y qué metáforas utiliza para expresarlo? Cita ejemplos.

3. Al proponerse crear el *Romancero gitano*, Lorca escribió a un amigo: «Quiero hacer este verano una obra serena y quieta... haré una obra popular y andalucísima...» Andalucía ciertamente es una de los protagonistas de esta obra. Analiza los *romances* que has leído, en lo que se refiere a la flora, a la fauna, y a los demás elementos naturales andaluces. ¿Qué implicaciones extraes de su presencia en estos poemas?

Análisis literario

«Prendimiento de Antoñito el Camborio en el camino de Sevilla»

Este pasaje es un fragmento del poema «Prendimiento de Antoñito el Camborio en el camino de Sevilla», de Federico García Lorca. Léelo y contesta las preguntas.

> Antonio Torres Heredia,
> hijo y nieto de Camborios,
> con una vara de mimbre
> va a Sevilla a ver los toros.
> Moreno de verde luna,
> anda despacio y garboso.
> Sus empavonados bucles
> le brillan entre los ojos.
> A la mitad del camino
> cortó limones redondos,
> y los fue tirando al agua
> hasta que la puso de oro.
> Y a la mitad del camino,
> bajo las ramas de un olmo,
> guardia civil caminera
> lo llevó codo con codo.
> […]

I. Los cuatro primeros versos de este pasaje _____.

   a. presagian un suceso funesto

   b. dan importancia a la identidad del joven

   c. describen el aspecto físico de Antoñito

   d. presentan una acción ya completa

2. Los versos de este poema son _____.

   a. heptasílabos   c. redondillas

   b. octosílabos   d. de arte mayor

3. Al principio del poema, Antoñito parece _____.

   a. estar cansado y desanimado

   b. tener miedo de que ocurra algo malo

   c. esperar pasar un tiempo agradable en Sevilla

   d. sentirse triste por estar solo en el camino

4. El segundo verso del pasaje sugiere que _____.

   a. la familia de Antoñito forma una parte importante de su identidad

   b. Antoñito se siente algo avergonzado de sus orígenes humildes

   c. Antoñito lamenta que su padre y su abuelo no lo acompañen

   d. Antoñito se siente orgulloso de su carácter independiente

5. Este poema tiene forma de _____.

   a. soneto   c. silva

   b. redondilla   d. romance

6. ¿Cuántas sinalefas contiene el verso «va a Sevilla a ver los toros»?

   a. una   c. tres

   b. dos   d. cuatro

7. ¿Cuál de estas afirmaciones es verdadera con respecto al suceso que ocurre en los cuatro últimos versos del pasaje?

   a. Antoñito parecía estar esperando que ocurriera algo así.

   b. Parecía haber sido una sorpresa para Antoñito.

   c. No hay mucho contraste de tono o sentimiento entre estos versos y los cuatro primeros

   d. La descripción de la naturaleza cambia para reflejar el cambio en la situación.

El norte de España es la llamada España Verde. En ella se goza de paisajes tan diversos como las Rías Baixas (Rías Bajas) de Galicia, al oeste, y el Camino de Santiago, que parte desde los Pirineos, al este, en la frontera con Francia.

Los impresionantes Picos de Europa, vistos aquí, y las playas blancas de Asturias y Cantabria, se suman al encanto total. Los senderistas que visitan la España Verde disponen de un sinnúmero de senderos que explorar.

Paisajes culturales

La **meseta central** de Castilla-La Mancha quedó inmortalizada por Cervantes con las andanzas del ingenioso hidalgo y de su escudero Sancho.

La herencia cultural de Castilla-La Mancha se arraiga en la histórica convivencia de sus tres grandes tradiciones: la cristiana, la judía y la musulmana. Se destacan en ella la ciudad de Toledo, que fue sede de la cultura visigoda, y, sobre dos profundas hoces, la ciudad de Cuenca, con sus inimitables casas colgadas. Cerca de Toledo se encuentra el Castillo de Oropesa *(visto abajo)*, que data de los siglos XV y XVI. Oropesa ostenta un esplendor medieval a la vez que renacentista, y se halla rodeado de campos de fértil producción agraria, a pesar de la aridez del clima.

▼

▲

Las islas Baleares se ubican en el mar Mediterráneo, al este de la Península Ibérica. Son cuatro: Mallorca *(vista arriba)*, Menorca, Ibiza y Formentera. Las Baleares eran un cruce de caminos para varios pueblos invasores, y por turnos fueron colonizadas por los fenicios, los griegos, los cartagineses, los romanos, los musulmanes y los turcos. Hoy en día, llegan turistas del mundo entero a tomar el sol y a gozar del ambiente tranquilo que ofrecen estas idílicas islas.

◀ **La Costa del Sol** Vista panorámica de un pueblo español situado en la Costa del Sol, en el sur de España. Los habitantes de este pueblo tienen doble ventaja: por un lado, el mar; por el otro, las montañas. En Andalucía se encuentran los llamados Pueblos Blancos, cuyas paredes encaladas reflejan la luz del sol. El color blanco mitiga el calor, haciendo más agradables los cálidos días del verano andaluz.

▲

El jamón El Museo del Jamón, en Madrid, es a la vez carnicería, salchichonería, y restaurante. En esta foto, se ven sólo unos cuantos de los centenares de jamones curados que cuelgan del techo de este fabuloso «museo», donde se puede cenar cómodamente a precios módicos.

El queso Los españoles comen mucho queso, frecuentemente con jamón, en el famoso bocadillo, una especie de sandwich. El país produce gran cantidad de quesos regionales, como por ejemplo el queso manchego, de La Mancha, fabricado con leche de oveja. ▶

La paella Esta familia disfruta de una comida de paella, una de las más conocidas especialidades de la cocina española. Aunque este manjar varía de una región a otra, los principales ingredientes siempre son el arroz, el azafrán, y o mariscos o carne. Tradicionalmente se prepara la paella en grandes paelleras metálicas, al aire libre, sobre una fogata, en días de campo.

▼

▲

El vino En España, como en los demás países del Mediterráneo, el vino, sobre todo el tinto, forma parte integral de casi toda comida. Los vinos de La Rioja gozan de mucho prestigio dentro y fuera del país, y el jerez español es mundialmente famoso.

El aceite de oliva Andalucía, en el sur de España, produce gran cantidad de aceitunas y de aceite de oliva, tanto para el mercado internacional como para el consumo nacional. El aceite de oliva no falta en ninguna cocina española, donde se usa en la preparación de gran variedad de platos. A la derecha, arriba, una huerta de olivos, y a la derecha, abajo, un miembro de la familia Núñez inspecciona el aceite de oliva durante el proceso de elaboración. ▶

El flamenco El baile que se denomina «flamenco» se considera típico de Andalucía. Se cree hoy que nació en el siglo XVIII, a base de influencias orientales y gitanas que se originaron en la India, pasando después por Egipto. Aquí, una actuación de la célebre «bailaora» sevillana Merche Esmeralda.

▲

Arriba, unas jóvenes, vistosamente ataviadas de lunares y volantes, bailan por sevillanas, acompañándose con castañuelas, mientras sus compañeras de baile al fondo las animan batiendo palmas. Es la Feria de abril, celebración que tiene lugar durante una semana cada año en Sevilla, para celebrar la vida andaluza. Aunque es un baile tradicional de parejas, nuevas sevillanas se estrenan cada año.

◄ A la izquierda, la bailaora Cecilia Gómez y otros bailarines ensayan sus movimientos para el espectáculo de flamenco «Cayetana, su pasión», en Madrid.

Antoni (Antonio) Gaudí (1852–1926), *famoso arquitecto catalán, diseñó algunas de las obras arquitectónicas más sorprendentes y originales de su época. Abandonó el estilo rectilineal para crear construcciones curvilíneas, buscando la sensualidad de la forma.*

La ciudad de Barcelona conserva muchos de sus tesoros arquitectónicos, tres de los cuales se aprecian en estas fotografías.

El Prado Ubicado en el centro de Madrid, el museo del Prado se comenzó a construir en 1785. Su arquitecto fue Juan de Villanueva, máximo exponente del neoclasicismo en la arquitectura. Sirvió como arquitecto oficial bajo Carlos III y Carlos IV. El exterior de El Prado refleja el estilo neoclásico, pero las obras adentro abarcan muchos siglos. Sólo falta el arte moderno y contemporáneo, que se ha trasladado al museo Reina Sofía, no lejos de El Prado. Entre las obras más famosas exhibidas en El Prado, se incluyen *Las meninas* y *Las hilanderas,* de Diego de Velázquez, *El caballero de la mano en el pecho,* de El Greco, *La familia de Carlos IV* y *El dos de mayo,* de Francisco José de Goya, y *La sagrada familia del pajarito,* de Bartolomé Murillo. También se expone allí arte flamenco, italiano, holandés y alemán.

El Escorial, conocido también como el monasterio de San Lorenzo el Real de El Escorial, palacio que hizo construir el rey Felipe II, a poca distancia de Madrid en la Sierra de Guadarrama, a fines del siglo XVI. Fue concebido como lugar de retiro y contemplación. La severidad de su arquitectura, de un estilo llamado desornamentado, atestigua la vida ascética y mística que buscaba el rey al construirla. Aunque contiene hoy objetos de arte de una riqueza sin medida, los aposentos y las tumbas del panteón para la familia real son notablemente modestos. Sin embargo, para los últimos años del reinado de Felipe II, El Escorial se había convertido en el centro del poder político del Imperio español, el más extenso del mundo en aquel entonces.

▲

La Alhambra fue construida en los altos de Granada después de proclamar sultán de Granada a Muhammad Ibn Yusuf Ibn Nasr, dando comienzo así al reino nazrí. En 1237 se dio comienzo al trabajo de construcción de la Alhambra, cuya ejemplar arquitectura palaciega y militar sigue hasta hoy día maravillando a turistas e inspirando a poetas. Arriba, el Patio de los Leones.

▲

El Alcázar de los Reyes Cristianos en Córdoba fue construido en 1328. Ubicada cerca de la afamada Mezquita y frente al río Guadalquivir, fue fortaleza y residencia del rey Alfonso XI, quien figura en la obra de teatro *El burlador de Sevilla y convidado de piedra*. Durante la Reconquista, albergó a los Reyes Católicos, quienes se despidieron aquí de Cristóbal Colón al partir éste en su primer viaje hacia el oeste. Sirvió como sede de la Inquisición Española de 1490 a 1821, y también como presidio. Dentro alberga baños árabes, mosaicos romanos y un sarcófago romano que data del siglo III. Los jardines, las terrazas y las fuentes aseguran un paseo tranquilo a los visitantes.

◀ **La catedral de Sevilla** se comenzó a construir en el siglo XV sobre las ruinas de una mezquita almohade del siglo XII destruida por los reconquistadores. Su construcción duró más de un siglo. Dentro se encuentra el posible sepulcro de Cristóbal Colón, aunque muchos creen que los restos de Colón se encuentran en las Américas.

Entre las catedrales cristianas del mundo, la catedral de Sevilla ocupa el tercer lugar en cuanto a su extensión, y es la catedral gótica más grande del mundo.

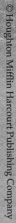

Hispanoamérica es una tierra de contrastes, y para encontrarlos, no hay que ir más lejos que sus detalles topográficos: lozanas selvas tropicales, imponentes cordilleras, áridas sabanas y fríos altiplanos. También se contrastan entre sí las dinámicas ciudades cosmopolitas y la vida de los pueblos pequeños. De no menor importancia es la diversidad de sus habitantes y de sus culturas.

A la izquierda, el lago Pátzcuaro, en el estado de Michoacán, México, presencia hasta hoy día la salida de los pescadores muy de mañana a pescar, con vistosas redes a la usanza de sus antepasados.

A la izquierda, abajo, olas tranquilas del mar acarician la playa en un recinto apartado de la República Dominicana, patria del cantante Juan Luis Guerra.

Las selvas tropicales, como la que se ve abajo, empiezan a escasear a causa de la explotación devastadora de sus riquezas, hasta quedar amenazadas por la expoliación, fenómeno que ha encontrado oposición por parte de grupos activistas que se dedican a la defensa de las selvas que quedan.

▲

Colombia Numerosos rascacielos, símbolos de la vida contemporánea, se alzan sobre la ciudad de Bogotá, Colombia. Los edificios impresionantes que se perfilan en esta foto ponen de manifiesto la pujanza de esta capital hispanoamericana.

Perú La cordillera blanca, de magnífico perfil, en los Andes del Perú. A lo largo de los Andes, los incas establecieron una gran civilización caracterizada por notables conocimientos en medicina, comercio, y métodos de comunicación. El Imperio incaico abarcaba territorios de lo que hoy día son Ecuador, Perú, Bolivia y Chile. ▶

Argentina goza de un clima que varía con la latitud, desde el tropical en el extremo norte, hasta el antártico en el extremo sur. Aquí, un cacto solitario se dibuja contra el horizonte en este paisaje argentino. ▶

La herencia española se refleja en este patio interior central de una hacienda mexicana, ejemplo de la influencia arquitectónica que legó la colonia española a sus herederos americanos.

La colonia española produjo también maravillas arquitectónicas como la que se aprecia abajo: la Iglesia de San Francisco de Quito, donde fray Jodoco Ricke, padre franciscano de Flandes, sembró el primer trigo en América del Sur.

▲

La época precolombina, es decir, antes de la llegada de Cristóbal Colón, dio lugar a fenómenos deslumbrantes. Uno de ellos es Machu Picchu, al parecer una ciudadela defensiva ubicada no lejos de Cuzco, Perú, en la cordillera de los Andes, a una altura de 2.350 metros sobre el nivel del mar. Fue abandonada poco después de la conquista española y quedó sepultada en el olvido hasta su redescubrimiento en 1911. Hasta el día de hoy se sabe poco de su función y de sus habitantes.

▲

La ciudad de México es una de las más grandes del mundo. Su población de unos veinte millones de habitantes es diez veces mayor que hace apenas medio siglo. Como se puede apreciar en las dos fotos de arriba, es una gran urbe moderna, con el consecuente congestionamiento.

◄

Buenos Aires, cuyo conocido obelisco se ve en la foto a la izquierda, al igual que la ciudad de México, procura lograr la armoniosa convivencia de lo antiguo y lo contemporáneo. El área metropolitana bonaerense, de grandísima extensión, cuenta actualmente con una población de más de once millones, pero hay zonas de la ciudad, algo apartadas del centro, como los conocidos barrios del tango—el barrio de Boedo es uno—donde se puede vivir apaciblemente. El ilustre escritor argentino Jorge Luis Borges se crió en el barrio bonaerense de Palermo, donde fraguó ensueños siendo niño.

El tango es un fenómeno que todo el mundo asocia con Argentina. El tango es a la vez música y baile. Surgió entre las clases populares, en los burdeles de Buenos Aires, hacia fines del siglo XIX. Escandalizaba tanto al comienzo, que las mujeres se negaban a bailarlo, y se bailó por un tiempo sólo entre hombres. Sin embargo, el tango no tardó en popularizarse, no sólo en la Argentina, sino en el mundo entero.

Aunque los argentinos de hoy gustan de toda clase de música, el tango sigue muy vivo, como se ve en la foto de abajo, en la cual una pareja ensaya una versión callejera en el barrio de San Telmo.

▲

La marinera es una danza popular peruana que se baila acompañada por el palmoteo de los espectadores. Aquí, los danzantes celebran la llegada de la primavera a la ciudad costeña de Trujillo, al norte de Lima. El vestido de la mujer difiere sólo en pequeños detalles del vestido de una bailadora flamenca, indicio de las raíces que comparten la danza hispanoamericana y el baile español.

La música aporta su imprescindible voz a celebraciones de la América hispana, tanto en lo tradicional como en lo contemporáneo. Se percibe una influencia autóctona en los ritmos y las melodías de artistas como Shakira (a la derecha) y Ricky Martin, y en los de la banda Maná.

La popularidad de la música conocida como latina, va creciendo en el mundo entero, pero, en verdad, como género, exhibe toda una gama de expresión musical. Abajo, un músico toca flauta y tambor en una banda de pueblo al celebrar la Fiesta de Corpus Christi, en Pujilí, cantón del Ecuador.
▼

▲

La música «pop» hispanoamericana se lanzó hace varias décadas con un grupo de jóvenes, puertorriqueños en su mayoría, siempre menores de 15 años de edad. El conjunto se puso por nombre Menudo. Aunque por los requisitos de la edad, sus miembros se cambiaban de cuando en cuando, el sonido y el estilo del grupo, suaves y livianos, eran indelebles. Nació con Menudo el fenómeno de la llamada «música chicle bomba». Pegó con particular éxito en 1985, cuando el conjunto consistía en (arriba, de izquierda a derecha): Ricky Martin, de 13 años, Charlie River, Roy Rossello, Robby Rosa, y Ray Acevedo. Para cuando cumplían 15 años y se salían del grupo, los muchachitos de Menudo ya se habían vuelto millonarios, y su futuro artístico se había forjado.

El Día de los Muertos se observa en Hispanoamérica el día dos de noviembre. Al confluir las creencias indígenas con la fe católica traída por los españoles, se originó, particularmente en México, una serie de costumbres que incluyen el rendir homenaje cada familia a sus seres queridos difuntos, preparándoles manjares predilectos. Los camposantos se vuelven focos de gran actividad. Allí se reúnen las familias para agasajar a sus muertos y comer una merienda al lado de sus tumbas.

La Epifanía se celebra el día 6 de enero. Se conoce también como la Fiesta de los Reyes Magos, y es el día que recuerda la llegada de los tres reyes, Melchor, Gaspar y Baltasar, para ver al Niño Jesús recién nacido. Según la tradición, vinieron trayendo regalos—oro, incienso y mirra—, y es por eso que Reyes Magos es el día en que se dan regalos, como en la Navidad o en Chanukah, en otras culturas. Los niños pequeñitos creen que son los Reyes Magos quienes les traen los regalos. Tres actores que desempeñan el papel de los reyes aquí posan para una foto en el Parque de la Alameda en la ciudad de México. A los niños que acuden con sus padres a las festividades en el parque, también les gusta hacerse sacar una foto con los tres reyes.

El maíz ha sido fundamental en la comida de Mesoamérica desde mucho antes de la llegada de los españoles. Tan importante era este alimento para los indígenas que, según una leyenda maya, los Creadores hicieron los primeros seres humanos de maíz. Hoy el maíz sigue siendo el elemento imprescindible de la comida de las clases populares en México y Centroamérica. A la izquierda, una indígena michoacana forma tortillas con la masa que ha preparado en un metate; luego las cocinará en el comal que se ve al fondo.

La carne, en Argentina, es el plato preferido, sobre todo la carne asada a la parrilla, que resulta en la popular parrillada argentina. No falta, por supuesto, el maíz, aunque en los países andinos tiene otro nombre, el choclo, del que se preparan humitas, sancocho, pastel de choclo, y otros guisados sabrosos.

Miguel de Unamuno ▶

San Manuel Bueno, mártir

MIGUEL DE UNAMUNO

Miguel de Unamuno (1864–1936) fue ensayista, novelista, cuentista, poeta, profesor, filólogo, crítico, periodista, y dramaturgo. Nació en Bilbao de una familia vasca, pero vivió casi toda la vida en Castilla, al principio dedicado a los estudios en Madrid, luego como catedrático de griego en la Universidad de Salamanca, y después como rector de la misma. Hablaba nueve idiomas, entre ellos el danés, que aprendió sólo para leer las obras de Sören Kierkegaard en el idioma original. Fue un hombre de espíritu independiente y rebelde, que vivió de acuerdo con sus ideas, y sufrió la destitución y el destierro por no callarlas.

San Manuel Bueno, mártir es una novela de ideas, y su trama consiste en las tempestades y torbellinos espirituales de sus personajes. En esta breve novela, Unamuno hizo encarnar en su protagonista la desesperación y angustia que él mismo sentía en carne viva por el ansia de inmortalidad, y el conflicto irreconciliable nacido de la duda. El autor anhelaba, sin lograrla jamás, una fe de niño en la perdurabilidad de su yo más allá de la muerte.

El protagonista de San Manuel Bueno, mártir—íntimamente ligado a la esencia de su autor—, se esfuerza por ahogar, mediante una incansable obra de amor y servicio al prójimo, la verdad terrible de su propia duda sobre la vida eterna que promete la fe cristiana.

Si sólo en esta vida esperamos en Cristo, somos los más
miserables de los hombres todos.
(San Pablo: I Cor., XV, 19.)[1]

Ahora que el obispo[2] de la diócesis[3] de Renada, a la que pertenece esta mi querida aldea de Valverde de Lucerna, anda, a lo que se dice, promoviendo el proceso para la beatificación[4] de nuestro don Manuel, o, mejor, San Manuel Bueno, que fue en ésta **párroco**,[5] quiero dejar aquí consignado, a modo de confesión y sólo Dios sabe, que no yo, con qué destino, todo lo que sé y recuerdo de aquel **varón**[6] matriarcal[7] que llenó toda la más **entrañada**[8] vida de mi alma, que fue mi verdadero padre espiritual,[9] el padre de mi espíritu, del mío, el de Ángela Carballino.

Al otro, a mi padre carnal[10] y temporal,[11] apenas si le conocí, pues se me murió siendo yo muy niña. Sé que había llegado de forastero a nuestra Valverde de Lucerna, que aquí **arraigó**[12] al casarse con mi madre. Trajo consigo unos cuantos libros, el *Quijote*, obras de teatro clásico,[13] algunas novelas, historias, el *Bertoldo*,[14] todo revuelto, y de esos libros, los únicos casi que había en toda la aldea, devoré yo **ensueños**[15] siendo niña. Mi buena madre apenas si me contaba hechos o dichos de mi padre. Los de don Manuel, a quien, como todo el pueblo, adoraba, de quien estaba enamorada —claro que castísimamente—,[16] le habían borrado el recuerdo de los de su marido. A quien encomendaba a Dios, y fervorosamente, cada día al rezar el rosario.[17]

[1] San Pablo: I Cor., XV, 19—algunas traducciones contemporáneas difieren de ésta; una reza: «Si la esperanza que tenemos en Cristo fuera sólo para esta vida, seríamos los más desdichados de todos los mortales».

[2] obispo—sacerdote encargado de la dirección de una diócesis; autoridad máxima dentro de ella.

[3] diócesis—región que abarca varias parroquias, regiones de extensión limitada cuyo enfoque de vida es la iglesia parroquial.

[4] el proceso para la beatificación—indagación en la vida y milagros de una persona a quien se le atribuye santidad, para averiguar si la merece.

[5] **párroco**—sacerdote encargado de una parroquia.

[6] **varón**—hombre de respeto, autoridad u otras cualidades.

[7] matriarcal—propio del predominio o fuerte ascendiente femenino.

[8] **entrañada**—introducida en lo más hondo.

[9] padre espiritual—sacerdote católico confesor que dirige el espíritu y conciencia del penitente.

[10] padre carnal—el que la engendró.

[11] temporal—impermanente o perecedero, en oposición a perpetuo o eterno; también, secular, en oposición al que ha recibido órdenes clericales.

[12] **arraigó**—se mudó para vivir; echó raíces.

[13] teatro clásico—se refiere a obras de teatro del Siglo de Oro, de dramaturgos como Lope de Vega, Calderón de la Barca y Tirso de Molina.

[14] *Bertoldo*—poema cómico del siglo XVIII, de la literatura popular.

[15] **ensueños**—ilusiones; fantasías.

[16] castísimamente—purísimamente; muy lejos de toda idea de sensualidad.

[17] rosario—serie de oraciones que rezan los católicos, utilizando una sarta de cuentas, como acto de devoción; incluye, entre otras, el padrenuestro y el avemaría.

Interpretar

¿A qué características de don Manuel se puede estar refiriendo la narradora con la frase «varón matriarcal»?

_____

_____

Inferir

¿Qué sugiere sobre los habitantes de Valverde el hecho de que casi no había libros en toda la aldea?

_____

_____

Figuras retóricas

Subraya los dos símiles que usa la narradora en la descripción de este párrafo. Encierra en un círculo la metáfora. Encierra en un rectángulo la metonimia.

Evaluar

¿Qué significa que a Lázaro las monjas no le hacen «mucha gracia»? ¿Por qué quiere que Ángela vaya a una escuela de monjas?

_____

_____

De nuestro don Manuel me acuerdo como si fuese de cosa de ayer, siendo yo niña, a mis diez años, antes de que me llevaran al colegio de religiosas[18] de la ciudad catedralicia[19] de Renada. Tendría él, nuestro santo, entonces unos treinta y siete años. Era alto, delgado, **erguido**,[20] llevaba la cabeza como nuestra Peña del Buitre[21] lleva su cresta, y había en sus ojos toda la hondura azul de nuestro lago. Se llevaba las miradas de todos, y tras ellas los corazones, y él, al mirarnos, parecía, traspasando la carne como un cristal, mirarnos al corazón. Todos le queríamos, pero sobre todo los niños. ¡Qué cosas nos decía! Eran cosas, no palabras. Empezaba el pueblo a olerle la **santidad**;[22] se sentía lleno y embriagado de su aroma.

Entonces fue cuando mi hermano Lázaro, que estaba en América,[23] de donde nos mandaba regularmente dinero, con que vivíamos en decorosa **holgura**,[24] hizo que mi madre me mandase al colegio de religiosas a que se completara, fuera de la aldea, mi educación, y esto aunque a él, a Lázaro, no le hiciesen mucha gracia las monjas. «Pero como ahí —nos escribía— no hay hasta ahora, que yo sepa, colegios **laicos**[25] y progresivos,[26] y menos para señoritas, hay que **atenerse**[27] a lo que haya. Lo importante es que Angelita se pula y que no siga entre esas zafias[28] aldeanas». Y entré en el colegio pensando en un principio hacerme en él maestra; pero luego se me atragantó[29] la pedagogía.[30]

En el colegio conocí a niñas de la ciudad e intimé[31] con algunas de ellas. Pero seguía atenta a las cosas y a las gentes de nuestra aldea, de la que recibía frecuentes noticias y tal vez alguna visita. Y hasta al colegio llegaba la fama de nuestro párroco, de quien empezaba a hablarse en la ciudad episcopal.[32] Las monjas no hacían sino interrogarme respecto a él.

---

[18] colegio de religiosas—escuela primaria y secundaria a cargo de monjas.

[19] ciudad catedralicia—sede de la diócesis; allí se encuentra una catedral, o iglesia principal, en la que reside el obispo.

[20] **erguido**—recto; derecho; levantado; enhiesto.

[21] Peña del Buitre—«peña» es un monte de piedra, grande y elevado; «buitre» es ave rapaz similar al cóndor, al gallinazo, zopilote, o carancho.

[22] **santidad**—perfección; estado de especial virtud y ejemplo; consagración a Dios.

[23] América—se refiere al continente americano, de norte a sur; probablemente, a la América hispánica.

[24] **holgura**—bienestar; comodidad.

[25] **laicos**—que omiten la instrucción religiosa; legos; seculares; seglares.

[26] progresivos—adeptos del progresismo, movimiento filosófico surgido en la segunda mitad del siglo XIX, que abrazaba avances en el orden socioeconómico y político; derivado de las ideas científicas de la época, principalmente de la doctrina evolucionista de Charles Darwin, tendía al materialismo, al agnosticismo, y al anticlericalismo.

[27] **atenerse**—ajustarse.

[28] zafias—incultas, toscas; aquí, las niñas de Valverde de Lucerna.

[29] atragantó—atravesó en la garganta; hizo difícil de tomar, por fastidio.

[30] pedagogía—instrucción formal; enseñanza escolar.

[31] intimé—forjé amistad.

[32] ciudad episcopal—ciudad catedralicia; ciudad donde reside el obispo de una diócesis.

Desde muy niña alimenté, no sé bien cómo, curiosidades, preocupaciones e inquietudes, debidas, en parte al menos, a aquel **revoltijo**[33] de libros de mi padre, y todo ello se me medró[34] en el colegio, en el trato, sobre todo, con una compañera que se me aficionó desmedidamente, y que unas veces me proponía que entrásemos juntas a la vez en un mismo convento, jurándonos, y hasta firmando el juramento con nuestra sangre, hermandad perpetua, y otras veces me hablaba, con los ojos semicerrados, de novios y de aventuras matrimoniales. Por cierto que no he vuelto a saber de ella ni de su suerte. Y eso que cuando se hablaba de nuestro don Manuel, o cuando mi madre me decía algo de él en sus cartas —y era en casi todas—, que yo leía a mi amiga, ésta exclamaba como en **arrobo**:[35] «¡Qué suerte, chica, la de poder vivir cerca de un santo así, de un santo vivo, de carne y hueso, y poder besarle la mano! Cuando vuelvas a tu pueblo escríbeme mucho, mucho, y cuéntame de él».

Pasé en el colegio unos cinco años, que ahora se me pierden como un sueño de madrugada en la lejanía del recuerdo, y a los quince volví a mi Valverde de Lucerna. Ya toda ella era don Manuel; don Manuel con el lago y con la montaña. Llegué ansiosa de conocerle, de ponerme bajo su protección, de que él me marcara el sendero de mi vida.

Decíase que había entrado en el seminario[36] para hacerse cura, con el fin de atender a los hijos de una su hermana recién viuda, de servirles de padre; que en el seminario se había distinguido por su agudeza mental y su talento, y que había rechazado ofertas de brillante carrera eclesiástica[37] porque él no quería ser sino de su Valverde de Lucerna, de su aldea perdida como un broche entre el lago y la montaña que se mira en él.

Y ¡cómo quería a los suyos! Su vida era arreglar matrimonios desavenidos,[38] reducir a[39] sus padres hijos indómitos o reducir los padres a sus hijos, y, sobre todo, consolar a los amargados y atediados y ayudar a todos a bien morir.[40]

Me acuerdo, entre otras cosas, de que al volver de la ciudad la desgraciada[41] hija de la tía Rabona, que se había perdido[42] y volvió, soltera y desahuciada,[43] trayendo un hijito consigo, don

---

[33] **revoltijo**—conjunto desordenado.

[34] se me medró—se me robusteció; me benefició.

[35] **arrobo**—éxtasis.

[36] seminario—lugar destinado a la enseñanza de jóvenes que quieren hacerse sacerdotes.

[37] carrera eclesiástica—trayectoria ascendente de los rangos de autoridad eclesiástica en la Iglesia Católica; por ejemplo, de sacerdote a obispo, de obispo a arzobispo, etc.

[38] desavenidos—en discordia.

[39] reducir a—sujetar a la obediencia de.

[40] ayudar a todos a bien morir—ayudar y animar a las personas gravemente enfermas, oyendo su confesión si es posible, ungiéndolas para pedir una curación, si Dios quiere, y asegurándoles el perdón divino.

[41] desgraciada—desafortunada; también, que inspira compasión o menosprecio.

[42] se había perdido—no había ido por buen camino.

[43] desahuciada—desamparada; sin hogar; sin esperanzas.

Comprender

¿Cuáles son las dos fuentes que nutren las «curiosidades, preocupaciones e inquietudes» de Ángela?

_____

_____

Interpretar

¿Qué características de don Manuel se describen en este párrafo?

_____

_____

Comenta la postura de don Manuel en este caso. ¿Por qué pide a este hombre que se case con su antigua novia?

_____

_____

_____

¿Por qué don Manuel dice que no hace milagros porque no tiene permiso del obispo?

_____

_____

_____

Manuel no paró hasta que hizo que se casase con ella su antiguo novio Perote y reconociese como suya a la criaturita, diciéndole:

—Mira, da padre a este pobre **crío**,[44] que no le tiene más que en el cielo.

—¡Pero, don Manuel, si no es mía la culpa...!

—¡Quién lo sabe, hijo, quién lo sabe...! Y, sobre todo, no se trata de culpa.

Y hoy el pobre Perote, inválido, paralítico, tiene como báculo y consuelo[45] de su vida al hijo aquel que, contagiado de la santidad de don Manuel, reconoció por suyo no siéndolo.

En la noche de San Juan,[46] la más breve del año, solían y suelen acudir a nuestro lago todas las pobres mujerucas y no pocos hombrecillos que se creen poseídos, endemoniados,[47] y que parece no son sino histéricos[48] y a las veces epilépticos, y don Manuel emprendió la tarea de hacer él de lago,[49] de piscina probática,[50] y tratar de aliviarles y, si era posible, de curarles. Y era tal la acción de su presencia, de sus miradas, y tal, sobre todo, la dulcísima autoridad de sus palabras y, sobre todo, de su voz —¡qué milagro de voz!—, que consiguió curaciones sorprendentes.[51] Con lo que creció su fama, que atraía a nuestro lago y a él a todos los enfermos del **contorno**.[52] Y alguna vez llegó una madre pidiéndole que hiciese un milagro en su hijo, a lo que contestó sonriendo tristemente:

—No tengo licencia del señor obispo para hacer milagros.

Le preocupaba, sobre todo, que anduviesen todos limpios. Si alguno llevaba un roto en su vestidura, le decía: «Anda a ver al sacristán[53] y que te remiende eso». El sacristán era sastre. Y cuando el día primero de año[54] iban a felicitarle por ser el de su santo —su santo patrono era el mismo Jesús Nuestro Señor—, quería don Manuel que todos se le presentasen con camisa nueva, y al que no la tenía se la regalaba él mismo.

---

[44] **crío**—niño.

[45] **báculo y consuelo**—apoyo; sostén y alivio.

[46] **la noche de San Juan**—el 24 de junio, que coincide más o menos con el solsticio estival, el día 21; antiguamente, se celebraba con rituales asociados con la vida agrícola, y se dedicaban al santo las fuentes de agua, creyendo que así producían curaciones particularmente eficaces en la noche de San Juan, con la virtud curativa de las aguas del río Jordán, en tierras bíblicas del Medio Oriente.

[47] **poseídos, endemoniados**—los que ejecutan acciones furiosas, malas o perversas.

[48] **histéricos**—los que sufren de parálisis, convulsiones, o sofocaciones, por falta de estabilidad emocional o por excitaciones no percibidas por la conciencia.

[49] **hacer él de lago**—hacer el papel de lago don Manuel; analogía entre el cura y el lago en que, queriendo sanarse, se lavan los poseídos, los endemoniados, los histéricos.

[50] **piscina probática**—la que se hallaba en Jerusalén, donde se lavaban los enfermos, queriendo curarse de sus enfermedades.

[51] **curaciones sorprendentes**—curaciones al parecer eficaces mediante el poder de sugestión nacido de los atractivos de la personalidad de don Manuel.

[52] **contorno**—región.

[53] **sacristán** (m.)—persona encargada de cuidar de la limpieza y del aseo de la iglesia y de ayudar en el servicio del altar.

[54] **el día primero de año**—el 1° de enero se celebra la ocasión en que al niño Jesús se le puso nombre; tradicionalmente, el santo de uno es el del nombre que se le pone en su bautismo; don Manuel, en un paralelo con Cristo, lleva uno de los nombres de Cristo, Emanuel: «Dios con nosotros».

Por todos mostraba el mismo afecto, y si a algunos distinguía más con él era a los más desgraciados y a los que aparecían como más **díscolos**.[55] Y como hubiera en el pueblo un pobre idiota de nacimiento, Blasillo el bobo, a éste es a quien más acariciaba, y hasta llegó a enseñarle cosas que parecía milagro que las hubiese podido aprender. Y es que el pequeño **rescoldo**[56] de inteligencia que aún quedaba en el bobo se le encendía en imitar, como un pobre mono, a su don Manuel.

Su maravilla era la voz, una voz divina, que hacía llorar. Cuando al oficiar en misa mayor o solemne,[57] entonaba el prefacio, estremecíase la iglesia, y todos los que le oían sentíanse conmovidos en sus entrañas. Su canto, saliendo del templo, iba a quedarse dormido sobre el lago y al pie de la montaña. Y cuando en el sermón de Viernes Santo[58] clamaba aquello de «¡Dios mío, Dios mío!, ¿por qué me has abandonado?»,[59] pasaba por el pueblo todo un temblor hondo como por sobre las aguas del lago en días de cierzo de hostigo.[60] Y era como si oyesen a Nuestro Señor Jesucristo mismo, como si la voz brotara de aquel viejo crucifijo[61] a cuyos pies tantas generaciones de madres habían depositado sus **congojas**.[62] Como que una vez, al oírlo su madre, la de don Manuel, no pudo contenerse, y desde el suelo del templo, en que se sentaba, gritó: «¡Hijo mío!»[63] Y fue un chaparrón de lágrimas entre todos. Creeríase que el grito maternal había brotado de la boca entreabierta de aquella Dolorosa—el corazón traspasado por siete espadas[64] — que había en una de las capillas del templo. Luego, Blasillo el tonto iba repitiendo en tono **patético**[65] por las callejas, y como en eco, el «¡Dios mío, Dios mío!, ¿por qué me has abandonado?», y de tal manera, que al oírselo se les saltaban a todos las lágrimas, con gran regocijo del bobo por su triunfo imitativo.

Su acción sobre las gentes era tal, que nadie se atrevía a mentir ante él, y todos, sin tener que ir al confesonario,[66] se le

---

[55] **díscolos**—desobedientes; rebeldes.

[56] **rescoldo**—ascuas o brasas apagadas pero todavía calientes.

[57] misa mayor o solemne—la misa principal del domingo; en la misa ocurre el acto central de la Iglesia Católica: la consagración de pan y vino por el sacerdote; según las enseñanzas de la Iglesia, se convierten en el cuerpo y la sangre de Cristo, no simbólicamente sino en realidad, por las palabras de consagración pronunciadas por el sacerdote; siguen siendo sólo en apariencia pan y vino.

[58] el sermón de Viernes Santo—el discurso que pronuncia el sacerdote en observancia del día en que murió Jesús crucificado.

[59] «¡Dios mío, Dios mío!, ¿por qué me has abandonado?»—véase Mateo 27:46 y Salmo 22:2; palabras que rezó Cristo, que reflejan la angustia interior de don Manuel.

[60] cierzo de hostigo—viento fuerte y frío que sopla del norte.

[61] crucifijo—una representación en madera, metal, etc., de Jesús crucificado.

[62] congojas—aflicciones del ánimo.

[63] «¡Hijo mío!»—otro paralelo trazado entre el sacerdote y Cristo; palabras de la madre de don Manuel, quien está presente en la iglesia, mostrándole su compasión (alusión a Juan 19:25).

[64] aquella Dolorosa—el corazón traspasado por siete espadas—imagen de la Virgen María afligida por la muerte de Cristo.

[65] patético—capaz de conmover con dolor profundo, de mover a melancolía.

[66] confesonario, o confesionario—lugar destinado a la confesión, acto en que el penitente confiesa sus pecados al confesor.

Aclarar

¿Por qué la madre de don Manuel grita «¡Hijo mío!»? ¿Cómo reacciona el pueblo?

_____

_____

Figuras retóricas

¿Qué figuras retóricas son «su canto… iba a quedarse dormido» y «chaparrón de lágrimas»?

_____

_____

_____

confesaban. A tal punto que, como hubiese una vez ocurrido un repugnante crimen en una aldea próxima, el juez, un insensato que conocía mal a don Manuel, le llamó y le dijo:

—A ver si usted, don Manuel, consigue que este bandido declare la verdad.

—¿Para que luego pueda castigársele? —replicó el santo varón[67]—. No, señor juez, no; yo no saco a nadie una verdad que le lleve acaso a la muerte. Allá entre él y Dios... La justicia humana no me concierne. «No juzguéis para no ser juzgados», dijo Nuestro Señor.

—Pero es que yo, señor cura...

—Comprendido; dé usted, señor juez, al César lo que es del César,[68] que yo daré a Dios lo que es de Dios.

Y al salir, mirando fijamente al presunto **reo**,[69] le dijo:

—Mira bien si Dios te ha perdonado, que es lo único que importa.

En el pueblo todos acudían a misa, aunque sólo fuese por oírle y por verle en el altar, donde parecía transfigurarse,[70] encendiéndosele el rostro. Había un santo ejercicio que introdujo en el **culto**[71] popular, y es que, reuniendo en el templo a todo el pueblo, hombres y mujeres, viejos y niños, unas mil personas, recitábamos al unísono, en una sola voz, el Credo: «Creo en Dios Padre Todopoderoso, Creador del Cielo y de la Tierra...»,[72] y lo que sigue. Y no era un coro, sino una sola voz, una voz simple y unida, fundidas todas en una y haciendo como una montaña, cuya cumbre, perdida a las veces en nubes, era don Manuel. Y al llegar a lo de «creo en la resurrección de la carne y la vida perdurable»,[73] la voz de don Manuel **se zambullía**,[74] como en un lago, en la del pueblo todo, y era que él se callaba. Y yo oía las campanas de la villa que se dice aquí que está sumergida en el lecho del lago —campanadas que se dice también se oyen la noche de San Juan—, y eran las de la villa sumergida en el lago espiritual de nuestro pueblo; oía la voz de nuestros muertos que en nosotros resucitaban en la comunión de los santos. Después, al llegar a conocer el secreto de nuestro santo, he comprendido que era como si una caravana en marcha por el desierto, desfallecido el caudillo al acercarse al término de su carrera, le

Analizar

¿Con qué se asocia la montaña durante la recitación del Credo? ¿Con qué se asocia el lago?

_____

_____

_____

Pronosticar

¿Cuál podría ser el secreto de don Manuel? ¿Qué indicios encuentras?

_____

_____

_____

---

[67] santo varón—hombre muy bondadoso y sencillo; sin embargo, Ángela también alude, con las varias menciones de este término, a la supuesta santidad de don Manuel.

[68] dé usted ... al César lo que es del César—palabras de Cristo en que aconseja acatar las leyes de la entidad política en que se vive.

[69] **reo**—criminal.

[70] parecía transfigurarse—otro paralelo, por la transfiguración de Cristo en el monte Tabor.

[71] **culto**—conjunto de actos de reverente homenaje a Dios.

[72] «Creo en Dios Padre Todopoderoso, Creador del Cielo y de la Tierra ...»—palabras que inician el Credo, declaración corta de las creencias religiosas del católico.

[73] «creo en la resurrección de la carne y la vida perdurable»—palabras contenidas en el Credo.

[74] **se zambullía**—se hundía.

tomaran en hombros los suyos para meter su cuerpo sin vida en la tierra de promisión.[75]

Los más no querían morirse sino cogidos de su mano como de un ancla.

Jamás en sus sermones se ponía a declamar contra impíos,[76] masones,[77] liberales[78] o herejes.[79] ¿Para qué, si no los había en la aldea? Ni menos contra la mala prensa. En cambio, uno de los más frecuentes temas de sus sermones era contra la **mala lengua**.[80] Porque él lo disculpaba todo y a todos disculpaba. No quería creer en la mala intención de nadie.

—La envidia —gustaba repetir— la mantienen los que se empeñan en creerse envidiados, y las más de las persecuciones son efecto más de la manía persecutoria que no de la perseguidora.

—Pero fíjese, don Manuel, en lo que me han querido decir...

Y él:

—No debe importarnos tanto lo que uno quiera decir como lo que diga sin querer.

Su vida era activa, y no contemplativa,[81] huyendo cuanto podía de no tener nada que hacer. Cuando oía eso de que la ociosidad es la madre de todos los vicios, contestaba: «Y del peor de todos, que es el pensar ocioso». Y como yo le preguntara una vez qué es lo que con eso quería decir, me contestó: «Pensar ocioso es pensar para no hacer nada o pensar demasiado en lo que se ha hecho y no en lo que hay que hacer. **A lo hecho pecho**,[82] y a otra cosa, que no hay peor que remordimiento sin enmienda». ¡Hacer!, ¡hacer! Bien comprendí yo ya desde entonces que don Manuel huía de pensar ocioso y a solas, que algún pensamiento le perseguía.

Así es que estaba siempre ocupado, y no pocas veces en inventar ocupaciones. Escribía muy poco para sí, de tal modo que apenas nos ha dejado escritos o notas; mas, en cambio, hacía de memorialista[83] para los demás, y a las madres, sobre todo, les redactaba las cartas para sus hijos ausentes.

---

[75] tierra de promisión—tierra prometida al pueblo judío por Dios, en el Antiguo Testamento; aunque Moisés guió allá al pueblo israelita, Dios no le permitió entrar porque Moisés le había ofendido.

[76] impíos—los que no creen, o no practican su fe.

[77] masones—miembros de una sociedad secreta condenada por la Iglesia por sus actitudes anticatólicas.

[78] liberales—entendido el término como se entendía a principios del siglo XX, los que se oponían a ciertas enseñanzas de la Iglesia, o a todas ellas en conjunto.

[79] herejes—los que niegan alguna enseñanza de la Iglesia, generalmente proponiendo otra en su lugar.

[80] **mala lengua**—murmuraciones y calumnias de unos contra otros.

[81] vida activa, y no contemplativa—el catolicismo destaca dos maneras de llevar una vida cristiana: la activa, en que se pasa relativamente poco tiempo rezando y meditando, y más sirviendo las necesidades de los demás; y la contemplativa, dedicada principalmente a la oración.

[82] **A lo hecho pecho**—dicho que aconseja hacer frente a las consecuencias de un error o falta cometidos, sin perder tiempo en lamentaciones.

[83] memorialista—escribano; secretario.

© Houghton Mifflin Harcourt Publishing Company

Figuras retóricas

¿Qué figura retórica utiliza aquí don Manuel? ¿Qué significa?

_____

_____

Interpretar

¿Cuál puede ser el motivo por el cual una persona pensante como don Manuel huye del «pensar ocioso»?

_____

_____

Trabajaba también manualmente, ayudando con sus brazos a ciertas labores del pueblo. En la temporada de trilla[84] íbase a la era[85] a trillar y aventar, y en tanto aleccionaba o distraía a los labradores, a quienes ayudaba en estas faenas. Sustituía a las veces a algún enfermo en su tarea. Un día del más crudo invierno se encontró con un niño, muertito de frío, a quien su padre le enviaba a recoger una res a larga distancia, en el monte.

—Mira —le dijo al niño—, vuélvete a casa a calentarte, y dile a tu padre que yo voy a hacer el encargo.

Y al volver con la res se encontró con el padre, todo confuso, que iba a su encuentro. En invierno partía leña para los pobres. Cuando se secó aquel magnífico **nogal**[86] —«un nogal matriarcal» le llamaba—, a cuya sombra había jugado de niño y con cuyas nueces se había durante tantos años regalado, pidió el tronco, se lo llevó a su casa y, después de labrar en él seis tablas, que guardaba al pie de su lecho, hizo del resto leña para calentar a los pobres. Solía hacer también las pelotas para que jugaran los mozos y no pocos juguetes para los niños.

Solía acompañar al médico en su visita, y recalcaba las prescripciones de éste. Se interesaba, sobre todo, en los **embarazos**[87] y en la crianza de los niños, y estimaba como una de las mayores blasfemias aquello de «¡teta y gloria!» y lo otro de «angelitos al cielo».[88] Le conmovía profundamente la muerte de los niños.

—Un niño que nace muerto o que se muere recién nacido y un suicidio —me dijo una vez— son para mí de los más terribles misterios: ¡un niño en cruz!

Y como una vez, por haberse quitado uno la vida, le preguntara el padre del suicida, un forastero, si le daría tierra sagrada, le contestó:

—Seguramente, pues en el último momento, en el segundo de la agonía, se arrepintió sin duda alguna.

Iba también a menudo a la escuela a ayudar al maestro, a enseñar con él, y no sólo el catecismo.[89] Y es que huía de la ociosidad y de la soledad. De tal modo, que por estar con el pueblo, y sobre todo con el mocerío y la chiquillería, solía ir al baile. Y más de una vez se puso en él a tocar el tamboril para que los mozos y las mozas bailasen, y esto, que en otro hubiera parecido grotesca profanación del sacerdocio, en él tomaba un sagrado carácter y como de rito religioso. Sonaba el *Ángelus*,

Conectar

¿Por qué el padre del suicida duda que su hijo reciba un entierro cristiano?

---

[84] trilla—separación del grano de la paja.

[85] era—espacio descubierto y llano en una granja, donde se separa el grano de la paja.

[86] **nogal** (m.)—árbol de abundante ramaje, que da nueces.

[87] **embarazo**—estado de la mujer encinta, desde la concepción hasta el parto.

[88] «¡teta y gloria!» y lo otro de «angelitos al cielo»—dichos que declaran que los niños tiernos, al morir, van directamente al cielo.

[89] catecismo—libro que contiene la explicación sucinta de los preceptos de la fe cristiana, en forma de preguntas y respuestas.

dejaba el tamboril y el palillo, se descubría, y todos con él, y rezaba: «El ángel del Señor anunció a María: Ave María...» Y luego:

—Y ahora a descansar para mañana.

—Lo primero —decía— es que el pueblo esté contento, que estén todos contentos de vivir. El contentamiento de vivir es lo primero de todo. Nadie debe querer morirse hasta que Dios quiera.

—Pues yo sí —le dijo una vez una recién viuda—; yo quiero seguir a mi marido...

—¿Y para qué? —le respondió—. Quédate aquí para encomendar su alma a Dios.

En una boda dijo una vez: «¡Ay, si pudiese cambiar el agua toda de nuestro lago en vino, en un vinillo que, por mucho que de él se bebiera, alegrara siempre, sin emborrachar nunca...o por lo menos con una borrachera alegre!»

Una vez pasó por el pueblo una banda de pobres **titiriteros**.⁹⁰ El jefe de ella, que llegó con la mujer gravemente enferma y embarazada, y con tres hijos que le ayudaban, hacía de payaso. Mientras él estaba en la plaza del pueblo, haciendo reír a los niños y aun a los grandes, ella, sintiéndose de pronto gravemente indispuesta, se tuvo que retirar, y se retiró escoltada por una mirada de congoja del payaso y una risotada de los niños. Y escoltada por don Manuel, que luego, en un rincón de la cuadra⁹¹ de la posada, le ayudó a bien morir. Y cuando acabada la fiesta, supo el pueblo y supo el payaso la tragedia, fuéronse todos a la posada, y el pobre hombre, diciendo con llanto en la voz: «Bien se dice, señor cura, que es usted todo un santo», se acercó a éste, queriendo tomarle la mano para besársela; pero don Manuel se adelantó y, tomándosela al payaso, pronunció ante todos:

—El santo eres tú, honrado payaso; te vi trabajar, y comprendí que no sólo lo haces para dar pan a tus hijos, sino también para dar alegría a los de los otros, y yo te digo que tu mujer, la madre de tus hijos, a quien he despedido a Dios mientras trabajabas y alegrabas, descansa en el Señor, y que tú irás a juntarte con ella y a que te paguen riendo los ángeles, a los que haces reír en el cielo de contento.

Y todos, niños y grandes, lloraban y lloraban tanto de pena como de un misterioso contento en que la pena se ahogaba. Y más tarde, recordando aquel solemne rato, he comprendido que la alegría imperturbable de don Manuel era la forma temporal y terrena de una infinita y eterna tristeza que con heroica santidad recataba a los ojos y a los oídos de los demás.

Con aquella su constante actividad, con aquel mezclarse en las tareas y en las diversiones de todos, parecía querer huir de sí mismo, querer huir de su soledad. «Le temo a la soledad»,

---

⁹⁰ **titiriteros**—artistas circenses, especialmente los que manejan títeres, muñecos pendientes.

⁹¹ **cuadra**—sala espaciosa en que duermen muchas personas.

Comprender

¿Qué conexión hace Ángela entre el episodio del payaso y la vida de don Manuel?

_____

_____

repetía. Mas, aun así, de cuando en cuando se iba solo, orilla del lago, a las ruinas de aquella vieja abadía[92] donde aún parecen reposar las almas de los piadosos cistercienses a quienes ha sepultado en el olvido la Historia. Allí está la celda del llamado Padre Capitán, y en sus paredes se dice que aún quedan señales de las gotas de sangre con que las salpicó al mortificarse.[93] ¿Qué pensaría allí nuestro don Manuel? Lo que sí recuerdo es que como una vez, hablando de la abadía, le preguntase yo cómo era que no se le había ocurrido ir al claustro, me contestó:

—No es, sobre todo, porque tenga, como tengo, mi hermana viuda y mis sobrinos a quienes sostener, que Dios ayuda a sus pobres, sino porque yo no nací para ermitaño, para anacoreta;[94] la soledad me mataría el alma, y en cuanto a un monasterio, mi monasterio es Valverde de Lucerna. Yo no debo vivir solo; yo no debo morir solo. Debo vivir para mi pueblo, morir para mi pueblo. ¿Cómo voy a salvar mi alma si no salvo la de mi pueblo?

—Pero es que ha habido santos ermitaños solitarios... —le dije.

—Sí, a ellos les dio el Señor la gracia de soledad que a mí me ha negado, y tengo que resignarme. Yo no puedo perder a mi pueblo para ganarme el alma. Así me ha hecho Dios. Yo no podría soportar las tentaciones del desierto.[95] Yo no podría llevar solo la cruz del nacimiento.[96]

He querido con estos recuerdos, de los que vive mi fe, retratar a nuestro don Manuel tal como era cuando yo, mocita de cerca de dieciséis años, volví del colegio de religiosas de Renada a nuestro monasterio[97] de Valverde de Lucerna. Y volví a ponerme a los pies de su abad.[98]

—¡Hola, la hija de la Simona —me dijo en cuanto me vio—, y hecha ya toda una moza y sabiendo francés, y bordar y tocar el piano, y qué sé yo qué más! Ahora, a prepararte para darnos otra familia. Y tu hermano Lázaro, ¿cuándo vuelve? Sigue en el Nuevo Mundo, ¿no es así?

—Sí, señor; sigue en América...

© Houghton Mifflin Harcourt Publishing Company

---

[92] abadía—monasterio regido por un abad; la abadía aquí quedó abandonada por la orden religiosa fundada por San Benito, la cisterciense, que tuvo su mayor florecimiento en el siglo XI.

[93] mortificarse—privarse de la comodidad, por ejemplo, ayunando para disciplinar las tendencias al pecado y para encaminar el alma a Dios.

[94] para ermitaño, para anacoreta—para asceta religioso que vive en un lugar solitario, muchas veces una ermita, entregado a la contemplación y a la penitencia.

[95] tentaciones del desierto—otra referencia a Cristo, tentado por Satanás en el desierto.

[96] la cruz del nacimiento—figuradamente, «cruz» es cualquier cosa que causa un sufrimiento prolongado; don Manuel insinúa que la causa de su sufrimiento es haber nacido.

[97] monasterio—casa, generalmente fuera de un poblado, donde vive una comunidad de monjes; aquí, figuradamente, Valverde de Lucerna, para don Manuel y Ángela; después Ángela dirá que la aldea es su convento, o sea, residencia de monjas.

[98] abad—superior de un monasterio con facultad de conferir órdenes menores a sus monjes; la analogía trazada por Ángela aquí, es que Valverde de Lucerna es un monasterio a cargo del abad don Manuel, quien tiene facultad de conferir órdenes menores a sus monjes.

Inferir

¿Qué se puede inferir sobre don Manuel de sus dos últimas oraciones? ¿Por qué ha decidido darse a su pueblo y evitar la vida monástica?

_____

_____

Reflexionar

¿Por qué ha referido Ángela todas estas anécdotas?

_____

_____

—¡El Nuevo Mundo! Y nosotros en el Viejo. Pues bueno: cuando le escribas, dile de mi parte, de parte del cura, que estoy deseando saber cuándo vuelve del Nuevo Mundo a este Viejo, trayéndome las novedades de por allá. Y dile que encontrará al lago y a la montaña como les dejó.

Cuando me fui a confesar con él, mi turbación era tanta, que no acertaba a articular palabra. Recé el «yo pecadora»,[99] balbuciendo,[100] casi sollozando. Y él, que lo observó, me dijo:

—Pero ¿qué te pasa, corderilla? ¿De qué o de quién tienes miedo? Porque tú no tiemblas ahora al peso de tus pecados ni por temor de Dios, no; tú tiemblas de mí, ¿no es eso?

Me eché a llorar.

—Pero ¿qué es lo que te han dicho de mí? ¿Qué leyendas son ésas? ¿Acaso tu madre? Vamos, vamos, cálmate y haz cuenta que estás hablando con tu hermano...

Me animé y empecé a confiarle mis inquietudes, mis dudas, mis tristezas.

—¡Bah, bah, bah! ¿Y dónde has leído eso, marisabidilla?[101] Todo eso es literatura. No te des demasiado a ella, ni siquiera a Santa Teresa.[102] Y si quieres distraerte, lee el *Bertoldo*, que leía tu padre.

Salí de aquella mi primera confesión con el santo hombre profundamente consolada. Y aquel mi temor primero, aquel más que respeto miedo, con que me acerqué a él, trocóse[103] en una lástima profunda. Era yo entonces una mocita, una niña casi; pero empezaba a ser mujer, sentía en mis entrañas el jugo de la maternidad, y al encontrarme en el confesonario junto al santo varón, sentí como una callada confesión suya en el susurro sumiso de su voz, y recordé cómo cuando, al clamar él en la iglesia las palabras de Jesucristo: «¡Dios mío, Dios mío!, ¿por qué me has abandonado?» su madre, la de don Manuel, respondió desde el suelo: «¡Hijo mío!» y oí este grito, que desgarraba la quietud del templo. Y volví a confesarme con él para consolarle.

Una vez que en el confesonario le expuse una de aquellas dudas, me contestó:

—A eso, ya sabes, lo del Catecismo: «Eso no me lo preguntéis a mí, que soy ignorante, doctores[104] tiene la Santa Madre Iglesia que os sabrán responder».

© Houghton Mifflin Harcourt Publishing Company

---

[99] «yo pecador»—oración ritual con que se inicia la confesión; a continuación del «yo pecador», el penitente declara al confesor todos aquellos actos suyos que ofenden a Dios y que le separan de Él, o sea, sus pecados; de por sí, las inquietudes, dudas y tristezas de Ángela, en este caso, no constituyen pecado.

[100] balbuciendo—hablando sin articular bien las palabras, a causa de la emoción.

[101] marisabidilla—mujer que se presume de sabia; aquí, dicho cariñosamente.

[102] Santa Teresa—Santa Teresa de Jesús (1515–1582), también conocida como Santa Teresa de Ávila; célebre reformadora de los conventos carmelitas; llevó una vida de oración muy profunda en la que tuvo visiones y otras experiencias místicas; sobre ellas dejó muchos escritos, y don Manuel le advierte a Ángela que no los lea mucho, probablemente porque promueven la vida interior, que tanto lo atormenta a él.

[103] trocóse—se cambió; se convirtió.

[104] doctores—título que da la Iglesia a algunos santos—Santa Teresa, San Agustín, San Francisco de Sales, Santo Tomás, y otros—que con mayor profundidad de doctrina defendieron y enseñaron la fe católica.

Analizar

¿Por qué es paradójico que don Manuel mande a Ángela a leer el *Bertoldo*?

_____

_____

Interpretar

¿Cómo y por qué cambia la actitud de Ángela hacia don Manuel?

_____

_____

Conectar

¿A qué Catecismo se refiere don Manuel?

_____

_____

_____

—Pero ¡si el doctor aquí es usted, don Manuel!...

—¿Yo, yo doctor? ¿Doctor yo? ¡Ni por pienso! Yo, doctorcilla, no soy más que un pobre cura de aldea. Y esas preguntas, ¿sabes quién te las insinúa, quién te las dirige? Pues... ¡el Demonio!

Y entonces, envalentonándome, le espeté a boca de jarro:[105]

—¿Y si se las dirigiese a usted, don Manuel?

—¿A quién? ¿A mí? ¿Y el Demonio? No nos conocemos, hija, no nos conocemos.

—¿Y si se las dirigiera?

—No le haría caso. Y basta, ¿eh?, despachemos,[106] que me están esperando unos enfermos[107] de verdad.

Me retiré, pensando, no sé por qué, que nuestro don Manuel, tan afamado curandero de endemoniados, no creía en el Demonio. Y al irme hacia mi casa topé con Blasillo el bobo, que acaso **rondaba**[108] el templo, y que al verme, para **agasajarme**[109] con sus habilidades, repitió —¡y de qué modo!— lo de «¡Dios mío, Dios mío!, ¿por qué me has abandonado?» Llegué a casa acongojadísima y me encerré en mi cuarto para llorar, hasta que llegó mi madre.

—Me parece, Angelita, con tantas confesiones, que tú te me vas a ir monja.[110]

—No lo tema, madre —le contesté—, pues tengo harto que hacer aquí, en el pueblo, que es mi convento.

—Hasta que te cases.

—No pienso en ello —le repliqué.

Y otra vez que me encontré con don Manuel, le pregunté, mirándole derechamente a los ojos:

—¿Es que hay Infierno, don Manuel?

Y él, sin inmutarse:

—¿Para ti, hija? No.

—¿Y para los otros, le hay?

—¿Y a ti qué te importa, si no has de ir a él?

—Me importa por los otros. ¿Le hay?

—Cree en el cielo, en el cielo que vemos. Míralo.

Y me lo mostraba sobre la montaña y abajo, reflejado en el lago.

—Pero hay que creer en el Infierno como en el Cielo —le repliqué.

—Sí, hay que creer todo lo que enseña a creer la Santa Madre Iglesia Católica Apostólica Romana. ¡Y basta!

Interpretar

¿Por qué está desconsolada Ángela?

Enfoque en el estilo

¿Qué particularidad gramatical notas en la frase «le hay»?

---

[105] le espeté a boca de jarro—le solté abruptamente.

[106] despachemos—dejemos el asunto; demos por terminado el asunto.

[107] enfermos—término que utiliza don Manuel para referirse a los aldeanos que buscan reconfortarse espiritualmente con él.

[108] **rondaba**—daba vueltas alrededor de.

[109] **agasajarme**—complacerme.

[110] ir monja—meterte monja; entrar en un convento.

© Houghton Mifflin Harcourt Publishing Company

Leí no sé qué honda tristeza en sus ojos, azules como las aguas del lago.

Aquellos años pasaron como un sueño. La imagen de don Manuel iba creciendo en mí sin que yo de ello me diese cuenta, pues era un varón tan cotidiano, tan de cada día como el pan que a diario pedimos en el Padrenuestro.[111] Yo le ayudaba cuanto podía en sus menesteres, visitaba a sus enfermos, a nuestros enfermos, a las niñas de la escuela, arreglaba el ropero de la iglesia y le hacía como me llamaba él, de diaconisa.[112] Fui unos días, invitada por una compañera de colegio, a la ciudad, y tuve que volverme, pues en la ciudad me ahogaba, me faltaba algo, sentía sed de la vista de las aguas del lago, hambre de la vista de las peñas de la montaña; sentía, sobre todo, la falta de mi don Manuel y como si su ausencia me llamara, como si corriese un peligro lejos de mí, como si me necesitara. Empezaba yo a sentir una especie de afecto maternal hacia mi padre espiritual; quería aliviarle del peso de su cruz del nacimiento.

Así fui llegando a mis veinticuatro años, que es cuando volvió de América, con un caudalillo[113] ahorrado, mi hermano Lázaro. Llegó acá, a Valverde de Lucerna, con el propósito de llevarnos a mí y a nuestra madre a vivir a la ciudad, acaso a Madrid.

—En la aldea —decía— se entontece, se embrutece y se empobrece uno.

Y añadía:

—Civilización es lo contrario de ruralización. ¡Aldeanerías, no!, que no hice que fueras al colegio para que te pudras luego aquí, entre estos zafios **patanes**.[114]

Yo callaba, aun dispuesta a resistir la emigración; pero nuestra madre, que pasaba ya de la sesentena, se opuso desde un principio: «¡A mi edad, cambiar de aguas!», dijo primero; mas luego dio a conocer claramente que ella no podría vivir fuera de la vista de su lago, de su montaña y, sobre todo, de su don Manuel.

—¡Sois como las gatas, que os apegáis a la casa! —repetía mi hermano.

Cuando se percató de todo el **imperio**[115] que sobre el pueblo todo y en especial sobre nosotras, sobre mi madre y sobre mí, ejercía el santo varón evangélico, se irritó contra éste. Le pareció un ejemplo de la oscura **teocracia**[116] en que él suponía hundida a

Comparar

Compara las cosas que Ángela extraña de su pueblo con los motivos que da su madre para no ir a vivir a la ciudad en esta misma página. ¿Qué indican acerca del cambio que está experimentando Ángela?

_____

_____

Evaluar

¿Es válida esta idea de Lázaro? ¿Qué representa la «ciudad» para ti?

_____

_____

_____

_____

---

[111] Padrenuestro—oración que Cristo enseñó a rezar: «Padre nuestro, que estás en los cielos . . . ».

[112] diaconisa—mujer que en los primeros siglos del cristianismo se dedicaba al servicio de la iglesia.

[113] caudalillo—pequeño capital; pequeña cantidad de dinero acumulado.

[114] **patanes** (m.)—rústicos; toscos.

[115] **imperio**—dominio; mando, con autoridad absoluta.

[116] teocracia—gobierno ejercido directamente por Dios o por sus sacerdotes.

Lázaro critica duramente la vida
aldeana y la religión, pero luego
comienza a suavizar sus opiniones.
¿Qué impulsa este cambio?

_____

_____

España. Y empezó a barbotar sin descanso todos los viejos lugares
comunes anticlericales[117] y hasta antirreligiosos y progresistas que
había traído renovados del Nuevo Mundo.

—En esta España de calzonazos[118] —decía—, los curas manejan
a las mujeres y las mujeres a los hombres..., ¡y luego el campo!, ¡el
campo!, este campo feudal...

Para él, feudal era un término pavoroso; «feudal» y «medieval»
eran los dos calificativos que prodigaba cuando quería condenar
algo. Le desconcertaba el ningún efecto que sobre nosotras
hacían sus diatribas y el casi ningún efecto que hacían en el
pueblo, donde se le oía con respetuosa indiferencia. «A estos
patanes no hay quien los conmueva». Pero como era bueno, por
ser inteligente, pronto se dio cuenta de la clase de imperio que
don Manuel ejercía sobre el pueblo, pronto se enteró de la obra
del cura de su aldea.

—¡No, no es como los otros —decía—, es un santo!

—Pero ¿tú sabes cómo son los otros curas? —le decía yo; él:

—Me lo figuro.

Mas aun así ni entraba en la iglesia ni dejaba de hacer
alarde[119] en todas partes de su incredulidad, aunque procurando
siempre dejar a salvo a don Manuel. Y ya en el pueblo se fue
formando, no sé como, una expectativa, la de una especie de
duelo entre mi hermano Lázaro y don Manuel, o más bien se
esperaba la conversión de aquél por éste. Nadie dudaba de que
al cabo el párroco le llevaría a su parroquia. Lázaro, por su parte,
ardía en deseos —me lo dijo luego— de ir a oír a don Manuel, de
verle y oírle en la iglesia, de acercarse a él y con él conversar, de
conocer el secreto de aquel su imperio espiritual sobre las almas.
Y se hacía de rogar para ello, hasta que, al fin, por curiosidad
—decía—, fue a oírle.

—Sí, esto es otra cosa —me dijo luego de haberle oído—; no
es como los otros, pero a mí no me la da; es demasiado inteligente
para creer todo lo que tiene que enseñar.

—Pero ¿es que le crees un hipócrita? —le dije.

—¡Hipócrita... no!, pero es el **oficio**[120] del que tiene que
vivir.

En cuanto a mí, mi hermano se empeñaba en que yo leyese
de libros que él trajo y de otros que me incitaba a comprar.

—¿**Conque**[121] tu hermano Lázaro —me decía don Manuel—
se empeña en que leas? Pues lee, hija mía, lee y dale así gusto. Sé
que no has de leer sino cosa buena; lee aunque sean novelas. No
son mejores las historias que llaman verdaderas. Vale más que

¿Qué dos cosas son incompatibles,
según Lázaro?

_____

_____

_____

---

[117] lugares comunes anticlericales—expresiones convencionales en contra
de los sacerdotes.

[118] calzonazos—hombres débiles y flojos.

[119] hacer alarde—gloriarse; hacer gala.

[120] **oficio**—cargo; trabajo; puesto, que sirve para ganarse la vida.

[121] **Conque**—así es que.

leas que no el que te alimentes de chismes y comadrerías[122] del pueblo. Pero lee, sobre todo, libros de piedad que te den contento de vivir, un contento apacible y silencioso.

¿Le tenía él?

Por entonces enfermó de muerte y se nos murió nuestra madre, y en sus últimos días todo su hipo[123] era que don Manuel convirtiese a Lázaro, a quien esperaba volver a ver un día en el cielo, en un rincón de las estrellas desde donde se viese el lago y la montaña de Valverde de Lucerna. Ella se iba ya, a ver a Dios.

—Usted no se va —le decía don Manuel—, usted se queda. Su cuerpo aquí, en esta tierra, y su alma también aquí, en esta casa, viendo y oyendo a sus hijos, aunque éstos ni le vean ni le oigan.

—Pero yo, padre —dijo—, voy a ver a Dios.

—Dios, hija mía, está aquí como en todas partes, y le verá usted desde aquí. Y a todos nosotros en Él, y a Él en nosotros.

—Dios se lo pague[124] —le dije.

—El contento con que tu madre se muera —me dijo— será su eterna vida.

Y volviéndose a mi hermano Lázaro:

—Su cielo es seguir viéndote, y ahora es cuando hay que salvarla. Dile que rezarás por ella.

—Pero...

—¿Pero...? Dile que rezarás por ella, a quien debes la vida, y sé que una vez que se lo prometas rezarás, y sé que luego que reces...

Mi hermano, acercándose, arrasados[125] sus ojos en lágrimas, a nuestra madre agonizante, le prometió solemnemente rezar por ella.

—Y yo en el cielo por ti, por vosotros —respondió mi madre, besando el crucifijo, y puestos sus ojos en los de don Manuel, entregó su alma a Dios.

—«¡En tus manos encomiendo mi espíritu!»[126] —rezó el santo varón.

Quedamos mi hermano y yo solos en la casa. Lo que pasó en la muerte de nuestra madre puso a Lázaro en relación con don Manuel, que pareció descuidar algo a sus demás pacientes, a sus demás menesterosos, para atender a mi hermano. Íbanse por las tardes de paseo, orilla del lago, o hacia las ruinas, vestidas de **hiedra**,[127] de la vieja abadía de cistercienses.

—Es un hombre maravilloso —me decía Lázaro—. Ya sabes que dicen que en el fondo de este lago hay una villa sumergida y

---

[122] comadrerías—chismes; cuentos propios de los chismosos.

[123] hipo—deseo vehemente.

[124] Dios se lo pague—expresión de agradecimiento.

[125] arrasados—llenos hasta los bordes.

[126] «¡En tus manos encomiendo mi espíritu!»—palabras de Cristo, dichas a Dios, al momento de morir en la cruz.

[127] hiedra—yedra; planta trepadora muy común.

© Houghton Mifflin Harcourt Publishing Company

Evaluar
¿Cuál es el concepto de la muerte que manifiesta don Manuel?

que en la noche de San Juan, a las doce, se oyen las campanadas de su iglesia.

—Sí —le contestaba yo—, una villa feudal y medieval...

—Y creo —añadía— que en el fondo del alma de nuestro don Manuel hay también sumergida, ahogada, una villa y que alguna vez se oyen sus campanadas.

—Sí —le dije—, esa villa sumergida en el alma de don Manuel, ¿y por qué no también en la tuya?, es el cementerio de las almas de nuestros abuelos, los de esta nuestra Valverde de Lucerna... ¡feudal y medieval!

Acabó mi hermano por ir a misa siempre, a oír a don Manuel, y cuando se dijo que cumpliría con la parroquia, que comulgaría[128] cuando los demás comulgasen, recorrió un íntimo **regocijo**[129] al pueblo todo, que creyó haberle recobrado. Pero fue un regocijo tal, tan limpio, que Lázaro no se sintió vencido ni disminuido.

Y llegó el día de su comunión, ante el pueblo todo, con el pueblo todo. Cuando llegó la vez a mi hermano pude ver que don Manuel, tan blanco como la nieve de enero en la montaña, y temblando como tiembla el lago cuando le hostiga el cierzo, se le acercó con la sagrada forma[130] en la mano, y de tal modo le temblaba ésta al arrimarla a la boca de Lázaro, que se le cayó la forma a tiempo que le daba un vahído.[131] Y fue mi hermano mismo quien recogió la hostia[132] y se la llevó a la boca. Y el pueblo, al ver llorar a don Manuel, lloró, diciéndose: «¡Cómo le quiere!» Y entonces, pues era la madrugada, cantó un gallo.[133]

Al volver a casa y encerrarme en ella con mi hermano, le eché los brazos al cuello y besándole le dije:

—¡Ay, Lázaro, Lázaro! ¡Qué alegría nos has dado a todos, a todos, a todo el pueblo, a todos, a los vivos y a los muertos, y sobre todo a mamá, a nuestra madre! ¿Viste? El pobre don Manuel lloraba de alegría. ¡Qué alegría nos has dado a todos!

—Por eso lo he hecho —me contestó.

—¿Por eso? ¿Por darnos alegría? Lo habrás hecho ante todo por ti mismo, por conversión.

Y entonces Lázaro, mi hermano, tan pálido y tan tembloroso como don Manuel cuando le dio la comunión, me hizo sentarme, en el sillón mismo donde solía sentarse nuestra madre, tomó huelgo,[134] y luego, como en íntima confesión doméstica y familiar, me dijo:

—Mira, Angelita, ha llegado la hora de decirte la verdad, toda la verdad, y te la voy a decir, porque debo decírtela, porque

---

[128] comulgaría—tomaría la comunión.

[129] **regocijo**—júbilo; alegría muy grande.

[130] la sagrada forma—el pan, en forma de oblea blanca, que consagra el sacerdote con las palabras de consagración en el sacrificio de la misa; para el católico, el cuerpo de Cristo.

[131] vahído—turbación breve del sentido; desmayo momentáneo.

[132] la hostia—la oblea blanca consagrada.

[133] cantó un gallo—alusión al gallo que cantó después de que San Pedro había negado tres veces a Jesús (Mateo 26:69); recuerda la traición a Cristo.

[134] huelgo—aliento; aire.

Elaborar

Una vez más aparece la metáfora del pueblo sumergido y las campanadas. ¿Qué sugiere Ángela aquí?

_____

_____

_____

Interpretar

¿A qué crees que se debe el nerviosismo de don Manuel?

_____

_____

a ti no puedo, no debo callártela y porque además habrías de adivinarla, y a medias, que es lo peor, más tarde o más temprano.

Y entonces, serena y tranquilamente, a media voz, me contó una historia que me sumergió en un lago de tristeza. Cómo don Manuel le había venido trabajando, sobre todo en aquellos paseos a las ruinas de la vieja abadía cisterciense, para que no escandalizase,[135] para que diese buen ejemplo, para que se incorporase a la vida religiosa del pueblo, para que fingiese creer si no creía, para que ocultase sus ideas al respecto, mas sin intentar siquiera catequizarle,[136] convertirle de otra manera.

—Pero ¿es posible? —exclamé, consternada.

—¡Y tan posible, hermana, y tan posible! Y cuando yo le decía: «Pero ¿es usted, usted, el sacerdote, el que me aconseja que finja?», él, balbuciente: «¿Fingir? ¡Fingir, no!, ¡eso no es fingir! Toma agua bendita,[137] que dijo alguien, y acabarás creyendo». Y como yo, mirándole a los ojos, le dijese: «¿Y usted celebrando misa ha acabado por creer?», él bajó la mirada y se le llenaron los ojos de lágrimas. Y así es como le arranqué su secreto.

—¡Lázaro! —gemí.

Y en aquel momento pasó por la calle Blasillo el bobo, clamando su «¡Dios mío, Dios mío!, ¿por qué me has abandonado?» Y Lázaro se estremeció creyendo oír la voz de don Manuel, acaso la de Nuestro Señor Jesucristo.

—Entonces —prosiguió mi hermano— comprendí sus móviles y con esto comprendí su santidad; porque es un santo, hermana, todo un santo. No trataba, al emprender ganarme para su santa causa —porque es una causa santa, santísima—, **arrogarse**[138] un triunfo, sino que lo hacía por la paz, por la felicidad, por la ilusión si quieres, de los que le están encomendados; comprendí que si los engaña así —si es que esto es engaño— no es por medrar.[139] Me rendí a sus razones, y he aquí mi conversión. Y no me olvidaré jamás del día en que diciéndole yo: «Pero, don Manuel, la verdad, la verdad ante todo», él temblando, me susurró al oído —y eso que estábamos solos en medio del campo—: «¿La verdad? La verdad, Lázaro, es acaso algo terrible, algo intolerable, algo mortal; la gente sencilla no podría vivir con ella». «Y ¿por qué me la deja **entrever**[140] ahora aquí, como en confesión», le dije. Y él: «Porque si no, me atormentaría tanto, tanto, que acabaría gritándola en medio de la plaza, y eso jamás, jamás, jamás. Yo

© Houghton Mifflin Harcourt Publishing Company

---

[135] para que no escandalizase—para que el incrédulo Lázaro no desviara de sus creencias católicas al pueblo, mediante sus actos o palabras.

[136] catequizarle—tomarle la lección sobre el catecismo; hacerle las preguntas del catecismo, requiriéndole fidelidad en las respuestas dadas.

[137] Toma agua bendita—traza sobre ti la señal de la cruz con un poquito de agua bendita, para recordar tu bautismo.

[138] **arrogarse**—atribuirse; apropiarse.

[139] medrar—mejorar de fortuna; adelantarse.

[140] **entrever**—adivinar; ver confusamente.

Comprender

¿Eran acertadas las sospechas de Ángela sobre don Manuel? ¿Y sobre Lázaro?

_____

_____

Analizar

¿Qué función cumple Blasillo en la estructura de la novela?

_____

_____

_____

Interpretar

¿Por qué Lázaro considera que, pese a todo, don Manuel es santo?

_____

_____

_____

Comprender

¿Qué idea de verdad tiene don Manuel?
¿Qué consecuencias prácticas tiene
eso?

_____

_____

Elaborar

Don Manuel ha dicho: «Lo primero es
que el pueblo esté contento». ¿En qué
sentido Lázaro se ha convertido a esta
«religión»? ¿Por qué no se considera
un mentiroso?

_____

_____

_____

estoy para hacer vivir a las almas de mis feligreses,[141] para hacerlos felices, para hacerles que se sueñen inmortales y no para matarlos. Lo que aquí hace falta es que vivan sanamente, que vivan en unanimidad de sentido, y con la verdad, con mi verdad, no vivirían. Que vivan. Y esto hace la Iglesia, hacerlos vivir. ¿Religión verdadera? Todas las religiones son verdaderas en cuanto hacen vivir espiritualmente a los pueblos que las profesan, en cuanto les consuelan de haber tenido que nacer para morir, y para cada pueblo la religión más verdadera es la suya, la que le ha hecho. ¿Y la mía? La mía es consolarme en consolar a los demás, aunque el consuelo que les doy no sea el mío». Jamás olvidaré estas sus palabras.

—¡Pero esa comunión tuya ha sido un sacrilegio![142] —me atreví a insinuar, arrepintiéndome al punto de haberlo insinuado.

—¿Sacrilegio? ¿Y él, que me la dio? ¿Y sus misas?

—¡Qué martirio![143] —exclamé.

—Y ahora —añadió mi hermano— hay otro más para consolar al pueblo.

—¿Para engañarle? —dije.

—Para engañarle, no —me replicó—, sino para corroborarle en su fe.

—Y el pueblo —dije—, ¿cree de veras?

—¡Qué sé yo...! Cree sin querer, por hábito, por tradición. Y lo que hace falta es no despertarle. Y que viva en su pobreza de sentimientos para que no adquiera torturas de lujo. ¡Bienaventurados los pobres de espíritu![144]

—Eso, hermano, lo has aprendido de don Manuel. Y ahora, dime, ¿has cumplido aquello que le prometiste a nuestra madre cuando ella se nos iba a morir, aquello de que rezarías por ella?

—¡Pues no se lo había de cumplir![145] Pero ¿por quién me has tomado, hermana? ¿Me crees capaz de faltar a mi palabra, a una promesa solemne, y a una promesa hecha, y en el lecho de muerte, a una madre?

—¡Qué sé yo...! Pudiste querer engañarla para que muriese consolada.

—Es que si yo no hubiese cumplido la promesa viviría sin consuelo.

—¿Entonces?

—Cumplí la promesa y no he dejado de rezar ni un solo día por ella.

---

[141] feligreses—fieles; los que asisten a misa.

[142] sacrilegio—abuso intencional de una cosa sagrada.

[143] martirio—acto de una persona que acepta la muerte, sacrificando su vida antes que renunciar a la fe cristiana; «martirio», en su sentido figurado, «sufrimiento», no es suficiente para la condición de santo.

[144] «¡Bienaventurados los pobres de espíritu!»—palabras de Cristo; una de las ocho Bienaventuranzas que enunció en el Sermón en la Montaña.

[145] ¡Pues no se lo había de cumplir!—¿Acaso no era mi intención cumplirlo? ¿Cómo no lo iba a cumplir?

—¿Sólo por ella?

—Pues ¿por quién más?

—¡Por ti mismo! Y de ahora en adelante, por don Manuel.

Nos separamos para irnos cada uno a su cuarto, yo a llorar toda la noche, a pedir por la conversión de mi hermano y de don Manuel, y él, Lázaro, no sé bien a qué.

Después de aquel día temblaba yo de encontrarme a solas con don Manuel, a quien seguía asistiendo en sus piadosos menesteres. Y él pareció percatarse de mi estado íntimo y adivinar su causa. Y cuando al fin me acerqué a él en el tribunal de la penitencia[146] —¿quién era el juez y quién el reo?—, los dos, él y yo, doblamos en silencio la cabeza y nos pusimos a llorar. Y fue él, don Manuel, quien rompió el tremendo silencio para decirme con voz que parecía salir de una huesa:[147]

—Pero tú, Angelina, tú crees como a los diez años, ¿no es así? ¿Tú crees?

—Sí creo, padre.

—Pues sigue creyendo. Y si se te ocurren dudas, cállatelas a ti misma. Hay que vivir...

Me atreví, y toda temblorosa le dije:

—Pero usted, padre, ¿cree usted?

Vaciló un momento y, reponiéndose, me dijo:

—¡Creo!

—Pero ¿en qué, padre, en qué? ¿Cree usted en la otra vida?, ¿cree usted que al morir no nos morimos del todo?, ¿cree que volveremos a vernos, a querernos en otro mundo venidero?, ¿cree en la otra vida?

El pobre santo sollozaba.

—¡Mira, hija, dejemos eso!

Y ahora, al escribir esta memoria, me digo: ¿Por qué no me engañó? ¿Por qué no me engañó entonces como engañaba a los demás? ¿Por qué se acongojó? ¿Por qué no podía engañarse a sí mismo, o por qué no podía engañarme? Y quiero creer que se acongojaba porque no podía engañarse para engañarme.

—Y ahora —añadió—, reza por mí, por tu hermano, por ti misma, por todos. Hay que vivir. Y hay que dar vida.

Y después de una pausa:

—Y ¿por qué no te casas, Angelina?

—Ya sabe usted, padre mío, por qué.

—Pero no, no; tienes que casarte. Entre Lázaro y yo te buscaremos un novio. Porque a ti te conviene casarte para que se te curen esas preocupaciones.

—¿Preocupaciones, don Manuel?

---

[146] tribunal de la penitencia—el sacramento de reconciliación, la confesión.

[147] huesa—sepultura.

© Houghton Mifflin Harcourt Publishing Company

Interpretar

¿Por qué don Manuel ha confiado su modo de pensar a Lázaro? ¿Por qué Lázaro se lo ha confiado a Ángela?

Analizar

La idea de que «hay que vivir» se repite en varias partes de la novela. Aquí don Manuel aconseja acallar las dudas para poder vivir. ¿Cuál es la relación entre la duda y el vivir para don Manuel?

Comprender

¿Por qué don Manuel pide a Ángela que lo absuelva, y en nombre del pueblo?

_____

_____

Elaborar

Explica la idea expresada en la metáfora del lago a partir del contraste entre su superficie y sus profundidades.

_____

_____

—Yo sé bien lo que me digo. Y no te acongojes demasiado por los demás, que harto tiene cada cual con tener que responder de sí mismo.

—¡Y que sea usted, don Manuel, el que me diga eso! ¡Que sea usted el que aconseje que me case para responder de mí y no acuitarme[148] por los demás!, ¡que sea usted!

—Tienes razón, Angelina, no sé ya lo que me digo; no sé ya lo que me digo desde que estoy confesándome contigo. Y sí, sí, hay que vivir, hay que vivir.

Y cuando yo iba a levantarme para salir del templo, me dijo:

—Y ahora, Angelina, en nombre del pueblo, ¿me absuelves?[149]

Me sentí como penetrada de un misterioso sacerdocio y le dije:

—En nombre de Dios Padre, Hijo y Espíritu Santo, le absuelvo, padre.

Y salimos de la iglesia, y al salir se me estremecían las entrañas maternales.

Mi hermano, puesto ya del todo al servicio de la obra de don Manuel, era su más asiduo colaborador y compañero. Los anudaba, además, el común secreto. Le acompañaba en sus visitas a los enfermos, a las escuelas, y ponía su dinero a disposición del santo varón. Y poco faltó para que no aprendiera a ayudarle a misa. E iba entrando cada vez más en el alma insondable de don Manuel.

—¡Qué hombre! —me decía—. Mira, ayer, paseando a orillas del lago, me dijo: «He aquí mi tentación mayor». Y como yo le interrogase con la mirada, añadió: «Mi pobre padre, que murió de cerca de noventa años, se pasó la vida, según me lo confesó él mismo, torturado por la tentación del suicidio, que le venía no recordaba desde cuándo, _de nación_,[150] decía, y defendiéndose de ella. Y esa defensa fue su vida. Para no sucumbir a tal tentación extremaba los cuidados por conservar la vida. Me contó escenas terribles. Me parecía como una locura. Y yo la he heredado. ¡Y cómo me llama esa agua con su aparente quietud —la corriente va por dentro— espeja[151] al cielo! ¡Mi vida, Lázaro, es una especie de suicidio continuo, un combate contra el suicidio, que es igual; pero que vivan ellos, que vivan los nuestros!» Y luego añadió: «Aquí se remansa el río en lago, para luego, bajando a la meseta,

---

[148] acuitarme—afligirme; preocuparme.

[149] ¿me absuelves?—el perdón de los pecados está en manos de Dios, y en el sacramento de reconciliación, el sacerdote lo aplica en nombre de Dios. Cuando el padre Manuel le pide a Ángela una absolución «en nombre del pueblo», efectivamente pone de cabeza la fe católica.

[150] _de nación_—desde que nació.

[151] espeja—refleja.

© Houghton Mifflin Harcourt Publishing Company

precipitarse[152] en cascadas, saltos y torrenteras,[153] por las hoces[154] y encañadas,[155] junto a la ciudad, y así remansa la vida, aquí en la aldea. Pero la tentación del suicidio es mayor aquí, junto al remanso que espeja la noche de estrellas, que no junto a las cascadas que dan miedo. Mira, Lázaro, he asistido a bien morir a pobres aldeanos, ignorantes, analfabetos que apenas si habían salido de la aldea, y he podido saber de sus labios, y cuando no adivinarlo, la verdadera causa de su enfermedad de muerte, y he podido mirar, allí, a la cabecera de su lecho de muerte, toda la negrura de la **sima**[156] del tedio de vivir. ¡Mil veces peor que el hambre! Sigamos, pues, Lázaro, suicidándonos en nuestra obra y en nuestro pueblo, y que sueñe éste su vida como el lago sueña el cielo».

—Otra vez —me decía también mi hermano—, cuando volvíamos acá, vimos a una zagala,[157] una cabrera,[158] que **enhiesta**[159] sobre un picacho[160] de la falda de la montaña, a la vista del lago, estaba cantando con una voz más fresca que las aguas de éste. Don Manuel me detuvo, y señalándomela, dijo: «Mira, parece como si se hubiera acabado el tiempo, como si esa zagala hubiese estado ahí siempre, y como está, y cantando como está, y como si hubiera de seguir estando así siempre, como estuvo cuando empezó mi conciencia, como estará cuando se me acabe. Esa zagala forma parte, con las rocas, las nubes, los árboles, las aguas, de la Naturaleza y no de la Historia». ¡Cómo siente, cómo anima don Manuel a la Naturaleza! Nunca olvidaré el día de la nevada, en que me dijo: «¿Has visto, Lázaro, misterio mayor que el de la nieve cayendo en el lago y muriendo en él mientras cubre con su toca[161] a la montaña?»

Don Manuel tenía que contener a mi hermano en su **celo**[162] y en su inexperiencia de **neófito**.[163] Y como supiese que éste andaba predicando contra ciertas supersticiones populares, hubo de decirle:

—¡Déjalos! ¡Es tan difícil hacerles comprender dónde acaba la creencia ortodoxa[164] y dónde empieza la superstición! Y más para nosotros. Déjalos, pues, mientras se consuelen. Vale más que lo crean todo, aun cosas contradictorias entre sí, a no que no

---

[152] **precipitarse**—caerse.

[153] torrenteras—lechos de corrientes de agua rápida e intermitente.

[154] hoces (f.)—valles angostos y precipitados, formados por ríos que corren entre sierras.

[155] encañadas—pasos entre montañas.

[156] **sima**—cavidad grande y muy profunda en la tierra.

[157] zagala—moza pastora.

[158] cabrera—pastora de cabras.

[159] **enhiesta**—erguida; levantada; derecha.

[160] picacho—cúspide; punta aguda en la cumbre de una montaña.

[161] toca—prenda de lienzo blanco usada por las monjas para cubrir la cabeza.

[162] **celo**—cuidado y esmero en el cumplimiento de los deberes.

[163] **neófito**—novato; novel; el que es nuevo en cualquier actividad.

[164] creencia ortodoxa—creencia conforme con el dogma católico.

© Houghton Mifflin Harcourt Publishing Company

Analizar

¿Qué representa la zagala en el contexto de la novela?

_____

_____

Visualizar

Explica con tus propias palabras la imagen de la nieve cayendo en la montaña y en el lago.

_____

_____

Conectar

Don Manuel hace un juego de palabras con «protestar». Pero ¿quiénes son los protestantes?

_____

_____

Identificar

Con el tiempo, don Manuel empeora poco a poco. Subraya en el párrafo tres verbos que contengan esta idea.

Inferir

¿Piensas que don Manuel cree que la vida tiene una finalidad? ¿Cómo lo sabes?

_____

_____

crean nada. Eso de que el que cree demasiado acaba por no creer nada, es cosa de protestantes. No protestemos. La protesta mata el contento.

Una noche de plenilunio[165] —me contaba también mi hermano— volvían a la aldea por la orilla del lago, a cuya sobrehaz[166] rizaba[167] entonces la brisa montañosa y en el rizo cabrilleaban[168] las razas[169] de la luna llena, y don Manuel le dijo a Lázaro.

—¡Mira, el agua está rezando la letanía[170] y ahora dice: _Ianua caeli, ora pro nobis_, puerta del cielo, ruega por nosotros!

Y cayeron temblando de sus pestañas a la yerba del suelo dos huideras lágrimas en que también, como en rocío, se bañó temblorosa la lumbre de la luna llena.

E iba corriendo el tiempo y observábamos mi hermano y yo que las fuerzas de don Manuel empezaban a decaer, que ya no lograba contener del todo la insondable tristeza que le consumía, que acaso una enfermedad traidora le iba minando el cuerpo y el alma. Y Lázaro, acaso para distraerle más, le propuso si no estaría bien que fundasen en la iglesia algo así como un **sindicato**[171] católico agrario.

—¿Sindicato? —respondió tristemente don Manuel—. ¿Sindicato? Y ¿qué es eso? Yo no conozco más sindicato que la Iglesia, y ya sabes aquello de «mi reino no es de este mundo».[172] Nuestro reino, Lázaro, no es de este mundo...

—¿Y del otro?

Don Manuel bajó la cabeza:

—El otro, Lázaro, está aquí también, porque hay dos reinos en este mundo. O mejor, el otro mundo..., vamos, que no sé lo que me digo. Y en cuanto a eso del sindicato, es en ti un resabio[173] de tu época de progresismo. No, Lázaro, no; la religión no es para resolver los conflictos económicos o políticos de este mundo que Dios entregó a las disputas de los hombres. Piensen los hombres y obren los hombres como pensaren y como obraren, que se consuelen de haber nacido, que vivan lo más contentos que puedan en la ilusión de que todo esto tiene una finalidad. Yo no he venido a someter los pobres a los ricos, ni a predicar a éstos

[165] plenilunio—luna llena.

[166] sobrehaz (f.)—superficie.

[167] rizaba—movía el viento, formando olas pequeñas.

[168] cabrilleaban—se formaban pequeñas olas blancas y espumosas.

[169] razas—rayos de luz.

[170] letanía—plegaria formada por una serie de invocaciones y súplicas, cada una de las cuales es dicha o cantada por uno y repetida, contestada o completada por otro; en la primera mitad del siglo XX, la misa se celebraba en latín.

[171] **sindicato**—asociación formada para la defensa de los intereses económicos comunes a todos los miembros.

[172] «mi reino no es de este mundo»—palabras de Cristo, al referirse al reino del Cielo; irónicas, pues don Manuel las cita para descontar la noción de Lázaro de que un esfuerzo por mejorar las condiciones económicas de Valverde de Lucerna traería mayor felicidad al pueblo.

[173] resabio—mala inclinación que perdura y reaparece.

que se sometan a aquéllos. Resignación y caridad en todos y para todos. Porque también el rico tiene que resignarse a su riqueza, y a la vida, y también el pobre tiene que tener caridad para con el rico. ¿Cuestión social? Deja eso, eso no nos concierne. Que traen una nueva sociedad, en que no haya ya ni ricos ni pobres, en que esté justamente repartida la riqueza, en que todo sea de todos, ¿y qué? ¿Y no crees que del bienestar general surgirá más fuerte el tedio de la vida? Sí, ya sé que uno de esos caudillos de la que llaman la revolución social ha dicho que la religión es el opio del pueblo. Opio..., opio... Opio, sí. Démosle opio, y que duerma y que sueñe. Yo mismo, con esta mi loca actividad, me estoy administrando opio. Y no logro dormir bien, y menos soñar bien... ¡Esta terrible pesadilla! Y yo también puedo decir con el Divino Maestro: «Mi alma está triste hasta la muerte».[174] No, Lázaro, no; nada de sindicatos por nuestra parte. Si lo forman ellos, me parecerá bien, pues que así se distraen. Que jueguen al sindicato, si eso les contenta.

El pueblo todo observó que a don Manuel le **menguaban**[175] las fuerzas, que se fatigaba. Su voz misma, aquella voz que era un milagro, adquirió un cierto temblor íntimo. Se le asomaban las lágrimas con cualquier motivo. Y sobre todo cuando hablaba al pueblo del otro mundo, de la otra vida, tenía que detenerse a ratos cerrando los ojos. «Es que lo está viendo», decían. Y en aquellos momentos era Blasillo el bobo el que con más cuajo[176] lloraba. Porque ya Blasillo lloraba más que reía, y hasta sus risas sonaban a lloros.

Al llegar la última Semana de Pasión[177] que con nosotros, en nuestro mundo, en nuestra aldea celebró don Manuel, el pueblo todo presintió el fin de la tragedia. ¡Y cómo sonó entonces aquel «¡Dios mío, Dios mío!, ¿por qué me has abandonado?», el último que en público sollozó don Manuel! Y cuando dijo lo del Divino Maestro al buen bandolero[178] —«todos los bandoleros son buenos», solía decir nuestro don Manuel—, aquello de: «Mañana estarás conmigo en el paraíso». ¡Y la última comunión general que repartió nuestro santo! Cuando llegó a dársela a mi hermano, esta vez con mano segura, después del litúrgico... *in vitam aeternam*, se le inclinó al oído y le dijo: «No hay más vida eterna que ésta..., que la sueñen eterna... eterna de unos pocos años...» Y cuando me la dio a mí me dijo: «Reza, hija mía, reza por nosotros». Y luego, algo tan extraordinario que lo

Conectar

¿A quién pertenece la frase «la religión es el opio de los pueblos» y qué significa?

_____

_____

_____

Interpretar

¿A qué se debe la turbación de don Manuel cuando habla de «la otra vida»?

_____

_____

Figuras retóricas

¿Qué figura retórica es «eterna de unos pocos años»? ¿Por qué?

_____

---

174 «Mi alma está triste hasta la muerte.»—palabras de Cristo, dichas a Pedro, a Jacobo y a Juan, estando ellos en Getsemaní, en vísperas de la Pasión.

175 **menguaban**—disminuían; bajaban.

176 **cuajo**—fuerza.

177 Semana de Pasión—Semana Santa, celebrada por los cristianos en la primavera, entre el Domingo de Ramos y el Domingo de Gloria; conmemora la pasión, la muerte y la resurrección de Cristo.

178 buen bandolero—Cristo fue crucificado al lado de dos otros; a uno de los dos se le ha llamado el buen bandolero, porque, aunque bandido, tuvo fe; Cristo le dijo, «Hoy estarás conmigo en el paraíso».

Inferir

Piensa en la frase que repite continuamente Blasillo y en el paralelismo entre Jesucristo y don Manuel que se construye a lo largo de la novela. ¿Por qué piensas que don Manuel le pide a Ángela que rece por «Nuestro Señor Jesucristo»?

_____

_____

Enfoque en el estilo

¿Cómo transmite el autor la angustia de Ángela en este párrafo?

_____

_____

llevo en el corazón como el más grande misterio, y fue que me dijo con voz que parecía de otro mundo: «...y reza también por Nuestro Señor Jesucristo...»

Me levanté sin fuerzas y como **sonámbula**.[179] Y todo en torno me pareció un sueño. Y pensé: «Habré de rezar también por el lago y por la montaña». Y luego: «¿Es que estaré endemoniada?» Y en casa ya, cogí el crucifijo con el cual en las manos había entregado a Dios su alma mi madre, y mirándolo a través de mis lágrimas y recordando el «¡Dios mío, Dios mío!, ¿por qué me has abandonado?» de nuestros dos Cristos, el de esta Tierra y el de esta aldea, recé: «Hágase tu voluntad así en la tierra como en el cielo», primero, y después: «Y no nos dejes caer en la tentación, amén».[180] Luego me volví a aquella imagen de la Dolorosa, con su corazón traspasado por siete espadas, que había sido el más doloroso consuelo de mi pobre madre, y recé: «Santa María, madre de Dios, ruega por nosotros, pecadores, ahora y en la hora de nuestra muerte, amén». Y apenas lo había rezado cuando me dije: «¿Pecadores?, ¿nosotros pecadores?, ¿y cuál es nuestro pecado, cuál?» Y anduve todo el día acongojada por esta pregunta.

Al día siguiente acudí a don Manuel, que iba adquiriendo una solemnidad de religioso **ocaso**,[181] y le dije:

—¿Recuerda, padre mío, cuando hace ya años, al dirigirle yo una pregunta me contestó: «Eso no me lo preguntéis a mí que soy ignorante; doctores tiene la Santa Madre Iglesia que os sabrán responder?»

—¡Que si me acuerdo!... Y me acuerdo que te dije que ésas eran preguntas que te dictaba el Demonio.

—Pues bien, padre: hoy vuelvo yo, la endemoniada, a dirigirle otra pregunta que me dicta mi demonio de la guarda.[182]

—Pregunta.

—Ayer, al darme de comulgar, me pidió que rezara por todos nosotros y hasta por...

—Bien, cállalo y sigue.

—Llegué a casa y me puse a rezar, y al llegar a aquello de «ruega por nosotros, pecadores, ahora y en la hora de nuestra muerte», una voz íntima me dijo: «¿Pecadores?, ¿pecadores nosotros?, ¿y cuál es nuestro pecado?» ¿Cuál es nuestro pecado, padre?

—¿Cuál? —me respondió—. Ya lo dijo un gran doctor de la Iglesia Católica Apostólica Española, ya lo dijo el gran doctor de

---

[179] **sonámbula**—que camina dormida.

[180] «Hágase tu voluntad así en la tierra como en el cielo», «Y no nos dejes caer en la tentación», y «Santa María, madre de Dios, ruega por nosotros, pecadores, ahora y en la hora de nuestra muerte, amén»—frases del padrenuestro y del avemaría, oraciones del rito católico.

[181] **ocaso**—puesta del sol; anochecer; figuradamente, fin de la vida.

[182] demonio de la guarda—frase irónica basada en «ángel de la guarda»; según enseña la Iglesia Católica, Dios proporciona a cada ser humano un ángel para que lo vigile durante toda su vida; Ángela, desconsolada, cree estar endemoniada.

La vida es sueño,[183] ya dijo que «el delito mayor del hombre es haber nacido». Ése es, hija, nuestro pecado: el de haber nacido.[184]

—¿Y se cura, padre?

—¡Vete y vuelve a rezar! Vuelve a rezar por nosotros, pecadores, ahora y en la hora de nuestra muerte... Sí, al fin se cura el sueño..., y al fin se cura la vida..., al fin se acaba la cruz del nacimiento... Y como dijo Calderón, el hacer bien, y el engañar bien, ni aun en sueños se pierde...

Y la hora de su muerte llegó, por fin. Todo el pueblo la veía llegar. Y fue su más grande lección. No quiso morirse ni solo ni ocioso. Se murió predicando al pueblo, en el templo. Primero, antes de mandar que le llevasen a él, pues no podía ya moverse por la perlesía,[185] nos llamó a su casa a Lázaro y a mi. Y allí los tres a solas, nos dijo:

—Oíd: cuidad de estas pobres ovejas, que se consuelen de vivir, que crean lo que yo no he podido creer. Y tú, Lázaro, cuando hayas de morir, muere como yo, como morirá nuestra Ángela, en el seno de la Santa Madre Católica Apostólica Romana, de la Santa Madre Iglesia de Valverde de Lucerna, bien entendido. Y hasta nunca más ver, pues se acaba este sueño de la vida...

—¡Padre, padre! —gemí yo.

—No te aflijas, Ángela, y sigue rezando por todos los pecadores, por todos los nacidos. Y que sueñen, que sueñen. ¡Qué ganas tengo de dormir, dormir, dormir sin fin, dormir por toda una eternidad y sin soñar!, ¡olvidando el sueño! Cuando me entierren, que sea en una caja hecha con aquellas seis tablas que tallé del viejo nogal, ¡pobrecillo!, a cuya sombra jugué de niño, cuando empezaba a soñar... ¡Y entonces sí que creía en la vida perdurable! Es decir, me figuro ahora que creía entonces. Para un niño, creer no es más que soñar. Y para un pueblo. Esas seis tablas que tallé con mis propias manos, las encontraréis al pie de mi cama.

Le dio un ahogo y, repuesto de él, prosiguió:

—Recordaréis que cuando rezábamos todos en uno, en unanimidad de sentido, hechos pueblo, el Credo, al llegar al final yo me callaba. Cuando los israelitas iban llegando al fin de su peregrinación por el desierto, el Señor les dijo a Aarón y a Moisés que por no haberle creído no meterían a su pueblo en la

---

[183] gran doctor de *La vida es sueño*—se refiere a Pedro Calderón de la Barca, dramaturgo del Siglo de Oro, que escribió en dicha obra los célebres versos: «¿Qué es la vida?/Un frenesí./¿Qué es la vida? Una ilusión./Una sombra, una ficción . . .»; fue sacerdote.

[184] nuestro pecado: el de haber nacido—en el catolicismo, «pecado» es cualquier acto que ofende a Dios, y que separa el ser humano de Él; esta afirmación de don Manuel revela hasta qué punto el sacerdote se ha apartado de las creencias de su Iglesia.

[185] perlesía—parálisis.

Elaborar

Don Manuel adopta como propia la idea de que la vida es un sueño. ¿Qué significa para él?

_____

_____

Evaluar

En este párrafo, ¿la connotación de «sueño» es positiva o negativa?

_____

_____

tierra prometida, y les hizo subir al monte de Hor,[186] donde Moisés hizo desnudar a Aarón, que allí murió, y luego subió Moisés desde las llanuras de Moab al monte Nebo, a la cumbre del Frasga, enfrente de Jericó, y el Señor le mostró toda la tierra prometida a su pueblo, pero diciéndole a él: «¡No pasarás allá!» Y allí murió Moisés y nadie supo su sepultura. Y dejó por caudillo a Josué. Sé tú, Lázaro, mi Josué, y si puedes detener al sol deténle y no te importe del progreso. Como Moisés, he conocido al Señor, nuestro supremo ensueño, cara a cara, y ya sabes que dice la Escritura que el que le ve la cara a Dios,[187] que el que le ve al sueño los ojos de la cara con que nos mira, se muere sin remedio y para siempre. Que no le vea, pues, la cara a Dios este nuestro pueblo mientras viva, que después de muerto ya no hay cuidado, pues no verá nada...

—¡Padre, padre, padre! —volví a gemir. Y él:

—Tú, Ángela, reza siempre, sigue rezando para que los pecadores todos sueñen hasta morir la resurrección de la carne y la vida perdurable...

Yo esperaba un «¿y quién sabe...?», cuando le dio otro ahogo a don Manuel.

—Y ahora —añadió—, ahora, en la hora de mi muerte, es hora de que hagáis que se me lleve, en este mismo sillón, a la iglesia, para despedirme allí de mi pueblo que me espera.

Se le llevó a la iglesia y se le puso, en el sillón, en el presbiterio,[188] al pie del altar. Tenía entre sus manos un crucifijo. Mi hermano y yo nos pusimos junto a él, pero fue Blasillo el bobo quien más se arrimó. Quería coger de la mano a don Manuel, besársela. Y como algunos trataran de impedírselo, don Manuel les reprendió, diciéndoles:

—Dejadle que se me acerque.[189] Ven, Blasillo, dame la mano.

El bobo lloraba de alegría. Y luego don Manuel dijo:

—Muy pocas palabras, hijos míos, pues apenas me siento con fuerzas sino para morir. Y nada nuevo tengo que deciros. Ya os lo dije todo. Vivid en paz y contentos y esperando que todos nos veamos un día en la Valverde de Lucerna que hay allí, entre las estrellas de la noche que se reflejan en el lago, sobre la montaña. Y rezad, rezad a María Santísima, rezad a Nuestro Señor. Sed buenos, que esto basta. Perdonadme el mal que haya podido haceros sin quererlo y sin saberlo. Y ahora, después que os dé mi bendición, rezad todos a una el Padrenuestro, el Avemaría, la Salve y, por último, el Credo.

© Houghton Mifflin Harcourt Publishing Company

---

[186] Aarón ... Moisés ... monte de Hor ... llanuras de Moab ... monte Nebo ... cumbre del Frasga ... Jericó ... Josué—personajes y lugares bíblicos aludidos en Deuteronomio 33:48, y en el libro de Josué; don Manuel compara su situación con las de ellos.

[187] el que ve la cara a Dios ... se muere—referencia a Éxodo 33:20.

[188] presbiterio—área del altar mayor en la iglesia.

[189] Dejadle que se me acerque—otro paralelo con palabras de Cristo, cuando éste dijo, «Dejadles a los niños que vengan a mí».

Comparar

Compara la manera en la que don Manuel se despide de los habitantes de pueblo con la manera en la que se despidió de Ángela y Lázaro.

_____

_____

_____

Luego, con el crucifijo que tenía en la mano, dio la bendición al pueblo, llorando las mujeres y los niños y no pocos hombres, y en seguida empezaron las oraciones, que don Manuel oía en silencio y cogido de la mano por Blasillo, que al son del ruego se iba durmiendo. Primero, el Padrenuestro, con su «hágase tu voluntad así en la tierra como en el cielo»; luego, el Santa María, con su «ruega por nosotros, pecadores, ahora y en la hora de nuestra muerte»; a seguida, la Salve, con su «gimiendo y llorando en este valle de lágrimas»,[190] y, por último, el Credo. Y al llegar a la «resurrección de la carne y la vida perdurable», todo el pueblo sintió que su santo había entregado su alma a Dios. Y no hubo que cerrarle los ojos, porque se murió con ellos cerrados. Y al ir a despertar a Blasillo nos encontramos con que se había dormido en el Señor para siempre. Así que hubo que enterrar dos cuerpos.

El pueblo todo se fue en seguida a la casa del santo a recoger reliquias,[191] a repartirse retazos de sus vestiduras, a llevarse lo que pudieran como reliquia y recuerdo del bendito mártir. Mi hermano guardó su breviario,[192] entre cuyas hojas encontró, desecada y como en un herbario,[193] una clavellina[194] pegada a un papel, y en éste, una cruz con una fecha.

Nadie en el pueblo quiso creer en la muerte de don Manuel; todos esperaban verle a diario, y acaso le veían, pasar a lo largo del lago y espejado en él o teniendo por fondo la montaña; todos seguían oyendo su voz, y todos acudían a su sepultura, en torno a la cual surgió todo un culto. Las endemoniadas venían ahora a tocar la cruz de nogal, hecha también por sus manos y sacada del mismo árbol de donde sacó las seis tablas en que fue enterrado. Y los que menos queríamos creer que se hubiese muerto éramos mi hermano y yo.

Él, Lázaro, continuaba la tradición del santo y empezó a redactar lo que le había oído, notas de que me he servido para esta mi memoria.

—Él me hizo un hombre nuevo, un verdadero Lázaro, un resucitado —me decía—. Él me dio fe.

—¿Fe? —le interrumpía yo.

—Sí, fe, fe en el consuelo de la vida, fe en el contento de la vida. Él me curó de mi progresismo. Porque hay, Ángela, dos

---

[190] «gimiendo y llorando en este valle de lágrimas»—frase de la salve regina, otra oración del rito católico.

[191] reliquias—cosas materiales asociadas con la vida de un santo por haber sido de su uso personal; su cuerpo mismo constituye la reliquia más importante, pero pueden incluir prendas de vestir, libros, etc., o trozos de estas cosas. Se consideran sagradas, conservándose con veneración.

[192] breviario—libro que tiene el rezo eclesiástico de todo el año.

[193] herbario—colección de plantas secas ordenadas sistemáticamente entre papeles.

[194] clavellina—flor muy parecida al clavel, pero con flores y tallo más pequeños.

Identificar

Subraya dos eufemismos usados en este párrafo que significan «había muerto».

Conectar

¿A qué se refiere el hermano de Ángela cuando dice que don Manuel lo convirtió en «un verdadero Lázaro»?

Comprender

Relaciona esta segunda «clase de hombres» con la frase «La religión es el opio del pueblo» citada anteriormente.

_____

_____

_____

Inferir

¿Qué actividad desdeñada por don Manuel asocia Lázaro con la teología?

_____

clases de hombres peligrosos y nocivos: los que convencidos de la vida de ultratumba, de la resurrección de la carne, atormentan, como inquisidores que son, a los demás para que, despreciando esta vida como transitoria, se ganen la otra; y los que no creyendo más que en este...

—Como acaso tú... —le decía yo.

—Y sí, y como don Manuel. Pero no creyendo más que en este mundo esperan no sé qué sociedad futura y se esfuerzan en negarle al pueblo el consuelo de creer en otro...

—De modo que...

—De modo que hay que hacer que vivan de la ilusión.

El pobre cura que llegó a sustituir a don Manuel en el curato entró en Valverde de Lucerna abrumado por el recuerdo del santo y se entregó a mi hermano y a mí para que le guiásemos. No quería sino seguir las huellas del santo. Y mi hermano le decía: «Poca teología,[195] ¿eh?, poca teología; religión, religión». Y yo al oírselo me sonreía, pensando si es que no era también teología lo nuestro.

Yo empecé entonces a temer por mi pobre hermano. Desde que se nos murió don Manuel no cabía decir que viviese. Visitaba a diario su tumba y se pasaba horas muertas contemplando el lago. Sentía morriña[196] de la paz verdadera.

—No mires tanto al lago —le decía yo.

—No, hermana, no temas. Es otro el lago que me llama; es otra la montaña. No puedo vivir sin él.

—¿Y el contento de vivir, Lázaro, el contento de vivir?

—Eso para otros pecadores, no para nosotros, que le hemos visto la cara a Dios, a quienes nos ha mirado con sus ojos el sueño de la vida.

—¿Qué?, ¿te preparas a ir a ver a don Manuel?

—No, hermana, no; ahora y aquí en casa, entre nosotros solos, toda la verdad, por amarga que sea, amarga como el mar a que van a parar las aguas de este dulce lago, toda la verdad para ti, que estás **abroquelada**[197] contra ella...

—¡No, no, Lázaro; ésa no es la verdad!

—La mía, sí.

—La tuya, pero ¿y la de...?

—También la de él.

—¡Ahora no, Lázaro; ahora no! Ahora cree otra cosa, ahora cree...

—Mira, Ángela, una de las veces en que al decirme don Manuel que hay cosas que aunque se las diga uno a sí mismo debe callárselas a los demás, le repliqué que me decía eso por decírselas a él, esas mismas, a sí mismo, y acabó confesándome

---

[195] teología—ramo del saber humano que trata de la existencia, la esencia y los atributos de Dios.

[196] morriña—tristeza; melancolía.

[197] **abroquelada**—fortalecida.

que creía que más de uno de los más grandes santos, acaso el mayor,[198] había muerto sin creer en la otra vida.

—¿Es posible?

—¡Y tan posible! Y ahora, hermana, cuida que no sospechen siquiera aquí, en el pueblo, nuestro secreto...

—¿Sospecharlo? —le dije—. Si intentase, por locura, explicárselo, no lo entenderían. El pueblo no entiende de palabras; el pueblo no ha entendido más que vuestras obras. Querer exponerles eso sería como leer a unos niños de ocho años unas páginas de Santo Tomás de Aquino...[199] en latín.

—Bueno, pues cuando yo me vaya, reza por mí y por él y por todos.

Y por fin le llegó también su hora. Una enfermedad que iba minando su robusta naturaleza pareció exacerbársele con la muerte de don Manuel.

—No siento tanto tener que morir —me decía en sus últimos días—, como que conmigo se muere otro pedazo del alma de don Manuel. Pero lo demás de él vivirá contigo. Hasta que un día hasta los muertos nos moriremos del todo.

Cuando se hallaba agonizando entraron, como se acostumbra en nuestras aldeas, los del pueblo a verle agonizar; y encomendaban su alma a don Manuel, a San Manuel Bueno, el mártir. Mi hermano no les dijo nada, no tenía ya nada que decirles; les dejaba dicho todo, todo lo que queda dicho. Era otra laña[200] más entre las dos Valverdes de Lucerna, la del fondo del lago y la que en su sobrehaz se mira; era ya uno de nuestros muertos de vida, uno también, a su modo, de nuestros santos.

Quedé más que desolada, pero en mi pueblo y con mi pueblo. Y ahora, al haber perdido a mi San Manuel, al padre de mi alma, y a mi Lázaro, mi hermano aún más que carnal, espiritual, ahora es cuando me doy cuenta de que he envejecido y de cómo he envejecido. Pero ¿es que los he perdido?, ¿es que he envejecido?, ¿es que me acerco a mi muerte?

¡Hay que vivir! Y él me enseñó a vivir, él nos enseñó a vivir, a sentir la vida, a sentir el sentido de la vida, a sumergirnos en el alma de la montaña, en el alma del lago, en el alma del pueblo de la aldea, a perdernos en ellas para quedar en ellas. Él me enseñó con su vida a perderme en la vida del pueblo de mi aldea, y no sentía yo más pasar las horas y los días y los años, que no sentía pasar el agua del lago. Me parecía como si mi vida hubiese de ser siempre igual. No me sentía envejecer. No vivía yo ya en mí, sino que vivía en mi pueblo y mi pueblo vivía en mí. Yo quería decir lo que ellos, los míos, decían sin

Reflexionar

Don Manuel ya ha identificado el pueblo con los niños cuando estaba próximo a morir. ¿Estás de acuerdo con esta idea?

_____

_____

_____

Reflexionar

¿Ves alguna contradicción entre lo que dice Ángela de su pueblo aquí, y lo que dice arriba en esta misma página?

_____

_____

_____

---

[198] acaso el mayor—se refiere a Cristo mismo.

[199] Santo Tomás de Aquino (1225–1274)—dominico y maestro en teología, llamado el Doctor Angelical; el tema central de su obra magna, *Suma teológica*, es la conciliación entre la razón y la fe.

[200] laña—grapa que se clava para sujetar las cosas; figuradamente, lazo.

querer. Salía a la calle, que era la carretera, y como conocía a todos, vivía en ellos y me olvidaba de mí, mientras que en Madrid, donde estuve alguna vez con mi hermano, como a nadie conocía, sentíame en terrible soledad y torturada por tantos desconocidos.

Y ahora, al escribir esta memoria, esta confesión íntima de mi experiencia de la santidad **ajena**,[201] creo que don Manuel Bueno, que mi San Manuel y que mi hermano Lázaro se murieron creyendo no creer lo que más nos interesa, pero sin creer creerlo, creyéndolo en una desolación activa y resignada.

Pero ¿por qué —me he preguntado muchas veces— no trató don Manuel de convertir a mi hermano también con un engaño, con una mentira, fingiéndose creyente sin serlo? Y he comprendido que fue porque comprendió que no le engañaría, que para con él no le serviría el engaño, que sólo con la verdad, con su verdad, le convertiría; que no habría conseguido nada si hubiese **pretendido**[202] representar para con él una comedia —tragedia más bien—, la que representaba para salvar al pueblo. Y así le ganó, en efecto, para su piadoso fraude; así le ganó con la verdad de muerte a la razón de vida. Y así me ganó a mí, que nunca dejé transparentar a los otros su divino, su santísimo juego. Y es que creía y creo que Dios Nuestro Señor, por no sé qué sagrados y no escudriñaderos[203] designios, les hizo creerse incrédulos. Y que acaso en el acabamiento de su tránsito se les cayó la venda. Y yo, ¿creo?

Y al escribir esto ahora, aquí, en mi vieja casa materna, a mis más que cincuenta años, cuando empiezan a blanquear con mi cabeza mis recuerdos, está nevando, nevando sobre el lago, nevando sobre la montaña, nevando sobre las memorias de mi padre, el forastero; de mi madre, de mi hermano Lázaro, de mi pueblo, de mi San Manuel, y también sobre la memoria del pobre Blasillo, de mi San Blasillo,[204] y que él me ampare desde el cielo. Y esta nieve borra esquinas y borra sombras, pues hasta de noche la nieve alumbra. Y yo no sé lo que es verdad y lo que es mentira, ni lo que vi y lo que sólo soñé —o mejor lo que soñé y lo que sólo vi—, ni lo que supe ni lo que creí. Ni sé si estoy traspasando a este papel, tan blanco como la nieve, mi conciencia, que en él se ha de quedar, quedándome yo sin ella. ¿Para qué tenerla ya...?

¿Es que sé algo?, ¿es que creo algo? ¿Es que esto que estoy aquí contando ha pasado y ha pasado tal y como lo cuento? ¿Es que pueden pasar estas cosas? ¿Es que todo esto es más que un sueño soñado dentro de otro sueño? ¿Seré yo, Ángela Carballino, hoy cincuentona, la única persona que en esta aldea se ve **acometida de**[205] estos pensamientos extraños para los demás? ¿Y éstos, los

Reflexionar

¿Qué tono predomina en estos dos párrafos y de qué modo fue preanunciado? ¿Qué otros tonos secundarios encuentras?

---

[201] **ajena**—no propia; de otro u otros.

[202] **pretendido**—intentado; procurado.

[203] escudriñaderos—investigables; examinables; averiguables.

[204] mi San Blasillo—Ángela aprecia la gran inocencia de Blasillo el bobo, ya muerto.

[205] **acometida de**—atacada por; perseguida por.

otros, los que me rodean, creen? ¿Qué es eso de creer? Por lo menos, viven. Y ahora creen en San Manuel Bueno, mártir, que sin esperar la inmortalidad los mantuvo en la esperanza de ella.

Parece que el ilustrísimo señor obispo, el que ha promovido el proceso de beatificación de nuestro santo de Valverde de Lucerna, se propone escribir su vida, una especie de manual del perfecto párroco, y recoge para ello toda clase de noticias. A mí me las ha pedido con insistencia, ha tenido entrevistas conmigo, le he dado toda clase de datos, pero me he callado siempre el secreto trágico de don Manuel y de mi hermano. Y es curioso que él no lo haya sospechado. Y confío en que no llegue a su conocimiento todo lo que en esta memoria dejo consignado. Les temo a las autoridades de la tierra, a las autoridades temporales, aunque sean las de la Iglesia.

Pero aquí queda esto, y sea de su suerte lo que fuere.

¿Cómo vino a parar a mis manos este documento, esta memoria de Ángela Carballino? He aquí algo, lector, algo que debo guardar en secreto. Te la doy tal y como a mí ha llegado, sin más que corregir pocas, muy pocas particularidades de redacción. ¿Que se parece mucho a otras cosas que yo he escrito? Esto nada prueba contra su objetividad, su originalidad. ¿Y sé yo, además, si no he creado fuera de mí seres reales y efectivos, de alma inmortal? ¿Sé yo si aquel Augusto Pérez, el de mi nivola *Niebla*,[206] no tenía razón al pretender ser más real, más objetivo que yo mismo, que creía haberle inventado? De la realidad de este San Manuel Bueno, mártir, tal como me lo ha revelado su discípula e hija espiritual Ángela Carballino, de esta realidad no se me ocurre dudar. Creo en ella más que creía el mismo santo; creo en ella más que creo en mi propia realidad.

Y ahora, antes de cerrar este epílogo, quiero recordarte, lector paciente, el versillo noveno de la Epístola del olvidado apóstol San Judas[207] —¡lo que hace un nombre!—, donde se nos dice cómo mi celestial patrono, San Miguel Arcángel —Miguel quiere decir: «¿Quién como Dios?», y arcángel, archimensajero—, disputó con el Diablo —Diablo quiere decir acusador fiscal— por el cuerpo de Moisés y no toleró que se lo llevase en juicio de maldición, sino que le dijo al Diablo: «El Señor te reprenda». Y el que quiera entender, que entienda.

Quiero también, ya que Ángela Carballino mezcló a su relato sus propios sentimientos, ni sé qué otra cosa quepa, comentar yo

Interpretar

¿Por qué crees que Ángela escribió esta memoria si no quiere que se sepa el secreto de don Manuel?

_____

_____

Comparar

Parece que aquí se presenta un caso de «la dualidad del ser». ¿Has leído de otros casos?

_____

_____

_____

_____

---

[206] Augusto Pérez, el de mi nivola *Niebla*—protagonista de *Niebla*, otra insigne novela unamuniana; *Niebla* culmina en una confrontación entre Augusto Pérez y su autor, en la que los dos discuten cuál de ellos es real: Unamuno, creador de Augusto Pérez, o Augusto Pérez, ente de ficción.

[207] San Judas—se refiere a Judas 9 en la Biblia; Unamuno parece querer rechazar, con estas palabras enigmáticas, cualquier crítica que le venga a él, o que les venga a los personajes de esta novela por parte de católicos que se ofendan a causa de desviaciones en ella de las enseñanzas católicas ortodoxas; nótese que esta novela, *San Manuel Bueno, mártir*, fue proscrita por la Iglesia, y constaba durante años en el Índice de Libros Prohibidos.

Reflexionar

¿Te parece acertada esta opinión de Unamuno?

_____

_____

aquí lo que ella dejó dicho de que, si don Manuel y su discípulo Lázaro hubiesen confesado al pueblo su estado de creencia, éste, el pueblo, no los habría entendido. Ni los habría creído, añado yo. Habrían creído a sus obras y no a sus palabras, porque las palabras no sirven para apoyar las obras, sino que las obras se bastan. Y para un pueblo como el de Valverde de Lucerna no hay más confesión que la conducta. Ni sabe el pueblo qué cosa es fe, ni acaso le importa mucho.

Bien sé que en lo que se cuenta en este relato, si se quiere novelesco —y la novela es la más íntima historia, la más verdadera, por lo que no me explico que haya quien se indigne de que se llame novela al Evangelio, lo que es elevarle, en realidad, sobre un cronicón cualquiera—, bien sé que en lo que se cuenta en este relato no pasa nada; mas espero que sea porque en ello todo se queda, como se quedan los lagos y las montañas y las santas almas sencillas, asentadas más allá de la fe y de la desesperación, que en ellos, en los lagos y las montañas, fuera de la historia, en divina novela, se cobijaron.

Salamanca, noviembre de 1930.

PREGUNTAS

Para conocer más a fondo el texto que has leído, responde a las siguientes preguntas. Tu propósito será uno de éstos, según indique tu profesor/a: a. prepararte para participar en un coloquio con tus compañeros de clase; b. prepararte para dar una presentación oral; c. bosquejar tus ideas por escrito para intercambiarlas con tus compañeros de clase; o d. escribir un ensayo formal.

1. Señala y comenta un mínimo de tres de las muchas oportunidades de que se vale don Manuel para lograr el bienestar del pueblo en su ministerio en Valverde de Lucerna. ¿De qué manera revelan estos incidentes el carácter de don Manuel?

2. Caminando los dos hombres a orillas del lago, Lázaro le escucha la verdad a don Manuel. Lázaro, en estos momentos, se deja instruir en el ministerio del párroco. En tus propias palabras, describe en qué consiste, en el fondo, aquel ministerio y la fe que fervientemente posee don Manuel. ¿En qué cree y en qué no cree don Manuel? Justifica tus comentarios con citas textuales.

3. Al final de sus memorias, Ángela concluye: «...creo que don Manuel Bueno, que mi San Manuel y que mi hermano Lázaro se murieron creyendo no creer lo que más nos interesa, pero sin creer creerlo, creyéndolo en una desolación activa y resignada». Analiza lo que dice Ángela con esto.

4. Ángela escribe sus memorias a petición del obispo, quien busca datos para apoyar la beatificación de don Manuel. ¿Crees tú que la respuesta del obispo a lo narrado aquí será seguir con el proceso de beatificación? ¿Por qué? ¿Por qué no?

5. Comenta las connotaciones y las analogías que puedes trazar entre las cuatro palabras que forman el título de esta novela, *San Manuel Bueno, mártir,* y la historia del hombre aquí relatada.

Análisis literario

San Manuel Bueno, mártir

Este texto es un fragmento de la novela corta *San Manuel Bueno, mártir*, de Miguel de Unamuno. Aquí Lázaro, el hermano de la narradora, le relata una conversación que tuvo con el párroco de la aldea, don Manuel.

—Entonces —prosiguió mi hermano— comprendí sus móviles, y con esto comprendí su santidad; porque es un santo, hermana, todo un santo. No trataba, al emprender ganarme para su santa causa—porque es una causa santa, santísima—, arrogarse un triunfo, sino que lo hacía por la paz, por la felicidad, por la ilusión si quieres, de los que le están encomendados; comprendí que si les engaña así —si es que esto es engaño— no es por medrar. Me rendí a sus razones, y he aquí mi conversión. Y no me olvidaré jamás del día en que diciéndole yo: «Pero, don Manuel, la verdad, la verdad ante todo», él, temblando, me susurró al oído —y eso que estábamos solos en medio del campo—: «¿La verdad? La verdad, Lázaro, es acaso algo terrible, algo intolerable, algo mortal; la gente sencilla no podría vivir con ella». «Y, ¿por qué me la deja entrever ahora aquí como en confesión?», le dije. Y él: «Porque si no, me atormentaría tanto, tanto, que acabaría gritándola en medio de la plaza, y eso jamás, jamás, jamás. Yo estoy para hacer vivir a las almas de mis feligreses, para hacerlos felices, para hacerles que se sueñen inmortales y no para matarlos.

1. A juzgar por este pasaje, esta novela se narra _____.

   a. en primera persona

   b. en segunda persona

   c. en tercera persona

   d. desde múltiples perspectivas

2. La conversación con don Manuel _____.

   a. hace que Lázaro pierda todo respeto por él

   b. en realidad no sorprende mucho a Lázaro

   c. no cambia a Lázaro con respecto a don Manuel

   d. hace que Lázaro lo respete muchísimo más

3. Al principio de su conversación con Lázaro, don Manuel está _____.

   a. tranquilo   c. emocionado

   b. triste   d. confundido

4. Antes de su conversación con don Manuel, la verdad _____.

   a. no le preocupaba mucho a Lázaro

   b. era lo más importante para Lázaro

   c. dejaba a Lázaro confundido

   d. era menos importante que la felicidad para Lázaro

5. Don Manuel piensa que si las personas humildes supieran la verdad, _____.

   a. su vida no cambiaría mucho

   b. serían mucho más felices

   c. su situación cambiaría para mejor

   d. posiblemente morirían

6. Se intuye que la razón por la cual don Manuel decide revelar sus verdaderas creencias a Lázaro es porque _____.

   a. cree que si no las comparte con alguien, terminará declarándolas en público, lo cual causaría muchos probemas

   b. se siente muy cerca de la muerte, y si antes puede convertir a Lázaro a su peculiar dogma, tendrá a quien legar la labor de matener feliz al pueblo sin su presencia.

   c. quiere que Lázaro le cuente lo que ha sabido a su hermana.

   d. ha decidido que ocultar sus verdaderos pensamientos es un acto de hipocresía, y ya no está dispuesto a portarse así.

Nicolás Guillén ▶

Balada de los dos abuelos

NICOLÁS GUILLÉN

Nacido en Camagüey, de linaje español y africano, el poeta cubano Nicolás Guillén (1902–1989) cursó estudios de derecho, pero temprano se sintió atraído por el periodismo. Como poeta se hizo vocero de la fusión espiritual de lo blanco y lo negro en las Antillas. Ejemplo de la expresión lírica de esta fusión es su poema, «Balada de los dos abuelos». Guillén llegó a ser intérprete poético del arte de los dialectos, de los viejos ritmos, de los cantos carnavalescos y de los estados de ánimo de los afroantillanos. Su maestría en cuanto a estos componentes lo llevó en su obra a temas básicos de la vida cotidiana y de la sensualidad, del amor y de la muerte, y también a la enérgica protesta política y social, atenta a elementos que oprimían a los pobres y humildes. Fue comunista y fidelista.

El poeta cobró su voz auténtica de negritud después de una visita que le hizo el poeta afroamericano Langston Hughes en enero de 1930. Publicó su primer libro de poemas, Motivos de son, en ese mismo año. Característico de la obra de Guillén es su lenguaje: acentos, timbres, compases, intensidades y duraciones del habla del pueblo; y la creación de «jitanjáforas», recurso estilístico que consiste en el uso de una palabra, muchas veces onomatopéyica, sin significado, pero de un gran poder evocador. En «Sensemayá: canto para matar a una culebra», poema de vivo lirismo que se publicó por vez primera en West Indies, Ltd., en 1934, experimentamos una inocencia y una espontaneidad ingenuas. «Sensemayá» representa una de las poquísimas ocasiones en que Guillén quedó satisfecho con la primera versión de un poema. Confeccionado en el transcurso de una sola noche, contiene poderosas jitanjáforas.

Balada de los dos abuelos

Visualizar

En la primera estrofa del poema, el poeta presenta a sus dos abuelos. ¿Cuáles son las imágenes que corresponden al abuelo negro?

_____

_____

_____

¿Y al abuelo blanco?

_____

_____

_____

_____

Analizar

En este poema ¿cuántas voces poéticas hay? ¿Quiénes son?

_____

_____

_____

_____

Identificar

La repetición es el uso continuado de palabras para dar énfasis a lo que se dice. A medida que leas el poema, subraya los versos que creen una repetición.

Conectar

¿A qué sucesos históricos se refieren los dos abuelos? ¿De qué manera están relacionados?

_____

_____

_____

_____

_____

Sombras que sólo yo veo,
me escoltan[1] mis dos abuelos.

   Lanza[2] con punta de hueso,
tambor de cuero y madera:
mi abuelo negro.
Gorguera[3] en el cuello ancho,
gris armadura guerrera:
mi abuelo blanco.

   ¡Pie desnudo, torso pétreo[4]
los de mi negro;
pupilas de vidrio antártico, las de mi blanco!

   África de **selvas**[5] húmedas
y de gordos gongos[6] sordos...
—¡Me muero!
(Dice mi abuelo negro.)
Aguaprieta[7] de **caimanes**,[8]
verdes mañanas de **cocos**...[9]

   —¡Me canso!
(Dice mi abuelo blanco.)
Oh velas de amargo viento,
galeón[10] **ardiendo**[11] en oro...
—¡Me muero!
(Dice mi abuelo negro.)
¡Oh costas de cuello virgen
engañadas de abalorios[12]...!
—¡Me canso!
(Dice mi abuelo blanco.)
¡Oh puro sol repujado,[13]
preso en el aro[14] del trópico;

---

[1] escoltan—acompañan.

[2] **Lanza**—palo puntiagudo; arma arrojadiza.

[3] Gorguera—cuello grande y blanco, de lino doblado en pliegues, usado por los hombres españoles de los siglos XVI y XVII.

[4] pétreo—de las características de la piedra.

[5] selvas—bosques tropicales.

[6] gongos— gongs; batintines, o campanas en forma de plato o caldero, suspendidos, que se golpean con una bola cubierta de lana, fija en el extremo de un palito; sinónimo de "batintín" es "tantán".

[7] Aguaprieta—agua pantanosa.

[8] **caimanes**—reptiles parecidos a cocodrilos.

[9] cocos—frutos del cocotero, que tiene dentro un líquido dulce y sabroso.

[10] **galeón**—barco español grande, de velas, con 3 o 4 mástiles.

[11] **ardiendo**—quemándose.

[12] abalorios—bolitas de vidrio.

[13] repujado—grabado; adornado.

[14] aro—círculo.

oh luna redonda y limpia
sobre el sueño de los monos!

    ¡Qué de barcos,[15] qué de barcos!
¡Qué de negros, qué de negros!
¡Qué largo fulgor[16] de cañas!
¡Qué látigo[17] el del negrero![18]
¿Sangre? Sangre. ¿Llanto? Llanto...
venas y ojos entreabiertos,
y **madrugadas**[19] vacías
y atardeceres de ingenio,[20]
y una gran voz, fuerte voz,
despedazando[21] el silencio.

    ¡Qué de barcos, qué de barcos,
qué de negros!

    Sombras que sólo yo veo,
me escoltan mis dos abuelos.

    Don Federico me grita
y Taita[22] Facundo calla;
los dos en la noche sueñan
y andan, andan.
Yo los junto.

    —¡Federico!
¡Facundo! Los dos se abrazan.
Los dos suspiran. Los dos
las fuertes cabezas **alzan**;[23]
los dos del mismo tamaño,
bajo las estrellas altas;
los dos del mismo tamaño,
ansia[24] negra y ansia blanca,
los dos del mismo tamaño,
gritan, sueñan, lloran, cantan.
Sueñan, lloran, cantan.
Lloran, cantan.
¡Cantan!

---

[15] ¡Qué de barcos!—¡Cuántos barcos! ¡Qué cantidad de barcos!

[16] fulgor—brillo.

[17] látigo—correa usada para azotar, para pegar, como castigo.

[18] negrero—comerciante en esclavos africanos.

[19] **madrugadas**—albas; auroras; amaneceres.

[20] ingenio—fábrica de azúcar.

[21] **despedazando**—deshaciendo.

[22] Taita (m.)—abuelito.

[23] **alzan**—levantan.

[24] **ansia**—angustia; dolor espiritual.

© Houghton Mifflin Harcourt Publishing Company

Observa que en algunas partes del poema, el autor hace uso de los signos de exclamación. Además de dar énfasis, ¿cómo afectan el tono del poema?

_____

_____

_____

Figuras retóricas
Busca una metáfora que se refiera a un abuelo y otra metáfora que se refiera al otro. Luego escribe tu propia interpretación de cada metáfora, comparando a los dos abuelos.

_____

_____

_____

_____

_____

Interpretar
¿Es significativo que el abuelo blanco grite y el abuelo negro calle? ¿Cómo cambiaría el significado del poema si el abuelo negro gritara y el abuelo blanco callara?

_____

_____

_____

_____

_____

Analizar
¿Crees que el encuentro entre ambos abuelos fue real o figurativo? Explica el significado de este encuentro.

_____

_____

_____

_____

PREGUNTAS

*Para conocer más a fondo el texto que has leído, responde a las siguientes preguntas. Tu propósito será uno de éstos, según indique tu profesor/a: **a.** prepararte para participar en un coloquio con tus compañeros de clase; **b.** prepararte para dar una presentación oral; **c.** bosquejar tus ideas por escrito para intercambiarlas con tus compañeros de clase; o **d.** escribir un ensayo formal.*

1. Analiza la métrica de «Balada de los dos abuelos», con especial atención a su ritmo. ¿Por qué optaría el poeta por esta forma? ¿Qué efecto tiene este aspecto formal sobre el fondo poético, o sea, sobre la idea que se expone?

2. ¿Intuyes tú alguna preferencia en «Balada de los dos abuelos» por las cualidades del abuelo negro o por las del abuelo blanco? ¿Crees tú que Guillén condena de alguna forma a cualquiera de sus dos linajes? Defiende tus observaciones con detalles del poema.

3. Comenta el efecto artístico del léxico de Guillén, o sea, de las palabras que utiliza en su poema. Comenta el efecto artístico de la repetición de palabras y de sonidos.

4. Escoge uno de los romances que hayas leído de Federico García Lorca, y compara y contrasta su estructura lírica con la estructura lírica del poema de Guillén. Analiza la relación que existe entre el fondo y la forma de cada uno de los dos poemas. ¿Por qué crees que se valieron Guillén y Lorca de la estructura de sus respectivos poemas para lograr su expresión poética?

Análisis literario

«Balada de los dos abuelos» y «Mulata-Antilla»

Este texto es el final del poema «Mulata-Antilla», del poeta puertorriqueño Luis Palés Matos. Léelo, y luego contesta las preguntas.

> Cuba, Santo Domingo, Puerto Rico,
> fogosas y sensuales tierras mías.
> ¡Oh los rones calientes de Jamaica!
> ¡Oh fiero calalú de Martinica!
> ¡Oh noche fermentada de tambores
> del Haití impenetrable y voduísta!
> Dominica, Tortola, Guadalupe,
> ¡Antillas, mis Antillas!
> Sobre el mar de Colón, aupadas todas,
> sobre el Caribe mar, todas unidas,
> soñando y padeciendo y forcejeando
> contra pestes, ciclones y codicias,
> y muriéndose un poco por la noche,
> y otra vez a la aurora, redivivas,
> porque eres tú, mulata de los trópicos,
> la libertad cantando en mis Antillas.

1. Con una excepción, estos versos son _____.
   a. llanos
   b. endecasílabos
   c. decasílabos
   d. de arte menor

2. Además de ser islas caribeñas, todos los países que se mencionan aquí _____.
   a. son de habla hispana
   b. practican el vudú
   c. tienen una gran tradición literaria en lengua inglesa
   d. comparten una importante herencia cultural africana

3. Las palabras «Caribe mar» en el verso 10 forman _____.
   a. un hipérbaton
   b. una sinalefa
   c. un símil
   d. una metáfora

Vuelve a leer «Balada de los dos abuelos», y piensa en cómo se compara con este poema de Palés Matos antes de contestar las preguntas que siguen.

4. Estos dos poemas se asemejan en que en los dos _____.
   a. se trata sobre todo del orgullo patriótico
   b. se hacen referencias a varios países caribeños
   c. se refiere a la experiencia de los afroantillanos
   d. es pesimista su tono

5. El tema del mestizaje racial y cultural _____.
   a. está presente más en el poema de Guillén que en el de Palés Matos
   b. no forma parte importante de ninguno de los dos poemas
   c. es fundamental en el poema de Guillén y en el de Palés Matos
   d. es tratado de manera muy parecida en los dos poemas

6. Al leer cualquier poema, es importante fijarse en cómo termina. ¿Cuál de estas declaraciones caracteriza mejor las conclusiones de estos dos poemas?
   a. El poema de Palés Matos termina con un tono amargo, mientras el de Guillén es más optimista.
   b. El poema de Guillén termina con una mirada hacia el pasado, mientras el de Palés Matos mira hacia el futuro.
   c. Los dos poemas concluyen con cierto sabor amargo debido a los sucesos tristes que describen.
   d. Los dos encierran una esencia positiva: celebran las labores, las cuitas y los sueños como parte de la condición humana.

Pablo Neruda ▶

Walking around

PABLO NERUDA

El poeta chileno Pablo Neruda (1904–1973), más que ningún otro, logró popularizar el género de la poesía entre la juventud del siglo XX. Se han vendido más de un millón de ejemplares de Veinte poemas de amor y una canción desesperada (1924), una colección de poemas de tema amoroso, entre los que se halla «Poema 15». Al recibir el Premio Nobel de Literatura en 1971, Neruda definió la poesía como "... una acción pasajera o solemne en que entran por parejas medidas la soledad y la solidaridad, el sentimiento y la acción." La naturaleza de Chile sirve de abundante fuente para su expresión poética: el atormentado mar de su país oceánico, la batalla del oleaje en el litoral chileno, sus paisajes de uvas y bosques, de vientos y de estrellas y, a partir de Residencia en la tierra, la pureza incorruptible de la piedra de los peñascos de sus costas.

Neruda labra su obra en sucesivas facetas. Luego de su primera etapa, en la cual anda en busca de un amor ideal, sufre una crisis existencial por el aislamiento desolado de sus residencias como diplomático fuera de Chile (Residencia en la tierra, I 1933, y Residencia en la tierra II, 1935). En «Walking around», el poeta deambula por su mundo, hastiado de los objetos de un mundo hostil y repelente. A partir de 1936, Neruda se dedica a su compromiso sociopolítico de izquierda. Nacido en la lluviosa ciudad de Parral, en la parte sur de Chile, el poeta se crió en el eje mismo de los cambios socioeconómicos acarreados por la industrialización, que convirtió a Parral en un centro comercial e industrial. Su padre era trabajador ferrocarrilero y maderero.

En las dos últimas décadas de su vida, Neruda se reencuentra con su inherente e irreprimible serenidad, con la «dicha de compartir cantando». No renuncia del todo, sin embargo, al «derecho a cantar opinando». El equilibrio de esta etapa se fundamenta en el amor de su vida, su esposa Matilde Urrutia. El poeta ahora vuelve los ojos hacia lo cotidiano, lo elemental; de esta etapa es representativa su «Oda a la alcachofa», de Odas elementales (1954–1957). Éste es un Neruda de frente a las maravillas del mundo material, sintiendo la unidad de un universo lleno de cosas y seres interrelacionados entre sí. Ha dicho: «Mi vida es una vida hecha de todas las vidas». Sus últimas obras tienden hacia temas de amor y de fantasía, e incluyen sus Cien sonetos de amor (1959), escritos para Matilde. Sus memorias, Confieso que he vivido, se publicaron póstumamente, en 1974.

Walking around

Sucede que me canso de ser hombre.
Sucede que entro en las **sastrerías**[1] y en los cines
marchito,[2] impenetrable como un cisne de **fieltro**[3]
navegando en un agua de origen y ceniza.

El olor de las **peluquerías**[4] me hace llorar a gritos.
Sólo quiero un descanso de piedras o de lana,
sólo quiero no ver establecimientos ni jardines,
ni mercaderías, ni anteojos, ni ascensores.

Sucede que me canso de mis pies y mis uñas
y mi pelo y mi sombra.
Sucede que me canso de ser hombre.

Sin embargo sería delicioso
asustar a un notario con un **lirio**[5] cortado
o dar muerte a una monja con un golpe de oreja.
Sería bello
ir por las calles con un cuchillo verde
y dando gritos hasta morir de frío.

No quiero seguir siendo raíz en las **tinieblas**,[6]
vacilante, extendido, **tiritando**[7] de sueño,

---

[1] **sastrerías**—locales donde los sastres hacen trajes y vestidos a la medida del cliente.

[2] **marchito**—seco; enflaquecido; reducido.

[3] **fieltro**—paño prensado; tela gruesa que se utiliza para hacer sombreros.

[4] **peluquerías**—locales donde los peluqueros, o barberos, les cortan el pelo o la barba a los clientes.

[5] **lirio**—planta herbácea con tallos gruesos y muchas flores azules, moradas y a veces blancas; Góngora, en su soneto, alude a esta flor como *lilio*.

[6] **tinieblas**—oscuridad profunda.

[7] **tiritando**—temblando.

Interpretar

El primer verso establece el tono que tendrá todo el poema. ¿Cuál es ese tono?

Analizar

El autor asocia tres tipos de establecimiento —sastrerías, cines y peluquerías— con sensaciones negativas, y dice que quiere un descanso «de piedras o de lana». ¿De qué está cansado realmente?

Figuras retóricas

a. En los dos últimos versos de la estrofa que empieza con «El olor de...» hay una enumeración. ¿Con qué puedes relacionar cada una de las palabras de esta enumeración? ¿Qué imagen crean en conjunto?

b. Encierra en un círculo las conjunciones que se repiten en estos dos últimos versos y en la estrofa siguiente. ¿Cómo se llama esta figura retórica?

Identificar

Subraya las palabras relacionadas con la idea de estar bajo tierra, que se describe en esta estrofa.

hacia abajo, en las tripas mojadas de la tierra,
absorbiendo y pensando, comiendo cada día.

No quiero para mí tantas desgracias.
No quiero continuar de raíz y de tumba,
de subterráneo solo, de **bodega**[8] con muertos,
aterido,[9] muriéndome de pena.

Inferir

¿Por qué el autor dedica una estrofa completa a describir las sensaciones negativas que le provoca este día de la semana?

_____

_____

Por eso el día lunes arde como el petróleo
cuando me ve llegar con mi cara de cárcel,
y aúlla en su transcurso como una rueda herida,
y da pasos de sangre caliente hacia la noche.
Y me empuja a ciertos rincones, a ciertas casas húmedas,
a hospitales donde los huesos salen por la ventana,
a ciertas zapaterías con olor a vinagre,
a calles espantosas como **grietas**.[10]

Hay pájaros de color de **azufre**[11] y horribles intestinos
colgando de las puertas de las casas que odio,
hay dentaduras olvidadas en una cafetera,
hay espejos
que debieran haber llorado de vergüenza y espanto,
hay paraguas en todas partes, y **venenos**,[12] y ombligos.

Enfoque en el estilo

¿Qué recurso emplea el autor para unir este verso y el siguiente?

_____

_____

Figuras retóricas

Explica la imagen de la ropa que llora «lágrimas sucias». ¿Qué figura retórica emplea aquí el autor?

_____

_____

Yo paseo con calma, con ojos, con zapatos,
con furia, con olvido,
paso, cruzo oficinas y tiendas de ortopedia,
y patios donde hay ropas colgadas de un alambre:
calzoncillos, toallas y camisas que lloran
lentas lágrimas sucias.

Reflexionar

¿Qué visión de una ciudad nos transmite Neruda en este poema?

_____

_____

---

[8] **bodega**—tienda; almacén pequeño de comestibles.

[9] **aterido**—helado de frío.

[10] **grietas**—rajaduras; rupturas en la superficie de alguna cosa.

[11] **azufre**—elemento químico amarillo, combustible, que arde con llama azul, produciendo un olor acre característico.

[12] **venenos**—sustancias que dañan o matan al que las consume; ponzoñas.

PREGUNTAS

Para conocer más a fondo el texto que has leído, responde a las siguientes preguntas. Tu propósito será uno de éstos, según indique tu profesor/a: **a.** *prepararte para participar en un coloquio con tus compañeros de clase;* **b.** *prepararte para dar una presentación oral;* **c.** *bosquejar tus ideas por escrito para intercambiarlas con tus compañeros de clase; o* **d.** *escribir un ensayo formal.*

1. ¿Qué problema se expone en «Walking around»? ¿Qué estructura métrica informa este poema? ¿En qué sentido le conviene al poeta esta forma en su afán de expresar un estado de ánimo?

2. Compara y contrasta, en cuanto forma y fondo, «Walking around» de Pablo Neruda con «He andado muchos caminos» de Antonio Machado. Describe y comenta tanto las ideas centrales como el tono de los dos poemas, y extrae ejemplos de las técnicas empleadas en cada caso para lograr la expresión poética.

3. Haz un breve comentario sobre algunas de las imágenes presentes en este poema. ¿Cómo las calificas?

Análisis literario

«Walking around»

Lee este fragmento del poema «Walking around», de Pablo Neruda. Luego contesta las preguntas.

Sucede que me canso de ser hombre.
Sucede que entro en las sastrerías y en los cines
marchito, impenetrable, como un cisne de fieltro
navegando en un agua de origen y ceniza.

El olor de las peluquerías me hace llorar a gritos.
Sólo quiero un descanso de piedras o de lana,
sólo quiero no ver establecimientos ni jardines,
ni mercaderías, ni anteojos, ni ascensores.
Sucede que me canso de mis pies y mis uñas
y mi pelo y mi sombra.
Sucede que me canso de ser hombre.

Sin embargo sería delicioso
asustar a un notario con un lirio cortado
o dar muerte a una monja con un golpe de oreja.
Sería bello
ir por las calles con un cuchillo verde
y dando gritos hasta morir de frío.

No quiero seguir siendo raíz en las tinieblas,
vacilante, extendido, tiritando de sueño,
hacia abajo, en las tripas mojadas de la tierra,
absorbiendo y pensando, comiendo cada día.

1. La escena que retrata Neruda es _____.
   a. de un área rural
   b. de extrema pobreza
   c. de una ciudad
   d. de un lugar tranquilo

2. Este poema no tiene ni rima ni forma métrica específica. Este hecho _____.
   a. le resta cierto valor como obra literaria
   b. crea una sensación de enajenación que cuadra bien con la temática del poema

c. no viene al caso al analizar el poema en su conjunto
d. es muy poco normal en la poesía en español del Siglo XX

3. Al repetir el narrador que se cansa de ser hombre, le comunica al lector que _____.
   a. se siente oprimido por las obligaciones que tienen los hombres en la sociedad
   b. la intensidad del trabajo que hay que hacer para sobrevivir lo tiene agotado físicamente
   c. está harto de la vida anónima y enajenada que lleva como parte de la sociedad moderna
   d. el ritmo acelerado de la vida moderna no le da tiempo para reflexionar

4. Este poema lleva un título en inglés—lengua extranjera para la inmensa mayoría de sus lectores. Se podría decir que este hecho _____.
   a. sirve para recordar al lector que todos los seres humanos tienen mucho en común, aunque hablen lenguas diferentes
   b. se debe a que el poeta quería hacer alarde de su conocimiento de lenguas extranjeras
   c. sugiere que el poeta piensa que sería más feliz si viviera en un país de habla inglesa
   d. contribuye a la impresión de extrañeza de la voz poética en un medio donde se siente incapaz de comunicarse en su propia lengua

5. Busca en Internet una versión de «El grito», de Edvard Munch. Mira la imagen y compara tus impresiones con lo que sentiste al leer el fragmento del poema. ¿Cuál de estas declaraciones mejor representa la relación entre las dos obras?
   a. No hay relación aparente, porque la pintura representa una escena rural.
   b. La figura en la pintura y el narrador del poema representan estados anímicos opuestos.
   c. El narrador del poema tiene una reacción muy diferente ante su situación que la de la figura de la pintura.
   d. Las dos figuras se parecen porque expresan actitudes similares ante su entorno.

Federico García Lorca ▶

La casa de Bernarda Alba

DRAMA DE MUJERES EN LOS PUEBLOS DE ESPAÑA

FEDERICO GARCÍA LORCA

A semejanza de otras obras de teatro lorquianas, La casa de Bernarda Alba (1936) presenta protagonistas femeninas que llevan dentro una frustración arraigada en una pasión irreprimible. Aquella pasión salvará obstáculos, arrasará convenciones, y desembocará en tragedia.

A diferencia de las fuerzas telúricas que rigen el resto del teatro lorquiano—por ejemplo, Bodas de sangre y Yerma—, fuerzas sociales rigen el destino de las hijas de Bernarda, sobre todo, las presunciones de clase social. La soberbia de esta madre la impulsa a la hipocresía y al despotismo. En La casa de Bernarda Alba, Lorca deja de lado lo místico y lo simbólico, elementos que infunden sus otras obras. También se diferencia por el uso preponderante de la prosa; se suprime casi del todo la poesía que ha caracterizado sus obras teatrales hasta este momento.

Lorca presenta un escenario de fondo doble: se sienten fuera campanadas, voces, cantos, movimiento; se encierra dentro, bajo el mando de Bernarda, un ambiente que agobia y ahoga. Por fuera, hay vida; por dentro, sólo hay sofocación y rencor.

Personajes

Bernarda, *60 años*

Maria Josefa (madre de Bernarda), *80 años*

Angustias (hija de Bernarda), *39 años*

Magdalena (hija de Bernarda), *30 años*

Amelia (hija de Bernarda), *27 años*

Martirio (hija de Bernarda), *24 años*

Adela (hija de Bernarda), *20 años*

Criada, *50 años*

La Poncia (criada), *60 años*

Prudencia, *50 años*

Mendiga

Mujeres de luto

Mujer 1ª

Mujer 2ª

Mujer 3ª

Mujer 4ª

Muchacha

El poeta advierte que estos tres actos tienen la intención de un documental fotográfico.

Acto primero

Habitación blanquísima del interior de la casa de **Bernarda**. *Muros gruesos. Puertas en arco con cortinas de yute[1]* **rematadas**[2] *con madroños[3] y* **volantes**.[4] *Sillas de anea.[5] Cuadros con paisajes* **inverosímiles**[6] *de ninfas, o reyes de leyenda. Es verano. Un gran silencio* **umbroso**[7] *se extiende por la escena. Al levantarse el telón está la escena sola. Se oyen* **doblar**[8] *las campanas.*

(*Sale la* **Criada 1ª.**)

Criada. Ya tengo el **doble**[9] de esas campanas metido entre las **sienes**.[10]

Poncia. (*Sale comiendo chorizo y pan.*) Llevan ya más de dos horas de gori-gori.[11] Han venido curas de todos los pueblos. La iglesia está hermosa. En el primer responso[12] **se desmayó**[13] la Magdalena.

Criada. Ésa es la que se queda más sola.

Poncia. Era a la única que quería el padre. ¡Ay! Gracias a Dios que estamos solas un poquito. Yo he venido a comer.

Criada. ¡Si te viera Bernarda!

Poncia. ¡Quisiera que ahora, como no come ella, que todas nos muriéramos de hambre! ¡Mandona! ¡Dominanta! ¡Pero **se fastidia**![14] Le he abierto la orza[15] de chorizos.

Criada. (*Con tristeza, ansiosa.*) ¿Por qué no me das para mi niña, Poncia?

---

[1] *yute* (m.)—materia textil que se obtiene de los tallos de una planta tropical.

[2] *rematadas*—acabadas.

[3] *madroños*—borlitas de adorno de forma parecida a la del fruto del arbusto llamado madroño; el fruto es redondo, verrugoso, rojo y dulce.

[4] *volantes* (m.)—adornos de tela plegada, rizada o fruncida.

[5] *anea*—espadaña; planta parecida a una caña, de espiga compacta, cuyas hojas sirven para hacer asientos de sillas.

[6] *inverosímiles*—poco creíbles; improbables.

[7] *umbroso*—sombrío.

[8] *doblar*—tocar; sonar.

[9] *doble* (m.)—toque; sonido.

[10] *sienes* (f.)—concavidades en el cráneo a los dos lados de la cara a nivel de los ojos.

[11] gori-gori (m.)—palabra onomatopéyica que se refiere al murmullo de las personas en la iglesia que rezan los responsos.

[12] responso—oración por un muerto.

[13] **se desmayó**—perdió la conciencia.

[14] **se fastidia**—se lleva un chasco; sufre una contrariedad.

[15] orza—tinaja; vasija pequeña.

Enfoque en el estilo

El título de la obra presenta un sutil juego de palabras. Explica el sentido literal y el sentido figurado del título a partir de los diferentes significados que puede tener aquí la palabra «casa».

_____

_____

Comprender

¿Qué información da Poncia al público?

_____

_____

Interpretar

¿Qué sentimientos le inspiraba el muerto a Poncia?

_____

Poncia. Entra y llévate también un puñado de garbanzos. ¡Hoy no se dará cuenta!

Voz. (*Dentro.*) ¡Bernarda!

Poncia. La vieja. ¿Está bien encerrada?

Criada. Con dos vueltas de llave.

Poncia. Pero debes poner también la **tranca**.[16] Tiene unos dedos como cinco ganzúas.[17]

Voz. ¡Bernarda!

Poncia. (*A voces.*) ¡Ya viene! (*A la* **Criada**.) Limpia bien todo. Si Bernarda no ve relucientes las cosas me arrancará los pocos pelos que me quedan.

Criada. ¡Qué mujer!

Poncia. Tirana de todos los que la rodean. Es capaz de sentarse encima de tu corazón y ver cómo te mueres durante un año sin que se le cierre esa sonrisa fría que lleva en su maldita cara. ¡Limpia, limpia ese **vidriado**![18]

Criada. Sangre en las manos tengo de fregarlo todo.

Poncia. Ella, la más **aseada**,[19] ella, la más decente, ella, la más alta. ¡Buen descanso ganó su pobre marido!

(*Cesan las campanas.*)

Criada. ¿Han venido todos sus parientes?

Poncia. Los de ella. La gente de él la odia. Vinieron a verlo muerto y le hicieron la cruz.

Criada. ¿Hay bastantes sillas?

Poncia. Sobran. Que se sienten en el suelo. Desde que murió el padre de Bernarda no han vuelto a entrar las gentes bajo estos techos. Ella no quiere que la vean en su dominio. ¡Maldita sea!

Criada. Contigo se portó bien.

Poncia. Treinta años lavando sus sábanas, treinta años comiendo sus **sobras**,[20] noches en vela cuando tose, días enteros mirando por la **rendija**[21] para espiar a los vecinos y llevarle el cuento; vida sin secretos una con otra, y sin embargo, ¡maldita sea!, ¡mal dolor de clavo le pinche en los ojos!

Criada. ¡Mujer!

Poncia. Pero yo soy buena perra: ladro cuando me lo dicen y muerdo los talones de los que piden **limosna**[22] cuando ella

---

[16] **tranca**—aldaba; tabla con que se asegura una puerta.

[17] ganzúas—herramientas que, a falta de llave, sirven para abrir una cerradura.

[18] vidriado—objetos de vidrio.

[19] **aseada**—limpia.

[20] **sobras**—residuos; lo restante; lo que queda.

[21] **rendija**—hendidura.

[22] **limosna**—dinero regalado por caridad a los pobres.

Figuras retóricas

¿Qué figura retórica emplea el autor en el diálogo de Poncia que comienza con «Ella, la más aseada...»? ¿Qué efecto produce?

_____

_____

Aclarar

¿Qué quiere decir la frase «le hicieron la cruz»?

_____

_____

me **azuza**;[23] mis hijos trabajan en sus tierras y ya están los dos casados, pero un día **me hartaré**.[24]

Criada. Y ese día...

Poncia. Ese día me encerraré con ella en un cuarto y le estaré **escupiendo**[25] un año entero. «Bernarda, por esto, por aquello, por lo otro», hasta ponerla como un **lagarto**[26] **machacado**[27] por los niños, que es lo que es ella y toda su parentela. Claro es que no le envidio la vida. Le quedan cinco mujeres, cinco hijas feas, que quitando Angustias, la mayor, que es la hija del primer marido y tiene dineros, las demás, mucha **puntilla**[28] bordada, muchas camisas de hilo, pero pan y uvas por toda herencia.

Criada. ¡Ya quisiera tener yo lo que ellas!

Poncia. Nosotras tenemos nuestras manos y un **hoyo**[29] en la tierra de la verdad.

Criada. Ésa es la única tierra que nos dejan a los que no tenemos nada.

Poncia. (*En la alacena.*) Este cristal tiene unas **motas**.[30]

Criada. Ni con jabón ni con **bayeta**[31] se le quitan.

(*Suenan las campanas.*)

Poncia. El último responso. Me voy a oírlo. A mí me gusta mucho cómo canta el **párroco**.[32] En el «Pater Noster» subió, subió, subió la voz que parecía un cántaro llenándose de agua poco a poco. ¡Claro es que al final dio un gallo, pero da gloria oírlo! Ahora que nadie como el antiguo sacristán Tronchapinos. En la misa de mi madre, que esté en gloria, cantó. **Retumbaban**[33] las paredes y cuando decía amén era como si un lobo hubiese entrado en la iglesia. (*Imitándolo.*) ¡Améééén! (*Se echa a toser.*)

Criada. Te vas a hacer el **gaznate**[34] polvo.

Poncia. ¡Otra cosa hacía polvo yo! (*Sale riendo.*)

---

[23] **azuza**—incita.

[24] **me hartaré**—me cansaré; se me acabará la paciencia.

[25] **escupiendo**—echando saliva por la boca a modo de insulto.

[26] **lagarto**—reptil saurio de cuerpo largo, de cuatro patas pequeñas y piel cubierta de laminillas escamosas.

[27] **machacado**—quebrantado a golpes.

[28] **puntilla**—encaje muy delgado que sirve como adorno.

[29] **hoyo**—agujero; hueco; concavidad.

[30] **motas**—partículas de hilo o de otra cosa ajena, que se pegan a un objeto.

[31] **bayeta**—trapo para limpiar.

[32] **párroco**—cura de una parroquia, territorio al que sirve una iglesia determinada.

[33] **Retumbaban**—resonaban mucho; hacían estruendo.

[34] **gaznate** (m.)—parte del cuerpo, donde están las cuerdas vocales.

Figuras retóricas

Poncia dice que las criadas solo tienen sus manos y un hoyo en la tierra de la verdad. ¿Cuál es el significado de esta afirmación?

_____

_____

_____

Aclarar

¿Qué significa la expresión «dar un gallo»?

_____

(*La* **Criada** *limpia. Suenan las campanas.*)

Criada. (*Llevando el canto.*) Tin, tin, tan. Tin, tin, tan. ¡Dios lo haya perdonado!

Mendiga. (*Con una niña*) ¡Alabado[35] sea Dios!

Criada. Tin, tin, tan. ¡Que nos espere muchos años! Tin, tin, tan.

Mendiga. (*Fuerte, con cierta irritación.*) ¡Alabado sea Dios!

Criada. (*Irritada.*) ¡Por siempre!

Mendiga. Vengo por las sobras.

(*Cesan las campanas.*)

Criada. Por la puerta se va a la calle. Las sobras de hoy son para mí.

Mendiga. Mujer, tú tienes quien te gane. Mi niña y yo estamos solas.

Criada. También están solos los perros y viven.

Mendiga. Siempre me las dan.

Criada. Fuera de aquí. ¿Quién os dijo que entrarais? Ya me habéis dejado los pies señalados. (*Se van, limpia.*) Suelos **barnizados**[36] con aceite, **alacenas**,[37] pedestales, camas de acero, para que traguemos quina[38] las que vivimos en las **chozas**[39] de tierra con un plato y una cuchara. Ojalá que un día no quedáramos ni uno para contarlo. (*Vuelven a sonar las campanas.*) Sí, sí, ¡vengan **clamores**![40], ¡venga caja con filos dorados y toallas de seda para llevarla!, ¡que lo mismo estarás tú que estaré yo! Fastídiate, Antonio María Benavides, **tieso**[41] con tu traje de paño y tus botas enterizas.[42] ¡Fastídiate! ¡Ya no volverás a levantarme las **enaguas**[43] detrás de la puerta de tu corral! (*Por el fondo, de dos en dos, empiezan a entrar* **Mujeres de luto**,[44] *con pañuelos grandes, faldas y* **abanicos**[45] *negros. Entran lentamente hasta llenar la escena. La* **Criada**, *rompiendo a gritar.*) ¡Ay Antonio María Benavides, que ya no verás estas paredes, ni comerás el pan de esta casa! Yo fui la que más te quiso de las que te sirvieron. (*Tirándose del cabello.*) ¿Y he de vivir yo después de haberte **marchado**?[46] ¿Y he de vivir?

---

[35] **Alabado**—elogiado; celebrado con palabras.

[36] **barnizados**—pulidos; abrillantados como con barniz, o con laca.

[37] **alacenas**—huecos en la pared de una cocina, con estantería, que sirven para almacenar útiles y comida.

[38] **quina**—corteza del quino, muy usada en la medicina, de un sabor muy agrio.

[39] **chozas**—casas humildes y pobres.

[40] **clamores**—gritos lastimosos.

[41] **tieso**—rígido.

[42] **enterizas**—de una sola pieza.

[43] **enaguas**—faldas interiores usadas debajo de las faldas exteriores.

[44] **luto**—vestidura negra que se lleva en señal de duelo por un muerto.

[45] **abanicos**—instrumentos plegables de forma semicircular que sirven para mover el aire y refrescarse del calor.

[46] **marchado**—ido.

© Houghton Mifflin Harcourt Publishing Company

Evaluar

¿Por qué crees que la criada no le dio sobras a la mendiga?

_____

_____

_____

Figuras retóricas

Encierra en un círculo la metáfora que emplea el autor para transmitir la amargura de la criada.

Interpretar

Al notar que las mujeres de luto comienzan a entrar, la criada cambia su discurso acerca del muerto y lo adecua a la situación de luto. ¿Cómo se podría describir a la criada por sus actitudes y dichos?

_____

_____

_____

(*Terminan de entrar las doscientas* **Mujeres** *y aparecen* **Bernarda** *y sus cinco* **Hijas**. **Bernarda** *viene apoyada en un bastón*.)

Bernarda. (*A la* **Criada**.) ¡Silencio!

Criada. (*Llorando*.) ¡Bernarda!

Bernarda. Menos gritos y más obras. Debías haber **procurado**[47] que todo esto estuviera más limpio para recibir al **duelo**.[48] Vete. No es éste tu lugar. (*La* **Criada** *se va sollozando*.) Los pobres son como los animales. Parece como si estuvieran hechos de otras sustancias.

Mujer 1ª. Los pobres sienten también sus penas.

Bernarda. Pero las olvidan delante de un plato de garbanzos.

Muchacha 1ª. (*Con timidez*.) Comer es necesario para vivir.

Bernarda. A tu edad no se habla delante de las personas mayores.

Mujer 1ª. Niña, cállate.

Bernarda. No he dejado que nadie me dé lecciones. Sentarse. (*Se sientan. Pausa. Fuerte*.) Magdalena, no llores. Si quieres llorar te metes debajo de la cama. ¿Me has oído?

Mujer 2ª. (*A* **Bernarda**.) ¿Habéis empezado los trabajos en la era?[49]

Bernarda. Ayer.

Mujer 3ª. Cae el sol como **plomo**.[50]

Mujer 1ª. Hace años no he conocido calor igual.

(*Pausa. Se abanican todas*.)

Bernarda. ¿Está hecha la limonada?

Poncia. Sí, Bernarda. (*Sale con una gran* **bandeja**[51] *llena de jarritas blancas, que distribuye*.)

Bernarda. Dale a los hombres.

Poncia. La están tomando en el patio.

Bernarda. Que salgan por donde han entrado. No quiero que pasen por aquí.

Muchacha. (*A* **Angustias**.) Pepe el Romano estaba con los hombres del duelo.

Angustias. Allí estaba.

Bernarda. Estaba su madre. Ella ha visto a su madre. A Pepe no lo ha visto ni ella ni yo.

Muchacha. Me pareció...

---

[47] **procurado**—esforzado por; hecho esfuerzo de.

[48] **duelo**—reunión de parientes y amigos que asisten a los funerales de alguien.

[49] **era**—espacio descubierto y llano en una granja, donde se trillan las mieses y se separa el grano de la paja.

[50] **plomo**—metal pesado maleable, de color gris.

[51] *bandeja*—charola; pieza plana con bordes, que se usa para servir comida.

© Houghton Mifflin Harcourt Publishing Company

Reflexionar

Hace su entrada Bernarda, apoyada en un bastón, que le otorga un aire de autoridad. ¿Qué característica observas en su discurso, que contribuye al tono autoritario de sus palabras?

_____

_____

Señalar

Subraya los comentarios de Bernarda que manifiesten una conciencia de clase socioeconómica.

Señalar

¿Qué particularidad gramatical observas en lo que dice Bernarda aquí: «Dale a los hombres»?

_____

_____

Analizar

Bernarda se apresura a negar que ni ella ni su hija haya visto a Pepe en la iglesia, y a su vez deja deslizar un comentario tendencioso sobre la tía de la muchacha. ¿Qué motivó a Bernarda a hacer este comentario?

_____

_____

_____

Interpretar

El concepto del honor es uno de los ejes centrales de esta obra. ¿Cuál es la conducta apropiada para una mujer, según Bernarda?

_____

_____

_____

Bernarda. Quien sí estaba era el viudo de Darajalí. Muy cerca de tu tía. A ése lo vimos todas.

Mujer 2ª. (*Aparte y en baja voz.*) ¡Mala, más que mala!

Mujer 3ª. (*Aparte y en baja voz.*) ¡Lengua de cuchillo!

Bernarda. Las mujeres en la iglesia no deben mirar más hombre que al **oficiante**,[52] y a ése porque tiene faldas. Volver la cabeza es buscar el calor de la **pana**.[53]

Mujer 1ª. (*En voz baja.*) ¡Vieja lagarta recocida![54]

Poncia. (*Entre dientes.*) ¡Sarmentosa[55] por calentura de varón!

Bernarda. (*Dando un golpe de bastón en el suelo.*) Alabado sea Dios.

Todas. (*Santiguándose.*) Sea por siempre bendito y alabado.

Bernarda. Descansa en paz con la santa compaña[56] de **cabecera**.[57]

Todas. ¡Descansa en paz!

Bernarda. Con el ángel san Miguel y su espada justiciera.

Todas. ¡Descansa en paz!

Bernarda. Con la llave que todo lo abre y la mano que todo lo cierra.

Todas. ¡Descansa en paz!

Bernarda. Con los **bienaventurados**[58] y las lucecitas del campo.

Todas. ¡Descansa en paz!

Bernarda. Con nuestra santa caridad y las almas de tierra y mar.

Todas. ¡Descansa en paz!

Bernarda. Concede el reposo a tu siervo Antonio María Benavides y dale la corona de tu santa gloria.

Todas. Amén.

Bernarda. (*Se pone de pie y canta.*) «Requiem aeternam dona eis, Domine.»[59]

Todas. (*De pie y cantando al modo gregoriano.*) «Et lux perpetua luceat eis.»[60] (*Se santiguan.*)[61]

---

[52] **oficiante**—el que oficia en las iglesias, en la misa, por ejemplo.

[53] **pana**—tela gruesa parecida al terciopelo, de la que se fabrican trajes de hombre.

[54] **recocida**—vuelta a cocer; muy cocida; muy experimentada.

[55] Sarmentosa—que se extiende como los tallos de una vid en busca del sol.

[56] compaña—uso familiar por «compañía», o sea, presencia de una persona al lado de otra para que no esté sola.

[57] **cabecera**—parte de la cama donde se ponen las almohadas.

[58] **bienaventurados**—que gozan eternamente de la visión de Dios en el cielo.

[59] *Requiem aeternam dona eis, Domine*—Que Dios te conceda descanso eterno (frase latina).

[60] *Et lux perpetua luceat eis*—Y que Su perpetua luz te ilumine (frase latina).

[61] *Se santiguan*—se hacen la señal de la cruz.

Mujer 1ª. Salud para rogar por su alma.
(*Van* ***desfilando***.)[62]

Mujer 3ª. No te faltará la hogaza[63] de pan caliente.

Mujer 2ª. Ni el techo para tus hijas. (*Van desfilando todas por delante de* **Bernarda** *y saliendo*.)

(*Sale* **Angustias** *por otra puerta, la que da al patio*.)

Mujer 4ª. El mismo lujo de tu casamiento lo sigas disfrutando.

Poncia. (*Entrando con una bolsa*.) De parte de los hombres esta bolsa de dineros para responsos.

Bernarda. Dales las gracias y échales una copa de aguardiente.[64]

Muchacha. (*A* **Magdalena**.) Magdalena.

Bernarda. (*A sus* **Hijas**. *A* **Magdalena**, *que inicia el llanto*.) Chisssssss.[65] (*Salen todas. Golpea con el bastón. A las que se han ido*.) ¡Andar a vuestras cuevas a criticar todo lo que habéis visto! Ojalá tardéis muchos años en volver a pasar el arco de mi puerta.

Poncia. No tendrás queja ninguna. Ha venido todo el pueblo.

Bernarda. Sí; para llenar mi casa con el sudor de sus refajos[66] y el **veneno**[67] de sus lenguas.

Amelia. ¡Madre, no hable usted así!

Bernarda. Es así como se tiene que hablar en este maldito pueblo sin río, pueblo de **pozos**,[68] donde siempre se bebe el agua con el miedo de que esté envenenada.

Poncia. ¡Cómo han puesto la solería![69]

Bernarda. Igual que si hubiese pasado por ella una **manada**[70] de cabras. (*La* **Poncia** *limpia el suelo*.) Niña, dame un abanico.

Adela. Tome usted. (*Le da un abanico redondo con flores rojas y verdes*.)

Bernarda. (*Arrojando el abanico al suelo*.) ¿Es éste el abanico que se da a una viuda? Dame uno negro y aprende a respetar el luto de tu padre.

Martirio. Tome usted el mío.

Bernarda. ¿Y tú?

---

[62] ***desfilando***—marchando en fila; saliendo una tras otra.

[63] **hogaza**—pan grande.

[64] **aguardiente** (m.)—bebida alcohólica que se obtiene por destilación.

[65] **Chis**—sonido utilizado para hacer callar a las personas.

[66] **refajos**—faldas utilizadas por las mujeres unas veces como prenda interior y otras encima de las enaguas.

[67] **veneno**—sustancia que, introducida en el organismo, causa la muerte; figuradamente, algo que puede hacer un daño o a la salud o a la moral.

[68] **pozos**—excavaciones verticales hechas en la tierra a fin de encontrar una vena de agua.

[69] **solería**—suelo.

[70] **manada**—conjunto de animales, como vacas, ovejas o cabras.

Interpretar

¿Qué interpretación puedes darle a la analogía del pueblo como un pozo?

_____

_____

_____

Martirio. Yo no tengo calor.

Bernarda. Pues busca otro, que te hará falta. En ocho años que dure el luto no ha de entrar en esta casa el viento de la calle. Haceros cuenta[71] que hemos tapiado[72] con **ladrillos**[73] puertas y ventanas. Así pasó en casa de mi padre y en casa de mi abuelo. Mientras, podéis empezar a **bordar**[74] el **ajuar**.[75] En el arca tengo veinte piezas de hilo con el que podréis cortar sábanas y embozos.[76] Magdalena puede bordarlas.

Magdalena. Lo mismo me da.

Adela. (_Agria._) Si no quieres bordarlas, irán sin bordados. Así las tuyas lucirán más.

Magdalena. Ni las mías ni las vuestras. Sé que ya no me voy a casar. Prefiero llevar sacos al **molino**.[77] Todo menos estar sentada días y días dentro de esta sala oscura.

Bernarda. Eso tiene ser mujer.

Magdalena. Malditas sean las mujeres.

Bernarda. Aquí se hace lo que yo mando. Ya no puedes ir con el cuento a tu padre. **Hilo**[78] y **aguja**[79] para las **hembras**.[80] Látigo y mula para el **varón**.[81] Eso tiene la gente que nace con posibles.

(_Sale_ **Adela**.)

Voz. Bernarda, ¡déjame salir!

Bernarda. (_En voz alta._) ¡Dejadla ya!

(_Sale la_ **Criada 1ª**.)

Criada. Me ha costado mucho **sujetarla**.[82] A pesar de sus ochenta años, tu madre es fuerte como un **roble**.[83]

Bernarda. Tiene a quién parecérsele. Mi abuela fue igual.

Criada. Tuve durante el duelo que taparle varias veces la boca con un **costal**[84] vacío porque quería llamarte para que le

---

[71] **Haceros cuenta**—considerad; pensad.

[72] **tapiado**—cerrado; cegado.

[73] **ladrillos**—bloques de arcilla en forma de prisma utilizados en la construcción.

[74] **bordar**—adornar con puntos de costura una tela.

[75] **ajuar** (m.)—conjunto de muebles, alhajas y ropa que aporta la mujer al matrimonio cuando se casa, típicamente sábanas, fundas, manteles, y demás.

[76] **embozos**—tiras de tela con que se adornan por dentro los bordes de una capa.

[77] **molino**—edificio donde se encuentra una máquina para moler el trigo.

[78] **Hilo**—tejido de lino; hebra o filamento de que está hecho el tejido.

[79] **aguja**—barrita típicamente de metal, que se usa para coser, bordar, o tejer.

[80] **hembras**—mujeres.

[81] **varón**—hombre.

[82] **sujetarla**—retenerla; tenerla sin libertad de movimiento.

[83] **roble** (m.)—árbol fuerte, de madera dura, que da por fruto bellotas.

[84] **costal** (m.)—saco grande de tela ordinaria que sirve para transportar harina.

dieras agua de **fregar**[85] siquiera para beber y carne de perro, que es lo que ella dice que le das.

Martirio. ¡Tiene mala intención!

Bernarda. (*A la* **Criada**.) Déjala que se desahogue[86] en el patio.

Criada. Ha sacado del **cofre**[87] sus anillos y los **pendientes**[88] de **amatistas**[89], se los ha puesto y me ha dicho que se quiere casar.

(*Las* **Hijas** *ríen.*)

Bernarda. Ve con ella y ten cuidado que no se acerque al pozo.

Criada. No tengas miedo que se tire.

Bernarda. No es por eso. Pero desde aquel sitio las vecinas pueden verla desde su ventana.

(*Sale la* **Criada**.)

Martirio. Nos vamos a cambiar la ropa.

Bernarda. Sí; pero no el pañuelo de la cabeza. (*Entra* **Adela**.) ¿Y Angustias?

Adela. (*Con retintín.*)[90] La he visto asomada a la rendija del portón. Los hombres se acababan de ir.

Bernarda. ¿Y tú a qué fuiste, también al portón?

Adela. Me llegué a ver si habían puesto las gallinas.

Bernarda. ¡Pero el duelo de los hombres habría salido ya!

Adela. (*Con intención.*) Todavía estaba un grupo parado por fuera.

Bernarda. (*Furiosa.*) ¡Angustias! ¡Angustias!

Angustias. (*Entrando.*) ¿Qué manda usted?

Bernarda. ¿Qué mirabas y a quién?

Angustias. A nadie.

Bernarda. ¿Es decente que una mujer de tu clase vaya con el **anzuelo**[91] detrás de un hombre el día de la misa de su padre? ¡Contesta! ¿A quién mirabas?

(*Pausa.*)

Angustias. Yo...

Bernarda. ¡Tú!

Angustias. ¡A nadie!

Bernarda. (*Avanzando con el bastón.*) ¡Suave! ¡Dulzarrona![92] (*Le da.*)[93]

---

[85] **fregar**—lavar; limpiar (los pisos, o los platos, por ejemplo).

[86] **se desahogue**—se alivie en sus aflicciones o penas.

[87] **cofre** (m.)—arca; estuche; caja con cerradura.

[88] **pendientes** (m.)—aretes colgantes.

[89] **amatistas**—piedras semipreciosas de color purpúreo.

[90] *retintín*—entonación irónica o maliciosa.

[91] **anzuelo**—ganchito o arponcillo de metal que sirve para pescar.

[92] ¡**Dulzarrona**!—¡Hipócrita!; epíteto despectivo, queriendo decir que su actitud puede ser dulce pero es desagradable, demasiado dulce; encubre algo.

[93] *Le da*—Le golpea.

© Houghton Mifflin Harcourt Publishing Company

Interpretar

¿Qué conclusión puedes sacar sobre la personalidad de Bernarda a partir de esta intervención?

_____

_____

_____

Comprender

¿En qué sentido usa Bernarda la palabra «clase» aquí?

_____

_____

Poncia. (*Corriendo.*) ¡Bernarda, cálmate! (*La sujeta.*)

(**Angustias** *llora.*)

Bernarda. ¡Fuera de aquí todas! (*Salen.*)

Poncia. Ella lo ha hecho sin dar alcance a[94] lo que hacía, que está francamente mal. ¡Ya me chocó a mí verla **escabullirse**[95] hacia el patio! Luego estuvo detrás de una ventana oyendo la conversación que traían los hombres, que, como siempre, no se puede oír.

Bernarda. ¡A eso vienen a los duelos! (*Con curiosidad.*) ¿De qué hablaban?

Poncia. Hablaban de Paca la Roseta. Anoche ataron a su marido a un **pesebre**[96] y a ella se la llevaron a la **grupa**[97] del caballo hasta lo alto del **olivar**.[98]

Bernarda. ¿Y ella?

Poncia. Ella, tan conforme. Dicen que iba con los pechos fuera y Maximiliano la llevaba **cogida**[99] como si tocara la guitarra. ¡Un horror!

Bernarda. ¿Y qué pasó?

Poncia. Lo que tenía que pasar. Volvieron casi de día. Paca la Roseta traía el pelo suelto y una corona de flores en la cabeza.

Bernarda. Es la única mujer mala que tenemos en el pueblo.

Poncia. Porque no es de aquí. Es de muy lejos. Y los que fueron con ella son también hijos de **forasteros**.[100] Los hombres de aquí no son capaces de eso.

Bernarda. No; pero les gusta verlo y comentarlo y se chupan los dedos de que esto ocurra.

Poncia. Contaban muchas cosas más.

Bernarda. (*Mirando a un lado y otro con cierto temor.*) ¿Cuáles?

Poncia. Me da vergüenza referirlas.

Bernarda. Y mi hija las oyó.

Poncia. ¡Claro!

Bernarda. Ésa sale a sus tías; blancas y **untosas**[101] que ponían ojos de **carnero**[102] al **piropo**[103] de cualquier barberillo.[104]

---

[94] dar alcance a—darse cuenta de.

[95] **escabullirse**—salirse a escondidas, esperando no ser vista.

[96] pesebre (m.)—especie de cajón, típicamente de madera, donde comen los animales.

[97] **grupa**—parte de atrás del lomo de un caballo.

[98] **olivar** (m.)—conjunto de olivos, árboles que dan aceitunas.

[99] **cogida**—agarrada; tenida.

[100] **forasteros**—extraños; gente fuereña.

[101] untosas—disimuladas; ladinas; astutas; pícaras.

[102] **carnero**—el macho de la oveja.

[103] **piropo**—lisonja; requiebro; elogio; alabanza.

[104] barberillo—barbero insignificante.

Comprender

¿En qué sentido Paca la Roseta es «mala»?

_____

_____

_____

Reflexionar

¿Te parece extraña la curiosidad de Bernarda en esta conversación con Poncia? ¿A qué la atribuyes?

_____

_____

_____

_____

¡Cuánto hay que sufrir y luchar para hacer que las personas sean decentes y no tiren al monte[105] demasiado!

Poncia. ¡Es que tus hijas están ya en edad de merecer![106] Demasiada poca guerra[107] te dan. Angustias ya debe tener mucho más de los treinta.

Bernarda. Treinta y nueve justos.

Poncia. Figúrate. Y no ha tenido nunca novio...

Bernarda. (*Furiosa.*) ¡No! ¡No ha tenido novio ninguna ni les hace falta! Pueden pasarse muy bien.

Poncia. No he querido ofenderte.

Bernarda. No hay en cien leguas a la redonda quien se pueda acercar a ellas. Los hombres de aquí no son de su clase. ¿Es que quieres que las entregue a cualquier gañán?[108]

Poncia. Debías haberte ido a otro pueblo.

Bernarda. Eso, ¡a venderlas!

Poncia. No, Bernarda; a cambiar... ¡Claro que en otros sitios ellas resultan las pobres!

Bernarda. ¡Calla esa lengua atormentadora!

Poncia. Contigo no se puede hablar. Tenemos o no tenemos confianza.

Bernarda. No tenemos. Me sirves y te pago. ¡Nada más!

Criada 1ª. (*Entrando.*) Ahí está don Arturo, que viene a arreglar las particiones.[109]

Bernarda. Vamos. (*A la* **Criada.**) Tú empieza a **blanquear**[110] el patio. (*A la* **Poncia.**) Y tú ve guardando en el **arca**[111] grande toda la ropa del muerto.

Poncia. Algunas cosas las podríamos dar...[112]

Bernarda. Nada. ¡Ni un botón! ¡Ni el pañuelo con que le hemos tapado la cara! (*Sale lentamente apoyada en el bastón, y al salir, vuelve la cabeza y mira a sus* **Criadas.**)

(*Las* **Criadas** *salen. Entran* **Amelia** *y* **Martirio.**)

Amelia. ¿Has tomado la medicina?

Martirio. ¡Para lo que me va a servir!

Amelia. Pero la has tomado.

---

[105] no tiren al monte—no respondan a instintos o tendencias salvajes.

[106] edad de merecer—edad de conseguir novio.

[107] guerra—oposición; problemas.

[108] gañán—mozo de labranza; empleado de una granja.

[109] arreglar las particiones—repartir entre algunas personas una hacienda o herencia.

[110] blanquear—hacer blanco; pintar de blanco.

[111] arca—cofre; caja generalmente de madera.

[112] dar—regalar a los pobres.

Señalar

Subraya en esta página todas las intervenciones de Bernarda que demuestran su actitud represora y despótica.

Comprender

¿Cómo define Bernarda su relación con Poncia?

_____

_____

Martirio. Ya hago las cosas sin fe pero como un reloj.

Amelia. Desde que vino el médico nuevo estás más animada.

Martirio. Yo me siento lo mismo.

Amelia. ¿Te fijaste? Adelaida no estuvo en el duelo.

Martirio. Ya lo sabía. Su novio no la deja salir ni al tranco de la calle. Antes era alegre. Ahora ni polvos se echa en la cara.

Amelia. Ya no sabe una si es mejor tener novio o no.

Martirio. Es lo mismo.

Amelia. De todo tiene la culpa esta crítica que no nos deja vivir. Adelaida habrá pasado mal rato.

Martirio. Le tiene miedo a nuestra madre. Es la única que conoce la historia de su padre y el origen de sus tierras. Siempre que viene le tira puñaladas[113] con el asunto. Su padre mató en Cuba al marido de su primera mujer para casarse con ella, luego aquí la abandonó y se fue con otra que tenía una hija y luego tuvo relaciones con esta muchacha, la madre de Adelaida, y casó con ella después de haber muerto loca la segunda mujer.

Amelia. Y ese **infame**,[114] ¿por qué no está en la cárcel?

Martirio. Porque los hombres se tapan unos a otros las cosas de esta **índole**[115] y nadie es capaz de **delatar**.[116]

Amelia. Pero Adelaida no tiene culpa de esto.

Martirio. No, pero las cosas se repiten. Yo veo que todo es una terrible repetición. Y ella tiene el mismo **sino**[117] de su madre y de su abuela, mujeres las dos del que la engendró.

Amelia. ¡Qué cosa más grande!

Martirio. Es preferible no ver a un hombre nunca. Desde niña les tuve miedo. Los veía en el corral **uncir**[118] los bueyes y levantar los costales de trigo entre voces y zapatazos y siempre tuve miedo de crecer por temor de encontrarme de pronto abrazada por ellos. Dios me ha hecho débil y fea y los ha apartado definitivamente de mí.

Amelia. ¡Eso no digas! Enrique Humanes estuvo detrás de ti y le gustabas.

Martirio. ¡Invenciones de la gente! Una noche estuve en camisa detrás de la ventana hasta que fue de día porque me avisó con la hija de su gañán que iba a venir y no vino. Fue todo

---

[113] **puñaladas**—heridas hechas con puñal; el puñal aquí es la lengua de Bernarda.

[114] **infame**—hombre vil, ruin.

[115] **índole**—clase; especie; tipo.

[116] **delatar**—informar a las autoridades sobre un delito de otro.

[117] **sino**—destino; hado.

[118] **uncir**—atar al yugo.

© Houghton Mifflin Harcourt Publishing Company

Aclarar

¿A qué se refiere Amelia con «esta crítica»?

_____

_____

Inferir

¿Por qué tiene Martirio tan mala opinión de los hombres?

_____

_____

cosa de **lenguas**.[119] Luego se casó con otra que tenía más que yo.

Amelia. Y fea como un demonio.

Martirio. ¡Qué les importa a ellos la fealdad! A ellos les importa la tierra, las yuntas[120] y una perra **sumisa**[121] que les dé de comer.

Amelia. ¡Ay! (*Entra* **Magdalena**.)

Magdalena. ¿Qué hacéis?

Martirio. Aquí.

Amelia. ¿Y tú?

Magdalena. Vengo de correr las cámaras.[122] Por andar un poco. De ver los cuadros[123] bordados en cañamazo[124] de nuestra abuela, el perrito de lanas y el negro luchando con el león que tanto nos gustaba de niñas. Aquélla era una época más alegre. Una boda duraba diez días y no se usaban las malas lenguas. Hoy hay más finura, las novias se ponen velo blanco como en las poblaciones y se bebe vino de botella, pero nos pudrimos[125] por **el qué dirán**.[126]

Martirio. ¡Sabe Dios lo que entonces pasaría!

Amelia. (*A* **Magdalena**.) Llevas desabrochados[127] los cordones de un zapato.

Magdalena. ¡Qué más da!

Amelia. Te los vas a pisar y te vas a caer.

Magdalena. ¡Una menos!

Martirio. ¿Y Adela?

Magdalena. ¡Ah! Se ha puesto el traje verde que se hizo para **estrenar**[128] el día de su cumpleaños, se ha ido al corral, y ha comenzado a voces: «¡Gallinas, gallinas, miradme!» ¡Me he tenido que reír!

Amelia. ¡Si la hubiera visto madre!

Magdalena. ¡Pobrecilla! Es la más joven de nosotras y tiene ilusión. ¡Daría algo por verla feliz!

(*Pausa.* **Angustias** *cruza la escena con unas toallas en la mano.*)

Angustias. ¿Qué hora es?

---

[119] **lenguas**—murmuraciones; chismes; o bien, palabrería; palabras huecas o vacías

[120] yunta—par de bueyes que sirven, bajo el yugo, en la labor del campo.

[121] **sumisa**—obediente; subyugada.

[122] cámaras—habitaciones.

[123] cuadros—telas sostenidas por un bastidor y colgadas en la pared; en ellos están las pinturas aludidas.

[124] cañamazo—tela de tejido ralo dispuesta para bordar en ella con seda o lana de colores.

[125] nos pudrimos—nos corrompimos; nos consumimos.

[126] **el qué dirán**—lo que pueda decir la gente acerca de uno.

[127] desabrochados—sin atar.

[128] estrenar—usar por primera vez.

© Houghton Mifflin Harcourt Publishing Company

Reflexionar

El tono de Martirio pasa de ser amargo a ser agresivo; incluso usa despectivamente el sustantivo «perra» para referirse a una mujer. ¿A qué se debe el cambio de tono?

_____

_____

Pronosticar

Adela, a escondidas, ha desafiado el estricto luto impuesto por su madre. ¿Qué crees que sucederá si se entera Bernarda?

_____

_____

Interpretar

Describe cómo crees que es Magdalena a partir de sus intervenciones en esta página.

_____

_____

_____

Martirio. Ya deben ser las doce.

Angustias. ¿Tanto?

Amelia. Estarán al caer.[129]

(*Sale* **Angustias**.)

Magdalena. (*Con intención.*) ¿Sabéis ya la cosa...? (*Señalando a* **Angustias**.)

Amelia. No.

Magdalena. ¡Vamos!

Martirio. ¡No sé a qué cosa te refieres...!

Magdalena. ¡Mejor que yo lo sabéis las dos, siempre cabeza con cabeza como dos ovejitas, pero sin desahogaros con nadie! ¡Lo de Pepe el Romano!

Martirio. ¡Ah!

Magdalena. (*Remedándola.*)[130] ¡Ah! Ya se comenta por el pueblo. Pepe el Romano viene a casarse con Angustias. Anoche estuvo rondando[131] la casa y creo que pronto va a mandar un emisario.

Martirio. Yo me alegro. Es buen hombre.

Amelia. Yo también. Angustias tiene buenas condiciones.[132]

Magdalena. Ninguna de las dos os alegráis.

Martirio. ¡Magdalena! ¡Mujer!

Magdalena. Si viniera por el tipo de Angustias, por Angustias como mujer, yo me alegraría; pero viene por el dinero. Aunque Angustias es nuestra hermana, aquí estamos en familia y reconocemos que está vieja, enfermiza y que siempre ha sido la que ha tenido menos méritos de todas nosotras. Porque si con veinte años parecía un palo vestido, ¡qué será ahora que tiene cuarenta!

Martirio. No hables así. La suerte viene a quien menos la aguarda.

Amelia. ¡Después de todo dice la verdad! ¡Angustias tiene el dinero de su padre, es la única rica de la casa y por eso ahora que nuestro padre ha muerto y ya se harán particiones vienen por ella!

Magdalena. Pepe el Romano tiene veinticinco años y es el mejor tipo de todos estos **contornos**;[133] lo natural sería que te pretendiera[134] a ti, Amelia, o a nuestra Adela, que tiene veinte años, pero no que venga a buscar lo más oscuro de

© Houghton Mifflin Harcourt Publishing Company

Reflexionar

¿Te parece lógico lo que dice Magdalena aquí?

---

[129] Estarán al caer—Deben ser casi (las doce).

[130] *Remedándola*—Imitándola.

[131] **rondando**—dando vueltas alrededor.

[132] buenas condiciones—buen genio; aptitudes o posición favorables; buenas circunstancias.

[133] **contornos**—región.

[134] pretendiera—cortejara con intención amorosa.

esta casa, a una mujer que, como su padre, habla con la nariz.

Martirio. ¡Puede que a él le guste!

Magdalena. ¡Nunca he podido resistir tu hipocresía!

Martirio. ¡Dios nos valga![135]

(Entra **Adela.***)*

Magdalena. ¿Te han visto ya las gallinas?

Adela. ¿Y qué querías que hiciera?

Amelia. ¡Si te ve nuestra madre te **arrastra**[136] del pelo!

Adela. Tenía mucha ilusión con el vestido. Pensaba ponérmelo el día que vamos a comer **sandías**[137] a la noria.[138] No hubiera habido otro igual.

Martirio. ¡Es un vestido precioso!

Adela. Y me está muy bien. Es lo que mejor ha cortado Magdalena.

Magdalena. ¿Y las gallinas qué te han dicho?

Adela. Regalarme unas cuantas **pulgas**[139] que me han **acribillado**[140] las piernas. *(Ríen.)*

Martirio. Lo que puedes hacer es **teñirlo de**[141] negro.

Magdalena. ¡Lo mejor que puede hacer es regalárselo a Angustias para su boda con Pepe el Romano!

Adela. *(Con emoción contenida.)* ¡Pero Pepe el Romano...!

Amelia. ¿No lo has oído decir?

Adela. No.

Magdalena. ¡Pues ya lo sabes!

Adela. ¡Pero si no puede ser!

Magdalena. ¡El dinero lo puede todo!

Adela. ¿Por eso ha salido detrás del duelo y estuvo mirando por el portón? *(Pausa.)* Y ese hombre es capaz de...

Magdalena. Es capaz de todo.

(Pausa.)

---

[135] **¡Dios nos valga!**—exclamación sarcástica, sugiriendo extrañeza.

[136] **arrastra**—lleva por el suelo tirando.

[137] **sandías**—frutos grandes y redondos, de color verde por fuera y pulpo rojo por dentro, con muchas pepitas.

[138] **noria**—máquina para subir agua de un pozo, que consiste en una gran rueda plana conectada a una palanca de la que tira un caballo o un mulo.

[139] **pulgas**—insectos saltadores que se nutren chupando la sangre de las personas o de los animales.

[140] **acribillado**—hecho una criba; llenado de picaduras.

[141] **teñirlo de**—cambiarle el color a.

Inferir

¿Qué da a entender Magdalena con esta última frase?

_____

_____

_____

Comparar

Compara la actitud de Adela frente a las imposiciones de su madre con la de sus hermanas.

Martirio. ¿Qué piensas, Adela?

Adela. Pienso que este luto me ha cogido en la peor época de mi vida para pasarlo.

Magdalena. Ya te acostumbrarás.

Adela. (*Rompiendo a llorar con ira.*) ¡No, no me acostumbraré! Yo no quiero estar encerrada. ¡No quiero que se me pongan las carnes como a vosotras! ¡No quiero perder mi blancura[142] en estas habitaciones! ¡Mañana me pondré mi vestido verde y me echaré a pasear por la calle! ¡Yo quiero salir!

(*Entra la* **Criada 1ª.**)

Magdalena. (*Autoritaria.*) ¡Adela!

Criada 1ª. ¡La pobre! ¡Cuánto ha sentido a su padre! (*Sale.*)

Martirio. ¡Calla!

Amelia. Lo que sea de una será de todas.

(**Adela** *se calma.*)

Magdalena. Ha estado a punto de oírte la criada.

Criada. (*Apareciendo.*) Pepe el Romano viene por lo alto de la calle.

(**Amelia, Martirio** y **Magdalena** *corren presurosas.*)

Magdalena. ¡Vamos a verlo! (*Salen rápidas.*)

Criada. (*A* **Adela.**) ¿Tú no vas?

Adela. No me importa.

Criada. Como dará la vuelta a la esquina, desde la ventana de tu cuarto se verá mejor. (*Sale la* **Criada.**)

(**Adela** *queda en escena dudando; después de un instante se va también rápida hacia su habitación. Salen* **Bernarda** y *la* **Poncia.**)

Bernarda. ¡Malditas particiones!

Poncia. ¡Cuánto dinero le queda a Angustias!

Bernarda. Sí.

Poncia. Y a las otras bastante menos.

Bernarda. Ya me lo has dicho tres veces y no te he querido replicar. Bastante menos, mucho menos. No me lo recuerdes más.

(*Sale* **Angustias** *muy compuesta de cara.*)[143]

Bernarda. ¡Angustias!

Angustias. Madre.

Bernarda. ¿Pero has tenido valor de echarte polvos en la cara? ¿Has tenido valor de lavarte la cara el día de la misa de tu padre?[144]

---

[142] blancura—lozanía; juventud.

[143] *compuesta de cara*—maquillada con polvos.

[144] ¿Has tenido valor de lavarte la cara el día de la misa de tu padre?—se refiere a la práctica de no bañarse en señal de duelo.

Angustias. No era mi padre. El mío murió hace tiempo. ¿Es que ya no lo recuerda usted?

Bernarda. ¡Más debes a este hombre, padre de tus hermanas, que al tuyo! Gracias a este hombre tienes colmada tu fortuna.

Angustias. ¡Eso lo teníamos que ver!

Bernarda. ¡Aunque fuera por decencia! Por respeto.

Angustias. Madre, déjeme usted salir.

Bernarda. ¿Salir? Después de que te hayas quitado esos polvos de la cara, ¡suavona! ¡Yeyo![145] ¡Espejo de tus tías! (*Le quita violentamente con su pañuelo los polvos.*) ¡Ahora vete!

Poncia. ¡Bernarda, no seas tan inquisitiva!

Bernarda. Aunque mi madre esté loca, yo estoy con mis cinco sentidos y sé perfectamente lo que hago.

(*Entran todas.*)

Magdalena. ¿Qué pasa?

Bernarda. No pasa nada.

Magdalena. (*A* **Angustias.**) Si es que discutís por las particiones, tú que eres la más rica te puedes quedar con todo.

Angustias. ¡Guárdate la lengua en la madriguera![146]

Bernarda. (*Golpeando con el bastón en el suelo.*)
¡No os hagáis ilusiones de que vais a poder conmigo! ¡Hasta que salga de esta casa con los pies adelante mandaré en lo mío y en lo vuestro!

(*Se oyen unas voces y entra en escena* **María Josefa**, *la madre de* **Bernarda**, *viejísima, ataviada*[147] *con flores en la cabeza y en el pecho.*)

María Josefa. Bernarda, ¿dónde está mi mantilla? Nada de lo que tengo quiero que sea para vosotras: ni mis anillos ni mi traje negro de moaré.[148] Porque ninguna de vosotras se va a casar. ¡Ninguna! Bernarda, ¡dame mi gargantilla[149] de perlas!

Bernarda. (*A la* **Criada.**) ¿Por qué la habéis dejado entrar?

Criada. (*Temblando.*) ¡Se me escapó!

María Josefa. Me escapé porque me quiero casar, porque quiero casarme con un varón hermoso de la orilla del mar, ya que aquí los hombres huyen de las mujeres.

Bernarda. ¡Calle usted, madre!

---

[145] ¡suavona! ¡Yeyo!—epítetos insultantes con los que Bernarda acusa a Angustias de hipocresía, disimulo, evasión.

[146] madriguera—cueva pequeña, estrecha y profunda que habitan algunos animales; lugar donde se oculta la gente de mal vivir; figuradamente, boca.

[147] ataviada—decorada.

[148] moaré—muaré; tela fuerte de seda tejida de manera que emite reflejos.

[149] gargantilla—collar corto que ciñe el cuello.

Señalar

En esta página hay dos intervenciones premonitorias. Identifícalas y subráyalas.

Elaborar

Según un viejo dicho, «los niños y los locos siempre dicen la verdad». María Josefa aparentemente está loca. ¿Qué función cumplirá este personaje en la obra?

_____

_____

Comparar

¿Qué otro personaje reacciona de manera similar ante el autoritarismo de Bernarda?

María Josefa. No, no callo. No quiero ver a estas mujeres solteras rabiando por[150] la boda, haciéndose polvo[151] el corazón, y yo me quiero ir a mi pueblo. ¡Bernarda, yo quiero un varón para casarme y para tener alegría!

Bernarda. ¡Encerradla!

María Josefa. ¡Déjame salir, Bernarda!

(*La* **Criada** *coge a* **María Josefa.**)

Bernarda. ¡Ayudarla vosotras!

(*Todas arrastran a la Vieja.*)

María Josefa. ¡Quiero irme de aquí, Bernarda! A casarme a la orilla del mar, a la orilla del mar.

(*Telón rápido.*)

---

[150] rabiando por—deseando con vehemencia; impacientándose por.

[151] haciéndose polvo—destruyéndose.

Acto segundo

Habitación blanca del interior de la casa de **Bernarda**. *Las puertas de la izquierda dan a los dormitorios. Las* **Hijas de Bernarda** *están sentadas en sillas bajas cosiendo.* **Magdalena** *borda. Con ellas está la* **Poncia**.

Angustias. Ya he cortado la tercera sábana.

Martirio. Le corresponde a Amelia.

Magdalena. Angustias, ¿pongo también las iniciales de Pepe?

Angustias. (*Seca.*) No.

Magdalena. (*A voces.*) Adela, ¿no vienes?

Amelia. Estará echada en la cama.

Poncia. Ésta tiene algo. La encuentro sin sosiego, temblona, asustada, como si tuviera una **lagartija**[152] entre los pechos.

Martirio. No tiene ni más ni menos que lo que tenemos todas.

Magdalena. Todas menos Angustias.

Angustias. Yo me encuentro bien, y al que le duela, que **reviente**.[153]

Magdalena. Desde luego hay que reconocer que lo mejor que has tenido siempre ha sido el talle y la delicadeza.

Angustias. Afortunadamente pronto voy a salir de este infierno.

Magdalena. ¡A lo mejor no sales!

Martirio. ¡Dejar esa conversación!

Angustias. Y además ¡más vale onza en el arca que ojos negros en la cara![154]

Magdalena. Por un oído me entra y por otro me sale.

Amelia. (*A la* **Poncia**.) Abre la puerta del patio a ver si nos entra un poco el fresco.

(*La* **Poncia** *lo hace.*)

Martirio. Esta noche pasada no me podía quedar dormida del calor.

Amelia. ¡Yo tampoco!

Magdalena. Yo me levanté a refrescarme. Había un **nublo**[155] negro de tormenta y hasta cayeron algunas gotas.

---

[152] **lagartija**—reptil saurio de tamaño pequeño, piel escamosa, cuerpo alargado y color verde.

[153] **reviente**—haga explosión; estalle; muera violentamente.

[154] **¡más vale onza en el arca que ojos negros en la cara!**—¡más vale tener dinero guardado que ser bonita!

[155] **nublo**—nube; nubarrón.

Inferir
¿Qué es lo que tienen?

_____

_____

Figuras retóricas
¿Qué figura retórica emplea Magdalena para manifestar su resentimiento?

_____

_____

Poncia. Era la una de la madrugada y salía fuego de
    la tierra. También me levanté yo. Todavía estaba Angustias
    con Pepe en la ventana.

Magdalena. (*Con ironía.*) ¿Tan tarde? ¿A qué hora
    se fue?

Angustias. Magdalena, ¿a qué preguntas si lo viste?

Amelia. Se iría a eso de la una y media.

Angustias. Sí. ¿Tú por qué lo sabes?

Amelia. Lo sentí toser y oí los pasos de su jaca.

Poncia. ¡Pero si yo lo sentí marchar a eso de
    las cuatro!

Angustias. ¡No sería él!

Poncia. ¡Estoy segura!

Amelia. ¡A mí también me pareció!

Magdalena. ¡Qué cosa más rara!

(*Pausa.*)

Poncia. Oye, Angustias. ¿Qué fue lo que te dijo la primera vez
    que se acercó a tu ventana?

Angustias. Nada, ¡qué me iba a decir! Cosas
    de conversación.

Martirio. Verdaderamente es raro que dos personas que no se
    conocen se vean de pronto en una **reja**[156] y ya novios.

Angustias. Pues a mí no me **chocó.**[157]

Amelia. A mí me daría no sé qué.

Angustias. No, porque cuando un hombre se acerca a una reja
    ya sabe por los que van y vienen, llevan y traen, que se le
    va a decir que sí.

Martirio. Bueno; pero él te lo tendría que decir.

Angustias. ¡Claro!

Amelia. (*Curiosa.*) ¿Y cómo te lo dijo?

Angustias. Pues nada: «Ya sabes que ando detrás de ti, necesito
    una mujer buena, **modosa,**[158] ¡y ésa eres tú si me das la
    conformidad!».[159]

Amelia. ¡A mí me da vergüenza de estas cosas!

Angustias. ¡Y a mí, pero hay que pasarlas!

Poncia. ¿Y habló más?

Angustias. Sí; siempre habló él.

Martirio. ¿Y tú?

---

[156] **reja**—red formada por barras de hierro, que cubre una puerta o una ventana para seguridad o adorno.

[157] **chocó**—causó extrañeza.

[158] **modosa**—que tiene buenos modales.

[159] la conformidad—el sí; tu consentimiento.

Aclarar

¿Cómo te explicas esta diferencia de opinión en cuanto a la hora?

_____

_____

_____

Angustias. Yo no hubiera podido. Casi se me salía el corazón por la boca. Era la primera vez que estaba sola de noche con un hombre.

Magdalena. Y un hombre tan guapo.

Angustias. ¡No tiene mal **tipo**![160]

Poncia. Esas cosas pasan entre personas ya un poco instruidas que hablan y dicen y mueven la mano... La primera vez que mi marido Evaristo el Colorín vino a mi ventana... ¡Ja, ja, ja!

Amelia. ¿Qué pasó?

Poncia. Era muy oscuro. Lo vi acercarse y al llegar me dijo: «Buenas noches». «Buenas noches», le dije yo, y nos quedamos callados más de media hora. Me corría el sudor por todo el cuerpo. Entonces Evaristo se acercó, se acercó que se quería meter por los hierros, y dijo con voz muy baja: «¡Ven que te **tiente**!»[161]. (*Ríen todas.*)

(**Amelia** *se levanta corriendo y espía por una puerta.*)

Amelia. ¡Ay! ¡Creí que llegaba nuestra madre!

Magdalena. ¡Buenas nos hubiera puesto![162]

(*Siguen riendo.*)

Amelia. Chissss... ¡Que nos van a oír!

Poncia. Luego se portó bien. En vez de darle por otra cosa le dio por criar colorines[163] hasta que se murió. A vosotras que sois solteras, os conviene saber de todos modos que el hombre a los quince días de boda deja la cama por la mesa y luego la mesa por la tabernilla.[164] Y la que no se conforma se pudre llorando en un rincón.

Amelia. Tú te conformaste.

Poncia. ¡Yo pude con él!

Martirio. ¿Es verdad que le pegaste algunas veces?

Poncia. Sí, y por poco lo dejo **tuerto**.[165]

Magdalena. ¡Así debían ser todas las mujeres!

Poncia. Yo tengo la escuela de tu madre. Un día me dijo no sé qué cosa y le maté todos los colorines con la mano del almirez.[166] (*Ríen.*)

Magdalena. Adela, ¡niña! No te pierdas esto.

Amelia. Adela.

---

[160] **tipo**—aspecto; figura; talle.

[161] **tiente**—toque.

[162] ¡Buenas nos hubiera puesto!—¡Cómo nos hubiera regañado!

[163] colorines—jilgueros; especie de ave muy común en España, de colores vivos y canto melodioso.

[164] tabernilla—bar; casino.

[165] tuerto—que tiene sólo un ojo sano.

[166] almirez (m.)—mortero de metal en que se muele algo.

Analizar

¿Cómo es la relación de las hijas de Bernarda con Poncia?

_____

_____

Inferir

¿Qué quiere decir Poncia cuando afirma que tiene la escuela de Bernarda?

_____

_____

(*Pausa.*)

Magdalena. ¡Voy a ver! (*Entra.*)

Poncia. ¡Esa niña está **mala**![167]

Martirio. Claro, ¡no duerme apenas!

Poncia. ¿Pues qué hace?

Martirio. ¡Yo qué sé lo que hace!

Poncia. Mejor lo sabrás tú que yo, que duermes pared por medio.

Angustias. La envidia la come.

Amelia. No exageres.

Angustias. Se lo noto en los ojos. Se le está poniendo mirar de loca.

Martirio. No habléis de locos. Aquí es el único sitio donde no se puede pronunciar esta palabra.

(*Sale* **Magdalena** *con* **Adela.**)

Magdalena. Pues ¿no estabas dormida?

Adela. Tengo mal cuerpo.[168]

Martirio. (*Con intención.*) ¿Es que no has dormido bien esta noche?

Adela. Sí.

Martirio. ¿Entonces?

Adela. (*Fuerte.*) ¡Déjame ya! ¡Durmiendo o **velando**[169] no tienes por qué meterte en lo mío! ¡Yo hago con mi cuerpo lo que me parece!

Martirio. ¡Sólo es interés por ti!

Adela. Interés o **inquisición**.[170] ¿No estabais cosiendo? ¡Pues seguir! ¡Quisiera ser invisible, pasar por las habitaciones sin que me preguntarais dónde voy!

Criada. (*Entra.*) Bernarda os llama. Está el hombre de los encajes. (*Salen.*)

(*Al salir,* **Martirio** *mira fijamente a* **Adela.**)

Adela. ¡No me mires más! Si quieres te daré mis ojos, que son frescos, y mis espaldas, para que te compongas la **joroba**[171] que tienes, pero vuelve la cabeza cuando yo pase.

Poncia. Adela, ¡que es tu hermana y además la que más te quiere!

Adela. Me sigue a todos lados. A veces se asoma a mi cuarto para ver si duermo. No me deja respirar. Y siempre: «¡Qué lástima de cara!» «¡qué lástima de cuerpo que no va a ser para nadie!». ¡Y eso no! ¡Mi cuerpo será de quien yo quiera!

[167] **mala**—enferma.

[168] **mal cuerpo**—indisposición pasajera.

[169] **velando**—quedándome despierta, sin poder dormir.

[170] **inquisición**—examen minucioso.

[171] **joroba**—concorva en la espalda.

Poncia. (*Con intención y en voz baja.*) De Pepe el Romano ¿no es eso?

Adela. (*Sobrecogida.*) ¿Qué dices?

Poncia. ¡Lo que digo, Adela!

Adela. ¡Calla!

Poncia. (*Alto.*) ¿Crees que no me he fijado?

Adela. ¡Baja la voz!

Poncia. ¡Mata esos pensamientos!

Adela. ¿Qué sabes tú?

Poncia. Las viejas vemos a través de las paredes. ¿Dónde vas de noche cuando te levantas?

Adela. ¡Ciega debías estar!

Poncia. Con la cabeza y las manos llenas de ojos cuando se trata de lo que se trata. Por mucho que pienso no sé lo que te propones. ¿Por qué te pusiste casi desnuda con la luz encendida y la ventana abierta al pasar Pepe el segundo día que vino a hablar con tu hermana?

Adela. ¡Eso no es verdad!

Poncia. ¡No seas como los niños chicos! Deja en paz a tu hermana, y si Pepe el Romano te gusta, **te aguantas**.[172] (**Adela** *llora.*) Además, ¿quién dice que no te puedes casar con él? Tu hermana Angustias es una enferma. Ésa no resiste el primer **parto**.[173] Es estrecha de cintura, vieja, y con mi conocimiento te digo que se morirá. Entonces Pepe hará lo que hacen todos los viudos de esta tierra: se casará con la más joven, la más hermosa, y ésa eres tú. Alimenta esa esperanza, olvídalo, lo que quieras, pero no vayas contra la ley de Dios.

Adela. ¡Calla!

Poncia. ¡No callo!

Adela. Métete en tus cosas, ¡**oledora**!,[174] ¡**pérfida**![175]

Poncia. ¡Sombra tuya he de ser!

Adela. En vez de limpiar la casa y acostarte para rezar a tus muertos, buscas como una vieja **marrana**[176] asuntos de hombres y mujeres para **babosear en ellos**.[177]

Poncia. ¡**Velo**![178], para que las gentes no **escupan**[179] al pasar por esta puerta.

---

[172] **te aguantas**—te contienes; te callas.

[173] **parto**—acción y proceso de dar a luz.

[174] ¡**oledora**!—que exhala olor o lo percibe; entrometida; metiche.

[175] ¡**pérfida**!—desleal; traidora.

[176] **marrana**—puerca; cerda; que tiene mala conducta.

[177] **babosear en ellos**—llenarlos de babas, de saliva.

[178] ¡**Velo**!—¡Vigilo!; ¡Estoy en guardia!

[179] **escupan**—arrojen saliva por la boca a modo de insulto.

© Houghton Mifflin Harcourt Publishing Company

Comprender

¿Qué quiere decir Poncia aquí?

_____

_____

_____

Adela. ¡Qué cariño tan grande te ha entrado de pronto por mi hermana!

Poncia. No os tengo ley[180] a ninguna, pero quiero vivir en casa decente. ¡No quiero mancharme de vieja!

Adela. Es inútil tu consejo. Ya es tarde. No por encima de ti que eres una criada; por encima de mi madre saltaría para apagarme este fuego que tengo levantado por piernas y boca. ¿Qué puedes decir de mí? ¿Que me encierro en mi cuarto y no abro la puerta? ¿Que no duermo? ¡Soy más lista que tú! Mira a ver si puedes agarrar la **liebre**[181] con tus manos.

Poncia. No **me desafíes**.[182] ¡Adela, no me desafíes! Porque yo puedo dar voces, encender luces y hacer que toquen las campanas.

Adela. Trae cuatro mil bengalas[183] amarillas y ponlas en las bardas[184] del corral. Nadie podrá evitar que suceda lo que tiene que suceder.

Poncia. ¡Tanto te gusta ese hombre!

Adela. ¡Tanto! Mirando sus ojos me parece que bebo su sangre lentamente.

Poncia. Yo no te puedo oír.

Adela. ¡Pues me oirás! Te he tenido miedo. ¡Pero ya soy más fuerte que tú!

(*Entra* **Angustias**.)

Angustias. ¡Siempre discutiendo!

Poncia. Claro. **Se empeña**[185] que con el calor que hace vaya a traerle no sé qué cosa de la tienda.

Angustias. ¿Me compraste el bote de esencia?[186]

Poncia. El más caro. Y los polvos. En la mesa de tu cuarto los he puesto.

(*Sale* **Angustias**.)

Adela. ¡Y **chitón**![187]

Poncia. ¡Lo veremos!

(*Entran* **Martirio**, **Amelia** *y* **Magdalena**.)

Magdalena. (*A* **Adela**.) ¿Has visto los encajes?

Amelia. Los de Angustias para sus sábanas de novia son preciosos.

© Houghton Mifflin Harcourt Publishing Company

---

[180] **ley** (f.)—lealtad; fidelidad; amor.

[181] **liebre** (f.)—especie de conejo, de piernas largas y fuertes, que corre rápido para escaparse de las fieras que la quieren apresar; Adela se refiere a sí misma.

[182] **me desafíes**—me provoques a combate; te enfrentes a lo que te mando.

[183] bengalas—fuegos artificiales, pirotécnicos.

[184] bardas—cubiertas de ramaje, que se ponen sobre las tapias de los corrales como defensa.

[185] **Se empeña**—insiste.

[186] esencia—perfume.

[187] **chitón**—palabra onomatopéyica con que se advierte a una persona que guarde silencio.

Conectar

En el Acto primero se usa una frase similar al referirse a un episodio de contenido sexual. ¿De qué episodio se trata?

_____

_____

_____

Adela. (*A* **Martirio,** *que trae unos encajes.*) ¿Y éstos?

Martirio. Son para mí. Para una camisa.

Adela. (*Con sarcasmo.*) ¡Se necesita buen humor!

Martirio. (*Con intención.*) Para verlos yo. No necesito **lucirme**[188] ante nadie.

Poncia. Nadie le ve a una en camisa.

Martirio. (*Con intención y mirando a* **Adela.**)

¡A veces! Pero me encanta la ropa interior. Si fuera rica la tendría de holanda.[189] Es uno de los pocos gustos que me quedan.

Poncia. Estos encajes son preciosos para las gorras de niño, para manteruelos de cristianar.[190] Yo nunca pude usarlos en los míos. A ver si ahora Angustias los usa en los suyos. Como le dé por tener **crías,**[191] vais a estar cosiendo mañana y tarde.

Magdalena. Yo no pienso dar una puntada.[192]

Amelia. Y mucho menos cuidar niños **ajenos.**[193] Mira tú cómo están las vecinas del callejón, sacrificadas por cuatro **monigotes.**[194]

Poncia. Ésas están mejor que vosotras. ¡**Siquiera**[195] allí se ríe y se oyen **porrazos!**[196]

Martirio. Pues vete a servir con ellas.

Poncia. No. ¡Ya me ha tocado en suerte este convento!

(*Se oyen unos campanillos lejanos como a través de varios muros.*)

Magdalena. Son los hombres que vuelven al trabajo.

Poncia. Hace un minuto dieron las tres.

Martirio. ¡Con este sol!

Adela. (*Sentándose.*) ¡Ay, quién pudiera[197] salir también a los campos!

Magdalena. (*Sentándose.*) ¡Cada clase[198] tiene que hacer lo suyo!

Martirio. (*Sentándose.*) ¡Así es!

Amelia. (*Sentándose.*) ¡Ay!

---

[188] **lucirme**—vestirme con esmero; adornarme.

[189] **holanda**—tela muy fina.

[190] **manteruelos de cristianar**—parte de la vestidura de los niños en la ceremonia del bautizo.

[191] **crías**—niños, o animales pequeños, mientras crecen.

[192] **dar una puntada**—bordar un solo punto.

[193] **ajenos**—no de uno; no propios.

[194] **monigotes**—muñecos; figuras ridículas.

[195] **Siquiera**—por lo menos.

[196] **porrazos**—golpes dados con una porra, o un palo.

[197] **¡Ay, quién pudiera!**—¡Ay, cuánto quisiera yo!

[198] **clase (f.)**—se refiere a clase social.

Comparar

Compara la actitud de las cuatro hermanas ante la idea de estar en el campo, como los trabajadores.

_____

_____

_____

Conectar

¿Qué puntos en común encuentras con el episodio de Paca la Roseta?

_____

_____

_____

Reflexionar

¿Por qué dice Amelia que «nacer mujer es el mayor castigo»?

_____

_____

_____

Poncia. No hay alegría como la de los campos en esta época. Ayer de mañana llegaron los **segadores**.[199] Cuarenta o cincuenta buenos mozos.

Magdalena. ¿De dónde son este año?

Poncia. De muy lejos. Vinieron de los montes. ¡Alegres! ¡Como árboles quemados! ¡Dando voces y arrojando piedras! Anoche llegó al pueblo una mujer vestida de **lentejuelas**[200] y que bailaba con un acordeón, y quince de ellos la contrataron para llevársela al olivar. Yo los vi de lejos. El que la contrataba era un muchacho de ojos verdes, apretado[201] como una gavilla[202] de trigo.

Amelia. ¿Es eso cierto?

Adela. ¡Pero es posible!

Poncia. Hace años vino otra de éstas y yo misma di dinero a mi hijo mayor para que fuera. Los hombres necesitan estas cosas.

Adela. Se les perdona todo.

Amelia. Nacer mujer es el mayor castigo.

Magdalena. Y ni nuestros ojos siquiera nos pertenecen.

(*Se oye un canto lejano que se va acercando.*)

Poncia. Son ellos. Traen unos cantos preciosos.

Amelia. Ahora salen a segar.

Coro.

Ya salen los segadores
en busca de las espigas;
se llevan los corazones
de las muchachas que miran.

(*Se oyen* **panderos**[203] *y carrañacas.*[204] *Pausa. Todas oyen en un silencio traspasado por el sol.*)

Amelia. ¡Y no les importa el calor!

Martirio. Siegan entre **llamaradas**.[205]

Adela. Me gustaría poder segar para ir y venir. Así se olvida lo que nos muerde.

Martirio. ¿Qué tienes tú que olvidar?

Adela. Cada una sabe sus cosas.

Martirio. (*Profunda.*) ¡Cada una!

---

[199] **segadores**—los que siegan, o cortan las mieses o hierbas con hoz o guadaña.

[200] **lentejuelas**—laminillas redondas de metal que se cosen a la ropa por adorno.

[201] apretado—ceñido; bien formado.

[202] gavilla—porción de sarmientos, mieses o cañas, atada, formando un lío.

[203] *panderos*—instrumentos musicales de percusión hechos de cuero estirado sobre aros, y provistos de sonajas.

[204] *carrañaca*—instrumento musical; chapa rayada que suena al rascarla con un palito.

[205] **llamaradas**—llamas repentinas que se apagan pronto.

Poncia. ¡Callar! ¡Callar!

Coro. (*Muy lejano.*)

> Abrir puertas y ventanas
> las que vivís en el pueblo.
> El segador pide rosas
> para adornar su sombrero.

Poncia. ¡Qué canto!

Martirio. (*Con nostalgia.*)

> Abrir puertas y ventanas
> las que vivís en el pueblo...

Adela. (*Con pasión.*)

> El segador pide rosas
> para adornar su sombrero.

(*Se va alejando el cantar.*)

Poncia. Ahora dan la vuelta a la esquina.

Adela. Vamos a verlos por la ventana de mi cuarto.

Poncia. Tened cuidado con no entreabrirla mucho, porque son capaces de dar un empujón para ver quién mira.

(*Se van las tres.* **Martirio** *queda sentada en la silla baja con la cabeza entre las manos.*)

Amelia. (*Acercándose.*) ¿Qué te pasa?

Martirio. Me sienta mal el calor.

Amelia. ¿No es más que eso?

Martirio. Estoy deseando que llegue noviembre, los días de lluvia, la **escarcha**,[206] todo lo que no sea este verano interminable.

Amelia. Ya pasará y volverá otra vez.

Martirio. ¡Claro! (*Pausa.*) ¿A qué hora te dormiste anoche?

Amelia. No sé. Yo duermo como un tronco. ¿Por qué?

Martirio. Por nada, pero me pareció oír gente en el corral.

Amelia. ¿Sí?

Martirio. Muy tarde.

Amelia. ¿Y no tuviste miedo?

Martirio. No. Ya lo he oído otras noches.

Amelia. Debíamos tener cuidado. ¿No serían los gañanes?

Martirio. Los gañanes llegan a las seis.

Amelia. Quizá una mulilla sin **desbravar**.[207]

---

[206] **escarcha**—rocío de la noche congelado por el frío.

[207] **desbravar**—domar (un animal salvaje); amansar.

© Houghton Mifflin Harcourt Publishing Company

Martirio. (*Entre dientes y llena de segunda intención.*) Eso ¡eso!, una mulilla sin desbravar.

Amelia. ¡Hay que **prevenir**![208]

Martirio. ¡No, no! No digas nada, puede ser un **barrunto**[209] mío.

Amelia. Quizá. (*Pausa.* **Amelia** *inicia el mutis.*)

Martirio. ¡Amelia!

Amelia. (*En la puerta.*) ¿Qué?

(*Pausa.*)

Martirio. Nada.

(*Pausa.*)

Amelia. ¿Por qué me llamaste?

(*Pausa.*)

Martirio. Se me escapó. Fue sin darme cuenta.

(*Pausa.*)

Amelia. Acuéstate un poco.

Angustias. (*Entrando furiosa en escena, de modo que haya un gran contraste con los silencios anteriores.*) ¿Dónde está el retrato de Pepe que tenía yo debajo de mi almohada? ¿Quién de vosotras lo tiene?

Martirio. Ninguna.

Amelia. Ni que Pepe fuera un san Bartolomé de plata.[210]

(*Entran* **Poncia, Magdalena** *y* **Adela.**)

Angustias. ¿Dónde está el retrato?

Adela. ¿Qué retrato?

Angustias. Una de vosotras me lo ha escondido.

Magdalena. ¿Tienes la desvergüenza de decir esto?

Angustias. Estaba en mi cuarto y no está.

Martirio. ¿Y no se habrá escapado a medianoche al corral? A Pepe le gusta andar con la luna.[211]

Angustias. ¡No me gastes bromas! Cuando venga se lo contaré.

Poncia. ¡Eso no! ¡porque aparecerá! (*Mirando a* **Adela.**)

© Houghton Mifflin Harcourt Publishing Company

Inferir

¿Qué quiere sugerir Martirio?

_____

_____

---

[208] **prevenir**—advertir; aconsejar; avisar.

[209] **barrunto**—conjetura; sospecha.

[210] san Bartolomé de plata—lámina de San Bartolomé en marco de plata.

[211] andar con la luna—figuradamente, ser inconstante; la luna es el orbe que cambia cada mes en su viaje alrededor de la tierra, en contraste con la constancia del sol; Pepe el Romano, hombre inconstante por sus relaciones con las dos hermanas, ronda la casa de noche, como la luna.

Angustias. ¡Me gustaría saber cuál de vosotras lo tiene!

Adela. (*Mirando a* **Martirio.**) ¡Alguna! ¡Todas menos yo!

Martirio. (*Con intención.*) ¡Desde luego!

Bernarda. (*Entrando con su bastón.*)
¡Qué escándalo es éste en mi casa y con el silencio del peso del calor! Estarán las vecinas con el oído pegado a los tabiques.[212]

Angustias. Me han quitado el retrato de mi novio.

Bernarda. (*Fiera.*) ¿Quién?, ¿quién?

Angustias. ¡Éstas!

Bernarda. ¿Cuál de vosotras? (*Silencio.*) ¡Contestarme! (*Silencio. A* **Poncia.**) Registra los cuartos, mira por las camas. Esto tiene[213] no ataros más cortas. ¡Pero me vais a soñar! (*A* **Angustias.**) ¿Estás segura?

Angustias. Sí.

Bernarda. ¿Lo has buscado bien?

Angustias. Sí, madre.

(*Todas están de pie en medio de un embarazoso silencio.*)

Bernarda. Me hacéis al final de mi vida beber el veneno más amargo que una madre puede resistir. (*A* **Poncia.**) ¿No lo encuentras?

(*Sale* **Poncia.**)

Poncia. Aquí está.

Bernarda. ¿Dónde lo has encontrado?

Poncia. Estaba...

Bernarda. Dilo sin temor.

Poncia. (*Extrañada.*) Entre las sábanas de la cama de Martirio.

Bernarda. (*A* **Martirio.**) ¿Es verdad?

Martirio. ¡Es verdad!

Bernarda. (*Avanzando y golpeándola con el bastón.*) Mala puñalada te den, **¡mosca muerta!**[214] ¡Sembradura[215] de vidrios!

Martirio. (*Fiera.*) ¡No me pegue usted, madre!

Bernarda. ¡Todo lo que quiera!

Martirio. ¡Si yo la dejo! ¿Lo oye? ¡**Retírese**[216] usted!

Poncia. ¡No faltes a tu madre!

Angustias. (*Cogiendo a* **Bernarda.**) Déjela, ¡por favor!

Aclarar

¿Cuál es el «veneno más amargo que una madre puede resistir»?

_____

_____

_____

Interpretar

Por primera vez, Martirio le hace frente a su madre. Observa las palabras que usa. ¿Te recuerda las palabras de otro personaje? ¿De cuál?

_____

_____

_____

---

[212] **tabiques** (m.)—paredes delgadas que sirven como separación entre habitaciones.

[213] Esto tiene—Esto pasa por.

[214] **¡mosca muerta!**—¡hipócrita!

[215] Sembradura—acción y efecto de esparcir la semilla para el cultivo.

[216] **Retírese**—aléjese de mí; apártese.

© Houghton Mifflin Harcourt Publishing Company

Bernarda. Ni lágrimas te quedan en esos ojos.

Martirio. No voy a llorar para darle gusto.

Bernarda. ¿Por qué has cogido el retrato?

Martirio. ¿Es que yo no puedo gastar una broma a mi hermana? ¡Para qué otra cosa lo iba a querer!

Adela. (*Saltando llena de celos.*) No ha sido broma, que tú no has gustado jamás de juegos. Ha sido otra cosa que te reventaba en el pecho por querer salir. Dilo ya claramente.

Martirio. ¡Calla y no me hagas hablar, que si hablo se van a juntar las paredes unas con otras de vergüenza!

Adela. ¡La mala lengua no tiene fin para inventar!

Bernarda. ¡Adela!

Magdalena. Estáis locas.

Amelia. Y nos apedreáis con malos pensamientos.

Martirio. ¡Otras hacen cosas más malas!

Adela. Hasta que se pongan **en cueros**[217] de una vez y se las lleve el río.

Bernarda. ¡Perversa!

Angustias. Yo no tengo la culpa de que Pepe el Romano se haya fijado en mí.

Adela. ¡Por tus dineros!

Angustias. ¡Madre!

Bernarda. ¡Silencio!

Martirio. Por tus marjales[218] y tus **arboledas**.[219]

Magdalena. ¡Eso es lo justo!

Bernarda. ¡Silencio digo! Yo veía la tormenta venir, pero no creía que **estallara**[220] tan pronto. ¡Ay qué pedrisco[221] de odio habéis echado sobre mi corazón! Pero todavía no soy anciana y tengo cinco cadenas para vosotras y esta casa levantada por mi padre para que ni las hierbas se enteren de mi desolación. ¡Fuera de aquí! (*Salen.* **Bernarda** *se sienta desolada. La* **Poncia** *está de pie* **arrimada a**[222] *los muros.* **Bernarda** *reacciona, da un golpe en el suelo y dice:*) ¡Tendré que sentarles la mano! Bernarda: ¡acuérdate que ésta es tu obligación!

Poncia. ¿Puedo hablar?

Bernarda. Habla. Siento que hayas oído. Nunca está bien una extraña en el centro de la familia.

Poncia. Lo visto, visto está.

---

[217] **en cueros**—desnudas; sin ropa.

[218] marjales (m.)—terrenos bajos sin necesidad de riego por su abundancia de agua.

[219] **arboledas**—terrenos poblados de árboles

[220] **estallara**—hiciera explosión; reventara.

[221] pedrisco—granizo grueso que cae de las nubes; o bien, multitud de piedras arrojadas.

[222] *arrimada a*—apoyada en.

Comprender

¿Qué sabe Adela de Martirio, y Martirio de Adela?

_____

_____

_____

Comprender

¿Cómo pretende Bernarda resolver el conflicto?

_____

_____

© Houghton Mifflin Harcourt Publishing Company

Bernarda. Angustias tiene que casarse en seguida.

Poncia. Claro; hay que retirarla de aquí.

Bernarda. No a ella. ¡A él!

Poncia. Claro, ¡a él hay que alejarlo de aquí!
Piensas bien.

Bernarda. No pienso. Hay cosas que no se pueden
ni se deben pensar. Yo ordeno.

Poncia. ¿Y tú crees que él querrá marcharse?

Bernarda. (*Levantándose.*) ¿Qué imagina tu cabeza?

Poncia. Él, claro, ¡se casará con Angustias!

Bernarda. Habla, te conozco demasiado para saber que ya me
tienes preparada la **cuchilla**.[223]

Poncia. Nunca pensé que se llamara asesinato
al **aviso**.[224]

Bernarda. ¿Me tienes que prevenir algo?

Poncia. Yo no acuso, Bernarda: yo sólo te digo: abre los ojos y
verás.

Bernarda. ¿Y verás qué?

Poncia. Siempre has sido lista. Has visto lo malo de las gentes a
cien leguas; muchas veces creí que adivinabas los
pensamientos. Pero los hijos son los hijos. Ahora estás ciega.

Bernarda. ¿Te refieres a Martirio?

Poncia. Bueno, a Martirio... (*Con curiosidad.*) ¿Por qué habrá
escondido el retrato?

Bernarda. (*Queriendo ocultar a su hija.*)
Después de todo, ella dice que ha sido una broma. ¿Qué
otra cosa puede ser?

Poncia. (*Con sorna.*) ¿Tú lo crees así?

Bernarda. (*Enérgica.*) No lo creo. ¡Es así!

Poncia. Basta. Se trata de lo tuyo. Pero si fuera la vecina de
enfrente, ¿qué sería?

Bernarda. Ya empiezas a sacar la punta del cuchillo.

Poncia. (*Siempre con crueldad.*) No, Bernarda: aquí pasa una cosa
muy grande. Yo no te quiero echar la culpa, pero tú no has
dejado a tus hijas libres. Martirio es enamoradiza, digas tú
lo que quieras. ¿Por qué no la dejaste casar con Enrique
Humanes? ¿Por qué el mismo día que iba a venir a la
ventana le mandaste **recado**[225] que no viniera?

Bernarda. (*Fuerte.*) ¡Y lo haría mil veces! ¡Mi sangre no se junta
con la de los Humanes mientras yo viva! Su padre fue
gañán.

---

[223] **cuchilla**—cuchillo grande; hoja de cualquier arma blanca.

[224] **aviso**—advertencia; consejo.

[225] **recado**—mensaje que de palabra da o envía una persona a otra.

Figuras retóricas

¿Qué figura retórica emplea el autor en
esta intervención de Bernarda? Explica
su significado.

_____

_____

Comprender

¿Qué revela al lector esta intervención
de Poncia?

_____

_____

Poncia. ¡Y así te va a ti con esos **humos**![226]

Bernarda. Los tengo porque puedo tenerlos. Y tú no los tienes porque sabes muy bien cuál es tu origen.

Poncia. (*Con odio.*) ¡No me lo recuerdes! Estoy ya vieja. Siempre agradecí tu protección.

Bernarda. (*Crecida.*) ¡No lo parece!

Poncia. (*Con odio envuelto en suavidad.*) A Martirio se le olvidará esto.

Bernarda. Y si no lo olvida peor para ella. No creo que ésta sea «la cosa muy grande» que aquí pasa. Aquí no pasa nada. ¡Eso quisieras tú! Y si pasara algún día, estáte segura que no traspasaría las paredes.

Poncia. ¡Eso no lo sé yo! En el pueblo hay gentes que leen también de lejos los pensamientos escondidos.

Bernarda. ¡Cómo gozarías de vernos a mí y a mis hijas camino del lupanar![227]

Poncia. ¡Nadie puede conocer su fin!

Bernarda. ¡Yo sí sé mi fin! ¡Y el de mis hijas! El lupanar se queda para alguna mujer ya difunta...

Poncia. (*Fiera.*) ¡Bernarda, respeta la memoria de mi madre!

Bernarda. ¡No me persigas tú con tus malos pensamientos!

(*Pausa.*)

Poncia. Mejor será que no me meta en nada.

Bernarda. Eso es lo que debías hacer. Obrar y callar a todo es la obligación de los que viven a sueldo.

Poncia. Pero no se puede. ¿A ti no te parece que Pepe estaría mejor casado con Martirio o... ¡sí!, o con Adela?

Bernarda. No me parece.

Poncia. (*Con intención.*) Adela. ¡Ésa es la verdadera novia del Romano!

Bernarda. Las cosas no son nunca a gusto nuestro.

Poncia. Pero les cuesta mucho trabajo desviarse de la verdadera inclinación. A mí me parece mal que Pepe esté con Angustias y a las gentes, y hasta al aire. ¡Quién sabe si se saldrán con la suya!

Bernarda. ¡Ya estamos otra vez!... **Te deslizas**[228] para llenarme de malos sueños. Y no quiero entenderte, porque si llegara al alcance de[229] todo lo que dices te tendría que **arañar**.[230]

Poncia. ¡No llegará la sangre al río!

---

[226] **humos**—vanidad; altivez.

[227] lupanar (m.)—prostíbulo.

[228] **Te deslizas**—te evades; te escurres; aquí, insinúas tus ideas.

[229] llegara al alcance de—entendiera; comprendiera.

[230] arañar—rasgar con las uñas.

Comprender

¿Cuál es el «origen» de Poncia, al que Bernarda hace referencia al comienzo de esta página?

_____

_____

Interpretar

¿Por qué crees que Bernarda emplea el verbo «deslizas»?

_____

_____

Bernarda. ¡Afortunadamente mis hijas me respetan y jamás torcieron[231] mi voluntad!

Poncia. ¡Eso sí! Pero en cuanto las dejes sueltas se te subirán al tejado.

Bernarda. ¡Ya las bajaré tirándoles cantos![232]

Poncia. ¡Desde luego eres la más valiente!

Bernarda. ¡Siempre gasté sabrosa pimienta!

Poncia. ¡Pero lo que son las cosas! A su edad ¡hay que ver el entusiasmo de Angustias con su novio! ¡Y él también parece muy picado! Ayer me contó mi hijo mayor que a las cuatro y media de la madrugada, que pasó por la calle con la yunta, estaban hablando todavía.

Bernarda. ¡A las cuatro y media!

Angustias. (*Saliendo.*) ¡Mentira!

Poncia. Eso me contaron.

Bernarda. (*A* **Angustias.**) ¡Habla!

Angustias. Pepe lleva más de una semana marchándose a la una. Que Dios me mate si miento.

Martirio. (*Saliendo.*) Yo también lo sentí marcharse a las cuatro.

Bernarda. ¿Pero lo viste con tus ojos?

Martirio. No quise asomarme. ¿No habláis ahora por la ventana del callejón?

Angustias. Yo hablo por la ventana de mi dormitorio.

(*Aparece* **Adela en la puerta.**)

Martirio. Entonces...

Bernarda. ¿Qué es lo que pasa aquí?

Poncia. ¡Cuida de enterarte! Pero, desde luego, Pepe estaba a las cuatro de la madrugada en una reja de tu casa.

Bernarda. ¿Lo sabes seguro?

Poncia. Seguro no se sabe nada en esta vida.

Adela. Madre, no oiga usted a quien nos quiere perder a todas.

Bernarda. ¡Ya sabré enterarme! Si las gentes del pueblo quieren levantar falsos testimonios, se encontrarán con mi pedernal.[233] No se hable de este asunto. Hay a veces una ola de fango[234] que levantan los demás para perdernos.

Martirio. A mí no me gusta mentir.

Poncia. Y algo habrá.

Bernarda. No habrá nada. Nací para tener los ojos abiertos. Ahora vigilaré sin cerrarlos ya hasta que me muera.

Angustias. Yo tengo derecho de enterarme.

© Houghton Mifflin Harcourt Publishing Company

---

[231] torcieron—mudaron; se desviaron de.

[232] cantos—trozos de piedra; piedras redondas por desgaste; morrillos.

[233] pedernal (m.)—suma dureza.

[234] fango—lodo.

Inferir

¿Por qué afirma Poncia que Pepe estuvo con Angustias hasta las cuatro y media de la madrugada?

_____

_____

_____

Bernarda. Tú no tienes derecho más que a obedecer. Nadie me traiga ni me lleve. (*A la* **Poncia.**) Y tú te metes en los asuntos de tu casa. ¡Aquí no se vuelve a dar un paso que yo no sienta!

Criada. (*Entrando.*) ¡En lo alto de la calle hay un gran **gentío**,[235] y todos los vecinos están en sus puertas!

Bernarda. (*A la* **Poncia.**) ¡Corre a enterarte de lo que pasa! (*Las* **Mujeres** *corren para salir.*) ¿Dónde vais? Siempre os supe mujeres ventaneras y rompedoras de su luto. ¡Vosotras, al patio!

(*Salen y sale* **Bernarda.** *Se oyen rumores lejanos. Entran* **Martirio** *y* **Adela**, *que se quedan escuchando y sin atreverse a dar un paso más de la puerta de salida.*)

Martirio. Agradece a la **casualidad**[236] que no desaté mi lengua.

Adela. También hubiera hablado yo.

Martirio. ¿Y qué ibas a decir? ¡Querer no es hacer!

Adela. Hace la que puede y la que se adelanta. Tú querías, pero no has podido.

Martirio. No seguirás mucho tiempo.

Adela. ¡Lo tendré todo!

Martirio. Yo romperé tus abrazos.

Adela. (*Suplicante.*) ¡Martirio, déjame!

Martirio. ¡De ninguna!

Adela. ¡Él me quiere para su casa!

Martirio. ¡He visto cómo te abrazaba!

Adela. Yo no quería. He ido como arrastrada por una maroma.[237]

Martirio. ¡Primero muerta!

(*Se asoman* **Magdalena** *y* **Angustias**. *Se siente crecer el tumulto.*)

Poncia. (*Entrando con* **Bernarda**.) ¡Bernarda!

Bernarda. ¿Qué ocurre?

Poncia. La hija de la Librada, la soltera, tuvo un hijo no se sabe con quién.

Adela. ¿Un hijo?

Poncia. Y para ocultar su vergüenza lo mató y lo metió debajo de unas piedras, pero unos perros con más corazón que muchas criaturas,[238] lo sacaron y como llevados por la mano de Dios lo han puesto en el tranco de su puerta. Ahora la quieren matar. La traen arrastrando por la calle abajo, y por las

© Houghton Mifflin Harcourt Publishing Company

---

[235] **gentío**—cantidad grande de gente.

[236] **casualidad**—suceso imprevisto cuya causa se desconoce.

[237] maroma—cuerda gruesa de esparto; soga.

[238] criaturas—personas humanas.

Aclarar

¿Qué quiere decir Martirio con la frase «¡Querer no es hacer!»?

_____

_____

trochas[239] y los terrenos del olivar vienen los hombres corriendo, dando unas voces que **estremecen**[240] los campos.

Bernarda. Sí, que vengan todos con **varas**[241] de olivo y **mangos**[242] de azadones,[243] que vengan todos para matarla.

Adela. ¡No, no, para matarla, no!

Martirio. Sí, y vamos a salir también nosotras.

Bernarda. Y que pague la que pisotea su decencia.

(*Fuera se oye un grito de mujer y un gran rumor.*)

Adela. ¡Que la dejen escapar! ¡No salgáis vosotras!

Martirio. (*Mirando a* **Adela**.) ¡Que pague lo que debe!

Bernarda. (*Bajo el arco.*) ¡Acabar con ella antes que lleguen los guardias! ¡**Carbón**[244] **ardiendo**[245] en el sitio de su **pecado**![246]

Adela. (*Cogiéndose el vientre.*) ¡No! ¡No!

Bernarda. ¡Matadla! ¡Matadla!

(*Telón.*)

---

[239] **trochas**—veredas angostas; caminos abiertos en las malezas.

[240] **estremecen**—hacen temblar.

[241] **varas**—ramos largos y delgados, sin hojas; o bien, bastones de mando.

[242] **mangos**—partes largas y estrechas de las herramientas por donde se agarran con las manos al usarlas.

[243] **azadones**—instrumentos de labranza; consisten en una pala de hierro y un mango que forma ángulo oblicuo con ella, para remover la tierra.

[244] **Carbón**—sustancia sólida, negra y combustible.

[245] **ardiendo**—encendido; que quema; que abrasa.

[246] **pecado**—transgresión contra los preceptos de la iglesia; acción que se aparta de lo recto y lo justo, que falta a lo debido.

Comparar

¿En qué se diferencian la actitud de Bernarda y la de Adela respecto del episodio de la hija de la Librada?

_____

_____

_____

Acto tercero

Cuatro paredes blancas ligeramente azuladas del patio interior de la casa de **Bernarda**. *Es de noche. El decorado ha de ser de una perfecta simplicidad. Las puertas, iluminadas por la luz de los interiores, dan un tenue fulgor[247] a la escena.*

En el centro, una mesa con un quinqué,[248] donde están comiendo **Bernarda** *y sus* **Hijas**. *La* **Poncia** *las sirve.* **Prudencia** *está sentada aparte.*

Al levantarse el telón hay un gran silencio, interrumpido por el ruido de platos y cubiertos.

Prudencia. Ya me voy. Os he hecho una visita larga. (*Se levanta.*)

Bernarda. Espérate, mujer. No nos vemos nunca.

Prudencia. ¿Han dado el último **toque**[249] para el rosario?[250]

Poncia. Todavía no. (**Prudencia** *se sienta.*)

Bernarda. ¿Y tu marido cómo sigue?

Prudencia. Igual.

Bernarda. Tampoco lo vemos.

Prudencia. Ya sabes sus costumbres. Desde que se peleó con sus hermanos por la herencia no ha salido por la puerta de la calle. Pone una escalera y salta las tapias del corral.

Bernarda. Es un verdadero hombre. ¿Y con tu hija…?

Prudencia. No la ha perdonado.

Bernarda. Hace bien.

Prudencia. No sé qué te diga. Yo sufro por esto.

Bernarda. Una hija que desobedece deja de ser hija para convertirse en enemiga.

Prudencia. Yo dejo que el agua corra. No me queda más consuelo que refugiarme en la iglesia, pero como me estoy quedando sin vista tendré que dejar de venir para que no jueguen con una los chiquillos. (*Se oye un gran golpe como dado en los muros.*) ¿Qué es eso?

© Houghton Mifflin Harcourt Publishing Company

---

[247] **fulgor**—resplandor; brillo propio.

[248] *quinqué*—lámpara, generalmente alimentada con petróleo, que consta de depósito, mecha, tubo de cristal, y a menudo pantalla también.

[249] **toque** (m.)—tañido de las campanas de la iglesia.

[250] rosario—serie de oraciones que rezan los católicos, utilizando una sarta de cuentas, muchas veces en un acto de devoción colectiva, convocado por el repique de campanas.

Reflexionar

¿Qué opinas sobre esta afirmación de Bernarda?

_____

_____

_____

Bernarda. El caballo garañón,[251] que está encerrado y da **coces**[252] contra el muro. (*A voces.*) ¡**Trabadlo**[253] y que salga al corral! (*En voz baja.*) Debe tener calor.

Prudencia. ¿Vais a echarle las **potras**[254] nuevas?

Bernarda. Al amanecer.

Prudencia. Has sabido acrecentar tu ganado.

Bernarda. A fuerza de dinero y **sinsabores**.[255]

Poncia. (*Interviniendo.*) ¡Pero tiene la mejor manada[256] de estos contornos! Es una lástima que esté bajo de precio.

Bernarda. ¿Quieres un poco de queso y miel?

Prudencia. Estoy **desganada**.[257]

(*Se oye otra vez el golpe.*)

Poncia. ¡Por Dios!

Prudencia. ¡Me ha retemblado dentro del pecho!

Bernarda. (*Levantándose furiosa.*) ¿Hay que decir las cosas dos veces? ¡Echadlo que se **revuelque**[258] en los montones de paja! (*Pausa, y como hablando con los gañanes.*) Pues encerrad las potras en la cuadra,[259] pero dejadlo libre, no sea que nos eche abajo las paredes. (*Se dirige a la mesa y se sienta otra vez.*) ¡Ay qué vida!

Prudencia. Bregando[260] como un hombre.

Bernarda. Así es. (**Adela** *se levanta de la mesa.*) ¿Dónde vas?

Adela. A beber agua.

Bernarda. (*En alta voz.*) Trae un jarro de agua fresca. (*A* **Adela**.) Puedes sentarte. (**Adela** *se sienta.*)

Prudencia. Y Angustias, ¿cuándo se casa?

Bernarda. Vienen a pedirla[261] dentro de tres días.

Prudencia. ¡Estarás contenta!

Angustias. ¡Claro!

Amelia. (*A* **Magdalena**.) Ya has derramado la sal.

Magdalena. Peor suerte que tienes no vas a tener.

Amelia. Siempre trae mala sombra.

Bernarda. ¡Vamos!

Aclarar

¿Qué significa la palabra «sombra» aquí?

_____

_____

---

[251] garañón—macho destinado a la procreación.

[252] **coces** (f.)—patadas.

[253] **Trabadlo**—atadlo; prendedlo; agarradlo.

[254] **potras**—yeguas jóvenes.

[255] **sinsabores** (m.)—pesares; desazones; pesadumbres; disgustos.

[256] manada—grupo de animales, como vacas, caballos, cabras, etc.

[257] **desganada**—sin ganas; sin apetito.

[258] se **revuelque**—se derribe y dé vueltas por el suelo.

[259] cuadra—caballeriza; sitio destinado para caballos.

[260] **Bregando**—luchando; ajetreándose; yendo y viniendo de una parte a otra; trabajando.

[261] pedirla—se refiere a la tradición de pedirle al padre la mano de la novia; faltando éste, se pedirá a Bernarda la mano de Angustias.

Interpretar

Si «las cosas significan siempre lo mismo», ¿qué cabe esperar del matrimonio de Angustias con Pepe?

_____

_____

Conectar

¿A qué dicho popular hacen referencia las palabras «propone» y «dispone» de Bernarda y Martirio?

_____

_____

Prudencia. (*A* **Angustias**.) ¿Te ha regalado ya el anillo?

Angustias. Mírelo usted. (*Se lo alarga.*)

Prudencia. Es precioso. Tres perlas. En mi tiempo las perlas significaban lágrimas.

Angustias. Pero ya las cosas han cambiado.

Adela. Yo creo que no. Las cosas significan siempre lo mismo. Los anillos de pedida deben ser de diamantes.

Prudencia. Es más propio.

Bernarda. Con perlas o sin ellas, las cosas son como una se las propone.

Martirio. O como Dios dispone.

Prudencia. Los muebles me han dicho que son preciosos.

Bernarda. Dieciséis mil reales[262] he gastado.

Poncia. (*Interviniendo.*) Lo mejor es el armario de luna.[263]

Prudencia. Nunca vi un mueble de éstos.

Bernarda. Nosotras tuvimos arca.

Prudencia. Lo preciso es que todo sea para bien.

Adela. Que nunca se sabe.

Bernarda. No hay motivo para que no lo sea. (*Se oyen lejanísimas unas campanas.*)

Prudencia. El último toque. (*A* **Angustias**.) Ya vendré a que me enseñes la ropa.

Angustias. Cuando usted quiera.

Prudencia. Buenas noches nos dé Dios.

Bernarda. Adiós, Prudencia.

Las cinco (*a la vez*) Vaya usted con Dios.

(*Pausa. Sale* **Prudencia**.)

Bernarda. Ya hemos comido. (*Se levantan.*)

Adela. Voy a llegarme hasta el portón para **estirar las piernas**[264] y tomar un poco el fresco.

(**Magdalena** *se sienta en una silla baja retrepada*[265] *contra la pared.*)

Amelia. Yo voy contigo.

Martirio. Y yo.

---

[262] reales (m.)—antiguas monedas españolas.

[263] luna—cristal; espejo.

[264] **estirar las piernas**—caminar.

[265] *retrepada*—echada hacia atrás; inclinada.

Adela. (*Con odio contenido.*) No me voy a perder.

Amelia. La noche quiere compaña. (*Salen.*)

(**Bernarda** *se sienta y* **Angustias** *está arreglando la mesa.*)

Bernarda. Ya te he dicho que quiero que hables con tu hermana Martirio. Lo que pasó del retrato fue una broma y lo debes olvidar.

Angustias. Usted sabe que ella no me quiere.

Bernarda. Cada uno sabe lo que piensa por dentro. Yo no me meto en los corazones, pero quiero buena **fachada**[266] y armonía familiar. ¿Lo entiendes?

Angustias. Sí.

Bernarda. Pues ya está.

Magdalena. (*Casi dormida.*) Además ¡si te vas a ir antes de nada! (*Se duerme.*)

Angustias. ¡Tarde me parece!

Bernarda. ¿A qué hora terminaste anoche de hablar?

Angustias. A las doce y media.

Bernarda. ¿Qué cuenta Pepe?

Angustias. Yo lo encuentro distraído. Me habla siempre como pensando en otra cosa. Si le pregunto qué le pasa, me contesta: «Los hombres tenemos nuestras preocupaciones.»

Bernarda. No le debes preguntar. Y cuando te cases, menos. Habla si él habla y míralo cuando te mire. Así no tendrás disgustos.

Angustias. Yo creo, madre, que él me oculta muchas cosas.

Bernarda. No procures descubrirlas, no le preguntes y, desde luego, que no te vea llorar jamás.

Angustias. Debía estar contenta y no lo estoy.

Bernarda. Eso es lo mismo.

Angustias. Muchas noches miro a Pepe con mucha fijeza y se me borra a través de los hierros, como si lo tapara una nube de polvo de las que levantan los **rebaños**.[267]

Bernarda. Eso son cosas de debilidad.

Angustias. ¡Ojalá!

Bernarda. ¿Viene esta noche?

Angustias. No. Fue con su madre a la capital.

Bernarda. Así nos acostaremos antes. ¡Magdalena!

Angustias. Está dormida.

(*Entran* **Adela, Martirio** *y* **Amelia.**)

Amelia. ¡Qué noche más oscura!

Interpretar
¿Qué opina Bernarda sobre las relaciones familiares?

_____

_____

_____

Analizar
En el Acto segundo, Pepe suele terminar de hablar con Angustias a la una y media. ¿Crees que hay algún motivo en particular por el cual ahora termina una hora antes?

_____

_____

_____

---

[266] **fachada**—aspecto exterior; apariencia desde fuera.
[267] **rebaños**—hatos grandes de ovejas; manadas de ovejas.

Adela. No se ve a dos pasos de distancia.

Martirio. Una buena noche para ladrones, para el que necesite escondrijo.

Adela. El caballo garañón estaba en el centro del corral, ¡blanco! Doble de grande. Llenando todo lo oscuro.

Amelia. Es verdad. Daba miedo. ¡Parecía una aparición!

Adela. Tiene el cielo unas estrellas como puños.

Martirio. Ésta se puso a mirarlas de modo que se iba a **tronchar**[268] el cuello.

Adela. ¿Es que no te gustan a ti?

Martirio. A mí las cosas de tejas arriba[269] no me importan nada. Con lo que pasa dentro de las habitaciones tengo bastante.

Adela. Así te va a ti.

Bernarda. A ella le va en lo suyo como a ti en lo tuyo.

Angustias. Buenas noches.

Adela. ¿Ya te acuestas?

Angustias. Sí, esta noche no viene Pepe. (*Sale.*)

Adela. Madre, ¿por qué cuando se corre una estrella o luce un relámpago se dice:

> Santa Bárbara bendita,
> que en el cielo estás escrita
> con papel y agua bendita?

Bernarda. Los antiguos sabían muchas cosas que hemos olvidado.

Amelia. Yo cierro los ojos para no verlas.

Adela. Yo, no. A mí me gusta ver correr lleno de lumbre lo que está quieto y quieto años enteros.

Martirio. Pero estas cosas nada tienen que ver con nosotros.

Bernarda. Y es mejor no pensar en ellas.

Adela. ¡Qué noche más hermosa! Me gustaría quedarme hasta muy tarde para disfrutar el fresco del campo.

Bernarda. Pero hay que acostarse. ¡Magdalena!

Amelia. Está en el primer sueño.

Bernarda. ¡Magdalena!

Magdalena. (*Disgustada.*) ¡Dejarme en paz!

Bernarda. ¡A la cama!

Magdalena. (*Levantándose malhumorada.*) ¡No la dejáis a una tranquila! (*Se va refunfuñando.*)[270]

Amelia. Buenas noches. (*Se va.*)

---

[268] **tronchar**—partir o romper con violencia.

[269] de tejas arriba—de puertas afuera.

[270] *refunfuñando*—emitiendo sonidos confusos o palabras mal articuladas; murmurando entre dientes en señal de desagrado o enojo.

Inferir

¿Qué crees que quiere decir Adela con la frase «a mí me gusta ver correr lleno de lumbre lo que está quieto y quieto años enteros»?

_____

_____

_____

Bernarda. Andar vosotras también.

Martirio. ¿Cómo es que esta noche no vino el novio de Angustias?

Bernarda. Fue de viaje.

Martirio. (*Mirando a* **Adela**.) ¡Ah!

Adela. Hasta mañana. (*Sale*.)

(**Martirio** *bebe agua y sale lentamente, mirando hacia la puerta del corral. Sale la* **Poncia**.)

Poncia. ¿Estás todavía aquí?

Bernarda. Disfrutando este silencio y sin lograr ver por parte alguna «la cosa tan grande» que aquí pasa, según tú.

Poncia. Bernarda, dejemos esa conversación.

Bernarda. En esta casa no hay un sí ni un no. Mi vigilancia lo puede todo.

Poncia. No pasa nada por fuera. Eso es verdad. Tus hijas están y viven como metidas en alacenas. Pero ni tú ni nadie puede vigilar por el interior de los pechos.

Bernarda. Mis hijas tienen la respiración tranquila.

Poncia. Esto te importa a ti que eres su madre. A mí, con servir tu casa tengo bastante.

Bernarda. Ahora te has vuelto callada.

Poncia. Me estoy en mi sitio, y en paz.

Bernarda. Lo que pasa es que no tienes nada que decir. Si en esta casa hubiera hierbas, ya te encargarías de traer a pastar las ovejas del vecindario.

Poncia. Yo tapo más de lo que te figuras.

Bernarda. ¿Sigue tu hijo viendo a Pepe a las cuatro de la mañana? ¿Siguen diciendo todavía la mala **letanía**[271] de esta casa?

Poncia. No dicen nada.

Bernarda. Porque no pueden. Porque no hay carne donde morder. ¡A la vigilia de mis ojos se debe esto!

Poncia. Bernarda, yo no quiero hablar porque temo tus intenciones. Pero no estés segura.

Bernarda. ¡Segurísima!

Poncia. ¡A lo mejor de pronto cae un **rayo**![272] A lo mejor de pronto, un golpe de sangre te para el corazón.

---

[271] **letanía**—plegaria formada por una serie de invocaciones y súplicas, cada una de las cuales es dicha o cantada por uno y repetida, contestada o completada por otro; figuradamente, enumeración larga y cansada de cosas, como chismes o murmuraciones.

[272] **rayo**—relámpago.

Señalar

Subraya en esta página los comentarios de Bernarda que evidencian convicción de que sabe todo cuanto ocurre bajo su techo.

Aclarar

Poncia, hablando con Bernarda acerca de sus hijas, le dice que nadie «puede vigilar por el interior de los pechos». ¿A qué se refiere Poncia?

_____

_____

Bernarda. Aquí no pasará nada. Ya estoy alerta contra tus suposiciones.[273]

Poncia. Pues mejor para ti.

Bernarda. ¡No faltaba más!

Criada. (*Entrando.*) Ya terminé de fregar los platos. ¿Manda usted algo, Bernarda?

Bernarda. (*Levantándose.*) Nada. Yo voy a descansar.

Poncia. ¿A qué hora quiere que la llame?

Bernarda. A ninguna. Esta noche voy a dormir bien. (*Se va.*)

Poncia. Cuando una no puede con el mar lo más fácil es volver las espaldas para no verlo.

Criada. Es tan orgullosa que ella misma se pone una venda en los ojos.

Poncia. Yo no puedo hacer nada. Quise **atajar**[274] las cosas, pero ya me asustan demasiado. ¿Tú ves este silencio? Pues hay una tormenta en cada cuarto. El día que estallen nos **barrerán**[275] a todas. Yo he dicho lo que tenía que decir.

Criada. Bernarda cree que nadie puede con ella y no sabe la fuerza que tiene un hombre entre mujeres solas.

Poncia. No es toda la culpa de Pepe el Romano. Es verdad que el año pasado anduvo detrás de Adela y ésta estaba loca por él, pero ella debió estarse en su sitio y no provocarlo. Un hombre es un hombre.

Criada. Hay quien cree que habló muchas noches con Adela.

Poncia. Es verdad. (*En voz baja.*) Y otras cosas.

Criada. No sé lo que va a pasar aquí.

Poncia. A mí me gustaría cruzar el mar y dejar esta casa de guerra.

Criada. Bernarda está aligerando la boda y es posible que nada pase.

Poncia. Las cosas se han puesto ya demasiado maduras. Adela está decidida a lo que sea y las demás vigilan sin descanso.

Criada. ¿Y Martirio también...?

Poncia. Ésa es la peor. Es un pozo de veneno. Ve que el Romano no es para ella y **hundiría**[276] el mundo si estuviera en su mano.

Criada. ¡Es que son malas!

Poncia. Son mujeres sin hombre, nada más. En estas cuestiones se olvida hasta la sangre. ¡Chisssss! (*Escucha.*)

---

[273] suposiciones—invenciones.

[274] **atajar**—interrumpir el curso de algún suceso.

[275] nos barrerán—se nos llevarán; nos harán desaparecer.

[276] **hundiría**—metería debajo de la tierra o del agua; sumergiría o derrumbaría.

Interpretar

¿Cuál es la visión que tiene Poncia de los hombres?

_____

_____

Comprender

Si Poncia quisiera dejar «esta casa de guerra», ¿por qué no lo hace?

_____

_____

_____

Criada. ¿Qué pasa?

Poncia. (*Se levanta.*) Están ladrando los perros.

Criada. Debe haber pasado alguien por el portón.

(*Sale* **Adela** *en enaguas blancas y corpiño.*)[277]

Poncia. ¿No te habías acostado?

Adela. Voy a beber agua. (*Bebe en un vaso de la mesa.*)

Poncia. Yo te suponía dormida.

Adela. Me despertó la sed. ¿Y vosotras no descansáis?

Criada. Ahora.

(*Sale* **Adela.**)

Poncia. Vámonos.

Criada. Ganado tenemos el sueño. Bernarda no me deja
descanso en todo el día.

Poncia. Llévate la luz.

Criada. Los perros están como locos.

Poncia. No nos van a dejar dormir. (*Salen.*)

(*La escena queda casi a oscuras. Sale* **María Josefa** *con una oveja en
los brazos.*)

María Josefa.

Ovejita, niño mío,
vámonos a la orilla del mar;
la hormiguita estará en su puerta,
yo te daré la teta[278] y el pan.
Bernarda, cara de leoparda,
Magdalena, cara de hiena.
Ovejita.
Meee, meeee.
Vamos a los ramos del portal de Belén.

(*Ríe.*)

Ni tú ni yo queremos dormir.
La puerta sola se abrirá
y en la playa nos meteremos
en una choza de coral.
Bernarda, cara de leoparda,
Magdalena, cara de hiena.
Ovejita.
Mee, meee.
¡Vamos a los ramos del portal de Belén!
(*Se va cantando.*)

---

[277] *corpiño*—prenda de ropa interior que se ciñe al cuerpo desde el busto hasta la cintura,
generalmente atada con cordones.

[278] te daré la teta—te daré el pecho; te daré de lactar, de mamar.

Inferir

¿Qué crees que representa la sed?

_____

_____

Interpretar

¿Por qué está tan segura Poncia?

_____

_____

_____

Identificar

Subraya las alusiones al cristianismo
que encuentres en esta página.

*(Entra **Adela**. Mira a un lado y otro con **sigilo**[279] y desaparece por la puerta del corral. Sale **Martirio** por otra puerta y queda **en angustioso acecho**[280] en el centro de la escena. También va en enaguas. Se cubre con un pequeño mantón negro de talle.[281] Sale por enfrente de ella **María Josefa**.)*

Martirio. Abuela, ¿dónde va usted?

María Josefa. ¿Vas a abrirme la puerta? ¿Quién eres tú?

Martirio. ¿Cómo está aquí?

María Josefa. Me escapé. ¿Tú quién eres?

Martirio. Vaya a acostarse.

María Josefa. Tú eres Martirio. Ya te veo. Martirio: cara de Martirio. ¿Y cuándo vas a tener un niño? Yo he tenido éste.

Martirio. ¿Dónde cogió esa oveja?

María Josefa. Ya sé que es una oveja. Pero ¿por qué una oveja no va a ser un niño? Mejor es tener una oveja que no tener nada. Bernarda, cara de leoparda. Magdalena, cara de hiena.

Martirio. No dé voces.

María Josefa. Es verdad. Está todo muy oscuro. Como tengo el pelo blanco crees que no puedo tener crías, y sí, crías y crías y crías. Este niño tendrá el pelo blanco y tendrá otro niño y éste otro, y todos con el pelo de nieve, seremos como las olas, una y otra y otra. Luego nos sentaremos todos y todos tendremos el cabello blanco y seremos espuma. ¿Por qué aquí no hay espumas? Aquí no hay más que mantos de luto.

Martirio. Calle, calle.

María Josefa. Cuando mi vecina tenía un niño yo le llevaba chocolate y luego ella me lo traía a mí y así siempre, siempre, siempre. Tú tendrás el pelo blanco, pero no vendrán las vecinas. Yo tengo que marcharme, pero tengo miedo de que los perros me muerdan. ¿Me acompañarás tú a salir del campo? Yo no quiero campo. Yo quiero casas, pero casas abiertas y las vecinas acostadas en sus camas con sus niños chiquititos y los hombres fuera sentados en sus sillas. Pepe el Romano es un gigante. Todas lo queréis. Pero él os va a devorar porque vosotras sois granos de trigo. No granos de trigo, no. ¡Ranas sin lengua!

Martirio. *(Enérgica.)* Vamos. Váyase a la cama.
(La empuja.)

María Josefa. Sí, pero luego tú me abrirás ¿verdad?

Martirio. De seguro.

Maria Josefa. *(Llorando.)*
Ovejita, niño mío,

---

[279] *sigilo*—secreto; silencio; disimulo.

[280] *en (angustioso) acecho*—escondida en espera del paso de una persona, para sorprenderla.

[281] *mantón negro de talle*—pañuelo que se echa para taparse desde el cuello a la cintura; aquí, por pudor.

© Houghton Mifflin Harcourt Publishing Company

Inferir

¿De qué condición mental parece padecer María Josefa?

_____

_____

Interpretar

¿Qué quiere decir María Josefa cuando llama a sus nietas «ranas sin lengua»?

_____

_____

vámonos a la orilla del mar;
la hormiguita estará en su puerta,
yo te daré la teta y el pan.

(*Sale.* **Martirio** *cierra la puerta por donde ha salido* **María Josefa** *y se dirige a la puerta del corral. Allí vacila, pero avanza dos pasos más.*)

Martirio. (*En voz baja.*) Adela. (*Pausa. Avanza hasta la misma puerta. En voz alta.*) ¡Adela!

(*Aparece* **Adela**. *Viene un poco despeinada.*)

Adela. ¿Por qué me buscas?

Martirio. ¡Deja a ese hombre!

Adela. ¿Quién eres tú para decírmelo?

Martirio. No es ése el sitio de una mujer honrada.

Adela. ¡Con qué ganas te has quedado de ocuparlo!

Martirio. (*En voz más alta.*) Ha llegado el momento de que yo hable. Esto no puede seguir.

Adela. Esto no es más que el comienzo. He tenido fuerza para adelantarme. El **brío**[282] y el mérito que tú no tienes. He visto la muerte debajo de estos techos y he salido a buscar lo que era mío, lo que me pertenecía.

Martirio. Ese hombre sin alma vino por otra. Tú te has **atravesado**.[283]

Adela. Vino por el dinero, pero sus ojos los puso siempre en mí.

Martirio. Yo no permitiré que **lo arrebates**.[284] Él se casará con Angustias.

Adela. Sabes mejor que yo que no la quiere.

Martirio. Lo sé.

Adela. Sabes, porque lo has visto, que me quiere a mí.

Martirio. (*Desesperada.*) Sí.

Adela. (*Acercándose.*) Me quiere a mí, me quiere a mí.

Martirio. Clávame un cuchillo si es tu gusto, pero no me lo digas más.

Adela. Por eso procuras que no vaya con él. No te importa que abrace a la que no quiere; a mí, tampoco. Ya puede estar cien años con Angustias, pero que me abrace a mí se te hace terrible, porque tú lo quieres también, ¡lo quieres!

Interpretar

¿Cuál crees que es la motivación de Martirio al vigilar a Adela?

_____

_____

---

[282] **brío**—espíritu de resolución; vigor; fuerza.

[283] **atravesado**—puesto entremedio.

[284] **lo arrebates**—te lo lleves; lo arranques.

Elaborar

Enferma de celos y envidia, Martirio rechaza el abrazo de Adela. Para ella ya no es una hermana, es otra mujer, su rival, su enemiga. ¿Pueden tanto los celos?

_____

_____

Sintetizar

Adela siente que el amor correspondido le ha dado fuerzas para enfrentarse a quien se oponga a su relación. Enumera contra qué o quiénes se rebela Adela.

_____

_____

_____

Martirio. (_Dramática._) ¡Sí! Déjame decirlo con la cabeza fuera de los embozos.[285] ¡Sí! Déjame que el pecho se me rompa como una granada[286] de amargura. ¡Lo quiero!

Adela. (_En un arranque y abrazándola._) Martirio, Martirio, yo no tengo la culpa.

Martirio. ¡No me abraces! No quieras ablandar mis ojos. Mi sangre ya no es la tuya, y aunque quisiera verte como hermana, no te miro ya más que como mujer. (_La rechaza._)

Adela. Aquí no hay ningún remedio. La que tenga que ahogarse que se ahogue. Pepe el Romano es mío. Él me lleva a los **juncos**[287] de la orilla.

Martirio. ¡No será!

Adela. Ya no aguanto el horror de estos techos después de haber probado el sabor de su boca. Seré lo que él quiera que sea. Todo el pueblo contra mí, quemándome con sus dedos de lumbre, perseguida por las que dicen que son decentes, y me pondré delante de todos la corona de espinas[288] que tienen las que son queridas de algún hombre casado.

Martirio. ¡Calla!

Adela. Sí, sí. (_En voz baja._) Vamos a dormir, vamos a dejar que se case con Angustias, ya no me importa, pero yo me iré a una casita sola donde él me verá cuando quiera, cuando le venga en gana.

Martirio. Eso no pasará mientras yo tenga una gota de sangre en el cuerpo.

Adela. No a ti, que eres débil. A un caballo encabritado[289] soy capaz de poner de rodillas con la fuerza de mi **dedo meñique**.[290]

Martirio. No levantes esa voz que me irrita. Tengo el corazón lleno de una fuerza tan mala, que sin quererlo yo, a mí misma me ahoga.

Adela. Nos enseñan a querer a las hermanas. Dios me ha debido dejar sola en medio de la oscuridad, porque te veo como si no te hubiera visto nunca.

(_Se oye un silbido y_ **Adela** _corre a la puerta, pero_ **Martirio** _se le pone delante._)

Martirio. ¿Dónde vas?

Adela. ¡Quítate de la puerta!

---

[285] embozos—encubrimientos; falsedades; mentiras para ocultar algo.

[286] granada—fruto del granado, del tamaño y de la forma de una manzana, que contiene muchos granos rojos de sabor agridulce.

[287] juncos—plantas de tallo largo que se mecen a las orillas de los ríos; en Lorca, tienen un significado sensual por el fluir del agua que los alimenta, manteniéndolos frescos.

[288] corona de espinas—referencia bíblica a la corona de espinas que ciñó la cabeza de Jesucristo en su pasión.

[289] encabritado—empinado sobre las patas traseras, con las delanteras levantadas.

[290] **dedo meñique**—quinto dedo de la mano.

Martirio. ¡Pasa si puedes!

Adela. ¡Aparta! (*Lucha.*)

Martirio. (*A voces.*) ¡Madre, madre!

Adela. ¡Déjame!

(*Aparece* **Bernarda**. *Sale en enaguas, con un mantón negro.*)

Bernarda. Quietas, quietas. ¡Qué pobreza la mía no poder tener un rayo entre los dedos!

Martirio. (*Señalando a* **Adela**.) ¡Estaba con él! ¡Mira esas enaguas llenas de paja de trigo!

Bernarda. ¡Ésa es la cama de las mal nacidas![291] (*Se dirige furiosa hacia* **Adela**.)

Adela. (*Haciéndole frente.*)[292] ¡Aquí se acabaron las voces de presidio![293] (**Adela** *arrebata el bastón a su Madre y lo parte en dos.*) Esto hago yo con la vara[294] de la dominadora. No dé usted un paso más. ¡En mí no manda nadie más que Pepe!

(*Sale* **Magdalena**.)

Magdalena. ¡Adela!

(*Salen la* **Poncia** *y* **Angustias**.)

Adela. Yo soy su mujer. (*A* **Angustias**.) Entérate tú y ve al corral a decírselo. Él dominará toda esta casa. Ahí fuera está, respirando como si fuera un león.

Angustias. ¡Dios mío!

Bernarda. ¡La **escopeta**![295] ¿Dónde está la escopeta? (*Sale corriendo.*)

(*Aparece* **Amelia** *por el fondo, que mira aterrada con la cabeza sobre la pared. Sale detrás* **Martirio**.)

Adela. ¡Nadie podrá conmigo! (*Va a salir.*)

Angustias. (*Sujetándola.*) De aquí no sales tú con tu cuerpo en triunfo, ¡ladrona!, ¡deshonra de nuestra casa!

Magdalena. ¡Déjala que se vaya donde no la veamos nunca más!

(*Suena un* **disparo**.)[296]

Bernarda. (*Entrando.*) Atrévete a buscarlo ahora.

Martirio. (*Entrando.*) Se acabó Pepe el Romano.

Adela. ¡Pepe! ¡Dios mío! ¡Pepe! (*Sale corriendo.*)

---

[291] las mal nacidas—las mujeres de clase baja; las deshonradas.

[292] *Haciéndole frente*—resistiéndola; oponiéndosele.

[293] presidio—fortaleza; o bien, establecimiento penitenciario en que cumplen sus condenas los penados por graves delitos.

[294] vara—bastón de mando.

[295] escopeta—arma de fuego portátil de uno o dos cañones, usada por cazadores.

[296] *disparo*—tiro de arma de fuego.

Pronosticar

¿A quién va a matar Bernarda con la escopeta?

_____

_____

_____

Poncia. ¿Pero lo habéis matado?

Martirio. ¡No! ¡Salió corriendo en la jaca!

Bernarda. Fue culpa mía. Una mujer no sabe apuntar.

Magdalena. ¿Por qué lo has dicho entonces?

Martirio. ¡Por ella! ¡Hubiera volcado un río de sangre sobre su cabeza!

Poncia. Maldita.

Magdalena. ¡Endemoniada!

Bernarda. ¡Aunque es mejor así! (*Se oye como un golpe.*) ¡Adela! ¡Adela!

Poncia. (*En la puerta.*) ¡Abre!

Bernarda. Abre. No creas que los muros defienden de la vergüenza.

Criada. (*Entrando.*) ¡Se han levantado los vecinos!

Bernarda. (*En voz baja como un **rugido**.*)[297] ¡Abre, porque echaré abajo la puerta! (*Pausa. Todo queda en silencio.*) ¡Adela! (*Se retira de la puerta.*) ¡Trae un martillo![298] (*La **Poncia** da un empujón y entra. Al entrar da un grito y sale.*) ¿Qué?

Poncia. (*Se lleva las manos al cuello.*) ¡Nunca tengamos ese fin!

(*Las **Hermanas** se echan hacia atrás. La **Criada** se santigua. **Bernarda** da un grito y avanza.*)

Poncia. ¡No entres!

Bernarda. No. ¡Yo no! Pepe; tú irás corriendo vivo por lo oscuro de las **alamedas**,[299] pero otro día caerás. ¡Descolgarla! ¡Mi hija ha muerto virgen! Llevadla a su cuarto y vestirla como si fuera doncella.[300] ¡Nadie dirá nada! ¡Ella ha muerto virgen! ¡Avisad que al amanecer den dos clamores las campanas!

Martirio. Dichosa[301] ella mil veces que lo pudo tener.

Bernarda. Y no quiero llantos. La muerte hay que mirarla cara a cara. ¡Silencio! (*A otra **Hija**.*) ¡A callar he dicho! (*A otra **Hija**.*) ¡Las lágrimas cuando estés sola! ¡Nos hundiremos todas en un mar de luto! Ella, la hija menor de Bernarda Alba, ha muerto virgen. ¿Me habéis oído? Silencio, silencio he dicho. ¡Silencio!

(*Telón.*)

Pronosticar

Bernarda no quiere llantos. ¿Llorará ella por la muerte de una de sus hijas?

_____

_____

_____

[297] ***rugido**—bramido; como la voz del león.

[298] martillo—herramienta de percusión, con cabeza de hierro y mango de madera.

[299] **alamedas**—terrenos poblados de álamos, árboles de tronco alto y madera blanca, propios de lugares húmedos.

[300] doncella—joven mujer virgen.

[301] **Dichosa**—feliz; venturosa; afortunada.

PREGUNTAS

*Para conocer más a fondo el texto que has leído, responde a las siguientes preguntas. Tu propósito será uno de éstos, según indique tu profesor/a: **a.** prepararte para participar en un coloquio con tus compañeros de clase; **b.** prepararte para dar una presentación oral; **c.** bosquejar tus ideas por escrito para intercambiarlas con tus compañeros de clase; o **d.** escribir un ensayo formal.*

1. Se puede afirmar que Lorca agudiza el drama de las mujeres de esta obra mediante la exageración. Existen elementos hiperbólicos en muchos aspectos de la trama. Escoge algunos de los más salientes y analiza su función en la trama.

2. ¿Qué colores predominan en esta obra? ¿Qué otros colores desempeñan un papel en la trama? ¿Cómo? ¿Con qué personajes específicos se relacionan y por qué?

3. —*¡Silencio!*, es la primera palabra que oímos a Bernarda cuando entra en escena por primera vez. Sus últimas palabras, al final de la obra, son

—*¡Silencio! (A otra Hija.) ¡A callar he dicho! (A otra Hija.) ¡Las lágrimas cuando estés sola! ...¿Me habéis oído? Silencio, silencio he dicho. ¡Silencio!*

Analiza tú el papel del silencio y la preocupación de Bernarda por el qué dirán, a lo largo de la obra, pero con particular atención a la noche del desenlace.

4. Dos elementos desempeñan un papel recurrente en la obra: uno es el calor; el otro es el agua. Discute la presencia de estos dos elementos y el significado que tienen para los diversos personajes.

5. Explica en tus propias palabras el episodio de la hija de la Librada, y el significado que tiene para la trama central. Por otro lado, ¿qué papel desempeñan las referencias en la obra a Paca la Roseta y a Adelaida?

6. ¿Crees tú que esta obra está bien clasificada como tragedia, en el sentido clásico de la palabra?

Análisis literario

La casa de Bernarda Alba

El pasaje siguiente es parte de la pieza teatral *La casa de Bernarda Alba*, de Federico García Lorca. Léelo y luego contesta las preguntas.

(*La escena queda casi a oscuras. Sale* **María Josefa** *con una oveja en los brazos.*)

María Josefa:
Ovejita, niño mío,
vámonos a la orilla del mar;
la hormiguita estará en su puerta,
yo te daré la teta y el pan.
Bernarda, cara de leoparda,
Magdalena, cara de hiena.
Ovejita.
Meee, meeee.
Vamos a los ramos del portal de Belén.
(*Ríe*)
Ni tú ni yo queremos dormir.
La puerta sola se abrirá
y en la playa nos meteremos
en una choza de coral.
Bernarda, cara de leoparda,
Magdalena, cara de hiena.
¡Ovejita!
Mee, meee.
¡Vamos a los ramos del portal de Belén!
(*Se va cantando.*)

1. Probablemente, el autor indica que la escena ocurre casi a oscuras _____.

   a. para que el público la perciba como un momento tranquilo

   b. para que el público no pueda ver bien lo que ocurre

   c. para aumentar la sensación de que ocurre algo misterioso o siniestro

   d. para que María Josefa parezca una figura cómica

2. Este pasaje forma un _____.

   a. diálogo

   b. apóstrofe

   c. monólogo

   d. aparte

3. María Josefa parece confundir la oveja _____.

   a. con Bernarda

   b. con Magdalena

   c. con su esposo difunto

   d. con un bebé

4. María Josefa se comporta como si ella _____.

   a. fuera la madre de la oveja

   b. fuera una niña

   c. quisiera mucho a su hija y nieta

   d. fuera una mujer muy sensata

5. Este pasaje, a diferencia de los de la mayor parte de la obra, está escrito en verso. El autor emplea este recurso probablemente _____.

   a. para resaltar los lazos entre María Josefa y la oveja

   b. para evocar la idea de una canción de cuna

   c. para distinguir a María Josefa de los otros personajes

   d. para darle un toque cómico a una escena triste

6. Bernarda es hija de María Josefa. Magdalena es su nieta. ¿Qué actitud expresa María Josefa hacia ellas en este pasaje?

   a. amor

   b. frustración

   c. hostilidad

   d. simpatía

7. Al leer este pasaje, el lector bien puede sospechar que _____.

   a. María Josefa quiere mucho a su familia

   b. María Josefa está loca

   c. Bernarda es una mujer comprensiva

   d. la oveja es en realidad un niño

Julia de Burgos ▶

A Julia de Burgos

JULIA DE BURGOS

La importancia de la obra poética de Julia de Burgos estriba en varios hechos: entre ellos, el que, sin representar ninguno de los movimientos literarios de su tiempo, sirve de enlace entre los vanguardistas de los años 30—quienes buscaban innovar en la técnica—, y los existencialistas de los años 50. Es una de las primeras voces puertorriqueñas que desde Estados Unidos— desde la misma comunidad neoyorquina—, atestiguan la vida estadounidense del inmigrante de su isla. Viajó a Nueva York por primera vez en 1940, y vivió allí después, en diversas etapas, y también en Washington, D.C. Murió en Nueva York.

La obra de Julia de Burgos trata el dolor, el amor, la naturaleza y la muerte sobre un plano lírico particularmente personal. Su tema más constante es Julia de Burgos, y su obra se centra en su esencia afrocaribeña y en sus preocupaciones feministas y sociopolíticas. Su poesía deslumbra por la tersura de su lenguaje, aportando metáforas emotivas que la poeta logra mediante una depurada técnica lírica.

Ya las gentes murmuran que soy tu enemiga
porque dicen que en verso doy al mundo tu yo.

Mienten, Julia de Burgos. Mienten, Julia de Burgos.
La que se alza[1] en mis versos no es tu voz: es mi voz
porque tú eres ropaje[2] y la esencia soy yo;
y el más profundo abismo **se tiende**[3] entre las dos.

---

[1] se alza—se hace oír.

[2] ropaje (m.)—vestidura.

[3] **se tiende**—se extiende.

Tú eres fría muñeca de mentira social,
y yo, **viril**[4] **destello**[5] de la humana verdad.

Tú, miel de **cortesanas**[6] hipocresías; yo no;
que en todos mis poemas desnudo el corazón.

Tú eres como tu mundo, egoísta; yo no;
que todo **me lo juego**[7] a ser lo que soy yo.

Tú eres sólo la grave señora **señorona**;[8]
yo no, yo soy la vida, la fuerza, la mujer.

Tú eres de tu marido, de tu amo; yo no;
yo de nadie, o de todos, porque a todos, a todos
en mi limpio sentir y en mi pensar me doy.

Tú te rizas el pelo y te pintas; yo no;
a mí me riza el viento; a mí me pinta el sol.

Tú eres dama casera, resignada, **sumisa**,[9]
atada a los prejuicios de los hombres; yo no;
que yo soy **Rocinante**[10] corriendo **desbocado**[11]
olfateando[12] horizontes de justicia de Dios.

Inferir

¿De qué manera el verso «Tú eres de tu marido, de tu amo ...» sugiere una crítica acerca de la situación de la mujer en el matrimonio?

_____

_____

_____

Analizar

De acuerdo a la enumeración de esta estrofa, ¿cuál sería la posición socioeconómica de la «Julia de Burgos» destinataria del poema? ¿Con qué frase de la última estrofa de esta página se puede relacionar esta idea?

_____

_____

Tú en ti misma no mandas; a ti todos te mandan;
en ti mandan tu esposo, tus padres, tus parientes,
el cura, la **modista**,[13] el teatro, el casino,
el auto, las **alhajas**,[14] el banquete, el champán,
el cielo, el infierno, y **el qué dirán**[15] social.

En mí no, que en mí manda mi solo corazón,
mi solo pensamiento; quien manda en mí soy yo.

Tú, flor de aristocracia; y yo, la flor del **pueblo**.[16]
Tú en ti lo tienes todo y a todos se lo debes,
mientras que yo, mi nada a nadie se la debo.

Comprender

Según lo que expresa el yo poético en el poema, ¿cuál sería la ventaja de no tener bienes materiales?

_____

_____

_____

---

[4] **viril**—propio de los hombres; vigoroso; fuerte.

[5] **destello**—relumbre; refulgencia momentánea.

[6] cortesanas—propias de la corte o de la alta sociedad.

[7] **me lo juego**—lo arriesgo; lo expongo.

[8] señorona—señora de dignidad, de importancia.

[9] **sumisa**—obediente.

[10] **Rocinante**—nombre que don Quijote dio a su caballo.

[11] **desbocado**—a rienda suelta; sin gobierno; descontrolado.

[12] **olfateando**—percibiendo con la nariz.

[13] **modista**—persona que diseña y crea ropa a la medida para mujeres.

[14] **alhajas**—joyas.

[15] **el qué dirán**—murmuraciones; censura de los demás.

[16] **pueblo**—las clases populares; lo contrario de la aristocracia.

Tú, clavada[17] al estático dividendo ancestral,
y yo, un uno en la **cifra**[18] del divisor social,
somos el **duelo**[19] a muerte que se acerca fatal.[20]

Cuando las multitudes corran alborotadas[21]
dejando atrás **cenizas**[22] de injusticias quemadas,
y cuando con la tea[23] de las siete virtudes,
tras los siete pecados, corran las multitudes,
contra ti, y contra todo lo injusto y lo inhumano,
yo iré en medio de ellas con la tea en la mano.

---

[17] clavada—adherida; pegada.

[18] cifra—número.

[19] duelo—combate entre dos enemigos.

[20] fatal—inevitable.

[21] alborotadas—entusiasmadas; exaltadas.

[22] cenizas—polvo que queda de algo que se ha quemado; aquí, restos.

[23] tea—antorcha.

Figuras retóricas

¿Qué metáforas emplea Julia en esta última estrofa?

_____

_____

_____

_____

Identificar

Vuelve a leer el poema y subraya las frases y los términos opuestos que señalan el contraste entre el yo poético y «Tú, Julia de Burgos».

PREGUNTAS

Para conocer más a fondo el texto que has leído, responde a las siguientes preguntas. Tu propósito será uno de éstos, según indique tu profesor/a: **a.** *prepararte para participar en un coloquio con tus compañeros de clase;* **b.** *prepararte para dar una presentación oral;* **c.** *bosquejar tus ideas por escrito para intercambiarlas con tus compañeros de clase;* o **d.** *escribir un ensayo formal.*

1. Resume y define la diferencia entre «tú, Julia de Burgos», a quien canta la voz poética, y el «yo» del poema. ¿Crees tú que pudieran coexistir este tú y este yo de la poeta, los dos rostros de su modo de ser? ¿Cómo?

2. Describe, defendiendo tus afirmaciones con citas específicas del texto, la métrica y la rima de este poema. Trata la manera en que cada una de tus observaciones le sirve a la poeta para evocar una imagen de sí misma.

3. ¿Cuál es el tono de este poema? Compara y contrasta su tono y su idea central con los del ensayo de Jorge Luis Borges, «Borges y yo».

Análisis literario

«A Julia de Burgos»

Lee este fragmento que proviene del poema «A Julia de Burgos», de Julia de Burgos. Luego contesta las preguntas.

> Ya las gentes murmuran que soy tu enemiga,
> porque dicen que en verso doy al mundo
> tu yo.
>
> Mienten, Julia de Burgos. Mienten, Julia de Burgos
> La que se alza en mis versos no es tu voz: es mi voz
> porque tú eres ropaje y la esencia soy yo;
> y el más profundo abismo se tiende entre las dos.
>
> Tú eres fría muñeca de mentira social,
> y yo, viril destello de la humana verdad.
>
> Tú, miel de cortesanas hipocresías; yo no;
> que en todos mis poemas desnudo el corazón.
>
> Tú eres como tu mundo, egoísta; yo no;
> que todo me lo juego a ser lo que soy yo.
>
> Tú eres sólo la grave señora señorona,
> yo no, yo soy la vida, la fuerza, la mujer.

1. Los versos del fragmento demuestran TODOS los elementos siguientes, MENOS _____.

a. el ser en su mayoría agudos, lo cual contribuye al ímpetu y a la firmeza de la voz poética

b. el ser de arte mayor, elemento que se conjuga bien con la gravedad del tema

c. el contrastar tan insistentemente al «yo» con el «tú» que este hecho provoca risa

d. las anáforas que sirven para destacar el contraste que es el enfoque del poema

2. En estos versos, las metáforas que la voz poética se aplica a sí misma incluyen TODOS los elementos siguientes, MENOS _____.

a. la vida   **c.** la fuerza

b. la miel   **d.** la verdad

3. Según el «yo», las gentes están equivocadas, porque _____.

a. la voz que se escucha en su poesía no es la del «yo»

b. en su poesía, la voz poética desnuda el corazón de la otra y no el de ella misma

c. la voz poética se declara a sí misma hipócrita

d. el «yo» es quien crea la poesía de Julia de Burgos, y no «tú, Julia de Burgos»

4. En el contexto de este poema, los elementos de la metáfora «viril destello de la humana verdad» son _____.

a. todos positivos   **c.** contradictorios

b. todos negativos   **d.** una gradación

5. La rima que predomina en los versos del fragmento se puede describir como _____.

a. asonancia en o   **c.** verso blanco

b. consonancia   **d.** verso suelto

6. Los versos de este fragmento son _____.

a. endecasílabos

b. una mezcla de endecasílabos y heptasílabos

c. alejandrinos, cada uno dividido en hemistiquios

d. versos construidos sin ninguna regularidad métrica

7. En la metáfora «fría muñeca de mentira social», se podrían distinguir TODOS los elementos siguientes, MENOS _____.

a. la hipocresía del «tú» en la sociedad

b. una falta de calor humano

c. la artificiosidad

d. un recuerdo de la muerte que asecha a todos

Marco histórico y cultural

El florecimiento de la narrativa latinoamericana: los autores del «Boom» y otras excelsas voces

El mundo de las letras en español ve la disolución del siglo XIX en medio de trascendentales cambios sociales, políticos, económicos y científicos. La narrativa, en particular, experimenta no sólo las divergencias de múltiples tendencias coexistentes, sino también la confluencia de sus heterogéneos elementos. No se debe perder de vista que un texto literario muchas veces es un híbrido, clasificable bajo más de una tendencia; y, además, que una tendencia bien puede abarcar más de una corriente.

En la poesía, la corriente predominante de las primeras décadas del nuevo siglo es «el vanguardismo», que aspira a romper con el pasado; quiere experimentar con temas y técnicas originales; intenta crear una lírica de grandes valores visuales y auditivos. El vanguardista, siempre poco ortodoxo, busca continuamente sorprender. El término «vanguardista» sugiere que éste forma parte de un escuadrón de soldados que lleva la delantera. Es precursor, el que llega primero al punto más avanzado. El espíritu vanguardista nació en el siglo XIX, pero es posterior al romanticismo, al realismo y al naturalismo. Una de sus manifestaciones es el modernismo, y, por consiguiente, todo modernista es vanguardista, aunque no todos los vanguardistas sean modernistas. La voz más brillante de los vanguardistas es la del premio Nóbel chileno Pablo Neruda (n. 1906).

En la narrativa, coexisten el realismo y sus variantes allegadas, el naturalismo y el costumbrismo. Costumbrista, en España, es la obra de miembros de la «Generación del 98», surgida del Desastre del 98: la pérdida de sus últimos dominios de ultramar. En su vasta y variopinta obra, Unamuno (n. 1864) retrata tipos, usos, virtudes y vicios de la nación española, persiguiendo una de sus mayores inquietudes: «el problema de España», o sea, lo que significa ser español.

El costumbrismo es un fenómeno en Hispanoamérica también. La obra del uruguayo Horacio Quiroga (n. 1878), quien crea una obra de gran interioridad, es influida no sólo por la obra de Poe (n. 1809), con su terror psicológico, sino también por los traumas de la vida contemporánea argentina y su creciente urbanización, industrialización e inmigración europea.

La presencia de elementos fantásticos o sobrenaturales—inexplicados, siniestros o diabólicos—en la obra de Palma (n. 1833) y de Quiroga, así como en obras de otras culturas, como la de Stevenson (n. 1850), Kafka (n. 1883), Tolkien (n. 1892) y C.S. Lewis (n. 1898), prefigura la tendencia más celebrada en las letras de la América española del siglo XX: el «realismo mágico», creación de los escritores del «Boom». El «Boom» es una explosión en la narrativa, un terremoto literario que sacude las artes y letras del mundo. Se contagian de sus valores otras voces en otros idiomas, como la del novelista poscolonialista de la India, Salmon Rushdie (n. 1947), y la del dramaturgo estadounidense, August Wilson (n. 1945).

Antecede al «Boom» gran parte de la obra del insigne poeta, cuentista y ensayista argentino Jorge Luis Borges (n. 1899). Borges, como escritor, es *multum in parvo*. Esta frase latina significa «mucho en poco». Él mismo la usa en su originalísimo cuento «El Aleph» (1945), pero la frase describe con nitidez su obra. En el prólogo de su colección de cuentos *Ficciones*, que incluye el cuento «El Sur», el autor habla de su fastidio ante la idea de explayarse extensamente en las páginas de una novela—nunca escribió ninguna—pues prefería idear la trama completa y luego condensarla en forma de cuento, como si reseñara una novela ya escrita, para lograr así la perfección estética que buscaba. Es cierto que las *Obras completas* de Borges llenan 4 tomos y abarcan más de dos mil páginas, pero esto, en sí, habla a favor de su creación. En su vida escribió una palabra innecesaria ni imprecisa, y es el más renombrado *no* premio Nóbel del mundo. El hecho de que el comité no se ha dignado concedérselo, no lo desprestigia; lo contrario es, más bien, la verdad.

Sus escritos, en conjunto, constituyen una de las máximas obras de las letras hispánicas, y aunque empezó su vida de poeta promoviendo la renovación de la metáfora, un maduro Borges, en su poema «Arte poética», alaba las metáforas eternas. Son, no de él, sino «del lenguaje o la tradición». Sus intereses en la narrativa abarcan desde lo policíaco hasta lo fantástico y lo metafísico. Se le ha acusado de ser frío y escéptico, pero los que lo conocen atribuyen esta impresión a lo que Borges veía como la insuficiencia de las herramientas de que dispone la humanidad—la razón y el lenguaje—para aprehender el universo.

El ensayo «Borges y yo» se entiende mejor en yuxtaposición con la siguiente anécdota relatada en un libro de María Esther Vázquez, una amiga. Vázquez cuenta que alguna vez acompañaba a Borges de viaje cuando éste iba a dar una conferencia:

> Durante el viaje en avión, casi susurrando para no ser oído por gente extraña, confesó: «Hay un Borges personal y un Borges público, personaje que me desagrada mucho. Éste suele contestar a reportajes y aparecer en el cinematógrafo y en la televisión. Yo soy el Borges íntimo, es decir, creo que no he cambiado desde que era niño, salvo que cuando niño, no sabía expresarme. El Borges público es el mismo que el Borges privado con ciertas desmesuras; énfasis, gustos y disgustos exagerados. Presentémoslo una vez más a la gente y pensemos en este diálogo, que hemos repetido tanto, como si fuera el primero de una serie que todavía no hemos hecho y así nos va a salir bien, muy bien».

Casi se oye lo pícaro en la voz de Borges aquí. Hacía, en ese momento, desde la publicación de «Borges y yo», más de dos décadas. Cuenta Vázquez que Borges hizo lo que se propuso, y la conferencia fue todo un éxito. Habló casi dos horas. Cuál de los dos Borges habló, eso no lo aclara Vázquez.

A mediados de los años cincuenta, los tiempos preparan la explosión narrativa que será el realismo mágico. Tiene ilustres precursores: el novelista cubano Carpentier (n. 1904), autor de *Viaje a la semilla* y *Los pasos perdidos*, adaptó, para el uso de la literatura, el término «lo real maravilloso», que se había originado en el mundo de las artes plásticas. Carpentier definía este concepto como la presencia, en un texto, de una realidad realzada, en la que irrumpen elementos maravillosos, en forma espontánea y natural. El colombiano García Márquez (n. 1928), verdadero centro de gravitación del realismo mágico, se inspiró en la pequeña y hechizante novela del celebrado prosista mexicano Rulfo (n. 1917), *Pedro Páramo*. En ella, no hay personaje que esté vivo, y los muertos se hablan unos a otros desde sus respectivas tumbas en el camposanto. Cuenta Márquez que se desveló leyéndola, y a la mañana siguiente le sirvió como el acicate que le había faltado para terminar de escribir su obra magna *Cien años de soledad*.

© Houghton Mifflin Harcourt Publishing Company

Llegados los años sesenta, se afianza la nómina de la generación del «Boom»: son el argentino Cortázar (n. 1914), el mexicano Fuentes (n. 1928), y los ahora premios Nóbel, García Márquez y Vargas Llosa (n. 1936). En sus cuentos y novelas, lo maravilloso se acomoda, confianzudo, al lado de lo cotidiano, presentando una realidad distinta, más hispanoamericana y a la vez más universal. García Márquez famosamente definió la cualidad de magicorrealista, al protestar que nada tiene de mágico. Lo que parecen ser detalles mágicos, no lo son para el conocedor de la realidad sudamericana. García Márquez ha dicho muchas veces que, siendo él niño, su abuela le contaba las cosas más estrafalarias en tono de voz muy natural. Décadas después se agrega a la nómina de los magicorrealistas hispanoamericanos el nombre de la autora chilena Isabel Allende (n. 1942), con sus *Cuentos de Eva Luna*.

Los cuentos y novelas del «Boom» pronto pasan a ocupar el asiento delantero de la gran carroza literaria internacional. Su lectura se pone de moda en Europa y Estados Unidos. Se produce una serie de novelas tecnológicamente innovadoras: *Rayuela*, de Cortázar, *La muerte de Artemio Cruz*, de Fuentes, y *La ciudad y los perros* y *Conversación en La Catedral*, de Vargas Llosa. Pero sin lugar a dudas, la novela más representativa del «Boom» es *Cien años de soledad*. En ella, un personaje vive la vida seguido por una nube de mariposas; otro, un buen día, sube cuerpo y alma al cielo para nunca más volver; y otro muere, pero vuelve a la vida, por encontrarse muy solo en el más allá. Todos los autores del «Boom», sin excepción, fueron lectores voraces de la literatura universal cuando eran adolescentes. Sus influencias incluyen las obras de Faulkner, Woolf, Proust, Sartre, Kafka y Dos Passos; y otra inspiración más: Borges, incluido, erradamente, en más de una lista de los practicantes del realismo mágico.

Para el fin del siglo XX, esta revolución, que habían lanzado los escritores del «Boom», empieza a ser criticada. La queja es que su presencia y obra descomunales impiden la aceptación de obras de otros escritores más jóvenes. Sería inexacto, sin embargo, pensar que la popularidad que atrajo a las letras hispanoamericanas la generación del «Boom», cerró el camino del éxito a los escritores jóvenes que la siguieron e intentan ahora trazar nuevos caminos en la literatura hispanoamericana y universal.

PARA REFLEXIONAR

1. Nombra por lo menos un contraste entre los valores del modernismo hispanoamericano y los valores literarios que abraza Borges.

2. Sintetiza las características de la narrativa latinoamericana anterior al «Boom».

3. Sintetiza las características del movimiento conocido como el realismo mágico en las letras hispánicas.

4. A tu juicio, ¿cómo se contrastan el realismo y el realismo mágico?

Juan Rulfo ▶

No oyes ladrar los perros

JUAN RULFO

Por su liricomágica producción narrativa, el mexicano Juan Rulfo (1918–1986) se cuenta entre los creadores del realismo mágico hispanoamericano. Su célebre novela Pedro Páramo (1955), con su pueblo muerto, lleno de muertos, hechizó al escritor Gabriel García Márquez de tal forma que pocos años después de conocerla, pudo crear su gran novela Cien años de soledad. De las escasas pero deslumbrantes páginas de Rulfo se ha dicho que cifran un laconismo angustiado. Su lenguaje es un lenguaje puro del pueblo que tiende más al silencio que a la palabra. El escritor, en vida, era un hombre descomunalmente reservado, y su obra lleva el sello técnico de aquella reserva.

«No oyes ladrar los perros» (1953), de la colección de cuentos El llano en llamas (1953), tiene lugar durante la Rebelión de los Cristeros (1925–1928). Rulfo nos presenta la amargura familiar de dos seres desolados, padre e hijo, pobres e indigentes física y espiritualmente.

—Tú que vas allá arriba, Ignacio,
dime si no oyes alguna señal de algo o
si ves alguna luz en alguna parte.
　—No se ve nada.
　—Ya debemos estar cerca.
　—Sí, pero no se oye nada.
　—Mira bien.
　—No se ve nada.
　—Pobre de ti, Ignacio.

　　La sombra larga y negra de los hombres siguió moviéndose de arriba abajo, **trepándose**[1] a las piedras, disminuyendo y creciendo según avanzaba por la orilla del arroyo. Era una sola sombra, tambaleante.[2]

---

[1] **trepándose**—encaramándose; subiendo.

[2] tambaleante—inseguro; vacilante.

La luna venía saliendo de la tierra, como una llamarada redonda.

—Ya debemos estar llegando a ese pueblo, Ignacio. Tú que llevas las orejas de fuera, fíjate a ver si no oyes ladrar los perros. Acuérdate que nos dijeron que Tonaya estaba detrasito del monte. Y desde qué horas que hemos dejado el monte. Acuérdate, Ignacio.

—Sí, pero no veo rastro de nada.

—Me estoy cansando.

—Bájame.

El viejo se fue reculando[3] hasta encontrarse con el paredón y **se recargó**[4] allí, sin soltar la carga de sus hombros. Aunque se le doblaban las piernas, no quería sentarse, porque después no hubiera podido levantar el cuerpo de su hijo, al que allá atrás, horas antes, le habían ayudado a echárselo a la espalda. Y así lo había traído desde entonces.

—¿Cómo te sientes?

—Mal.

Hablaba poco. Cada vez menos. En ratos parecía dormir. En ratos parecía tener frío. Temblaba. Sabía cuándo le agarraba a su hijo el temblor por las **sacudidas**[5] que le daba, y porque los pies se le encajaban en los ijares como espuelas. Luego las manos del hijo, que traía **trabadas**[6] en su pescuezo, le zarandeaban[7] la cabeza como si fuera una **sonaja**.[8]

Él apretaba los dientes para no morderse la lengua y cuando acababa aquello le preguntaba:

—¿Te duele mucho?

—Algo —contestaba él.

Primero le había dicho: «Apéame aquí . . . Déjame aquí . . . Vete tú solo. Yo te alcanzaré mañana o en cuanto me reponga un poco». Se lo había dicho como cincuenta veces. Ahora ni siquiera eso decía.

Allí estaba la luna. Enfrente de ellos. Una luna grande y colorada que les llenaba de luz los ojos y que estiraba y oscurecía más su sombra sobre la tierra.

---

[3] reculando—retrocediendo.

[4] **se recargó**—se apoyó.

[5] **sacudidas**—movimientos agitados.

[6] **trabadas**—apretadas; agarradas.

[7] zarandeaban—maltrataban; agitaban.

[8] **sonaja**—juguete infantil que suena cuando el bebé lo agita.

Comprender

¿Por qué le dicen a Ignacio «tú que llevas las orejas de fuera»?

_____

_____

_____

Inferir

¿Qué información se llega a saber en este párrafo sobre el personaje sin nombre?

_____

_____

Figuras retóricas

¿Qué figuras puedes identificar en este párrafo? ¿Qué función cumplen?

_____

_____

_____

Pronosticar

¿Qué supones que causa dolores a Ignacio?

_____

_____

—No veo ya por dónde voy —decía él.

Pero nadie le contestaba.

El otro iba allá arriba, todo iluminado por la luna, con su cara descolorida, sin sangre, reflejando una luz opaca. Y él acá abajo.

Evaluar

¿Qué indica la cara descolorida de Ignacio?

_____

_____

—¿Me oíste, Ignacio? Te digo que no veo bien.

Y el otro se quedaba callado.

Siguió caminando, a tropezones. Encogía el cuerpo y luego **se enderezaba**[9] para volver a tropezar de nuevo.

—Éste no es ningún camino. Nos dijeron que detrás del cerro estaba Tonaya. Ya hemos pasado el cerro. Y Tonaya no se ve, ni se oye ningún ruido que nos diga que está cerca. ¿Por qué no quieres decirme qué ves, tú que vas allá arriba, Ignacio?

—Bájame, padre.

—¿Te sientes mal?

—Sí.

—Te llevaré a Tonaya **a como dé lugar**.[10] Allí encontraré quien te cuide. Dicen que allí hay un doctor. Yo te llevaré con él. Te he traído cargando desde hace horas y no te dejaré tirado aquí para que acaben contigo quienes sean.

Se tambaleó un poco. Dio dos o tres pasos de lado y volvió a enderezarse.

—Te llevaré a Tonaya.

—Bájame.

Su voz se hizo quedita, apenas murmurada:

—Quiero acostarme un rato.

—Duérmete allí arriba. Al cabo te llevo bien agarrado.

Identificar

Hay recurrentes referencias al agotamiento que la marcha produce al padre. Encierra en un círculo los indicadores que puedas detectar hasta este punto de la lectura.

Inferir

¿A qué atribuyes el empecinamiento del padre de Ignacio por llevarlo a Tonaya?

_____

_____

_____

La luna iba subiendo, casi azul, sobre un cielo claro. La cara del viejo, mojada en sudor, se llenó de luz. Escondió los ojos para no mirar de frente, ya que no podía agachar la cabeza agarrotada entre las manos de su hijo.

—Todo esto que hago, no lo hago por usted. Lo hago por su **difunta**[11] madre. Porque usted fue su hijo. Por eso lo hago. Ella me reconvendría[12] si yo lo hubiera dejado tirado allí, donde lo encontré, y no lo hubiera recogido para llevarlo a que lo curen, como estoy haciéndolo. Es ella la que me da

Comparar

Compara la cara del padre a la luz de la luna con la de Ignacio. ¿En qué se diferencian?

_____

_____

_____

---

[9] **se enderezaba**—se paraba; se ponía derecho.

[10] **a como dé lugar**—sea como sea; venga lo que venga.

[11] **difunta**—muerta.

[12] reconvendría—reprocharía; regañaría.

ánimos, no usted. Comenzando porque a usted no le debo más que puras dificultades, puras mortificaciones, puras vergüenzas.

Sudaba al hablar. Pero el viento de la noche le secaba el sudor. Y sobre el sudor seco, volvía a sudar.

—Me derrengaré,[13] pero llegaré con usted a Tonaya, para que le alivien esas heridas que le han hecho. Y estoy seguro de que, en cuanto se sienta usted bien, volverá a sus malos pasos. Eso ya no me importa. Con tal que se vaya lejos, donde yo no vuelva a saber de usted. Con tal de eso . . . Porque para mí usted ya no es mi hijo. He maldecido la sangre que usted tiene de mí. La parte que a mí me tocaba la he maldecido. He dicho: «¡Que se le pudra en los riñones la sangre que yo le di!» Lo dije desde que supe que usted andaba trajinando[14] por los caminos, viviendo del robo y matando gente . . . Y gente buena. Y si no, allí está mi compadre Tranquilino. El que lo bautizó a usted. El que le dio su nombre. A él también le tocó la mala suerte de encontrarse con usted. Desde entonces dije: «Ése no puede ser mi hijo».

—Mira a ver si ya ves algo. O si oyes algo. Tú que puedes hacerlo desde allá arriba, porque yo me siento sordo.

—No veo nada.

—Peor para ti, Ignacio.

—Tengo sed.

—¡Aguántate! Ya debemos estar cerca. Lo que pasa es que ya es muy noche y han de haber apagado la luz en el pueblo. Pero al menos debías de oír si ladran los perros. Haz por oír.

—Dame agua.

—Aquí no hay agua. No hay más que piedras. Aguántate. Y aunque la hubiera, no te bajaría a tomar agua. Nadie me ayudaría a subirte otra vez y yo solo no puedo.

—Tengo mucha sed y mucho sueño.

—Me acuerdo cuando naciste. Así eras entonces. Despertabas con hambre y comías para volver a dormirte. Y tu madre te daba agua, porque ya te habías acabado la leche de ella. No tenías llenadero.[15] Y eras muy **rabioso**.[16] Nunca

---

[13] me derrengaré—me romperé el espinazo; me agotaré.

[14] trajinando—yendo y viniendo, al hacer mandados o al trabajar.

[15] no tenías llenadero—nunca te llenabas; nunca te bastaba lo que te dábamos de comer.

[16] **rabioso**—de mal genio; enojadizo.

Evaluar

¿Por qué motivo pueden haber herido a Ignacio, a partir de lo que cuenta el padre sobre la vida que lleva?

_____

_____

Anotar

Toma nota de las causas que dan origen a los reproches del padre. ¿Cuáles son sus razones para maldecir a su hijo?

_____

_____

_____

pensé que con el tiempo se te fuera a subir aquella rabia a la cabeza . . . Pero así fue. Tu madre, que descanse en paz, quería que te criaras fuerte. Creía que cuando tú crecieras irías a ser su **sostén**.[17] No te tuvo más que a ti. El otro hijo que iba a tener la mató. Y tú la hubieras matado otra vez si ella estuviera viva **a estas alturas**.[18]

Sintió que el hombre aquel que llevaba sobre sus hombros dejó de apretar las rodillas y comenzó a soltar los pies, balanceándolos de un lado para otro. Y le pareció que la cabeza, allá arriba, se sacudía como si **sollozara**.[19]

Sobre su cabello sintió que caían gruesas gotas, como de lágrimas.

—¿Lloras, Ignacio? Lo hace llorar a usted el recuerdo de su madre, ¿verdad? Pero nunca hizo usted nada por ella. Nos pagó siempre mal. Parece que, en lugar de cariño, le hubiéramos retacado[20] el cuerpo de maldad. ¿Y ya ve? Ahora lo han herido. ¿Qué pasó con sus amigos? Los mataron a todos. Pero ellos no tenían a nadie. Ellos bien hubieran podido decir: «No tenemos a quién darle nuestra lástima». ¿Pero usted, Ignacio?

Allí estaba ya el pueblo. Vio brillar los tejados bajo la luz de la luna. Tuvo la impresión de que lo aplastaba el peso de su hijo al sentir que las corvas[21] se le doblaban en el último esfuerzo. Al llegar al primer tejabán,[22] se recostó sobre el pretil[23] de la acera y soltó el cuerpo, flojo, como si lo hubieran descoyuntado.[24]

Destrabó difícilmente los dedos con que su hijo había venido sosteniéndose de su cuello y, al quedar libre, oyó cómo por todas partes ladraban los perros.

—¿Y tú no los oías, Ignacio? —dijo—. No me ayudaste ni siquiera con esta esperanza.

---

[17] **sostén** (m.)—fuente de apoyo económico y emocional.

[18] **a estas alturas**—ahora; en este momento.

[19] **sollozara**—llorara convulsivamente.

[20] retacado—llenado.

[21] corvas—partes de las piernas opuestas a las rodillas.

[22] tejabán (m.)—casa rústica y pobre.

[23] pretil (m.)—baranda; barrera.

[24] descoyuntado—dislocado (las articulaciones).

© Houghton Mifflin Harcourt Publishing Company

Comprender

Ignacio afloja las rodillas, sus pies se balancean sueltos y su cabeza se sacude con la caminata. ¿Qué es lo que está sucediendo?

_____

_____

Aclarar

¿A quiénes se refiere el padre cuando habla de los amigos de Ignacio?

_____

_____

PREGUNTAS

*Para conocer más a fondo el texto que has leído, responde a las siguientes preguntas. Tu propósito será uno de éstos, según indique tu profesor/a: **a.** prepararte para participar en un coloquio con tus compañeros de clase; **b.** prepararte para dar una presentación oral; **c.** bosquejar tus ideas por escrito para intercambiarlas con tus compañeros de clase; o **d.** escribir un ensayo formal.*

1. La relación que ha existido entre este padre y su hijo es compleja. ¿Cómo es? ¿En qué consiste? ¿Qué llegamos a saber de las desavenencias entre padre e hijo? Y, ¿cuál es el motivo de la ira del padre contra el hijo? Apoya tus observaciones con detalles extraídos del texto.

2. El padre de vez en cuando deja de tutear a su hijo, y lo trata de usted. Contrasta el uso de cada una de estas formas en el contexto de la historia. ¿Qué se logra? ¿Qué se expresa?

3. ¿Qué opinión tiene el padre de las amistades que llevaron a Ignacio a participar en ciertos actos ruines? Sé específico.

4. Compara y contrasta las acciones del padre con las palabras duras con que lo regaña a lo largo del cuento.

Análisis literario

«No oyes ladrar los perros»

Este texto forma parte del cuento «No oyes ladrar los perros» de Juan Rulfo. Léelo y contesta las preguntas.

—Duérmete allá arriba. Al cabo, te llevo bien agarrado.

La luna iba subiendo, casi azul, sobre un cielo claro. La cara del viejo, mojada en sudor, se llenó de luz. Escondió los ojos para no mirar de frente, ya que no podía agachar la cabeza, agarrotada entre las manos de su hijo.

—Todo esto que hago, no lo hago por usted. Lo hago por su difunta madre. Porque usted fue su hijo. Por eso lo hago. Ella me reconvendría si yo lo hubiera dejado tirado por allí, donde lo encontré, y no lo hubiera recogido para llevarlo a que lo curen, como estoy haciéndolo. Es ella la que me da ánimos, no usted. Comenzando, porque a usted no le debo más que puras dificultades, puras mortificaciones, puras vergüenzas.

Sudaba al hablar. Pero el viento de la noche le secaba el sudor. Y sobre el sudor seco, volvía a sudar.

1. El primer párrafo y el tercero forman un diálogo. En ellos, aparentemente, _____.
   a. un padre le habla a su hijo
   b. un padre recuerda los pensamientos de su hijo
   c. el hijo le habla a su padre
   d. el hijo alucina por sus heridas

2. ¿Qué tiempo hace en esta escena?
   a. Hace calor, y el cielo está despejado.
   b. Hace calor, pero está a punto de llover.
   c. Hace fresco, y hay unas nubes en el cielo.
   d. Hace calor, y no hay viento.

3. Al leer este pasaje, el lector puede concluir que _____.
   a. el hijo necesita alejarse porque alguien lo busca
   b. el padre quiere mucho a su hijo
   c. el hijo está en relativamente buenas condiciones
   d. el padre está llevando a su hijo herido en los hombros

4. Al parecer, en el pasado el hijo _____.
   a. tenía una buena relación con su padre y con su madre
   b. hizo muchas cosas malas y causó problemas para su familia
   c. trataba de ayudar a su padre cuando podía
   d. nunca se metió en muchos problemas serios

5. Una diferencia lingüística importante entre los dos párrafos de diálogo es que _____.
   a. el primero es más formal que el segundo
   b. el primero muestra una actitud menos comprensiva que el segundo
   c. en el primero se usa «tú», y en el segundo, «usted»
   d. en el segundo, la persona que habla parece esperar una respuesta

6. La explicación más lógica por la diferencia que se menciona en la pregunta anterior podría ser que _____.
   a. el padre comienza a tenerle lástima a su hijo y a temer por su vida, porque se da cuenta de la gravedad de sus heridas
   b. el padre está terriblemente cansado por el tremendo esfuerzo que requiere el llevar a su hijo
   c. el padre le habla a su hijo empleando la forma de «usted» porque indica una actitud menos afectuosa, endurecida, de reproche
   d. ha habido otra conversación entre los dos párrafos de la cual el narrador no les informa a los lectores

Carlos Fuentes ▶

Chac Mool[1]

CARLOS FUENTES

Uno de los más prolíficos autores del «Boom» hispanoamericano, Carlos Fuentes (1928–2012) se formó internacionalmente; durante su niñez, acompañó a su padre, diplomático mexicano, a Santiago de Chile, a Río de Janeiro, a Buenos Aires, a Montevideo, a Quito y a Washington, D.C. Es cuentista, novelista, investigador y ensayista.

En «Chac Mool» (1954), cuento de su producción temprana, Fuentes trata dos de sus intereses más duraderos: la fantasía y los mitos, aquí los mexicanos, aunque más tarde éstos se complementarán con otros, de otras culturas. «Chac Mool» apunta con humor la tendencia en las letras mexicanas de los años 50 a envolver a la clase media mexicana en antiguos mitos, hasta tal punto que llegó a ser una fórmula, un lugar común, o cliché. El cuento fue inspirado en un suceso ocurrido en 1952: las autoridades enviaron a Europa por barco la escultura de Chac Mool para participar en una exhibición de arte mexicano. Surgieron tempestades en alta mar, las más fuertes de que se guardaba memoria en el Canal de la Mancha, y por dondequiera que viajaba Chac Mool, las lluvias lo seguían.

Hace poco tiempo, Filiberto murió ahogado en Acapulco. Sucedió en Semana Santa. Aunque despedido de su empleo en la Secretaría,[2] Filiberto no pudo resistir la tentación burocrática de ir, como todos los años, a la **pensión**[3] alemana, comer el *choucrout*[4] endulzado por el sudor de la cocina tropical, bailar el sábado de gloria[5] en La Quebrada, y sentirse «gente conocida» en el oscuro anonimato **vespertino**[6] de

---

[1] Chac Mool—escultura de un hombre recostado, con las piernas dobladas, rostro vuelto hacia el hombro, las manos sobre el vientre, y una vasija encima en que la gente echa monedas para pedir lluvia; estas esculturas se hallan en el sur de México y puede que sean representaciones de Tláloc, dios azteca de la lluvia; son hasta hoy día, sin embargo, un enigma para los estudiosos.

[2] Secretaría—organismo del gobierno; Ministerio.

[3] **pensión**—casa de huéspedes.

[4] *choucrout*—nombre francés de un plato alemán: col picada en escabeche, de sabor agrio.

[5] sábado de gloria—el día anterior al Domingo de Resurrección.

[6] **vespertino**—del atardecer o anochecer.

la playa de Hornos. Claro, sabíamos que en su juventud había nadado bien, pero ahora, a los cuarenta, y tan desmejorado como se le veía, ¡intentar salvar,[7] y a medianoche, un **trecho**[8] tan largo! Frau Müller no permitió que se velara —cliente tan antiguo— en la pensión; por el contrario, esa noche organizó un baile en la terracita sofocada, mientras Filiberto esperaba, muy pálido en su caja, a que saliera el camión **matutino**[9] de la terminal, y pasó acompañado de huacales[10] y fardos[11] la primera noche de su nueva vida. Cuando llegué, temprano, a vigilar el embarque del **féretro**,[12] Filiberto estaba bajo un túmulo[13] de cocos; el chófer dijo que lo acomodáramos rápidamente en el toldo y lo cubriéramos de lonas, para que no se espantaran los pasajeros, y a ver si no le habíamos echado la sal al viaje.

Salimos de Acapulco, todavía en la brisa.[14] Hasta Tierra Colorada nacieron el calor y la luz. Con el desayuno de huevos y chorizo, abrí el **cartapacio**[15] de Filiberto, recogido el día anterior, junto con sus otras pertenencias, en la pensión de los Müller. Doscientos pesos. Un periódico viejo; cachos[16] de la lotería; el pasaje de ida —¿sólo de ida?—, y el cuaderno barato, de hojas cuadriculadas y tapas de papel mármol.

Me aventuré a leerlo, a pesar de las curvas, el **hedor**[17] a vómito, y cierto sentimiento natural de respeto a la vida privada de mi difunto amigo. Recordaría —sí, empezaba con eso— nuestra **cotidiana**[18] labor en la oficina; quizá, sabría por qué fue declinando, olvidando sus deberes, por qué dictaba oficios sin sentido, ni número, ni «sufragio efectivo».[19] Por qué, en fin, fue corrido,[20] olvidada la **pensión**,[21] sin respetar los escalafones.[22]

"Hoy fui a arreglar lo de mi pensión. El **licenciado**,[23] amabilísimo. Salí tan contento que decidí gastar cinco pesos en

---

[7] salvar—cubrir; atravesar.

[8] **trecho**—distancia.

[9] **matutino**—de la mañana.

[10] huacales (m.)—cajas a modo de jaulas, para transportar objetos varios.

[11] fardos—bultos o paquetes grandes.

[12] **féretro**—caja de muerto; ataúd.

[13] túmulo—sepultura; montículo sobre una tumba; aquí, los cocos.

[14] brisa—niebla; neblina.

[15] **cartapacio**—carpeta o funda para guardar papeles.

[16] cachos—pedazos; billetes.

[17] **hedor**—mal olor; peste.

[18] **cotidiana**—diaria.

[19] «sufragio efectivo»—derecho de votar; lema del Partido Revolucionario Institucional de México (PRI) que en el siglo XX se estampaba en los sobres en el correo, y en los documentos del gobierno.

[20] corrido—despedido; echado del trabajo.

[21] **pensión**—mensualidad que recibe el jubilado, persona retirada de un trabajo con el gobierno.

[22] escalafones—clasificaciones de los empleados y sus sueldos según la duración de su empleo.

[23] **licenciado**—abogado.

Figuras retóricas

¿Qué figura retórica contiene la frase «la primera noche de su nueva vida»? ¿Cuál es el efecto de incluir esta figura?

_____

_____

Aclarar

¿Qué significa «echar la sal»?

_____

_____

Comprender

Observa la aclaración «—sí, empezaba con eso—». ¿Quién escribe la historia que estás leyendo? ¿Cómo lo sabes?

_____

_____

Enfoque en el estilo

a. ¿Cuántos narradores puedes identificar? Explica de qué tipo de narrador se trata en cada caso.

_____

_____

b. ¿Qué cambio puedes observar en el estilo de la narración?

_____

_____

Inferir

¿A qué invasión se refiere?

_____

_____

_____

Aclarar

¿Qué son los «dieciocho agujeros»?
Explica la oración en que aparece esta
frase.

_____

_____

_____

un café. Es el mismo al que íbamos de jóvenes y al que ahora nunca concurro,[24] porque me recuerda que a los veinte años podía darme más **lujos**[25] que a los cuarenta. Entonces todos estábamos en un mismo plano, hubiéramos rechazado con energía cualquier opinión peyorativa hacia los compañeros; de hecho librábamos[26] la batalla por aquellos a quienes en la casa discutían la baja extracción o falta de elegancia. Yo sabía que muchos (quizás los más humildes) llegarían muy alto, y aquí, en la escuela, se iban a forjar[27] las amistades duraderas en cuya compañía cursaríamos el mar bravío.[28] No, no fue así. No hubo reglas. Muchos de los humildes quedaron allí, muchos llegaron más arriba de lo que pudimos pronosticar en aquellas fogosas, amables **tertulias**.[29] Otros, que parecíamos prometerlo todo, quedamos a la mitad del camino, destripados[30] en un examen extracurricular, aislados por una **zanja**[31] invisible de los que triunfaron y de los que nada alcanzaron. En fin, hoy volví a sentarme en las sillas, modernizadas —también, como barricada de una invasión, la fuente de sodas—, y **pretendí**[32] leer **expedientes**.[33] Vi a muchos, cambiados, amnésicos, retocados de luz neón, prósperos. Con el café que casi no reconocía, con la ciudad misma, habían ido cincelándose[34] a ritmo distinto del mío. No, ya no me reconocían, o no me querían reconocer. A lo **sumo**[35] —uno o dos— una mano gorda y rápida en el hombro. *Adiós, viejo, qué tal.* Entre ellos y yo, mediaban[36] los dieciocho agujeros del Country Club. Me disfracé en los expedientes. Desfilaron[37] los años de las grandes **ilusiones**,[38] de los pronósticos felices, y, también, todas las omisiones que impidieron su realización. Sentí la angustia de no poder meter los dedos en el pasado y pegar los trozos de algún **rompecabezas**[39] abandonado; pero el arcón[40] de los juguetes se va olvidando, y al cabo, quién sabrá a dónde fueron a dar los soldados de plomo, los cascos, las

---

[24] concurro—asisto.

[25] **lujos**—cosas deseadas, pero no necesarias.

[26] librábamos—dábamos; iniciábamos.

[27] forjar—crear.

[28] bravío—salvaje; inculto.

[29] **tertulias**—charlas; pláticas; reuniones de varias personas para conversar.

[30] destripados—tronados; derrotados.

[31] **zanja**—trinchera; canal; excavación larga y estrecha.

[32] **pretendí**—intenté; traté de.

[33] **expedientes** (m.)—archivos portátiles; historiales.

[34] cincelándose—pintándose; desenvolviéndose.

[35] **sumo**—máximo.

[36] mediaban—intervenían.

[37] desfilaron—pasaron.

[38] **ilusiones**—esperanzas.

[39] **rompecabezas**—diversión que consiste en componer un cuadro con piezas sueltas de formas irregulares.

[40] arcón (m.)—arca grande; cajón.

espadas de madera. Los disfraces[41] tan queridos, no fueron más que eso. Y, sin embargo, había habido constancia, disciplina, apego[42] al deber. ¿No era suficiente, o sobraba? No dejaba, en ocasiones, de asaltarme el recuerdo de Rilke.[43] La gran recompensa de la aventura de juventud debe ser la muerte; jóvenes, debemos partir con todos nuestros secretos. Hoy, no tendría que volver la vista a las ciudades de sal. ¿Cinco pesos? Dos de propina.

Pepe, aparte de su pasión por el derecho mercantil, gusta de teorizar. Me vio salir de Catedral, y juntos nos encaminamos a Palacio. El es **descreído**,[44] pero no le basta: en media cuadra tuvo que fabricar una teoría. Que si no fuera mexicano, no adoraría a Cristo, y —No, mira, parece evidente. Llegan los españoles y te proponen adores a un Dios, muerto hecho un coágulo, con el costado herido, clavado en una cruz. Sacrificado. Ofrendado. ¿Qué cosa más natural que aceptar un sentimiento tan cercano a todo tu ceremonial, a toda tu vida . . . ? Figúrate, en cambio, que México hubiera sido conquistado por budistas o mahometanos. No es concebible que nuestros indios veneraran a un individuo que murió de indigestión. Pero un Dios al que no le basta que se sacrifiquen por él, sino que incluso va a que le arranquen el corazón, ¡caramba, **jaque mate**[45] a Huitzilopochtli![46] El cristianismo, en su sentido cálido, sangriento, de sacrificio y liturgia, se vuelve una prolongación natural y novedosa de la religión indígena. Los aspectos de caridad, amor, y la otra mejilla, en cambio, son rechazados. Y todo en México es eso: hay que matar a los hombres para poder creer en ellos.

Pepe conocía mi afición, desde joven, por ciertas formas del arte indígena mexicano. Yo colecciono estatuillas, ídolos, cacharros. Mis fines de semana los paso en Tlaxcala,[47] o en Teotihuacán.[48] Acaso por esto le guste relacionar todas las teorías que elabora para mi consumo con estos temas. Por cierto que busco una réplica razonable del Chac Mool desde hace tiempo, y hoy Pepe me informa de un lugar en la Lagunilla[49] donde venden uno de piedra, y parece que barato. Voy a ir el domingo.

Un guasón[50] pintó de rojo el agua del garrafón en la oficina, con la consiguiente perturbación de las labores. He debido

Conectar

¿A qué pasaje bíblico se hace referencia?

Reflexionar

¿Qué podría indicar sobre Filiberto su interés por coleccionar arte indígena?

---

[41] disfraces (m.)—máscaras.

[42] apego—devoción.

[43] Rilke—Rainer Maria Rilke (1875–1926), poeta y novelista checo que escribía en alemán.

[44] **descreído**—irreligioso; no creyente.

[45] **jaque mate**—última jugada en una partida de ajedrez, en que queda atrapado el rey del contrincante.

[46] Huitzilopochtli—dios de la guerra de los antiguos aztecas.

[47] Tlaxcala—estado de México, capital del mismo y destacado sitio arqueológico e histórico; los tlaxcaltecas fueron aliados de los españoles en la conquista de los aztecas.

[48] Teotihuacán—gran centro arqueológico de las culturas prehispánicas de México, no lejos de la Ciudad de México.

[49] la Lagunilla—famoso mercado al aire libre en la Ciudad de México.

[50] guasón—bromista; burlón.

consignarlo al director, a quien sólo le dio mucha risa. El culpable se ha valido de esta circunstancia para hacer sarcasmos a mis costillas el día entero, todo en torno al agua. ¡Ch . . . !

Hoy, domingo, aproveché para ir a la Lagunilla. Encontré el Chac Mool en la tienducha que me señaló Pepe. Es una pieza preciosa, de tamaño natural, y aunque el marchante[51] asegura su originalidad, lo dudo. La piedra es corriente, pero ello no aminora[52] la elegancia de la postura o lo **macizo**[53] del bloque. El desleal vendedor le ha embarrado salsa de tomate en la barriga para convencer a los turistas de la autenticidad sangrienta de la escultura.

El traslado a la casa me costó más que la adquisición. Pero ya está aquí, por el momento en el sótano mientras reorganizo mi cuarto de trofeos a fin de darle cabida. Estas figuras necesitan sol, vertical y fogoso; ése fue su elemento y condición. Pierde mucho en la oscuridad del sótano, como simple bulto **agónico**,[54] y su mueca parece reprocharme que le niegue la luz. El comerciante tenía un **foco**[55] exactamente vertical a la escultura, que recortaba todas las aristas,[56] y le daba una expresión más amable a mi Chac Mool. Habrá que seguir su ejemplo.

Amanecí con la tubería[57] descompuesta. Incauto,[58] dejé correr el agua de la cocina, y se desbordó, corrió por el suelo y llegó hasta el sótano, sin que me percatara.[59] El Chac Mool resiste la humedad, pero mis maletas sufrieron; y todo esto, en día de labores, me ha obligado a llegar tarde a la oficina.

Vinieron, por fin, a arreglar la tubería. Las maletas, torcidas. Y el Chac Mool, con lama[60] en la base.

Desperté a la una: había escuchado un quejido terrible. Pensé en ladrones. Pura imaginación.

Los lamentos nocturnos han seguido. No sé a qué atribuirlo, pero estoy nervioso. Para colmo de males, la tubería volvió a descomponerse, y las lluvias se han colado,[61] inundando el sótano.

El plomero no viene, estoy desesperado. Del Departamento del Distrito Federal, más vale no hablar. Es la primera vez que el agua de las lluvias no obedece a las coladeras y viene a dar a mi sótano. Los quejidos han cesado: vaya una cosa por otra.

---

[51] marchante—vendedor o comprador, sobre todo en los mercados populares.

[52] aminora—reduce.

[53] **macizo**—pesado; sólido.

[54] **agónico**—en trance de morir; moribundo.

[55] **foco**—bombillo eléctrico; bombilla.

[56] aristas—puntas; bordes agudos.

[57] tubería—tubos de desagüe; drenaje.

[58] incauto—descuidado; imprudente.

[59] percatara—diera cuenta.

[60] lama (f.)—capa de fango o musgo.

[61] colado—penetrado.

Inferir

Luego de adquirir la estatua, Filiberto decide reorganizar su cuarto de trofeos para colocarla allí. ¿Qué crees que simboliza esto?

Enfoque en el estilo

Desde que el Chac Mool está en el sótano, Filiberto sólo tiene problemas. ¿Qué recursos usa el autor para que nos demos cuenta de la desesperación de Filiberto?

Secaron el sótano, y el Chac Mool está cubierto de lama. Le da un aspecto grotesco, porque toda la masa de la escultura parece padecer de una erisipela[62] verde, salvo los ojos, que han permanecido de piedra. Voy a aprovechar el domingo para raspar el **musgo**.[63] Pepe me ha recomendado cambiarme a un apartamiento, y en el último piso, para evitar estas tragedias acuáticas. Pero no puedo dejar este caserón, ciertamente muy grande para mí solo, un poco **lúgubre**[64] en su arquitectura porfiriana,[65] pero que es la única herencia y recuerdo de mis padres. No sé qué me daría ver una fuente de sodas con sinfonola[66] en el sótano y una casa de decoración en la planta baja.

Fui a raspar la lama del Chac Mool con una espátula. El musgo parecía ya parte de la piedra; fue labor de más de una hora, y sólo a las seis de la tarde pude terminar. No era posible distinguir en la penumbra, y al dar fin al trabajo, con la mano seguí los contornos de la piedra. Cada vez que repasaba el bloque parecía reblandecerse. No quise creerlo: era ya casi una pasta. Este mercader de la Lagunilla me ha timado.[67] Su escultura precolombina es puro yeso, y la humedad acabará por arruinarla. Le he puesto encima unos trapos, y mañana la pasaré a la pieza de arriba, antes de que sufra un deterioro total.

Los trapos están en el suelo. Increíble. Volví a palpar el Chac Mool. Se ha endurecido, pero no vuelve a la piedra. No quiero escribirlo: hay en el torso algo de la textura de la carne, lo aprieto como goma, siento que algo corre por esa figura recostada . . . Volví a bajar en la noche. No cabe duda: el Chac Mool tiene **vello**[68] en los brazos.

Esto nunca me había sucedido. Tergiversé[69] los asuntos en la oficina: giré[70] una orden de pago que no estaba autorizada, y el director tuvo que llamarme la atención. Quizá me mostré hasta descortés con los compañeros. Tendré que ver a un médico, saber si es imaginación, o delirio, o qué, y deshacerme de ese maldito Chac Mool."

Hasta aquí, la escritura de Filiberto era la vieja, la que tantas veces vi en memoranda y formas, ancha y ovalada. La entrada

© Houghton Mifflin Harcourt Publishing Company

---

[62] **erisipela**—dermatosis contagiosa, que manifiesta una placa cutánea roja.

[63] **musgo**—planta verde que crece en la superficie de rocas o árboles en lugares húmedos.

[64] **lúgubre**—triste.

[65] **porfiriana**—de la época de Porfirio Díaz, dictador de México desde 1884 hasta 1910.

[66] **sinfonola**—tocadiscos antiguo que se operaba a base de monedas.

[67] **timado**—defraudado; engañado.

[68] **vello**—pelitos cortos, por ejemplo los que cubren los brazos y las piernas.

[69] **tergiversé**—torcí; enrevesé; confundí.

[70] **giré**—escribí.

Interpretar

¿Qué podría indicar sobre la personalidad de Filiberto el hecho de que rehúsa abandonar su casa?

_____

_____

_____

Analizar

¿Por qué crees que hay dos narradores en este cuento?

_____

_____

_____

Conectar

La idea de una flor como testimonio del paso por el Paraíso pertenece a otro autor, ¿de quién se trata? ¿Cuál es la función de la cita aquí?

_____

_____

_____

Identificar

Subraya en la descripción del Chac Mool los indicios de que algo va a cambiar en él, y para mal.

Enfoque en el estilo

Hasta este momento, Filiberto siempre se refirió a «el Chac Mool», pero aquí no usa el artículo definido. ¿Por qué?

_____

_____

del 25 de agosto, parecía escrita por otra persona. A veces como niño, separando trabajosamente cada letra; otras, nerviosa, hasta **diluirse**[71] en lo ininteligible. Hay tres días vacíos, y el relato continúa:

«Todo es tan natural; y luego, se cree en lo real . . . , pero esto lo es, más que lo creído por mí. Si es real un garrafón, y más, porque nos damos mejor cuenta de su existencia, o estar, si un bromista pinta de rojo el agua . . . Real bocanada de cigarro **efímera**,[72] real imagen monstruosa en un espejo de circo, reales, ¿no lo son todos los muertos, presentes y olvidados . . . ? Si un hombre atravesara el Paraíso en un sueño, y le dieran una flor como prueba de que había estado allí, y si al despertar encontrara esa flor en su mano . . . , ¿entonces, qué . . . ? Realidad: cierto día la quebraron en mil pedazos, la cabeza fue a dar allá, la cola aquí, y nosotros no conocemos más que uno de los trozos desprendidos de su gran cuerpo. Océano libre y ficticio, sólo real cuando se le aprisiona en un **caracol**.[73] Hasta hace tres días, mi realidad lo era al grado de haberse borrado hoy: era movimiento reflejo, rutina, memoria, cartapacio. Y luego, como la tierra que un día tiembla para que recordemos su poder, o la muerte que llegará, recriminando mi olvido de toda la vida, se presenta otra realidad que sabíamos estaba allí, mostrenca,[74] y que debe sacudirnos para hacerse viva y presente. Creía, nuevamente, que era imaginación: el Chac Mool, blando y elegante, había cambiado de color en una noche; amarillo, casi dorado, parecía indicarme que era un Dios, por ahora laxo,[75] con las rodillas menos tensas que antes, con la sonrisa más benévola. Y ayer, por fin, un despertar sobresaltado, con esa seguridad espantosa de que hay dos respiraciones en la noche, de que en la oscuridad laten más pulsos que el propio. Sí, se escuchaban pasos en la escalera. Pesadilla. Vuelta a dormir . . . No sé cuánto tiempo pretendí dormir. Cuando volví a abrir los ojos, aún no amanecía. El cuarto olía a horror, a incienso y sangre. Con la mirada negra, recorrí la recámara, hasta detenerme en dos orificios de luz parpadeante, en dos flámulas[76] crueles y amarillas.

Casi sin aliento encendí la luz.

Allí estaba Chac Mool, erguido,[77] sonriente, ocre,[78] con su barriga encarnada. Me paralizaban los dos ojillos, casi bizcos, muy pegados a la nariz triangular. Los dientes inferiores, mordiendo el labio superior, inmóviles; sólo el brillo del

---

[71] **diluirse**—disolverse.
[72] **efímera**—de corta duración; pasajera.
[73] **caracol** (m.)—concha en forma de espiral.
[74] **mostrenca**—sin dueño; huérfana.
[75] **laxo**—flojo; relajado; cómodo.
[76] **flámulas**—flores blancas que tienen colores combinados.
[77] **erguido**—recto; enderezado.
[78] **ocre**—oscuro; negro.

casquetón[79] cuadrado sobre la cabeza anormalmente voluminosa, delataba[80] vida. Chac Mool avanzó hacia la cama; entonces empezó a llover.»

Recuerdo que a fines de agosto, Filiberto fue despedido de la Secretaría, con una recriminación pública del director, y rumores de locura y aun robo. Esto no lo creía. Sí vi unos oficios **descabellados**,[81] preguntando al Oficial Mayor si el agua podía olerse, ofreciendo sus servicios al Secretario de Recursos Hidráulicos para hacer llover en el desierto. No supe qué explicación darme; pensé que las lluvias excepcionalmente fuertes, de ese verano, lo habían enervado. O que alguna depresión moral debía producir la vida en aquel caserón antiguo, con la mitad de los cuartos bajo llave y empolvados, sin criados ni vida de familia. Los apuntes siguientes son de fines de septiembre:

«Chac Mool puede ser simpático cuando quiere . . . , un glu-glu de agua embelesada . . .[82] Sabe historias fantásticas sobre los monzones,[83] las lluvias ecuatoriales, el castigo de los desiertos; cada planta arranca de su paternidad mítica: el sauce, su hija descarriada;[84] los lotos,[85] sus mimados; su suegra: el cacto. Lo que no puedo tolerar es el olor, extrahumano, que emana de esa carne que no lo es, de las **chanclas**[86] flameantes[87] de ancianidad. Con risa estridente, el Chac Mool revela cómo fue descubierto por Le Plongeon,[88] y puesto, físicamente, en contacto con hombres de otros símbolos. Su espíritu ha vivido en el cántaro y la tempestad, natural; otra cosa es su piedra, y haberla arrancado al escondite es artificial y cruel. Creo que nunca lo perdonará el Chac Mool. Él sabe de la inminencia del hecho estético.

He debido proporcionarle[89] sapolio[90] para que se lave el estómago que el mercader le **untó**[91] de *ketchup* al creerlo azteca. No pareció gustarle mi pregunta sobre su parentesco con Tláloc, y, cuando se enoja, sus dientes, de por sí repulsivos, se afilan y brillan. Los primeros días, bajó a dormir al sótano; desde ayer, en mi cama.

---

[79] casquetón—casco; yelmo.

[80] delataba—revelaba.

[81] **descabellados**—locos; disparatados.

[82] embelesada—hipnotizada; hechizada.

[83] monzones—vientos periódicos en el sureste de Asia.

[84] descarriada—desorientada; desmandada; descarrilada.

[85] lotos—plantas herbáceas, de hojas circulares flotantes.

[86] **chanclas**—sandalias viejas; zapatillas viejas.

[87] flameantes—que echan llamas.

[88] Le Plongeon—Augustus Le Plongeon (1826–1908), arqueólogo francés, quien descubrió por primera vez la escultura de Chac Mool en Chichén Itzá, en 1876, y la sacó de allí.

[89] proporcionarle—darle.

[90] sapolio—propiamente, Sapolio, por ser marca registrada de una limpiadora muy popular hacia fines del siglo XIX.

[91] **untó**—embarró; puso en la superficie.

Comprender

¿Por qué tendría Chac Mool un parentesco con Tláloc?

_____

_____

_____

Ha empezado la temporada seca. Ayer, desde la sala en la que duermo ahora, comencé a oír los mismos lamentos roncos del principio, seguidos de ruidos terribles. Subí y entreabrí la puerta de la recámara: el Chac Mool estaba rompiendo las lámparas, los muebles; saltó hacia la puerta con las manos arañadas, y apenas pude cerrar e irme a esconder al baño . . . Luego, bajó jadeante y pidió agua; todo el día tiene corriendo las llaves, no queda un centímetro seco en la casa. Tengo que dormir muy abrigado, y le he pedido no **empapar**[92] la sala más*.

El Chac Mool inundó hoy la sala. Exasperado, dije que lo iba a devolver a la Lagunilla. Tan terrible como su risilla —horrorosamente distinta a cualquier risa de hombre o animal— fue la **bofetada**[93] que me dio, con ese brazo cargado de brazaletes pesados. Debo reconocerlo: soy su prisionero. Mi idea original era distinta: yo dominaría al Chac Mool, como se domina a un juguete; era, acaso, una prolongación de mi seguridad infantil; pero la niñez —¿quién lo dijo?— es fruto comido por los años, y yo no me he dado cuenta . . . Ha tomado mi ropa, y se pone las batas cuando empieza a **brotarle**[94] musgo verde. El Chac Mool está acostumbrado a que se le obedezca, por siempre; yo, que nunca he debido mandar, sólo puedo doblegarme.[95] Mientras no llueva —¿y su poder mágico?— vivirá **colérico**[96] o irritable.

Hoy descubrí que en las noches el Chac Mool sale de la casa. Siempre, al obscurecer, canta una canción chirriona[97] y anciana, más vieja que el canto mismo. Luego, cesa. Toqué varias veces a su puerta, y cuando no me contestó, me atreví a entrar. La recámara, que no había vuelto a ver desde el día en que intentó atacarme la estatua, está en ruinas, y allí se concentra ese olor a incienso y sangre que ha permeado la casa. Pero, detrás de la puerta, hay huesos: huesos de perros, de ratones y gatos. Esto es lo que roba en la noche el Chac Mool para sustentarse. Esto explica los ladridos espantosos de todas las madrugadas.

Febrero, seco. Chac Mool vigila cada paso mío; ha hecho que telefonee a una fonda para que me traigan diariamente arroz con pollo. Pero lo sustraído[98] de la oficina ya se va a acabar. Sucedió lo inevitable: desde el día primero, cortaron el agua y la luz por falta de pago. Pero Chac ha descubierto una fuente pública a dos cuadras de aquí; todos los días hago diez o doce viajes por agua, y él me observa desde la **azotea**.[99] Dice que si intento huir me

Analizar

Subraya en esta página los ejemplos de la decadencia del Chac Mool. ¿Por qué crees que está sucediendo eso?

_____

_____

_____

Analizar

¿Qué confirma esta nota al pie de la página?

_____

_____

_____

* Filiberto no explica en qué lengua se entendía con el Chac Mool.

[92] **empapar**—mojar por completo.

[93] **bofetada**—golpe dado en la cara.

[94] **brotarle**—salirle.

[95] doblegarme—ceder; conformarme.

[96] **colérico**—airado; enojado; de mal humor.

[97] chirriona—desentonada; inarmónica; estridente.

[98] sustraído—robado.

[99] **azotea**—tejado plano de una casa.

fulminará;[100] también es Dios del **Rayo**.[101] Lo que él no sabe es que estoy al tanto de sus correrías nocturnas . . . Como no hay luz, debo acostarme a las ocho. Ya debería estar acostumbrado al Chac Mool, pero hace poco, en la obscuridad, me **topé**[102] con él en la escalera, sentí sus brazos helados, las **escamas**[103] de su piel renovada, y quise gritar.

Si no llueve pronto, el Chac Mool va a convertirse en piedra otra vez. He notado su dificultad reciente para moverse; a veces se reclina durante horas, paralizado, y parece ser, de nuevo un ídolo. Pero estos reposos sólo le dan nuevas fuerzas para vejarme,[104] arañarme, como si pudiera arrancar algún líquido de mi carne. Ya no tienen lugar aquellos intermedios amables en que relataba viejos cuentos; creo notar un resentimiento concentrado. Ha habido otros indicios que me han puesto a pensar: se está acabando mi **bodega**;[105] acaricia la seda de las batas; quiere que traiga una criada a la casa; me ha hecho enseñarle a usar jabón y lociones. Creo que el Chac Mool está cayendo en tentaciones humanas; incluso hay algo viejo en su cara que antes parecía eterna. Aquí puede estar mi salvación: si el Chac se humaniza, posiblemente todos sus siglos de vida se acumulen en un instante y caiga fulminado. Pero también, aquí, puede germinar[106] mi muerte: el Chac no querrá que asista a su **derrumbe**;[107] es posible que desee matarme.

Hoy aprovecharé la excursión nocturna de Chac para huir. Me iré a Acapulco; veremos qué puede hacerse para adquirir trabajo, y esperar la muerte del Chac Mool: sí, se avecina;[108] está **canoso**,[109] abotagado.[110] Necesito asolearme, nadar, recuperar fuerza. Me quedan cuatrocientos pesos. Iré a la Pensión Müller, que es barata y cómoda. Que se adueñe de todo el Chac Mool: a ver cuánto dura sin mis baldes[111] de agua.»

Aquí termina el diario de Filiberto. No quise volver a pensar en su relato; dormí hasta Cuernavaca. De ahí a México pretendí dar coherencia al escrito, relacionarlo con exceso de trabajo, con algún motivo sicológico. Cuando a las nueve de la noche

---

[100] fulminará—matará instantáneamente con un rayo.

[101] **Rayo**—relámpago.

[102] **topé**—encontré.

[103] **escamas**—elementos o láminas que recubren el cuerpo de los peces.

[104] vejarme—molestarme; humillarme.

[105] **bodega**—cuartito de una casa, típicamente el sótano, donde se guarda el vino y, a veces, comestibles.

[106] germinar—originar.

[107] **derrumbe** (m.)—desplome; colapso.

[108] avecina—aproxima; acerca.

[109] **canoso**—de pelo gris, o blanco.

[110] abotagado—hinchado; inflado.

[111] baldes—cubos; contenedores de agua.

© Houghton Mifflin Harcourt Publishing Company

Pronosticar

¿Qué crees que podría suceder si el Chac Mool finalmente se humanizara?

_____

_____

_____

Elaborar

Filiberto sospecha que el Chac Mool podría desear matarle. ¿Crees que el Chac Mool tuvo algo que ver con la muerte de Filiberto? Explica tu teoría sobre la muerte de Filiberto.

_____

_____

_____

llegamos a la terminal, aún no podía concebir la locura de mi amigo. Contraté una camioneta para llevar el féretro a casa de Filiberto y desde allí ordenar su **entierro**.[112]

Antes de que pudiera introducir la llave en la cerradura, la puerta se abrió. Apareció un indio amarillo, en bata de casa, con bufanda. Su aspecto no podía ser más repulsivo; despedía un olor a loción barata; su cara, polveada, quería cubrir las arrugas; tenía la boca embarrada de lápiz labial mal aplicado, y el pelo daba la impresión de estar **teñido**.[113]

—Perdone . . . , no sabía que Filiberto hubiera . . .

—No importa; lo sé todo. Dígales a los hombres que lleven el cadáver al sótano.

---

[112] **entierro**—funeral.
[113] **teñido**—pintado.

© Houghton Mifflin Harcourt Publishing Company

Inferir

¿Cómo es posible que el indio sepa lo que ha sucedido?

_____

_____

_____

Analizar

En el realismo mágico, lo real coexiste con la fantasía, y hasta parecen alimentarse mutuamente. El final del cuento revela que en este relato, los dos mundos no son compatibles. ¿Qué es lo que sucede?

_____

_____

_____

PREGUNTAS

*Para conocer más a fondo el texto que has leído, responde a las siguientes preguntas. Tu propósito será uno de éstos, según indique tu profesor/a: **a.** preparate para participar en un coloquio con tus compañeros de clase; **b.** prepararte para dar una presentación oral; **c.** bosquejar tus ideas por escrito para intercambiarlas con tus compañeros de clase; o **d.** escribir un ensayo formal.*

1. En la lenta transformación de Chac Mool, experimentamos una violación del orden natural de las cosas en el mundo. Anota algunos de los detalles más importantes de esta transformación.

2. ¿Cómo evoluciona el control psicológico que va cobrando Chac Mool sobre Filiberto?

3. Resume los detalles del decaimiento psicológico de Filiberto. ¿Qué locuras dice? ¿Qué locuras comete? ¿A fuerza de qué presiones específicas lo hace?

4. Sabemos cómo muere Filiberto, pero, ¿quién o qué lo mata? ¿Por qué?

5. Cita ejemplos de la manera en que Fuentes logra el humor en «Chac Mool», ya sea mediante la exageración, o al pintar sucesos absurdos, o al sorprendernos con situaciones inesperadas. ¿Qué papel juega en la comicidad del cuento el hecho de que Filiberto es un hombre normal, de clase media y de hábitos de vida en todo sentido ordinarios?

Análisis literario

«Chac Mool»

Este pasaje es del cuento «Chac Mool», del escritor mexicano Carlos Fuentes. Léelo antes de contestar las preguntas.

Fui a raspar la lama del Chac Mool con una espátula. El musgo parecía ya parte de la piedra; fue labor de más de una hora, y sólo a las seis de la tarde pude terminar. No era posible distinguir en la penumbra, y al dar fin al trabajo, con la mano seguí los contornos de la piedra. Cada vez que repasaba el bloque parecía reblandecerse. No quise creerlo: era ya casi una pasta. Este mercader de la Lagunilla me ha timado. Su escultura precolombina es puro yeso, y la humedad acabará por arruinarla. Le he puesto encima unos trapos, y mañana la pasaré a la pieza de arriba, antes de que sufra un deterioro total.

Los trapos están en el suelo. Increíble. Volví a palpar el Chac Mool. Se ha endurecido, pero no vuelve a la piedra. No quiero escribirlo: hay en el torso algo de la textura de la carne, lo aprieto como goma, siento que algo corre por esa figura recostada . . . Volví a bajar en la noche. No cabe duda: el Chac Mool tiene vello en los brazos.

I. Al principio del pasaje, ¿qué problema tiene la estatua del Chac Mool?

a. Es vieja y está en malas condiciones.

b. Está cubierta de musgo.

c. Ha estado expuesta al sol por mucho tiempo.

d. Alguien la ha pintado de colores inauténticos.

2. ¿Durante qué parte del día se pone el narrador a limpiar la estatua?

a. por la mañana

b. cerca del mediodía

c. inmediatamente después del almuerzo

d. poco antes del anochecer

3. En el transcurso de este fragmento, Filiberto, el narrador, nota una serie de cambios secuenciales en la estatua, y va evolucionando su concepto de lo que ocurre. Al notar los primeros cambios, ¿cómo los explica?

a. Piensa que la estatua cobra vida.

b. Piensa que la estatua es muy vieja y blanda.

c. Piensa que se debe a que es una escultura precolombina.

d. Piensa que no está hecha de piedra sino de otra cosa.

4. Según el parecer de Filiberto, ¿a qué se debe el deterioro en la superficie del Chac Mool?

a. al calor

b. a las raspaduras de la espátula

c. a la falta de luz

d. a la humedad

5. Para examinar la estatua, el narrador emplea principalmente _____.

a. la vista

c. el olfato

b. el tacto

d. el oído

6. ¿Cuál sería la mejor palabra para describir el estado anímico del narrador al final del pasaje?

a. enojado

c. asustado

b. tranquilo

d. aliviado

7. ¿Qué parece haber ocurrido al final del pasaje?

a. La estatua ha cobrado vida.

b. La estatua se ha deshecho del todo por la lluvia.

c. Alguien ha robado la estatua.

d. La estatua ha comenzado a secarse.

Julio Cortázar ▶

La noche boca arriba

JULIO CORTÁZAR

El argentino Julio Cortázar (1914–1984) nació en Bélgica, pero su familia volvió a la Argentina cuando él tenía cuatro años de edad. Se formó allí, pero salió permanentemente de Buenos Aires en 1951, para vivir en Europa como traductor con la UNESCO. Cortázar es una de las grandes luces del cuento fantástico hispanoamericano. El cuento «Continuidad de los parques» (1964) nos presenta el acto ordinario de leer una novela: acto que, en manos de Cortázar, corta las amarras de la realidad, causando, en la compleja red de los sucesos, efectos surrealistas, sobre los cuales el protagonista no tiene control. El sentido de lo real en este breve relato se desmorona y desvanece, y resulta alucinante todo intento de deslindar su traspaso entre realidad y fantasía.

El fenómeno del doble desempeña un papel muy grande en «La noche boca arriba» (1964). Hay también una acción recíproca entre lo que Cortázar llamaba «figuras», es decir, enlaces entre individuos de diversos tiempos y lugares, pues la realidad de su protagonista oscila entre dos planos distintos. Lo real se vuelve incierto, y, en fin, el lector experimenta un universo desordenado e incontrolado.

Reflexionar

Lee el cuento hasta el final. Luego, vuelve a leer esta frase. ¿Por qué crees que el autor decidió comenzar el cuento con este epígrafe?

_____

_____

_____

Reflexionar

El protagonista del cuento no tiene nombre. ¿Por qué crees que lo eligió así el autor?

_____

_____

_____

Enfoque en el estilo

¿Qué tipo de narrador presenta este cuento?

_____

_____

_____

Y salían en ciertas épocas a cazar enemigos;
le llamaban la guerra florida.[1]

A mitad del largo **zaguán**[2] del hotel pensó que debía ser tarde, y se apuró a salir a la calle y sacar la motocicleta del rincón donde el portero de al lado le permitía guardarla. En la joyería de la esquina vio que eran las nueve menos diez; llegaría con tiempo **sobrado**[3] adonde iba. El sol se filtraba entre los altos edificios del centro, y él —porque para sí mismo, para ir pensando, no tenía nombre— montó en la máquina saboreando el paseo. La moto ronroneaba entre sus piernas, y un viento fresco le **chicoteaba**[4] los pantalones.

Dejó pasar los **ministerios**[5] (el rosa, el blanco) y la serie de comercios con brillantes vitrinas de la calle Central. Ahora entraba en la parte más agradable del trayecto, el verdadero paseo: una calle larga, bordeada de árboles, con poco tráfico y amplias villas que dejaban venir los jardines hasta las aceras, apenas demarcadas por **setos**[6] bajos. Quizá algo distraído, pero corriendo sobre la derecha como correspondía, se dejó llevar por la **tersura**,[7] por la leve **crispación**[8] de ese día apenas empezado. Tal vez su involuntario relajamiento le impidió prevenir el accidente. Cuando vio que la mujer parada en la esquina **se lanzaba**[9] a la **calzada**[10] a pesar de las luces verdes, ya era tarde para las soluciones fáciles. Frenó con el pie y la mano, desviándose a la izquierda; oyó el grito de la mujer, y junto con el choque perdió la visión. Fue como dormirse de golpe.

Volvió bruscamente del **desmayo**.[11] Cuatro o cinco hombres jóvenes lo estaban sacando de debajo de la moto. Sentía gusto a sal y sangre, le dolía una rodilla, y cuando lo alzaron gritó, porque no podía soportar la presión en el brazo derecho. Voces que no parecían pertenecer a las caras suspendidas sobre él, lo **alentaban**[12] con bromas y seguridades. Su único alivio fue oír la confirmación de que había estado en su derecho al cruzar la esquina. Preguntó por la mujer, tratando de dominar la náusea que le ganaba la garganta. Mientras lo llevaban boca arriba hasta una farmacia próxima, supo que la causante del accidente no tenía más que rasguños en las piernas. «Usté la agarró apenas,

---

[1] **guerra florida**—nombre que daban los aztecas a las expediciones contra tribus vecinas para obtener víctimas para sus ritos religiosos, que exigían sacrificios humanos.

[2] **zaguán**—entrada, o vestíbulo inmediato a la puerta de calle de ciertos edificios o casas.

[3] **sobrado**—más que suficiente.

[4] **chicoteaba**—golpeaba.

[5] **ministerios**—secretarías; organismos del gobierno.

[6] **setos**—cercados con ramas o palos entrecruzados.

[7] **tersura**—brillantez limpia; lisura.

[8] **crispación**—contracción de los músculos por algún sentimiento; excitación.

[9] **se lanzaba**—se precipitaba.

[10] **calzada**—calle; camino elevado.

[11] **desmayo**—estado inconsciente.

[12] **alentaban**—daban ánimo.

pero el golpe le hizo saltar la máquina de costado . . . » Opiniones, recuerdos, despacio, éntrenlo de espaldas, así va bien, y alguien con guardapolvo[13] dándole a beber un trago que lo alivió en la **penumbra**[14] de una pequeña farmacia de barrio.

La ambulancia policial llegó a los cinco minutos, y lo subieron a una camilla blanda donde pudo tenderse a gusto. Con toda lucidez, pero sabiendo que estaba bajo los efectos de un shock terrible, dio sus **señas**[15] al policía que lo acompañaba. El brazo casi no le dolía; de una cortadura en la ceja goteaba sangre por toda la cara. Una o dos veces se lamió los labios para beberla. Se sentía bien, era un accidente, mala suerte; unas semanas quieto y nada más. El vigilante le dijo que la motocicleta no parecía muy **estropeada**.[16] «Natural», dijo él. «Como que me la ligué encima . . . » Los dos se rieron, y el vigilante le dio la mano al llegar al hospital y le deseó buena suerte. Ya la náusea volvía poco a poco; mientras lo llevaban en una camilla de ruedas hasta un **pabellón**[17] del fondo, pasando bajo árboles llenos de pájaros, cerró los ojos y deseó estar dormido o cloroformado. Pero lo tuvieron largo rato en una pieza con olor a hospital, llenando una **ficha**,[18] quitándole la ropa y vistiéndolo con una camisa grisácea y dura. Le movían cuidadosamente el brazo, sin que le doliera. Las enfermeras bromeaban todo el tiempo, y si no hubiera sido por las contracciones del estómago se habría sentido muy bien, casi contento.

Lo llevaron a la sala de radio,[19] y veinte minutos después, con la placa todavía húmeda puesta sobre el pecho como una lápida[20] negra, pasó a la sala de operaciones. Alguien de blanco, alto y delgado, se le acercó y se puso a mirar la radiografía. Manos de mujer le acomodaban la cabeza, sintió que lo pasaban de una camilla a otra. El hombre de blanco se le acercó otra vez, sonriendo, con algo que le brillaba en la mano derecha. Le palmeó la mejilla e hizo una seña a alguien parado atrás.

Como sueño era curioso porque estaba lleno de olores y él nunca soñaba olores. Primero un olor a **pantano**,[21] ya que a la izquierda de la calzada empezaban las marismas, los tembladerales[22] de donde no volvía nadie. Pero el olor cesó, y en cambio vino una fragancia compuesta y oscura como la noche en

Anotar

Anota todas las palabras o expresiones que describen sensaciones perceptibles a través de los sentidos.

_____

_____

_____

Enfoque en el estilo

¿Qué cambio radical se produce aquí? ¿El narrador cambia?

_____

_____

[13] **guardapolvo**—delantal o bata de tela delgada.

[14] **penumbra**—luz débil.

[15] **señas**—domicilio; dirección.

[16] **estropeada**—dañada.

[17] **pabellón**—sección de un hospital.

[18] **ficha**—papeleta de datos.

[19] radio—radiografías; rayos equis.

[20] lápida—piedra plana tallada, como las que se colocan sobre una tumba.

[21] **pantano**—terreno húmedo; marisma.

[22] tembladeral(es)—tremedal, lugar pantanoso cuya superficie es movediza.

Conectar

¿En qué otra parte del cuento se habla de una «calzada»? ¿Es el mismo tipo de calzada en ambos casos?

_____

_____

Elaborar

¿Qué crees que caracteriza el «olor a guerra»?

_____

_____

Interpretar

¿Cuál podría ser el «olor que más temía»?

_____

_____

que se movía huyendo de los aztecas. Y todo era tan natural, tenía que huir de los aztecas que andaban a caza de hombre, y su única probabilidad era la de esconderse en lo más denso de la selva, cuidando de no apartarse de la estrecha calzada que sólo ellos, los motecas,[23] conocían.

Lo que más lo torturaba era el olor, como si aun en la absoluta aceptación del sueño algo se rebelara contra eso que no era habitual, que hasta entonces no había participado del juego. «Huele a guerra», pensó, tocando instintivamente el puñal de piedra atravesado en su ceñidor[24] de lana tejida. Un sonido inesperado lo hizo agacharse y quedar inmóvil, temblando. Tener miedo no era extraño, en sus sueños abundaba el miedo. Esperó, tapado por las ramas de un arbusto y la noche sin estrellas. Muy lejos, probablemente del otro lado del gran lago, debían estar ardiendo fuegos de vivac;[25] un resplandor rojizo teñía esa parte del cielo. El sonido no se repitió. Había sido como una rama quebrada. Tal vez un animal que escapaba como él del olor de la guerra. Se enderezó despacio, venteando.[26] No se oía nada, pero el miedo seguía allí como el olor, ese incienso dulzón de la guerra florida. Había que seguir, llegar al corazón de la selva evitando las **ciénagas**.[27] A tientas, agachándose a cada instante para tocar el suelo más duro de la calzada, dio algunos pasos. Hubiera querido echar a correr, pero los tembladerales palpitaban a su lado. En el sendero en **tinieblas**,[28] buscó el rumbo. Entonces sintió una bocanada horrible del olor que más temía, y saltó desesperado hacia adelante.

—Se va a caer de la cama —dijo el enfermo de al lado—. No brinque tanto, amigazo.

Abrió los ojos y era de tarde, con el sol ya bajo en los ventanales de la larga sala. Mientras trataba de sonreír a su vecino, se despegó casi físicamente de la última visión de la **pesadilla**.[29] El brazo, enyesado,[30] colgaba de un aparato con pesas y poleas.[31] Sintió sed, como si hubiera estado corriendo kilómetros, pero no querían darle mucha agua, apenas para mojarse los labios y hacer un buche.[32] La fiebre lo iba ganando despacio y hubiera podido dormirse otra vez, pero saboreaba el

---

[23] motecas—tribu ficticia de indígenas mexicanos, nombre inventado por el autor para sugerir «moto», el vehículo del accidente del protagonista.

[24] ceñidor—cinturón.

[25] vivac (m.)—campamento militar.

[26] venteando—olfateando.

[27] **ciénagas**—atascaderos; sitios donde hay cieno, lodo, fango.

[28] **tinieblas**—oscuridad profunda.

[29] **pesadilla**—sueño desagradable.

[30] enyesado—inmovilizado con yeso y vendas, por tener hueso o huesos rotos.

[31] poleas—aparatos con ruedas y cuerdas.

[32] buche (m.)—bocado de agua.

placer de quedarse despierto, entornados los ojos, escuchando el diálogo de los otros enfermos, respondiendo de cuando en cuando a alguna pregunta. Vio llegar un carrito blanco que pusieron al lado de su cama, una enfermera rubia le frotó con alcohol la cara anterior del muslo y le clavó una gruesa aguja conectada con un tubo que subía hasta un frasco lleno de líquido opalino.[33] Un médico joven vino con un aparato de metal y cuero que le ajustó al brazo sano para verificar alguna cosa. Caía la noche, y la fiebre lo iba arrastrando blandamente a un estado donde las cosas tenían un relieve[34] como de **gemelos de teatro**,[35] eran reales y dulces y a la vez ligeramente repugnantes; como estar viendo una película aburrida y pensar que sin embargo en la calle es peor; y quedarse.

Vino una taza de maravilloso caldo de oro oliendo a puerro, a apio, a perejil. Un trocito de pan, más precioso que todo un banquete, se fue desmigajando poco a poco. El brazo no le dolía nada y solamente en la ceja, donde lo habían suturado, chirriaba[36] a veces una **punzada**[37] caliente y rápida. Cuando los ventanales de enfrente viraron[38] a manchas de un azul oscuro, pensó que no le iba a ser difícil dormirse. Un poco incómodo, de espaldas, pero al pasarse la lengua por los labios resecos y calientes sintió el sabor del caldo, y suspiró de felicidad, abandonándose.

Primero fue una confusión, un atraer hacia sí todas las sensaciones por un instante embotadas[39] o confundidas. Comprendía que estaba corriendo en plena oscuridad, aunque arriba el cielo cruzado de copas de árboles era menos negro que el resto. «La calzada», pensó. «Me salí de la calzada.» Sus pies se hundían en un colchón de hojas y barro, y ya no podía dar un paso sin que las ramas de los arbustos le **azotaran**[40] el torso y las piernas. Jadeante, sabiéndose acorralado a pesar de la oscuridad y el silencio, se agachó para escuchar. Tal vez la calzada estaba cerca, con la primera luz del día iba a verla otra vez. Nada podía ayudarlo ahora a encontrarla. La mano que, sin saberlo él, **aferraba**[41] el mango del puñal, subió como el escorpión de los pantanos hasta su cuello, donde colgaba el amuleto protector. Moviendo apenas los labios musitó[42] la plegaria[43] del maíz que trae las lunas felices, y la **súplica**[44] a la Muy Alta, a la dispensadora

© Houghton Mifflin Harcourt Publishing Company

---

[33] opalino—del color del ópalo, entre blanco y azulado.

[34] relieve (m.)—apariencia.

[35] **gemelos de teatro**—prismáticos; lentes que aumentan el tamaño de los objetos vistos.

[36] chirriaba—emitía un sonido agudo e irritante.

[37] **punzada**—dolor agudo.

[38] viraron—cambiaron.

[39] embotadas—menos sensibles.

[40] **azotaran**—golpearan.

[41] **aferraba**—agarraba fuertemente.

[42] musitó—murmuró.

[43] plegaria—rezo; oración.

[44] **súplica**—ruego.

Analizar

El narrador intenta convencer al lector de que el sueño es la realidad y viceversa. En este párrafo hay dos indicios de este juego del narrador. Identifícalos.

_____

_____

_____

Visualizar

¿Con qué imagen nos indica el autor que ha anochecido?

_____

_____

de los bienes motecas. Pero sentía al mismo tiempo que los tobillos se le estaban hundiendo despacio en el barro, y la espera en la oscuridad del chaparral desconocido se le hacía insoportable. La guerra florida había empezado con la luna y llevaba ya tres días y tres noches. Si conseguía refugiarse en lo profundo de la selva, abandonando la calzada más allá de la región de las ciénagas, quizá los guerreros no le siguieran el rastro. Pensó en los muchos prisioneros que ya habrían hecho. Pero la cantidad no contaba, sino el tiempo sagrado. La caza continuaría hasta que los sacerdotes dieran la señal del regreso. Todo tenía su número y su fin, y él estaba dentro del tiempo sagrado, del otro lado de los cazadores.

Oyó los gritos y se enderezó de un salto, puñal en mano. Como si el cielo se incendiara en el horizonte, vio antorchas moviéndose entre las ramas, muy cerca. El olor a guerra era insoportable, y cuando el primer enemigo le saltó al cuello casi sintió placer en hundirle[45] la hoja de piedra en pleno pecho. Ya lo rodeaban las luces, los gritos alegres. Alcanzó a cortar el aire una o dos veces, y entonces una **soga**[46] lo atrapó desde atrás.

—Es la fiebre —dijo el de la cama de al lado—. A mí me pasaba igual cuando me operé del duodeno. Tome agua y va a ver que duerme bien.

Analizar

¿Qué otro indicio de la inversión entre el mundo real y el mundo imaginario puedes mencionar?

_____

_____

Al lado de la noche de donde volvía, la penumbra tibia de la sala le pareció deliciosa. Una lámpara violeta velaba en lo alto de la pared del fondo como un ojo protector. Se oía toser, respirar fuerte, a veces un diálogo en voz baja. Todo era grato y seguro, sin ese **acoso**,[47] sin . . . Pero no quería seguir pensando en la pesadilla. Había tantas cosas en qué entretenerse. Se puso a mirar el yeso del brazo, las poleas que tan cómodamente se lo sostenían en el aire. Le habían puesto una botella de agua mineral en la mesa de noche. Bebió del gollete,[48] golosamente.[49] Distinguía ahora las formas de la sala, las treinta camas, los armarios con vitrinas. Ya no debía tener tanta fiebre, sentía fresca la cara. La ceja le dolía apenas, como un recuerdo. Se vio otra vez saliendo del hotel, sacando la moto. ¿Quién hubiera pensado que la cosa iba a acabar así? Trataba de fijar el momento del accidente, y le dio rabia advertir que había ahí como un hueco, un vacío que no alcanzaba a rellenar. Entre el choque y el momento en que lo habían levantado del suelo, un desmayo o lo que fuera no le dejaba ver nada. Y al mismo tiempo tenía la sensación de que ese hueco, esa nada, había durado una eternidad. No, ni siquiera

---

[45] hundirle—meterle; clavarle.

[46] **soga**—cuerda gruesa.

[47] **acoso**—persecución.

[48] gollete (m.)—cuello de la botella.

[49] golosamente—con gran gusto.

tiempo, más bien como si en ese hueco él hubiera pasado a través de algo o recorrido distancias inmensas. El choque, el golpe brutal contra el pavimento. De todas maneras al salir del pozo negro había sentido casi un alivio mientras los hombres lo alzaban del suelo. Con el dolor del brazo roto, la sangre de la ceja partida, la contusión en la rodilla; con todo eso, un alivio al volver al día y sentirse sostenido y **auxiliado**.[50] Y era raro. Le preguntaría alguna vez al médico de la oficina. Ahora volvía a ganarlo el sueño, a tirarlo despacio hacia abajo. La almohada era tan blanda, y en su garganta afiebrada la frescura del agua mineral. Quizá pudiera descansar de veras, sin las malditas pesadillas. La luz violeta de la lámpara en lo alto se iba apagando poco a poco.

Como dormía de espaldas, no lo sorprendió la posición en que volvía a reconocerse, pero en cambio el olor a humedad, a piedra rezumante[51] de filtraciones, le cerró la garganta y lo obligó a comprender. Inútil abrir los ojos y mirar en todas direcciones; lo envolvía una oscuridad absoluta. Quiso enderezarse y sintió las sogas en las muñecas y los tobillos. Estaba estaqueado en el suelo, en un piso de lajas[52] helado y húmedo. El frío le ganaba la espalda desnuda, las piernas. Con el **mentón**[53] buscó torpemente el contacto con su amuleto, y supo que se lo habían arrancado. Ahora estaba perdido, ninguna plegaria podía salvarlo del final. Lejanamente, como filtrándose entre las piedras del **calabozo**,[54] oyó los atabales[55] de la fiesta. Lo habían traído al teocalli;[56] estaba en las mazmorras[57] del templo a la espera de su turno.

Oyó gritar, un grito ronco que rebotaba en las paredes. Otro grito, acabando en un quejido. Era él que gritaba en las tinieblas, gritaba porque estaba vivo, todo su cuerpo se defendía con el grito de lo que iba a venir, del final inevitable. Pensó en sus compañeros que llenarían otras mazmorras, y en los que ascendían ya los peldaños del sacrificio. Gritó de nuevo sofocadamente, casi no podía abrir la boca, tenía las mandíbulas agarrotadas[58] y a la vez como si fueran de goma y se abrieran lentamente, con un esfuerzo interminable. El chirriar de los cerrojos lo sacudió como un **látigo**.[59] Convulso, retorciéndose, luchó por **zafarse**[60] de las cuerdas que se le hundían en la carne. Su brazo derecho, el más fuerte, tiraba hasta que el dolor se hizo intolerable y tuvo que

---

[50] **auxiliado**—ayudado; socorrido.

[51] rezumante—húmeda.

[52] lajas—piedras lisas y delgadas.

[53] **mentón**—barbilla.

[54] **calabozo**—cárcel; prisión.

[55] atabales—timbales; tambores.

[56] teocalli (m.)—templo azteca.

[57] mazmorras—calabozos subterráneos.

[58] agarrotadas—apretadas.

[59] **látigo**—correa delgada usada para azotar, para pegar, como castigo.

[60] **zafarse**—desatarse; librarse.

Analizar

La luz es uno de los elementos más importantes del cuento. Se emplea con frecuencia para contrastar los dos mundos. Aquí vemos cómo la luz sufre una gradación descendente en el mundo del motociclista. ¿Qué crees que representa esto?

Identificar

Identifica otra instancia del paralelismo entre el moteca y el motociclista.

La noche boca arriba 539

_____

_____

_____

¿De qué otro recurso se vale el autor para manifestar la inversión entre el mundo real y el imaginario?

_____

_____

ceder. Vio abrirse la doble puerta, y el olor de las antorchas le llegó antes que la luz. Apenas ceñidos[61] con el taparrabos[62] de la ceremonia, los **acólitos**[63] de los sacerdotes se le acercaron mirándolo con **desprecio**.[64] Las luces se reflejaban en los torsos sudados, en el pelo negro lleno de plumas. Cedieron las sogas, y en su lugar lo aferraron manos calientes, duras como bronce; se sintió alzado, siempre boca arriba, tironeado[65] por los cuatro acólitos que lo llevaban por el pasadizo. Los portadores de antorchas iban adelante, alumbrando vagamente el corredor de paredes mojadas y techo tan bajo que los acólitos debían agachar la cabeza. Ahora lo llevaban, lo llevaban, era el final. Boca arriba, a un metro del techo de roca viva que por momentos se iluminaba con un reflejo de antorcha. Cuando en vez del techo nacieran las estrellas y se alzara frente a él la escalinata **incendiada**[66] de gritos y danzas, sería el fin. El pasadizo no acababa nunca, pero ya iba a acabar, de repente olería el aire libre lleno de estrellas, pero todavía no, andaban llevándolo sin fin en la penumbra roja, tironeándolo brutalmente, y él no quería, pero cómo impedirlo si le habían arrancado el amuleto que era su verdadero corazón, el centro de la vida.

Salió de un brinco a la noche del hospital, al alto cielo raso[67] dulce, a la sombra blanda que lo rodeaba. Pensó que debía haber gritado, pero sus vecinos dormían callados. En la mesa de noche, la botella de agua tenía algo de burbuja, de imagen traslúcida contra la sombra azulada de los ventanales. Jadeó, buscando el alivio de los pulmones, el olvido de esas imágenes que seguían pegadas a sus párpados. Cada vez que cerraba los ojos las veía formarse instantáneamente, y se enderezaba **aterrado**[68] pero gozando a la vez del saber que ahora estaba despierto, que la **vigilia**[69] lo protegía, que pronto iba a amanecer, con el buen sueño profundo que se tiene a esa hora, sin imágenes, sin nada . . . **Le costaba**[70] mantener los ojos abiertos, la **modorra**[71] era más fuerte que él. Hizo un último esfuerzo, con la mano sana esbozó[72] un gesto hacia la botella de agua; no llegó a tomarla, sus dedos se cerraron en un vacío otra vez negro, y el pasadizo seguía

---

[61] ceñidos—cubiertos.

[62] taparrabos—artículo de ropa que cubre únicamente las partes pudendas.

[63] **acólitos**—ayudantes jovencitos de sacerdotes.

[64] **desprecio**—desdén.

[65] tironeado—jalado; llevado.

[66] incendiada—encendida; en llamas.

[67] cielo raso—techo.

[68] **aterrado**—lleno de terror.

[69] **vigilia**—condición de estar despierto.

[70] **le costaba**—le era difícil.

[71] **modorra**—sensación de tener sueño.

[72] esbozó—ensayó; inició.

interminable, roca tras roca, con **súbitas**[73] fulguraciones[74] rojizas, y él boca arriba gimió apagadamente porque el techo iba a acabarse, subía, abriéndose como una boca de sombra, y los acólitos se enderezaban y de la altura una luna menguante le cayó en la cara donde los ojos no querían verla, desesperadamente se cerraban y abrían buscando pasar al otro lado, descubrir de nuevo el cielo raso protector de la sala. Y cada vez que se abrían era la noche y la luna mientras lo subían por la escalinata, ahora con la cabeza colgando hacia abajo, y en lo alto estaban las **hogueras**,[75] las rojas columnas de humo perfumado, y de golpe vio la piedra roja, brillante de sangre que chorreaba, y el **vaivén**[76] de los pies del sacrificado que arrastraban para tirarlo rodando por las escalinatas del norte. Con una última esperanza apretó los párpados, gimiendo por despertar. Durante un segundo creyó que lo lograría, porque otra vez estaba inmóvil en la cama, a salvo del balanceo[77] cabeza abajo. Pero olía la muerte, y cuando abrió los ojos vio la figura ensangrentada del sacrificador que venía hacia él con el cuchillo de piedra en la mano. Alcanzó a cerrar otra vez los párpados, aunque ahora sabía que no iba a despertarse, que estaba despierto, que el sueño maravilloso había sido el otro, absurdo como todos los sueños; un sueño en el que había andado por extrañas avenidas de una ciudad asombrosa, con luces verdes y rojas que ardían sin llama ni humo, con un enorme insecto de metal que **zumbaba**[78] bajo sus piernas. En la mentira infinita de ese sueño también lo habían alzado del suelo, también alguien se le había acercado con un cuchillo en la mano, a él **tendido**[79] boca arriba, a él boca arriba con los ojos cerrados entre las hogueras.

---

[73] **súbitas**—repentinas.

[74] **fulguraciones**—reflejos movedizos.

[75] **hogueras**—fuegos grandes preparados generalmente para celebrar ocasiones especiales.

[76] **vaivén**—movimiento oscilante; movimiento de ir y venir.

[77] **balanceo**—vaivén.

[78] **zumbaba**—ronroneaba; producía sonidos como los de las moscas y otros insectos al volar.

[79] **tendido**—acostado; estirado.

© Houghton Mifflin Harcourt Publishing Company

Elaborar

Cortázar decía que había nacido para no aceptar las cosas tal como se las daban. ¿Cómo relacionas esta afirmación con la estructura de «La noche boca arriba»?

_____

_____

_____

PREGUNTAS

*Para conocer más a fondo el texto que has leído, responde a las siguientes preguntas. Tu propósito será uno de éstos, según indique tu profesor/a: **a.** prepararte para participar en un coloquio con tus compañeros de clase; **b.** prepararte para dar una presentación oral; **c.** bosquejar tus ideas por escrito para intercambiarlas con tus compañeros de clase; o **d.** escribir un ensayo formal.*

1. Describe en detalle el papel que juega la luz en los dos mundos que experimenta el protagonista de «La noche boca arriba».

2. A lo largo de este cuento, Cortázar ofrece ciertas pistas léxicas, o sea que se vale de ciertas palabras específicas que en este cuento llevan doble acepción. Estas palabras nos ayudan a aceptar el desenlace del cuento. Por ejemplo, calzada es tanto una calle de tránsito de vehículos motorizados en una metrópolis, como un camino elevado entre pantanos en el antiguo valle del Anáhuac de los aztecas. Cortázar emplea la palabra en sus dos sentidos en este cuento.

«La noche boca arriba» trae otras ambigüedades léxicas que insinúan tintes de realidad en el mundo de los sueños y tintes oníricos en el mundo de la realidad. Busca tú unos pocos ejemplos más de este mismo fenómeno.

3. Compara las simetrías y contrasta las diferencias entre la experiencia del protagonista de «La noche boca arriba» y la de Juan Dahlmann en «El Sur», de Jorge Luis Borges. Al final, ¿queda alguna duda sobre la verdadera identidad del protagonista de «La noche boca arriba», o sobre su verdadera suerte?

4. Comenta las connotaciones posibles del título de este cuento: «La noche boca arriba». Detalla las ocasiones y circunstancias en que el protagonista, vacilando entre una realidad y otra, se encuentra físicamente boca arriba.

Análisis literario

«La noche boca arriba»

Los siguientes fragmentos provienen del cuento «La noche boca arriba», de Cortázar. Lee el primero y contesta las preguntas.

Como sueño era curioso porque estaba lleno de olores y él nunca soñaba olores. Primero un olor a pantano, ya que a la izquierda de la calzada empezaban las marismas, los tembladerales de donde no volvía nadie. Pero el olor cesó, y en cambio vino una fragancia compuesta y oscura como la noche en que se movía huyendo de los aztecas. Y todo era tan natural, tenía que huir de los aztecas que andaban a caza de hombre, y su única probabilidad era la de esconderse en lo más denso de la selva, cuidando de no apartarse de la estrecha calzada que sólo ellos, los motecas, conocían.

Lo que más lo torturaba era el olor, como si aun en la absoluta aceptación del sueño algo se rebelara contra eso que no era habitual, que hasta entonces no había participado del juego.

1. El hecho de que el protagonista sueña olores en esta ocasión pero no en otras sugiere que _____.

a. el protagonista está profundamente dormido

b. el protagonista sufrió graves lesiones

c. éste no es un sueño como los otros que ha tenido el protagonista

d. el protagonista sufrió daños al cerebro

2. Es obvio que el protagonista _____.

a. se siente tranquilo y resignado a su destino

b. está seguro de que podrá escaparse de los aztecas

c. se siente perseguido y comienza a desesperarse

d. aprecia la belleza del paisaje por donde huye

3. En este «sueño», el hombre llama *moteca* al pueblo indígena al que pertenece. Lo más probable es que este nombre sea _____.

a. el apellido del protagonista en el mundo contemporáneo

b. una alusión a la palabra *motocicleta*

c. un grupo histórico enemigo de los aztecas, es decir, mexicas

d. el nombre del hospital donde se encuentra internado

Ahora lee este fragmento y contesta las preguntas.

Pero olía la muerte, y cuando abrió los ojos vio la figura ensangrentada del sacrificador que venía hacia él con el cuchillo de piedra en la mano. Alcanzó a cerrar otra vez los párpados, aunque ahora sabía que no iba a despertarse, que estaba despierto, que el sueño maravilloso había sido el otro, absurdo como todos los sueños; un sueño en el que había andado por extrañas avenidas de una ciudad asombrosa, con luces verdes y rojas que ardían sin llama ni humo, con un enorme insecto de metal que zumbaba bajo sus piernas.

4. Este pasaje se une al pasaje anterior por _____.

a. la semejanza entre los dos lugares descritos

b. la mención de los olores que percibe el protagonista

c. la descripción de las luces que ve el protagonista

d. la confianza que siente el protagonista en situaciones difíciles

5. El hecho de que el protagonista ve al sacrificador al abrir los ojos sugiere que _____.

a. lo van a tener que operar por sus heridas

b. esto no es un sueño sino una alucinación

c. el protagonista va a morir de las heridas

d. el sacrificador es real, y el sueño era lo del accidente y el hospital

6. Es lícito suponer que el insecto de metal _____.

a. es el cuchillo del sacrificador

b. es otro implemento de guerra de los aztecas

c. es un insecto que habita el pantano

d. es la motocicleta con la que sueña el protagonista

© Houghton Mifflin Harcourt Publishing Company

Osvaldo Dragún ▶

El hombre que se convirtió en perro

OSVALDO DRAGÚN

Osvaldo Dragún (1929–1999) nació en la Argentina, en la provincia de Entre Ríos, pero sus padres, campesinos de origen judío, se trasladaron a Buenos Aires a causa de los problemas ocasionados por plagas de langostas en los campos de cultivo de su poblado.

En Buenos Aires, Dragún inició estudios universitarios, pero los abandonó para dedicarse al teatro. Se unió al movimiento de Teatro Independiente que se contraponía en aquellos años al teatro profesional e inspiraba a una nueva generación de dramaturgos que iba a incluir nuevas voces como las de Dragún y Carlos Gorostiza. En ese medio se vio atraído por los propósitos del teatro experimental.

En 1952 Dragún se unió al Centro de Estudios de Arte Dramático Fray Mocho. Conoció allí las ideas y teorías de Bertolt Brecht, y creó una versión en español de «Madre Coraje» (1954) de este eminente pero controvertido dramaturgo alemán. Estrenó con el Grupo Fray Mocho su primera obra dramática, «La peste viene de Melos» (1956), pieza basada en el golpe de estado que en 1954, derrocó al presidente de Guatemala, Jacobo Arbenz.

Dragún siguió produciendo obras de teatro que suscitaban polémicas en la Argentina, notablemente «Milagro en el mercado viejo», galardonado con el premio Casa de las Américas, de La Habana, en 1962. Su devoción al arte teatral motivó a Dragún a fundar, junto con otros aficionados, la Comedia de Campana en 1969. Este teatro ha representado muchas de sus obras: «El jardín del infierno» (1975), «El amasijo» (1984), «Historias para ser contadas» (1985) y «Los de la mesa 10» (1985). A pesar de ser montadas en conjunto, sus «Historias para ser contadas» también han sido representadas independientemente, como ocurrió en 1988, con la primera de las tres: «Historia de un flemón, una mujer y dos hombres»; y con la tercera, en 1989, «El hombre que se convirtió en perro». El término «melodrama social» ha sido asociado con el teatro de Dragún.

En 1980, aprovechando una nueva actitud menos represiva ante el teatro por parte de los miembros de la dictadura militar (1976–1983), Dragún organizó a sus colegas de teatro para fundar un nuevo teatro de improvisaciones, el Teatro Abierto de Argentina, cuya sede era el Teatro del Picadero, una fábrica de bujías abandonada. Este teatro abrió sus puertas el 28 de junio de 1981, estrenando, entre otras obras, «Mi obelisco y yo», de Dragún. Éste vendría a ser un triunfo empañado en parte por el asalto por bomba incendiaria al teatro, una semana después de su inauguración. El papel del Teatro Abierto como fuente de obras de resistencia ante la represión gubernamental se cifra en el título de la temporada de 1984, el Teatrazo, o sea, ataque por teatro.

Dragún más tarde ocupó otros cargos importantes nacionales; entre ellos, Director del Teatro Nacional Cervantes en la Argentina desde 1996 hasta su muerte en 1999. Se ha afirmado que el teatro contemporáneo argentino se fundamenta en la dramaturgia de Osvaldo Dragún.

En cuanto a la temática y las inquietudes artísticas de Dragún, interesa notar el lema de la Comedia de Campana que el dramaturgo ayudó a fundar. Abraza un compromiso con la vida desde la libertad de las tablas. Por su lado, el compromiso promulgado por el Teatro Abierto de Argentina en su fundación, concebía al teatro como un fenómeno cultural y social, y a las tablas teatrales como lugar adonde convocar a un público grande para ver teatro de expresión libre en producciones de alta calidad a precios módicos.

ACTOR 2° — Amigos, la tercera historia vamos a contarla así…

ACTOR 3° — Así como nos la contaron esta tarde a nosotros.

ACTRIZ — Es la «Historia del hombre que se convirtió en perro».

ACTOR 3° — Empezó hace dos años, en el **banco**[1] de una plaza. Allí, señor… donde usted trataba hoy de **adivinar**[2] el secreto de una hoja.

ACTRIZ — Allí, donde extendiendo los brazos apretamos al mundo por la cabeza y los pies, y le decimos: ¡suena, acordeón, suena!

ACTOR 2° — Allí le conocimos. *(Entra el Actor 1°.)* Era… *(lo señala*[3]*)* … así como lo ven, nada más. Y estaba muy triste.

ACTRIZ — Fue nuestro amigo. Él buscaba trabajo, y nosotros éramos actores.

ACTOR 3° — Él debía mantener a su mujer, y nosotros éramos actores.

ACTOR 2° — Él soñaba con la vida, y despertaba gritando por la noche. Y nosotros éramos actores.

ACTRIZ — Fue nuestro amigo, claro. Así como lo ven… *(Lo señala.)* Nada más.

TODOS — ¡Y estaba muy triste!

ACTOR 3° — Pasó el tiempo. El otoño…

ACTOR 2° — El verano…

ACTRIZ — El invierno…

© Houghton Mifflin Harcourt Publishing Company

---

[1] **banco**—aquí, asiento para el público en un parque o en una plaza

[2] **adivinar**—descifrar; descubrir un misterio

[3] **señala**—indica, apuntando con la mano o con el dedo

Comprender

Ten en cuenta que ésta es pieza de un acto, la 3ª de las 3 que juntó Dragún en sus «Historias para ser contadas».

Inferir

¿A qué tipo de música crees que se refiere la actriz?

_____

_____

Inferir

¿Crees que éstas sean referencias al oficio de actor?

_____

_____

ACTOR 3° — La primavera…

ACTOR 1° — ¡Mentira! Nunca tuve primavera.

ACTOR 2° — El otoño…

ACTRIZ — El invierno…

ACTOR 3° — El verano. Y volvimos. Y fuimos a visitarlo, porque era nuestro amigo.

ACTOR 2° — Y preguntamos: ¿Está bien? Y su mujer nos dijo…

ACTRIZ — No sé…

ACTOR 3° — ¿Está mal?

ACTRIZ — No sé.

ACTORES 2° y 3° — ¿Dónde está?

ACTRIZ — En la perrera.[4] *(Actor 1° en cuatro patas.)*

ACTORES 2° y 3° — ¡Uhhh!

ACTOR 3° — *(Observándolo.)*

Soy el director de la perrera,
y esto me parece fenomenal.
Llegó ladrando como un perro
(**requisito**[5] principal)
y si bien conserva el traje,
es un perro, a no dudar.

ACTOR 2° — *(Tartamudeando.)*

S-s-soy el v-veter-r-inario,
y esto-to-to es c-claro p-para mí.
Aun-que p-parezca un ho-hombre,
es un p-pe-perro el q-que está aquí.

ACTOR 1° — *(Al público.)* Y yo, ¿qué les puedo decir? No sé si soy hombre o perro. Y creo que ni siquiera ustedes podrán decírmelo al final. Porque todo empezó de la manera más **corriente.**[6] Fui a una fábrica a buscar trabajo. Hacía tres meses que no conseguía nada, y fui a buscar trabajo.

ACTOR 3° — ¿No leyó el letrero? «NO HAY VACANTES».

ACTOR 1° — Sí, lo leí. ¿No tiene nada para mí?

ACTOR 3° — Si dice «No hay vacantes», no hay.

ACTOR 1° — Claro. ¿No tiene nada para mí?

ACTOR 3° — Ni para usted, ni para el ministro.[7]

ACTOR 1° — ¡Ahá! ¿No tiene nada para mí?

ACTOR 3° — ¡NO!

ACTOR 1° — Tornero.[8]

ACTOR 3° — ¡NO!

ACTOR 1° — Mecánico.

Identificar

Al hablar el «director del la perrera» y el «veterinario», los dos adoptan una forma bastante especial de expresarse. Identifica la forma, el cómputo silábico y la rima aquí.

_____

_____

_____

Elaborar

¿Por qué crees que Dragún ha hecho que estos dos personajes hablen en verso?

_____

_____

_____

Identificar

Cuando un actor en el escenario habla así en directo al público, esa actividad, ¿por qué término literario se conoce?

_____

---

[4] perrera—lugar donde se guardan perros

[5] **requisito**—factor esencial; condicion impuesta

[6] **corriente**—común; normal

[7] ministro—oficial del gobierno; jefe de un ministerio

[8] tornero—encargado de un torno, máquina giratoria para labrar piezas de madera, metal, etc.

ACTOR 3° — ¡NO!

ACTOR 1° — S…

ACTOR 3° — N…

ACTOR 1° — R…

ACTOR 3° — N…

ACTOR 1° — F…

ACTOR 3° — N…

ACTOR 1° — ¡Sereno![9] ¡Sereno! ¡Aunque sea de sereno!

ACTRIZ — *(Como si tocara un clarín.)* ¡Tutú, tu-tu-tú! ¡El **patrón**![10] *(Los Actores 2° y 3° hablan **por señas**.[11])*

ACTOR 3° — *(Al público.)* El perro del sereno, señores, había muerto la noche anterior, luego de veinticinco años de lealtad.

ACTOR 2° — Era un perro muy viejo.

ACTRIZ — Amén.

ACTOR 2° — *(Al Actor 1°.)* ¿Sabe ladrar?

ACTOR 1° —Tornero.

ACTOR 2° — ¿Sabe ladrar?

ACTOR 1° Mecánico.

ACTOR 2° — ¿Sabe ladrar?

ACTOR 1° — **Albañil**.[12]

ACTORES 2° y 3° — ¡NO HAY VACANTES!

ACTOR 1° — *(Pausa.)* ¡Guau… guau…!

ACTOR 2° — Muy bien, lo felicito…

ACTOR 3° — Le asignamos diez pesos diarios de sueldo, la casilla y la comida.

ACTOR 2° — Como ven, ganaba diez pesos más que el perro verdadero.

ACTRIZ — Cuando volvió a casa me contó del empleo conseguido. Estaba borracho.

ACTOR 1° — *(A su mujer.)* Pero me prometieron que apenas un obrero **se jubilara**,[13] muriera o fuera despedido me darían su puesto. ¡Divertite,[14] María, divertite! ¡Guau…, guau…! ¡Divertite, María, divertite!

ACTORES 2° y 3° — ¡Guau…, guau…! ¡Divertite, María, divertite!

ACTRIZ — Estaba borracho, pobre…

ACTOR 1° — Y a la otra noche empecé a trabajar… *(Se agacha en cuatro patas.)*

---

[9] **sereno**—guardia que vigila una propiedad por la noche

[10] **patrón**—jefe; encargado; dueño

[11] **por señas**—por medio de ademanes o gestos de la mano

[12] **albañil** *(m.)*—obrero que construye edificios utilizando ladrillos, piedras, cemento, etc.

[13] **se jubilara**—dejara de dedicarse a su oficio, para vivir de una pensión

[14] **Divertite**—Diviértete (voseo argentino)

Aclarar

Al parecer, se trata de una serie de letras nada más. ¿Qué pasa aquí? Estas letras, ¿qué representan?

_____

Comprender

a. Una técnica para crear humor en el teatro es el «diálogo confundido». ¿En qué conversación se ha quedado el Actor 1° aquí?

_____

b. En cambio, ¿qué conversación inicia el Actor 2°, sin que se dé cuenta el 1°?

_____

Interpretar

¿Con qué tono de voz crees que «ladra» el Actor 1° aquí? Descríbelo con una sola palabra expresiva.

_____

Conectar

Los actores 2° y 3° aquí no forman parte de la escena. Apartados pero presentes, observan y comentan. ¿Sabes cómo se llama este tipo de intervención dramática en escena?

_____

ACTOR 2° — ¿Tan chica le queda la casilla?

ACTOR 1° — No puedo agacharme tanto.

ACTOR 3° — ¿Le aprieta aquí?

ACTOR 1° — Sí.

ACTOR 3° — Bueno, pero vea, no me diga «sí». Tiene que empezar a acostumbrarse. Dígame: ¡Guau…guau!

ACTOR 2° — ¿Le aprieta aquí? (*El Actor 1° no responde.*) ¿Le aprieta aquí?

ACTOR 1° — ¡Guau… guau…!

ACTOR 2° — Y bueno… (*Sale.*)

ACTOR 1° — Pero esa noche llovió, y tuve que meterme en la casilla.

ACTOR 2° — (*Al Actor 1°.*) Ya no le aprieta…

ACTOR 3° — Y está en la casilla.

ACTOR 2° — (*Al Actor 1°.*) ¿Vio como uno se acostumbra a todo?

ACTRIZ — Uno se acostumbra a todo…

ACTORES 2° y 3° — Amén…

ACTRIZ — Y él empezó a acostumbrarse.

ACTOR 3° — Entonces, cuando vea que alguien entra, me grita: ¡Guau… guau! A ver…

ACTOR 1° — (*El Actor 2° pasa corriendo.*) ¡Guau… guau…! (*El Actor 2° pasa* **sigilosamente**.[15]) ¡Guau… guau…! (*El Actor 2° pasa agachado.*) ¡Guau… guau… guau…! (*Sale.*)

ACTOR 3° — (*Al Actor 2°.*) Son diez pesos por día extras en nuestro **presupuesto**…[16]

ACTOR 2° — ¡Mmm!

ACTOR 3° — …pero la **aplicación**[17] que pone el pobre, los merece…

ACTOR 2° — ¡Mmm!

ACTOR 3° — Además, no come más que el muerto…

ACTOR 2° — ¡Mmm!

ACTOR 3° — ¡Debemos ayudar a su familia!

ACTOR 2° — ¡Mmm! ¡Mmm! ¡Mmm! (*Salen.*)

ACTRIZ — Sin embargo, yo lo veía muy triste, y trataba de consolarlo cuando él volvía a casa. (*Entra Actor 1°.*) ¡Hoy vinieron visitas…!

ACTOR 1° — ¿Sí?

ACTRIZ — Y de los bailes en el club, ¿te acordás?[18]

ACTOR 1° — Sí.

ACTRIZ — ¿Cuál era nuestro tango?

---

[15] **sigilosamente**—sin hacer ruido, a fin de pasar inadvertido

[16] **presupuesto**—cantidad de dinero destinado a algún fin

[17] **aplicación**—esfuerzo; atención

[18] **te acordás**—te acuerdas (voseo argentino)

Determinar causa y efecto

Busca la intervención más reciente del Actor 2°. Él habla aquí con segunda intención. Primero, de veras, ¿qué está diciendo? Luego, ¿qué más quiere decir, con el mismo enunciado?

_____

_____

Comprender

¿Cuál es el referente de «el muerto»? Y, ¿qué intención tiene este personaje al expresarse como se expresa en esta escena?

_____

_____

_____

_____

ACTOR 1° — No sé.

ACTRIZ — ¡Cómo que no! «Percanta que me amuraste…»[19] (*El Actor 1° está en cuatro patas.*) Y un día me trajiste un clavel… (*Lo mira, y queda horrorizada.*) ¿Qué estás haciendo?

ACTOR 1° — ¿Qué?

ACTRIZ — Estás en cuatro patas… (*Sale.*)

ACTOR 1° — ¡Esto no lo **aguanto**[20] más! ¡Voy a hablar con el patrón! (*Entran los Actores 2° y 3°.*)

ACTOR 3° — Es que no hay otra cosa…

ACTOR 1° — Me dijeron que un viejo se murió.

ACTOR 3° — Sí, pero estamos de economía. Espere un tiempito más, ¿eh?

ACTRIZ — Y esperó. Volvió a los tres meses.

ACTOR 1° — (*Al Actor 2°.*) Me dijeron que uno se jubiló…

ACTOR 2° — Sí, pero pensamos cerrar esa sección. Espere un tiempito más, ¿eh?

ACTRIZ — Y esperó. Volvió a los dos meses.

ACTOR 1° — (*Al Actor 3°.*) Deme el empleo de uno de los que echaron por la **huelga**…[21]

ACTOR 3° — Imposible. Sus puestos quedarán vacantes…

ACTORES 2° y 3° — ¡Como castigo! (*Salen.*)

ACTOR 1° — Entonces no pude aguantar más… ¡y planté![22]

ACTRIZ — Fue nuestra noche más feliz en mucho tiempo. (*Lo toma del brazo.*) ¿Cómo se llama esta flor?

ACTOR 1° — Flor…

ACTRIZ — ¿Y cómo se llama esa estrella?

ACTOR 1° — María.

ACTRIZ — (*Ríe.*) ¡María me llamo yo!

ACTOR 1° — ¡Ella también… ella también! (*Le toma una mano y la besa.*)

ACTRIZ — (*Retira la mano.*) ¡No me muerdas!

ACTOR 1° — No te iba a morder… Te iba a besar, María…

ACTRIZ — ¡Ah! yo creía que me ibas a morder… (*Sale. Entran los Actores 2° y 3°.*)

ACTOR 2° — Por supuesto…

ACTOR 3° — …a la mañana siguiente…

ACTORES 2° y 3° — Debió volver a buscar trabajo.

ACTOR 1° — **Recorrí**[23] varias partes, hasta que en una…

---

[19] «Percanta que me amuraste…»—«Linda mujer que me abandonaste…» Se trata del lenguaje del tango argentino; la frase es de la letra del popular tango «Mi noche triste», del año de 1916.

[20] **aguanto**—soporto; acepto

[21] **huelga**—paro; abandono del empleo por los trabajadores a fin de obligar al patrón a remediar alguna falta

[22] **planté**—abandoné el lugar; me largué; me fui

[23] **Recorrí**—Visité

Interpretar

¿Qué siente la esposa en este episodio?

_____

Definir

¿Qué va pasando al Actor 1° aquí?

_____

Inferir

¿En qué consiste la condena en esta escena? ¿A quién o a quiénes se condena? Y, ¿por qué?

_____

_____

_____

ACTOR 3° — Vea, éste… no tenemos nada. **Salvo que**…[24]

ACTOR 1° — ¿Qué?

ACTOR 3° — Anoche murió el perro del sereno.

ACTOR 2° — Tenía treinta y cinco años, el pobre…

ACTORES 2° y 3° — ¡El pobre…!

ACTOR 1° — Y tuve que volver a aceptar.

ACTOR 2° — Eso sí, le pagábamos quince pesos por día. *(Los Actores 2° y 3° dan vueltas.)* ¡Hmm! ¡Hmmm…! ¡Hmmm…!

ACTORES 2° y 3° — ¡Aceptado! ¡Que sean quince! *(Salen.)*

ACTRIZ — *(Entra.)* Claro que 450 pesos no nos alcanza para pagar el alquiler…

ACTOR 1° — Mirá,[25] como yo tengo la casilla, mudate[26] vos a una **pieza**[27] con cuatro o cinco muchachas más, ¿eh?

ACTRIZ — No hay otra solución. Y como no nos alcanza tampoco para comer…

ACTOR 1° — Mirá, como yo me acostumbré al hueso, te voy a traer la carne a vos, ¿eh?

ACTORES 2° y 3° — *(Entrando.)* ¡El directorio accedió![28]

ACTOR 1° y ACTRIZ — El directorio accedió… ¡Loado sea![29] *(Salen los Actores 2° y 3°.)*

ACTOR 1° — Yo ya me había acostumbrado. La casilla me parecía más grande. Andar en cuatro patas no era muy diferente de andar en dos. Con María nos veíamos en la plaza… *(Va hacia ella.)* Porque vos no podés[30] entrar en mi casilla; y como yo no puedo entrar en tu pieza… Hasta que una noche…

ACTRIZ — Paseábamos. Y de repente me sentí mal…

ACTOR 1° — ¿Qué te pasa?

ACTRIZ — Tengo mareos.

ACTOR 1° — ¿Por qué?

ACTRIZ — *(Llorando.)* Me parece… que voy a tener un hijo…

ACTOR 1° — ¿Y por eso llorás?

ACTRIZ — ¡Tengo miedo… tengo miedo!

ACTOR 1° —Pero, ¿por qué?

ACTRIZ — ¡Tengo miedo… tengo miedo! ¡No quiero tener un hijo!

ACTOR 1° — ¿Por qué, María? ¿Por qué?

---

[24] **Salvo que** …—A menos que …

[25] Mirá—Mira (voseo argentino)

[26] mudate vos—múdate tú (voseo argentino)

[27] pieza—cuarto; habitación

[28] ¡El directorio accedió!—¡La junta directiva dio su permiso!

[29] ¡Loado sea!—¡Alabado sea!

[30] vos no podés—tú no puedes (voseo argentino)

Comparar

Vuelve arriba a buscar el primer sueldo del Actor 1°. ¿Cuánto fue?

_____

Identificar

«¡Loado sea!» es otra observación del «coro griego» de la pieza. ¿Qué connota esta expresión?

_____

Conectar

Vuelve arriba a buscar otro enunciado anterior, de este «coro griego», que connote lo mismo. ¿Cuál es?

_____

ACTRIZ — Tengo miedo... que sea... (*Musita*[31] «*perro*». *El Actor 1° la mira aterrado,*[32] *y sale corriendo y ladrando. Cae al suelo. Ella se pone de pie.*) ¡Se fue... se fue corriendo! A veces se paraba, y a veces corría en cuatro patas...

ACTOR 1° — ¡No es cierto, no me paraba! ¡No podía pararme! ¡Me dolía la cintura si me paraba! ¡Guau...! Los coches se me venían encima... La gente me miraba... (*Entran los Actores 2° y 3°.*) ¡Váyanse! ¿Nunca vieron un perro?

ACTOR 2° — ¡Está loco! ¡Llamen a un médico! (*Sale.*)

ACTOR 3° — ¡Está borracho! ¡Llamen a un policía! (*Sale.*)

ACTRIZ — Después me dijeron que un hombre **se apiadó**[33] de él, y se le acercó cariñosamente.

ACTOR 2° — (*Entra.*) ¿Se siente mal, amigo? No puede quedarse en cuatro patas. ¿Sabe cuántas cosas hermosas hay para ver, de pie, con los ojos hacia arriba? A ver, **párese**[34]... Yo lo ayudo... Vamos, párese...

ACTOR 1° — (*Comienza a pararse, y de repente.*) ¡Guau... guau...! (*Lo muerde.*) ¡Guau... guau...! (*Sale.*)

ACTOR 3° — (*Entra.*) En fin, que cuando, después de dos años sin verlo, le preguntamos a su mujer «¿Cómo está», nos contestó...

ACTRIZ — No sé.

ACTOR 2° — ¿Está bien?

ACTRIZ — No sé.

ACTOR 2° — ¿Está mal?

ACTRIZ — No sé.

ACTORES 2° y 3° — ¿Dónde está?

ACTRIZ — En la perrera.

ACTOR 3° — Y cuando veníamos para acá, pasó al lado nuestro un boxeador...

ACTOR 2° — Y nos dijeron que no sabía leer, pero que eso no importaba porque era boxeador.

ACTOR 3° — Y pasó un **conscripto**...[35]

ACTRIZ — Y pasó un policía...

ACTOR 2° — Y pasaron... y pasaron... y pasaron ustedes. Y pensamos que tal vez podría importarles la historia de nuestro amigo...

ACTRIZ — Porque tal vez entre ustedes haya ahora una mujer que piense: «¿No tendré... no tendré...?» (*Musita: «perro».*)

ACTOR 3° — O alguien a quien le hayan ofrecido el empleo del perro del sereno...

---

[31] Musita—Murmura; Dice vacilando

[32] aterrado—muy asustado

[33] **se apiadó**—tuvo lástima

[34] **párese**—levántese; póngase de pie

[35] **conscripto**—recluta; soldado obligado por el gobierno a prestar servicio militar

© Houghton Mifflin Harcourt Publishing Company

Sintetizar

¿Cuál es el mensaje que se emite en esta escena? Sintetízalo.

_____

_____

_____

_____

_____

_____

_____

_____

_____

ACTRIZ — Si no es así, nos alegramos.

ACTOR 2° — Pero si es así, si entre ustedes hay alguno a quien quiera convertir en perro, como a nuestro amigo, entonces…. Pero bueno, entonces esa… ¡esa es otra historia!

TELÓN

PREGUNTAS

Para conocer más a fondo el texto que has leído, responde a las siguientes preguntas.
*Tu propósito será uno de éstos, según indique tu profesor/a: **a.** prepararte para participar en un coloquio con tus compañeros de clase; **b.** prepararte para dar una presentación oral; **c.** bosquejar tus ideas por escrito para intercambiarlas con tus compañeros de clase; o **d.** escribir un ensayo formal.*

1. Algunos críticos han dicho de esta pieza dramática que pertenece al género llamado «Teatro del Absurdo». ¿Crees tú que en ella se vean sucesos, condiciones y actos que sean calificables de absurdos? Apoya tu criterio citando ejemplos del texto. ¿Qué crees? Una obra como ésta que destaca tales sucesos, condiciones y actos, ¿puede comunicar a su público percepciones acertadas sobre la vida?

2. El Actor 1° dice que no sabe si es hombre o perro. Su mujer teme que su hijo nazca perro. Más allá de lo obvio, es decir, del «oficio» que claramente «ejerce» el Actor 1°, ¿por qué lo dicen? ¿Qué condiciones específicas de la vida de los perros son aplicables a la vida del Actor 1°?

3. Basándote en el concepto desarrollado por esta pieza, ¿qué dices? ¿Es preferible ser perro, o ser hombre? ¿Por qué?

4. ¿Percibes en esta pieza teatral una intención política por parte de Dragún? ¿Crees que constituya una denuncia de una sociedad específica o de una época histórica específica? O las condiciones representadas en ella, ¿se pueden tomar como representativas de otras sociedades o de otras épocas? Desarrolla tu respuesta, comentando aspectos sociopolíticos, económicos o históricos de otros estudios que hayas hecho.

5. ¿Cuál es el tono de esta pequeña pieza? Elabora tus reacciones al respecto, pero basándolas en el texto. ¿Habría sido tan eficaz su mensaje si Dragún hubiera optado por otro tono diferente?

Análisis literario

«El hombre que se convirtió en perro»

Lee este diálogo, del drama «Historia del hombre que se convirtió en perro», de Osvaldo Dragún, y contesta las preguntas.

ACTOR 1° — Y a la otra noche empecé a trabajar… *(Se agacha en cuatro patas.)*

ACTOR 2° — ¿Tan chica le queda la casilla?

ACTOR 1° — No puedo agacharme tanto.

ACTOR 3° — ¿Le aprieta aquí?

ACTOR 1° — Sí.

ACTOR 3° — Bueno, pero vea, no me diga «sí». Tiene que empezar a acostumbrarse. Dígame: ¡Guau…guau!

ACTOR 2° — ¿Le aprieta aquí? *(El Actor 1° no responde.)* ¿Le aprieta aquí?

ACTOR 1° — ¡Guau… guau…!

ACTOR 2° — Y bueno… *(Sale.)*

ACTOR 1° — Pero esa noche llovió, y tuve que meterme en la casilla.

ACTOR 2° — *(Al Actor 1°.)* Ya no le aprieta…

ACTOR 3° — Y está en la casilla.

ACTOR 2° — *(Al Actor 1°.)* ¿Vio como uno se acostumbra a todo?

ACTRIZ — Uno se acostumbra a todo…

ACTORES 2° y 3° — Amén…

ACTRIZ — Y él empezó a acostumbrarse.

ACTOR 3° — Entonces, cuando vea que alguien entra, me grita: ¡Guau… guau! A ver…

ACTOR 1° — *(El Actor 2° pasa corriendo.)* ¡Guau… guau…! *(El Actor 2° pasa sigilosamente.)* ¡Guau… guau…! *(El Actor 2° pasa agachado.)* ¡Guau… guau… guau…! *(Sale.)*

ACTOR 3° — *(Al Actor 2°.)* Son diez pesos por día extras en nuestro presupuesto…

1. Al parecer, el Actor 1° acaba de conseguir trabajo como _____.
   - **a.** veterinario
   - **b.** actor
   - **c.** casero
   - **d.** perro

2. ¿Por qué probablemente le queda muy pequeña la casilla al Actor 1°?
   - **a.** Es un hombre muy alto.
   - **b.** Es gordo por comer tanto como un perro.
   - **c.** La casilla es para una sola persona.
   - **d.** La casilla es para un perro, no para un hombre.

3. ¿Por qué no quiere el Actor 3° que el Actor 1° le diga «sí»?
   - **a.** Sabe que la verdadera respuesta a su pregunta es «no».
   - **b.** No quiere que el Actor 1° le diga nada mientras está trabajando.
   - **c.** No quiere que el Actor 1° se sienta humillado por su nuevo trabajo.
   - **d.** Quiere que el Actor 1° se acostumbre a su nuevo trabajo.

4. ¿Cuál será el significado simbólico del hecho de que el Actor 1° logra por fin meterse en la casilla cuando al principio no podía?
   - **a.** La desesperación puede hacer que la gente haga cosas que bajo otras circunstancias serían imposibles.
   - **b.** Las personas pueden aguantar situaciones muy incómodas con tal de que sólo sea por un tiempo corto.
   - **c.** Muchas personas se acostumbran a llevar una vida con muchos lujos que en realidad no son necesarios.
   - **d.** En un mundo justo, lo que no es aceptable para un hombre no debería ser aceptable para un animal tampoco.

5. La última línea sugiere que el Actor 3° _____.
   - **a.** no se preocupa mucho por el dinero
   - **b.** está preocupado por la situación del Actor 1°
   - **c.** no se interesa por tratar a la gente con justicia
   - **d.** tiene que preocuparse por el dinero porque es pobre

Jorge Luis Borges ▶

El Sur

JORGE LUIS BORGES

*Uno de los grandes valores de la literatura de todos los tiempos, el argentino Jorge Luis Borges
(1899–1986), cuentista, ensayista y poeta, vivió su niñez en Buenos Aires, en Palermo, barrio
que con el tiempo cobró para él cualidades a la vez entrañables y míticas. Muchas veces vemos
reflejados en sus cuentos los compadritos, los jugadores de naipes, y los tanguistas que
habitaban el almacén, o tienda cantina, enfrente de la casa donde se crió el futuro escritor.
Leemos en su obra de los hombres que allí moraban, impresionando con sus cuentos de un
pasado ilusorio, hombres análogos al mismo Borges, quien pasó de ser niño de puertas adentro,
donde leía los libros de la biblioteca de su padre, a ser, mediante sus narraciones, forjador de
sueños de valentía y de barbarie. La confluencia de los dos linajes—el germánico y el
argentino—del protagonista Juan Dahlmann, en «El Sur» (1956), refleja la doble estirpe del
autor, de sangre inglesa y criolla, circunstancia que Borges aquí llamará «discordia» y que nos
lleva de algún modo al enigmático desenlace del cuento. En una posdata que escribe Borges, al
agregar, en 1956, este nuevo cuento a su colección Ficciones (1944), el autor nos dice: «De 'El
Sur', que es acaso mi mejor cuento, básteme prevenir que es posible leerlo como directa
narración de hechos novelescos y también de otro modo».*

El hombre que desembarcó en Buenos Aires en 1871 se llamaba Johannes Dahlmann y era pastor de la iglesia evangélica; en 1939, uno de sus nietos, Juan Dahlmann, era secretario de una biblioteca municipal en la calle Córdoba y se sentía hondamente argentino. Su abuelo materno había sido aquel Francisco Flores, del 2 de infantería de línea, que murió en la frontera de Buenos Aires, lanceado por indios de Catriel; en la discordia de sus dos **linajes**,[1] Juan Dahlmann (tal vez a impulsos de la sangre germánica) eligió el de ese antepasado romántico, o de muerte romántica. Un **estuche**[2] con el daguerrotipo[3] de un hombre inexpresivo y barbado, una vieja espada, la dicha y el coraje de ciertas músicas, el hábito de estrofas del *Martín Fierro*,[4] los años, el desgano y la soledad, **fomentaron**[5] ese **criollismo**[6] algo voluntario, pero nunca ostentoso. A costa de algunas privaciones, Dahlmann había logrado salvar el casco[7] de una **estancia**[8] en el Sur, que fue de los Flores; una de las costumbres de su memoria era la imagen de los eucaliptos balsámicos y de la larga casa rosada que alguna vez fue carmesí.[9] Las tareas y acaso la indolencia lo retenían en la ciudad. Verano tras verano se contentaba con la idea abstracta de posesión y con la certidumbre de que su casa estaba esperándolo, en un sitio preciso de la llanura. En los últimos días de febrero de 1939, algo le aconteció.

Ciego a las culpas, el destino puede ser despiadado[10] con las mínimas distracciones. Dahlmann había conseguido, esa tarde, un **ejemplar**[11] descabalado[12] de las *Mil y una noches,* de Weil; ávido de examinar ese hallazgo, no esperó que bajara el ascensor y subió con apuro las escaleras; algo en la oscuridad le rozó la frente ¿un **murciélago**,[13] un pájaro? En la cara de la mujer que le abrió la puerta vio grabado el horror, y la mano que se pasó por la frente salió roja de sangre. La **arista**[14] de un **batiente**[15] recién

---

[1] **linajes** (m.)—herencia biológica.

[2] **estuche** (m.)—funda o contenedor hecho para guardar objetos, como una espada, gafas, discos, etc.

[3] daguerrotipo—fotografía antigua al estilo del siglo XIX, hecha mediante un proceso que usaba plata y cobre

[4] *Martín Fierro*—poema narrativo de José Hernández (1834–1886), cuyo héroe era el gaucho legendario Martín Fierro.

[5] **fomentaron**—dieron lugar a; facilitaron.

[6] **criollismo**—exaltación de las cualidades, maneras de pensar y costumbres de los criollos, descendientes de españoles pero nacidos en el Nuevo Mundo.

[7] casco—fragmento central; restos.

[8] **estancia**—hacienda de campo para el cultivo o la ganadería.

[9] carmesí—de un rojo vivo.

[10] despiadado—cruel; sin compasión.

[11] **ejemplar**—copia; libro.

[12] **descabalado**—incompleto; fragmentario.

[13] **murciélago**—mamífero con alas, de color negro, que vive en cuevas y sale de noche.

[14] **arista**—punta; filo; ángulo saliente formado por dos caras planas o curvas.

[15] **batiente** (m.)—contraventana, generalmente de madera.

Enfoque en el estilo

¿Por qué crees que Borges escribe «sur» con mayúscula?

_____

_____

_____

Elaborar

Borges afirma que el destino «puede ser despiadado». ¿Cuál será, entonces, la función del destino en este cuento?

_____

_____

_____

pintado que alguien se olvidó de cerrar le habría hecho esa herida. Dahlmann logró dormir, pero a la madrugada estaba despierto y desde aquella hora el sabor de todas las cosas fue atroz. La fiebre lo **gastó**[16] y las ilustraciones de las *Mil y una noches* sirvieron para decorar **pesadillas**.[17] Amigos y parientes lo visitaban y con exagerada sonrisa le repetían que lo hallaban muy bien. Dahlmann los oía con una especie de débil estupor y le maravillaba que no supieran que estaba en el infierno. Ocho días pasaron, como ocho siglos. Una tarde, el médico habitual se presentó con un médico nuevo y lo condujeron a un **sanatorio**[18] de la calle Ecuador, porque era indispensable sacarle una radiografía. Dahlmann, en el coche de plaza[19] que los llevó, pensó que en una habitación que no fuera la suya podría, al fin, dormir. Se sintió feliz y conversador; en cuanto llegó, lo desvistieron, le **raparon**[20] la cabeza, lo sujetaron con metales a una camilla, lo iluminaron hasta la ceguera y el vértigo, lo **auscultaron**[21] y un hombre enmascarado le clavó una aguja en el brazo. Se despertó con náuseas, **vendado**,[22] en una celda que tenía algo de **pozo**[23] y, en los días y noches que siguieron a la operación pudo entender que apenas había estado, hasta entonces, en un **arrabal**[24] del infierno. El hielo no dejaba en su boca el menor rastro de frescura. En esos días, Dahlmann minuciosamente se odió; odió su identidad, sus necesidades corporales, su humillación, la barba que le **erizaba**[25] la cara. Sufrió con estoicismo las curaciones, que eran muy dolorosas, pero cuando el **cirujano**[26] le dijo que había estado a punto de morir de una **septicemia**,[27] Dahlmann se echó a llorar, condolido de su destino. Las miserias físicas y la incesante previsión de las malas noches no le habían dejado pensar en algo tan abstracto como la muerte. Otro día, el cirujano le dijo que estaba reponiéndose y que, muy pronto, podría ir a convalecer a la estancia. Increíblemente, el día prometido llegó.

A la realidad le gustan las simetrías y los leves anacronismos; Dahlmann había llegado al sanatorio en un coche de plaza y

© Houghton Mifflin Harcourt Publishing Company

---

[16] **gastó**—debilitó.

[17] **pesadillas**—sueños desagradables.

[18] **sanatorio**—hospital; clínica para el tratamiento de los enfermos.

[19] coche de plaza—coche de servicio público; coche de alquiler.

[20] **raparon**—afeitaron o cortaron todo el pelo.

[21] **auscultaron**—examinaron con la ayuda de un estetoscopio.

[22] **vendado**—cubierto de vendas, telas suaves para tapar heridas.

[23] **pozo**—excavación vertical circular para extraer agua subterránea.

[24] arrabal (m.)—cercanías.

[25] **erizaba**—picaba.

[26] **cirujano**—médico que opera a sus pacientes.

[27] **septicemia**—infección de la sangre.

Analizar

¿Por qué crees que Borges eligió mencionar justamente *Las mil y una noches* en este cuento?

_____

_____

_____

Reflexionar

Más que una revisión médica, esta descripción remite a una escena de tortura. ¿Por qué crees que Borges eligió presentar este «infierno»?

_____

_____

ahora un coche de plaza lo llevaba a Constitución.[28] La primera frescura del otoño, después de la opresión del verano, era como un símbolo natural de su destino rescatado de la muerte y la fiebre. La ciudad, a las siete de la mañana, no había perdido ese aire de casa vieja que le **infunde**[29] la noche; las calles eran como largos zaguanes,[30] las plazas como patios. Dahlmann la reconocía con felicidad y con un principio de vértigo; unos segundos antes de que las registraran sus ojos, recordaba las esquinas, las **carteleras**,[31] las modestas diferencias de Buenos Aires. En la luz amarilla del nuevo día, todas las cosas regresaban a él.

Nadie ignora que el Sur empieza del otro lado de Rivadavia. Dahlmann solía repetir que ello no es una convención y que quien atraviesa esa calle entra en un mundo más antiguo y más firme. Desde el coche buscaba entre la nueva edificación, la ventana de **rejas**,[32] el **llamador**,[33] el arco de la puerta, el zaguán, el íntimo patio.

En el *hall* de la estación advirtió que faltaban treinta minutos. Recordó bruscamente que en un café de la calle Brasil (a pocos metros de la casa de Yrigoyen) había un enorme gato que se dejaba acariciar por la gente, como una divinidad **desdeñosa**.[34] Entró. Ahí estaba el gato, dormido. Pidió una taza de café, la endulzó lentamente, la probó (ese placer le había sido **vedado**[35] en la clínica) y pensó, mientras alisaba el negro pelaje, que aquel contacto era ilusorio y que estaban como separados por un cristal, porque el hombre vive en el tiempo, en la sucesión, y el mágico animal, en **la actualidad**,[36] en la eternidad del instante.

A lo largo del penúltimo **andén**[37] el tren esperaba. Dahlmann recorrió los vagones y dio con uno casi vacío. Acomodó en la red[38] la valija; cuando los coches **arrancaron**,[39] la abrió y sacó, tras alguna vacilación, el primer tomo de las *Mil y una noches*. Viajar con este libro, tan vinculado a la historia de su **desdicha**,[40] era una afirmación de que esa desdicha había sido anulada y un **desafío**[41] alegre y secreto a las frustradas fuerzas del mal.

---

[28] Constitución—plaza importante de Buenos Aires; parada del subterráneo y estación de trenes, desde la cual salen los trenes hacia el sur de la Argentina.

[29] **infunde**—da; presta; transmite.

[30] zaguanes—entradas, o vestíbulos inmediatos a las puertas de calle de ciertos edificios o casas.

[31] **carteleras**—letreros que se encuentran en un edificio público donde se anuncian las funciones de los espectáculos públicos.

[32] **rejas**—barrotes sobre las ventanas de calle, típicamente de hierro forjado.

[33] **llamador**—aldaba; campanita o timbre en la puerta de calle.

[34] **desdeñosa**—que siente desdén; altanera; orgullosa.

[35] **vedado**—prohibido.

[36] **la actualidad**—el ahora; el momento presente.

[37] **andén** (m.)—plataforma de espera en una estación de trenes.

[38] red (f.)—especie de hamaca que colgaba de las paredes de los vagones donde los pasajeros podían poner sus maletas, valijas o paquetes.

[39] **arrancaron**—salieron; partieron; se pusieron en marcha.

[40] **desdicha**—infortunio; infelicidad.

[41] **desafío**—reto; enfrentamiento; incitación a combatir.

Interpretar

¿Qué indica sobre la personalidad de Dahlmann esta afirmación?

_____

_____

_____

Conectar

La apreciación de un instante como eterno aparece también en otro cuento de la bibliografía obligatoria, ¿en cuál?

_____

Interpretar

Explica por qué Dahlmann considera que viajar con el libro es un desafío a «las frustradas fuerzas del mal».

_____

_____

_____

A los lados del tren, la ciudad se **desgarraba**[42] en suburbios; esta visión y luego la de jardines y **quintas**[43] demoraron el principio de la lectura. La verdad es que Dahlmann leyó poco; la montaña de piedra imán y el genio que ha jurado matar a su bienhechor eran, quién lo niega, maravillosos, pero no mucho más que la mañana y que el hecho de ser. La felicidad lo distraía de Shahrazad y de sus milagros superfluos; Dahlmann cerraba el libro y se dejaba simplemente vivir.

El almuerzo (con el caldo servido en boles[44] de metal reluciente, como en los ya remotos veraneos de la niñez) fue otro goce tranquilo y agradecido.

Mañana me despertaré en la estancia, pensaba, y era como si a un tiempo fuera dos hombres: el que avanzaba por el día otoñal y por la geografía de la patria, y el otro, encarcelado en un sanatorio y sujeto a metódicas servidumbres. Vio casas de ladrillo sin revocar,[45] esquinadas y largas, infinitamente mirando pasar los trenes; vio **jinetes**[46] en los terrosos caminos; vio **zanjas**[47] y lagunas y hacienda;[48] vio largas nubes luminosas que parecían de mármol, y todas estas cosas eran casuales, como sueños de la llanura. También creyó reconocer árboles y **sembrados**[49] que no hubiera podido nombrar, porque su directo conocimiento de la campaña[50] era harto inferior a su conocimiento nostálgico y literario.

Alguna vez durmió y en sus sueños estaba el ímpetu del tren. Ya el blanco sol intolerable de las doce del día era el sol amarillo que precede al anochecer y no tardaría en ser rojo. También el coche era distinto; no era el que fue en Constitución, al dejar el andén: la llanura y las horas lo habían atravesado y transfigurado. Afuera la móvil sombra del vagón se alargaba hacia el horizonte. No turbaban[51] la tierra elemental ni poblaciones ni otros signos humanos. Todo era vasto, pero al mismo tiempo era íntimo y, de alguna manera, secreto. En el campo **desaforado**,[52] a veces no había otra cosa que un toro. La soledad era perfecta y tal vez hostil, y Dahlmann pudo sospechar que viajaba al pasado y no sólo al Sur. De esa conjetura fantástica lo distrajo el inspector,

© Houghton Mifflin Harcourt Publishing Company

---

[42] **desgarraba**—deshacía; despedazaba.

[43] **quintas**—casas de campo; fincas.

[44] boles (m.)—tazones; platos hondos; vasijas.

[45] revocar—pintar con cal.

[46] **jinetes** (m.)—los que van montados a caballo.

[47] **zanjas**—excavaciones largas; trincheras; canales.

[48] hacienda—ganado; toros y vacas.

[49] **sembrados**—terrenos cultivados.

[50] campaña—campo llano, sin montañas.

[51] turbaban—molestaban; inquietaban.

[52] **desaforado**—desmedido; extremadamente grande.

Conectar

El desdoblamiento al que se hace referencia aquí es también uno de los temas principales de otra obra de la bibliografía obligatoria, ¿cuál? ¿Qué otros elementos de esa obra se repiten en «El Sur»?

_____

_____

_____

Señalar

Ya sabes que los límites entre la realidad y la ficción se desdibujan en este cuento. Subraya las expresiones en esta página que hacen suponer que lo que lees no sucedió realmente.

Inferir

¿Con qué suelen relacionarse los tréboles? ¿Cómo puede entenderse esta última oración del párrafo?

que, al ver su boleto, le advirtió que el tren no lo dejaría en la estación de siempre sino en otra, un poco anterior y apenas conocida por Dahlmann. (El hombre añadió una explicación que Dahlmann no trató de entender ni siquiera de oír, porque el mecanismo de los hechos no le importaba.)

El tren laboriosamente se detuvo, casi en medio del campo. Del otro lado de las vías quedaba la estación, que era poco más que un andén con un **cobertizo**.[53] Ningún vehículo tenían, pero el jefe opinó que tal vez pudiera conseguir uno en un comercio que le indicó a unas diez, doce, cuadras.

Dahlmann aceptó la caminata como una pequeña aventura. Ya se había hundido el sol, pero un esplendor final exaltaba la viva y silenciosa llanura, antes de que la borrara la noche. Menos para no fatigarse que para hacer durar esas cosas, Dahlmann caminaba despacio, aspirando con grave felicidad el olor del trébol.

El **almacén**,[54] alguna vez, había sido punzó,[55] pero los años habían mitigado para su bien ese color violento.[56] Algo en su pobre arquitectura le recordó un grabado en acero, acaso de una vieja edición de *Pablo y Virginia*.[57] Atados al **palenque**[58] había unos caballos. Dahlmann, adentro, creyó reconocer al patrón; luego comprendió que lo había engañado su parecido con uno de los empleados del sanatorio. El hombre, oído el caso, dijo que le haría atar la jardinera;[59] para agregar otro hecho a aquel día y para llenar ese tiempo, Dahlmann resolvió comer en el almacén.

En una mesa comían y bebían ruidosamente unos muchachones, en los que Dahlmann, al principio, no se fijó. En el suelo, apoyado en el mostrador, se acurrucaba,[60] inmóvil como una cosa, un hombre muy viejo. Los muchos años lo habían reducido y pulido[61] como las aguas a una piedra o las generaciones de los hombres a una sentencia. Era oscuro, chico y reseco, y estaba como fuera del tiempo, en una eternidad. Dahlmann registró[62] con satisfacción la vincha,[63] el poncho de bayeta,[64] el

---

[53] **cobertizo**—tejado saliente o techado tosco, rudo.

[54] **almacén** (m.)—en Argentina, comercio en el campo donde se venden comestibles, bebidas, y otros artículos, donde también se puede comer, tomar una copa y reunirse con los amigos; algo parecido a una cantina.

[55] **punzó**—color rojo muy vivo, parecido al de la amapola.

[56] **violento**—anormal; chocante; incómodo.

[57] *Pablo y Virginia*—un romance idílico francés muy popular, de Bernardin de Saint-Pierre, de estilo romántico, que evoca la nostalgia por un paraíso perdido. Incluye descripciones de la suntuosa naturaleza donde se desenvuelve la trama.

[58] **palenque**—valla o cerco, o madero al que se atan los caballos.

[59] jardinera—en Argentina, carruaje ligero de dos ruedas que sirve para llevar pasajeros a aeropuertos y estaciones de trenes.

[60] se acurrucaba—se encogía; se hacía un ovillo.

[61] pulido—limado; desgastado.

[62] registró—notó; examinó.

[63] vincha—banda que se coloca en la cabeza para sujetar el cabello.

[64] bayeta—tela de lana floja.

largo chiripá[65] y la bota de potro y se dijo, rememorando inútiles discusiones con gente de los partidos del Norte o con entrerrianos,[66] que gauchos de ésos ya no quedan más que en el Sur.

Dahlmann se acomodó junto a la ventana. La oscuridad fue quedándose con el campo, pero su olor y sus rumores aún le llegaban entre los barrotes de hierro. El patrón le trajo sardinas y después carne asada; Dahlmann las empujó con unos vasos de vino tinto. Ocioso, paladeaba el áspero sabor y dejaba errar[67] la mirada por el local, ya un poco soñolienta. La lámpara de kerosén pendía de uno de los tirantes;[68] los parroquianos[69] de la otra mesa eran tres: dos parecían peones de chacra;[70] otro, de rasgos achinados[71] y torpes, bebía con el chambergo[72] puesto. Dahlmann, de pronto, sintió un leve roce en la cara. Junto al vaso ordinario de vidrio turbio, sobre una de las rayas del mantel, había una bolita de miga.[73] Eso era todo, pero alguien se la había tirado.

Los de la otra mesa parecían **ajenos**[74] a él. Dahlmann, perplejo, decidió que nada había ocurrido y abrió el volumen de las *Mil y una noches,* como para tapar la realidad. Otra bolita lo alcanzó a los pocos minutos, y esta vez los peones se rieron. Dahlmann se dijo que no estaba asustado, pero que sería un **disparate**[75] que él, un convaleciente, se dejara arrastrar por desconocidos a una pelea confusa. Resolvió salir; ya estaba de pie cuando el patrón se le acercó y lo exhortó con voz alarmada:

—Señor Dahlmann, no les haga caso a esos mozos, que están medio alegres.[76]

Dahlmann no se extrañó de que el otro, ahora, lo conociera, pero sintió que estas palabras conciliadoras agravaban, de hecho, la situación. Antes, la provocación de los peones era a una cara accidental, casi a nadie; ahora iba contra él y contra su nombre y lo sabrían los vecinos. Dahlmann hizo a un lado al patrón, se enfrentó con los peones y les preguntó qué andaban buscando.

---

[65] chiripá (m.)—prenda de vestir del gaucho, algo parecido al taparrabos; un paño que, a manera de calzones, cubre la mayor parte de los muslos y, pasando entre las piernas, se sujeta a la cintura.

[66] entrerrianos—los que provienen de la provincia argentina de Entre Ríos, al este del país.

[67] errar—ir de un lado a otro.

[68] tirantes (m.)—vigas; maderos gruesos que sostienen el techo.

[69] parroquianos—clientes del almacén; vecinos del lugar.

[70] chacra—granja pequeña.

[71] rasgos achinados—facciones propias o aspecto propio de un indígena.

[72] chambergo—sombrero suave de ala ancha.

[73] miga—la parte blanda del pan.

[74] **ajenos**—indiferentes; desconectados.

[75] **disparate**—locura; estupidez.

[76] medio alegres—medio borrachos.

© Houghton Mifflin Harcourt Publishing Company

Comparar

¿Cuáles son las diferencias entre el gaucho acurrucado en el suelo y los tres parroquianos?

_____

_____

_____

Inferir

¿Cómo sabe el patrón del almacén el nombre de Juan Dahlmann? ¿Por qué Dahlmann no se extrañó de que lo conociera?

_____

_____

_____

El compadrito[77] de la cara achinada se paró, tambaleándose.[78] A un paso de Juan Dahlmann, lo **injurió**[79] a gritos, como si estuviera muy lejos. Jugaba a exagerar su borrachera y esa exageración era una ferocidad y una burla. Entre malas palabras y obscenidades, tiró al aire un largo cuchillo, lo siguió con los ojos, lo barajó,[80] e invitó a Dahlmann a pelear. El patrón objetó con trémula voz que Dahlmann estaba desarmado. En ese punto, algo **imprevisible**[81] ocurrió.

Desde un rincón, el viejo gaucho extático,[82] en el que Dahlmann vio una cifra[83] del Sur (del Sur que era suyo), le tiró una **daga**[84] desnuda que vino a caer a sus pies. Era como si el Sur hubiera resuelto que Dahlmann aceptara el duelo. Dahlmann se inclinó a recoger la daga y sintió dos cosas. La primera, que ese acto casi instintivo lo comprometía[85] a pelear. La segunda, que el arma, en su mano torpe, no serviría para defenderlo, sino para justificar que lo mataran. Alguna vez había jugado con un puñal, como todos los hombres, pero su **esgrima**[86] no pasaba de una noción de que los golpes deben ir hacia arriba y con el **filo**[87] para adentro. *No hubieran permitido en el sanatorio que me pasaran estas cosas*, pensó.

—Vamos saliendo —dijo el otro.

Salieron, y si en Dahlmann no había esperanza, tampoco había temor. Sintió, al atravesar el **umbral**,[88] que morir en una pelea a cuchillo, a cielo abierto y **acometiendo**,[89] hubiera sido una liberación para él, una felicidad y una fiesta, en la primera noche del sanatorio, cuando le clavaron la aguja. Sintió que si él, entonces, hubiera podido elegir o soñar su muerte, ésta es la muerte que hubiera elegido o soñado.

Dahlmann **empuña**[90] con firmeza el cuchillo, que **acaso**[91] no sabrá manejar, y sale a la llanura.

---

[77] compadrito—hombre prototípico de los arrabales de Buenos Aires: presumido y pendenciero.

[78] tambaleándose—meciéndose; inestable.

[79] injurió—insultó con malas palabras.

[80] barajó—agarró; cogió.

[81] imprevisible—inesperado; sorprendente.

[82] extático—en un estado de exaltación; ensimismado, como transportado fuera del tiempo, fuera del mundo de los sentidos y las circunstancias por la intensidad de un sentimiento místico.

[83] cifra—signo; símbolo.

[84] daga—puñal; cuchillo.

[85] comprometía—obligaba.

[86] esgrima—deporte o arte del manejo de la espada o del sable; arte de pelear con arma blanca, la espada o el cuchillo.

[87] filo—borde agudo, cortante, del cuchillo.

[88] umbral (m.)—sección del marco de una puerta que se extiende por el piso.

[89] acometiendo—avanzando contra el enemigo.

[90] empuña—agarra; toma en la mano.

[91] acaso—tal vez; posiblemente.

Analizar

¿De qué elemento se vale Borges para reforzar las diferencias entre el gaucho y el compadrito?

_____

_____

_____

Interpretar

¿Por qué crees que Dahlmann no siente temor?

_____

_____

_____

PREGUNTAS

*Para conocer más a fondo el texto que has leído, responde a las siguientes preguntas. Tu propósito será uno de éstos, según indique tu profesor/a: **a.** prepararte para participar en un coloquio con tus compañeros de clase; **b.** prepararte para dar una presentación oral; **c.** bosquejar tus ideas por escrito para intercambiarlas con tus compañeros de clase; o **d.** escribir un ensayo formal.*

1. Explica las connotaciones de los dos linajes, por parte de padre y por parte de madre, de Juan Dahlmann.

2. Enumera los preparativos para la cirujía a los que se tiene que someter Dahlmann. ¿Por qué le parecerán a él humillaciones?

3. A partir del momento en que a Dahlmann un hombre enmascarado le clava una aguja en el brazo, encontramos una serie de elementos oníricos, típicos de los encontrados en sueños: anomalías, anacronismos y simetrías inexplicados. Busca y analiza por lo menos tres de ellos.

4. Analiza la combinación rara de tiempos verbales que se nota en la penúltima frase de «El Sur». ¿Qué efecto surte este fenómeno estilístico en el desenlace del cuento?

5. Comenta y analiza las analogías y las diferencias que ves tú entre las dos muertes posibles del protagonista en este cuento.

Análisis literario

«El Sur»

Este texto forma parte del cuento «El Sur», de Jorge Luis Borges. Léelo y contesta las preguntas que le siguen.

Mañana me despertaré en la estancia, pensaba, y era como si a un tiempo fuera dos hombres: el que avanzaba por el día otoñal y por la geografía de la patria, y el otro, encarcelado en un sanatorio y sujeto a metódicas servidumbres. Vio casas de ladrillo sin revocar, esquinadas y largas, infinitamente mirando pasar los trenes; vio jinetes en los terrosos caminos; vio zanjas y lagunas y hacienda; vio largas nubes luminosas que parecían de mármol, y todas estas cosas eran casuales, como sueños de la llanura. También creyó reconocer árboles y sembrados que no hubiera podido nombrar, porque su directo conocimiento de la campaña era harto inferior a su conocimiento nostálgico y literario.

Alguna vez durmió y en sus sueños estaba el ímpetu del tren. Ya el blanco sol intolerable de las doce del día era el sol amarillo que precede al anochecer y no tardaría en ser rojo. También el coche era distinto; no era el que fue en Constitución, al dejar el andén: la llanura y las horas lo habían atravesado y transfigurado.

1. Al leer la primera oración, el lector _____.
   a. puede concluir que el narrador está de viaje
   b. puede concluir que el narrador está en un sanatorio
   c. sabe que el narrador está ya en la estancia
   d. no sabe si el narrador está de viaje o en un sanatorio

2. El primer verbo en este pasaje está en primera persona. Esto se debe probablemente a que _____.
   a. es la única forma en que el autor puede transmitir los pensamientos del personaje
   b. todo el pasaje se narra en primera persona

   c. el autor quiere dejar claro que el narrador está consciente
   d. va a aparecer otro personaje en una parte posterior del cuento

3. Es obvio que el narrador _____.
   a. ha pasado mucho tiempo en el campo
   b. no se interesa mucho por la lectura de obras literarias
   c. ha pasado la mayor parte de su vida en la ciudad
   d. no tiene mucho interés en los nombres de árboles y plantas

4. En este texto, muchas de las imágenes evocan _____.
   a. la oscuridad
   b. el dolor
   c. el color amarillo
   d. la luz

5. La última oración sugiere que desde que el tren ha salido de la estación de Constitución, _____.
   a. el narrador ha tenido que cambiarse a otro tren
   b. el tiempo y el espacio lo han cambiado
   c. el narrador ha pasado de un coche a otro dentro del tren
   d. el tren parece haber cambiado de un color a otro

6. En este pasaje, uno puede concluir que el autor _____.
   a. ha cometido un error narrativo al no aclarar dónde está el narrador
   b. describe un sueño que tiene un paciente en un hospital
   c. describe la belleza del paisaje del campo como afán principal
   d. deja indeterminada la ubicación del personaje como parte de la irrealidad que va creando

Jorge Luis Borges ▶

Borges y yo

JORGE LUIS BORGES

Los que conocen algo de la obra de Jorge Luis Borges (1899–1986) saben que no rehúye lo autobiográfico. «Borges y yo» es un ejemplo estelar de la capacidad del ilustre escritor argentino de descubrir, en lo particular, lo universal. Este texto presenta una genial variante más del tema del doble, visto en «El Sur» y en «La muerte y la brújula». Difícil de categorizar como cuento o ensayo, «Borges y yo» ha sido llamado, no indebidamente, el manifiesto de su persona literaria.

Antes de los 47 años de edad, Borges pudo darse el lujo de vivir en un relativo anonimato, a pesar de haber escrito y publicado desde joven. En 1938, empezó a trabajar en una biblioteca poco concurrida en un barrio de su ciudad natal de Buenos Aires. El puesto le daba el ocio y la oportunidad que necesitaba para perseguir sus preferencias: leer y escribir. No fue hasta la publicación de su colección de cuentos Ficciones (1944) que Borges entró en una etapa de su vida que lo iba a llevar a ser objeto de la atención general. Siempre había sufrido de timidez y miedo de hablar en público, y se vio de pronto muy solicitado para dar conferencias.

En 1960 publicó la colección El hacedor, que contiene esta pequeña joya literaria. Algunos han considerado «Borges y yo» la mejor prosa escrita en español desde Cervantes. En poco más de trescientas palabras, Borges logra entrelazar su tema, la dualidad que lleva a la identidad, con conceptos sobre las interacciones entre un autor y su creación literaria, entre un autor y su público, y entre la sociedad y el arte.

Sería difícil nombrar otra figura de fama literaria que haya abrazado con tanto gusto la vida pública. En 1961, a raíz de ser seleccionado para compartir con Samuel Beckett el Premio Internacional de Literatura Formentor, otorgado por el Congreso Internacional de Editores, empezó a recibir invitaciones para dar conferencias no solamente por la Argentina, sino también por el extranjero. Durante su larga vida, viajó repetidas veces a Estados Unidos y a Europa, haciéndose entrevistar y gozando con sus oyentes e interlocutores, a quienes cautivaba con cada palabra suya.

Describe en breve lo que sabes hasta ahora de la dicotomía planteada en «Borges y yo».

_____

_____

Subraya los gustos que comparten los dos.

Señala aquí cuál de los dos es el escritor. Luego, subraya la(s) parte(s) del texto que te lo aclara(n).

_____

_____

¿Qué sorpresa(s) encierra la última frase?

_____

_____

_____

Al otro, a Borges, es a quien le ocurren las cosas. Yo camino por Buenos Aires y **me demoro**,[1] **acaso**[2] ya mecánicamente, para mirar el arco de un **zaguán**[3] y la **puerta cancel**;[4] de Borges tengo noticias por el correo y veo su nombre en una **terna**[5] de profesores o en un diccionario biográfico. Me gustan los **relojes de arena**[6], los mapas, la **tipografía**[7] del siglo xviii, las **etimologías**,[8] el sabor del café y la prosa de **Stevenson**;[9] el otro **comparte**[10] esas preferencias, pero de un modo vanidoso que las convierte en atributos de un actor. Sería exagerado afirmar que nuestra relación es hostil; yo vivo, yo me dejo vivir, para que Borges pueda **tramar**[11] su literatura y esa literatura me justifica. Nada me cuesta confesar que ha logrado ciertas páginas válidas, pero esas páginas no me pueden salvar, quizá porque lo bueno ya no es de nadie, ni siquiera del otro, sino del lenguaje o la tradición. Por lo demás, yo estoy destinado a perderme, definitivamente, y sólo algún instante de mí podrá sobrevivir en el otro. Poco a poco voy **cediéndole**[12] todo, aunque **me consta**[13] su perversa costumbre de falsear y magnificar. **Spinoza**[14] entendió que todas las cosas quieren perseverar en su ser; la piedra eternamente quiere ser piedra y el tigre un tigre. Yo he de quedar en Borges, no en mí (si es que alguien soy), pero me reconozco menos en sus libros que en muchos otros o que en el laborioso **rasgueo**[15] de una guitarra. Hace años yo traté de librarme de él y pasé de las mitologías del **arrabal**[16] a los juegos con el tiempo y con lo infinito, pero esos juegos son de Borges ahora y tendré que idear otras cosas. Así mi vida es una **fuga**[17] y todo lo pierdo y todo es del olvido, o del otro.

No sé cuál de los dos escribe esta página.

---

[1] **me demoro**—tardo

[2] **acaso**—quizás

[3] **zaguán**—entrada a una casa estilo español; espacio cubierto situado entre la puerta de la calle y la puerta cancel

[4] **puerta cancel**—puerta que da acceso al interior de la casa desde el zaguán

[5] **terna**—lista o conjunto de tres personas o candidatos a un cargo u honor

[6] **relojes de arena**—aparatos para medir el tiempo mediante una determinada cantidad de arena

[7] **tipografía**—estilo de letras usadas en la imprenta

[8] **etimologías**—historias del origen y evolución de las palabras

[9] Stevenson—Robert Louis Stevenson, escritor británico del siglo XIX, autor de *La isla del Tesoro* y *Doctor Jekyll y Mr. Hyde*

[10] **comparte**—tiene también

[11] **tramar**—idear, planear, componer; construir

[12] **cediéndole**—entregándole

[13] **me consta**—no se me escapa; sé o conozco

[14] Spinoza—Baruch Spinoza, filósofo neerlandés del siglo XVII

[15] rasgueo—acción de pasar los dedos por las cuerdas de una guitarra, produciendo el sonido deseado

[16] **arrabal**—barrio en las afueras de una ciudad

[17] **fuga**—huida; escapatoria

PREGUNTAS

Para conocer más a fondo el texto que has leído, responde a las siguientes preguntas.
Tu propósito será uno de éstos, según indique tu profesor/a: **a.** *prepararte para participar en un coloquio con tus compañeros de clase;* **b.** *prepararte para dar una presentación oral;* **c.** *bosquejar tus ideas por escrito para intercambiarlas con tus compañeros de clase; o* **d.** *escribir un ensayo formal.*

1. ¿Cuáles son las implicaciones del título de este sorprendente ensayo?

2. ¿Cuál de los dos, *Borges* o *yo*, podría ser considerado el hombre de carne y hueso? Defiende tu juicio a base de enunciados extraídos del texto.

3. ¿Se podría imaginar uno de los dos sin el otro? ¿Se podría afirmar que uno de los dos es más real que el otro? Explica tu respuesta.

4. ¿Quién nos habla en este ensayo? ¿De quién es, al fin, la voz que se escucha? ¿Es un narrador fidedigno? ¿Por qué? ¿Por qué no?

5. Precisa en qué consiste la ambigüedad de la última frase. Esta ambigüedad, ¿es resoluble? Basándote en el texto, defiende tu juicio.

6. Reacciona a la iniciativa que «hace años» tomó la voz narradora para librarse del otro. Evalúa ese impulso, dando un juicio que refleje tus propias experiencias o las de tus amigos o conocidos.

7. ¿Has pensado alguna vez que hay una dicotomía semejante en tu personalidad, en los diversos aspectos que componen tu ser? Si la hay, ¿es una dicotomía afín a la de Borges, entre tu persona privada y tu persona pública?

Análisis literario

«Borges y yo» y «A Julia de Burgos»

Este pasaje proviene de «Borges y yo», de Jorge Luis Borges. Léelo antes de continuar.

Al otro, a Borges, es a quien le ocurren las cosas. Yo camino por Buenos Aires y me demoro, acaso ya mecánicamente, para mirar el arco de un zaguán y la puerta cancel; de Borges tengo noticias por el correo y veo su nombre en una terna de profesores o en un diccionario biográfico. Me gustan los relojes de arena, los mapas, la tipografía del siglo XVIII, las etimologías, el sabor del café y la prosa de Stevenson; el otro comparte esas preferencias, pero de un modo vanidoso que las convierte en atributos de un actor. Sería exagerado afirmar que nuestra relación es hostil; yo vivo, yo me dejo vivir, para que Borges pueda tramar su literatura y esa literatura me justifica. Nada me cuesta confesar que ha logrado ciertas páginas válidas, pero esas páginas no me pueden salvar, quizá porque lo bueno ya no es de nadie, ni siquiera del otro, sino del lenguaje o la tradición. Por lo demás, yo estoy destinado a perderme, definitivamente, y sólo algún instante de mí podrá sobrevivir en el otro.

Ahora lee estos versos, que forman parte del poema «A Julia de Burgos», de Julia de Burgos. Luego contesta las preguntas sobre los dos textos.

Ya las gentes murmuran que soy tu ene-
miga/porque dicen que en verso doy al
mundo tu yo./Mienten, Julia de Burgos.
Mienten, Julia de Burgos./La que se alza en
mis versos no es tu voz: es mi voz/porque
tú eres ropaje y la esencia soy yo;/y el más
profundo abismo se tiende entre las dos./Tú
eres fría muñeca de mentira social,/y yo, viril
destello de la humana verdad./Tú, miel de
cortesanas hipocresías; yo no;/que en todos
mis poemas desnudo el corazón./Tú eres
como tu mundo, egoísta; yo no;/que todo
me lo juego a ser lo que soy yo./Tú eres sólo

la grave señora señorona,/yo no; yo soy la
vida, la fuerza, la mujer.

1. Los dos textos son similares por cuanto ambos _____.
   a. tratan principalmente la hipocresía social o pública de sus autores
   b. están escritos en tercera persona
   c. distinguen entre sus autores como personas y como escritores
   d. expresan la idea de que todo fue mejor en el pasado

2. Para el narrador del primer pasaje, las mejores páginas que ha escrito Borges _____.
   a. pertenecen ahora al narrador mismo
   b. pertenecen al otro Borges
   c. pertenecen a los dos personajes
   d. ya no pertenecen a nadie

3. El narrador del primer pasaje opina que _____ sobrevivirá de manera eterna a través de la literatura que trama Borges.
   a. él mismo
   b. el otro Borges
   c. tanto él como el otro Borges
   d. ni él ni el otro Borges

4. La Julia de Burgos a quien se dirige la narradora del poema _____.
   a. es una figura superficial que se preocupa por «el qué dirán»
   b. vive aislada del mundo y sólo se interesa por la literatura
   c. se expresa de forma sincera y cándida
   d. tiene una relación armoniosa con la narradora

5. Se podría afirmar que el narrador del pasaje de Borges _____ con la persona a quien el texto va dirigido que la voz poética de «A Julia de Burgos» tiene con la figura a quien se dirige.
   a. tiene una mejor relación
   b. tiene la misma relación
   c. tiene una relación más hostil
   d. tiene una relación mucho menos complicada

Gabriel García Márquez ▶

La siesta del martes

GABRIEL GARCÍA MÁRQUEZ

La cuna de Gabriel García Márquez (1928–   ) fue Aracataca, municipio caribeño en la parte noreste de Colombia en el que se inspiró el escritor colombiano para crear el pueblo fabuloso de Macondo. A pesar de haber salido de Aracataca, para desenvolver su vida de escritor en Bogotá y en otras ciudades del mundo, el célebre novelista, cuentista, periodista y Premio Nobel de Literatura, sigue siendo de Aracataca. El autor mismo señala la trascendencia del día en que volvió a Aracataca, acompañando a su madre para vender la casa de los abuelos, casa donde él se había criado. Fue un día de monumentales repercusiones, para él y para el mundo literario, pues entonces fue cuando se germinó la creación de su obra magna, Cien años de soledad, cuyo mundo es el mítico pueblo Macondo.

Pero antes de terminar Cien años de soledad, García Márquez escribiría «La siesta del martes» (1962), cuyo trasfondo también es Macondo. La madre, protagonista de este cuento, es uno de los ejemplos más acabados y más memorables de la mujer fuerte en la obra del autor. En «La siesta del martes» se narran minuciosamente los movimientos de madre e hija al viajar largas horas calurosas en el tren, al llegar a Macondo, y al cruzar por el pueblo, solas y tomadas de la mano, en busca de la casa del cura y de las llaves del cementerio. García Márquez ha dicho que, antes de escribir una sola palabra de su cuento, había elaborado mentalmente hasta el detalle más ínfimo de la atmósfera de calor y hostilidad que envuelve a madre e hija al salir éstas de la casa del cura.

El tren salió del trepidante[1] corredor de rocas bermejas,[2] penetró en las plantaciones de banano, simétricas e interminables, y el aire se hizo húmedo y no se volvió a sentir la brisa del mar. Una **humareda**[3] sofocante entró por la ventanilla del vagón. En el estrecho camino paralelo a la **vía férrea**[4] había carretas de bueyes

---

[1] trepidante—que retiembla; que vibra.

[2] bermejas—rojas.

[3] **humareda**—nube de humo.

[4] **vía férrea**—vía del ferrocarril.

Visualizar

¿En qué paisaje se sitúa la acción? Presta atención a la descripción.

_____

_____

_____

Pronosticar

¿Qué puedes deducir de la frase «aún no había empezado el calor»?

_____

_____

Comprender

El autor menciona al final del párrafo el carácter de pobre de los personajes. ¿Qué indicios lo han sugerido previamente?

_____

_____

_____

Inferir

¿Qué te sugiere la frase «la sombra tenía un aspecto limpio»?

_____

_____

cargadas de racimos verdes. Al otro lado del camino, en intempestivos[5] espacios sin sembrar, había oficinas con ventiladores eléctricos, campamentos de ladrillos rojos y residencias con sillas y mesitas blancas en las terrazas entre palmeras y rosales polvorientos. Eran las once de la mañana y aún no había empezado el calor.

—Es mejor que subas el **vidrio**[6] —dijo la mujer—. El pelo se te va a llenar de **carbón**.[7]

La niña trató de hacerlo pero la persiana[8] estaba bloqueada por **óxido**.[9]

Eran los únicos pasajeros en el **escueto**[10] vagón de tercera clase. Como el humo de la locomotora siguió entrando por la ventanilla, la niña abandonó el puesto y puso en su lugar los únicos objetos que llevaban: una bolsa de material plástico con cosas de comer y un ramo de flores envuelto en papel de periódicos. Se sentó en el asiento opuesto, alejada de la ventanilla, de frente a su madre. Ambas guardaban un **luto**[11] riguroso y pobre.

La niña tenía doce años y era la primera vez que viajaba. La mujer parecía demasiado vieja para ser su madre, a causa de las venas azules en los párpados y del cuerpo pequeño, blando y sin formas, en un traje cortado como una **sotana**.[12] Viajaba con la columna vertebral firmemente apoyada contra el espaldar del asiento, sosteniendo en el **regazo**[13] con ambas manos una cartera de **charol**[14] desconchado.[15] Tenía la serenidad escrupulosa de la gente acostumbrada a la pobreza.

A las doce había empezado el calor. El tren se detuvo diez minutos en una estación sin pueblo para abastecerse de agua. Afuera, en el misterioso silencio de las plantaciones, la sombra tenía un aspecto limpio. Pero el aire **estancado**[16] dentro del vagón olía a cuero sin curtir.[17] El tren no volvió a acelerar. Se detuvo en dos pueblos iguales, con casas de madera pintadas de colores

---

[5] intempestivos—inoportunos; poco aptos.

[6] **vidrio**—ventanilla.

[7] **carbón**—polvo negro que echan con el humo las locomotoras de vapor; o bien, combustible de las antiguas locomotoras de vapor; el carbón, al consumirse, produce humo que contiene polvo negro, los residuos del carbón quemado.

[8] persiana—especie de cortina de tela o de tablitas de madera.

[9] **óxido**—herrumbre; capa rojiza que se forma en la superficie del hierro por reacción química con el oxígeno.

[10] **escueto**—que tiene únicamente lo esencial; sin adornos; sin lujo.

[11] **luto**—ropa negra, llevada tras la muerte de un familiar.

[12] **sotana**—especie de vestidura larga y negra que usan los curas.

[13] **regazo**—ángulo formado por las piernas y la cadera cuando una persona está sentada.

[14] **charol** (m.)—cuero lustroso, que brilla.

[15] desconchado—gastado por el uso o el tiempo; agrietado; descascarado.

[16] **estancado**—sin movimiento; paralizado.

[17] cuero sin curtir—pieles de animales sin procesar.

vivos. La mujer inclinó la cabeza y **se hundió**[18] en el **sopor**.[19] La niña se quitó los zapatos. Después fue a los servicios sanitarios a poner en agua el ramo de flores muertas.

Cuando volvió al asiento la madre le esperaba para comer. Le dio un pedazo de queso, medio bollo de maíz y una galleta dulce, y sacó para ella de la bolsa de material plástico una ración igual. Mientras comían, el tren atravesó muy despacio un puente de hierro y pasó de largo por un pueblo igual a los anteriores, sólo que en éste había una multitud en la plaza. Una banda de músicos tocaba una pieza alegre bajo el sol **aplastante**.[20] Al otro lado del pueblo, en una **llanura**[21] **cuarteada**[22] por la aridez, terminaban las plantaciones.

La mujer dejó de comer.

—Ponte los zapatos —dijo.

La niña miró hacia el exterior. No vio nada más que la llanura desierta por donde el tren empezaba a correr de nuevo, pero metió en la bolsa el último pedazo de galleta y se puso rápidamente los zapatos. La mujer le dio la peineta.

—Péinate —dijo.

El tren empezó a **pitar**[23] mientras la niña se peinaba. La mujer se secó el sudor del cuello y se limpió la grasa de la cara con los dedos. Cuando la niña acabó de peinarse el tren pasó frente a las primeras casas de un pueblo más grande pero más triste que los anteriores.

—Si tienes ganas de hacer algo, hazlo ahora —dijo la mujer —. Después, aunque te estés muriendo de sed no tomes agua en ninguna parte. Sobre todo, no vayas a llorar.

La niña aprobó con la cabeza. Por la ventanilla entraba un viento **ardiente**[24] y seco, mezclado con el pito de la locomotora y el **estrépito**[25] de los viejos vagones. La mujer enrolló la bolsa con el resto de los alimentos y la metió en la cartera. Por un instante, la imagen total del pueblo, en el luminoso martes de agosto, **resplandeció**[26] en la ventanilla. La niña envolvió las flores en los

---

[18] **se hundió**—se dejó caer; se sumergió.

[19] **sopor** (m.)—modorra; estado soñoliento, como efecto del gran calor.

[20] **aplastante**—que aplasta, o aprieta con fuerza; opresivo; fuerte.

[21] **llanura**—terreno plano, sin colinas.

[22] **cuarteada**—rajada; agrietada; con roturas.

[23] **pitar**—silbar; soplar produciendo un sonido agudo.

[24] **ardiente**—caluroso; caliente.

[25] **estrépito**—ruido grande.

[26] **resplandeció**—brilló.

Evaluar

La comida es dispuesta por la madre y compartida en partes iguales. ¿Qué te dice del carácter de la madre?

_____

_____

Pronosticar

Se marca un límite: terminan las plantaciones y comienza una llanura árida. ¿Qué puede estar indicando?

_____

_____

Interpretar

¿Por qué la madre apremia a su hija?

_____

_____

_____

periódicos **empapados**,[27] se apartó un poco más de la ventanilla y miró fijamente a su madre. Ella le devolvió una expresión **apacible**.[28] El tren acabó de pitar y disminuyó la marcha. Un momento después se detuvo.

No había nadie en la estación. Del otro lado de la calle, en la acera sombreada por los **almendros**,[29] sólo estaba abierto el salón de **billar**.[30] El pueblo flotaba en el calor. La mujer y la niña descendieron del tren, atravesaron la estación abandonada cuyas **baldosas**[31] empezaban a cuartearse por la presión de la hierba, y cruzaron la calle hasta la acera de sombra.

Eran casi las dos. A esa hora, **agobiado**[32] por el sopor, el pueblo hacía la siesta. Los almacenes, las oficinas públicas, la escuela municipal, se cerraban desde las once y no volvían a abrirse hasta un poco antes de las cuatro, cuando pasaba el tren de regreso. Sólo permanecían abiertos el hotel frente a la estación, su cantina y su salón de billar, y la oficina del telégrafo a un lado de la plaza. Las casas, en su mayoría construidas sobre el modelo de la compañía bananera, tenían las puertas cerradas por dentro y las persianas bajas. En algunas hacía tanto calor que sus habitantes almorzaban en el patio. Otros **recostaban**[33] un asiento a la sombra de los almendros y hacían la siesta sentados **en plena calle**.[34]

Buscando siempre la protección de los almendros, la mujer y la niña penetraron en el pueblo sin perturbar la siesta. Fueron directamente a la casa **cural**.[35] La mujer **raspó**[36] con la uña la red metálica de la puerta, esperó un instante y volvió a llamar. En el interior **zumbaba**[37] un ventilador eléctrico. No se oyeron los pasos. Se oyó apenas el **leve**[38] **crujido**[39] de una puerta y en seguida una voz cautelosa muy cerca de la red metálica: «¿Quién es?» La mujer trató de ver a través de la red metálica.

—Necesito al padre —dijo.
—Ahora está durmiendo.
—Es urgente —insistió la mujer.

Su voz tenía una tenacidad **reposada**.[40]

---

[27] **empapados**—mojados por completo.

[28] **apacible**—sosegada; plácida.

[29] **almendros**—árboles cuyo fruto es la almendra, una especie de nuez.

[30] **billar** (m.)—juego que se realiza con bolas y vara sobre una mesa cubierta de fieltro.

[31] **baldosas**—piezas planas de mármol, cerámica o piedra, que se usan para cubrir o revestir superificies.

[32] **agobiado**—abrumado; fatigado; vencido.

[33] **recostaban**—apoyaban.

[34] **en plena calle**—completamente en la calle.

[35] **cural**—del cura; del párroco de la iglesia.

[36] **raspó**—arañó; rascó.

[37] **zumbaba**—emitía un ruido como el de un insecto volante, o como el de un motor.

[38] **leve**—débil.

[39] **crujido**—sonido que produce la madera a veces, cuando una fuerza la mueve.

[40] **reposada**—calmada; sosegada.

© Houghton Mifflin Harcourt Publishing Company

Figuras retóricas

¿Qué figura retórica emplea el autor al escribir «El pueblo flotaba en el calor»?

_____

_____

_____

Inferir

¿Por qué la madre llama a la puerta raspando la red metálica con la uña?

_____

_____

La puerta se entreabrió sin ruido y apareció una mujer madura y regordeta, de **cutis**[41] muy pálido y cabellos color hierro. Los ojos parecían demasiado pequeños detrás de los gruesos cristales de los lentes.

—Sigan —dijo, y acabó de abrir la puerta.

Entraron en una sala impregnada de un viejo olor de flores. La mujer de la casa las condujo hasta un **escaño**[42] de madera y les hizo señas de que se sentaran. La niña lo hizo, pero su madre permaneció de pie, absorta, con la cartera apretada en las dos manos. No se percibía ningún ruido detrás del ventilador eléctrico.

La mujer de la casa apareció en la puerta del **fondo**.[43]

—Dice que vuelvan después de las tres —dijo en voz muy baja—. Se acostó hace cinco minutos.

—El tren se va a las tres y media —dijo la mujer.

Fue una réplica breve y segura, pero la voz seguía siendo apacible, con muchos **matices**.[44] La mujer de la casa sonrió por primera vez.

—Bueno — dijo.

Cuando la puerta del fondo volvió a cerrarse la mujer se sentó junto a su hija. La **angosta**[45] sala de espera era pobre, ordenada y limpia. Al otro lado de una **baranda**[46] de madera que dividía la habitación había una mesa de trabajo, sencilla, con un **tapete**[47] de hule,[48] y encima de la mesa una máquina de escribir primitiva junto a un vaso con flores. Detrás estaban los archivos parroquiales. Se notaba que era un **despacho**[49] arreglado por una mujer soltera.

La puerta del fondo se abrió y esta vez apareció el sacerdote limpiando los lentes con un pañuelo. Sólo cuando se los puso pareció evidente que era hermano de la mujer que había abierto la puerta.

[41] **cutis** (m.)—tez; piel, especialmente la de la cara.

[42] **escaño**—banco.

[43] **fondo**—parte de atrás; extremo.

[44] **matices** (m.)—leves variaciones de tono o de sentido.

[45] **angosta**—estrecha.

[46] **baranda**—tabla más o menos larga que descansa sobre los balaustres, o pilares pequeños, de una balaustrada.

[47] **tapete** (m.)—cobertura.

[48] hule (m.)—caucho; en este caso, tela flexible recubierta de una capa brillante e impermeable por una de sus caras.

[49] **despacho**—cuarto de estudio; oficina.

Interpretar

¿Por qué crees que la madre permanece de pie?

_____

_____

_____

Determinar causa y efecto

¿Por qué la mujer de la casa sonríe?

_____

_____

_____

Reflexionar

¿Por qué, en tu opinión, era evidente que el despacho estaba «arreglado por una mujer soltera»?

_____

_____

_____

—¿Qué se le ofrece? —preguntó.

—Las llaves del cementerio —dijo la mujer.

La niña estaba sentada con las flores en el regazo y los pies cruzados bajo el escaño. El sacerdote la miró, después miró a la mujer y después, a través de la red metálica de la ventana, el cielo brillante y sin nubes.

—Con este calor —dijo—. Han podido esperar a que bajara el sol.

La mujer movió la cabeza en silencio. El sacerdote pasó del otro lado de la baranda, extrajo del **armario**[50] un cuaderno **forrado**[51] de hule, un **plumero**[52] de palo y un **tintero**,[53] y se sentó a la mesa. El pelo que le faltaba en la cabeza le sobraba en las manos.

—¿Qué tumba van a visitar? —preguntó.

—La de Carlos Centeno —dijo la mujer.

—¿Quién?

—Carlos Centeno —repitió la mujer.

El padre siguió sin entender.

—Es el ladrón que mataron aquí la semana pasada —dijo la mujer en el mismo tono—. Yo soy su madre.

El sacerdote la **escrutó**.[54] Ella lo miró fijamente, con un **dominio**[55] reposado, y el padre **se ruborizó**.[56] Bajó la cabeza para escribir. A medida que llenaba la hoja pedía a la mujer los datos de su identidad, y ella respondía sin vacilación, con detalles precisos, como si estuviera leyendo. El padre empezó a sudar. La niña se desabotonó la trabilla del zapato izquierdo, se **descalzó**[57] el **talón**[58] y lo apoyó en el **contrafuerte**.[59] Hizo lo mismo con el derecho.

Todo había empezado el lunes de la semana anterior, a las tres de la madrugada y a pocas cuadras de allí. La señora Rebeca, una viuda solitaria que vivía en una casa llena de **cachivaches**,[60] sintió a través del **rumor**[61] de la **llovizna**[62] que alguien trataba de

---

[50] **armario**—mueble con puertas, estantes, y cajones.

[51] **forrado**—recubierto.

[52] **plumero**—estuche para lápices y plumas.

[53] **tintero**—recipiente para tinta.

[54] **escrutó**—miró directamente; examinó con la vista.

[55] **dominio**—autocontrol; valor.

[56] **se ruborizó**—se puso colorado; se avergonzó.

[57] **se descalzó**—sacó del zapato.

[58] **talón** (m.)—parte trasera del pie.

[59] **contrafuerte** (m.)—pieza de cuero que refuerza el calzado por la parte interior del talón.

[60] **cachivaches** (m.)—cacharros; objetos varios de poco valor.

[61] **rumor** (m.)—ruido leve.

[62] **llovizna**—lluvia leve.

© Houghton Mifflin Harcourt Publishing Company

Interpretar

¿Cómo describirías la actitud del cura?

_____

_____

Determinar causa y efecto

¿Por qué el cura se ruboriza?

_____

_____

_____

Enfoque en el estilo

Aparece aquí una modificación en la estructura del relato. ¿Qué recurso emplea el autor?

_____

_____

forzar desde afuera la puerta de la calle. Se levantó, buscó **a tientas**[63] en el ropero un revólver arcaico que nadie había **disparado**[64] desde los tiempos del coronel Aureliano Buendía, y fue a la sala sin encender las luces. Orientándose no tanto por el ruido de la cerradura como por un terror desarrollado en ella por 28 años de soledad, localizó en la imaginación no sólo el sitio donde estaba la puerta sino la altura exacta de la cerradura. Agarró el arma con las dos manos, cerró los ojos y apretó el **gatillo**.[65] Era la primera vez en su vida que disparaba un revólver. Inmediatamente después de la detonación no sintió nada más que el murmullo de la llovizna en el techo de zinc. Después percibió un golpecito metálico en el **andén**[66] de cemento y una voz muy baja, apacible, pero terriblemente fatigada: «Ay, mi madre.» El hombre que amaneció muerto frente a la casa, con la nariz despedazada, vestía una **franela**[67] a rayas de colores, un pantalón ordinario con una soga en lugar de cinturón, y estaba descalzo. Nadie lo conocía en el pueblo.

—De manera que se llamaba Carlos Centeno
—murmuró el padre cuando acabó de escribir.
—Centeno Ayala —dijo la mujer—. Era el único **varón**.[68]

El sacerdote volvió al armario. Colgadas de un clavo en el interior de la puerta había dos llaves grandes y oxidadas, como la niña imaginaba y como imaginaba la madre cuando era niña y como debió imaginar el propio sacerdote alguna vez que eran las llaves de San Pedro.[69] Las descolgó, las puso en el cuaderno abierto sobre la baranda y mostró con el **índice**[70] un lugar en la página escrita, mirando a la mujer.

—Firme aquí.

La mujer **garabateó**[71] su nombre, sosteniendo la cartera bajo la **axila**.[72] La niña recogió las flores, se dirigió a la baranda arrastrando los zapatos y observó atentamente a su madre.

El párroco suspiró.

—¿Nunca trató de hacerlo entrar por el buen camino?
La mujer contestó cuando acabó de firmar.

---

[63] **a tientas**—con las manos, sin el auxilio de la vista.

[64] **disparado**—pegado un tiro; hecho fuego.

[65] **gatillo**—pieza de un arma de fuego que uno aprieta para disparar.

[66] **andén** (m.)—plataforma.

[67] **franela**—tela de lana o de algodón, con pelusa fina en una de sus caras.

[68] **varón**—mozo; del sexo masculino.

[69] San Pedro—uno de los apóstoles de Jesucristo; según una tradición cristiana popular, es el custodio de las llaves del Paraíso Celestial.

[70] **índice** (m.)—dedo índice; el dedo que está más cerca del pulgar.

[71] **garabateó**—escribió malamente.

[72] **axila**—sobaco; la parte inferior del hombro, donde se une el brazo con el cuerpo.

Conectar
¿Quién es el coronel Aureliano Buendía?

_____

_____

Identificar
¿Qué tienen en común la voz de Carlos Centeno y la de su madre? Señala las referencias en el texto.

_____

_____

_____

Analizar
¿Qué simbolizan las llaves de San Pedro, y qué puede inferirse de ello respecto de Carlos Centeno?

_____

_____

_____

Reflexionar

¿Por qué, en tu opinión, no lloran la madre y su hija?

_____

_____

_____

Analizar

La madre parece tener un concepto de la justicia diferente del consagrado por el derecho penal. ¿Cuál es?

_____

_____

_____

Interpretar

¿Cuál es la intención del cura al pronunciar la frase «La voluntad de Dios es inescrutable»?

_____

_____

_____

—Era un hombre muy bueno.

El sacerdote miró alternativamente a la mujer y a la niña y **comprobó**[73] con una especie de piadoso[74] estupor que no estaban a punto de llorar.

La mujer continuó **inalterable**:[75]

—Yo le decía que nunca robara nada que le hiciera falta a alguien para comer, y él me hacía caso. En cambio, antes, cuando boxeaba, pasaba hasta tres días en la cama **postrado**[76] por los golpes.

—Se tuvo que sacar todos los dientes —intervino la niña.

—Así es —confirmó la mujer—. Cada bocado que comía en ese tiempo me sabía a los **porrazos**[77] que le daban a mi hijo los sábados a la noche.

—La voluntad de Dios es inescrutable —dijo el padre.

Pero lo dijo sin mucha convicción, en parte porque la experiencia lo había vuelto un poco **escéptico**,[78] y en parte por el calor. Les recomendó que se protegieran la cabeza para evitar la **insolación**.[79] Les indicó bostezando y ya casi completamente dormido, cómo debían hacer para encontrar la tumba de Carlos Centeno. Al regreso no tenían que tocar. Debían meter la llave por debajo de la puerta y poner allí mismo, si tenían, una **limosna**[80] para la Iglesia. La mujer escuchó las explicaciones con mucha atención, pero dio las gracias sin sonreír.

Desde antes de abrir la puerta de la calle el padre se dio cuenta de que había alguien mirando hacia adentro, las narices aplastadas contra la red metálica. Era un grupo de niños. Cuando la puerta se abrió por completo los niños se dispersaron. A esa hora, de ordinario, no había nadie en la calle. Ahora no sólo estaban los niños. Había grupos bajo los almendros. El padre examinó la calle **distorsionada**[81] por la reverberación,[82] y entonces comprendió. Suavemente volvió a cerrar la puerta.

---

[73] **comprobó**—confirmó con evidencia.

[74] **piadoso**—con reverencia; compasivo; con lástima.

[75] **inalterable**—sin alzar la voz; imperturbable.

[76] **postrado**—obligado a guardar cama; sin poder levantarse.

[77] **porrazos**—golpes duros; palizas.

[78] **escéptico**—incrédulo; inclinado a la duda.

[79] **insolación**—malestar causado por exposición prolongada a los rayos solares.

[80] **limosna**—caridad; ofrecimiento de dinero; dádiva.

[81] **distorsionada**—deformada.

[82] **reverberación**—ondas de aire, efecto del calor.

—Esperen un minuto —dijo, sin mirar a la mujer.

Su hermana apareció en la puerta del fondo, con una chaqueta negra sobre la camisa de dormir y el cabello suelto en los hombros. Miró al padre en silencio.

—¿Qué fue? —preguntó él.
—La gente se ha dado cuenta —murmuró su hermana.
—Es mejor que salgan por la puerta del patio —dijo el padre.
—Es lo mismo —dijo su hermana—. Todo el mundo está en las ventanas.

La mujer parecía no haber comprendido hasta entonces. Trató de ver la calle a través de la red metálica. Luego le quitó el ramo de flores a la niña y empezó a moverse hacia la puerta. La niña la siguió.

—Esperen a que baje el sol —dijo el padre.
—Se van a **derretir**[83] —dijo su hermana, inmóvil en el fondo de la sala—. Espérense y les presto una **sombrilla**.[84]
—Gracias —replicó la mujer—. Así vamos bien.

Tomó a la niña de la mano y salió a la calle.

---

[83] **derretirse**—convertirse en líquido por el calor.

[84] **sombrilla**—parasol.

© Houghton Mifflin Harcourt Publishing Company

Comprender

¿De qué se ha dado cuenta la gente?

_____

_____

Sintetizar

A lo largo del relato, el calor ha ido de menor a mayor, hasta llegar al máximo al final. ¿Qué relación tiene con el argumento?

_____

_____

_____

PREGUNTAS

Para conocer más a fondo el texto que has leído, responde a las siguientes preguntas. Tu propósito será uno de éstos, según indique tu profesor/a: **a.** *prepararte para participar en un coloquio con tus compañeros de clase;* **b.** *prepararte para dar una presentación oral;* **c.** *bosquejar tus ideas por escrito para intercambiarlas con tus compañeros de clase; o* **d.** *escribir un ensayo formal.*

1. ¿Cómo es la mujer de «La siesta del martes»? Describe su carácter y su espíritu. Defiende, con indicaciones textuales, tus conclusiones.

2. Al sacerdote y a su hermana les preocupa que salgan la mujer y su hija de la casa cural. ¿Por qué? ¿Qué puede pasar? ¿Cuál es el resultado, para el lector, del hecho de que García Márquez ha omitido esta parte, al parecer integrante, del cuento?

3. Se ha afirmado que uno de los protagonistas de este cuento es el calor agobiante que llena sus páginas. ¿Crees tú que sea defendible esta afirmación? ¿Por qué? Justifica tu respuesta con ejemplos del texto.

Análisis literario

«La siesta del martes»

Este pasaje es parte del cuento «La siesta del martes», de Gabriel García Márquez. Léelo y luego contesta las preguntas.

—¿Qué se le ofrece? —preguntó.

—Las llaves del cementerio —dijo la mujer. La niña estaba sentada con las flores en el regazo y los pies cruzados bajo el escaño. El sacerdote la miró, después miró a la mujer y después, a través de la red metálica de la ventana, el cielo brillante y sin nubes.

—Con este calor —dijo—. Han podido esperar a que bajara el sol.

La mujer movió la cabeza en silencio. El sacerdote pasó del otro lado de la baranda, extrajo del armario un cuaderno forrado de hule, un plumero de palo y un tintero, y se sentó a la mesa. El pelo que le faltaba en la cabeza le sobraba en las manos.

—¿Qué tumba van a visitar? —preguntó.

—La de Carlos Centeno —dijo la mujer.

—¿Quién?

—Carlos Centeno —repitió la mujer. El padre siguió sin entender.

—Es el ladrón que mataron aquí la semana pasada —dijo la mujer en el mismo tono—. Yo soy su madre.

1. Este pasaje es una conversación entre _____.

a. una mujer y su hija

b. una mujer y un sacerdote

c. un sacerdote y una niña

d. una mujer y su hijo

2. ¿Qué va a hacer probablemente la niña con las flores?

a. Se las va a regalar a su madre.

b. Se las va a dar al sacerdote.

c. Las va a tirar por el calor.

d. Las va a dejar en la tumba de su hermano.

3. Probablemente el sacerdote mira a la mujer y a su hija a través de la ventana en vez de invitarlas a entrar porque _____.

a. sabe que ellas tienen mucho calor

b. quiere que ellas dejen de molestarlo lo antes posible

c. tiene miedo de ellas

d. sabe que ellas tienen mucha prisa

4. El mejor término para describir la actitud del sacerdote sería _____.

a. compasiva   **c.** impaciente

b. sensible   **d.** indiferente

5. Probablemente el autor incluye una descripción del tiempo _____.

a. para demostrar un contraste entre el día bonito y la situación de la mujer

b. para que el lector entienda mejor las acciones del cura

c. para acentuar cuánto sufre la mujer por la situación

d. para explicar por qué la niña lleva flores

6. El sacerdote no es un personaje sensible en este cuento. ¿Cuál de estas frases ayuda más a que el lector forme una impresión de su insensibilidad?

a. ¿Qué se le ofrece?

b. —Con este calor —dijo—. Han podido esperar a que bajara el sol.

c. ¿Qué tumba van a visitar? —preguntó.

d. El pelo que le faltaba en la cabeza le sobraba en las manos.

Sabine R. Ulibarrí ▶

Mi caballo mago

SABINE R. ULIBARRÍ

El cuentista nuevomexicano Sabine Ulibarrí (1919–2003) llevó toda una vida contando, con voz de diáfana inocencia, su caudal de cuentos sobre la tierra de su niñez. Tierra Amarilla era un sitio mágico de serranías y de llanuras, de ganados y de gentes, cuya vida consistía tanto en arduos trabajos como en hondas satisfacciones. El español, idioma en que escribió Ulibarrí, formaba parte fundamental de la vida de todos en Tierra Amarilla, ya fueran hispanos, gringos o gente indígena de la tribu Pueblo. El lector se embelesa con los recuerdos del autor, al acompañarlo a aquel lugar aislado entre montañas, en el norte del estado de Nuevo México, donde «todo era paz y armonía».

«Mi caballo mago» (1964), de carácter costumbrista y sabor mitológico o legendario, conserva los recuerdos que guardaba el autor de un estilo de vida singular para Norteamérica en el siglo XX. Su estilo alegra el espíritu y cautiva los sentidos. La totalidad de su obra capta, con compasión, con autenticidad y con un profundo sentido poético, las pasiones y los gozos de la vida humana.

Era blanco. Blanco como el olvido. Era libre. Libre como la alegría. Era la ilusión, la libertad y la emoción. Poblaba y dominaba las serranías y las llanuras de las cercanías. Era un caballo blanco que llenó mi juventud de fantasía y poesía.

Alrededor de las fogatas del campo y en las resolanas[1] del pueblo los vaqueros de esas tierras hablaban de él con entusiasmo y admiración. Y la mirada se volvía **turbia**[2] y borrosa de ensueño. La animada charla se apagaba. Todos atentos a la visión evocada. Mito del reino animal. Poema del mundo viril.

Blanco y **arcano**.[3] Paseaba su harén por el bosque de verano en **regocijo**[4] imperial. El invierno decretaba el llano y la ladera para sus hembras. Veraneaba como rey de oriente en su jardín silvestre. Invernaba como guerrero ilustre que celebra la victoria ganada.

Era leyenda. Eran sin fin las historias que se contaban del caballo brujo. Unas verdad, otras invención. Tantas trampas, tantas redes, tantas expediciones. Todas venidas a menos. El caballo siempre se escapaba, siempre se burlaba, siempre se alzaba por encima del dominio de los hombres. ¡Cuánto valedor no juró ponerle su jáquima[5] y su marca para confesar después que el brujo había sido más hombre que él!

Yo tenía quince años. Y sin haberlo visto nunca el brujo me llenaba ya la imaginación y la esperanza. Escuchaba embobado a mi padre y a sus vaqueros hablar del caballo fantasma que al atraparlo se volvía espuma y aire y nada. Participaba de la obsesión de todos, ambición de lotería, de algún día ponerle mi lazo, de hacerlo mío, y **lucirlo**[6] los domingos por la tarde cuando las muchachas salen a paseo por la calle.

Pleno el verano. Los bosques verdes, frescos y alegres. Las **reses**[7] lentas, gordas y luminosas en la sombra y en el sol de agosto. Dormitaba yo en un caballo brioso, lánguido y sutil en el sopor del atardecer. Era hora ya de acercarse a la majada,[8] al buen pan y al rancho del rodeo. Ya los compañeros estarían alrededor de la hoguera agitando la guitarra, contando cuentos del pasado o de hoy o entregándose al cansancio de la tarde. El sol se ponía ya, detrás de mí, en escándalos de rayo y color. Silencio orgánico y denso.

Sigo insensible a las reses al abra. De pronto el bosque se calla. El silencio enmudece. La tarde se detiene. La brisa deja de respirar, pero tiembla. El sol se excita. El planeta, la vida y el tiempo se han detenido de una manera inexplicable. Por un instante no sé lo que pasa.

---

[1] resolanas—lugares protegidos del viento, donde se puede tomar el sol.

[2] **turbia**—revuelta; no transparente.

[3] **arcano**—remoto; difícil de alcanzar o entender.

[4] **regocijo**—gran alegría; júbilo.

[5] jáquima—cabezada o correaje de un caballo, hecha con cordel.

[6] **lucirlo**—ostentarlo; exhibirlo.

[7] **reses** (f.)—ganado; toros y vacas.

[8] majada—cobijo; cobertura nocturna para el ganado.

© Houghton Mifflin Harcourt Publishing Company

Figuras retóricas

En el primer párrafo, el autor incluye diversas figuras retóricas, ¿cuáles son?

_____

_____

_____

Interpretar

¿Qué podría representar para un hombre «ponerle la marca» al caballo?

_____

_____

Enfoque en el estilo

La musicalidad del lenguaje es muy importante para Ulibarrí. ¿Qué te parece excepcional en la construcción de este párrafo?

_____

_____

_____

Figuras retóricas

¿Qué figuras retóricas opuestas emplea el autor en los dos primeros párrafos? ¿Qué efecto produce?

_____

_____

Luego mis ojos aciertan. ¡Allí está! ¡El caballo Mago! Al extremo del abra, en un promontorio, rodeado de verde. Hecho estatua, hecho estampa. Línea y forma y mancha blanca en fondo verde. Orgullo, fama y arte en carne animal. Cuadro de belleza encendida y libertad varonil. Ideal invicto[9] y limpio de la eterna ilusión humana. Hoy palpito todo aún al recordarlo.

Silbido. Reto trascendental que sube y rompe la tela virginal de las nubes rojas. Orejas lanzas. Ojos rayos. Cola viva y ondulante, desafío movedizo. Pezuña tersa y destructiva. Arrogante majestad de los campos.

El momento es eterno. La eternidad momentánea. Ya no está, pero siempre estará. Debió de haber **yeguas**.[10] Yo no las vi. Las reses siguen indiferentes. Mi caballo las sigue y yo vuelvo lentamente del mundo del sueño a la tierra del sudor. Pero ya la vida no volverá a ser lo que antes fue.

Aquella noche bajo las estrellas no dormí. Soñé. Cuánto soñé despierto y cuánto soñé dormido yo no sé. Sólo sé que un caballo blanco pobló mis sueños y los llenó de resonancia y de luz y de violencia.

Pasó el verano y entró el invierno. El verde **pasto**[11] dio lugar a la blanca nieve. Las **manadas**[12] bajaron de las sierras a los valles y cañadas. Y en el pueblo se comentaba que el brujo andaba por este o aquel rincón. Yo **indagaba**[13] por todas partes su **paradero**.[14] Cada día se me hacía más ideal, más imagen, más misterio.

Domingo. Apenas rayaba el sol de la sierra nevada. Aliento vaporoso. Caballo tembloroso de frío y de ansias. Como yo. Salí sin ir a misa. Sin desayunarme siquiera. Sin pan ni sardinas en las alforjas. Había dormido mal y velado bien. Iba en busca de la blanca luz que galopaba en mis sueños.

Al salir del pueblo al campo libre, desaparecen los caminos. No hay **rastro**[15] humano o animal. Silencio blanco, hondo y rutilante.[16] Mi caballo corta el camino con el pecho y deja estela eterna, grieta abierta, en la mar cana. La mirada diestra y atenta puebla el paisaje hasta cada horizonte buscando el noble perfil del caballo místico.

Sería medio día. No sé. El tiempo había perdido su rigor. Di con él. En una ladera contaminada de sol. Nos vimos al mismo tiempo. Juntos nos hicimos piedra. Inmóvil, absorto y jadeante

Aclarar

¿A qué se refiere el autor con la expresión «la mar cana»?

_____

_____

---

[9] **invicto**—triunfante; victorioso; que no ha sido vencido.

[10] **yeguas**—hembras del caballo.

[11] **pasto**—hierba; zacate.

[12] **manadas**—agrupaciones de ganado.

[13] **indagaba**—investigaba; preguntaba; inquiría; averiguaba.

[14] **paradero**—sitio donde se encuentra una persona o un animal.

[15] **rastro**—indicio; señal.

[16] **rutilante**—brillante; resplandeciente.

contemplé su belleza, su arrogancia, su nobleza. Esculpido en mármol, se dejó admirar.

Silbido violento que rompe el silencio. Guante arrojado a la cara. **Desafío**[17] y decreto a la vez. Asombro nuevo. El caballo que en verano se coloca entre la amenaza y la manada, oscilando a distancia de diestra a siniestra, ahora se lanza a la nieve. Más fuerte que ellas, abre la vereda a las yeguas. Y ellas lo siguen. Su fuga es lenta para conservar sus fuerzas.

Sigo. Despacio. Palpitante. Pensando en su inteligencia. Admirando su valentía. Apreciando su cortesía. La tarde se alarga. Mi caballo cebado[18] **a sus anchas**.[19]

Una a una las yeguas se van cansando. Una a una se van quedando a un lado. ¡Solos! Él y yo. La agitación interna rebosa a los labios. Le hablo. Me escucha y calla.

Él abre el camino y yo sigo por la vereda que me deja. Detrás de nosotros una larga y honda zanja blanca que cruza la llanura. El caballo que ha comido grano y buen pasto sigue fuerte. A él, mal nutrido, se le han agotado las fuerzas. Pero sigue porque es él y porque no sabe **ceder**.[20]

Encuentro negro y manchas negras por el cuerpo. La nieve y el sudor han revelado la piel negra bajo el pecho. Mecheros violentos de vapor rompen el aire. Espumarajos blancos sobre la blanca nieve. Sudor, espuma y vapor. Ansia.

Me sentí **verdugo**.[21] Pero ya no había retorno. La distancia entre nosotros se acortaba implacablemente. Dios y la naturaleza indiferentes.

Me siento seguro. Desato el **cabestro**.[22] Abro el lazo. Las riendas tirantes. Cada nervio, cada músculo y el alma en la boca. Espuelas tensas en **ijares**[23] temblorosos. Arranca el caballo. Remolineo el cabestro y lanzo el lazo obediente.

Vértigo de furia y rabia. Remolinos de luz y abanicos de transparente nieve. Cabestro que silba y quema en la teja de la silla. Guantes violentos que humean. Ojos ardientes en sus pozos. Boca seca. Frente caliente. Y el mundo se sacude y se estremece. Y se acaba la larga zanja blanca en un ancho charco blanco.

Sosiego jadeante y denso. El caballo mago es mío. Temblorosos ambos, nos miramos de hito en hito por un largo rato. Inteligente y realista, deja de **forcejar**[24] y hasta toma un paso hacia mí. Yo le hablo. Hablándole me acerco. Primero recula. Luego me espera.

---

[17] **desafío**—reto; guante arrojado a la cara.

[18] **cebado**—alimentado.

[19] **a sus anchas**—a su gusto; sin impedimento.

[20] **ceder**—darse por vencido; rendirse.

[21] **verdugo**—el que ejecuta la pena de muerte.

[22] **cabestro**—cuerda que se ata a la cabeza o al cuello de un caballo para llevarlo.

[23] **ijares** (m.)—parte del cuerpo situada entre las costillas y la cadera.

[24] **forcejar**—forcejear; esforzarse por escapar; luchar.

© Houghton Mifflin Harcourt Publishing Company

Comprender

¿Cuál es el desafío?

_____

_____

Interpretar

¿Qué quiere decir el narrador con la frase «me sentí verdugo»?

_____

_____

Conectar

En este cuento, el color blanco se menciona 15 veces. Ulibarrí lo emplea para simbolizar la pureza y la inocencia. ¿En qué otra obra de la literatura de lectura obligatoria son igualmente importantes las referencias cromáticas?

_____

Hasta que los dos caballos se saludan a la manera suya. Y por fin llego a alisarle la **crin**.[25] Le digo muchas cosas, y parece que me entiende.

Por delante y por las huellas de antes lo dirigí hacia el pueblo. Triunfante. **Exaltado**.[26] Una risa infantil me brotaba. Yo, varonil, la dominaba. Quería cantar y pronto me olvidaba. Quería gritar pero callaba. Era un manojo de alegría. Era el orgullo del hombre adolescente. Me sentí conquistador.

El Mago ensayaba la libertad una y otra vez, arrancándome de mis meditaciones abruptamente. Por unos instantes se armaba la lucha otra vez. Luego seguíamos.

Fue necesario pasar por el pueblo. No había remedio. Sol poniente. Calles de hielo y gente en los portales. El Mago lleno de terror y pánico por la primera vez. Huía y mi caballo herrado lo detenía. Se resbalaba y caía de costalazo. Yo lloré por él. La indignidad. La humillación. La **alteza**[27] venida a menos. Le rogaba que no forcejara, que se dejara llevar. ¡Cómo me dolió que lo vieran así los otros!

Por fin llegamos a la casa. «¿Qué hacer contigo, Mago? Si te meto en el establo o en el corral, de seguro te haces daño. Además sería un insulto. No eres esclavo. No eres criado. Ni siquiera eres animal.» Decidí soltarlo en el **potrero**.[28] Allí podría el Mago irse acostumbrando poco a poco a mi amistad y compañía. De ese potrero no se había escapado nunca un animal.

Mi padre me vio llegar y me esperó sin hablar. En la cara le jugaba una sonrisa y en los ojos le bailaba una **chispa**.[29] Me vio quitarle el cabestro al Mago y los dos lo vimos alejarse, pensativos. Me estrechó la mano un poco más fuerte que de ordinario y me dijo: «Esos son hombres.» Nada más. Ni hacía falta. Nos entendíamos mi padre y yo muy bien. Yo hacía el papel de *muy hombre* pero aquella risa infantil y aquel grito que me andaban por dentro por poco **estropean**[30] la impresión que yo quería dar.

Aquella noche casi no dormí y cuando dormí no supe que dormía. Pues el soñar es igual, cuando se sueña de veras, dormido o despierto. Al amanecer yo ya estaba de pie. Tenía que ir a ver al Mago. En cuanto aclaró salí al frío a buscarlo.

El potrero era grande. Tenía un bosque y una cañada. No se veía el Mago en ninguna parte pero yo me sentía seguro. Caminaba despacio, la cabeza toda llena de los **acontecimientos**[31] de ayer y de los proyectos de mañana. De pronto me di cuenta

© Houghton Mifflin Harcourt Publishing Company

---

[25] **crin** (f.)—pelo largo que crece en la parte superior del pescuezo del caballo.

[26] **exaltado**—muy emocionado.

[27] **alteza**—orgullo; soberbia; arrogancia.

[28] **potrero**—lugar de pasto para los caballos.

[29] **chispa**—partícula encendida que salta de la lumbre.

[30] **estropean**—dañan.

[31] **acontecimientos**—sucesos de cierta importancia; cosas importantes que ocurren.

Evaluar

¿Crees que fue una buena decisión soltar al Mago en el potrero, de donde «no se había escapado nunca un animal»?

_____

_____

Interpretar

El narrador sofoca la «risa infantil» y un grito. ¿Por qué crees que lo hace?

_____

_____

_____

que había andado mucho. Aprieto el paso. Miro aprensivo a todos lados. Empieza a entrarme el miedo. Sin saber voy corriendo. Cada vez más rápido.

No está. El Mago se ha escapado. Recorro cada rincón donde pudiera haberse **agazapado**.[32] Sigo la huella. Veo que durante toda la noche el Mago anduvo sin cesar buscando, olfateando, una salida. No la encontró. La inventó.

Seguí la huella que se dirigía directamente a la cerca. Y vi como el rastro no se detenía sino continuaba del otro lado. El alambre era de púas. Y había manchas rojas en la nieve y gotitas rojas en las huellas del otro lado de la cerca.

Allí me detuve. No fui más allá. Sol radiante en la cara. Ojos nublados y llenos de luz. Lágrimas infantiles en mejillas varoniles. Grito hecho nudo en la garganta. Sollozos espaciosos y silenciosos.

Allí me quedé y me olvidé de mí y del mundo y del tiempo. No sé cómo estuvo, pero mi tristeza era gusto. Lloraba de alegría. Estaba celebrando, por mucho que me dolía, la fuga y la libertad del Mago, la trascendencia de ese espíritu indomable. Ahora seguiría siendo el ideal, la ilusión y la emoción. El Mago era un absoluto. A mí me había enriquecido la vida para siempre.

Allí me halló mi padre. Se acercó sin decir nada y me puso el brazo sobre el hombro. Nos quedamos mirando la zanja blanca con flecos de rojo que se dirigía al sol rayante.

---

[32] **agazapado**—escondido; ocultado.

Enfoque en el estilo

¿Crees que esta obra tiene más características de la lírica o de la épica? Justifica tu respuesta.

_____

_____

PREGUNTAS

*Para conocer más a fondo el texto que has leído, responde a las siguientes preguntas. Tu propósito será uno de éstos, según indique tu profesor/a: **a.** prepararte para participar en un coloquio con tus compañeros de clase; **b.** prepararte para dar una presentación oral; **c.** bosquejar tus ideas por escrito para intercambiarlas con tus compañeros de clase; o **d.** escribir un ensayo formal.*

1. Describe en tus propias palabras el proceso de cambio que sufre el joven protagonista desde el comienzo hasta el fin de la historia.

2. El padre del protagonista, al ver que éste ha traído al potrero al caballo Mago, lo ve llegar y lo espera sin hablar. Sólo le dice, «Esos son hombres». ¿Qué quiere decir con esto?

3. Justifica, dentro del contexto del cuento, la alegría que siente el protagonista al final del cuento, al decir, «mi tristeza era gusto».

4. Comenta tus impresiones de la técnica narrativa de Ulibarrí, en este cuento. ¿Qué encuentras de notable o de diferente en la forma de Ulibarrí de labrar sus frases? ¿Qué efecto surte esta técnica estilística?

Análisis literario

«Mi caballo mago»

Considera este pasaje del cuento «Mi caballo mago», de Sabine R. Ulibarrí. Después de leerlo, contesta las preguntas a continuación.

Sigo insensible a las reses al abra. De pronto el bosque se calla. El silencio enmudece. La tarde se detiene. La brisa deja de respirar, pero tiembla. El sol se excita. El planeta, la vida y el tiempo se han detenido de una manera inexplicable. Por un instante no sé lo que pasa.

Luego mis ojos aciertan. ¡Allí está! ¡El caballo Mago! Al extremo del abra, en un promontorio, rodeado de verde. Hecho estatua, hecho estampa. Línea y forma y mancha blanca en fondo verde. Orgullo, fama y arte en carne animal. Cuadro de belleza encendida y libertad varonil. Ideal invicto y limpio de la eterna ilusión humana. Hoy palpito todo aún al recordarlo.

Silbido. Reto trascendental que sube y rompe la tela virginal de las nubes rojas. Orejas lanzas. Ojos rayos. Cola viva y ondulante, desafío movedizo. Pezuña tersa y destructiva. Arrogante majestad de los campos.

El momento es eterno. La eternidad momentánea. Ya no está, pero siempre estará. Debió de haber yeguas. Yo no las vi. Las reses siguen indiferentes. Mi caballo las sigue y yo vuelvo lentamente del mundo del sueño a la tierra del sudor. Pero ya la vida no volverá a ser lo que antes fue.

I. El autor escribe que, en un momento, la «brisa deja de respirar» y que el «sol se excita». Estas dos frases son ejemplos de _____.
- **a.** hipérbaton
- **c.** analogía
- **b.** oxímoron
- **d.** personificación

2. Al afirmar que la naturaleza que rodea al protagonista parece detenerse, el autor le comunica al lector que _____.
- **a.** el protagonista está tan emocionado que es incapaz de moverse durante un tiempo
- **b.** está a punto de ocurrir un acontecimiento de importancia en la vida del protagonista

- **c.** un cambio de condiciones climatológicas prefigura un cambio en la situación
- **d.** el narrador está de repente dominado por una sensación de terror

3. En el tercero y cuarto párrafos, el autor emplea una serie de frases que carecen de verbos y en las que predominan los sustantivos. El uso de esta técnica ayuda al lector a percibir que _____.
- **a.** el protagonista sospecha que va a ver al caballo mago ese día antes de que aparezca
- **b.** el protagonista es muy joven, y su capacidad de expresarse es todavía limitada
- **c.** las primeras impresiones del protagonista al ver al caballo son fragmentadas e intensas
- **d.** el caballo corre tan rápido que el protagonista apenas tiene tiempo para verlo

4. Al escribir que «palpito todo aún al recordarlo», el autor demuestra que el protagonista _____.
- **a.** no ha madurado en el tiempo que ha pasado desde que vio al caballo
- **b.** relata su historia mucho tiempo después de los sucesos ocurridos
- **c.** no confía del todo en su memoria en cuanto a los sucesos que describe
- **d.** lamenta que no haya tenido más experiencias como la de ver al caballo

5. Las palabras «eternidad momentánea» son un ejemplo de _____.
- **a.** una metáfora
- **c.** un encabalgamiento
- **b.** un símil
- **d.** un oxímoron

6. Al decir que «no está, pero siempre estará», el protagonista quiere decir que _____.
- **a.** sabe que en realidad nunca volverá a ver al caballo
- **b.** se alegra de haber realizado su sueño más importante
- **c.** ese momento permanecerá siempre en su memoria
- **d.** está arrepentido de haber visto al caballo

Gabriel García Márquez ▶

El ahogado más hermoso del mundo

GABRIEL GARCÍA MÁRQUEZ

En «El ahogado más hermoso del mundo» (1968), Gabriel García Márquez trata la capacidad del ser humano de convertir un suceso en mito por obra de la fantasía. Todos los elementos de la fábula están aquí presentes: es una historia corta que tiene por personaje un ser inanimado; y hay, al final, un cambio en el comportamiento del pueblo. El pueblo, sin distinción de personalidades, es, como tantas veces ocurre en García Márquez, protagonista de la narración: aquí, un pueblo cambiado para siempre por el ahogado más hermoso, más descomunal, más sencillo, más humilde, más servicial y más encantador que existió jamás en ningún pueblo de la tierra.

Los primeros niños que vieron el promontorio oscuro y **sigiloso**[1] que se acercaba por el mar, se hicieron la ilusión de que era un barco enemigo. Después vieron que no llevaba banderas ni arboladura,[2] y pensaron que fuera una ballena. Pero cuando quedó varado[3] en la playa le quitaron los matorrales de sargazos,[4] los filamentos de medusas[5] y los restos de cardúmenes[6] y **naufragios**[7] que llevaba encima, y sólo entonces descubrieron que era un ahogado.

---

[1] **sigiloso**—silencioso; secreto; misterioso.

[2] arboladura—palos; mástiles para velas.

[3] varado—encallado; atascado.

[4] sargazos—algas; plantas que crecen en el mar, en ciertas regiones algo protegidas y menos profundas.

[5] medusas—celentéreos; animales marinos, transparentes y gelatinosos, en forma de campana.

[6] cardúmenes (m.)—grupos de peces en que todos ellos se mueven en el mismo sentido y al mismo tiempo.

[7] **naufragios**—desastres marítimos; hundimientos de barcos.

© Houghton Mifflin Harcourt Publishing Company

Habían jugado con él toda la tarde, enterrándolo y desenterrándolo en la arena, cuando alguien los vio por casualidad y dio la voz de alarma en el pueblo. Los hombres que lo cargaron hasta la casa más próxima notaron que pesaba más que todos los muertos conocidos, casi tanto como un caballo, y se dijeron que tal vez había estado demasiado tiempo **a la deriva**[8] y el agua se le había metido dentro de los huesos. Cuando lo tendieron en el suelo vieron que había sido mucho más grande que todos los hombres, pues apenas si cabía en la casa, pero pensaron que tal vez la facultad de seguir creciendo después de la muerte estaba en la naturaleza de ciertos ahogados. Tenía el olor del mar, y sólo la forma permitía suponer que era el cadáver de un ser humano, porque su piel estaba revestida[9] de una coraza[10] de rémora[11] y de lodo.

No tuvieron que limpiarle la cara para saber que era un muerto **ajeno**.[12] El pueblo tenía apenas unas veinte casas de tablas, con patios de piedras sin flores, desperdigadas[13] en el extremo de un cabo desértico. La tierra era tan escasa, que las madres andaban siempre con el temor de que el viento se llevara a los niños, y a los pocos muertos que les iban causando los años tenían que tirarlos en los **acantilados**.[14] Pero el mar era manso y **pródigo**,[15] y todos los hombres cabían en siete botes. Así que cuando se encontraron el ahogado les bastó con mirarse los unos a los otros para darse cuenta de que estaban completos.

Aquella noche no salieron a trabajar en el mar. Mientras los hombres averiguaban si no faltaba alguien en los pueblos vecinos, las mujeres se quedaron cuidando al ahogado. Le quitaron el lodo con tapones de esparto,[16] le desenredaron del cabello los abrojos[17] submarinos y le rasparon la rémora con fierros de desescamar pescados. A medida que lo hacían, notaron que su vegetación era de océanos remotos y de aguas profundas, y que sus ropas estaban en **piltrafas**,[18] como si hubiera navegado

---

[8] **a la deriva**—flotando sin rumbo; al garete.

[9] revestida—cubierta.

[10] coraza—concha o capa.

[11] rémora—pez que se fija a los objetos flotantes.

[12] ajeno—extraño; de otro lugar.

[13] desperdigadas—dispersas; regadas.

[14] **acantilados**—precipicios.

[15] **pródigo**—muy generoso.

[16] esparto—planta que contiene fibras, las cuales se usan para fabricar escobas, esteras, tapones y otras cosas.

[17] abrojos—plantas espinosas.

[18] **piltrafas**—trapos; andrajos; pedazos inservibles.

© Houghton Mifflin Harcourt Publishing Company

Subraya en el primer párrafo del cuento las distintas apariencias que toma quien finalmente resulta ser un ahogado.

¿Qué tipo de argumentos ensayan los hombres para explicar el peso y el tamaño del muerto? ¿Son racionales?

_____

_____

_____

¿Qué imagen del pueblo ofrece esta descripción? ¿Qué se nos dice del carácter de sus habitantes?

_____

_____

_____

Determinar causa y efecto

El develamiento es completo y el ahogado queda totalmente descubierto. ¿Cuál es el efecto que produce la exposición total, y por qué?

_____

_____

Conectar

¿Con qué otras figuras de la cultura y el arte puedes asociar estos poderes sobrehumanos?

_____

_____

por entre laberintos de corales. Notaron también que sobrellevaba[19] la muerte con **altivez**,[20] pues no tenía el **semblante**[21] solitario de los otros ahogados del mar, ni tampoco la catadura[22] sórdida y **menesterosa**[23] de los ahogados **fluviales**.[24] Pero solamente cuando acabaron de limpiarlo tuvieron conciencia de la clase de hombre que era, y entonces se quedaron sin aliento. No sólo era el más alto, el más fuerte, el más viril y el mejor armado que habían visto jamás, sino que todavía cuando lo estaban viendo no les cabía en la imaginación.

No encontraron en el pueblo una cama bastante grande para tenderlo ni una mesa bastante sólida para **velarlo**.[25] No le vinieron los pantalones de fiesta de los hombres más altos, ni las camisas dominicales de los más **corpulentos**,[26] ni los zapatos del mejor plantado. Fascinadas por su desproporción y su hermosura, las mujeres decidieron entonces hacerle unos pantalones con un buen pedazo de vela cangreja,[27] y una camisa de bramante[28] de novia, para que pudiera continuar su muerte con dignidad. Mientras cosían sentadas en círculo, contemplando el cadáver entre puntada y puntada, les parecía que el viento no había sido nunca tan **tenaz**[29] ni el Caribe había estado nunca tan ansioso como aquella noche, y suponían que esos cambios tenían algo que ver con el muerto. Pensaban que si aquel hombre magnífico hubiera vivido en el pueblo, su casa habría tenido las puertas más anchas, el techo más alto y el piso más firme, y el bastidor[30] de su cama habría sido de cuadernas maestras[31] con pernos[32] de hierro, y su mujer habría sido la más feliz. Pensaban que habría tenido tanta autoridad que hubiera sacado los peces del mar con sólo llamarlos por sus nombres, y habría puesto tanto empeño en el trabajo que hubiera hecho brotar manantiales de entre las piedras más áridas y hubiera podido sembrar flores en los acantilados. Lo compararon en secreto con sus propios hombres, pensando que no serían capaces de hacer en toda una vida lo que

---

[19] sobrellevaba—soportaba.

[20] **altivez**—orgullo; altanería; soberbia.

[21] **semblante** (m.)—cara; aspecto; expresión.

[22] catadura—aspecto; apariencia.

[23] **menesterosa**—necesitada.

[24] **fluviales**—de los ríos.

[25] **velarlo**—acompañar su cadáver durante la noche, hasta enterrarlo.

[26] **corpulentos**—grandes de cuerpo.

[27] vela cangreja—vela de un barco, de forma trapezoide.

[28] bramante (m.)—cordel; especie de cuerda; hilo de cáñamo.

[29] **tenaz**—persistente.

[30] bastidor—armadura; armazón.

[31] cuadernas maestras—piezas principales de la armadura de un barco.

[32] pernos—tornillos.

aquél era capaz de hacer en una noche, y terminaron por repudiarlos en el fondo de sus corazones como los seres más escuálidos y **mezquinos**[33] de la tierra. Andaban **extraviadas**[34] por estos **dédalos**[35] de fantasía, cuando la más vieja de las mujeres, que por ser la más vieja había contemplado al ahogado con menos pasión que compasión, suspiró:

—Tiene cara de llamarse Esteban.

Era verdad. A la mayoría le bastó con mirarlo otra vez para comprender que no podía tener otro nombre. Las más **porfiadas**,[36] que eran las más jóvenes, se mantuvieron con la **ilusión**[37] de que al ponerle la ropa, tendido entre flores y con unos zapatos de charol, pudiera llamarse Lautaro. Pero fue una ilusión vana. El lienzo resultó escaso, los pantalones mal cortados y peor cosidos le quedaron estrechos, y las fuerzas ocultas de su corazón hacían saltar los botones de la camisa. Después de la medianoche se adelgazaron los silbidos del viento y el mar cayó en el **sopor**[38] del miércoles. El silencio acabó con las últimas dudas: era Esteban. Las mujeres que lo habían vestido, las que lo habían peinado, las que le habían cortado las uñas y raspado la barba no pudieron reprimir un estremecimiento de compasión cuando tuvieron que resignarse a dejarlo tirado por los suelos. Fue entonces cuando comprendieron cuánto debió haber sido de infeliz con aquel cuerpo **descomunal**,[39] si hasta después de muerto le estorbaba. Lo vieron condenado en vida a pasar de medio lado por las puertas, a **descalabrarse**[40] con los travesaños, a permanecer de pie en las visitas sin saber qué hacer con sus tiernas y rosadas manos de **buey de mar**,[41] mientras la dueña de la casa buscaba la silla más resistente y le suplicaba muerta de miedo siéntese aquí Esteban, hágame el favor, y él recostado contra las paredes, sonriendo, no se preocupe señora, así estoy bien, con los talones en carne viva y las espaldas **escaldadas**[42] de tanto repetir lo mismo en todas las visitas, no se preocupe señora, así estoy bien, sólo para no pasar por la vergüenza de desbaratar la silla, y acaso sin haber sabido nunca que quienes le decían no te vayas Esteban, espérate siquiera hasta que hierva el café, eran los mismos que después susurraban ya se fue el bobo grande, qué bueno, ya se fue el tonto hermoso. Esto pensaban las mujeres frente al cadáver

---

[33] **mezquinos**—tacaños; egoístas; indignos.

[34] **extraviadas**—perdidas.

[35] **dédalos**—laberintos.

[36] **porfiadas**—insistentes; obstinadas.

[37] **ilusión**—esperanza.

[38] **sopor**—adormecimiento; modorra; atmósfera soñolienta.

[39] **descomunal**—enorme; grandísimo.

[40] **descalabrarse**—romperse la crisma; darse golpes en la cabeza.

[41] **buey de mar**—mamífero marino; manatí.

[42] **escaldadas**—quemadas; escocidas; rojas por irritadas.

© Houghton Mifflin Harcourt Publishing Company

Comparar

Contrasta los sentimientos de las mujeres hacia Esteban en este pasaje con el de más arriba, cuando imaginaban un mundo a medida de él. ¿Cómo cambia la percepción que tienen de Esteban?

Enfoque en el estilo

¿Cómo se modifica la estructura narrativa en este punto del relato?

Conectar

¿Con qué géneros de entretenimiento y espectáculo popular se emparenta aquí la fantasía de las mujeres?

_____

_____

Comprender

¿Cuál es el conflicto que empieza a presentarse?

_____

_____

Figuras retóricas

¿Qué figura es «los buzos se mueren de nostalgia»? Explica con tus palabras el significado de la frase.

_____

_____

un poco antes del amanecer. Más tarde, cuando le taparon la cara con un pañuelo para que no le molestara la luz, lo vieron tan muerto para siempre, tan indefenso, tan parecido a sus hombres, que se les abrieron las primeras **grietas**[43] de lágrimas en el corazón. Fue una de las más jóvenes la que empezó a sollozar. Las otras, alentándose entre sí, pasaron de los suspiros a los lamentos, y mientras más sollozaban más deseos sentían de llorar, porque el ahogado se les iba volviendo cada vez más Esteban, hasta que lo lloraron tanto que fue el hombre más **desvalido**[44] de la tierra, el más manso y el más **servicial**,[45] el pobre Esteban. Así que cuando los hombres volvieron con la noticia de que el ahogado no era tampoco de los pueblos vecinos, ellas sintieron un vacío de júbilo entre las lágrimas.

—¡Bendito sea Dios —suspiraron—: es nuestro!

Los hombres creyeron que aquellos **aspavientos**[46] no eran más que frivolidades de mujer. Cansados de las tortuosas averiguaciones de la noche, lo único que querían era quitarse de una vez el estorbo del intruso antes de que prendiera el sol bravo de aquel día árido y sin viento. Improvisaron unas **angarillas**[47] con restos de **trinquetes**[48] y **botavaras**,[49] y las amarraron con **carlingas de altura**,[50] para que resistieran el peso del cuerpo hasta los acantilados. Quisieron encadenarle a los tobillos un ancla de buque mercante para que **fondeara**[51] sin tropiezos en los mares más profundos donde los peces son ciegos y los **buzos**[52] se mueren de nostalgia, de manera que las malas corrientes no fueran a devolverlo a la orilla, como había sucedido con otros cuerpos. Pero mientras más se apresuraban, más cosas se les ocurrían a las mujeres para perder el tiempo. Andaban como gallinas asustadas picoteando amuletos de mar en los **arcones**,[53] unas estorbando aquí porque querían ponerle al ahogado los **escapularios**[54] del buen viento, otras estorbando allá para abrocharle una pulsera de orientación, y al cabo de tanto quítate

---

[43] **grietas**—rajaduras; roturas.

[44] **desvalido**—indefenso; abandonado.

[45] **servicial**—dispuesto a ayudar al prójimo.

[46] **aspavientos**—demostraciones exageradas.

[47] angarillas—camillas; camas portátiles, parecidas a hamacas.

[48] trinquetes (m.)—velas que se encuentran en el palo inmediato a la proa de un barco.

[49] botavaras—palos horizontales del mástil que sirven para sujetar la vela cangreja.

[50] carlingas de altura—piezas fuertes paralelas, encontradas en la quilla de un barco, para reforzarla.

[51] **fondeara**—quedara en el fondo del mar.

[52] **buzos**—personas que se sumergen en el mar con el auxilio de un aparato respiratorio.

[53] **arcones**—arcas grandes; cajones.

[54] escapularios—piezas o estuches colgantes para llevar objetos devotos al cuello.

de ahí mujer, ponte donde no estorbes, mira que casi me haces caer sobre el difunto, a los hombres se les subieron al hígado[55] las suspicacias y empezaron a **rezongar**[56] que con qué objeto tanta ferretería de altar mayor para un forastero, si por muchos estoperoles[57] y calderetas[58] que llevara encima se lo iban a masticar los tiburones, pero ellas seguían tripotando[59] sus reliquias de pacotilla,[60] llevando y trayendo, tropezando, mientras se les iba en suspiros lo que no se les iba en lágrimas, así que los hombres terminaron por despotricar[61] que de cuándo acá semejante **alboroto**[62] por un muerto **al garete**,[63] un ahogado de nadie, un fiambre[64] de mierda . . . Una de las mujeres, mortificada por tanta insolencia, le quitó entonces al cadáver el pañuelo de la cara, y también los hombres se quedaron sin aliento.

Era Esteban. No hubo que repetirlo para que lo reconocieran. Si les hubieran dicho sir Walter Raleigh, quizás hasta ellos se habrían impresionado con su acento de gringo, con su guacamaya[65] en el hombro, con su arcabuz[66] de matar caníbales, pero Esteban solamente podía ser uno en el mundo, y allí estaba tirado como un sábalo,[67] sin botines, con unos pantalones de **sietemesino**[68] y esas uñas rocallosas que sólo podían cortarse a cuchillo. Bastó con que le quitaran el pañuelo de la cara para darse cuenta de que estaba avergonzado, de que no tenía la culpa de ser tan grande, ni tan pesado ni tan hermoso, y si hubiera sabido que aquello iba a suceder habría buscado un lugar más discreto para ahogarse, en serio, me hubiera amarrado yo mismo un áncora de **galeón**[69] en el cuello y hubiera trastabillado[70] como quien no quiere la cosa por los acantilados, para no andar ahora estorbando con este muerto de miércoles, como ustedes dicen,

© Houghton Mifflin Harcourt Publishing Company

[55] hígado—órgano glandular; simbólicamente, valor o falta de escrúpulo.

[56] **rezongar**—quejarse entre dientes.

[57] estoperoles (m.)—peroles; vasijas metálicas con figura de media esfera.

[58] calderetas—piletas de agua bendita.

[59] tripotando—arreglando.

[60] de pacotilla—corrientes; de poco valor.

[61] despotricar—rebelarse; protestar.

[62] **alboroto**—tumulto; jaleo; escándalo.

[63] **al garete**—flotando sin rumbo; a la deriva.

[64] fiambre (m.)—carne curada que se puede comer fría; aquí se refiere al cadáver de Esteban.

[65] guacamaya—hembra de una especie de loro, o cotorra.

[66] arcabuz (m.)—arma de fuego antigua.

[67] sábalo—pez marino comestible, de aleta dorsal corta.

[68] **sietemesino**—nacido prematuramente, con sólo 7 meses de gestación.

[69] **galeón**—barco español grande, de velas, con 3 ó 4 mástiles, muy usado en los siglos XVII y XVIII.

[70] trastabillado—tropezado.

Enfoque en el estilo

El conflicto se agudiza. ¿Cómo lo refleja formalmente el texto?

_____

_____

_____

Comprender

¿Cómo se resuelve el conflicto? Busca en el cuento otros actos similares.

_____

_____

Comprender

¿Por qué los hombres se conmueven también con el ahogado?

_____

_____

Elaborar

¿Cómo modifica la vida del pueblo el ahogado? ¿Qué conclusión extraes del final de la historia?

_____

_____

para no molestar a nadie con esta porquería de fiambre que no tiene nada que ver conmigo. Había tanta verdad en su modo de estar, que hasta los hombres más suspicaces,[71] los que sentían amargas las minuciosas noches del mar temiendo que sus mujeres se cansaran de soñar con ellos para soñar con los ahogados, hasta ésos, y otros más duros, se estremecieron en los **tuétanos**[72] con la sinceridad de Esteban.

Fue así como le hicieron los funerales más espléndidos que podían concebirse para un ahogado expósito.[73] Algunas mujeres que habían ido a buscar flores en los pueblos vecinos regresaron con otras que no creían lo que les contaban, y éstas se fueron por más flores cuando vieron al muerto, y llevaron más y más, hasta que hubo tantas flores y tanta gente que apenas si se podía caminar. A última hora les dolió devolverlo huérfano a las aguas, y le eligieron un padre y una madre entre los mejores, y otros se le hicieron hermanos, tíos y primos, así que a través de él todos los habitantes del pueblo terminaron por ser parientes entre sí. Algunos marineros que oyeron el llanto a la distancia perdieron la certeza del rumbo, y se supo de uno que se hizo amarrar al palo mayor,[74] recordando antiguas fábulas de sirenas. Mientras se disputaban el privilegio de llevarlo en hombros por la pendiente escarpada[75] de los acantilados, hombres y mujeres tuvieron conciencia por primera vez de la desolación de sus calles, la aridez de sus patios, la **estrechez**[76] de sus sueños, frente al esplendor y la hermosura de su ahogado. Lo soltaron sin ancla, para que volviera si quería, y cuando lo quisiera, y todos retuvieron el aliento durante la fracción de siglos que demoró la caída del cuerpo hasta el abismo. No tuvieron necesidad de mirarse los unos a los otros para darse cuenta de que ya no estaban completos, ni volverían a estarlo jamás. Pero también sabían que todo sería diferente desde entonces, que sus casas iban a tener las puertas más anchas, los techos más altos, los pisos más firmes, para que el recuerdo de Esteban pudiera andar por todas partes sin tropezar con los travesaños, y que nadie se atreviera a susurrar en el futuro ya murió el bobo grande, qué lástima, ya murió el tonto hermoso, porque ellos iban a pintar las **fachadas**[77] de colores alegres para eternizar[78] la memoria de

---

[71] suspicaces—desconfiados.

[72] **tuétanos**—canales de los huesos; en sentido figurado, lo más profundo del ser.

[73] expósito—abandonado; se dice de un recién nacido dejado en un lugar público.

[74] palo mayor—mástil principal.

[75] pendiente escarpada—cuesta empinada; falda precipitosa de una montaña.

[76] **estrechez**—pequeñez.

[77] **fachadas**—frentes de las casas.

[78] eternizar—conservar para siempre.

© Houghton Mifflin Harcourt Publishing Company

Esteban, y se iban a romper el **espinazo**[79] excavando manantiales en las piedras y sembrando flores en los acantilados, para que en los amaneceres de los años venturos[80] los pasajeros de los grandes barcos despertaran sofocados por un olor de jardines en altamar, y el capitán tuviera que bajar de su alcázar[81] con su uniforme **de gala**,[82] con su astrolabio,[83] su estrella polar y su ristra[84] de medallas de guerra, y señalando el promontorio de rosas en el horizonte del Caribe dijera en catorce idiomas, miren allá, donde el viento es ahora tan manso que se queda a dormir debajo de las camas, allá, donde el sol brilla tanto que no saben hacia dónde girar los **girasoles**,[85] sí, allá, es el pueblo de Esteban.

---

[79] **espinazo**—columna vertebral; por extensión, la espalda.

[80] venturos—venideros; que han de venir; futuros.

[81] alcázar (m.)—en los barcos, puente de mando; el puesto del capitán.

[82] **de gala**—para ocasiones especiales; elegante.

[83] astrolabio—instrumento de navegación.

[84] ristra—sarta; hilera; serie; conjunto.

[85] **girasoles**—flores que giran sobre su tallo para estar siempre de cara al sol.

© Houghton Mifflin Harcourt Publishing Company

Enfoque en el estilo

¿Qué elemento está presente en el comienzo y el final de la historia? ¿Qué representa en la estructura del cuento su transformación?

_____

_____

_____

PREGUNTAS

Para conocer más a fondo el texto que has leído, responde a las siguientes preguntas. Tu propósito será uno de éstos, según indique tu profesor/a: a. prepararte para participar en un coloquio con tus compañeros de clase; b. prepararte para dar una presentación oral; c. bosquejar tus ideas por escrito para intercambiarlas con tus compañeros de clase; o d. escribir un ensayo formal.

1. Las mujeres, en sus faenas de cuidar del muerto, lo llegan a conocer antes que los hombres. ¿Qué hizo falta para que los hombres también se dieran cuenta de la descomunal sinceridad y verdad de Esteban? Comenta este hecho sencillo.

2. A Esteban vamos conociéndolo poco a poco, como si fuera creándose, o siendo creado, conforme se desenvuelve el cuento. Busca las diferentes etapas de su evolución comenzando con la primera, en que lo conocemos solamente como un «promontorio oscuro y sigiloso», y compáralas unas con otras.

3. ¿Cómo era el pueblo antes de que llegara a él el ahogado más hermoso del mundo? ¿Qué cambios produce este muerto en un pueblo de vivos?

4. Una técnica literaria frecuente en cuentos de García Márquez es la hipérbole, o sea, el uso de los superlativos. Analiza la función que tiene su uso en «El ahogado más hermoso del mundo».

Análisis literario

«El ahogado más hermoso del mundo»

Este texto, que forma parte del cuento «El ahogado más hermoso del mundo», de Gabriel García Márquez, describe lo que ocurre después de que un ahogado queda varado en la playa de un pueblo costero. Léelo y luego contesta las preguntas.

Aquella noche no salieron a trabajar en el mar. Mientras los hombres averiguaban si no faltaba alguien en los pueblos vecinos, las mujeres se quedaron cuidando al ahogado. Le quitaron el lodo con tapones de esparto, le desenredaron del cabello los abrojos submarinos y le rasparon la rémora con fierros de desescamar pescados. A medida que lo hacían, notaron que su vegetación era de océanos remotos y de aguas profundas, y que sus ropas estaban en piltrafas, como si hubiera navegado por entre laberintos de corales. Notaron también que sobrellevaba la muerte con altivez, pues no tenía el semblante solitario de los otros ahogados del mar, ni tampoco la catadura sórdida y menesterosa de los ahogados fluviales. Pero solamente cuando acabaron de limpiarlo tuvieron conciencia de la clase de hombre que era, y entonces se quedaron sin aliento. No sólo era el más alto, el más fuerte, el más viril y el mejor armado que habían visto jamás, sino que todavía cuando lo estaban viendo no les cabía en la imaginación.

1. Las acciones de la gente del pueblo sugieren que _____.
   a. la llegada del ahogado es un acontecimiento de importancia para ellos
   b. no quieren interrumpir su rutina diaria por la llegada del ahogado
   c. a las mujeres les da miedo la idea de tocar un cadáver
   d. las mujeres y los hombres normalmente se ocupan de las mismas actividades

2. La actitud de las mujeres al comenzar a atender al ahogado hace pensar que _____.
   a. para ellas, ocuparse de un muerto es una actividad muy poco frecuente
   b. casi nunca muere ahogada la gente de ese pueblo
   c. para ellas, cuidar de un muerto es una actividad de mucha importancia espiritual
   d. limpiar un cadáver es una actividad como cualquier otra

3. La descripción del ahogado hace suponer que _____.
   a. probablemente es de un pueblo cercano
   b. ha estado mucho tiempo en el mar
   c. murió hace muy poco tiempo
   d. en realidad no murió ahogado

4. Al parecer, para la gente del pueblo, morir ahogado en un río _____.
   a. es una muerte menos digna que morir ahogado en el mar
   b. deja al ahogado con una expresión tranquila en la cara
   c. es una forma muy solitaria de morir
   d. no es muy diferente de morir ahogado en el mar

5. Este pasaje es _____.
   a. una descripción sencilla y realista de un suceso
   b. una narración fantástica sin ningún elemento que parezca verosímil
   c. una descripción conmovedora de la muerte de un ser humano
   d. una combinación de sucesos de la vida cotidiana y elementos fantásticos

6. Las mujeres se quedan sin aliento porque _____.
   a. cuidar al ahogado fue mucho trabajo
   b. creen reconocer al ahogado
   c. les da pena que nadie reconozca al ahogado
   d. el cuerpo del ahogado es muy bello

Hacia un mundo posmodernista, y el traspaso al siglo XXI

Retomemos el hilo de la historia cultural hispana en el momento en que surge ese enérgico movimiento renovador que es el modernismo a partir de 1880. Un desvío de todo lo anterior ocurre en los albores del siglo XX: artistas y escritores, en parte traumatizados por los horrores de la Primera Guerra Mundial, empiezan a perder el extraordinario ímpetu renacentista de la cosmovisión occidental durante cuatrocientos años. Sus defensores lo llamarán la «condición posmoderna» porque contradice al esquema «moderno». Empiezan a hablar de la superación, y luego del fracaso, del proyecto «moderno».

El arte admite su incapacidad de asir la realidad. Será ahora la realidad del artista mismo la que se imprime en la obra de arte. Ésta deja de ser espejo y se hace lámpara que proyecta desde adentro hacia afuera el «yo» del artista. Basta apreciar los comienzos de esta actitud en el impresionismo de Monet (n. 1840), Renoir (n. 1841), Cassatt (c. 1844) y otros. Ante el reinante individualismo, y el liberalismo clásico, surgen en el arte tendencias intelectuales violentas que rechazan todo lo aceptado, parodiándolo y ridiculizándolo. El arte ya no es *mimesis*; busca, de hecho, denigrar la idea misma del arte. El artista deforma la realidad mediante su propia subjetividad. Esta energía dará lugar a Picasso (n. 1881) y a Dalí (n. 1904), y, hacia mediados del siglo, a Jackson Pollock (n. 1912) y a Andy Warhol (n. 1928), quienes excitarán a su público con la idea de eliminar, en su arte, todo significado posible.

En los años veinte, en la literatura, el dadaísmo desacredita el lenguaje racional, adoptando el sinsentido de las sílabas «dada»; y sectores de la crítica literaria, que antes abogaban por una lectura minuciosa de un texto en busca de su significado definitivo en las intenciones de su autor, ahora ya adoptan reformas lingüísticas sobre el modo de leer: no sólo se cuestiona la existencia de un «significado definitivo», sino también cualquier correspondencia entre la palabra y su referente—*la cosa en sí* que inspira el significado captado por la mente humana. Se derriba la soberanía que antes tenía el autor sobre el significado de su obra, y se declara «la falacia intencional», error que comete el lector que se interese en buscar las intenciones del creador de la obra. Se habla, al respecto, de «la muerte del autor».

El posmodernismo en la crítica aporta, es cierto, nuevas maneras sugestivas de leer un texto, o de apreciar una obra de arte. Si antes hubiéramos preguntado a un lector sobre el efecto en él de leer una obra, éste habría contestado que ésta le prendió un fuego en la imaginación o le ensanchó el mundo el placer de reconocerse en el texto, o la catarsis que produjo en él. Ahora ya no. En algunos sectores de la teoría crítica, ese lector correría el riesgo de que se lo tuviera por un inocentón.

Para los años 70 y 80, se empieza a fraccionar la apreciación de las obras literarias en una variedad de «lecturas» culturales, principalmente la feminista, la marxista, la freudiana y la poscolonialista. Estas «lecturas» se enfocarán en elementos pertinentes a imágenes de la mujer ante la sociedad, a grupos étnicos o socioeconómicos, a las fuerzas psicológicas que operan en los personajes, y a los estragos dejados en pueblos e individuos por el imperialismo.

En la crítica y el estudio literarios, perdura este modelo hoy día. Unirse a la conversación sobre el ambiente étnico-histórico, socioeconómico o psicológico-cultural que opera sobre el autor al escribir y sobre el lector al leer, provee nuevos lentes de enfoque que pueden ayudar al lector a reaccionar ante una obra. Una función de la literatura de todos los tiempos ha sido desafiar y denunciar las injusticias políticas, económicas y sociales que amenazan con mantener en mil y una servidumbres al ser humano.

Conscientes del posmodernismo o no, dos autores que escriben en este ambiente de crítica cultural son el dramaturgo argentino Osvaldo Dragún (n. 1929) y el cuentista chicano Tomás Rivera (n. 1935); y su obra se compagina con una variedad de lecturas culturales.

La mayor influencia sobre Dragún en sus *Historias para ser contadas* (1956) es la del alemán Brecht (n. 1898), que con su obra enseña al argentino, no tanto a destruir el teatro tal como se lo conoce, sino a volverlo a fabricar con una finalidad social. La crítica literaria marxista se interesará en los móviles de un hombre que asiente a asumir la condición de perro; pues el objeto del enfoque marxista es, precisamente, la forma humana, o inhumana, en que los miembros de los grupos sociales se ven obligados a buscar el sustento.

Los tres Actores y la Actriz de «Historia del hombre que se convirtió en perro», entablan una inmediata relación informal e íntima con el público, y cambian de papeles con fluidez, encarnando diversos tipos sociales instantáneamente y con apenas sutiles cambios de actitud y de voz.

La obra de Rivera, escribiendo en los Estados Unidos, también tiene finalidad social, y se presta al mismo enfoque marxista. Los personajes de Rivera experimentan una sensación de «otredad», de ser el Otro, marginado y enajenado en un mundo socioeconómico no suyo.

La crítica marxista de *…y no se lo tragó la tierra* detectará una revolucionaria liberación en el joven protagonista que se rebela contra las enseñanzas de una cultura que lo cohíben y lo mantienen como súbdito, o «sujeto»; y también una frialdad sociocultural que tacha de delincuente a una pobre madre que es «Otra». La voz de las viñetas de Rivera enfatiza la sobrevivencia comunitaria, y el papel del individuo—ubicado entre dos ideologías que se oponen—como miembro de esa comunidad de Otros.

Con respecto a las obras de Morejón y Montero, se sugiere la posibilidad de una lectura feminista: es decir, concentrada en la relación entre su condición de mujer, su arte, y su sociedad. La obra de Morejón, además, se presta a una lectura poscolonialista que se enfoca en obras que surgen de regiones que han sufrido bajo el imperialismo.

Si se acepta que las sociedades, que son la cuna de los escritores, tienen un impacto sobre la obra que éstos escriben, interesa también que el lector investigue el impacto que tenga la obra escrita sobre la sociedad que la recibe. En este sentido, a los escritores los requieren sus lugares y sus tiempos, y escribir implica participar en construir las sociedades del futuro. Las obras de estas dos escritoras están cargadas de aquella promesa.

Nancy Morejón estaba al filo de su mayoría de edad cuando en Cuba triunfó la Revolución en 1959. En ese momento, no hacía siete décadas desde que había estallado, en 1895, la Guerra de la Independencia

© Houghton Mifflin Harcourt Publishing Company

cubana, y menos de una década más desde la abolición de la esclavitud en la isla bajo el dominio español, en 1888. Algunos cubanos con recuerdos de esos sucesos, estarían todavía vivos en 1959. Morejón, apasionada por la lengua, intenta, en su poesía, dar voz a los que la historia privó de ella; se esfuerza por que aquellas voces calladas encuentren su expresión. Intituló su primer libro *Mutismos*; «mutismo» quiere decir silencio, ya sea voluntario o impuesto desde fuera. La poetisa se concibe a sí misma, en partes iguales, mujer, negra y cubana, y miembro de una familia, comunidad y nación de las que nunca se ha querido desligar. Es la primera afrocubana en graduarse de la Universidad de La Habana, y la primera escritora afrocubana en recibir el Premio Nacional de Literatura de Cuba.

Se ha dicho de la obra de Montero que es tan impredecible como el futuro mismo, pues está en constante estado de experimentación y sinergia. Sintió desde niña una gran curiosidad por la vida, y fue atraída a conocer la realidad en toda su enorme complejidad paradójica. El acto de no repetir al escribir es un acto consciente de su parte, y su intención es dar siempre el primer paso de su próxima novela, partiendo del último paso que dio al completar la anterior.

Siendo niña, Montero padeció una tuberculosis, y no asistió a la escuela hasta los nueve años. Aquellos cuatro años los pasó leyendo y escribiendo. Desde que tiene memoria de sí misma, se recuerda escribiendo. Se emociona con las palabras y el juego de escribir, y su labor de novelista es, según ella, una aventura existencial. Niega ser feminista, rechaza enérgicamente las definiciones que los académicos puedan imponer a su obra, pero acepta el calificativo de «intensa».

Morejón y Montero participan, cada una con su propia dinámica, en la conversación literaria hispánica del siglo XXI. Es una conversación que abarca la producción anímica e intelectual de más de veinte naciones, todas las cuales, sin excepción, se entienden en la lengua de Cervantes. Es la herencia de una literatura cuyos 700 años de existencia colman de sentido, hoy día, nuestras vidas. Vamos viviéndola en las páginas de este libro.

Algún día, los autores hispanos que hoy escriben, entre ellos, Morejón y Montero, pasarán la batuta de esta carrera humanizadora de la creación literaria en idioma español, a otra nueva generación que se incuba en el siglo XXI: la de los «mil cachorros sueltos del León español» de nuestra actualidad.

PARA REFLEXIONAR

1. Sintetiza el desvío que tomaron las artes y letras al comienzo del siglo XX.

2. Señala un resultado positivo que ha tenido la actitud posmodernista para la lectura de las obras de este programa.

3. Nombra por lo menos un efecto que pudiera haber tenido la actitud posmodernista en el teatro de Osvaldo Dragún.

4. Aplica el concepto de «otredad» a la obra de Tomás Rivera, *...y no se lo tragó la tierra*.

5. Siguiendo las ideas presentes en este ensayo, ¿cuáles son algunas lecturas culturales que pudieran aplicarse a la obra de Nancy Morejón?

6. ¿Qué opinas? ¿Cómo se sentiría Rosa Montero al ver aplicada la lectura feminista a su obra?

Tomás Rivera ▶

...y no se lo tragó la tierra

TOMÁS RIVERA

Tomás Rivera (1935–1984) nació en Texas, hijo de padres mexicanos. La suya era una familia migrante que trabajaba en los campos de cultivo, siguiendo las cosechas del centro de Estados Unidos, desde Missouri a Michigan y Minnesota. Rivera trabajó también en los campos al lado de sus padres, pero pudo asistir a la escuela, y, años más tarde, obtuvo su doctorado, en la Universidad de Oklahoma. Viendo cómo sus estudios le habían abierto las puertas de la oportunidad para superarse, llegó a creer apasionadamente en el valor de la educación universitaria para los jóvenes chicanos como él.

Rivera tuvo una ilustre carrera profesional. Enseñó en varias escuelas secundarias en el suroeste de los Estados Unidos, y a nivel universitario en Sam Houston State University y la Universidad de Texas en El Paso. En 1979 llegó a ocupar el prestigioso cargo de canciller de la Universidad de California en Riverside.

No obstante su devoción a la enseñanza, Rivera siempre había abrigado la ambición de ser escritor, y logró su propósito, produciendo obras de poesía y de prosa. Su corta novela ...y no se lo tragó la tierra, en gran parte autobiográfica, mereció el Premio Quinto Sol en 1971; Quinto Sol era una editorial dedicada a la literatura chicana, y todos sus galardonados se han establecido como reconocidos autores de mérito internacional.

Tomás Rivera murió a deshoras, a la edad de 48 años. Entre los muchos homenajes dedicados a su memoria, se cuenta, en la Universidad de Texas en El Paso, el Centro de Convenciones Tomás Rivera. Su sede es el edificio de estudiantes, que, con sobrada justicia, se ubica a la puerta de entrada de aquella importante universidad.

Las viñetas aquí son dos de las 14 viñetas que componen ...y no se lo tragó la tierra, su obra magna, muy leída hoy, en particular por el público joven. El trasfondo es el mundo del trabajador migrante estadounidense, mundo que era el de su autor, y al que éste valoró tanto que incluyó «labor migrante» en su currículum vitae. ...y no se lo tragó la tierra ha sido traducido al inglés por varios traductores, pero Rivera lo escribió en español, un español con un matiz en el que se escucha su natal Sur de Texas. Sus historias se desarrollan mediante la presencia de un narrador oculto que conoce y pone al alcance del lector toda la vívida interioridad de sus protagonistas.

...y no se lo tragó la tierra

La primera vez que sintió odio y coraje fue cuando vio llorar a su mamá por su tío y su tía. A los dos les había dado la tuberculosis y a los dos los habían mandado a distintos **sanatorios**.[1] Luego entre los otros hermanos y hermanas se habían **repartido**[2] los niños y los habían cuidado a como había dado lugar.[3] Luego la tía se había muerto y al poco tiempo habían traído al tío del sanatorio, pero ya venía escupiendo sangre. Fue cuando vio llorar a su madre cada rato. A él le dio coraje porque no podía hacer nada contra nadie. Ahora se sentía lo mismo. Pero ahora era por su padre.

—Se hubieran venido luego luego,[4] m'ijo. ¿No veían que su tata[5] estaba enfermo? Ustedes sabían muy bien que estaba picado[6] del sol. ¿Por qué no se vinieron?

—Pos, no sé. Nosotros como andábamos bien mojados de sudor no se nos hacía[7] que hacía mucho calor pero yo creo que cuando está picado uno del sol es diferente. Yo como quiera sí le dije que se sentara debajo del árbol que está a la orilla de los surcos,[8] pero él no quiso. Fue cuando empezó a vomitar. Luego vimos que ya no pudo azadonear[9] y casi lo llevamos en rastra[10] y lo pusimos debajo del árbol. Nomás dejó que lo lleváramos. Ni repeló[11] ni nada.

—Pobre viejo, pobre de mi viejo. Anoche casi ni durmió. ¿No lo oyeron ustedes fuera de la casa? Se estuvo retorciendo[12] toda la noche de puros **calambres**.[13] Dios quiera y se alivie. Le he estado dando agua de limonada fresca todo el día pero tiene los ojos como de vidrio. Si yo hubiera ido ayer a la labor les aseguro que no se hubiera asoleado.[14] Pobre viejo, le van a durar los calambres por todo el cuerpo a lo menos tres días y tres noches. Ahora ustedes cuídense. No se atareen[15] tanto.

---

[1] **sanatorios**—hospitales

[2] **repartido**—dividido; distribuido

[3] a como había dado lugar—de la manera que habían permitido las circunstancias

[4] luego luego—en seguida

[5] tata—papá

[6] picado—aquí, quemado; afectado

[7] no se nos hacía—no nos parecía

[8] surcos—hendiduras en la tierra hechas por el arado en un campo de cultivo

[9] azadonear—trabajar con el azadón (especie de azada, instrumento para desmenuzar o romper la tierra)

[10] en rastra—arrastrando; jalando

[11] repeló—refunfuñó; protestó; puso reparos

[12] retorciendo—dando vueltas

[13] **calambre**—contracción o espasmo doloroso de un músculo

[14] asoleado—estado expuesto demasiado al sol

[15] No se atareen tanto—No trabajen tanto

No le hagan caso al viejo si los apura. Aviéntenle[16] con el trabajo. Como él no anda allí empinado,[17] se le hace muy fácil.

Le entraba más coraje cuando oía a su papá gemir fuera del gallinero. No se quedaba adentro porque decía que le entraban muchas ansias. Apenas afuera podía estar, donde le diera el aire. También podía estirarse en el zacate[18] y revolcarse[19] cuando le entraban los calambres. Luego pensaba en que si su padre se iba a morir de la asoleada. Oía a su papá que a veces empezaba a rezar y a pedir ayuda a Dios. Primero había tenido esperanzas de que se aliviara pronto pero al siguiente día sentía que le crecía el odio. Y más cuando su mamá o su papá clamaba[20] por la misericordia de Dios. También esa noche los habían despertado, ya en la madrugada, los pujidos[21] de su papá. Y su mamá se había levantado y le había quitado los escapularios[22] del cuello y se los había lavado. Luego había prendido unas velitas. Pero, nada. Era lo mismo de cuando su tío y su tía.

—¿Qué se gana, mamá, con andar haciendo eso? ¿A poco cree que le ayudó mucho a mi tío y a mi tía? ¿Por qué es que nosotros estamos aquí como enterrados en la tierra? O los microbios nos comen o el sol nos asolea. Siempre alguna enfermedad. Y todos los días, trabaje y trabaje. ¿Para qué? Pobre papá, él que le entra parejito.[23] Yo creo que nació trabajando. Como dice él, apenas tenía los cinco años y ya andaba con su papá sembrando maíz. Tanto darle de comer a la tierra y al sol y luego, zas, un día cuando menos lo piensa cae asoleado. Y uno sin poder hacer nada. Y luego ellos rogándole a Dios … si Dios no se acuerda de uno … yo creo que ni hay … No, mejor no decirlo, **a lo mejor**[24] empeora papá. Pobre, siquiera eso le dará esperanzas.

Su mamá le notó lo **enfurecido**[25] que andaba y le dijo por la mañana que se calmara, que todo estaba en las manos de Dios y que su papá se iba a aliviar con la ayuda de Dios.

—N'ombre, ¿usted cree? A Dios, estoy seguro, no le importa nada de uno. ¿A ver, dígame usted si papá es de mal

Sintetizar
Sintetiza las dos ideas que se destacan en este párrafo.

_____

_____

Comprender
a. …que ni hay… ¿que ni hay qué?

_____

b. …a lo mejor empeora papá… ¿Por qué razón ha de empeorar?

_____

---

[16] Aviéntenle—aquí, Al diablo
[17] empinado—aquí, agachado; inclinado
[18] zacate—pasto; hierba
[19] revolcarse—dar vueltas, estando tendido
[20] clamaba—daba voces
[21] pujidos—quejidos; sonidos de queja
[22] escapularios—objetos devotos de tela colgados del cuello sobre el pecho
[23] parejito—igual; de la misma manera
[24] **a lo mejor**—probablemente
[25] **enfurecido**—muy enojado; rabioso

Anotar

Hay una explosiva repetición aquí de la pregunta *¿por qué?* No es su primera aparición en el cuento. Subráyala aquí, y además cuantas veces aparece en el cuento.

alma o de mal corazón? ¿Dígame usted si él ha hecho mal a alguien?

—Pos no.

—Ahí está. ¿Luego? ¿Y mi tío y mi tía? Usted dígame. Ahora sus pobres niños sin conocer a sus padres. ¿Por qué se los tuvo que llevar? N'ombre, a Dios le importa poco de uno los pobres. A ver, ¿por qué tenemos que vivir aquí de esta manera? ¿Qué mal le hacemos a nadie? Usted tan buena gente que es y tiene que sufrir tanto.

—Ay, hijo, no hables así. No hables contra la voluntad de Dios. M'ijo, no hables así por favor. Que me das miedo. Hasta parece que llevas el demonio entre las venas ya.

—Pues, a lo mejor. Así, siquiera se me quitaría el coraje. Ya me canso de pensar. ¿Por qué? ¿Por qué usted? ¿Por qué papá? ¿Por qué mi tío? ¿Por qué mi tía? ¿Por qué sus niños? ¿Dígame usted por qué? ¿Por qué nosotros nomás enterrados en la tierra como animales sin ningunas esperanzas de nada? Sabe que las únicas esperanzas son las de venir para acá cada año. Y como usted misma dice, hasta que se muere uno, descansa. Yo creo que así se sintieron mi tío y mi tía, y así se sentirá papá.

—Así es, m'ijo. Sólo la muerte nos trae el descanso a nosotros.

—Pero, ¿por qué a nosotros?

—Pues, dicen que …

—No me diga nada. Ya sé lo que me va a decir—que los pobres van al cielo.

Ese día empezó nublado y sentía lo fresco de la mañana rozarle las pestañas mientras empezaban a trabajar él y sus hermanos. La madre había tenido que quedarse en casa a cuidar al viejo. Así que se sentía responsable de apurar a sus hermanos. Por la mañana, a lo menos por las primeras horas, se había aguantado el sol, pero ya para las diez y media limpió el cielo de repente y se aplanó[26] sobre todo el mundo. Empezaron a trabajar más despacio porque se les venía una debilidad y un bochorno[27] si trabajaban muy aprisa. Luego se tenían que limpiar el sudor de los ojos cada rato porque se les oscurecía la vista.

—Cuando vean oscuro, muchachos, párenle de trabajar o denle más despacio. Cuando lleguemos a la orilla descansamos un rato para coger fuerzas. Va a estar caliente hoy. Que se quedara nubladito así como en la mañana, ni quién dijera nada. Pero nada, ya aplanándose el sol ni una nubita se le aparece de puro miedo. Para acabarla de fregar[28], aquí acabamos para las dos y luego tenemos que irnos a

---

[26] se aplanó—se sentó pesadamente; cayó encima (aquí, el sol)

[27] bochorno—sofocamiento por el calor

[28] fregar—fastidiar; incomodar

aquella labor que tiene puro lomerío.[29] Arriba está bueno pero cuando estemos en las bajadas se pone bien sofocado. Ahí no ventea[30] nada de aire. Casi ni entra el aire. ¿Se acuerdan?

—Sí.

—Ahí nos va a tocar lo mero bueno[31] del calor. Nomás toman bastante agua cada rato; no le hace[32] que se enoje el viejo. No se vayan a enfermar. Y si ya no aguantan me dicen luego luego ¿eh? Nos vamos para la casa. Ya vieron lo que le pasó a papá por andar aguantando. El sol se lo puede comer a uno.

Así como habían pensando se habían trasladado a otra labor para las primeras horas de la tarde. Ya para las tres andaban todos **empapados**[33] de sudor. No traían una parte de la ropa seca. Cada rato se detenían. A veces no alcanzaban respiración, luego veían todo oscuro y les entraba el miedo de asolearse, pero seguían.

—¿Cómo se sienten?

—N'ombre, hace mucho calor. Pero tenemos que seguirle. Siquiera hasta las seis. Nomás que esta agua que traemos ya no quita la sed. Cómo quisiera un **frasco**[34] de agua fresca, fresquecita acabada de sacar de la noria,[35] o una coca bien helada.

—Estás loco, con eso sí que te asoleas. Nomás no le den muy aprisa. A ver si aguantamos hasta las seis. ¿Qué dicen?

A las cuatro se enfermó el más chico. Tenía apenas nueve años pero como ya le pagaban por grande trataba de emparejarse[36] con los demás. Empezó a vomitar y se quedó sentado, luego se acostó. Corrieron todos a verlo atemorizados.[37] Parecía como que se había desmayado y cuando le abrieron los párpados tenía los ojos volteados al revés. El que se le seguía en edad empezó a llorar pero le dijo luego luego que se callara y que ayudara a llevarlo a casa. Parecía que se le venían calambres por todo el cuerpecito. Lo llevó entonces cargado él solo y se empezó a decir otra vez que por qué.

—¿Por qué a papá y luego a mi hermanito? Apenas tiene los nueve años. ¿Por qué? Tiene que trabajar como un burro

---

[29] lomerío—conjunto de lomas o colinas

[30] ventea—sopla

[31] lo mero bueno—lo máximo

[32] no le hace—no importa

[33] **empapados**—muy mojados; calados hasta los huesos; hechos una sopa

[34] **frasco**—recipiente; pomo; vasija

[35] noria—bomba para sacar agua de un pozo

[36] emparejarse—igualarse; hacer la misma cantidad de trabajo

[37] atemorizados—asustados

© Houghton Mifflin Harcourt Publishing Company

Sintetizar

¿Cuál aspecto de la labor de migrantes se destaca en esta extensa escena?

Sintetizar

El cuento tiene un *leitmotiv*, o frase clave repetida, en la imagen *estar enterrado en la tierra*. Subráyala aquí, y vuelve al comienzo para subrayarla las dos veces en que ocurrió antes.

Visualizar

Visualiza, paso a paso, lo que hace y experimenta el joven en este párrafo.

Determinar causa y efecto

A juicio del joven, su acto de maldecir a Dios ha tenido una *serie* de efectos liberadores. ¿Cuáles son?

_____

_____

_____

Figuras retóricas

Al decir «...todavía no me puedes tragar», ¿a quién habla? ¿De qué figura retórica se vale el autor aquí?

_____

_____

_____

enterrado en la tierra. Papá, mamá y éste mi hermanito, ¿qué culpa tienen de nada?

Cada paso que daba hacia la casa le retumbaba[38] la pregunta ¿por qué? Como a medio camino se empezó a enfurecer y luego comenzó a llorar de puro **coraje**.[39] Sus otros hermanitos no sabían qué hacer y empezaron ellos también a llorar, pero de miedo. Luego empezó a echar maldiciones. Y no supo ni cuándo, pero lo que dijo lo había tenido ganas de decir desde hacía mucho tiempo. Maldijo a Dios. Al hacerlo sintió el miedo infundido[40] por los años y por sus padres. Por un segundo vio que se abría la tierra para tragárselo. Luego se sintió andando por la tierra bien apretada, más apretada que nunca. Entonces le entró el coraje de nuevo y se desahogó[41] maldiciendo a Dios. Cuando vio a su hermanito ya no se le hacía tan enfermo. No sabía si habían comprendido sus otros hermanos lo grave que había sido su maldición.

Esa noche no se durmió hasta muy tarde. Tenía una paz que nunca había sentido antes. Le parecía que se había separado de todo. Ya no le preocupaba ni su papá ni su hermano. Todo lo que esperaba era el nuevo día, la frescura de la mañana. Para cuando amaneció su padre estaba mejor. Ya iba de alivio. A su hermanito también casi se le fueron de encima los calambres. Se sorprendía cada rato por lo que había hecho la tarde anterior. Le iba a decir a su mamá pero decidió guardar el secreto. Solamente le dijo que la tierra no se comía a nadie, ni que el sol tampoco.

Salió para el trabajo y se encontró con la mañana bien fresca. Había nubes y por primera vez se sentía capaz de hacer y deshacer cualquier cosa que él quisiera. Vio hacia la tierra y le dio una **patada**[42] bien fuerte y le dijo:

—Todavía no, todavía no me puedes tragar. Algún día, sí. Pero yo ni sabré.[43]

La noche buena

La noche buena se aproxima y la radio igualmente que la bocina de la camioneta que anunciaba las películas del Teatro Ideal parecían empujarla con canción, negocio y bendición. Faltaban tres días para la noche buena cuando doña María se decidió comprarles algo a sus niños. Esta sería la primera vez que les compraría juguetes. Cada año se proponía hacerlo pero siempre

---

[38] retumbaba—hacía eco

[39] **coraje**—rabia

[40] infundido—metido; inculcado

[41] se desahogó—se alivió; (aquí, dio rienda suelta a su coraje)

[42] **patada**—golpe dado con el pie

[43] ni sabré—ni lo sabré; ni me daré cuenta

terminaba diciéndose que no, que no podían. Su esposo de todas maneras les traía dulces y nueces a cada uno, así que racionalizaba que en realidad no les faltaba nada. Sin embargo cada navidad preguntaban los niños por sus juguetes. Ella siempre los apaciguaba[44] con lo de siempre. Les decía que se esperaran hasta el seis de enero, el día de los reyes magos[45] y así para cuando se llegaba ese día ya hasta se les había olvidado todo a los niños. También había notado que sus hijos apreciaban menos y menos la venida de don Chon la noche de Navidad cuando venía con el **costal**[46] de naranjas y nueces.

—Pero, ¿por qué a nosotros no nos trae nada Santo Clos?

—¿Cómo que no? ¿Luego cuando viene y les trae naranjas y nueces?

—No, pero ése es don Chon.

—No, yo digo lo que siempre aparece debajo de la máquina de coser.

—Ah, eso lo trae papá, a poco[47] cree que no sabemos. ¿Es que no somos buenos como los demás?

—Sí, sí son buenos, pero... pues espérense hasta el día de los reyes magos. Ese es el día en que de veras vienen los juguetes y los regalos. Allá en México no viene Santo Clos sino los reyes magos. Y no vienen hasta el seis de enero. Así que ése sí es el mero día.[48]

—Pero, lo que pasa es que se les olvida. Porque a nosotros nunca nos han dado nada ni en la noche buena ni en el día de los reyes magos.

—Bueno, pero a lo mejor esta vez sí.

—Pos sí, ojalá.

Por eso se decidió comprarles algo. Pero no tenían dinero para gastar en juguetes. Su esposo trabajaba casi las diez y ocho horas lavando platos y haciendo de comer en un restaurante. No tenía tiempo de ir al centro para comprar juguetes. Además tenían que alzar[49] cada semana para poder pagar para la ida al norte. Ya les cobraban por los niños aunque fueran parados[50] todo el camino hasta Iowa. Así que les costaba bastante para hacer el viaje. De todas maneras le propuso a su esposo esa noche, cuando llegó bien cansado del trabajo, que les compraran algo.

Inferir

¿Qué móviles tiene la madre al decidir comprar regalos de Navidad para sus hijos?

_____

_____

_____

---

[44] apaciguaba—calmaba; tranquilizaba; volvía a la paz

[45] reyes magos—Reyes Magos; en el cristianismo, los tres reyes que, guiados por la estrella de Belén, llegaron desde Oriente para adorar al Niño Jesús recién nacido; en la tradición hispana, son ellos quienes traen los regalos de Navidad.

[46] **costal**—saco; bolsa

[47] a poco—no es probable que; no me diga que

[48] el mero día—el día mismo; el día exacto

[49] alzar—guardar, apartar, en este caso, dinero

[50] parados—de pie

—Fíjate, viejo, que los niños quieren algo para Crismes.

—¿Y luego las naranjas y las nueces que les traigo?

—Pos sí, pero ellos quieren juguetes. Ya no se conforman[51] con comida. Es que ya están más grandes y ven más.

—No necesitan nada.

—¿A poco tú no tenías juegetes cuando eras niño?

—Sabes que yo mismo los hacía de **barro**[52]—caballitos, soldaditos...

—Pos sí, pero aquí es distinto, como ven muchas cosas... ándale vamos a comprarles algo... yo misma voy al Kres.[53]

—¿Tú?

—Sí, yo.

—¿No tienes miedo de ir al centro? ¿Te acuerdas allá en Wilmar, Minesora,[54] cómo te perdiste en el centro? ¿'Tas segura que no tienes miedo?

—Sí, sí me acuerdo pero me doy **ánimo**.[55] Yo voy. Ya me estuve dando ánimo todo el día y estoy segura que no me pierdo aquí. Mira, salgo a la calle. De aquí se ve la hielería. Son cuatro cuadras nomás, según me dijo doña Regina. Luego cuando llegue a la hielería volteo[56] a la derecha y dos cuadras más y estoy en el centro. Allí está el Kres. Luego salgo del Kres, voy hacia la hielería y volteo para esta calle y aquí me tienes.

—De veras que no estaría difícil. Pos sí. Bueno, te voy a dejar dinero sobre la mesa cuando me vaya por la mañana. Pero tienes cuidado, vieja, en estos días hay mucha gente en el centro.

Era que doña María nunca salía de la casa sola. La única vez que salía era cuando iba a visitar a su papá y a su hermana quienes vivían en la siguiente cuadra. Sólo iba a la iglesia cuando había difuntito[57] y a veces cuando había boda. Pero iba siempre con su esposo, así que nunca se fijaba por donde iba. También su esposo le traía siempre todo. Él era el que compraba la comida y la ropa. En realidad no conocía el centro aun estando solamente a seis cuadras de su casa. El **camposanto**[58] quedaba por el lado opuesto al centro, la iglesia también quedaba por ese **rumbo**.[59] Pasaban por el centro sólo cuando iban de pasada[60] para San

Aclarar

¿Cuál es la razón por la que la madre nunca ha comprado juguetes para los niños? ¿Y el padre?

---

[51] se conforman—se satisfacen

[52] **barro**—tierra arcillosa, moldeable

[53] Kres—Kress, tienda que entre 1891 y 1986 vendía una gran variedad de artículos a bajo precio, como Target hoy

[54] Wilmar, Minesora—Willmar, Minnesota

[55] **ánimo**—ganas; valor

[56] volteo—aquí, doblo; doy vuelta

[57] difuntito—persona fallecida; muerto (diminutivo cariñoso)

[58] **camposanto**—cementerio

[59] **rumbo**—parte; dirección

[60] de pasada—por poco tiempo; de paso

Antonio o cuando iban o venían del norte. Casi siempre era de madrugada o de noche. Pero ese día traía ánimo y se preparó para ir al centro.

El siguiente día se levantó, como lo hacía siempre, muy temprano y ya cuando había despachado[61] a su esposo y a los niños recogió el dinero de sobre la mesa y empezó a prepararse para ir al centro. No le llevó mucho tiempo.

—Yo no sé por qué soy tan miedosa yo, Dios mío. Si el centro está solamente a seis cuadras de aquí. Nomás me voy derechito y luego volteo a la derecha al pasar los traques.[62] Luego, dos cuadras, y allí está el Kres. De allá para acá ando las dos cuadras y luego volteo a la izquierda y luego hasta que llegue aquí otra vez. Dios quiera y no me vaya a salir algún perro. Al pasar los traques que no vaya a venir un tren y me pesque[63] en medio... Ojalá y no me salga un perro... Ojalá y no venga un tren por los traques.

La distancia de su casa al ferrocarril la anduvo rápidamente. Se fue en medio de la calle todo el **trecho**.[64] Tenía miedo andar por la banqueta[65]. Se le hacía[66] que la mordían los perros o que alguien la cogía. En realidad solamente había un perro en todo el trecho y la mayor parte de la gente ni se dio cuenta de que iba al centro. Ella, sin embargo, seguía andando por en medio de la calle y tuvo suerte de que no pasara un solo mueble,[67] si no, no hubiera sabido qué hacer. Al llegar al ferrocarril le entró el miedo. Oía el movimiento y el pitido de los trenes y esto la desconcertaba. No se animaba a cruzar los rieles. Parecía que cada vez que se animaba se oía el pitido de un tren y se volvía a su lugar. Por fin venció el miedo, cerró los ojos y pasó sobre los rieles. Al pasar se le fue quitando el miedo. Volteó a la derecha.

Las aceras estaban **repletas**[68] de gente y se le empezaron a llenar los oídos de ruido, un ruido que después de entrar no quería salir. No reconocía a nadie en la banqueta. Le entraron ganas de regresarse pero alguien la empujó hacia el centro y los oídos se le llenaban más y más de ruido. Sentía miedo y más y más se le olvidaba la razón por la cual estaba allí entre el **gentío**.[69] En medio de dos tiendas donde había una callejuela se detuvo para recuperar el ánimo un poco y se quedó viendo un rato a la gente que pasaba.

---

[61] despachado—atendido

[62] traques—anglicismo por "rieles del ferrocarril"; vía ferrocarrilera

[63] pesque—encuentre

[64] **trecho**—tramo; distancia

[65] banqueta—acera; orilla de la calle, para peatones

[66] Se le hacía—Le parecía

[67] mueble—aquí, vehículo

[68] **repletas**—llenas totalmente

[69] **gentío**—muchedumbre; gran cantidad de gente

Visualizar

Visualiza cómo la protagonista se comporta ante el reto de cruzar los rieles. ¿Qué condición psicológica puede padecer?

_____

—Dios mío, ¿qué me pasa? Ya me empiezo a sentir como me sentí en Wilmar. Ojalá y no me vaya a sentir mal. A ver. Para allá queda la hielería. No, para allá. No, Dios mío, ¿qué me pasa? A ver. Venía andando de allá para acá. Así que queda para allá. Mejor me hubiera quedado en casa. Oiga, perdone usted, ¿dónde está el Kres, por favor?... Gracias.

Se fue andando hasta donde le habían indicado y entró. El ruido y la apretura de la gente era peor. Le entró más miedo y ya lo único que quería era salirse de la tienda pero ya no veía la puerta. Sólo veía cosas sobre cosas, gente sobre gente. Hasta oía hablar a las cosas. Se quedó parada un rato viendo vacíamente a lo que estaba enfrente de ella. Era que ya no sabía los nombres de las cosas. Unas personas se le quedaban viendo unos segundos, otras solamente la empujaban para un lado. Permaneció[70] así por un rato y luego empezó a andar de nuevo. Reconoció unos juguetes y los echó en la bolsa. De pronto ya no oía el ruido de la gente aunque sí veía todos los movimientos de sus piernas, de sus brazos, de la boca, de sus ojos. Pero no oía nada. Por fin preguntó que dónde quedaba la puerta, la salida. Le indicaron y empezó a andar hacia aquel rumbo. Empujó y empujó gente hasta que llegó a empujar la puerta y salió.

Apenas había estado unos segundos en la acera tratando de reconocer dónde estaba, cuando sintió que alguien la cogió fuerte del brazo. Hasta la hicieron que diera un gemido.

—Here she is... these damn people, always stealing something, stealing. I've been watching you all along. Let's have that bag.
—¿Pero...?

Y ya no oyó nada por mucho tiempo. Sólo vio que el cemento de la acera se vino a sus ojos y que una piedrita se le metió en el ojo y le calaba[71] mucho. Sentía que la estiraban de los brazos y aun cuando la voltearon boca arriba veía a todos muy **retirados**.[72] Se veía a sí misma. Se sentía hablar pero ni ella sabía lo que decía pero sí se veía mover la boca. También veía puras caras desconocidas. Luego vio al empleado con la pistola en la cartuchera[73] y le entró un miedo terrible. Fue cuando se volvió a acordar de sus hijos. Le empezaron a salir las lágrimas y lloró. Luego ya no supo nada. Sólo se sentía andar en un mar de gente. Los brazos la rozaban como si fueran olas.

[70] Permaneció—Quedó

[71] calaba—penetraba; atravesaba de una parte a otra

[72] **retirados**—lejos

[73] cartuchera—cinto que se usa para llevar cartuchos, municiones de un arma de fuego

Opinar

Hasta aquí, ¿qué opinión tienes de las personas con que se ha encontrado en su ida?

_____

_____

Determinar causa y efecto

¿A qué causas atribuyes tú esta acusación del empleado?

_____

_____

_____

Aclarar

¿Qué acaba de pasar?

_____

_____

—De a buena suerte que mi compadre andaba por allí. Él fue el que me fue a avisar al restaurante. ¿Cómo te sientes?

—Yo creo que estoy loca, viejo.

—Por eso te pregunté que si no te irías a sentir mal como en Wilmar.

—¿Qué va a ser de mis hijos con una mamá loca? Con una loca que ni siquiera sabe hablar ni ir al centro.

—De todos modos, fui a traer al notario público. Y él fue el que fue conmigo a la cárcel. Él le explicó todo al empleado. Que se te había volado la cabeza. Y que te daban ataques de nervios cuando andabas entre mucha gente.

—¿Y si me mandan a un **manicomio**?[74] Yo no quiero dejar a mis hijos. Por favor, viejo, no vayas a dejar que me manden, que no me lleven. Mejor que no hubiera ido al centro.

—Pos nomás quédate aquí dentro de la casa y no te salgas del **solar**.[75] Que al cabo no hay necesidad. Yo te traigo todo lo que necesites. Mira, ya no llores, ya no llores. No, mejor, llora para que te desahogues.[76] Les voy a decir a los muchachos que ya no te anden fregando[77] con Santo Clos. Les voy a decir que no hay para que no te molesten con eso ya.

—No, viejo, no seas malo. Diles que si no les trae nada en la noche buena que es porque les van a traer algo los reyes magos.

—Pero... Bueno, como tú quieras. Yo creo que siempre lo mejor es tener esperanzas.

Los niños que estaban escondidos detrás de la puerta oyeron todo pero no comprendieron muy bien. Y esperaron el día de los reyes magos como todos los años. Cuando llegó y pasó aquel día sin regalos no preguntaron nada.

---

[74] **manicomio**—hospital para locos

[75] **solar**—terreno detrás de una casa que forma parte de la propiedad

[76] te desahogues—te alivies; te deshagas de los males que te afligen

[77] fregando—molestando

© Houghton Mifflin Harcourt Publishing Company

Interpretar

¿Cuál es el mensaje que emite este último párrafo? Descríbelo con una o dos palabras acertadas.

PREGUNTAS

*Para conocer más a fondo el texto que has leído, responde a las siguientes preguntas. Tu propósito será uno de éstos, según indique tu profesor/a: **a.** prepararte para participar en un coloquio con tus compañeros de clase; **b.** prepararte para dar una presentación oral; **c.** bosquejar tus ideas por escrito para intercambiarlas con tus compañeros de clase; o **d.** escribir un ensayo formal.*

1. Enumera los acontecimientos salientes de «…y no se lo tragó la tierra». Incluye detalles de los personajes que pueblan la historia: quiénes son, en qué lugar y en qué época viven, qué vida llevan, y cuáles son sus móviles. Explica en breve el título.

2. La decisión sobre quién narrará su relato es la decisión más importante que tiene que tomar un autor. El lector del cuento «…y no se lo tragó la tierra» tiene la impresión de que oye la voz del protagonista, y sin embargo, esto ocurre solamente en la presentación de los diálogos. Hay un narrador oculto tras él quien transmite sus pensamientos y reacciones internas al lector. ¿Qué persona verbal usa el narrador oculto para referirse al joven? ¿Qué efecto produce el empleo de este tipo de narrador oculto? Presenta ejemplos textuales que apoyen tus ideas.

3. *Focalización*, en la narrativa, se refiere al punto de vista o ángulo de visión desde el cual se desarrolla la narración. ¿Cuál es la focalización del cuento «La noche buena»? ¿Quién ve aquí?, ¿quién oye?, ¿quién siente? ¿Qué sabes de esta protagonista? ¿Sabes tú cómo se llama este método de narrar, que sigue los pensamientos de un personaje y sus reacciones a lo que sucede a su alrededor?

4. Discute el tono de «…y no se lo tragó la tierra». Compáralo con el tono de «La noche buena», poniendo atención especial en los dos desenlaces. Defiende tus juicios al respecto presentando pruebas del texto.

5. Un objeto del enfoque de los estudios literarios hoy día es el *carácter* de los personajes. *Carácter* se refiere a toda una constelación de aspectos personales, entre ellos, la ética. Para examinar la ética de un personaje, consideramos sus acciones a base de su conciencia del bien y del mal. Estos dos textos de Rivera, ¿qué revelan acerca de la ética de sus protagonistas? ¿Qué sugieren sobre la ética de otras personas a su alrededor? Resume tus pensamientos al respecto.

6. Considera el título del cuento «La noche buena». ¿Qué evoca? Discute otras connotaciones, tomando en cuenta, al hacerlo, las posibles razones que habrá tenido Rivera por no emplear la forma tradicional: *Nochebuena*.

Análisis literario

...y no se lo tragó la tierra

El pasaje siguiente, que proviene de la novela *...y no se lo tragó la tierra*, es parte de un diálogo entre una madre y su hijo. Léelo y contesta las preguntas que le siguen.

—Ay, hijo, no hables así. No hables contra la voluntad de Dios. M'ijo, no hables así por favor. Que me das miedo. Hasta parece que llevas el demonio entre las venas ya.

—Pues, a lo mejor. Así, siquiera se me quitaría el coraje. Ya me canso de pensar. ¿Por qué? ¿Por qué usted? ¿Por qué papá? ¿Por qué mi tío? ¿Por qué mi tía? ¿Por qué sus niños? ¿Dígame usted por qué? ¿Por qué nosotros nomás enterrados en la tierra como animales sin ningunas esperanzas de nada? Sabe que las únicas esperanzas son las de venir para acá cada año. Y como usted misma dice, hasta que se muere uno, descansa. Yo creo que así se sintieron mi tío y mi tía, y así se sentirá papá.

—Así es, m'ijo. Sólo la muerte nos trae el descanso a nosotros.

—Pero, ¿por qué a nosotros?

—Pues, dicen que ...

—No me diga nada. Ya sé lo que me va a decir —que los pobres van al cielo.

1. El tono de las palabras que pronuncia el hijo mejor podría caracterizarse como _____.

a. enojado   **c.** preocupado

b. tranquilo   **d.** optimista

2. La madre parece temer que su hijo _____.

a. se enoje hasta el punto de cometer alguna violencia

b. sea condenado por Dios

c. la ataque a ella de manera violenta

d. no quiera tener más relaciones con su familia

3. Se ve en este pasaje que la idea de que hay que experimentar mucho sufrimiento en esta vida para luego gozar de una vida eterna en la gloria es válida para _____.

a. la madre   **c.** la madre y el hijo

b. el hijo   **d.** ninguno de los dos

4. El hijo emplea el pronombre «usted» en vez de «tú» al dirigirse a su madre. El lector atento puede concluir por este hecho que _____.

a. la madre y su hijo tienen una relación conflictiva

b. el hijo está muy molesto con su madre en este momento

c. el hijo es todavía un niño muy joven

d. el «usted» aquí indica respeto, en esta familia de actitudes tradicionales

5. Al afirmar que sus familiares y él son tratados «como animales», el hijo emplea _____.

a. una metáfora

b. un símil

c. una personificación

d. un hipérbaton

6. Al leer este pasaje, el lector puede concluir que los tíos del hijo _____.

a. lograron por sus propios esfuerzos salir de la pobreza

b. se sienten pesimistas respecto al futuro

c. sufrieron un accidente o enfermedad muy grave

d. están de acuerdo con las ideas que él expresa

7. El lenguaje en que estos dos personajes se expresan podría describirse como _____.

a. elevado y culto

b. grosero e irrespetuoso

c. coloquial y regional

d. objetivo y científico

Nancy Morejón ▶

Mujer negra

NANCY MOREJÓN

«Mujer negra», de la celebrada poeta cubana Nancy Morejón, es el poema más conocido y mejor recibido de su amplia y reconocida producción literaria y crítica. En «Mujer negra», la poeta da sentida expresión a la experiencia de la mujer de su ascendencia, traída en cadenas desde África a las Américas en tiempos de la Colonia española. Es, en parte, en esta perspectiva femenina sobre la trata de esclavos donde reside su gran originalidad. Morejón contempla a la mujer, y rememora su trayectoria de siglos hasta llegar, lacerante paso a lacerante paso, a la actualidad. Distingue tanto su estoica heroicidad ante vilezas indecibles, como su plena felicidad en el momento presente.

La suya es una saga de dimensiones legendarias, verdades pavorosas, y resistencia extraordinaria. Comparte características tanto de la epopeya como de los mitos sobre los orígenes de los pueblos. Morejón ha dicho que la poesía debe crear una conciencia. Como quien quiere poner las cosas en su lugar, hace que la clave de la fuerza de su poema resida en los hechos del épico mal: no en un lamento sino en la esforzada presencia de la figura central, el yo del poema, la «mujer negra», en tiempos de la colonia, independencia, y la introducción del comunismo en su isla, su Cuba.

La poeta ha hablado de la noche cuando, siendo jovencita, a ella se le presentó en el dormitorio la imagen de la «mujer negra» del poema; era ese instante de duermevela entre la vigilia y el sueño, y la poeta, queriendo dormir, la despidió. A la mañana siguiente, en la plena luz del día cuando, según afirma Morejón, se le afilan mejor las percepciones, la imagen volvió donde ella para que la joven poeta escribiera su historia. Informa que lo escribió sin que le costara la labor de siempre, sino solamente el final.

A pesar de su amplia labor de ensayista, crítica, editora, periodista y traductora, a Morejón se la conoce como una de los poetas más galardonados de la generación formada con la Revolución Cubana. Empezó a escribir poemas a los 9 años. Su primera colección, Mutismos, fue publicada cuando tenía apenas 18. Descuella como tema feminista del siglo XX, la incapacidad de la mujer para hacer sentir su voz. Sin embargo, defiende su filosofía de que es más importante leer que escribir, y más importante escribir que publicar. Tiene publicadas más de una docena de colecciones de poesía, una obra de teatro y cuatro tomos de estudios sobre historia de la literatura cubana y su crítica. De interés para el lector aquí es su Recopilación de

© Houghton Mifflin Harcourt Publishing Company

textos sobre Nicolás Guillén. *Este estudio amplísimo comenta toda la crítica existente sobre la obra de Guillén hasta el momento de su publicación en 1994, e investiga todo el rango de interpretación ideológica de su poesía, crítica que ella concreta como criollismo. Con esto se refiere a perspectivas sobre la poesía de Guillén en las que ella percibe clasismo y colonialismo cultural. Morejón ha dicho muchas veces que su obra poética no existiría sin que la hubiera antecedido la poesía de Guillén. A la vez se siente nieta figurada de Federico García Lorca, con quien comparte la vívida conciencia del duende lorquiano—en el cual la poeta ve una versión de los güijes cubanos, o duendes cubanos cuya presencia legendaria ha servido de inspiración al arte cubano en todas sus manifestaciones.*

La obra de Morejón, a grandes rasgos, comunica su visión y sus percepciones de la vida y de su país natal de Cuba. El lente de enfoque es la historia y su presencia en el momento contemporáneo.

Mujer negra

Debido a problemas en la obtención de permisos, no se ha podido publicar «Mujer negra» en esta edición de *Abriendo puertas: ampliando perspectivas*. No obstante, en estas páginas y en *Abriendo puertas: Recursos en línea* se presenta una amplia gama de materiales de apoyo al estudio y la enseñanza de «Mujer negra», tanto para maestros como para alumnos.

---

[1] **alcatraz**—especie de pelícano

[2] **divisé**—alcancé a ver

[3] **epopeya**—poema largo que narra proezas, hazañas legendarias

[4] mandinga—de un pueblo indígena del oeste de África; también, su lengua

[5] Bordé—Tejí

[6] casaca—prenda de vestir militar

[7] parí—di a luz; eché al mundo un hijo

[8] padecí—sufrí

[9] bocabajos—castigos físicos

[10] **Bogué**—Remé; Hice avanzar un bote con remos

Reflexionar

Las cosas aquí recordadas contrastan con las olvidadas. Subraya todo lo recordado y olvidado en la primera estrofa.

Figuras retóricas

¿Con qué compara el símil *las nubes*, en el verso 5 de la primera estrofa? ¿En qué convierte este uso retórico la travesía del mar?

_____

_____

Comprender

Con referencia al verso 7 de la primera estrofa, ¿quiénes la dejaron? Y, arriba, ¿quiénes la hicieron atravesar el mar?

_____

_____

Identificar

En toda la primera estrofa, ¿a qué lugar se refiere la palabra *aquí*?

_____

_____

Lee de nuevo la estrofa que empieza con «Me sublevé.» ¿Qué función cumple el enumerar estos lugares africanos? Ten en cuenta el contexto: siguen al recuerdo de los *muchos otros*.

_____

_____

Comprender

En la estrofa que empieza con «Me fui...», la poeta contrasta su *real independencia* con otra independencia cuya mención omite. ¿Cuál es?

_____

_____

Elaborar

¿Cuál es el efecto de no ver nombrada esta «independencia» en un poema que trata de historia? ¿Qué mensaje se transmite?

_____

_____

Comprender

¿Hasta qué siglo o época llega la voz poética en la última estrofa?

_____

Figuras retóricas

Subraya los usos de sinécdoque—palabras que intiman otras cosas más globales—en los versos de la última estrofa.

_____

Debido a problemas en la obtención de permisos, no se ha podido publicar «Mujer negra» en esta edición de *Abriendo puertas: ampliando perspectivas.* **No obstante, en estas páginas y en** *Abriendo puertas: Recursos en línea* **se presenta una amplia gama de materiales de apoyo al estudio y la enseñanza de «Mujer negra», tanto para maestros como para alumnos.**

---

[11] barracón—edificio tosco, bastante grande, destinado al alojamiento de soldados, prisioneros, o trabajadores

[12] **compás**—ritmo

[13] **Me sublevé**—Me rebelé

[14] Guinea, Benín, Madagascar, Cabo Verde—países de África; Madagascar es una isla grande cerca de la costa oriental de África.

[15] **milenario**—que ha durado muchos años, mil o miles de años

[16] **monte**—tierra despoblada, inculta, selvática

[17] palenque—poste para atar caballos; aquí, villa creada por esclavos fugados

[18] Maceo—Antonio Maceo (1845–1896), héroe y patriota cubano que luchó por la independencia de Cuba, y murió en combate

[19] Bajé de la Sierra—alusión a la Cordillera Sierra Maestra, desde donde Fidel Castro bajó victorioso el primero de enero de 1959

[20] **capitales**—grandes sumas de dinero

[21] usureros—los que prestan dinero a excesivas tasas de interés

[22] **burgueses**—los que pertenecen a la clase media económica

[23] **ajeno**—que pertenece a otro

[24] **quimera**—normalmente, algo irreal o imposible de realizar, pero aquí, al parecer, esperanza, ilusión, sueño

[25] pródiga—fértil; fecunda; abundante

PREGUNTAS

Para conocer más a fondo el texto que has leído, responde a las siguientes preguntas.
*Tu propósito será uno de éstos, según indique tu profesor/a: **a.** prepararte para participar en un*
*coloquio con tus compañeros de clase; **b.** prepararte para dar una presentación oral;*
***c.** bosquejar tus ideas por escrito para intercambiarlas con tus compañeros de clase; o*
***d.** escribir un ensayo formal.*

1. Sintetiza la idea que desarrolla Nancy Morejón en «Mujer negra». Al labrar tu síntesis, atiende al poema entero, desde su título hasta los últimos versos.

2. El género literario llamado *poesía épica* se aplica a poemas que narran hazañas y hechos heroicos de personajes históricos, legendarios o míticos. Los poemas épicos remontan a los orígenes de los pueblos, y son siempre sus primeras manifestaciones literarias. En «Mujer negra», la voz poética narra hechos memorables de la supervivencia y superación de su estirpe, en su lucha de siglos contra vilezas indecibles en la trata de esclavos. ¿Crees tú que vale interpretar el poema de Morejón en términos del género poético *épico*? Comenta esta idea, con pruebas del texto que justifiquen tus juicios al respecto.

3. El poema relata una historia que abarca siglos, y cambia de tono según los sucesos de cada estrofa. Analiza brevemente cada cambio de tono evidenciado, y descríbelo con palabras que expresen con fuerza y precisión lo que quieres decir. Tu análisis debe tomar en cuenta el poema entero, y debe incluir una enumeración de los elementos léxicos de que se sirve la poeta para evocar cada tono identificado.

4. Conoces ahora algo del contenido emotivo de «Mujer negra». Analiza el poema ahora desde el punto de vista de su forma. Enfócate en la manera en que Morejón integra estructura, recursos técnicos y lenguaje poético con la histórica autorrealización de la mujer negra dentro de la actualidad cubana. Incluye en tu análisis ejemplos del texto que apoyen tus ideas. Tu propósito debe ser percibir más cabalmente el contenido emotivo de «Mujer negra» a base de tu estudio de su andamiaje.

Análisis literario

«Mujer negra»

Del poema «Mujer negra» de Nancy Morejón, lee las estrofas a partir de «Anduve.» hasta «...construí mi mundo.». Luego contesta las preguntas.

1. En cuanto a la forma, este poema _____.
   a. tiene un esquema de rima y una forma métrica definida
   b. no tiene un esquema de rima, pero sí una forma métrica definida
   c. tiene un esquema de rima, pero no una forma métrica definida
   d. no tiene ni un esquema de rima ni una forma métrica definida

2. La primera palabra del poema, que forma por sí sola el primer verso, evoca la idea de _____.
   a. injusticia social   c. desplazamiento
   b. sufrimiento   d. libertad

3. La primera estrofa trata principalmente _____.
   a. de cómo sufrió la narradora y las injusticias que padeció
   b. de cómo llegó la narradora a su nueva tierra
   c. de los viajes que hizo la narradora por su tierra
   d. del lugar donde vivía la narradora en su nueva tierra

4. Al afirmar que «recolecté y las cosechas no comí», la narradora probablemente _____.
   a. se refiere solamente a sus experiencias haciendo trabajo agrícola
   b. quiere decir que se vio forzada a hacer diferentes trabajos sin poder beneficiarse de ellos
   c. espera comunicarle al lector que había muy poca comida en su nueva tierra
   d. quiere comentar los detalles de la producción de comida en su nueva tierra

5. El verso «Me sublevé.» sugiere que la narradora _____.
   a. piensa que nunca podrá sentirse en casa en su nueva tierra
   b. se ha resignado a su vida y comienza a sentirse feliz
   c. quiere regresar al lugar de donde fue traída
   d. comienza a sentirse parte de su nueva tierra

6. Las referencias a «sangre húmeda» y «huesos podridos» en la segunda estrofa probablemente se refieren a _____.
   a. batallas en las que ha participado la narradora
   b. el sufrimiento de todos los que han estado en la situación de la narradora
   c. muertes ocasionadas por los problemas en el sistema de producción agrícola
   d. las tradiciones perdidas de los antepasados de la narradora

Isabel Allende ▶

Dos palabras

ISABEL ALLENDE

La escritora chilena Isabel Allende (1942–   ) ha gozado de gran popularidad desde la publicación de su primera novela, La casa de los espíritus, en 1982. Nacida hija de padre diplomático en Lima, Perú, se crió en Santiago de Chile. Habiendo participado en la oposición al régimen militar establecido en su patria después de la muerte de Salvador Allende, presidente del país y primo hermano del padre de la autora, ésta salió al exilio. Vive actualmente en California. Periodista, novelista y cuentista, Allende ha ejercido su profesión literaria en la esfera del realismo mágico que surgió a mediados del siglo XX, a raíz de los escritos de Juan Rulfo, de Gabriel García Márquez y de otros hispanoamericanos.

Allende ha descrito así su proceso creador: «En el lento y silencioso proceso de la escritura entro en un estado de lucidez, en el cual a veces puedo descorrer algunos velos y ver lo invisible». Su criatura literaria Belisa Crepusculario, protagonista de «Dos palabras» (1989), nos aporta una experiencia afín, al verse «inmersa por completo en el mundo que creaba con el poder omnímodo de las palabras, transformada en un ser disperso, reproducida hasta el infinito». A diferencia de su creadora, Belisa no hechiza con sus palabras hechas cuento; hechiza vendiendo palabras mágicas. «Dos palabras» es de la colección Cuentos de Eva Luna.

Tenía el nombre de Belisa Crepusculario, pero no por fe de bautismo[1] o **acierto**[2] de su madre, sino porque ella misma lo buscó hasta encontrarlo y se vistió con él. Su oficio era vender palabras. **Recorría**[3] el país, desde las regiones más altas y frías hasta las costas calientes, instalándose en las ferias y en los mercados, donde montaba cuatro palos con un toldo de lienzo,[4] bajo el cual se protegía del sol y de

---

[1] fe de bautismo—certificado expedido por la Iglesia Católica como prueba de que la persona nombrada en el certificado ha sido debidamente bautizada.

[2] **acierto**—buena decisión; idea que da en el blanco.

[3] **Recorría**—viajaba por.

[4] toldo de lienzo—tela gruesa que, sostenida a cierta altura, da sombra.

Comprender

¿Cómo definirías la actividad de Belisa? ¿Es una actividad habitual en pueblos y ciudades?

_____

_____

_____

Conectar

¿A qué guerra civil se refiere el texto? ¿Puedes identificar el país?

_____

_____

_____

Figuras retóricas

¿Qué figuras se emplean para describir el clima de la región y sus consecuencias para el suelo?

_____

_____

la lluvia para atender a su clientela. No necesitaba pregonar[5] su mercadería, porque de tanto caminar por aquí y por allá, todos la conocían. Había quienes la **aguardaban**[6] de un año para otro, y cuando aparecía por la **aldea**[7] con su atado bajo el brazo hacían cola frente a su tenderete.[8] Vendía a precios justos. Por cinco centavos entregaba versos de memoria, por siete mejoraba la calidad de los sueños, por nueve escribía cartas de enamorados, por doce inventaba insultos para enemigos irreconciliables. También vendía cuentos, pero no eran cuentos de fantasía, sino largas historias verdaderas que recitaba **de corrido**,[9] sin **saltarse**[10] nada. Así llevaba las **nuevas**[11] de un pueblo a otro. La gente le pagaba por **agregar**[12] una o dos líneas: nació un niño, murió **fulano**,[13] se casaron nuestros hijos, se quemaron las **cosechas**.[14] En cada lugar se juntaba una pequeña multitud a su alrededor para oírla cuando comenzaba a hablar y así **se enteraban**[15] de las vidas de otros, de los parientes lejanos, de los **pormenores**[16] de la Guerra Civil. A quien le comprara cincuenta centavos, ella le regalaba una palabra secreta para **espantar**[17] la melancolía. No era la misma para todos, por supuesto, porque eso habría sido un **engaño**[18] colectivo. Cada uno recibía la suya con la certeza de que nadie más la empleaba para ese fin en el universo y más allá.

Belisa Crepusculario había nacido en una familia tan **mísera**,[19] que ni siquiera poseía nombres para llamar a sus hijos. Vino al mundo y creció en la región más inhóspita, donde algunos años las lluvias se convierten en avalanchas de agua que se llevan todo, y en otros no cae ni una gota del cielo, el sol se agranda hasta ocupar el horizonte entero y el mundo se convierte en un desierto. Hasta que cumplió doce años no tuvo otra ocupación ni virtud que sobrevivir al hambre y la fatiga de siglos. Durante una interminable **sequía**[20] le tocó **enterrar**[21] a cuatro hermanos menores y cuando comprendió que llegaba su turno, decidió echar a andar por las llanuras en dirección al mar, a ver si en el

---

[5] **pregonar**—anunciar en voz alta.

[6] **aguardaban**—esperaban.

[7] **aldea**—pueblo pequeño.

[8] **tenderete** (m.)—puesto de venta ambulante.

[9] **de corrido**—de un tirón; rápido y sin parar; seguido

[10] **saltarse**—omitir.

[11] **nuevas**—noticias.

[12] **agregar**—añadir; poner además.

[13] **fulano**—cualquier persona; término aplicado a una persona cuyo verdadero nombre no se menciona, o no importa.

[14] **cosechas**—rendimiento de lo que se ha sembrado.

[15] **se enteraban**—se informaban.

[16] **pormenores** (m.)—detalles.

[17] **espantar**—ahuyentar; alejar.

[18] **engaño**—encubrimiento; falsedad.

[19] **mísera**—pobre.

[20] **sequía**—período sin lluvia.

[21] **enterrar**—colocar en la tumba.

viaje lograba **burlar**[22] a la muerte. La tierra estaba erosionada, partida en profundas **grietas**,[23] sembrada[24] de piedras, fósiles de árboles y de arbustos espinudos, esqueletos de animales blanqueados por el calor. De vez en cuando tropezaba con familias que, como ella, iban hacia el sur siguiendo el **espejismo**[25] del agua. Algunos habían iniciado la marcha llevando sus **pertenencias**[26] al hombro o en carretillas, pero apenas podían mover sus propios huesos y a poco andar debían abandonar sus cosas. Se arrastraban penosamente, con la piel convertida en cuero de **lagarto**[27] y los ojos quemados por la reverberación[28] de la luz. Belisa los saludaba con un gesto al pasar, pero no se detenía, porque no podía gastar sus fuerzas en ejercicios de compasión. Muchos cayeron por el camino, pero ella era tan **tozuda**[29] que consiguió atravesar el infierno y **arribó**[30] por fin a los primeros **manantiales**,[31] finos hilos de agua, casi invisibles, que **alimentaban**[32] una vegetación **raquítica**,[33] y que más adelante se convertían en riachuelos y **esteros**.[34]

Belisa Crepusculario salvó la vida y además descubrió por casualidad la escritura. Al llegar a una aldea en las proximidades de la costa, el viento colocó a sus pies una hoja de periódico. Ella tomó aquel papel amarillo y **quebradizo**[35] y estuvo largo rato observándolo sin **adivinar**[36] su uso, hasta que la curiosidad pudo más que su timidez. Se acercó a un hombre que lavaba un caballo en el mismo **charco**[37] **turbio**[38] donde ella **saciara**[39] su sed.

—¿Qué es esto? —preguntó.

—La página deportiva del periódico —replicó el hombre sin dar **muestras**[40] de asombro **ante**[41] su ignorancia.

---

[22] **burlar**—esquivar; eludir.

[23] **grietas**—rajaduras.

[24] **sembrada**—llena.

[25] **espejismo**—ilusión vana; visión irreal.

[26] **pertenencias**—posesiones personales.

[27] **lagarto**—reptil escamoso relativamente pequeño, de cabeza triangular, patas cortas y cola larga.

[28] **reverberación**—reflejo; ondas de aire.

[29] **tozuda**—terca; empecinada; obstinada.

[30] **arribó**—llegó.

[31] **manantiales** (m.)—fuentes naturales de agua.

[32] **alimentaban**—nutrían.

[33] **raquítica**—pobre; desmejorada; poco desarrollada.

[34] **esteros**—arroyos.

[35] **quebradizo**—frágil; que se quiebra fácilmente.

[36] **adivinar**—averiguar por conjeturas; intuir.

[37] **charco**—hoyo en el suelo que se ha llenado de agua.

[38] **turbio**—impuro; sucio.

[39] **saciara**—había saciado; había satisfecho.

[40] **muestras**— señales; gestos.

[41] **ante**—en presencia de.

Identificar

Belisa emprende una travesía riesgosa. Subraya los elementos que indican la devastación del paisaje.

Interpretar

¿Qué te sugiere el calificativo «tozuda»?

_____

_____

Elaborar

Si las palabras no tienen dueño, ¿es lícito venderlas? Explica tu respuesta.

_____

_____

_____

Inferir

¿En qué contexto son valores estimados la rapidez del cuchillo y la lealtad al jefe?

_____

_____

La respuesta dejó **atónita**[42] a la muchacha, pero no quiso parecer **descarada**[43] y se limitó a **inquirir**[44] el significado de las patitas de mosca dibujadas sobre el papel.

—Son palabras, niña. Allí dice que Fulgencio Barba noqueó al Negro Tiznao en el tercer round.

Ese día Belisa Crepusculario se enteró de que las palabras andan sueltas sin dueño y cualquiera con un poco de **maña**[45] puede apoderárselas[46] para comerciar con ellas. Consideró su situación y concluyó que aparte de prostituirse o emplearse como sirvienta en las cocinas de los ricos, eran pocas las ocupaciones que podía **desempeñar**.[47] Vender palabras le pareció una alternativa decente. A partir de ese momento **ejerció**[48] esa profesión y nunca le interesó otra. Al principio ofrecía su mercancía sin sospechar que las palabras podían también escribirse fuera de los periódicos. Cuando lo supo calculó las infinitas proyecciones[49] de su negocio, con sus ahorros le pagó veinte pesos a un cura para que le enseñara a leer y escribir y con los tres que le sobraron se compró un diccionario. Lo **revisó**[50] desde la A hasta la Z y luego lo lanzó al mar, porque no era su intención **estafar**[51] a los clientes con palabras **envasadas**.[52]

Varios años después, en una mañana de agosto, se encontraba Belisa Crepusculario en el centro de una plaza, sentada bajo su toldo vendiendo argumentos de justicia a un viejo que **solicitaba**[53] su pensión desde hacía diecisiete años. Era día de mercado y había mucho **bullicio**[54] a su alrededor. Se escucharon de pronto galopes y gritos; ella levantó los ojos de la escritura y vio primero una nube de polvo y enseguida un grupo de **jinetes**[55] que **irrumpió**[56] en el lugar. Se trataba de los hombres del Coronel, que venían **al mando del**[57] Mulato, un gigante conocido en toda la zona por la rapidez de su cuchillo y la **lealtad**[58] hacia su jefe.

---

[42] **atónita**—asombrada; muy sorprendida.

[43] **descarada**—sin recato; sin vergüenza; descortés.

[44] **inquirir**—preguntar.

[45] **maña**—astucia; viveza; inteligencia.

[46] apoderárselas—captarlas; agarrarlas.

[47] **desempeñar**—ejecutar; ejercer.

[48] **ejerció**—desempeñó; se dedicó a.

[49] proyecciones—perspectivas; posibilidades.

[50] **revisó**—inspeccionó; examinó.

[51] **estafar**—defraudar; engañar.

[52] **envasadas**—empaquetadas; apresadas.

[53] **solicitaba**—pedía.

[54] **bullicio**—actividad ruidosa.

[55] **jinetes** (m.)—caballistas; hombres a caballo.

[56] **irrumpió**—entró súbitamente.

[57] **al mando del**—bajo la autoridad de.

[58] **lealtad**—fidelidad; devoción.

Ambos, el Coronel y el Mulato, habían pasado sus vidas ocupados en la Guerra Civil y sus nombres estaban **irremisiblemente**[59] unidos al estropicio[60] y la calamidad. Los guerreros entraron al pueblo como un **rebaño**[61] en estampida, envueltos en ruido, bañados de sudor y dejando a su paso un espanto de huracán. Salieron volando las gallinas, dispararon[62] a perderse los perros, corrieron las mujeres con sus hijos y no quedó en el sitio del mercado otra alma viviente que Belisa Crepusculario, quien no había visto jamás al Mulato y por lo mismo le extrañó que se dirigiera a ella.

—A ti te busco —le gritó señalándola con su **látigo**[63] enrollado y antes que terminara de decirlo, dos hombres cayeron encima de la mujer **atropellando**[64] el toldo y rompiendo el tintero, la ataron de pies y manos y la colocaron atravesada como un bulto de marinero sobre la grupa[65] de la bestia[66] del Mulato. **Emprendieron**[67] galope en dirección a las **colinas**.[68]

Horas más tarde, cuando Belisa Crepusculario estaba a punto de morir con el corazón convertido en arena por las **sacudidas**[69] del caballo, sintió que se detenían y cuatro manos poderosas la depositaban en tierra. Intentó ponerse de pie y levantar la cabeza con dignidad, pero le fallaron las fuerzas y se **desplomó**[70] con un suspiro, **hundiéndose**[71] en un sueño **ofuscado**.[72] Despertó varias horas después con el murmullo de la noche en el campo, pero no tuvo tiempo de **descifrar**[73] esos sonidos, porque al abrir los ojos se encontró ante la mirada impaciente del Mulato, arrodillado a su lado.

—Por fin despiertas, mujer —dijo alcanzándole su **cantimplora**[74] para que bebiera un sorbo de aguardiente[75] con **pólvora**[76] y acabara de recuperar la vida.

---

[59] **irremisiblemente**—irrevocablemente.

[60] estropicio—desorden.

[61] **rebaño**—grupo de ovejas.

[62] disparararon—salieron corriendo.

[63] **látigo**—fusta; chicote; azote.

[64] **atropellando**—pisando; maltratando.

[65] grupa—anca; parte de atrás del lomo de un caballo.

[66] bestia—caballo.

[67] **Emprendieron**—iniciaron; comenzaron.

[68] colinas—cerros; montañas bajas.

[69] sacudidas—movimientos violentos.

[70] desplomó—cayó.

[71] hundiéndose—sumergiéndose.

[72] ofuscado—turbado; confuso.

[73] descifrar—entender.

[74] cantimplora—recipiente para guardar agua y mantenerla fresca, y para llevarla de viaje.

[75] aguardiente (m.)—bebida alcohólica fuerte.

[76] pólvora—polvo explosivo.

© Houghton Mifflin Harcourt Publishing Company

Figuras retóricas

Analiza el símil «como un rebaño en estampida». ¿Qué imagen te sugiere?

_____

_____

Interpretar

¿Por qué Belisa no huye de la banda del Mulato?

_____

_____

_____

Pronosticar

¿Por qué piensas que secuestran a Belisa?

_____

_____

_____

Enfoque en el estilo

¿Por qué la autora elige mantener la cara del Coronel en la sombra?

_____

_____

Comprender

¿Cómo adquiere Belisa el conocimiento de que está «frente al hombre más solo del mundo»?

_____

_____

Interpretar

¿Te parecen sinceras las razones que esgrime el Coronel para querer ser Presidente? Explica por qué.

_____

_____

_____

Ella quiso saber la causa de tanto maltrato y él le explicó que el Coronel necesitaba sus servicios. Le permitió mojarse la cara y enseguida la llevó a un extremo del campamento, donde el hombre más temido del país reposaba en una hamaca colgada entre dos árboles. Ella no pudo verle el **rostro**,[77] porque tenía encima la sombra incierta del **follaje**[78] y la sombra imborrable de muchos años viviendo como un bandido, pero imaginó que debía ser de expresión **perdularia**[79] si su gigantesco ayudante se dirigía a él con tanta humildad. Le sorprendió su voz, suave y bien modulada como la de un profesor.

—¿Eres la que vende palabras? —preguntó.
—Para servirte —**balbuceó**[80] ella oteando[81] en la penumbra para verlo mejor.

El Coronel se puso de pie y la luz de la antorcha que llevaba el Mulato le dio de frente. La mujer vio su piel oscura y sus **fieros**[82] ojos de puma y supo al punto que estaba frente al hombre más solo de este mundo.

—Quiero ser Presidente —dijo él.

Estaba cansado de recorrer esa tierra maldita en guerras inútiles y derrotas que ningún **subterfugio**[83] podía transformar en victorias. Llevaba muchos años durmiendo **a la intemperie**,[84] picado de mosquitos, alimentándose de iguanas y sopa de **culebra**,[85] pero esos inconvenientes menores no constituían razón suficiente para cambiar su destino. Lo que en verdad le **fastidiaba**[86] era el terror en los ojos **ajenos**.[87] Deseaba entrar a los pueblos bajo arcos de triunfo, entre banderas de colores y flores, que lo aplaudieran y le dieran de regalo huevos frescos y pan recién **horneado**.[88] Estaba **harto**[89] de **comprobar**[90] cómo a su paso **huían**[91] los hombres, abortaban de susto las mujeres y temblaban las **criaturas**,[92] por eso había decidido ser Presidente. El Mulato

---

[77] **rostro**—cara.

[78] **follaje** (m.)—conjunto de hojas.

[79] **perdularia**—corrompida; viciosa.

[80] **balbuceó**—articuló de manera vacilante.

[81] **oteando**—esforzándose por ver; escudriñando.

[82] **fieros**—feroces; salvajes.

[83] **subterfugio**—evasión; truco.

[84] **a la intemperie**—al aire libre; bajo las estrellas; sin abrigo ni refugio.

[85] **culebra**—serpiente.

[86] **fastidiaba**—molestaba.

[87] **ajenos**—de otros.

[88] **horneado**—hecho en el horno.

[89] **harto**—cansado; hastiado.

[90] **comprobar**—ver confirmado; ver evidenciado.

[91] **huían**—corrían; se alejaban.

[92] **criaturas**—niños pequeños.

le **sugirió**[93] que fueran a la capital y entraran galopando al Palacio para apoderarse del gobierno, tal como tomaron tantas otras cosas sin pedir permiso, pero al Coronel no le interesaba convertirse en otro **tirano**;[94] de ésos ya habían tenido bastantes por allí y, además, de ese modo no obtendría el **afecto**[95] de las gentes. Su idea consistía en ser elegido por votación popular en los **comicios**[96] de diciembre.

—Para eso necesito hablar como un candidato. ¿Puedes venderme las palabras para un **discurso**?[97]
—preguntó el Coronel a Belisa Crepusculario.

Ella había aceptado muchos **encargos**,[98] pero ninguno como ése; sin embargo no pudo negarse, temiendo que el Mulato le metiera un tiro entre los ojos o, peor aún, que el Coronel se echara a llorar. Por otra parte, sintió el impulso de ayudarlo, porque percibió un palpitante calor en su piel, un deseo poderoso de tocar a ese hombre, de recorrerlo con sus manos, de **estrecharlo**[99] entre sus brazos.

Toda la noche y buena parte del día siguiente estuvo Belisa Crepusculario buscando en su repertorio las palabras apropiadas para un discurso presidencial, **vigilada**[100] de cerca por el Mulato, quien no apartaba los ojos de sus firmes piernas de caminante y sus **senos**[101] virginales. **Descartó**[102] las palabras **ásperas**[103] y secas, las demasiado floridas, las que estaban **desteñidas**[104] por el abuso, las que ofrecían promesas improbables, las **carentes de**[105] verdad y las confusas, para quedarse sólo con aquéllas capaces de tocar con certeza el pensamiento de los hombres y la intuición de las mujeres. Haciendo uso de los conocimientos comprados al cura por veinte pesos, escribió el discurso en una hoja de papel y luego hizo señas al Mulato para que desatara la cuerda con la cual la había **amarrado**[106] por los **tobillos**[107] a un árbol. La condujeron nuevamente donde el Coronel, y al verlo ella volvió

---

[93] **sugirió**—propuso.
[94] **tirano**—déspota.
[95] **afecto**—cariño.
[96] **comicios**—elecciones.
[97] **discurso**—oración; alocución.
[98] **encargos**—trabajos asignados o entregados a uno por otra persona.
[99] **estrechar**(lo)—abrazar(lo).
[100] **vigilada**—atendida; cuidada.
[101] **senos**—pechos.
[102] **descartó**—desechó; eliminó.
[103] **ásperas**—toscas.
[104] **desteñidas**—desvaídas; atenuadas; descoloridas.
[105] **carentes de**—faltas de; sin tener.
[106] **amarrado**—atado; sujetado.
[107] **tobillo(s)**—parte de la pierna que está unida al pie; articulación entre pie y pierna.

Enfoque en el estilo

Los términos de la disyuntiva que se plantea Belisa para colaborar con el Coronel son aparentemente incompatibles. Explica con tus palabras cuál crees que es el efecto perseguido.

_____

_____

_____

Inferir

Belisa se siente atraída por el Coronel. ¿Cómo se traduce ese sentimiento en la confección del discurso?

_____

_____

_____

a sentir la misma palpitante ansiedad del primer encuentro. Le pasó el papel y aguardó, mientras él lo miraba sujetándolo con la punta de los dedos.

—¿Qué carajo[108] dice aquí? —preguntó por último.
—¿No sabes leer?
—Lo que yo sé hacer es la guerra —replicó él.

Ella leyó en alta voz el discurso. Lo leyó tres veces, para que su cliente pudiera grabárselo en la memoria. Cuando terminó vio la emoción en los rostros de los hombres de la tropa que se juntaron para escucharla y notó que los ojos amarillos del Coronel brillaban de entusiasmo, seguro de que con esas palabras el sillón presidencial sería suyo.

—Si después de oírlo tres veces los muchachos siguen con la boca abierta, es que esta vaina[109] sirve, Coronel —aprobó el Mulato.
—¿Cuánto te debo por tu trabajo, mujer? —preguntó el jefe.
—Un peso, Coronel.
—No es caro —dijo él abriendo la bolsa que llevaba colgada del cinturón con los restos del último botín.[110]
—Además tienes derecho a una ñapa.[111] Te corresponden dos palabras secretas —dijo Belisa Crepusculario.
—¿Cómo es eso?

Ella procedió a explicarle que por cada cincuenta centavos que pagaba un cliente, le obsequiaba[112] una palabra de uso exclusivo. El jefe se encogió de hombros, pues no tenía ni el menor interés en la oferta, pero no quiso ser descortés con quien lo había servido tan bien. Ella se aproximó sin prisa al taburete[113] de suela[114] donde él estaba sentado y se inclinó para entregarle su regalo. Entonces el hombre sintió el olor de animal montuno[115] que se desprendía[116] de esa mujer, el calor de incendio que irradiaban sus caderas, el roce[117] terrible de sus cabellos, el aliento de yerbabuena[118] susurrando[119] en su oreja las dos palabras secretas a las cuales tenía derecho.

© Houghton Mifflin Harcourt Publishing Company

Reflexionar

En este punto del relato, ¿el sentimiento de Belisa es correspondido?

_____

_____

Enfoque en el estilo

En este punto se mencionan efectos físicos irradiados por el cuerpo de Belisa. ¿Conocemos otros datos de su aspecto físico?

_____

_____

_____

---

[108] ¿Qué carajo?—expresión grosera que quiere decir «¿Qué diablos?»

[109] vaina—cosa; recurso.

[110] **botín** (m.)—despojo; producto de un saqueo o robo.

[111] ñapa—yapa; propina; pequeña cantidad por encima de lo acordado.

[112] **obsequiaba**—regalaba; daba.

[113] taburete (m.)—asiento sin respaldo y sin brazos.

[114] **suela**—cuero grueso y fuerte.

[115] **montuno**—relativo al monte; salvaje.

[116] **se desprendía**—emanaba.

[117] **roce** (m.)—contacto leve.

[118] **yerbabuena**—hierbabuena; planta olorosa que se usa como condimento, similar a la menta.

[119] **susurrando**—murmurando; hablando en voz muy baja.

—Son tuyas, Coronel —dijo ella al retirarse—. Puedes emplearlas cuanto quieras.

El Mulato acompañó a Belisa hasta el borde del camino, sin dejar de mirarla con ojos **suplicantes**[120] de perro perdido, pero cuando **estiró**[121] la mano para tocarla, ella lo detuvo con un **chorro**[122] de palabras inventadas que tuvieron la virtud de espantarle el deseo, porque creyó que se trataba de alguna **maldición**[123] **irrevocable**.[124]

En los meses de setiembre, octubre y noviembre el Coronel pronunció su discurso tantas veces, que de no haber sido hecho con palabras **refulgentes**[125] y durables el uso lo habría vuelto **ceniza**.[126] Recorrió el país en todas direcciones, entrando a las ciudades con aire triunfal y deteniéndose también en los pueblos más olvidados, allá donde sólo el **rastro**[127] de basura indicaba la presencia humana, para convencer a los electores de que votaran por él. Mientras hablaba sobre una **tarima**[128] al centro de la plaza, el Mulato y sus hombres **repartían**[129] caramelos y pintaban su nombre con escarcha[130] dorada en las paredes, pero nadie prestaba atención a esos recursos de mercader, porque estaban **deslumbrados**[131] por la claridad de sus proposiciones y la lucidez poética de sus argumentos, contagiados de su deseo tremendo de corregir los errores de la historia y alegres por primera vez en sus vidas. Al terminar la arenga[132] del Candidato, la tropa lanzaba pistoletazos al aire y encendía **petardos**[133] y, cuando por fin se retiraban, quedaba atrás una **estela**[134] de esperanza que perduraba muchos días en el aire, como el recuerdo magnífico de un cometa. Pronto el Coronel se convirtió en el político más popular. Era un fenómeno nunca visto, aquel hombre **surgido**[135] de la Guerra Civil, lleno de **cicatrices**[136] y hablando como un **catedrático**,[137] cuyo prestigio se **regaba**[138] por el territorio nacional

---

[120] **suplicantes**—pedigüeños; que piden ansiosamente.

[121] **estiró**—alargó.

[122] **chorro**—cantidad de algo que sale con fuerza, con impulso.

[123] **maldición**—condena; anatema.

[124] **irrevocable**—permanente; imperdonable.

[125] **refulgentes**—resplandecientes; fulgurantes; que brillan.

[126] **ceniza**—residuos en forma de polvo de lo que se ha quemado.

[127] **rastro**—señal; indicio.

[128] **tarima**—plataforma portátil de madera, de poca altura.

[129] **repartían**—distribuían.

[130] escarcha—sustancia hecha de azúcar cristalizado, semejante a la escarcha que se forma sobre la tierra en noches frías.

[131] **deslumbrados**—fascinados; impresionados.

[132] arenga—discurso didáctico.

[133] **petardos**—pólvora envuelta en papel, con mecha, que estalla cuando se le prende fuego.

[134] **estela**—rastro dejado en el agua por un barco al pasar; por extensión, cola, o huellas.

[135] **surgido**—salido de pronto.

[136] **cicatrices** (f.)—marcas en la piel que dejan las heridas después de sanar.

[137] **catedrático**—profesor universitario.

[138] **regaba**—esparcía; difundía; repartía.

Comprender

¿Qué usa Belisa para defenderse del acoso del Mulato? ¿Por qué?

_____

_____

Elaborar

Desde el punto de vista de Belisa, ¿qué le hacía falta al Coronel para convertirse en lo que quería ser?

_____

_____

_____

Interpretar

¿Qué efecto tiene sobre el Coronel el reconocimiento de sus conciudadanos?

_____

_____

_____

conmoviendo[139] el corazón de la patria. La **prensa**[140] se ocupó de él. Viajaron de lejos los periodistas para entrevistarlo y repetir sus frases, y así creció el número de sus seguidores y de sus enemigos.

—Vamos bien, Coronel —dijo el Mulato al cumplirse doce semanas de éxitos.

Pero el candidato no lo escuchó. Estaba repitiendo sus dos palabras secretas, como hacía cada vez con mayor frecuencia. Las decía cuando lo ablandaba[141] la nostalgia, las murmuraba dormido, las llevaba consigo sobre su caballo, las pensaba antes de pronunciar su célebre discurso y se sorprendía saboreándolas en sus descuidos. Y en toda ocasión en que esas dos palabras venían a su mente, evocaba la presencia de Belisa Crepusculario y se le **alborotaban**[142] los sentidos con el recuerdo del olor montuno, el calor de incendio, el roce terrible y el aliento de yerbabuena, hasta que empezó a andar como un **sonámbulo**[143] y sus propios hombres comprendieron que se le terminaría la vida antes de alcanzar el sillón de los presidentes.

—¿Qué es lo que te pasa, Coronel? —le preguntó muchas veces el Mulato, hasta que por fin un día el jefe no pudo más y le confesó que la culpa de su ánimo eran esas dos palabras que llevaba **clavadas**[144] en el **vientre**.[145]

—Dímelas, a ver si pierden su poder —le pidió su fiel ayudante.

—No te las diré, son sólo mías —replicó el Coronel.

Cansado de ver a su jefe deteriorarse como un condenado a muerte, el Mulato se echó el **fusil**[146] al hombro y partió en busca de Belisa Crepusculario. Siguió sus **huellas**[147] por toda esa vasta geografía hasta encontrarla en un pueblo del sur, instalada bajo el toldo de su oficio, contando su rosario de noticias. Se le plantó delante con las piernas abiertas y el arma **empuñada**.[148]

—Tú te vienes conmigo —ordenó.

Ella lo estaba esperando. Recogió su tintero, **plegó**[149] el lienzo de su tenderete, se echó el chal sobre los hombros y en silencio

© Houghton Mifflin Harcourt Publishing Company

---

[139] **conmoviendo**—emocionando.

[140] **prensa**—periódicos y revistas; periodistas; reporteros.

[141] **ablandaba**—ponía sentimental.

[142] **alborotaban**—despertaban; revolvían.

[143] **sonámbulo**—el que camina dormido.

[144] **clavadas**—fijas.

[145] **vientre** (m.)—estómago; interior; entrañas.

[146] **fusil** (m.)—arma de fuego de cañón largo; rifle.

[147] **huellas**—rastro; impresión dejada generalmente por los pies o las manos.

[148] **empuñada**—en el puño o en las manos.

[149] **plegó**—dobló.

Elaborar

¿Realmente las palabras secretas tienen un poder especial?

_____

_____

_____

Sintetizar

¿Cómo fue la evolución de los intereses del Coronel?

_____

_____

_____

Comparar

Compara esta segunda búsqueda de Belisa por el Mulato con la primera. ¿En qué se asemejan y en qué se diferencian?

_____

_____

_____

trepó[150] al anca del caballo. No cruzaron ni un gesto en todo el camino, porque al Mulato el deseo por ella se le había convertido en **rabia**[151] y sólo el miedo que le inspiraba su lengua le impedía destrozarla a latigazos. Tampoco estaba dispuesto a comentarle que el Coronel andaba **alelado**,[152] y que lo que no habían logrado tantos años de batallas lo había conseguido un **encantamiento**[153] susurrado al oído. Tres días después llegaron al campamento y de inmediato condujo a su prisionera hasta el candidato, delante de toda la tropa.

—Te traje a esta **bruja**[154] para que le devuelvas sus palabras, Coronel, y para que ella te devuelva la **hombría**[155] —dijo apuntando el cañón de su fusil a la **nuca**[156] de la mujer.

El Coronel y Belisa Crepusculario se miraron largamente, midiéndose[157] desde la distancia. Los hombres comprendieron entonces que ya su jefe no podía **deshacerse del**[158] hechizo de esas dos palabras **endemoniadas**,[159] porque todos pudieron ver los ojos carnívoros del puma tornarse **mansos**[160] cuando ella avanzó y le tomó la mano.

---

[150] **trepó**—subió; escaló.

[151] **rabia**—furia; enojo grande.

[152] **alelado**—atontado; embobado; embelesado.

[153] **encantamiento**—hechizo.

[154] **bruja**—hechicera.

[155] **hombría**—virilidad; cualidades varoniles.

[156] **nuca**—parte posterior del cuello, donde se une al cráneo.

[157] **midiéndose**—juzgándose; calculando cada uno lo que haría el otro.

[158] **deshacerse de(l)**—apartar de sí; quitarse de encima.

[159] **endemoniadas**—endiabladas; inspiradas por el diablo.

[160] **mansos**—sumisos; domesticados.

Inferir

¿Cuáles serían las dos palabras que Belisa regaló al Coronel? ¿Es posible saberlo con certeza?

PREGUNTAS

*Para conocer más a fondo el texto que has leído, responde a las siguientes preguntas. Tu propósito será uno de éstos, según indique tu profesor/a: **a.** prepararte para participar en un coloquio con tus compañeros de clase; **b.** prepararte para dar una presentación oral; **c.** bosquejar tus ideas por escrito para intercambiarlas con tus compañeros de clase; o **d.** escribir un ensayo formal.*

1. ¿Qué significado puede tener el que la protagonista lleva un nombre creado por ella misma? ¿Se puede afirmar que esto refleja aspectos de su carácter? Discute las connotaciones del nombre.

2. ¿Cómo llega Belisa Crepusculario a ser vendedora de palabras?

3. ¿Qué papel desempeña el hecho de que Belisa regala, sin cobrar, las palabras secretas propias de cada cliente comprador de palabras?

4. El poder de la palabra es una idea importante en la obra de Isabel Allende. Analiza de qué manera este cuento expone esa idea, basando tu análisis en detalles específicos.

Análisis literario

«Dos palabras»

Considera este pasaje, que forma parte del cuento «Dos palabras» de Isabel Allende.

Vendía a precios justos. Por cinco centavos entregaba versos de memoria, por siete mejoraba la calidad de los sueños, por doce inventaba insultos para enemigos irreconciliables. También vendía cuentos, pero no eran cuentos de fantasía, sino largas historias verdaderas que recitaba de corrido, sin saltarse nada. Así llevaba las nuevas de un pueblo a otro. La gente le pagaba por agregar una o dos líneas: nació un niño, murió fulano, se casaron nuestros hijos, se quemaron las cosechas.

Ahora lee un pasaje de la novela *Cien años de soledad*, y contesta las preguntas.

Poco a poco, estudiando las infinitas posibilidades del olvido, se dio cuenta de que podía llegar un día en que se reconocieran las cosas por sus inscripciones, pero no se recordara su utilidad. Entonces fue más explícito. El letrero que colgó en la cerviz de la vaca era una muestra ejemplar de la forma en que los habitantes de Macondo estaban dispuestos a luchar contra el olvido: *Esta es la vaca, hay que ordeñarla todas las mañanas para que produzca leche y a la leche hay que hervirla para mezclarla con el café y hacer café con leche.*

1. El hecho de que la protagonista de «Dos palabras» se dedica a vender palabras probablemente es una referencia a _____.
   a. la extrema pobreza que enfrenta
   b. la falta de oportunidades laborales para muchas mujeres
   c. sus deseos de ayudar a los demás
   d. el poder que conlleva el tener control sobre el uso del lenguaje

2. Al mencionar las «largas historias verdaderas» que vende la protagonista de «Dos palabras», la autora probablemente hace alusión a _____.
   a. la importancia de las palabras para mantener las tradiciones familiares
   b. la expresión oral como forma de propagar las noticias, como es el caso de los romances
   c. la poesía épica clásica, como por ejemplo la *Ilíada* y la *Odisea*
   d. las crónicas de Indias, en las que los conquistadores describieron sus experiencias

3. La vendedora de palabras ofrece «insultos para enemigos irreconciliables», y cobra más por ellos que por las otras categorías que se mencionan. Esto sugiere que _____.
   a. para Belisa Crepusculario, es más difícil inventar insultos que notas amables
   b. para muchos, el uso más importante del lenguaje es insultar a los demás
   c. cuando uno escoge las palabras con cuidado, tienen una gran capacidad de lastimar
   d. en el texto, «justo» permite dos acepciones: describe el precio del mercado que el cliente está dispuesto a pagar, y uno que promueve un trato más justo entre las personas

4. El narrador del pasaje de *Cien años de soledad* teme que pueda llegar un día en que la gente no sepa para qué sirven las cosas aunque sí recuerden cómo se llaman. Eso sugiere que _____.
   a. la esencia de los objetos va tan ligado a sus nombres que en realidad no hay diferencia entre las cosas y sus nombres
   b. la lengua escrita puede ser una manera eficaz de luchar contra el olvido
   c. el único uso legítimo del lenguaje es comunicar información concreta, como por ejemplo, para qué sirven las vacas
   d. no hay nada práctico que la gente pueda hacer para luchar contra el olvido

5. Se podría decir que el pasaje de Allende y el de García Márquez _____.
   a. ofrecen retratos realistas a los retos que enfrentan sus protagonistas
   b. se refieren a la importancia del lenguaje en la vida humana
   c. expresan puntos de vista contradictorios.
   d. se refieren a la importancia especial que tiene el lenguaje hablado

Rosa Montero ▶

Como la vida misma

ROSA MONTERO

Puede ser inadecuado categorizar como cuento este texto de la popular novelista y cuentista madrileña, Rosa Montero (1951–). Antes que cuento es historieta—por lo cómico— o viñeta—por lo visual—, con un algo de pieza teatral—por lo dramático. Más que nada es un pequeño trozo del proceso mental de su protagonista, comunicado por la técnica narrativa que se ha llamado el fluir de la conciencia.

Montero nos presenta la crisis cotidiana de un individuo contemporáneo nada extraordinario. La suya es, al parecer, una crisis sin trascendencia, y pasajera. Pero es extremada, mientras dura. Todo lector que alguna vez ha conducido su coche en tráfico a horas de alta congestión, podrá reconocer, en lo que sufre el protagonista, una experiencia semejante. Éste pasa las de Caín, y la agilidad del relato de los hechos de unos pocos minutos de una mañana en una metrópoli, se debe al estilo narrativo depurado y certero de Montero.

Muy leída en España desde los años ochenta, la escritora tiene una abundante obra novelística. Empezó su vida profesional como periodista, y desde 1976 trabaja de manera exclusiva para El País, el diario de mayor difusión en España. Ha recibido el Premio Nacional de Periodismo por un lado, y por otro el Premio Qué Leer, otorgado a la mejor novela española de 2003. Montero ha dicho que volver los ojos a la narrativa la obligó a reeducarse y a aprender a violar las normas del buen estilo periodístico. Sin embargo, su ojo de periodista contribuye al carácter resplandeciente de su ficción. Ésta deslumbra por su concisión y su tersura. Sorprende la capacidad metafórica de sus páginas; su apariencia de improvisadas, engaña.

La intimidad psicológica del protagonista anónimo es la cámara cinematográfica que reproduce en imágenes y sonidos el progreso de los hechos. Rabioso por haberse quedado inmovilizado al volante a horas de mayor tránsito, él, o más bien las reacciones anímicas de él, son la fuente única del desarrollo de la acción. Nos ponen en contacto con lo que pasa, dándonos un reportaje en directo desde su interioridad.

Notemos, antes de seguir adelante, que a pesar de tratarse de un arrebato fugaz— «Arrebato» fue el título original del cuento—, el lector que reflexione un poco lo encontrará «como la vida misma».

Las nueve menos cuarto de la mañana. **Semáforo**[1] en rojo, un rojo inconfundible. Las nueve menos trece, hoy no llego. **Atasco.**[2] Doscientos mil coches apretujados[3] junto al tuyo. Tienes la mandíbula tan encajada de tensión que entre los dientes permanece aún, apresado,[4] el sabor del café matinal. **Escudriñas**[5] al vecino. Está intolerablemente cerca. La única vía de la calle se convierte a estas horas en vía doble. La chapa[6] del contrario casi **roza**[7] la tuya, qué impudicia.[8] Verde. Avanza, imbécil. Tira, tira. ¿Qué hacen? No **arrancan**.[9] No se mueven, los cretinos.[10] Están de paseo, con la inmensa urgencia que tú tienes. Doscientos mil coches que han salido a pasear a la misma hora con el único fin de **fastidiarte**.[11] ¡Rojjjjjjjjjo! (bramido[12] soterrado[13]). ¡Rojo de nuevo! No es posible. Las nueve menos diez. Hoy desde luego que no llego-o-o-o (gemido[14] desolado). El vecino te **atisba**[15] con mirar esquinado y rencoroso, como si tú tuvieras la culpa de no haber sobrepasado el semáforo (cuando es obvio que los culpables son los **canallas**[16] de delante). Te embarga[17] un presentimiento de desastre, una premonición de catástrofe y derrota. Hoy no llego. Por el retrovisor[18] ves cómo se acerca un chico en un vespino,[19] zigzagueando entre los coches. Su facilidad te indigna, su libertad te subleva.[20] Mueves el coche unos centímetros, arrimándolo una **pizca**[21] al del vecino, y compruebas con **alivio**[22] que el transgresor se encuentra bloqueado, que has detenido su insultante avance: te jorobaste,[23] listo, paladeas.[24] Alguien **pita**[25] por detrás. Te sobresaltas, casi arrancas. De pronto adviertes que el semáforo sigue aún en rojo. ¿Qué quieres, que salga con el paso cerrado,

---

[1] **semáforo**—señal luminosa que regula el tráfico

[2] **atasco**—congestión de vehículos; embotellamiento

[3] apretujados—muy apretados; amontonados

[4] apresado—aprisionado; cercado; sin salida

[5] **Escudriñas**—Examinas minuciosamente con la vista

[6] chapa—placa; aquí, placa de automóvil

[7] roza—toca ligeramente al pasar

[8] impudicia—falta de pudor; falta de modestia

[9] **arrancan**—se ponen en marcha; empiezan a moverse

[10] cretinos—imbéciles; idiotas

[11] **fastidiarte**—molestarte; disgustarte

[12] bramido—sonido como el que emite un toro o un león

[13] soterrado—sofocado; reprimido

[14] **gemido**—sonido emitido por un herido o por una persona impacientada

[15] **atisba**—mira con cautela o con desconfianza

[16] **canallas**—personas ruines, despreciables

[17] embarga—agobia; llena

[18] retrovisor—espejo que permite al conductor de un vehículo ver lo que está detrás

[19] vespino—ciclomotor; especie de motocicleta ligera, con plataforma para los pies

[20] subleva—indigna; enfurece

[21] pizca—cantidad muy pequeña

[22] alivio—aligeramiento; disminución de un estado de tensión

[23] te jorobaste—te fregaste; te fastidiaste (uso coloquial)

[24] paladeas—saboreas; o, tal vez, aquí, murmuras con satisfacción

[25] pita—hace sonar el claxon, la bocina

© Houghton Mifflin Harcourt Publishing Company

Aclarar

¿Qué, o quién, es el *contrario*, aquí?

Figuras retóricas

La metáfora de esta frase, ¿en qué convierte al contrario?

Enfoque en el estilo

La palabra «rojo», de forma exagerada, ha ocurrido antes en el texto. Lee ésta en voz alta. Apunta el término literario que describe su efecto auditivo.

Conectar

La frase aclaratoria, entre paréntesis, se asemeja a las acotaciones. ¿Con qué género literario asocias más este término?

Aclarar

¿Qué actitud atribuye el protagonista al conductor del coche de al lado?

Comprender

¿A quién se refiere la palabra *transgresor*?

Figuras retóricas

¿Con qué término literario calificas tú el efecto auditivo de este uso?

_____

_____

Comprender

¿Por qué usa el verbo *electrocutarse* en el subjuntivo?

_____

_____

Figuras retóricas

Nombra uno o dos recursos técnicos empleados en la frase que empieza «Doscientos mil conductores...».

_____

_____

imbécil? (en voz alta y quebrada por la **rabia**[26]). Pip, piiiiiiip. Dale al pito, así te electrocutes (ya gritando). Te vuelves en el asiento, te encaras con la fila de atrás, ves a los conductores a través de la **capa**[27] de contaminación y polvo que cubre los cristales de tu coche. Gesticulas desaforadamente.[28] Los de atrás contestan con más gestos. El atasco se convierte en un santiamén[29] en un **concurso**[30] mímico. Doscientos mil conductores solitarios encerrados en doscientos mil vehículos, todos ellos insultando gestualmente a los vecinos: frenéticos[31] manotazos al aire, ojos desorbitados,[32] codos volanderos, dedos engarabitados,[33] escurrir[34] de **babas**[35] rabiosas por las **comisuras**[36] de la boca, dolor de **nuca**[37] por mirar hacia atrás con ansias asesinas. En éstas, la luz se pone verde y los de atrás del todo, a partir del coche doscientos mil uno, organizan un **estrépito**[38] verdaderamente portentoso. Ante tal algarabía[39] reaccionas, recuperas el **volante**,[40] al fin arrancas. Las nueve menos cinco. Vas codo con codo, aleta[41] con aleta con un utilitario[42] cochambroso.[43] Unos metros más allá la calle se estrecha, sólo cabrá un coche. Te miras con el vecino con el ánimo **traspasado**[44] de odio y desconfianza. Aceleras. Él también. Comprendes repentinamente que conseguir la prioridad en el estrechamiento se ha convertido en el objetivo principal de tu existencia: nunca has deseado nada con tal **ímpetu**[45] y tal ansia. Avanzas unos centímetros de morro.[46] Te sientes rozar la plenitud. Entonces, el utilitario hace un quiebro grácil de cadera,[47] se sube al bordillo,[48] te adelanta, entra victorioso en la estrechez. Corre, corre,

[26] **rabia**—enojo, enfado, o ira en gran medida
[27] **capa**—cantidad acumulada de una sustancia, como el polvo, que cubre una superficie
[28] desaforadamente—locamente; desmesuradamente
[29] en un santiamén—en un segundo; en poquísimo tiempo
[30] **concurso**—competencia
[31] frenéticos—exaltados; furiosos
[32] desorbitados—que parecen estar a punto de saltarse de sus órbitas
[33] engarabitados—aquí, tiesos, tensos; engarfiados
[34] escurrir—fluir
[35] **babas**—saliva que sale de la boca involuntariamente
[36] **comisuras**—puntos de unión de los labios
[37] **nuca**—sitio en el cuello donde se juntan la columna vertebral y la cabeza
[38] **estrépito**—ruido grande y desagradable
[39] algarabía—ruido producido por muchos sonidos o voces a la vez
[40] **volante**—rueda con que el chofer guía un automóvil
[41] aleta—aquí, guardabarros, guardafango de un automóvil
[42] utilitario—coche útil, pero modesto
[43] cochambroso—sucio, lleno de mugre
[44] **traspasado**—penetrado
[45] **ímpetu**—fuerza; movimiento impulsado
[46] de morro—enfadado; con rabia
[47] quiebro grácil de cadera—aquí, repentino movimiento de soslayo, realizado por el utilitario para escaparse del embotellamiento, subiéndose al bordillo
[48] bordillo—faja de piedra que forma el borde de una acera o banqueta

masculas[49] con la línea de los labios fríos, fingiendo gran desprecio: ¿adónde vas, *chalao*?[50] tanta prisa para adelantarme sólo un metro… Pero la derrota escuece,[51] inquieta. La calle adquiere ahora una fluidez momentánea, puedes meter segunda, puedes meter tercera, te **embriaga**[52] el vértigo de la velocidad. A lo lejos ves una figura negra, una anciana que cruza la calle con tembloroso paso. Pero tú estás intoxicado[53] de celeridad, no puedes remediarlo, sientes el retumbar[54] de los támtanes[55] de la caza del peatón y aprietas el acelerador sin la menor clemencia. Te abalanzas[56] sobre la anciana, la sorteas[57] por milímetros, la envuelves del viento de tu prisa: «Cuidado, abuela», gritas por la ventanilla; estas viejas son un peligro, un peligro te dices a ti mismo, sintiéndote cargado de razón.[58] Estás ya en la proximidad de tu destino, y los automóviles se arraciman[59] en los bordillos, no hay posibilidades de aparcar. De pronto descubres un par de metros libres, un milagroso pedacito de ciudad sin coche: pegas un frenazo,[60] el corazón te late apresuradamente. Los conductores de detrás comienzan a tocar la bocina: tócate las narices, porque no me muevo. Intentas maniobrar,[61] pero los vehículos que te siguen te lo impiden, se escurren[62] por el escaso margen de la derecha, te imprecan[63] al pasar. Tú atisbas con angustia el espacio libre, ese pedazo de paraíso tan cercano y, sin embargo, inalcanzable. De pronto, uno de los coches de la fila se detiene, espera a que tú aparques. Sientes una oleada de agradecimiento, intentas **retroceder**[64] al hueco, pero la calle es angosta y la cosa está difícil. El vecino da marcha atrás para facilitarte las cosas, aunque apenas pueda moverse porque los otros coches te rozan el trasero. Tu agradecimiento es tal que te **desborda**,[65] te llena de calor. Al fin aparcas y la fila continúa. Sales del coche, cierras la portezuela. **Experimentas**[66] un alivio infinito por haber culminado la gesta,[67] por haber cruzado la ciudad enemiga, por haber

---

[49] masculas—murmuras; dices entre dientes

[50] chalao—chalado; chiflado; trastornado

[51] escuece—hiere; molesta

[52] **embriaga**—emborracha

[53] intoxicado—envenenado

[54] retumbar—gran ruido, como el sonido del trueno

[55] támtanes—tantanes; batintines; gongs

[56] Te abalanzas—Te echas encima

[57] sorteas—evitas atropellar

[58] cargado de razón—con todo tu derecho

[59] se arraciman—se aglomeran

[60] pegas un frenazo—te detienes súbitamente, pisando el freno con fuerza

[61] maniobrar—buscar salida con movimientos

[62] se escurren—se escapan

[63] imprecan—lanzan injurias; insultan

[64] **retroceder**—dar marcha atrás

[65] **desborda**—fluye incontenibleblemente

[66] **Experimentas**—Sientes

[67] gesta—hazaña; proeza; hecho heroico

© Houghton Mifflin Harcourt Publishing Company

Enfoque en el estilo

Describe con una o dos palabras acertadas el tono del cuento a estas alturas.

Interpretar

¿Qué cosa se pone fluida? Ciertamente no la calle. Aquí se transfiere a la calle la fluidez que pertenece, ¿a qué otra(s) cosa(s)?

Identificar

En la frase que empieza con «Te abalanzas…», se descubre un nuevo detalle acerca del personaje del cuento. ¿Cuál es?

Figuras retóricas

La metáfora aquí—el retumbar de los támtanes de la caza—, ¿en qué convierte al protagonista?

Analizar

¿Cuál es la ironía de lo dicho y hecho aquí? Describe brevemente en qué consiste.

Enfoque en el estilo

Sigue intensificándose el cambio de tono que anotaste arriba. Subraya más palabras que, para ti, lo señalen.

Comprender

¿Dónde se encuentran el otro conductor y su coche ahora?

_____

_____

Comprender

¿Cómo reacciona el otro conductor cuando el protagonista se le acerca para darle las gracias? Subraya las palabras pertinentes.

Opinar

¿Cuáles son las posibles causas de su reacción?

_____

_____

_____

Inferir

Apunta, en una o dos palabras acertadas, el juicio que forma el protagonista sobre el modo de reaccionar del otro.

_____

_____

Analizar

¿En qué consiste al fin la ironía del desenlace? Basa tu análisis en la reacción final del protagonista.

_____

_____

_____

conseguido un lugar para tu coche; pero, fundamentalmente, te sientes aniquilado[68] de gratitud hacia el anónimo vecino que se detuvo; es una emoción tal que te quita las fuerzas, que te deja por dentro como flojo. Apresuras el paso para alcanzar al generoso conductor, detenido por el tapón[69] a pocos metros. Llegas a su altura, es un hombre de mediana edad, de gesto melancólico. Te inclinas sobre su ventanilla, te sientes embargado[70] de bondad; muchas gracias, le dices en tono **exaltado**,[71] aún tembloroso tras la batalla. El otro **se sobresalta**,[72] te mira de hito en hito.[73] Muchas gracias, insistes; soy el del coche azul, el que aparcaba. El otro palidece, al fin contesta con un hilo de voz: «Pero, ¿qué quería usted, que me montara encima de los coches? No podía dar más marcha atrás». Tú te azaras,[74] por unos segundos no comprendes, al fin, enrojeces: «Pero si le estoy dando las gracias de verdad, oiga, le estoy dando las gracias». El hombre se pasa la mano por la cara, abrumado,[75] y **balbucea**;[76] «es que… este tráfico, estos nervios…». Reemprendes tu camino, sorprendido. Y mientras resoplas[77] en el aire frío matinal,[78] te dices con filosófica tristeza, con genuino asombro: hay que ver lo agresiva que está la gente, no lo entiendo.

---

[68] aniquilado—liquidado; pero aquí, agobiado o rendido; como dándose por vencido

[69] tapón—aquí, embotellamiento de tráfico

[70] embargado—cargado

[71] **exaltado**—emocionado

[72] **se sobresalta**—se sorprende

[73] de hito en hito—directamente

[74] te azaras—te desconciertas

[75] abrumado—agobiado

[76] **balbucea**—tartamudea

[77] **resoplas**—respiras trabajosamente, como lo hacen los caballos

[78] matinal—de la mañana

PREGUNTAS

Para conocer más a fondo el texto que has leído, responde a las siguientes preguntas.
*Tu propósito será uno de éstos, según indique tu profesor/a: **a**. prepararte para participar en un*
*coloquio con tus compañeros de clase; **b**. prepararte para dar una presentación oral;*
***c**. bosquejar tus ideas por escrito para intercambiarlas con tus compañeros de clase; o*
***d**. escribir un ensayo formal.*

1. Narra tú brevemente la secuencia de los sucesos en «Como la vida misma».
Al hacerlo, no dejes de atender debidamente al desenlace. Se ha observado que la
trayectoria normal en la narrativa sigue estos pasos: situación; complicación; clímax; y
resolución. ¿Crees que el cuento de Montero siga esta trayectoria? Adopta una
postura ya sea a favor o en contra de esta observación, y arguye tu postura,
defendiéndola con pruebas extraídas del texto.

2. Montero observa aquí las tres unidades aristotélicas. Investiga éstas y escribe tú en
breve la forma en que cada una de las tres se refleja en «Como la vida misma». ¿De
qué manera sirven las tres unidades aristotélicas para lograr el efecto que busca la
autora con su cuento?

3. Las horas del día tienen una importancia clave para el cuento. Examina todas las
referencias a la hora aquí, y precisa el efecto de su exactitud cronométrica sobre la
tensión que siente el protagonista. Incluye en tu comentario lo que infieras respecto a
la urgencia que lo lleva a reaccionar como reacciona. ¿Crees tú que la presión del
tiempo sea la única fuente de sus reacciones al atasco? Defiende tus juicios con
ejemplos extraídos del texto.

4. Los lectores no llegamos a saber si el protagonista es hombre o mujer sino bastante
entrado al texto. La autora de «Como la vida misma» creó a este protagonista; su
género, ¿tiene importancia? Descubrirlo algo tardíamente, ¿produce algún efecto en
especial en la experiencia de leer el cuento?

5. ¿Cómo te explicas el título de «Como la vida misma»? Elabora tu explicación
conectándola con la idea encerrada en la última frase, reacción que pone punto final al
episodio. ¿Intuyes en ella un juicio irónico tocante a la naturaleza humana? ¿Reconoces
en el protagonista a alguna persona o personas que conozcas?

6. Analiza el estilo de Montero con respecto al registro coloquial de «Como la vida
misma», detallando la manera en que lo logra, en la sintaxis por un lado, y por otro, en
el léxico. No dejes de tomar en cuenta el manejo de la puntuación.

Análisis literario

«Como la vida misma»

**Lee este fragmento de «Como la vida misma».
Luego contesta las preguntas.**

La calle adquiere ahora una fluidez momentánea, puedes meter segunda, puedes meter tercera, te embriaga el vértigo de la velocidad. A lo lejos ves una figura negra, una anciana que cruza la calle con tembloroso paso. Pero tú estás intoxicado de celeridad, no puedes remediarlo, sientes el retumbar de los támtanes de la caza del peatón y aprietas el acelerador sin la menor clemencia. Te abalanzas sobre la anciana, la sorteas por milímetros, la envuelves del viento de tu prisa: «Cuidado, abuela», gritas por la ventanilla; estas viejas son un peligro, un peligro, te dices a ti mismo, sintiéndote cargado de razón. Estás ya en la proximidad de tu destino, y los automóviles se arraciman en los bordillos, no hay posibilidades de aparcar. De pronto descubres un par de metros libres, un milagroso pedacito de ciudad sin coche: pegas un frenazo, el corazón te late apresuradamente.

1. A diferencia de la mayoría de textos literarios, este pasaje se narra en segunda persona. Mediante esta técnica, la autora logra _____.

a. subrayar el aspecto autobiográfico del texto

b. hacer que el texto no se limite a describir una ciudad específica

c. animar al lector a imaginar cómo sería tener la experiencia que se describe

d. convencer al lector a no criticar al conductor por sus acciones

2. Al describir la forma en que el conductor cambia de primera marcha a segunda y de segunda a tercera, la autora parece _____.

a. sugerir que el conductor iba a una velocidad muy excesiva y probablemente peligrosa

b. mostrar que el conductor en realidad no sabe conducir muy bien

c. imitar con su prosa la aceleración del coche y sensación rítmica del cambio de marcha

d. indicar de manera indirecta que el coche en el que viaja el conductor es viejo

3. Al decir que «los automóviles se arraciman en los bordillos», la autora emplea _____.

a. una metáfora   **c.** una hipérbole

b. un hipérbaton   **d.** un símil

4. La reacción del conductor al ver a la anciana puede deberse al hecho de que él _____.

a. tiene fuertes prejuicios contra la gente mayor

b. siente un verdadero deseo de matarla, aunque sabe que no lo puede hacer

c. tiene tanta prisa por llegar a su destino que no piensa en forma racional

d. no ha tenido nunca la experiencia de caminar por una ciudad

5. Este pasaje se compone de muchas frases cortas, unidas por comas. Mediante esta técnica, la autora crea una sensación de _____.

a. desconsuelo   **c.** desesperación

b. sosiego   **d.** anonimato

6. Rosa María Pareira describe otra obra de Rosa Montero como «agria y bien escrita, rápida y caótica como la vida misma, pero que, como la misma vida, permite un orden posterior, vital y racional a los ojos de una mirada inteligente». Si se aplicara esta observación a este pasaje, se podría observar que _____.

a. este pasaje no tiene mucho parecido con la vida urbana de una ciudad moderna

b. en este pasaje no hay mucha evidencia de una «mirada inteligente»

c. este pasaje, por sus características rítmicas, tiene muy poco de «rápida y caótica»

d. el momento en que el conductor encuentra dónde aparcar representaría «un orden posterior»

Índice alfabético

© Houghton Mifflin Harcourt Publishing Company

Reconocimientos

Texto

87 Excerpts from *Lazarillo de Tormes*, Anonymous. Adaptation text copyright © 1989 by Caritat Oriol Serres, 1989. Reprinted by permission of Verón Editor.

212 *El burlador de Sevilla y convidado de piedra* by Tirso de Molina, edited by Raymond R. MacCurdy, from *Spanish Drama of the Golden Age: Twelve Plays* (New York: Appleton-Century-Crofts, 1971), edited with Introduction and Notes by Raymond R. MacCurdy. Reprinted by permission of the Estate of Raymond MacCurdy, conveyed by his son W. Douglas MacCurdy.

409 Excerpt from Comparative and Critical Edition of *San Manuel Bueno, mártir* by Miguel de Unamuno, edited by Mario J. Valdés and María Elena de Valdés. Text copyright © Heirs of Miguel de Unamuno. Reprinted by permission of Ute Körner Literary Agent, S.L.

444 "Balada de los dos abuelos" by Nicolás Guillén. Text copyright © by Nicolás Guillén. Reprinted by permission of the Herederos de Nicolás Guillén and Agencia Literaria Latinoamericana.

449 "Walking Around" from *Residencia en la tierra II* by Pablo Neruda. Text copyright © 2012 by Fundación Pablo Neruda. Reprinted by permission of Agencia Literaria Carmen Balcells S.A.

505 "A Julia de Burgos" from *Song of Simple Truth* by Julia de Burgos. Text copyright © by Julia de Burgos. Reprinted by permission of Ediciones Huracán.

513 Excerpts from "No oyes ladrar los perros" from *El llano en llamas* by Juan Rulfo. Text copyright © 2012 by Herederos de Juan Rulfo. Reprinted by permission of Agencia Literaria Carmen Balcells S.A.

520 "Chac Mool" from *Los días enmascarados* by Carlos Fuentes. Text copyright © 1954 by Carlos Fuentes. Reprinted by permission of Agencia Literaria Carmen Balcells S.A.

533 Excerpts from "La noche boca arriba" from *Final del juego* by Julio Cortázar. Text copyright © 2012 by Herederos de Julio Cortázar. Reprinted by permission of Agencia Literaria Carmen Balcells S.A.

© Houghton Mifflin Harcourt Publishing Company

Fotos

Cover Illustration by Andrea Ventura; xiv Source: http://advancesinap.collegeboard. org/CurriculumFrameworks/10b_1731_AP_CF_SpanLit_WEB_101012.pdf. Copyright © 2010. The College Board, www.collegeboard.org. Reproduced with permission; xvi ©Mary Evans Picture Library; 1 ©Mary Evans Picture Library; 2 (t) ©Guy Vanderelst/ Taxi/FPG/Getty Images; 2 (b) ©Carlos Dominique/Alamy; 3 (t) ©Private Collection/ Ken Walsh/The Bridgeman Art Library; 3 (b) ©LatitudeStock/Alamy; 4 (t) ©Stock Montage/Hulton Archive/Getty Images; 4 (b) ©Mary Evans Picture Library; 5 (b) ©Jacqui Hurst/Corbis; 5 ©Explorer Archives/Mary Evans Picture Library; 6 (b) © Bettmann/Corbis; 6 (t) ©Hulton Archive/Getty Images; 7 (b) ©Jeremy Horner/ Hutchison Picture Library; 7 (t) ©age fotostock/Superstock; 8 ©Collection Kharbine-Tapabor, Paris, France/The Bridgeman Art Library; 9 (b) ©Society of Apothecaries, London, UK/The Bridgeman Art Library; 9 (t) ©Giraudon/Bridgeman Art Library; 10 ©Scala/Art Resource, NY; 11 ©Erich Lessing/Art Resource, NY; 12 ©age fotostock/ Superstock; 13 ©Erich Lessing/Réunion des Musées Nationaux/Art Resource, NY; 14 (t) ©Private Collection/Index/The Bridgeman Art Library; 14 (b) The Granger Collection, New York. All rights reserved; 15 ©Explorer Archives/Mary Evans Picture Library; 16 ©Schalkwijk/Art Resource, NY; 17 (t) ©Bettmann/Corbis; 17 (b) ©MPI/ Hulton Archive/Getty Images; 18 (t) ©Robbie Jack/Corbis; 18 (b) ©Interfoto/AKG Images; 19 ©Mary Evans Picture Library; 20 ©Pedro Martinez/South American Pictures; 20 (t) ©Bettmann/Corbis; 21 (t) ©Bettmann/Corbis; 21 ©Topical Press Agency/Hulton Archive/Getty Images; 22 ©Hulton Archive/Getty Images; 22 (b) ©Robert Capa/International Center of Photography/Magnum Photos; 23 (b) ©Private Collection/Roger-Viollet, Paris/The Bridgeman Art Library; 23 (tr) ©Mary Evans Picture Library; 23 (cr) ©Mary Evans Picture Library; 23 (tl) ©Spender Collection/Mary Evans Picture Library; 24 (t) ©AP Images; 24 (b) ©Hulton Archive/ Getty Images; 25 (t) ©Bettmann/Corbis; 25 (c) ©Hulton Archive/Getty Images; 25 (bl) ©Françoise De Mulder/Roger-Viollet, Paris/Getty Images; 26 ©Photos 12/ Alamy Images; 27 (t) ©Keystone/Hulton Archive/Getty Images; 27 (b) ©Keystone/ Hulton Archive/Getty Images; 28 (b) ©Daniel Muzio/AP Images; 28 (t) ©Keystone/ Hulton Archive/Getty Images; 29 ©Photos 12/Alamy Images; 30 (b) ©Ed Reinke/AP Images; 30 (t) ©Win McNamee/Getty Images/Reuters; 31 (b) ©Omar Torres/AFP/ Corbis; 307 ©Omar Torres/AFP/Corbis/Getty Images; 31 (t) ©Arturo Mari/AP Images; 63 ©Classic Image/ Alamy;134 ©Corbis; 138, ©Hulton Archive/Getty Images; 195 ©Bettmann/Corbis; 196 (t) ©Bettmann/Corbis; 196 (b) ©Hallmark Entertainment/ Everett Collection, Inc.; 197 (b) ©Private Collection/Barbara Singer/The Bridgeman Art Library; 197 (t) ©Roger Forster/General Photographic Agency/Hulton Archive/ Getty Images; 198 ©Bettmann/Corbis; 199 (b) Photo ©Scala/Art Resource. ©2002 Estate of Pablo Picasso/Artists Rights Society (ARS), New York. Reproduction, including downloading of Picasso works is prohibited by copyright laws and international conventions without the express written permission; 199 (t) ©19th era/Alamy Images; 203 ©Erich Less ing/Art Resource; 207 ©Hulton Archive/Getty Images; 211 Courtesy of The Hispanic Society of America, New York; 301 ©Museo de America, Madrid, Spain/ Giraudon/The Bridgeman Art Library; 310 Public Domain; 316 ©Hulton Archive/Getty Images; 323 Bettmann/Corbis; 338 ©AKG Images; 342 ©Private Collection/Ken Walsh/ The Bridgeman Art Library; 355 ©Index Fototeca; 362 ©Index Fototeca; 369 ©Marka/

© Houghton Mifflin Harcourt Publishing Company

Agradecimientos

Aprovechamos esta oportunidad para expresar nuestro profundo agradecimiento a todos los amigos, colegas y estudiantes que nos han inspirado y prestado su ánimo, su ayuda y su apoyo en la realización de este proyecto, especialmente a María Teresa Lugo Mangarín, sin cuyo ejemplo este libro no se habría escrito, y a nuestro respetado colega James Monk. En cuanto a los tomos I y II (2003), queremos reconocer tardíamente las valiosas contribuciones de Roberta Tucker Genini y la constancia y sin par respaldo de nuestra entonces editora Christine McCabe. A Douglas Ward y a J. Elisabeth Wright, editores de *Abriendo puertas: ampliando perspectivas*, agradecemos de corazón su pericia, optimismo e inagotable paciencia. Honramos a nuestros padres, Mark y Annazetta Bowen, y Robert y Hazel Tucker, por haber sido asiduos lectores, y por habernos contagiado su amor por la palabra, y honramos, por igual, a nuestro querido hijo David Anthony León, por mil y una bendiciones en nuestra vida.